COLEÇÃO
CRÍTICA,
HISTÓRIA E
TEORIA DA
LITERATURA

Copyright © 2008 by ISI Books
Copyright © 2011 É Realizações
Título original: *Eliot and His Age: T. S. Eliot's Moral Imagination in the Twentieth Century*

Editor | Edson Manoel de Oliveira Filho

Produção editorial, capa, projeto grafico e diagramação | É Realizações Editora

Revisão técnica | Alex Catharino

Preparação de texto | Alessandra Lass

Revisão de texto | Fernanda Marcelino, Cristiane Maruyama e Liliana Cruz

Esta editora empenhou-se em contatar os responsáveis pelos direitos autorais de todas as imagens e de outros materiais utilizados neste livro. Se porventura for constatada a omissão involuntária na identificação de algum deles, dispomo-nos a efetuar, futuramente, os possíveis acertos.

Reservados todos os direitos desta obra. Proibida toda e qualquer reprodução desta edição por qualquer meio ou forma, seja ela eletrônica ou mecânica, fotocópia, gravação ou qualquer outro meio de reprodução, sem permissão expressa do editor.

DADOS INTERNACIONAIS DE CATALOGAÇÃO NA PUBLICAÇÃO (CIP)
(CÂMARA BRASILEIRA DO LIVRO, SP, BRASIL)

Kirk, Russell
    A Era de T. S. Eliot: a Imaginação Moral do Século XX / Russell Kirk; tradução de Márcia Xavier de Brito. – São Paulo: É Realizações, 2011.

    Título original: Eliot and his age: T. S. Eliot's moral imagination in the twentieth century.
    ISBN 978-85-8033-068-7

    1. Eliot, Thomas Stearns, 1888-1965 - Ética 2. Poesia inglesa - História e crítica 3. Ética na literatura I. Título.

11-11367   CDD-821.9

Índices para catálogo sistemático:
1. Poesia inglesa : História e crítica   821.9

É Realizações Editora, Livraria e Distribuidora Ltda.
Rua França Pinto, 498 · São Paulo SP · 04016-002
Caixa Postal: 45321 · 04010-970 · Telefax: (5511) 5572 5363
atendimento@erealizacoes.com.br · www.erealizacoes.com.br

Este livro foi impresso pela Mundial Gráfica, em abril de 2019. Os tipos usados são da família Sabon Ligth Std e Frutiger Light. O papel do miolo é o off White Norbrite 66 g, e o da capa Ningbo Gloss 300 g.

RUSSELL KIRK

A ERA DE T. S. ELIOT

A Imaginação Moral do Século XX

TRADUÇÃO DE
MÁRCIA XAVIER DE BRITO

2ª impressão

Para Monica, Cecilia, Felicia e Andrea,
quatro menininhas encantadoras fascinadas pelo
Livro do Velho Gambá sobre Gatos Travessos

Desnudarei as esfarrapadas tolices do tempo
Como ao nascer –

– Ben Jonson, *Every Man out of His Humour* (1599)

Contudo, se o que é apenas uma sujeição à necessidade deva ser objeto de escolha, a lei é violada, a natureza é desobedecida e os rebeldes, os caçados e os exilados são proscritos deste mundo de razão, ordem, paz, virtude e de expiação prolífica, para um mundo antagônico de loucura, discórdia, vício, confusão e vão pesar.

– Edmund Burke, *Reflections on the French Revolution* (1790)

Bem sei que pretendemos chamar todos os tipos de coisas de beleza. Mas a vantagem substancial do poeta é não ter de lidar com um mundo belo: tem de ser capaz de ver tanto a beleza quanto a fealdade, de ver o tédio, o horror e a glória.

– T. S. Eliot, *The Use of Poetry* (1933)

Sumário

Apresentação à Edição Brasileira: A Vida e a Imaginação de Russell Kirk
Alex Catharino 11

Nota da Tradução
Márcia Xavier de Brito 105

Introdução à Terceira Edição Norte-Americana
Benjamin G. Lockerd Jr. 107

Capítulo 1
Eliot e as Tolices do Tempo 135

Capítulo 2
O Enterro de Matthew e Waldo 145

Capítulo 3
O Inferno e a Casa dos Corações Partidos 189

Capítulo 4
Um Critério em uma Época de Homens Ocos 237

Capítulo 5
  Católico, Monarquista e Classicista 281

Capítulo 6
  O Poeta, o Estadista e a Rocha... 337

Capítulo 7
  Cristãos e Ideólogos na Casa dos Corações Partidos 391

Capítulo 8
  A Comunicação dos Mortos 445

Capítulo 9
  Cultura e *Cocktails* 497

Capítulo 10
  Ilusões e Afirmações 541

Capítulo 11
  Idade e Velhice não Amedrontam 585

Posfácio
  Peregrinos na Terra Desolada (1984)... 615

Nota de Agradecimento... 631

Índice Onomástico e de Obras
  William Odell 633

Apresentação

A Vida e a Imaginação de Russell Kirk

ALEX CATHARINO

O livro *A Era de T. S. Eliot: A Imaginação Moral do Século XX*[1] pode ser considerado a obra-prima de Russell Kirk (1918-1994). Ao tomar como fio condutor a vida e o pensamento de T. S. Eliot (1888-1965), assim como o contexto histórico do período em que viveu o poeta, o livro consegue estruturar e condensar várias ideias do próprio Russell Kirk sobre natureza humana, cultura, história, sociedade, educação e política.

Inúmeras vezes o pensamento kirkeano é reduzido às contribuições do livro *The Conservative Mind* [A Mentalidade Conservadora],[2] considerado por muitos o "gênesis" do pensamento conservador

---

[1] A obra foi publicada originalmente em 1971 pela Random House, com o título *Eliot and His Age: T. S. Eliot's Moral Imagination in the Twentieth Century*. Em 1984, a Sherwood Sugden & Company publicou uma edição revista e ampliada do livro, reimpresso pela mesma editora em 1988. O Intercollegiate Studies Institute (ISI), em 2008, fez uma reimpressão da obra com uma nova introdução de Benjamin G. Lockerd Jr.

[2] O livro foi publicado originalmente em 1953, pela Regnery Publishing com o título *The Conservative Mind: From Burke to Santayana* [A Mentalidade Conservadora: De Burke a Santayana]. A partir da segunda edição, a obra passou a ter como subtítulo *From Burke to Eliot* [De Burke a Eliot]. Ao longo do presente livro, citaremos a edição definitiva em inglês, que é a seguinte: Russell Kirk, *The Conservative Mind: From Burke to Eliot*. 7. ed. rev. Washington, Regnery Publishing, 1986. A obra será publicada pela Editora É.

moderno³ por sistematizar os princípios fundamentais, apresentar a genealogia e recuperar a dignidade dessa corrente política entre a opinião pública, tornando o trabalho uma obra de referência. Não é exagero afirmar que Russell Kirk está para o pensamento conservador norte-americano como Edmund Burke (1729-1797) para o conservadorismo britânico.⁴ Entretanto, a produção intelectual kirkeana vai além das sólidas muralhas do pensamento político. Os objetos de pesquisa, bem como a atuação pública de Kirk como professor, conferencista, debatedor, jornalista e editor, abrangeram os campos da filosofia do direito, da história filosófica, da educação, da crítica cultural, da análise social e da economia, além de uma vasta produção literária.⁵

---

³ Um panorama histórico do surgimento e do desenvolvimento do pensamento conservador norte-americano, destacando o papel de Russell Kirk para a corrente, é apresentado em: George H. Nash, *The Conservative Intellectual Movement in America: Since 1945*. 2. ed. rev. Wilmington, ISI Books, 1996. Para uma visão histórica da forma como o conservadorismo, enquanto doutrina, foi aplicado na prática política, ver: Lee Edwards, *The Conservative Revolution: The Movement That Remade America*. Nova York, Free Press, 1999.

⁴ Ver: Frederick D. Wilhemsen, "Mr. Conservative". *The University Bookman*, vol. XXXIV, n. 2, 1994, p. 18-19; Jeffrey Hart, "The Importance of Russell Kirk". In: *The Unbought Grace of Life: Essays in Honor of Russell Kirk*. Ed. James E. Person Jr. Peru, Sherwood Sugden & Company, 1994, p. 66-69; T. Kenneth Cribb Jr., "Recovering the 'Honors of West'". *The Intercollegiate Review*, vol. 30, n. 1, outono 1994, p. 7-8; George H. Nash, "*The Conservative Mind* in America". *The Intercollegiate Review*, vol. 30, n. 1, outono 1994, p. 27-30; T. Kenneth Cribb Jr., "Why Russell Kirk Mattered, and Matters". *The Intercollegiate Review*, vol. 9, n. 1 e 2, outono 2003/primavera 2004, p. 55-57; Paul Gottfried, "From Tradition to 'Values Conservatism': A Sympathetic Critic's View of Kirk's Legacy". *The University Bookman*, vol. XLVI, n. 4, inverno 2008, p. 11-15.

⁵ O pensamento kirkeano é o objeto dos seguintes livros: James E. Person Jr., *Russell Kirk: A Critical Biography of a Conservative Mind*. Lanhan, Madison Books, 1999; W. Wesley McDonald, *Russell Kirk and the Age of Ideology*. Columbia, University of Missouri Press, 2004; Gerald J. Russello, *The Postmodern Imagination of Russell Kirk*. Columbia, University of Missouri Press, 2007; John M. Pafford, *Russell Kirk*. Nova York, Continuum, 2010. Análises sintéticas sobre as principais ideias de Russell Kirk se encontram nos

Em pouco mais de meio século, Russell Kirk deixou um legado com cerca de 3 mil artigos para jornais, 814 artigos acadêmicos, 255 resenhas de livros, 68 prefácios ou introduções para obras de outros autores, 23 livros acadêmicos ou coletâneas de artigos, 3 romances e 22 contos de terror publicados em diversos periódicos e reunidos em 6 livros diferentes.[6] Não é apenas o volume de sua produção intelectual que causa espanto, mas também a marca de beleza estilística e lógica argumentativa presente em todos os escritos. Além disso, notamos-lhes clareza, objetividade, profundidade e erudição. Tais características formais da obra kirkeana foram muitas vezes exaltadas por diferentes analistas e, somadas à capacidade de o autor compreender as relações entre os problemas atuais das sociedades modernas bem como o contexto cultural da época em que vivia, fizeram com que

---

seguintes ensaios: Henry Regnery, "Russell Kirk: An Appraisal". In: *The Unbought Grace of Life*, p. 19-30; George Panichas, "Russell Kirk as Man of Letters". *The Intercollegiate Review*, vol. 30, n. 1, outono 1994, p. 9-17; Andrew Shaughnessy, "Russell Kirk: An Appreciation". *The University Bookman*, vol. XXXIV, n. 2, 1994, p. 10-12; Vigen Guroian, "Russell Kirk: Christian Humanism and Conservatism". In: *Rallying the Really Human Things: The Moral Imagination in Politics, Literature, and Everyday Life*. Wilmington, ISI Books, 2005, p. 31-45; W. Wesley McDonald, "Kirk, Russell (1918-1994)". In: *American Conservatism: An Encyclopedia*. Eds. Bruce Frohnen, Jeremy Beer e Jeffrey O. Nelson. Wilmington, ISI Books, 2006, p. 471-74; George H. Nash, "The Life and Legacy of Russell Kirk". In: *Reappraising the Right: The Past & Future of American Conservatism*. Wilmington, ISI Books, 2009, p. 72-83; Gerard J. Russello, "Russell Kirk: Tradicionalist Conservatism in a Postmodern Age". In: *The Dilemmas of American Conservatism*. Eds. Kenneth L. Deutsch e Ethan Fishman. Lexington, University Press of Kentuky, 2010, p. 125-49. Em língua portuguesa, ver o seguinte verbete: Alex Catharino, "Russell Kirk (1918-1994)". In: *Dicionário de Filosofia Política*. Eds. Vicente Barreto e Alfredo Culleton. São Leopoldo, Unisinos, 2010, p. 289-93. Alex Catharino, *Russell Kirk: O Peregrino na Terra Desolada*. São Paulo, É Realizações, 2015.

[6] Uma compilação parcial das referências bibliográficas da vasta produção intelectual de Russell Kirk foi organizada pelo historiador Charles C. Brown, arquivista e bibliotecário do Russell Kirk Center for Cultural Renewal, e publicada na seguinte edição: Charles C. Brown, *Russell Kirk: A Bibliography*. 2. ed. rev. Wilmington, ISI Books, 2011.

recebesse a alcunha de o Marco Túlio Cícero (106-43 a.C.) norte-americano[7] ou o Santo Agostinho (354-430) de nossa era.[8] O filósofo teuto-americano Gerhart Niemeyer (1907-1997) o denominou "Cavaleiro da Verdade", graças à forma honrada e gentil, comprometida com as virtudes e as tradições, que Kirk sempre utilizou para defender os princípios fundamentais da civilização ocidental.[9]

Diferente de muitos intelectuais contemporâneos, Russell Kirk viveu uma existência integrada, em que a atuação pública se harmonizou com a vida privada por crer num princípio sacramental e místico unificador. O "Mago de Mecosta", como se autodenominou na dedicatória da primeira coletânea de contos de terror e como continuou sendo chamado por vários amigos e discípulos, por exemplo, Louis Filler (1911-1998)[10] e M. E. Bradford (1934-1993),[11] rejeitou a glória transitória e a fortuna efêmera, que poderia ter conquistado nos grandes centros acadêmicos ou nos bastidores da política. Em termos materiais, viveu de forma modesta; contudo, foi contemplado com a "graça natural da existência",[12] proporcionada pelo amor dos familiares e pela companhia dos amigos, na tranquilidade da vida comunitária e do convívio com a natureza na pacata vila de Mecosta, em Michigan. Verdadeiramente, Kirk soube testemunhar com convicção os valores

---

[7] Forrest McDonald, "Russell Kirk: The American Cicero". In: *The Unbought Grace of Life*, p. 15-18.

[8] Jeffrey O Nelson, "An Augustine for Our Age". *The University Bookman*, vol. XXXIV, n. 2, 1994, p. 13-15.

[9] Gerhart Niemeyer, "Knight of Truth". *The University Bookman*, vol. XXXIV, n. 2, 1994, p. 6-7.

[10] Louis Filler, "The Wizard of Mecosta: Russell Kirk of Michigan". *Michigan History*, vol. 63, n. 5, set./out. 1979, p. 12-18.

[11] M. E. Bradford, "The Wizard of Mecosta". *National Review*, vol. 32, 12/12/1980, p. 1513-514.

[12] Edmund Burke, *Reflexões sobre a Revolução em França*. Intr. Connor Cruise O'Brien. Trad. Renato de Assumpção Faria, Denis Fontes de Souza Pinto e Carmen Lídia Richter Ribeiro Moura. Brasília, Editora Universidade de Brasília, 1982, p. 100.

que propagou nas próprias obras; portanto, o entendimento do pensamento kirkeano é inseparável do conhecimento da existência do autor.

A melhor fonte, disponível ao grande público, para o estudo da vida de Russell Kirk é a autobiografia *The Sword of Imagination: Memoirs of a Half-Century of Literary Conflict* [A Espada da Imaginação: Memórias de Meio Século de Conflito Literário], publicada, postumamente, em 1995.[13] Na referida obra não encontramos apenas uma narrativa biográfica e a descrição das principais ideias kirkeanas, mas também alguns juízos fundamentais sobre a época em que viveu e sobre seus contemporâneos, feitos em terceira pessoa, na esteira do padrão estilístico clássico dos relatos de Júlio César (100-44 a.C.), de um dos romances de William Makepeace Thackeray (1811-1863) e da autobiografia de Henry Adams (1838-1918).[14] *The Sword of Imagination* é o melhor relato da luta do autor contra os "gângsteres" intelectuais de nossa época,[15] ou seja, os verdadeiros "homens ocos", que, entorpecidos por diferentes ideologias, promovem a "desagregação normativa" ao negarem "as coisas permanentes", transformando, assim, a modernidade numa "terra desolada".

No artigo "Reflections of a Gothic Mind" [Reflexões de uma Mente Gótica], Kirk escreve uma breve autobiografia na meia-idade

---

[13] Russell Kirk, *The Sword of Imagination: Memoirs of a Half-Century of Literary Conflict*. Grand Rapids, William B. Eerdmans Publishing Company, 1995.

[14] As obras escritas em terceira pessoa mencionadas são *Commentarii de Bello Gallico* [Comentários sobre a Guerra Gálica] e *Commentarii de Bello Civili* [Comentários sobre a Guerra Civil] do imperador romano Júlio César; o romance *The History of Henry Esmond* [A História de Henry Esmond] de William Makepeace Thackeray; e a autobiografia *The Education of Henry Adams* [A Educação de Henry Adams] do jornalista, historiador e romancista norte-americano Henry Adams.

[15] Análises sobre o livro se encontram em: Henry Regnery, "Russell Kirk: The Last Word". In: *Perfect Sowing: Reflections of a Bookman*. Ed. e intr. Jeffrey O. Nelson. Wilmington, ISI Books, 1999, p. 65-81; Gleaves Whitney, "The Swords of Imagination: Russell Kirk's Battle with Modernity". *Modern Age*, vol. 43, n. 4, outono 2001, p. 311-20; Mark C. Henrie, "Russell Kirk and the Conservative Heart". *The Intercollegiate Review*, vol. 38, n. 2, primavera/verão 2003, p. 14-23.

que é parte integrante de *Confessions of a Bohemian Tory: Episodes and Reflections of a Vagrant Career* [Confissões de um *Tory* Boêmio: Episódios e Reflexões de uma Carreira Errante],[16] uma coletânea de noventa ensaios curtos que narram experiências e impressões sobre lugares e pessoas.

Além desses dois livros, dados fragmentários sobre a vida e a personalidade de Russell Kirk são encontrados numa série de ensaios e conferências, compilados posteriormente nas obras *A Política da Prudência*[17] e *Redeeming the Time* [Redimir o Tempo],[18] em que fica flagrante a preocupação didática em ilustrar a defesa de algumas ideias fundamentais com o testemunho pessoal. Uma compreensão mais ampla das relações entre a vida e a obra desse grande intelectual contemporâneo exige, também, que se recorra aos testemunhos do relato mais famoso de sua viúva, Annette Kirk,[19] e ao depoimento da filha, Cecilia Kirk Nelson,[20] bem como aos textos de alguns dos amigos e discípulos.[21]

---

[16] Russell Kirk, *Confessions of a Bohemian Tory: Episodes and Reflections of a Vagrant Career*. Nova York, Fleet Publishing Corporation, 1963.

[17] Idem, *A Política da Prudência*. Trad. Gustavo Santos e Marcia Xavier de Brito. São Paulo, É Realizações, 2013.

[18] Idem, *Redeeming the Time*. Ed. e intr. Jeffrey O. Nelson. Wilmington, ISI Books, 1996.

[19] Annette falou dos mais de trinta anos de vida conjugal com Russell e da amizade que antecedeu ao matrimônio em uma conferência ministrada em 17 de novembro de 1995, na Heritage Foundation, publicada em: Annette Kirk, *Life with Russell Kirk*. Washington D.C., Heritage Foundation, 1995 (The Heritage Lectures, 547).

[20] Na missa do funeral de Russell Kirk, celebrada no dia 3 de maio de 1994 na Catedral de St. Andrew, em Grand Rapids, Michigan, cada uma das quatro filhas de Kirk apresentou um tributo à memória do pai. Tivemos a oportunidade de consultar os quatro textos nos arquivos do Russell Kirk Center for Cultural Renewal; no entanto, o único publicado foi o seguinte: Cecilia Kirk Nelson, "A Literary Patrimony". *The University Bookman*, vol. XXXIV, n. 2, 1994, p. 23-28.

[21] Durante diversos períodos em 2008, 2010 e 2011, ao coletar dados sobre a vida e a obra de Russell Kirk como pesquisador visitante do Russell Kirk Center for Cultural Renewal, recolhemos o depoimento de familiares e de ex-alunos

Russell Kirk foi um homem tímido, humilde e gentil, mas, ao mesmo tempo, um firme e enérgico defensor das verdades que apreendeu pelos estudos e experiências pessoais. O Mago de Mecosta afirmou ser ao mesmo tempo um *tory*, "afeiçoado à ortodoxia da Igreja e do Estado" e um boêmio "errante e muitas vezes sem dinheiro, homem das letras e das artes, indiferente às fraquezas e aos modismos burgueses".[22] "Eu sou o que sou, e isso é tudo o que sou",[23] foi assim que Kirk se autodefiniu, usando a expressão do herói de infância, o marinheiro Popeye, personagem criada em 1929 pelo cartunista E. C. Segar (1894-1938). Tal máxima nos recorda as palavras do filósofo espanhol José Ortega y Gasset (1883-1955), quando no livro *Meditaciones del Quijote* [Meditações do Quixote], de 1914, afirma: "Eu sou eu e minha circunstância e se não salvo a ela, não salvo a mim".[24] Na condição de um Cavaleiro da Verdade, soube captar, em diferentes momentos da vida, os desafios intelectuais oferecidos pelas circunstâncias, enfrentando os problemas mais urgentes da época em que viveu sem nunca perder a coerência com os princípios básicos defendidos ou sem abandonar as reflexões sobre as questões não circunstanciais, constantemente preocupado em preservar aquilo que T. S. Eliot denominou de "as coisas permanentes".[25]

---

do pensador, e tentamos montar um perfil integrado de sua personalidade e de seus escritos. A pesquisa oral corroborou a visão sobre a personalidade de Kirk defendida ao longo do presente ensaio. Consultamos, também, os inúmeros relatos escritos por amigos e alunos, dentre os quais destacamos: Ian Boyd, C.S.B., "Russell Kirk: An Integrated Man". *The Intercollegiate Review*, vol. 30, n. 1, outono 1994, p. 18-22; Peter J. Stanlis, "Russell Kirk: Memoirs of a Friendship". In: *The Unbought Grace of Life*, p. 31-50; John Lukacs, "An Excepcional Mind, An Exceptional Friend". In: *The Unbought Grace of Life*, p. 51-54.

[22] Russell Kirk, *Confessions of a Bohemian Tory*, p. 3.

[23] Idem, *The Sword of Imagination*, p. xii.

[24] José Ortega y Gasset, *Meditações do Quixote*. Trad. Gilberto de Mello Kujawski. São Paulo, Iberoamericana, 1967, p. 52.

[25] T. S. Eliot, *A Ideia de uma Sociedade Cristã e Outros Escritos*. Trad. Eduardo Wolf. São Paulo, É Realizações, 2016.

OS PRIMEIROS ANOS DE VIDA: 1918-1940

Russell Amos Kirk nasceu em 19 de outubro de 1918, na cidade de Plymouth, em Michigan, nos Estados Unidos. O primeiro nome do menino era o mesmo do pai, Russell Andrew Kirk (1897-1981), salvo pelo nome do meio, dado ao menino em homenagem ao bisavô Amos S. Johnson (1847-1900). Entender como os parentes contribuíram para a formação do jovem Kirk é fundamental para esclarecer algumas ideias kirkeanas, pois, como ele mesmo afirma, em sua educação "a família foi mais importante que a escola".[26]

De acordo com o próprio Russell Kirk, os pais eram pobres e jovens, com pouca instrução formal; no entanto, tais fatores não impediram que lhe dessem muito amor e cuidassem de sua formação moral e intelectual. Em termos de personalidade e de percepção da realidade, Kirk herdou a timidez, o caráter reservado e a virtude da paciência do pai, um maquinista de trem. Dele também herdou a desconfiança em relação às diferentes visões otimistas confiantes no progresso tecnológico como solução de todos os problemas da humanidade, o ceticismo acerca de teorias sociais abstratas, a indiferença para com os modismos e um grande apreço pela sabedoria do senso comum. Intrigava ao menino a forma extremamente humilde como seus avôs paternos, John Kirk (1866-1942) e Maude Shalhorn Kirk (1873-1949), conseguiam subsistir em uma pequena fazenda sem nenhum conforto fornecido por qualquer espécie de máquinas.

A mãe, Marjorie Rachel Kirk (1895-1943), trabalhou como garçonete no restaurante de seu pai. Foi uma apaixonada por poesia e outros gêneros literários, que contribuiu decisivamente no despertar da imaginação do filho pela leitura dos contos de fadas dos irmãos Jacob Grimm (1785-1863) e Wilhelm Grimm (1786-1859), de uma versão para crianças das narrativas da Bíblia, das aventuras dos cavaleiros da Távola Redonda e das histórias de sir Walter Scott (1771-1832),

---

[26] Russell Kirk, *Confessions of a Bohemian Tory*, p. 8.

de Robert Louis Stevenson (1850-1894) e de Lewis Carroll (1832-1898), bem como o estimulou no gosto pela leitura, presenteando o menino com coleções de livros de James Fenimore Cooper (1789-1851), Nathaniel Hawthorne (1804-1864) e outros literatos.

Além do pai e da mãe, outra figura que exerceu grande influência na formação de Russell Kirk durante os primeiros anos de vida foi o avô materno. Frank H. Pierce (1867-1931) era dono de um pequeno restaurante próximo à estação ferroviária de Plymouth e, posteriormente, gerente de um pequeno banco na cidade, descrito pelo neto como um homem muito culto e extremamente formal. Os modelos de virtude cívica que o senhor Pierce admirava e em cuja experiência pautava a própria ação pública eram os dos presidentes norte-americanos George Washington (1732-1799), Abraham Lincoln (1809-1865) e Theodore Roosevelt (1858-1919). Embora tivesse passado somente um semestre em um *college* estudando música na Valparaiso University, era um leitor ávido e possuía esmerada educação clássica, tendo, por isso, atuado com probidade e inteligência tanto no conselho municipal como na junta escolar da cidade, da qual foi presidente. Despertou no neto o interesse pelos estudos ao passear por horas com o menino pelos campos, onde conversavam sobre características de diferentes períodos históricos, curiosidades científicas e algumas questões de natureza filosófica, além de refletirem sobre os escritos de Edward Gibbon (1737-1794), William H. Prescott (1796-1859), Thomas B. Macaulay (1800-1859), Victor Hugo (1802-1885), Charles Dickens (1812-1870), Mark Twain (1835-1910), John Clark Ridpath (1840-1900), Hendrik W. Van Loon (1882-1944) e H. G. Wells (1866-1946). Tais momentos são lembrados por Kirk ao afirmar que "a parceria intelectual de um homem de imaginação aos sessenta anos com um garoto curioso de sete é algo edificante".[27] No entanto, ressalta

---

[27] Idem, "A Imaginação Moral". Trad. Gustavo Santos e notas Alex Catharino. *Communio: Revista Internacional de Teologia e Cultura*, vol. XXVIII, n. 1, jan./mar. 2009, p. 103-19 (cit. p. 117).

que "mais pelo testemunho dado que por meio dos discursos, o velho cavalheiro ensinou ao menino a caridade e a fortaleza".[28] Dentre inúmeras reflexões de Kirk sobre o avô materno, destacamos a seguinte:

> A partir do seu exemplo comecei a entender a natureza da sabedoria e da virtude. Frank Pierce tinha quatro altas estantes de livros – principalmente de humanidades e obras históricas – e era capaz de refletir sobre o esplendor e a tragédia da condição humana. Não era prisioneiro do provincianismo do local, das circunstâncias nem do tempo.[29]

Utilizando a terminologia do historiador inglês Arnold J. Toynbee (1889-1975), a época em que nasceu é definida pelo próprio Russell Kirk como um "período de desordem"[30] no qual "a antiga casca da ordem moral e social havia sido rompida" em consequência da Primeira Guerra Mundial, da Revolução Bolchevique e do colapso do Império dos Habsburgos.[31] "O breve século XX", cujos marcos temporais são o início da Primeira Guerra Mundial em 28 de julho de 1914 e a dissolução da União Soviética em 9 de dezembro de

---

[28] Idem, *The Sword of Imagination*, p. 10.

[29] Idem, "The Conservativen Purpose of a Liberal Education". In: *Redeeming the Time*, p. 41-52 (cit. p. 51).

[30] No original em inglês, a expressão de Arnold J. Toynbee, na obra *A Study of History* [Um Estudo de História], é *"Time of Troubles"*, que pode ser traduzida para o português de diferentes formas; no entanto, optamos por "período de desordem" por acreditarmos que tal terminologia é a mais apropriada para explicitar o contraste entre os acontecimentos históricos dessa época e o ideal voegeliano de ordem adotado por Russell Kirk.

[31] Russell Kirk, *The Sword of Imagination*, p. 2. A descrição crítica do contexto histórico do período entre guerras é feita por Russell Kirk de forma mais analítica, tomando como fio condutor a biografia de T. S. Eliot, nos capítulos 3 ("O Inferno e a Casa dos Corações Partidos", p. 189-236), 4 ("Um Critério em uma Época de Homens Ocos", p. 237-79), 5 ("Católico, Monarquista e Classicista", p. 281-335), 6 ("O Poeta, o Estadista e a Rocha", p. 337-90) e 7 ("Cristãos e Ideólogos na Casa dos Corações Partidos", p. 391-446) do presente livro.

1991, foi denominado "Era dos Extremos" pelo britânico Eric Hobsbawm.[32] No livro *Modern Times: The World from the Twenties to the Nineties* [Tempos Modernos: O Mundo dos Anos 1920 aos Anos 1990], o inglês Paul Johnson o descreve como momento do declínio dos valores tradicionais cristãos e da substituição destes por ideologias responsáveis pelas guerras, revoluções, genocídios, crises econômicas, degradação cultural e relativismo moral que moldaram a identidade do século passado.[33] As circunstâncias históricas desse novo "mundo antagônico de loucura, discórdia, vício, confusão e vão pesar",[34] criado pelas diferentes ideologias, influenciaram muito a percepção da realidade de Kirk, que buscou na tradição o remédio para os males ideológicos do século XX, travando uma luta em prol da restauração da ordem interna na alma das pessoas e da ordem externa na sociedade.

A assente vida familiar deu para Russell Kirk a estrutura emocional e a capacidade intelectual para enfrentar o "mundo antagônico" que o cercava. Marcado por uma saúde frágil dos três aos sete anos, o menino sempre esteve muito próximo dos parentes maternos. Até o nascimento da irmã Carolyn, em 9 de setembro de 1925, fora a única criança da família. No entanto, o contato familiar exclusivo com adultos foi repleto de alegrias, visto que as celebrações de Natal, Páscoa, Independência dos Estados Unidos, Dia das Bruxas e do Dia de Ação de Graças eram festejadas em grande estilo; tradição festiva que manteve ao longo de toda a vida. A avó materna, Eva Johnson Pierce (1871-1953), costumava assar tortas e ler diferentes

---

[32] Eric Hobsbawm, *A Era dos Extremos: O Breve Século XX, 1914-1991.* Trad. Marcos Santarrita. São Paulo, Companhia das Letras, 1995.

[33] Paul Johnson, *Modern Times: The World from the Twenties to the Nineties.* Nova York, Harper Perennial, 1992.

[34] Edmund Burke, *Select Works of Edmund Burke – Volume 2: Reflections on the Revolution in France.* Ed. Edward John Payne. Pref. Francis Canavan S.J. Indianapolis, Liberty Fund, 1999, p. 194.

textos para o neto, dentre os quais Kirk relembra o poema filosófico *An Essay on Man* [Um Ensaio sobre o Homem] de Alexander Pope (1688-1744) e o poema cômico *The Three Tours of Dr. Syntax* [As Três Viagens do dr. Sintaxe] de William Combe (1741-1823). A avó também contribuiu na formação da consciência histórica do neto ao presentear o menino com vários livros sobre o assunto, dentre estes um exemplar da obra *The Pierce Family of the Old Colony* [A Família Pierce da Antiga Colônia], escrito pelo antepassado general Ebenezer W. Pierce (1822-1902) e publicado em 1870. Junto com a avó e a mãe viajava frequentemente da cidade de Plymouth no sudeste de Michigan até o noroeste do estado para a pequena vila de Mecosta, na Morton Township em Mecosta County, fundada em 1879 pelo bisavô Amos Johnson e onde, na grande casa ancestral denominada Piety Hill, morava a bisavó Estella Russell Johnson (1848-1936), com suas filhas solteiras Norma Johnson (1878-1965) e Frances Johnson (1881-1959). A imaginação gótica de Kirk foi formada inicialmente tanto pelas estranhas crenças religiosas da bisavó, seguidora das doutrinas espiritualistas de Emanuel Swedenborg (1688-1772), quanto pelo contexto cultural de Mecosta, um reflexo da diversidade étnica dos primeiros colonos que povoaram a região por conta do preço baixo das terras, sendo a maioria descendentes de irlandeses, poloneses e alemães, bem como negros livres ou escravos fugitivos, que interagiram, de forma pacífica, com os itinerantes indígenas da localidade, oriundos principalmente das nações Chippewa, Odawa e Potawatomi.[35]

Ornada com belos móveis, estátuas e fotografias, a casa ancestral ainda permanecia igual ao período anterior à crise de 1893 que levou a família à falência. Esse local e a bisavó deram para Russell Kirk um testemunho da grandiosidade do passado familiar. Outro fator atrativo era o fato de Piety Hill abrigar a biblioteca de Estella Johnson,

---

[35] Russell Kirk, *The Sword of Imagination*, p. 11-23.

uma mulher muito culta e refinada, apaixonada pelas obras de Willa Cather (1873-1947) e leitora de diferentes gêneros literários, que costumava contar algumas memórias de família ou ler histórias e poemas para o menino, apresentando-o aos escritos românticos e fantasiosos do poeta, dramaturgo e místico W. B. Yeats (1865-1939). Foi graças à bisavó que Kirk herdou a biblioteca do tio-avô Raymond Johnson (1874-1921), único filho varão do casal Johnson, na qual constavam, dentre inúmeros livros de literatura e de história universal, as obras de Miguel de Cervantes (1547-1616) e a novela gótica *Vathek* de William Beckford (1760-1844), histórias pelas quais se apaixonou. As experiências familiares associadas à leitura da coletânea de contos *Grandfather's Chair* [A Cadeira do Avô] de Nathaniel Hawthorne, presenteada pela mãe, abriram seus olhos para o que Edmund Burke chamava de "contrato primitivo da sociedade eterna",[36] algo semelhante ao que G. K. Chesterton (1874-1936) denominou "democracia dos mortos",[37] ou seja, a aliança que une todos os seres humanos em um pacto imortal "feito entre Deus e a humanidade, e entre as gerações que desapareceram da Terra, a geração que ora vive, e as gerações ainda por chegar".[38]

Após ter sido formado no caráter e na imaginação pelos familiares, Russell Kirk iniciou os estudos formais, em 1923, na Starkweather School, uma pequena escola elementar localizada a algumas quadras da casa dos pais em Plymouth, ingressando, alguns anos depois, na Plymouth High School, por onde se graduou em 1936. Sobre esses treze anos de vida escolar, Kirk confessa: "nunca gostei da

---

[36] Edmund Burke, *Reflexões sobre a Revolução em França*, p. 116.

[37] G. K. Chesterton, *Ortodoxia*. Apresentação, notas e anexo Ives Gandra da Silva Martins Filho. Trad. Cláudia Albuquerque Tavares. São Paulo, Editora LTr, 2001, p. 69.

[38] Russell Kirk, "A Arte Normativa e os Vícios Modernos". Trad. Gustavo Santos. *Communio: Revista Internacional de Teologia e Cultura*, vol. XXVII, n. 4, out./dez. 2008, p. 993-1017 (cit. p. 1006).

escola, pois me mantinha longe dos livros, das caminhadas, da minha mãe e do meu avô".[39] Todavia, reconheceu que na época em que fez os estudos primários na Starkweather School, o sistema educacional ainda oferecia aos jovens uma educação liberal pautada no ensino de Literatura, História, Geografia, Ciência e Matemática, além de manter certa preocupação disciplinar, características que desapareceram como decorrência dos novos costumes introduzidos pela vida industrial, pela crise na instituição familiar e pela adoção generalizada das teorias pedagógicas instrumentalistas e progressistas de John Dewey (1859-1952). Em parte, graças à atuação de Frank Pierce na junta escolar da cidade, as teorias deweyanas até então não haviam eliminado a formação clássica quando o jovem Russell iniciou os estudos secundários na Plymount High School. Não fossem as disciplinas de Educação Cívica e Direito Empresarial, bem como as aulas práticas de marcenaria, primeiros socorros e datilografia, o currículo continuava oferecendo uma educação menos utilitarista e mais humanista, com grande ênfase na Literatura Inglesa, além de Gramática, Retórica, Latim, História Antiga e Medieval, História Moderna, História Norte-americana, Álgebra, Geometria, Física e Química. A professora catedrática de Literatura Inglesa da Plymount High School, Edna M. Allen (1884-1975), exerceu uma influência significativa na formação de Kirk, via alguns estudos críticos que realizava em sala de aula acerca da obra de grandes literatos. No entanto, os livros e a família permaneciam como as principais referências educacionais do jovem.

Aos dez anos começou a ler os jornais *Detroit Times*, *Detroit News* e *Detroit Free Press*, influenciado pelo pai, que conversava com o filho sobre as notícias, oferecendo um juízo equilibrado, pautado no senso comum, sobre os fatos apresentados pelos jornalistas, evitando os desvios ideológicos. Por conta de tal costume, o jovem Russell apresentou um interesse precoce sobre as notícias

---

[39] Idem, *Confessions of a Bohemian Tory*, p. 7.

relacionadas à política, num período em que a crise de 1929 já afetava outros campos além da economia. O interesse na temática foi ampliado pela leitura, por volta dos quatorze anos, das obras *History of the Russian Revolution* [História da Revolução Russa], de Leon Trotski (1879-1940) e *Social and Economic History of the Roman Empire* [História Social e Econômica do Império Romano], de Michael Rostovtzeff (1870-1952). A leitura, por conta própria, de vários textos relacionados à vida e ao pensamento de Thomas Jefferson (1743-1826) o levou a focar, cada vez mais, os estudos no campo da história norte-americana, além de fazer com que se autodefinisse, diante dos problemas políticos e econômicos do período, como um democrata jeffersoniano.

Ao mesmo tempo em que seguia os estudos e despertava a consciência política, o jovem Kirk começava a desenvolver a arte da escrita. Numa competição literária promovida pelo jornal *Detroit News*, em 1932, ganhou uma medalha de ouro com um ensaio sobre o bicentenário de nascimento de George Washington. Com outro ensaio em que descrevia o significado histórico e social da própria família, intitulado "Mementos" [Lembranças],[40] recebeu, em 1936, o primeiro lugar numa competição nacional patrocinada pelo semanário *Scholastic: The American High School Weekly*, cujos juízes eram membros eminentes dos círculos literários do período, dentre os quais se destacavam os nomes dos escritores Irita Van Doren (1891-1966), Fred Lewis Pattee (1863-1950), Robert Cortes Holliday (1880-1947) e Charles J. Finger (1869-1941). O jovem, já no último ano do ensino médio, não sabia ainda que rumo iria tomar na vida, quando recebeu a sugestão do diretor Claude J. Dykhouse (1903-1976) de seguir a vida acadêmica, ingressando numa instituição de ensino superior. Em setembro de 1936, aos dezessete anos, Russell Kirk se graduou na

---

[40] Idem, "Mementos". *Scholastic: The American High School Weekly*, vol. 28, n. 12, 25/04/1939, p. 5, 12.

Plymount High School e iniciou os estudos universitários em East Lansing, no Michigan State College of Agriculture and Applied Science, a atual Michigan State University, por onde obteve o bacharelado em História em 1940.

O período na faculdade não foi uma experiência fácil para Kirk, tanto no plano acadêmico como no econômico. Mesmo com uma bolsa de estudos que cobria integralmente os custos das anuidades e com alguns prêmios em dinheiro recebidos em concursos acadêmicos, faltavam-lhe recursos para se manter longe da casa dos pais, fator que o obrigou a se alimentar basicamente de biscoito e pasta de amendoim, e o fez tentar auferir algum rendimento com pequenos serviços de datilografia, pintura de paredes, cortagem de grama e colheita de cerejas. As dificuldades financeiras foram momentaneamente resolvidas quando, de 1938 a 1941, começou a trabalhar para Henry Ford (1863-1947) no Henry Ford Museum and Greenfield Village, o grande museu no subúrbio de Dearborn, onde, segundo Kirk, recebeu uma "educação melhor que a oferecida na Michigan State".[41] O emprego foi conseguido por uma indicação do tio Glenn M. "Potter" Jewell (1894-1966), marido de Fay A. Jewell (1891-1986), irmã mais velha de Marjorie Rachel Kirk.

Todavia, a pior experiência para Russell Kirk durante a vida universitária foi notar que a maioria do corpo docente estava mais preocupada em oferecer aos estudantes uma instrução prática voltada para a carreira profissional, não havendo muito espaço para uma verdadeira educação liberal. No entanto, era possível receber uma boa formação humanista com alguns professores, como também existiam pequenos grupos informais de alunos que se reuniam para debater temas mais teóricos. Junto com o amigo Warren Fleischauer (1916-1982), Kirk frequentara assiduamente a residência do casal William McCann (1915-1994) e Isabelle Christine McCann (1911-2001),

---

[41] Idem, *The Sword of Imagination*, p. 45.

proprietários de uma grande biblioteca que atraía diversos estudantes não só para consultar livros, mas para participar dos encontros em que eram debatidos os clássicos da literatura e outros temas relacionados ao estudo das humanidades. Até o fim da vida manteve a amizade com o casal McCann, que o apoiou muito nos anos de dificuldades. Os professores do Michigan State College que exerceram maior influência sobre o jovem Russell foram o poeta e antropólogo canadense A. J. M. Smith (1902-1980), lente de Literatura Inglesa, e, principalmente, John Abbot Clark (1903-1965), que ministrava os populares cursos de Crítica Literária e de História da Crítica.

John Clark foi um homem dotado de uma erudição impressionante, possuía uma excelente biblioteca com importantes obras de referência para o estudo dos clássicos, tinha lido quase tudo sobre diferentes assuntos, principalmente temas literários, e, também, era um dos poucos membros no corpo docente do Michigan State College que possuía uma produção acadêmica escrita, pois publicara alguns artigos nos periódicos *Commonweal* e *The South Atlantic Quarterly*, dentre outros. Segundo o próprio Russell Kirk, ele aprendeu mais nos cursos de Clark que no de qualquer outro professor, o que tornou Clark o docente de maior influência em sua formação intelectual.[42] Além de ter apresentado ao jovem os ensaios críticos de Samuel Johnson (1709-1784), Samuel Taylor Coleridge (1772-1834), Matthew Arnold (1822-1888), Paul Elmer More (1864-1937) e Irving Babbitt (1865-1933), dentre outros, Clark incentivou Russell, fora das salas de aula, a trilhar o caminho da vida acadêmica, encorajando-o a participar dos grupos de debate, escrever artigos para periódicos e seguir os estudos em um programa de mestrado. A participação em grupos formais de debate universitário fez o jovem sair, pela primeira vez, dos limites de Michigan para participar de

---

[42] Sobre a influência de Clark na formação de Kirk ver: Russell Kirk, "John Abbot Clark, RIP". *National Review*, vol. 17, 16/11/1965, p. 1018; Idem, *The Sword of Imagination*, p. 37-38.

eventos acadêmicos em Ohio, Indiana, West Virginia e Washington, a capital do país. Graças ao professor Clark, o jovem Kirk publicou o ensaio de crítica literária "Tragedy and the Moderns"[43] [Tragédia e os Modernos] na nascente *College English* e o artigo sobre política "Jefferson and the Faithless"[44] [Jefferson e os Infiéis] na conceituada *The South Atlantic Quarterly*, bem como algumas resenhas de livros no *Michigan State News*.

Além dos conselhos do professor Clark, outro fator fundamental para o jovem Kirk ter decidido seguir os estudos de mestrado foi a leitura atenta dos escritos de Alexis de Tocqueville (1805-1859), que o fez questionar quais seriam os meios disponíveis para escapar da mediocridade da época. Inscreveu-se tanto na Pennsylvania State University quanto na Duke University, pois ambas ofereciam boas possibilidades para os estudos históricos. Mas optou pela Duke University em Durham, Carolina do Norte, por causa da bolsa de estudos oferecida pela instituição, o que lhe garantiu uma vida financeira confortável durante o mestrado fora de Michigan. A cultura sulista norte-americana e o rico contexto intelectual da região abriram novos horizontes para Russell Kirk, marcando profundamente sua vida e seu pensamento.

OS ANOS DE AMADURECIMENTO INTELECTUAL: 1940-1964

Durante o período como mestrando na Duke University, Russell Kirk estudou de forma sistemática a cultura sulista, sob a orientação dos professores Charles S. Sydnor (1898-1954), de História, e Jay B. Hubbell (1885-1979), de Literatura, pesquisadores nacionalmente

---

[43] Russell Kirk, "Tragedy and the Moderns". *College English*, vol. 1, jan. 1940, p. 344-53.

[44] Idem, "Jefferson and the Faithless". *The South Atlantic Quarterly*, vol. 40, n. 2, jul. 1941, p. 220-27.

reconhecidos pelos trabalhos acadêmicos. Mas, sem interferência de ninguém, escolheu como tema de pesquisa para a dissertação o pensamento político do estadista virginiano John Randolph of Roanoke (1773-1833). A primeira vez que Kirk lera algo sobre esse pai da pátria foi durante o ensino médio, quando por conta própria estudara o pensamento de Thomas Jefferson, o que lhe proporcionou uma compreensão ampla do contexto em que John Randolph viveu, além de ter dado a conhecer o pensamento de outros estadistas norte-americanos, como John Adams (1735-1826) e Alexander Hamilton (1755-1804), que anos depois foram analisados no *The Conservative Mind*. Na biblioteca da Duke University, o jovem teve acesso a cartas e outros documentos sobre John Randolph. Todavia, para aprofundar a pesquisa decidiu consultar arquivos em Richmond, Virginia, e em Charleston, South Carolina, onde coletou mais documentos e aproveitou as viagens para conhecer a cidade histórica de Hillsborough, North Carolina. Redigida em apenas oito meses, a dissertação de mestrado foi avaliada e aprovada em 1941 pelos professores Sydnor e Hubbell, concedendo para Russell Kirk o mestrado em História pela Duke University. O trabalho foi publicado como seu primeiro livro, em 1951, com o título *John Randolph of Roanoke: A Study in Conservative Thought* [John Randolph of Roanoke: Um Estudo sobre Pensamento Conservador],[45] e chegou a receber mais três edições revistas e ampliadas denominadas *John Randolph of Roanoke: A Study in American Politics* [John Randolph of Roanoke: Um Estudo de Política Americana],[46] que ganhou uma seleção de cartas e discursos do próprio estadista virginiano feita por Kirk. As leituras

---

[45] Idem, *John Randolph of Roanoke: A Study in Conservative Thought*. Chicago, University of Chicago Press, 1951.

[46] A segunda edição foi publicada, já com os anexos, em 1964 pela Henry Regnery Company. Em 1978, a Liberty Press publicou a terceira edição da obra. Postumamente foi publicada a seguinte edição: Russell Kirk, *John Randolph of Roanoke: A Study in American Politics – With Selected Speechs and Letters*. 4. ed. Indianapolis, Liberty Fund, 1997.

sobre John Randolph o fizeram iniciar, também, o estudo da obra de Edmund Burke, que viria a ser uma das principais influências intelectuais do pensamento kirkeano. Os professores Charles Sydnor e Jay Hubbell esperavam que, após um breve período em Michigan, o antigo orientando retornasse à North Carolina para iniciar na mesma universidade os estudos para o doutorado. Kirk voltou para Michigan em 1941 com o objetivo de juntar fundos para o doutorado, trabalhando novamente em Greenfield Village. No entanto, as circunstâncias históricas mudaram completamente seus planos.

Como a maioria dos cidadãos de seu país, Russell Kirk acreditava, na época, que a vida dos jovens norte-americanos e o dinheiro dos contribuintes não deveriam ser sacrificados em um conflito criado pelas potências europeias e pelos interesses imperialistas dos militares japoneses. No entanto, a crença generalizada de que era necessário aos Estados Unidos manterem uma postura isolacionista e de neutralidade começou a mudar quando aviões da marinha japonesa atacaram a base norte-americana de Pearl Harbor, em 7 de dezembro de 1941, fazendo o Congresso dos Estados Unidos declarar guerra ao Japão no dia seguinte, e quando, em 11 de dezembro de 1941, a Alemanha declarou guerra aos Estados Unidos, fazendo assim com que os norte-americanos entrassem na Segunda Guerra Mundial.[47]

---

[47] Uma excelente narrativa histórica sobre as causas e os desdobramentos políticos, econômicos e, principalmente, culturais da Segunda Guerra Mundial, repleta de detalhes, fundamentada numa ampla documentação do período e com reflexões críticas sobre os acontecimentos, está disponível nos capítulos 8 ("The Devils", p. 261-308), 9 ("The High Noon of Aggression", p. 309-40), 10 ("The End of Old Europe", p. 341-71), 11 ("The Wastershed Years", p. 372-97), 12 ("Superpower and Genocide", p. 398-431) e 13 ("Peace by Terror", p. 432-65) do já citado livro *Modern Times: The World from the Twenties to the Nineties* do historiador Paul Johnson. A visão de Russell Kirk sobre as causas do conflito mundial, bem como sua análise sobre os acontecimentos do período e as consequências destes para a segunda metade do século XX estão nos capítulos 7 ("Cristãos e Ideólogos

O conflito impediu Russell Kirk de cursar o doutorado na Duke University sob a orientação dos antigos mestres. O futuro estava marcado por incertezas, a ideia de continuar os estudos parecia um sonho distante. Em decorrência da entrada do país na guerra, o Henry Ford Museum foi fechado e Kirk foi transferido para o departamento responsável pelas folhas de pagamento de uma nova fábrica de motores para aeronaves, onde muitas vezes trabalhou por mais de oito horas seguidas datilografando registros de pagamento. Aos problemas criados pelo conflito armado na Europa e na Ásia somou-se a doença da mãe, que morria, aos poucos, vítima de um câncer no intestino. O jovem Kirk sentia como se o peso do mundo estivesse sobre seus ombros, não tinha mais o mesmo ânimo para os estudos, e num período de meses só conseguira ler, como um remédio para as próprias mazelas, as cartas do literato Charles Lamb (1775-1834) que exaltam a necessidade de se ignorar o futuro.

Finalmente, no verão de 1942, foi resgatado dessa existência repleta de incertezas pela convocação de alistamento no exército dos Estados Unidos. Fez o treinamento militar em Camp Custer em Michigan e recebeu a patente de sargento. No entanto, não foi enviado para as frentes de batalha na Europa ou na Ásia, sendo mandado, inicialmente, para o Fort Douglas em Utah, e, logo após, para a misteriosa instalação de Dugway [caminho escavado] que era chamada por muitos de Dogway [caminho do cão], uma área de testes militares de armas químicas e biológicas chamada de Dugway Proving Ground, em Utah, no grande deserto de Salt Lake. Além dos problemas intrínsecos da vida militar, a morte da mãe fez com que o sargento Kirk buscasse conforto para o sofrimento pessoal na leitura das obras dos filósofos estoicos Lúcio Aneu Sêneca (4 a.C.-65 d.C.), Epiteto (55-135) e Marco Aurélio (121-180), cujo primeiro

---

na Casa dos Corações Partidos", p. 391-443), 8 ("A Comunicação dos Mortos", p. 445-96) e 9 ("Cultura e *Cocktails*", p. 497-539) do presente livro.

contato fora nos tempos de estudante no Michigan State College. No entanto, a prática de aceitar pacificamente os problemas, tal como apregoada pelo estoicismo, já havia aprendido em casa com o pai. A grande importância do estudo mais analítico da filosofia estoica nesse período foi ter lhe dado um primeiro senso de transcendência, fazendo-o perceber os limites da razão pura e permitindo que iniciasse uma busca pelo sentido da própria existência.

Em 1944, foi transferido de Dugway Proving Ground para outra área de testes de armas químicas e biológicas, a Withlacoochee, no meio dos pântanos da Flórida. O fictício Quartel Swampy das tiras em quadrinhos do Recruta Zero, criadas pelo cartunista Mort Walker (1923-2018), é a imagem utilizada por Kirk para descrever essa base de "lunáticos na estranha companhia de homens que voluntariamente haviam se oferecido" como cobaias de novas armas químicas.[48] O fim da Segunda Guerra Mundial, com a rendição incondicional da Alemanha, em 7 de maio de 1945, e a capitulação do Japão, em 14 de agosto de 1945, não pôs termo à vida militar do pensador, que retornou, em 1945, para a Dugway Proving Ground, servindo, novamente, nesse complexo militar, como encarregado de entediantes trabalhos burocráticos, até receber finalmente a baixa em 1946.

Durante o período de vida militar, tanto no grande deserto quanto no meio dos pântanos, Russell Kirk trocou várias correspondências com os pensadores libertários Albert Jay Nock (1870-1945) e Isabel Paterson (1886-1961), que, junto com os escritos dos já citados humanistas Paul Elmer More e Irving Babbitt, se tornaram, na época, suas principais influências intelectuais. As atividades militares, não o fizeram descuidar da vida acadêmica, tendo aproveitado os longos períodos de solidão para estudar e escrever. Além de ter lido diversas obras clássicas de autores gregos, romanos e medievais, bem como inúmeros textos de literatura inglesa e de história norte-americana,

---

[48] Russell Kirk, *The Sword of Imagination*, p. 71.

ampliando a característica erudição, estudou sistematicamente, durante a vida de caserna, as tragédias de Sófocles (497-406 a.C.) e de William Shakespeare (1564-1616), os romances de George Gissing (1857-1903), os ensaios políticos de Walter Bagehot (1826-1877), as peças de Henrik Ibsen (1828-1906) e alguns livros que deixariam marcas profundas no pensamento kirkeano, dentre os quais se destacam *Memoirs of a Superfluous Man* [Memórias de um Homem Supérfluo], de Albert Jay Nock, *Democracy and Leadership* [Democracia e Liderança], de Irving Babbitt, e *Orthodoxy* [Ortodoxia], de G. K. Chesterton. Parte do conhecimento acumulado com tais leituras permitiu a elaboração de alguns artigos nas áreas de história, crítica literária e educação, publicados posteriormente em diferentes periódicos. Isso fez com que Kirk, aos 28 anos, tivesse uma produção escrita maior que a da maioria dos professores do Michigan State College, fator que o levou a ser contratado pela instituição em 1946 para o cargo de professor-assistente de História da Civilização, ministrando aulas durante um semestre por ano.

Na nova cidade, além do trabalho como professor, Kirk abriu com o amigo Adrian "Red" Smith a *Red Cedar Bookshop*, uma livraria especializada em livros usados ou raros, que funcionava no porão de uma casa no distrito industrial de East Lansing, onde a irmã Carolyn trabalhou como funcionária até o casamento, acontecimento que a levou para longe dos Estados Unidos por muitos anos, em países como o Irã e a Inglaterra. Outro empreendimento de Kirk nessa mesma época foi a criação de um grupo literário denominado Ade Society, em homenagem ao humorista e dramaturgo George Ade (1866-1944), que, seguindo o mesmo modelo de The Club fundado por Samuel Johnson no século XVIII,[49] reunia periodicamente, na

---

[49] Fundado por Samuel Johnson na primavera de 1763, The Club era um grupo literário que se reunia semanalmente, todas as segundas-feiras, às sete horas da noite, no restaurante Turk's Head Inn em Londres, para debater livros e ideias literárias, filosóficas e políticas. Dentre as personalidades que

residência do casal McCann ou no restaurante Archie's Greek, os amigos Adrian Smith, William McCann, Warren Fleischauer, John Abbott Clark, A. J. M. Smith e Richard Dorson (1916-1981), dentre outros, para debater livros e ideias. Os radicais esquerdistas da cidade apelidaram a Ade Society pejorativamente de "Death Group" [Grupo da Morte], denominação que também foi adotada pelos próprios membros. O "Death Group", em ocasiões especiais, recebeu alguns palestrantes renomados, como o estudioso do pensamento burkeano Ross J. S. Hoffman (1902-1979), o educador Padre Leo R. Ward. C.S.C. (1893-1984) e o filósofo platonista e pensador tradicionalista sulista agrariano Richard M. Weaver (1910-1963), que na época atuava como professor de Literatura na Chicago University. Com esses intelectuais Russell Kirk desenvolveu uma profunda amizade e manteve volumosa correspondência.

Em 1948, Kirk ingressou na University of St. Andrews, na Escócia, vindo a receber, em julho de 1952, o título de *Literatum Doctorem*, o grau mais elevado concedido pela instituição. O empreendimento ambicioso de cursar o doutorado em outro país só foi possível devido às bolsas de estudos da University of St. Andrews e do American Council of Learned Societies, ao salário de professor do Michigan

---

participaram desses encontros culturais, na época em que Johnson o presidia, se destacam o parlamentar e escritor Edmund Burke, o advogado e biógrafo James Boswell (1740-1795), o pintor Joshua Reynolds (1723-1792), o filósofo e economista Adam Smith (1723-1790), o parlamentar e historiador Edward Gibbon (1737-1794), o parlamentar Charles James Fox (1749-1806), o ator e dramaturgo David Garrick (1717-1779), os bispos anglicanos Thomas Barnard (1726-1806) e Thomas Percy (1729-1811), o médico e escritor Oliver Goldsmith (1730-1774), o médico e químico George Fordyce (1736-1802), o juiz Robert Chambers (1737-1803) e o musicólogo Charles Burney (1757-1817). Mais informações sobre esse clube literário estão disponíveis na obra clássica *Life of Johnson* [Vida de Johnson] de James Boswell, publicada originalmente em 1791. A edição que consultamos é a seguinte: James Boswell, *Life of Johnson*. Pref. R. W. Chapman. Intr. C. B. Tinker. Londres, Oxford University Press, 1953.

State College, aos prêmios em dinheiro ganhos em diversos concursos literários e ao benefício que recebeu do G. I. Bill, um fundo criado em 1944 para financiar a formação acadêmica dos veteranos da Segunda Guerra Mundial. A estabilidade financeira deu a tranquilidade necessária para Kirk se dedicar às pesquisas para o doutorado, cuja ideia inicial era a de escrever uma tese sobre o pensamento político de Edmund Burke. No entanto, a rica experiência acadêmica e cultural que vivenciou fez com que aos poucos fosse emergindo um trabalho, escrito sem a colaboração de nenhum professor, acerca do desenvolvimento do conservadorismo britânico e norte-americano a partir do pensamento conservador burkeano. Avaliada pelo historiador John William Williams (1885-1957) e pelo filósofo Sir Thomas Malcolm Knox (1900-1980), ambos professores da University of St. Andrews, junto com o historiador e jurista William Lawrence Burn (1904-1966), da Durham University, a tese de doutorado se transformou no texto base do *The Conservative Mind*.[50]

Com exceção dos breves períodos em que retornava aos Estados Unidos para ministrar o semestre anual do curso de História da Civilização no Michigan State College e das viagens de férias que empreendeu pela Europa e Norte da África, Russell Kirk passou a maior parte do tempo entre 1948 e 1952 vivendo no Victoria Room, em Queen's Garden, e, posteriormente, no subúrbio de Argyle, permanecendo no quarto durante a noite para escrever os capítulos da tese ou se dedicar à redação de alguns contos de terror publicados na *London Mystery Magazine*.[51] A rotina diurna era preenchida por

---

[50] Russell Kirk; William H. Mulligan Jr. e David B. Schock, "Interview with Russell Kirk". *Continuity: A Journal of History*, n. 18, primavera/outono 1994, p. 1-12.

[51] Os contos de terror publicados no periódico e, posteriormente, reunidos na coletânea *The Surly Sullen Bell* foram os seguintes: Russell Kirk, "Behind the Stumps". *London Mystery Magazine*, n. 4, jun./jul. 1950, p. 16-30; Idem, "The Surly Sullen Bell". *London Mystery Magazine*, n. 7, dez. 1950/jan. 1951, p. 59-75; Idem, "Uncle Isaiah". *London Mystery Magazine*, n. 11, ago./set.

aulas, contatos com colegas e professores, passeios pela região e idas às livrarias de Edimburgo. Embora tenha travado relações com muitos colegas do corpo discente, até mesmo com vários estudantes africanos oriundos de antigas colônias britânicas, a pessoa com quem estabeleceu uma amizade duradoura foi o japonólogo Edwin "Pongo" McClellan (1925-2009), futuro assistente de Friedrich August von Hayek (1899-1992) na University of Chicago. Dentre os professores, o que manteve maior contato foi John William Williams, que costumava visitar periodicamente. Na mesma época, durante as viagens pelo interior da Escócia, se tornou amigo do escritor George "Scomo" Scott-Moncrieff (1910-1974), do escultor Hew Lorimer (1907-1993), do major Ralph Christie (1887-1967), Baronete de Durie, e de Sir David Lindsay (1900-1975), o 28º Conde de Crawford e 11º Conde de Balcarres.

Por influência da cultura escocesa e da atmosfera de St. Andrews, a imaginação de Russell Kirk foi alimentada e reforçada no caráter gótico adquirido na infância em Mecosta. A adaptação e o conhecimento que adquiriu a respeito da cultura e da história do local foram tão intensos que, anos depois, foi convidado a escrever o livro *St. Andrews*,[52] publicado em 1954, em que narra o desenvolvimento histórico da cidade desde as origens pagãs e monásticas até aquela data, enfatizando a fundação em 1413 da universidade mais antiga da Escócia e a terceira mais antiga da Grã-Bretanha, bem como relatando os acontecimentos durante os períodos da Reforma e do Iluminismo, relacionando-os com a biografia de personagens que estudaram nessa instituição de ensino superior.

Em março de 1953, meses antes da publicação de *The Conservative Mind*, ficou claro para Russell Kirk que o Michigan State College estava comprometido com a degradação educacional promovida

---

1951, p. 45-60; Idem, "Sorworth Place". *London Mystery Magazine*, n. 14, fev./mar. 1952, p. 73-88.

[52] Russell Kirk, *St. Andrews*. Londres, T. B. Batsford, 1954.

pelo dogma democrático, em decorrência de certas medidas tomadas pela direção, como a ampliação maciça dos corpos discente e docente, a eliminação nos currículos de parte significativa das poucas disciplinas voltadas para a formação clássica dos estudantes, a redução do nível de exigência na avaliação dos alunos, a falta de preocupação com a qualificação dos professores e uma série de outras mudanças que o fizeram denominar a instituição de "Universidade Behemoth".[53] Diante desses problemas, questionou-se a respeito da continuidade do trabalho bem remunerado de professor universitário num ambiente de "barbarismo acadêmico", em que a administração universitária só estava preocupada com estatísticas e questões financeiras, uma parcela significativa dos professores tinha se proletarizado e a maioria dos alunos não estava interessada na aquisição do saber, mas buscava o ensino superior apenas por diversão ou para receber uma formação profissional, tendo como objetivo a ascensão social ou uma melhor remuneração.[54]

Nas férias de verão, viajou para a Escócia e se hospedou no castelo de Kellie, residência de Hew Lorimer. Aproveitou o período para rever os senhores dos castelos de Durie e de Balcarres, bem como para visitar outros amigos e escrever alguns ensaios acadêmicos e textos literários, tendo ocasião de pensar melhor sobre os planos futuros da própria vida. Nessa época, por meio do editor Henry Regnery (1912-1996) e de George Scott-Moncrieff, Kirk conheceu pessoalmente T. S. Eliot em Edimburgo, iniciando uma amizade que duraria até a morte do poeta,[55] que juntamente com Edmund Burke, veio a se tornar a principal influência do pensamento kirkeano.

---

[53] Idem, *The Sword of Imagination*, p. 153-56.

[54] Idem, *Confessions of a Bohemian Tory*, p. 24-27.

[55] O primeiro encontro de Russell Kirk com T. S. Eliot e a posterior amizade entre os dois é narrada em: Russell Kirk, *Confessions of a Bohemian Tory*, p. 175-76; Idem, *The Sword of Imagination*, p. 212-16; e neste livro, capítulo 1 ("Eliot e as Tolices do Tempo"), p. 136-37.

A erudição histórica e literária de Kirk, associada ao raciocínio sistemático e à grande afinidade com o pensamento do poeta, fez do Mago de Mecosta um dos melhores analistas da obra de Eliot, tal como se pode constatar pela leitura deste livro, *A Era de T. S. Eliot: A Imaginação Moral do Século XX*.

Após longas reflexões durante a estada na Escócia, Russell Kirk decidiu enviar um pedido de demissão para o Michigan State College. Como resposta recebeu uma carta solicitando que lecionasse por mais um semestre. Em consideração à instituição para a qual já trabalhava há sete anos, Kirk retornou no outono para os Estados Unidos para lecionar o último semestre no Michigan State College, mas quando chegou ao país foi informado de que a instituição não precisava mais de seus serviços. Sem dinheiro e sem perspectivas imediatas de trabalho, foi para Mecosta morar na casa ancestral da família com as tias-avós Frances e Norma Johnson, recebendo, mais uma vez, o apoio dos tios Glenn e Fay Jewell, que moravam em uma pequena casa atrás de Piety Hill. Na mesma rua estabeleceu seu escritório e sua biblioteca em um antigo celeiro em estilo holandês, que havia servido como fábrica de partes de madeira para brinquedos e armas de fogo, mesmo espaço onde até hoje funciona a biblioteca do Russell Kirk Center for Cultural Renewal. No entanto, a fama adquirida por Kirk com a publicação de *The Conservative Mind* o fez conseguir um emprego de professor na Universidade de Detroit, entre 1953 e 1954, e uma bolsa Guggenheim Fellowship para viajar de 1954 a 1955 pela Grã-Bretanha como pesquisador e escritor.

A segunda metade da década de 1950, sem as obrigações do magistério, foi extremamente produtiva para Kirk. Nesse período pôde escrever uma grande quantidade de artigos acadêmicos, publicados em diferentes periódicos, e alguns livros, além de empreender inúmeras viagens, que lhe permitiram iniciar contato com várias personalidades dos meios acadêmico, literário e político. Foi nessa época que começou a amizade e uma longa troca de correspondências com diversas celebridades, dentre as quais se destacam o pintor, romancista e poeta Wyndham Lewis (1882-1957), o cônego anglicano Bernard Idding Bell (1886-1958), o poeta, ensaísta e crítico literário Donald Davidson (1893-1968), o poeta, romancista e crítico Robert Graves (1895-1985), o pintor, romancista e crítico social John Dos Passos (1896-1970), o economista Wilhelm Röpke (1899-1966), o poeta e satirista Roy Campbell (1901-1957), o escritor e editor Whittaker Chambers (1901-1961), o filósofo Eric Voegelin (1901-1985), o filósofo Eliseo Vivas (1901-1993), o romancista, dramaturgo, poeta e ensaísta Andrew Lytle (1902-1995), o teólogo católico e filósofo político padre John Courtney Murray S.J. (1904-1967), o crítico literário Cleanth Brooks (1906-1994), o 10º príncipe de Rospigliosi e 11º conde de Newburgh dom Giulio Rospigliosi (1907-1986), o filósofo político Willmoore Kendall (1909-1968), o filósofo político Frank S. Meyer (1909-1972), o príncipe-herdeiro do Império Austro-Húngaro arquiduque Otto von Habsburg (1912-2011), o sociólogo e historiador Robert A. Nisbet (1913-1996), o filósofo Julián Marías (1914-2005), o classicista, poeta e tradutor Paul Roche (1916-2007), o historiador e crítico social Arthur M. Schlesinger Jr. (1917-2007), o poeta e tradutor Anthony Kerrigan (1918-1991), o cientista político e estudioso do pensamento burkeano padre Francis P. Canavan S.J. (1918-2009), o filósofo e jornalista Irving Kristol (1920-2009), o professor de Literatura e estudioso do pensamento burkeano Peter J. Stanlis (1920-2011), o filósofo e historiador Thomas Molnar (1921-2010) e a romancista e ensaísta Flannery O'Connor (1925-1964), dentre outros, bem como os supracitados T. S. Eliot, Gerhart Niemeyer e M. E. Bradford. Memórias de Kirk sobre a amizade, e reflexões sobre o pensamento ou a contribuição histórica de tais personalidades do século XX, aparecem em vários escritos, principalmente nos livros *Confessions of a Bohemian Tory, The Sword of Imagination, A Política da Prudência, Redeeming the Time* e este, *A Era de T. S. Eliot*.

Em 1954, publicou o livro *A Program for Conservatives* [Um Programa para Conservadores],[56] reeditado pelo autor algumas décadas depois com o título de *Prospects for Conservatives* [Perspectivas para Conservadores],[57] que nas diferentes edições apresenta alguns princípios práticos visando ajudar a renovar o entendimento das ordens moral e social. Denunciando a interferência ideológica no ensino e a falsa crença de que a liberdade econômica seria suficiente para solucionar o problema, escreveu o livro *Academic Freedom: An Essay in Definition* [Liberdade Acadêmica: Um Ensaio em Definição],[58] lançado em 1955. Uma coletânea de ensaios escritos na primeira metade da década de 1950 aparece em 1956 com o título *Beyond the Dreams of Avarice: Essays of Social Critic* [Além dos Sonhos de Avareza: Ensaios de Crítica Social].[59] Em 1957, publicou *The American Cause* [A Causa Americana],[60] defendendo que os princípios fundamentais tanto dos Estados Unidos quanto da civilização ocidental são os conceitos de ordem, liberdade e justiça, além de advogar que toda sociedade

---

[56] Publicada em 1954 pela Regnery Publishing, essa obra foi lançada novamente na seguinte edição revisada: Russell Kirk, *A Program for Conservatives*. 2. ed. Chicago, Regnery Publishing, 1962.

[57] Russell Kirk, *Prospects for Conservatives*. Washington D.C., Regnery Publishing, 1989.

[58] O livro publicado pela Regnery Publishing em 1955 foi reeditado na seguinte edição: Russell Kirk, *Academic Freedom: An Essay in Definition*. 2. ed. Chicago, Regnery Publishing, 1962. A segunda edição foi reimpressa, sem nenhuma alteração, pela Greenwood Press em 1977.

[59] A editora Regnery Publishing imprimiu a primeira edição do livro, que foi revisto e ampliado pelo autor, sendo publicado novamente na seguinte edição: Russell Kirk, *Beyond the Dreams of Avarice: Essays of Social Critic*. 2. ed. Peru, Sherwood Sugden & Company, 1991.

[60] A primeira edição foi publicada pela Regnery Publishing, que imprimiu em 1966 uma nova edição revista pelo autor e acrescida de um prefácio escrito por John Dos Passos, sendo reimpressa, sem nenhuma alteração, pela Greenwood Press em 1975. A obra editada e com um novo estudo introdutório de Gleaves Whitney está disponível na seguinte edição: Russell Kirk, *The American Cause*. 3. ed. Ed. e intr. Gleaves Whitney. Wilmington, ISI Books, 2002.

é composta pelos autônomos e interdependentes sistemas moral, político e econômico, que oferecem um corpo de princípios para a vida social, demonstrando na experiência concreta norte-americana como cada um desses subsistemas forma o caráter da nação. No mesmo ano foi lançada a obra *The Intelligent Woman's Guide to Conservatism* [O Guia do Conservadorismo para a Mulher Inteligente],[61] que, escrita originalmente como uma série de panfletos, apresenta em uma linguagem simples e direta a essência do conservadorismo e suas conexões com a fé religiosa, a consciência, a individualidade, a família, a comunidade, o governo justo, a propriedade privada, o poder e a educação, discutindo também as relações entre permanência e mudança, concluindo com uma explanação sobre a natureza do que é uma república. No campo literário, são publicados o romance gótico *The Old House of Fear* [A Antiga Casa de Fear],[62] em 1961, e a coletânea de contos de terror *The Surly Sullen Bell: Ten Stories and Sketches, Uncanny or Uncomfortable, with a Note on the Ghostly Tales* [O Soturno e Triste Sino: Dez Narrativas e Histórias Curtas, Sinistras ou Inquietantes, com uma Nota sobre Contos de Terror],[63]

---

[61] Russell Kirk, *The Intelligent Woman's Guide to Conservatism*. Nova York, The Devin-Adair Company, 1957.

[62] A obra foi publicada em edições de capa dura em 1961 pela editora Fleet de Nova York e em 1962 pela Victor Gollancz de Londres, bem como numa impressão em brochura de 1962 pela Avon Books. Uma versão revista pelo autor foi publicada em 1965 pela Fleet e reimpressa na seguinte edição: Russell Kirk, *Old House of Fear*. Grand Rapids, William B. Eerdmans Publishing Company, 2007.

[63] Reunindo uma história inédita e nove contos publicados na Grã-Bretanha, nos Estados Unidos e no Canadá, a partir de 1950, nos periódicos *The London Magazine Mystery*, *World Review*, *Queen's Quarterly*, *Southwest Review* e *The Magazine of Fantasy and Science Fiction*, a coletânea foi lançada pela Fleet na seguinte edição: Russell Kirk, *The Surly Sullen Bell: Ten Stories and Sketches, Uncanny or Uncomfortable, with a Note on the Ghostly Tales*. Nova York, Fleet Publishing Corporation, 1962. As dez histórias foram reunidas, junto com outros contos de Russell Kirk, nas seguintes coletâneas canadenses: Russell Kirk, *Off the Sand Road – Ghost Stories: Volume One*.

em 1962, que fizeram o autor ser contemplado em 1966 com o Ann Radcliffe Award for Gothic Fiction. A já citada obra *Confessions of a Bohemian Tory: Episodes and Reflections of a Vagrant Career* foi publicada em 1963 e em 1965 a coletânea de artigos sobre educação e cultura *The Intemperate Professor and Other Cultural Splenetics* [O Professor Intemperado e Outras Rabugices Culturais].[64]

No começo do segundo semestre de 1955, o escritor William F. Buckley Jr. (1925-2008) entrou em contato e visitou Russell Kirk em Mecosta para apresentar o projeto de criação de uma revista para a propagação de ideias conservadoras, convidando-o para ser o editor adjunto da publicação; Kirk rejeitou o convite para o cargo, mas aceitou escrever para a nascente *National Review*[65] uma coluna quinzenal, intitulada "From the Academy" [Da Academia], que apareceu na primeira edição em 19 de novembro de 1955 e foi publicada até

Ed. e intr. John Pelan. Ashcroft, Ash-Tree Press, 2002; Idem, *What Shadows We Pursue – Ghost Stories: Volume Two*. Ed. e intr. John Pelan. Ashcroft, Ash-Tree Press, 2003. Na seguinte antologia foram republicados sete dos dez contos do livro *The Surly Sullen Bell*: Russell Kirk, *Ancestral Shadows: An Anthology of Ghostly Tales*. Ed. e intr. Vigen Guroian. Grand Rapids, William B. Eerdmans Publishing Company, 2004.

[64] A obra, impressa em 1965 pela Louisiana State University Press, foi republicada na seguinte edição revisada pelo autor: Russell Kirk, *The Intemperate Professor and Other Cultural Splenetics*. Peru, Sherwood Sugden & Company, 1988.

[65] A história da *National Review* e sua importância para o movimento conservador, ressaltando em várias partes o papel de Russell Kirk como inspirador e colaborador do periódico, é narrada em: Jeffrey Hart, *The Making of the American Conservative Mind: National Review and its Times*. 2. ed. Wilmington, ISI Books, 2006. O pensamento de William F. Buckley Jr. e a *National Review* são o objeto dos cinco capítulos que compõem a segunda parte ("William F. Buckley Jr. and the Advent of *National Review*", p. 131-66) do já citado *Reappraising the Right: The Past & Future of American Conservatism* [Reavaliando a Direita: O Passado e Futuro do Conservadorismo Americano] de George Nash. Para uma descrição sintética ver: Daniel Kelly, "*National Review*". In: Bruce Fronhen et al. (eds.). *American Conservatism: An Encyclopedia*, p. 601-04.

17 de outubro de 1980, quando decidiu cessar sua colaboração regular com o periódico, escrevendo apenas ocasionalmente artigos, obituários e resenhas de livros. Kirk desejou criar uma revista acadêmica para levar o pensamento conservador ao público universitário, antes de conhecer Buckley Jr., tendo conseguido, junto com o editor Henry Regnery e com o gerente editorial David S. Collier (1923-1983), fundar o periódico trimestral *Modern Age*,[66] em 1957, do qual foi editor até 1959, quando por divergências com o gerente editorial deixou o cargo e não colaborou mais com a publicação até 1980. Para difundir livros conservadores, Kirk fundou, em 1960, o periódico trimestral de resenhas *The University Bookman*,[67] do qual foi editor até a morte. Em 30 de abril de 1962, surgiu o primeiro artigo da coluna diária "To the Point" [Direto ao Ponto], escrita por Kirk como jornalista sindicalizado e publicada até 29 de junho de 1975 em diferentes jornais de todo o país.[68]

Atuou no magistério, de 1957 a 1958, como professor da New School for Social Research, atual New School University, e, entre 1958 e 1960, lecionou a cadeira de Política no C. W. College e na Long Island University, todos na cidade de Nova York. No início da década de 1960, participou de muitos debates com intelectuais filiados a correntes teóricas distintas, ministrou inúmeras conferências em mais de duzentos *campi* universitários e fez várias palestras para empresários, profissionais liberais, jornalistas, políticos e militares. Assumiu em

---

[66] A história e o papel da *Modern Age* no movimento conservador são apresentados em: John Zmirak, "*Modern Age*". In: Bruce Fronhen et al. (eds.). *American Conservatism: An Encyclopedia*, p. 578-80.

[67] Uma brevíssima apresentação do objetivo do periódico, de sua história e importância para o movimento conservador se encontram em: Cory Andrews, "*University Bookman*". In: Fronhen et al. (eds.). *American Conservatism: An Encyclopedia*, p. 883-84.

[68] A coluna "To the Point" foi objeto da seguinte dissertação de mestrado: Thomas Chesnutt Young, *Russell Kirk's Column "To The Point": Traditional Aspects of Conservatism*. Johnson City, East Tennessee State University, 2004.

1960 a função de presidente do The Educational Reviewer Inc., que se tornou, até nossos dias, a mantenedora do periódico *The University Bookman*, além de ter sido eleito, em 1961, juiz de paz da Morton Township, em Mecosta County, ocupando o cargo até 1965.

Em fevereiro de 1960, numa conferência patrocinada pela organização anticomunista Aware, no elegante Hotel Wellington na ilha de Manhattan, em que fora convidado para dar uma palestra sobre os padrões educacionais, Russell Kirk conheceu a jovem com quem viria a se casar alguns anos depois e que no mesmo evento fizera uma apresentação do livro *The American Cause*.[69] De ascendência irlandesa, francesa e de índios oriundos da região de Quebec no Canadá, a bela e inteligente Annette Yvonne Cecile Courtemanche, nascida em 20 de maio de 1940, era filha do casal Regis Henri Courtemanche (1909-1978) e Mary I. Cullen Courtemanche (1909-1971), que possuía dois filhos mais velhos, Gerard Leo Courtemanche (1931-2010) e Regis Armand Pierre Courtemanche (1933-2004), e uma filha quatro anos mais nova que Annette, a futura sra. Marie E. Hadiaris. Com dezenove anos na época, Annette havia recebido uma esmerada educação dos pais e das freiras dominicanas da Mary Louis Academy; treinada em oratória e em arte dramática, possuía uma sólida formação católica e um conhecimento considerável da filosofia de Santo Tomás de Aquino (1225-1274). A moça estava envolvida com inúmeras instituições conservadoras juvenis e cursava os estudos superiores no Molloy Catholic College, em Rockville Centre, próximo da casa onde morava com os pais e os irmãos, em Springfield Garden, Long Island. Dr. Kirk ficou muito impressionado com a beleza e a inteligência de Miss Courtemanche,[70] bem como com as maneiras aristocráticas da

---

[69] As linhas gerais da apresentação dela nesse evento se encontram no seguinte artigo: Annette Courtemanche, "Education and the American Cause". *The Tablet*, 28/05/1960.

[70] O encontro da Aware foi objeto da coluna "From the Academy" no seguinte artigo: Russell Kirk, "They Are Stirring in the College". *National Review*, 8,

jovem, da mãe e da irmã, já que almoçara na mesma mesa que as três durante o evento do Hotel Wellington, conseguindo, apesar da timidez característica, cativar a jovem com sua gentileza, erudição e, principalmente, seu agudo senso de humor.

Russell Kirk e Annette Courtemanche se reencontraram, por acaso, durante o verão de 1960 numa conferência de uma semana da Intercollegiate Society of Individualists (ISI) no Grove City College, na Pensilvânia, na qual Kirk fora convidado para falar sobre teorias da História. Depois disso, a jovem conseguiu, no outono do mesmo ano, que Kirk fosse ministrar uma palestra no Molloy Catholic College e organizou ao longo dos meses de 1961 uma série de apresentações dele em diferentes instituições de ensino superior em Nova York. Ao mesmo tempo, dr. Kirk começou a frequentar com certa periodicidade a casa da família Courtemanche, cujos membros eram leitores assíduos dos artigos da coluna "From the Academy" na *National Review* e conheciam bastante os seus livros. Nessa época, também surgiu uma profunda amizade com o historiador Regis Armand, irmão de Annette. Após a graduação, Miss Courtemanche começou a trabalhar ministrando aulas de Literatura Inglesa e dirigindo produções teatrais em uma escola secundária em Long Island. Os dois iniciaram uma intensa troca de correspondências, em cartas quase diárias, nas quais discutiam inúmeros assuntos relacionados principalmente à fé católica, à literatura, à filosofia, à política e aos livros com que ele constantemente a presenteava.

Em 1963, apenas como amigos, os dois se encontraram na Europa e programaram alguns passeios juntos. Durante uma visita ao cônego anglicano Basil A. Smith (1908-1969), Annette se questionou sobre o quão triste seria caso o dr. Kirk não tivesse filhos. No mesmo ano, as intenções de Russell ficaram bem claras ao presentear Miss

---

17/03/1960, p. 171. Ao longo do texto, Russell Kirk usa as seguintes palavras para descrever a jovem estudante Annette Yvonne Courtemanche: "certamente a mais bela defensora das doutrinas conservadoras que já conheci".

Courtemanche com um exemplar do livro *From Ritual to Romance* [Do Ritual ao Romance] da folclorista Jessie L. Weston (1850-1928) e, também, ao dedicar-lhe seu livro *Confessions of a Bohemian Tory*. Como último livro presenteado antes do namoro, a jovem ganhou *The Mind and Heart of Love* [A Razão e o Coração do Amor] do padre Martin D'Arcy S.J. (1888-1978), com o qual alguns anos depois Kirk iniciou uma longa amizade e vasta troca de correspondências. A obra trata do contraste entre a visão clássica do amor (*Eros*) e a concepção católica de amor (*Ágape*), capturando a imaginação do casal, que debateu a temática por algum tempo em diversas cartas, fazendo Annette perceber que desejava viver todos os dias de sua vida ao lado de Russell. Em 17 de março de 1964, dia de São Patrício, Miss Courtemanche escreveu uma carta para Kirk com as seguintes palavras: "nosso casamento é inevitável"; tal afirmação foi prontamente respondida em 19 de março de 1964, dia de São José, com a sentença de Samuel Johnson: "sim, inevitável como a morte e os impostos". A festa de noivado foi realizada em 20 de maio de 1964, dia em que a jovem completava 24 anos. O casamento de Russell e Annette foi celebrado, em 19 de setembro de 1964, na capela de Our Lady of the Skies no aeroporto internacional John F. Kennedy, em Long Island, seguido de uma recepção simples, apenas com um pequeno bolo e uma garrafa de champanhe, na casa dos pais da noiva.[71]

O contato de Russell Kirk com a família Courtemanche, principalmente o relacionamento com Annette, foi o passo final no longo caminho de conversão ao catolicismo que já vinha trilhando desde 1948.[72] Tanto a família materna quanto a paterna de Kirk não

---

[71] O início do relacionamento entre Annette Courtemanche e Russell Kirk é narrado em: Annette Kirk, *Life with Russell Kirk*, p. 1-2; Russell Kirk, *The Sword of Imagination*, p. 261-71, 288-92.

[72] Além de inúmeros relatos do próprio Kirk sobre suas experiências religiosas e sua conversão, dispersos ao longo da autobiografia *The Sword of Imagination*, aconselhamos os seguintes artigos: James E. Person Jr., "The Holy Fool as Bohemian Tory: The Wise Faith of Russell Kirk". *Touchstone: A Journal of*

pertenciam a nenhuma denominação religiosa, motivo que o fez não ser batizado até o ingresso na Igreja Católica em 1964. Todavia, além da leitura de uma versão da Bíblia para crianças, os pais o incentivaram a participar dos encontros da escola dominical na Igreja Batista de Plymouth aos sete anos. No entanto, o ceticismo natural do jovem Russell o fez não aceitar os dogmas que tentaram lhe impor, fator que o levou ao ateísmo cientificista na linha de H. G. Wells e, pouco depois, à desconfiança até mesmo das crenças dos ateus que lhe pareceram mais inaceitáveis do que as mais absurdas visões religiosas.

Ao mesmo tempo em que adotou como critério de vida uma forma de estoicismo tão rigorosa como o calvinismo professado pelos ancestrais puritanos, o sargento Kirk começou a se questionar acerca da inviabilidade do agnosticismo e a pensar, ainda em bases estoicas, sobre o inquietante tema da transcendência, influenciado tanto pela morte prematura da mãe quanto por conta da leitura das obras *The Skeptical Approach to Religion* [A Abordagem Cética da Religião], de Paul Elmer More, e da já citada *Orthodoxy*, de G. K. Chesterton. Nos escritos de Edmund Burke, Alexis de Tocqueville e Irving Babbitt, seus três pensadores conservadores favoritos no período anterior ao ingresso no doutorado, encontrou a defesa da Igreja Católica como a única potencial instituição com tendências conservadoras capazes de salvar a sociedade dos erros ideológicos modernos. O estudo do pensamento dos escritores católicos Orestes Brownson (1803-1876) e cardeal John Henry Newman (1801-1890), para a tese de doutorado, fizeram-no entender a importância da fé, bem como o papel da Igreja como a melhor intérprete das verdades eternas num mundo em constantes mudanças.[73]

Mere Christianity, vol. 16, n. 5, jun. 2003, p. 35-40; Eric Scheske, "The Conservative Convert: The Life and Faith of Russell Kirk". *Touchstone: A Journal of Mere Christianity*, vol. 16, n. 5, jun. 2003, p. 41-48.

[73] As primeiras reflexões de Kirk sobre Tocqueville, Newman, Brownson, Elmer More e Babbitt aparecem no livro *The Conservative Mind* e nos se-

As pesquisas sobre os fundamentos religiosos do pensamento burkeano o fizeram ler sistematicamente os escritos de São Gregório Magno (540-604), Richard Hooker (1554-1600) e Sir Thomas Browne (1605-1682), dentre outros teólogos cristãos, principalmente os anglicanos.[74] O contato com a poesia, o teatro e os ensaios de

---

guintes artigos: Russell Kirk, "The Conservative Humanism of Irving Babbitt". *Prairie Schooner*, vol. 26, n. 3, outono 1952, p. 245-55; Idem, "Two Facets of the New England Mind: Emerson e Brownson". *The Month*, vol. 8, out. 1952, p. 208-17; Idem, "The Conservative Mind of Newman". *The Sewanee Review*, vol. 60, n. 4, out./dez. 1952, p. 659-76; Idem, "The Prescience of Tocqueville". *University of Toronto Quarterly*, 22/07/1953, p. 342-53; Idem, "The Principles of Paul Elmer More". *The Church Quarterly Review*, vol. 154, n. 4, out./dez. 1953, p. 428-37; Idem, "Brownson and a Just Society". *The Month*, vol. 12, dez. 1954, p. 348-65. Em 1955, a Regnery Publishing lançou uma coletânea de textos de Brownson organizados por Kirk, que também escreveu uma introdução para a obra, que anos depois reapareceu, com uma nova introdução do organizador, na seguinte edição: Orestes Brownson, *Selected Political Essays*. Ed., intr. e notas Russell Kirk. New Brunswick, Transaction Publishers, 1990. Ele fez o prefácio da seguinte seleção dos ensaios de Elmer More sobre Filosofia, Religião, Crítica Literária, Educação, História e Política: Paul Elmer More, *The Essential Paul Elmer More: A Selection of His Writings*. Ed., intr. e notas Byron C. Lambert. Pref. Russell Kirk. New Rochelle, Arlington House, 1972. Novos estudos introdutórios para as obras de Babbitt também foram escritos por Kirk e publicados nas seguintes edições: Irving Babbitt, *Democracy and Leadership*. Pref. Russell Kirk. Indianapolis, Liberty Classics, 1979; Idem, *Literature and the American College: Essays in Defense of the Humanities*. Intr. Russell Kirk. Washington D.C., National Humanities Institute, 1986.

[74] O resultado parcial dos estudos foi publicado em: Russell Kirk, "The Anglican Mind of Burke". *The Church Quarterly Review*, vol. 153, n. 4, out./dez. 1952, p. 470-87; Idem, "Edmund Burke – Part 1". *Classmate*, vol. 62, n. 14, 03/04/1955, p. 10-12; Idem, "Edmund Burke – Part 2". *Classmate*, vol. 62, n. 15, 10/04/1955, p. 6-7, 11-12; Idem, "Edmund Burke – Part 3". *Classmate*, vol. 62, n. 16, 17/04/1955, p. 10-11, 15. Sobre o pensamento de Burke, além desses artigos mais voltados às bases anglicanas das teorias burkeanas, Kirk também publicou, no período entre 1950 e 1966, duas introduções diferentes do livro *Reflections on the Revolution in France* [Reflexões sobre a Revolução em França], a primeira em 1955 para a Regnery Publishing e a segunda em 1965 para a Arlington House, e os seguintes ensaios: Russell Kirk, "How Dead Is Edmund Burke?". *Queen's Quarterly*, vol. 57, n. 2, verão 1950, p.

T. S. Eliot foi um marco divisor no pensamento kirkeano,[75]

160-71; Idem, "Burke and the Natural Rights". *The Review of Politics*, vol. 13, n. 3, out. 1951, p. 441-56; Idem, "Burke and the Principles of Order". *The Sewanee Review*, vol. 60, n. 2, abr./jun. 1952, p. 187-201; Idem, "Burke and the Politics of Prescription". *Journal of History of Ideas*, 14/06/1953, p. 365-80; Idem, "The Conservative Revolution of Burke". *The Catholic World*, 187, ago. 1958, p. 338-42; Idem, "Burke, Providence, and Archaism". *The Sewanee Review*, vol. 69, n. 1, jan./mar. 1961, p. 179-84; Idem, "Burke in Austria". *National Review*, vol. 11, 04/11/1961, p. 305; Idem, "Burke at Work". *National Review*, vol. 12, 27/03/1962, p. 305; Idem, "John Randolph of Roanoke on the Genius of Edmund Burke". *The Burke Newsletter*, vol. 4, outono 1962, p. 167-69; Idem, "Bolingbroke, Burke, and the Stateman". *The Kenyon Review*, 74, jun. 1966, p. 426-32; Idem, "Burke Dispassionately Considered". *The Sewanee Review*, vol. 74, n. 2, abr./jun. 1966, p. 565-69.

[75] A principal análise kirkeana sobre Eliot é sem dúvida o livro *A Era de T. S. Eliot*, no entanto, Kirk também abordou a temática no capítulo XIII ("Conservatives' Promise", p. 491-501) das novas edições do *The Conservative Mind*, em diversas passagens do *Sword of Imagination* e nos seguintes ensaios: Russell Kirk, "Two Plays of Resignation". *The Month*, out. 1953, p. 223-29; Idem, "T. S. Eliot". In: *Confessions of a Bohemian Tory*, p. 75-76; Idem, "The Genius of T. S. Eliot", *Los Angeles Times*, 14/01/1965, II, p. 6; Idem, "T. S. Eliot's Permanent Things". *Religion and Society*, vol. 1, n. 3, mai. 1968, p. 6-13; Idem, "Following Eliot's Antique Drum". *National Review*, 22, 13/01/1970, p. 34; Idem, "T. S. Eliot on Education and the Moral Imagination". In: *Papers on Educational Reform*. LaSalle, Open Court, 1971, p. 135-57; Idem, "Personality and Medium in Eliot and Pound". *The Sewanee Review*, vol. 82, n. 4, out./dez. 1974, p. 698-705; Idem, "Will Eliot Endure?" *PLA Report*, 2, verão 1974, p. 1-3; Idem, "Chesterton and T. S. Eliot". *The Chesterton Review*, vol. II, n. 2, primavera/verão 1976, p. 184-96; Idem, "Vivas, Lawrence, Eliot, and the Demon". In: Henry Regnery (ed.), *Viva Vivas! Essays in Honor of Eliseo Vivas*. Indianapolis, Liberty Press, 1976, p. 225-49; Idem, "Orestes Brownson and T. S. Eliot". In: Leonard Gilhooley (ed.), *No Divided Allegiance: Essays in Brownson's Thought*. Nova York, Fordham University Press, 1980, p. 163-74; Idem, "T. S. Eliot and Other Writers: The Ethical Purpose of Humane Letters". In: *Great Issues: 1985*. Troy, Troy State University Press, 1985, p. 33-35; Idem, "Cats, Eliot, and the Dance of Life". *Renascence: Essays on Values in Literature*, 40, primavera 1988, p. 197-203; Idem, "The Christian Imagination of T. S. Eliot". *Southern Academic Review*, 3, primavera 1989, p. 123-35; Idem, "Eliot and a Christian Culture". *This World: A Journal of Religion and Public Life*, n. 24, inverno 1989, p. 5-19; Idem, "T. S. Eliot on Literary Morals". *Touchstone: A*

oferecendo bases mais amplas ao conservadorismo burkeano que estruturara sua obra e permitindo que entendesse plenamente a noção de "sentimento trágico da vida", que captou nas obras dos filósofos George Santayana (1863-1952)[76] e Miguel de Unamuno (1864-1936).[77] A leitura das obras dos literatos Dante Alighieri (1265-1321), John Milton (1608-1674), George MacDonald (1824-1905), Robert Frost (1874-1963), C. S. Lewis (1898-1963) e J. R. R. Tolkien (1892-1973) reforçou o senso místico e a mentalidade gótica adquiridos na infância, e dos escritos do historiador Christopher Dawson (1889-1970) apreendeu de que modo a religião é o principal fator constitutivo da cultura.

Nessa jornada intelectual, Kirk consultou o classicista padre Hugh O'Neill S.J. (1889-1975), durante o período em que fora professor da Detroit University, para receber uma formação sistemática, apenas com finalidades acadêmicas, de teologia católica, estudando, assim, vários escritores da patrística grega e latina, principalmente Santo Agostinho, que veio a estruturar a visão

---

Journal of Ecumenical Orthodoxy, vol. 4, n. 3, verão 1991, p. 23-24; Idem, "Eliot's Christian Imagination". In: Jewel Spears Brooker (ed.), *The Placing of T. S. Eliot*. Columbia, University of Missouri Press, 1991, p. 136-44; Idem, "Will Eliot Endure?" *The World & I*, ago. 1993, p. 413-21; Idem, "The Politics of T. S. Eliot". In: *The Politics of Prudence* [*A Política da Prudência*, publicado no Brasil em 2013 pela É Realizações], p. 79-97.

[76] Ao lado do humanismo de Irving Babbitt e de Paul Elmer More, o ceticismo de George Santayana é analisado no capítulo XII ("Critical Conservatism: Babbitt, More. Santayana", p. 415-56) do *The Conservative Mind*. As obras de Santayana foram lidas e relidas por Kirk, sendo analisadas no seguinte artigo: Russell Kirk, "The Politics of George Santayana". *The Pacific Spectator*, vol. 7, inverno 1953, p. 62-69.

[77] Por intermédio do amigo Anthony Kerrigan, tradutor de parcela significativa das obras de Miguel de Unamuno para o inglês, Kirk aprofundou os estudos sobre o poeta e filósofo espanhol, publicando as primeiras das diversas reflexões a respeito de Unamuno no seguinte artigo: Russell Kirk, "The Unbought Grace of Life". *Northern Review*, vol. 7, n. 1, out./nov. 1954, p. 9-22.

kirkeana sobre a dinâmica da história humana, e, também, alguns autores escolásticos. O amigo Peter J. Stanlis o presenteou no dia 4 de maio de 1956 com a obra organizada por Elizabeth Pakenham (1906-2002), condessa de Longford, *Catholic Approaches to Modern Dilemmas and Eternal Truths* [Abordagens Católicas para os Dilemas Modernos e as Verdades Eternas], uma coletânea com ensaios de dez autores, dentre eles o estudo "The Mistery of the Evil" [O Mistério do Mal], do padre Martin D'Arcy S.J., que aguçou a imaginação de Kirk. As obras *The Social Crisis of Our Time* [A Crise Social de Nossa Época] e *The Moral Foundations of Civil Society* [Os Fundamentos Morais da Sociedade Civil], de Wilhelm Röpke,[78] e *The Quest for Community: A Study in Ethics of Order and Freedom* [A Busca pela Comunidade: Um Estudo sobre a Ética da Ordem e da Liberdade], de Robert A. Nisbet,[79] deram bases econômicas e sociológicas mais sólidas para o entendimento das críticas ao individualismo moderno e das corretas relações entre pessoa e comunidade apresentadas por Burke e Tocqueville. O livro *The New Science of Politics* [A Nova Ciência da Política] e os três primeiros volumes da obra *Order and History* [Ordem e História] de Eric Voegelin o fizeram entender os fundamentos gnósticos das modernas ideologias secularistas que tentam criar o paraíso terreno e compreender o modo como a ordem social é um reflexo externo da ordem interior da alma, além de adotar a visão

---

[78] A primeira reflexão dele sobre o pensamento econômico e social de Röpke apareceu em: Russell Kirk, "The New Humanism of Political Economy". *The South Atlantic Quarterly*, vol. 61, n. 2, abr./jun. 1953, p. 180-96. Além de outros estudos sobre o economista suíço, Kirk foi responsável pela edição e escreveu um prefácio para a seguinte obra: Wilhelm Röpke, *The Social Crisis of Our Time*. Pref. Russell Kirk, intr. William F. Campbell. New Brunswick, Transaction Publishers, 1992.

[79] A obra *The Quest for Community* é analisada no seguinte artigo: Russell Kirk, "Ethical Labor". *The Sewanee Review*, vol. 62, n. 3, jul./set. 1954, p. 485-503. Kirk discorre sobre o pensamento de Nisbet em parte do capítulo XIII ("Conservatives' Promise", p. 483-90) do livro *The Conservative Mind*.

voegeliana de estrutura quaternária do ser, formada por Deus, homem, mundo e sociedade.[80]

O próprio Russell Kirk reconheceu que não fora um convertido tal como São Paulo no caminho para Damasco, mas alguém que trilhou um longo percurso por aquilo que o cardeal Newman denominou *ilação*, ou seja, os fragmentos da verdade coletados na mente por experiências pessoais, conversas com diferentes pessoas, conhecimento do testemunho de terceiros, estudo de inúmeras obras e muita meditação, que o fizeram se aproximar gradualmente do catolicismo.[81] Na obra *An Essay in Aid of a Grammar of Assent* [Ensaio a Favor de uma Gramática do Assentimento], publicada originalmente em 1870, o cardeal Newman afirma que "a vida é para a ação. Se insistirmos em provas para todas as coisas, jamais chegaremos à ação: para agir tens de supor, e tal suposição chama-se fé".[82]

A ação como intelectual público o fez adotar inúmeras posições semelhantes às daqueles que vivem a fé. Antes de ser batizado na Igreja Católica, já defendia algumas verdades eternas da ortodoxia cristã, como demonstram muitos de seus escritos nessa época. A primeira vez que Kirk reconheceu publicamente a dimensão transcendental do ser humano foi num artigo de 1948, em que refuta a visão naturalista e as concepções de sexualidade defendidas pelo zoólogo Alfred Kinsey (1894-1956),[83] que anos depois viriam a ser o principal fundamento teórico da chamada Revolução Sexual.

---

[80] As primeiras reflexões dele sobre o pensamento voegeliano aparecem em: Russell Kirk, "Behind the Veil of History". *The Yale Review*, vol. 46, n. 3, mar. 1957, p. 466-76; Idem, "Philosophers and Philodoxers". *The Sewanee Review*, vol. 66, n. 3, jul./set. 1957, p. 494-507.

[81] Russell Kirk, *The Sword of Imagination*, p. 229-47.

[82] John Henry Newman, *Ensaio a Favor de uma Gramática do Assentimento*. Trad. e apres. Artur Morão. Lisboa, Assírio & Alvim, 2005, p. 119.

[83] Russell Kirk, "Statistics and Sinai". *The South Atlantic Quarterly*, vol. 48, n. 2, abr. 1949, p. 220-28.

A afinidade com alguns princípios da ortodoxia e a constante defesa das tradições da civilização ocidental transformaram Russell Kirk em um colaborador assíduo de diferentes periódicos cristãos, tanto católicos quanto protestantes. Mas o Mago de Mecosta ainda não havia compreendido a plenitude da vida eclesial, não possuía a dimensão de como a religiosidade poderia guiar a própria existência. No período anterior ao batismo, os seguintes versos de T. S. Eliot para os "Choruses from 'The Rock'" [Coros de 'A Rocha'] poderiam ilustrar a peregrinação de Kirk rumo à vivência da fé no Verbo Encarnado:

> Assídua é vossa leitura, mas o verbo de DEUS caiu no olvido,
> Pródigas são vossas construções, mas a Casa de DEUS não foi erguida.
> Desejareis edificar-me um casebre de taipa, com telheiro em desalinho,
> Para o ocupardes com a mixórdia dos jornais de domingo?[84]

Os estudos e as reflexões ofereceram razões para que Russell Kirk desse um salto do ceticismo para a fé; no entanto, o fator decisivo para capturar os sentimentos dele em relação à vida religiosa foi o testemunho dado por diferentes amigos. Os exemplos de vida cristã apresentados tanto pelo cônego anglicano Basil A. Smith quanto pelas famílias católicas de George Scott-Moncrieff e Hew Lorimer o fizeram compreender o senso de mistério inerente à existência humana e a maneira como a crença no pecado original, a aceitação da redenção oferecida por Jesus Cristo e a comunhão litúrgica entre os fiéis guiam a ação do homem no mundo presente em direção à vida eterna. Ao visitar igrejas e relíquias sagradas, nas viagens pela

---

[84] T. S. Eliot, "Coros de 'A Rocha'", seção III, versos 195-198. No original em inglês: *"Much is your reading, but not the Word of GOD, / Much is your bulding, but not the House of GOD. / Will you build me a house of plaster, with corrugated roofing, / To be filled with a litter of Sunday newspapers?"*. Utilizamos aqui a tradução em português da seguinte edição brasileira: T. S. Eliot, "Coros de 'A Rocha'". In: *T. S. Eliot: Obra Completa – Volume I: Poesia*. Trad., intr. e notas Ivan Junqueira. São Paulo, Arx, 2004, p. 287-329.

Europa, conheceu alguns resquícios materiais legados pela cristandade, visualizando como a beleza divina resplandece no culto, nas artes e nas obras humanas, possibilitando a criação de uma identidade histórica e a preservação da cultura. A amizade tanto com os nobres anglicanos major Ralph Christie e Sir David Lindsay quanto com os católicos dom Giulio Rospigliosi e arquiduque Otto von Habsburg o fizeram compreender a importância do elemento religioso na manutenção, por intermédio das famílias, do "contrato primitivo da sociedade eterna". Os contatos com Peter Stanlis, Roy Campbell, Flannery O'Connor e outros amigos católicos o proveram de inúmeras experiências fundamentais. Todavia, "a insolência, a pressão dos afazeres e a falta de orientação" o fizeram postergar por muito tempo o ingresso formal no Corpo Místico de Cristo.[85] Assim como o casamento de Russell e Annette foi inevitável, parece que o mesmo se deu com a recepção na Igreja Católica. O relacionamento com a família Courtemanche fora uma experiência fundamental: tanto pela religiosidade inabalável e o comprometimento comunitário de Mary I. Courtemanche, a alegre espirituosidade de Regis Henri Courtemanche, a amizade e nobre gentileza de Regis Armand Courtemanche, quanto, principalmente, pela amizade e pelo amor profundo de Annette, que na longa troca de correspondências respondera várias dúvidas de fé, fundamentada numa rigorosa argumentação tomista. As instruções formais sobre os princípios e a prática da fé católica foram ministradas pelo padre John McDuffie (†1991), capelão da igreja de St. Mary e responsável pelo Newman Center, ambos na Michigan Central University em Mount Pleasant. Em 15 de agosto de 1964, festa da Assunção de Nossa Senhora, Kirk foi batizado e recebeu pela primeira vez a Eucaristia na paróquia de Cristo Rei, em Springfield Garden, Nova York. Como Russell Amos Augustine Kirk recebeu o sacramento da Confirmação, em 1974, adotando o nome

---

[85] Russell Kirk, *The Sword of Imagination*, p. 292.

de Santo Agostinho como testemunho de seu gradativo processo de aceitação da fé católica. A conversão de Kirk ao catolicismo, após uma longa jornada, poderia ser descrita com as mesmas palavras que Chesterton utilizou em 1922 para narrar a plena comunhão com a Igreja Católica, no poema "The Convert" [O Convertido], ao afirmar a fé de forma triunfante nos seguintes versos:

> Os sábios têm a dar uma centena de mapas
> Que traçam seu cosmo rastejante, como uma árvore,
> Eles chacoalham a razão em muitas peneiras
> Que acumulam areia e deixam o ouro passar.
> E todas essas coisas são menos que poeira para mim
> Pois meu nome é Lázaro, e eu vivo.[86]

Utilizada para explicar a historicidade da doutrina católica e, ao mesmo tempo, a vida cristã, a noção de *evolução* adotada pelo cardeal Newman explicita que a conversão é um processo incompleto com inúmeros avanços, por vezes acompanhados de pequenos retrocessos, a perpassar toda a existência terrena da pessoa, sendo a fé, nessa perspectiva, o amadurecimento gradativo da alma para a verdade e para Deus, aquele que nos é mais íntimo do que somos a nós mesmos.[87] Somente o próprio Deus conhece a plenitude das almas

---

[86] G. K. Chesterton, "The Convert", versos 9-14. No original em inglês: *"The sages have a hundred maps to give / That trace their crawling cosmos like a tree, / They rattle reason out through many a sieve / That stores the sand and lets the gold go free. / And all these things are less than dust to me / Because my name is Lazarus and I live"*. Utilizamos a seguinte edição: G. K. Chesterton, *The Collected Poems of G. K. Chesterton*. Intr. Daniel B. Dodson. Nova York, Dodd, Mead & Company, 1980.

[87] Dentre os inúmeros livros e artigos sobre o pensamento teológico do cardeal Newman, aconselhamos os seguintes trabalhos: Congregação para a Doutrina da Fé, *Discurso do Cardeal Joseph Ratzinger por ocasião do centenário da morte do Cardeal John Henry Newman* (28/04/1990); Louis Bouyer, *Newman: Sa Vie, Sa Spiritualité*. Paris, Les Éditions du Cerf, 1952; Sheridan Gilley, *Newman and His Age*. Londres, Darton Longman and Todd, 2003.

e a disposição secreta dos corações humanos, que serão julgados por Jesus Cristo após a morte de cada indivíduo no Juízo Particular ou no fim dos tempos durante o Juízo Final, não sendo possível a nenhum homem captar a verdadeira intenção de seu semelhante.[88] No entanto, podemos inferir, pelos escritos e pela biografia de Russell Kirk, que o processo contínuo e ininterrupto de conversão pelo qual trilhou nos anos posteriores ao ingresso formal na Igreja Católica foi enriquecido, principalmente, pela vida familiar.

OS ANOS DE PLENITUDE DO PENSADOR: 1965-1974

Na autobiografia *The Sword of Imagination*, Russell Kirk cita uma passagem da obra *De Officiis* [Dos Deveres] de Marco Túlio Cícero segundo a qual "o primeiro vínculo da sociedade é o matrimônio, o seguinte os filhos, e depois a linhagem".[89] O casamento com Annette e o ingresso na Igreja Católica lhe permitiram compreender de forma plena a concepção sacramental da realidade apresentada pelos escritos de George MacDonald, G. K. Chesterton, C. S. Lewis e J. R. R. Tolkien. A vida religiosa, o amor conjugal e a formação de uma nova família foram experiências concretas que refletiram nas páginas impressas uma visão de humanidade cheia de cores e mistérios, composta por uma série de tradições e costumes guiados pela Lei Natural.

---

[88] Os dogmas escatológicos são parte fundamental da profissão de fé cristã, tal como apresentada no *Símbolo dos Apóstolos* e no *Credo Niceno-Constantinopolitano*. Uma análise sintética do tema se encontra nos parágrafos 1020 a 1060 do *Catecismo da Igreja Católica*, disponível em língua portuguesa na seguinte edição brasileira: *Catecismo da Igreja Católica*. Edição Típica Vaticana. São Paulo, Loyola, 2000.

[89] Marco Túlio Cícero, *De Officiis*, seção I, p. xvii, verso 54. No original em latim: *"prima societas in ipso coniugio est, proxima in liberis, deinde una domus"*. Citado em: Russell Kirk, *The Sword of Imagination*, p. 7.

A vida matrimonial de Russell e Annette Kirk foi repleta de amor e alegria. Os principais frutos dessa união foram as quatro filhas do casal, a saber: Monica Rachel, nascida em 23 de julho de 1967; Cecilia Abigail, em 30 de setembro de 1968; Felicia Annette, em 26 de maio de 1970; e Andrea Seton, em 25 de outubro de 1975. Apesar de não ter descuidado dos estudos e das atividades profissionais, Kirk viveu, após o casamento, principalmente em função da família, tendo sido um marido exemplar, bem como um pai carinhoso e atencioso.[90] As filhas guardam inúmeras lembranças agradáveis da infância, como as histórias contadas pelo pai antes de dormir, os diversos contos infantis criados especialmente para elas, as brincadeiras, os sustos que Kirk gostava de dar nos convidados contando histórias de terror e arrastando correntes pelo forro da casa, as várias festas e eventos acadêmicos organizados em Piety Hill, o convívio com a natureza, marcado por passeios pelos bosques e lagos próximos à Mecosta, e a rotina paterna de plantar várias árvores, dentre elas quatro carvalhos, um para cada filha, que até hoje ornam o terreno em torno da casa ancestral e cujas sementes vieram da floresta de Sherwood a pedido de Kirk, que escrevera para o então xerife de Nottingham solicitando tais bolotas do local onde se passam as principais aventuras de Robin Hood.

A pequena vila de Mecosta, longe do tumulto dos grandes centros urbanos, era o lugar onde Kirk gostava de viver, estando sempre cercado de familiares e dos diversos amigos que cultivou ao longo da vida. O local se tornou um porto seguro para parentes, amigos, alunos e refugiados. Em Piety Hill ou em outras casas que adquiriu no vilarejo, o

---

[90] Além dos inúmeros relatos de Russell Kirk em *The Sword of Imagination*, ver as lembranças de Annette Kirk e de Cecilia Kirk Nelson em: Annette Kirk, *Life with Russell Kirk*, p. 3-7; Cecilia Kirk Nelson, "A Literary Patrimony", p. 23-28. Ao longo do texto de Annette Kirk são citados trechos dos tributos que cada uma das quatro filhas do falecido pensador apresentou, em 3 de maio de 1994, pela memória do pai durante missa do funeral na Cathedral of St. Andrew, em Grand Rapids, Michigan.

casal abrigou diferentes pessoas. Após a aposentadoria, Russell Andrew Kirk, junto com a segunda esposa Avilda Jackson "Billie" Kirk (†1985), foi morar próximo ao filho em "Califia", uma casa vizinha à Piety Hill. Os pais de Annette terminaram seus dias em outra casa da mesma rua. A tia Fay Jewell continuou morando até a morte, em 1986, no pequeno chalé atrás de Piety Hill. O colega dos tempos do Michigan State College, Warren Fleischauer, se mudou para outra casa em frente à residência do pai de Russell, enquanto outros amigos, como William McCann e Edwin "Pongo" McClellan, eram visitantes assíduos. Piety Hill foi o abrigo de poetas, pintores, músicos, artistas, estudantes e índios, bem como de exilados políticos ou religiosos oriundos do exterior. Estudantes norte-americanos, escoceses, italianos, suíços e austríacos buscaram instrução com o Mago de Mecosta, até mesmo os filhos do arquiduque Otto von Habsburg, a princesa Walbuga von Habsburg e o arquiduque Karl von Habsburg, foram alunos de Kirk. Russell e Annette ajudaram inúmeros refugiados estrangeiros a reconstruir a vida nos Estados Unidos, como famílias de vietnamitas, indonésios, etíopes, poloneses e croatas, tratados como se fossem parentes, recebendo casa, alimentação e instrução para os filhos, que, atualmente, ocupam cargos no magistério ou em corporações privadas. Dentre as inúmeras pessoas inusitadas acolhidas pelo casal, se destaca Clinton Wallace (1915-1978), um vagamundo, apaixonado por poesia, que fugiu de casa aos dezesseis anos, viveu nas ruas, buscou instrução em bibliotecas públicas, e encontrou um lar em Piety Hill no ano 1967, onde residiu até a morte, sendo homenageado por Russell Kirk, que o transformou no herói de seus contos e mandou gravar na lápide dele a inscrição "Knight of the Road" [Cavaleiro da Estrada]. Por conta dos tipos incomuns que circulavam pela casa, o local foi descrito por diferentes pessoas como uma versão da mansão da Família Addams do cartunista Charles Addams (1912-1988).[91] Devido ao espírito hospitaleiro, o lugar também foi comparado

---

[91] Russell Kirk, *The Sword of Imagination*, p. 349.

com Valfenda, o lar de Mestre Elrond, o senhor de Imladris, o sábio e valoroso elfo da trilogia *The Lord of the Rings* [O Senhor dos Anéis], de J. R. R. Tolkien; a "última casa amiga", um lugar de "entendimento, ações e curas, para preservar todas as coisas imaculadas".[92] Para acolher melhor as pessoas que buscavam o apoio de Russell e Annette, além de adquirir casas no vilarejo, foi construído em 1970 um grande anexo em alvenaria nos fundos de Piety Hill.

Mantendo a tradição familiar dos Johnson, dos Pierce e dos Kirk, o casal costumava promover grandes celebrações, reunindo em Piety Hill diversos familiares, amigos e estudantes. Durante o Dia das Bruxas era costume do Mago de Mecosta vestir a beca laranja de *Literatum Doctorem* da University of St. Andrews e caminhar pela vila organizando os detalhes das festividades, cujos pontos culminantes eram o ponche flamejante feito pelo próprio Kirk e as histórias de terror que contava, o que o fez ser apelidado de "a grande abóbora" pela filha Andrea e pelos vizinhos. Antes de Andrew Lloyd Webber transformar o poema *Old Possum's Book of Practical Cats* [Livro do Velho Gambá sobre Gatos Travessos] de T. S. Eliot no musical *Cats* [Gatos], as filhas de Kirk já faziam encenações dos poemas, tendo se apresentado para Valerie Eliot, a viúva do poeta. Nas diversas festas, Annette costumava entreter os convidados tocando acordeão ou piano, dançando flamenco e dirigindo pequenas encenações teatrais. Um momento memorável foi quando, em 1971, durante uma grandiosa festa à fantasia, em Piety Hill, no Dia de São Valentino, fizeram a dramatização de *Alice's Adventures in Wonderland* [Alice no País das Maravilhas], de Lewis Carroll, tendo Russell no papel do Gato de Cheshire, Annette como a Rainha de Copas, as filhas Monica, Cecilia e Felicia atuando, respectivamente, como Alice, o Coelho Branco e o

---

[92] J. R. R. Tolkien, *O Senhor dos Anéis: A Sociedade do Anel*. Trad. Lenita Maria Rímoli Esteves e Almiro Pisetta. São Paulo, Martins Fontes, 2001, p. 237, 284, 299. Essas duas passagens da obra de Tolkien são citadas em: Russell Kirk, *The Sword of Imagination*, p. 344.

Bebê-Porquinho da Duquesa, e os sogros de Kirk, Regis e Mary, como o Chapeleiro Maluco e o Dodô, além dos inúmeros convidados que assumiram a caracterização de outras personagens.

A grande amizade e o companheirismo de Annette possibilitaram a Russell sistematizar os estudos e desenvolver melhor as potencialidades intelectuais. No período entre 1965 e 1974, além das pesquisas acadêmicas e da produção literária, Kirk manteve o trabalho jornalístico com as colunas "From the Academy" e "To the Point", esteve envolvido com atividades políticas e continuou viajando pelos Estados Unidos, para diferentes países da Europa e para Taiwan, ministrando inúmeras conferências e participando de debates.

A biografia *Edmund Burke: A Genius Reconsidered* [Edmund Burke: Redescobrindo um Gênio][93] foi lançada em 1967 e, no mesmo ano, apareceu um livro escrito em colaboração com o amigo James McClellan (1937-2005) sobre o senador Robert A. Taft (1889-1953), intitulado *The Political Principles of Robert A. Taft* [Os Princípios Políticos de Robert A. Taft].[94] Em 1969, foi publicada a coletânea de artigos acadêmicos *Enemies of the Permanent Things: Observations of Abnormity in Literature and Politics* [Inimigos das Coisas Permanentes: Observações sobre as Aberrações em Literatura e Política].[95] O já citado *Eliot and His Age: T. S. Eliot's Moral Imagination in the*

---

[93] A obra foi publicada originalmente pela Arlington House. Uma edição revista pelo autor foi impressa em 1988 pela Sherwood Sudgen e uma nova versão revisada por Jeffrey O. Nelson apareceu postumamente na seguinte edição: Russell Kirk, *Edmund Burke: A Genius Reconsidered*. 3. ed. Ed. Jeffrey O. Nelson. Pref. Roger Scruton. Wilmington, ISI Books, 1997. Publicado no Brasil em 2016 pela É Realizações.

[94] A primeira edição foi publicada pela Fleet, aparecendo recentemente com uma introdução de Jeffrey O. Nelson na seguinte reimpressão: Russell Kirk & James McClellan, *The Political Principles of Robert A. Taft*. Intr. Jeffrey O. Nelson. New Brunswick, Transaction Publishers, 2010.

[95] O livro foi publicado pela Arlington House e recebeu a seguinte reedição revista pelo autor: Russell Kirk, *Enemies of the Permanent Things: Observations of Abnormity in Literature and Politics*. Peru, Sherwood Sugden & Company, 1984.

Twentieth Century foi lançado em 1971, recebendo inúmeras críticas positivas de várias personalidades, dentre elas o poeta e ensaísta Allen Tate (1899-1979),[96] o escritor e satirista Malcolm Muggeridge (1903-1990)[97] e o filósofo, crítico literário e editor George A. Panichas (1932-2010),[98] além de ter sido agraciado em 1972, na categoria de "Livros para Adultos", com o Christopher Award, um prêmio oferecido pela instituição católica The Christophers como reconhecimento para obras literárias, televisivas e cinematográficas que afirmam os valores elevados do espírito humano. A pedido da Pepperdine University, escreveu a monumental obra *The Roots of American Order* [As Raízes da Ordem Americana],[99] publicada originalmente em 1974, na qual, utilizando como fundamento teórico a historiografia filosófica de Christopher Dawson e de Eric Voegelin, faz um estudo comparado de História Universal, apresentando a influência de diferentes tradições culturais na formação da nação norte-americana, desde o povo de Israel e da civilização greco-romana, passando pela Idade Média e o início da modernidade, até a época da Independência e da criação da Constituição dos Estados Unidos, demonstrando que tal experiência civilizacional se pauta no legado das cidades de Jerusalém, Atenas, Roma e Londres, vindo a culminar nos eventos da Filadélfia.

A obra literária *A Creature of the Twilight: His Memorials – A Baroque Romance* [A Criatura do Crepúsculo: Suas Memórias

---

[96] Allen Tate, "T. S. Eliot". In: *The New Encyclopaedia Britannica in 30 Volumes – Macropaedia: Volume 6*. 15. ed. Chicago/Londres, Encyclopaedia Britannica, 1974, p. 723-26.

[97] Malcolm Muggeridge, *Esquire*, vol. 78, n. 5, nov. 1972, p. 79.

[98] George A. Panichas, *The University Bookman: A Quarterly Review*, vol. XXVII, n. 5, 1987, p. 10-15.

[99] A obra foi publicada originalmente pela Open Court, sendo relançada em 1977 pela Pepperdine University e em 1991 pela Regnery Gateway em edições revistas por Kirk. Atualmente o livro está disponível na seguinte edição póstuma revisada pelo autor: Russell Kirk, *The Roots of American Order*. 4. ed. Pref. Forrest McDonald. Wilmington, ISI Books, 2003.

– Um Romance Barroco][100] foi publicada em 1966. O periódico *The Magazine of Fantasy na Science Fiction* publicou em 1967 o conto "Balgrummo's Hell" [Inferno de Balgrummo].[101] Russell Kirk foi nomeado, em 1970, membro da Count Dracula Society, uma associação acadêmica fundada pelo professor Donald A. Reed (1935-2001) com o objetivo de desenvolver estudos sérios sobre literatura gótica e filmes de terror. O conto "Sorworth Place", publicado originalmente na *The London Mistery Magazine* em 1952 e incluído na já citada coletânea *The Surly Sullen Bell*[102] de 1962, foi adaptado pelo roteirista Alvin Sapinsley (1921-2002) para a série *Night Gallery* [Galeria Noturna], criada, produzida e apresentada por Rod Serling (1924-1975), famoso pela criação de *The Twilight Zone* [Além da Imaginação]. Exibido originalmente em 19 de janeiro de 1972 na segunda temporada da série, o episódio "The Ghost of Sorworth Place" [O Fantasma de Sorworth Place], baseado no conto de Kirk, foi dirigido por Ralph Senensky, conhecido pelo trabalho como diretor de alguns episódios do seriado *Star Trek* [Jornada nas Estrelas], sendo estrelado pelo ator Richard Kiley (1922-1999) e pela atriz Jill Ireland (1936-1990).

Além dos inúmeros momentos de alegria proporcionados pela vida familiar, outro fator que contribuiu decisivamente para a grande produção intelectual e literária de Russell Kirk entre 1965 e 1974 foi não ter assumido obrigações com o magistério no período. A única exceção foram as aulas de História que ministrou, um semestre por

---

[100] Russell Kirk, *A Creature of the Twilight: His Memorials*. Nova York, Fleet Publishing Corporation, 1966.

[101] Idem, "Balgrummo's Hell". *The Magazine of Fantasy and Science Fiction*, vol. 33, n. 1, jul. 1967, p. 60-76. O conto foi reimpresso nas coletâneas *The Princess of All Lands* de 1979, *Off the Sand Road* de 2002 e *Ancestral Shadows* de 2004, bem como, em 1989, na segunda edição do romance *Lord of the Hollow Dark*.

[102] A história também foi reimpressa nas coletâneas *The Princess of All Lands* de 1979, *Off the Sand Road* de 2002 e *Ancestral Shadows* de 2004.

ano de 1971 a 1978, como professor visitante no Hillsdale College.[103] Após terminar as obrigações contratuais, continuou fazendo conferências anuais na instituição, que em 1993 criou a Cátedra Russell Kirk de Estudos Americanos, atualmente ocupada pelo historiador Bradley J. Birzer.[104]

A luta de Russell Kirk para restabelecer as antigas verdades acerca da pessoa e da sociedade, defendendo as "coisas permanentes" contra a "desagregação normativa" promovida pelas diferentes ideologias secularistas da modernidade, não foi travada apenas no campo teórico pela vasta produção escrita, mas também pelo apoio a causas políticas e pela participação em inúmeros debates públicos em que enfrentou vários oponentes famosos, como Malcolm X (1925-1965) e Ayn Rand (1905-1982). Os principais desafios enfrentados pelo Mago de Mecosta tanto no plano intelectual quanto no espaço

---

[103] O Hillsdale College, fundado em 1844, foi a primeira instituição privada de nível superior de Michigan. Russell Kirk escreveu o prefácio da seguinte obra histórica sobre a instituição: Arlan K. Gilbert, *Historic Hillsdale College: Pioneer in Higher Education, 1844-1900*. Hillsdale, Hillsdale College Press, 1991. A história recente do Hillsdale College, incluindo várias passagens sobre a colaboração de Kirk, se encontra no seguinte livro: Arlan K. Gilbert, *Permanent Things: Hillsdale College, 1900-1994*. Hillsdale, Hillsdale College Press, 1998. Uma descrição sintética dos princípios e da história da instituição está disponível no seguinte verbete: Arlan K. Gilbert & Douglas Jeffrey, "Hillsdale College". In: *American Conservatism: An Encyclopedia*. Eds. Bruce Fronhen et al., p. 386-87.

[104] O professor Bradley J. Birzer cursou o bacharelado em História na University of Notre Dame, recebendo na mesma área os títulos de mestrado pela Utah State University e PhD. pela Indiana University. É autor de inúmeros artigos acadêmicos e dos livros *J. R. R. Tolkien's Sanctifying Myth: Understanding Middle-earth* (ISI Books, 2002), *Sanctifying the World: The Augustinian Life and Mind of Christopher Dawson* (Christendom Press, 2007) e *American Cicero: The Life of Charles Carroll* (ISI Books, 2002). Atualmente, dr. Birzer está escrevendo um livro sobre a formação do pensamento de Russell Kirk, abrangendo o período de 1940 a 1964, cujos resultados preliminares dos estudos se encontram no seguinte artigo: Bradley J. Birzer, "More than 'Irritable Mental Gestures': Russell Kirk's Challenge to Liberalism, 1950-1960". *Humanitas*, vol. XXI, n. 1 & 2, 2008, p. 64-86.

público entre as décadas de 1960 e 1980 foram questões relacionadas ao avanço do radicalismo anárquico nos campos universitários, à utilização do aborto como política de saúde pública ou como direito pleiteado pelo movimento feminista, e à redução da liberdade religiosa nas relações entre Igreja e Estado, bem como o problema da reforma educacional. Dentre essas importantes causas conservadoras, o apoio ao movimento pró-vida foi a batalha em que Kirk se empenhou de forma mais efetiva, escrevendo diversos artigos e ministrando várias palestras contra a legalização do aborto, atuando no começo da década de 1970 como o mais importante porta-voz da organização PTAAA (People Taking Action Against Abortion / Pessoas Agindo Contra o Aborto) e apoiando Annette Kirk no trabalho de delegada pela Arquidiocese de Grand Rapids para a conferência "A Call to Action" [Uma Chamada para a Ação] promovida de 20 a 23 de outubro de 1976 em Detroit pela Conferência Episcopal Norte-Americana para celebrar o bicentenário da Independência dos Estados Unidos.[105] No entanto, o alvo das reflexões kirkeanas nunca foram as massas ou os políticos, mas os remanescentes, a minoria criativa da sociedade que, ultrapassando as divisões de classe, as diferenças de raça e sexo ou de orientação política, agem como o sal da terra, lutando pela preservação dos princípios permanentes da civilização ocidental.

OS ANOS DE PROPAGAÇÃO DAS IDEIAS: 1975-1987

Na noite de 12 de fevereiro de 1975, quarta-feira de cinzas, poucas horas após Russell Kirk ler trechos do poema "Ash Wednesday" [Quarta-feira de Cinzas] de T. S. Eliot para seus alunos do Olivet College, um grande incêndio, provocado por um problema na lareira,

---

[105] O próprio Russell Kirk relembra todo o envolvimento dele e de Annette Kirk na luta contra o aborto em: Russell Kirk, *The Sword of Imagination*, p. 417-32.

destruiu Piety Hill, transformando-a em cinzas.[106] Na época, os quartos do casal e das três filhas não ficavam mais na antiga construção vitoriana erigida por Amos Johnson em 1878, mas no anexo em alvenaria feito em 1970. A cozinha da família ainda estava na casa ancestral, que também era utilizada como residência de Clinton Walace e servia para hospedar estudantes. Felizmente, ninguém morreu ou se feriu no incidente, mas muitos pertences de cinco gerações da família, de grande valor afetivo, foram perdidos. O ocorrido foi ilustrado no artigo de Kirk para a coluna "To the Point" com o seguite trecho dos versos de T. S. Eliot em "East Coker", o segundo dos "Four Quartets" [Quatro Quartetos]:

> As casas vivem e morrem: há um tempo para construir
> E um tempo para viver e conceber
> E um tempo para o vento estilhaçar as trêmulas vidraças
> E sacudir o lambril onde vagueia o rato silvestre
> E sacudir as tapeçarias em farrapos tecidas com a silente legenda.[107]

A personalidade estoica de Russell Kirk o fez aceitar com resignação o grande incêndio da casa ancestral, dando forças para transformar o simples anexo em alvenaria num palacete em estilo italianizante. Com a ajuda do amigo James B. Nachtegall (1929-2002), um arquiteto de Grand Rapids, a nova Piety Hill se tornou uma casa que em muitos aspectos parece saída da obra *As Crônicas de Nárnia*, de C. S.

---

[106] O incêndio é narrado nos seguintes textos: Russell Kirk, "An Old House Dies with Love and Honor". *Detroit News*, 03/03/1975, B, p. 7; Idem, "Redeemed From Fire by Fire". *National Review*, 27, 28/03/1975, p. 347; Idem, *The Sword of Imagination*, p. 355-59.

[107] T. S. Eliot, "East Coker", seção I, versos 9-13. No original em inglês: "*Houses live and die: there is a time for building / And a time for living and for generation / And a time for the wind to break the loosened pane / And to shake the wainscot where the field-mouse trots / And to shake the tattered arras woven with a silent motto*". Utilizamos aqui a tradução em português de Ivan Junqueira da seguinte edição brasileira: T. S. Eliot, "Quatro Quartetos". In: *T. S. Eliot: Obra Completa – Volume I: Poesia*. Lisboa, Relógio D'Água, 2004, p. 331-87.

Lewis. Na frente da estrutura cúbica de alvenaria foi incorporado um proeminente torreão que serve de vestíbulo e o segundo andar abriga um quarto de hóspedes denominado "Gothic Room". Um pequeno pináculo com uma cúpula dourada foi posto sobre o telhado no centro da construção revestida com tijolos de cerâmica. A casa é ornada externamente com altos-relevos de leões e mãos-francesas em forma de camponesas e grifos. A nova casa de Piety Hill utiliza na decoração interna e na externa inúmeras partes, salvas pelo casal ao longo de diferentes viagens, de antigas construções derrubadas pelo "espírito de progresso", como a cúpula do pináculo do asilo da congregação religiosa das Irmãzinhas dos Pobres em Grand Rapids, as talhas da antiga igreja católica de St. Michael em Remus, os painéis de madeira do Hotel Stevens ou do Hilton Hotel em Chicago, e os espelhos do Hotel Darwin D. Cody Home em Grand Rapids. O acidente na vida privada, em parte, influenciou na atuação pública do pensador, que reduziu as atividades intelectuais para se dedicar à reconstrução da residência, assumindo diferentes trabalhos remunerados no magistério e encerrando a carreira de jornalista sindicalizado, deixando de escrever a coluna diária "To the Point".

No período de 1974 a 1984, o trabalho em diferentes instituições de ensino superior ocupou uma parcela significativa da agenda de Russell Kirk. Além do já citado emprego no Hillsdale College entre 1971 e 1978, Kirk foi professor visitante do Los Angeles State College, da Pepperdine University, da Central Michigan University, do Olivet College, do Albion College, da Troy State University, da Indiana University, da University of Colorado e da Grand Valley State University, encerrando nessa última a carreira no magistério. À atividade de ensino universitário se somou uma vasta programação de conferências e seminários acadêmicos, as obrigações com cargos administrativos, o envolvimento na vida política da nação e a elaboração de ensaios ou livros, bem como a revisão para novas reedições das já citadas obras *Randolph of Roanoke*, *The Conservative Mind*, *The American Cause*,

The Intemperate Professor, *Edmund Burke*, *Enemies of the Permanent Things*, *Eliot and His Age* e *The Roots of American Order*. Desde o ano 1973 foram implantados programas de formação do Intercollegiate Studies Institute (ISI)[108] em Piety Hill, em que centenas de alunos participaram de diferentes seminários ministrados

---

[108] Fundado como Intercollegiate Society of Individualists pelo jornalista libertário Frank Chodorov (1887-1966) em 1953, o ISI teve como primeira missão tentar conter a influência das ideias socialistas e de outras ideologias coletivistas sobre as elites norte-americanas, identificando pessoas no meio acadêmico comprometidas com a defesa da liberdade que poderiam atuar nesse sentido. Em uma carta para E. Victor Milione (1924-2008), datada de 24 de maio de 1954, Russell Kirk ofereceu novas perspectivas para a instituição, que passou a trabalhar principalmente com pensadores de tendência conservadora como Richard Weaver, F. A. Hayek, Eric Voegelin, Robert Nisbet e Thomas Molnar, além de começar a ter uma atuação mais voltada para a formação de estudantes universitários, abrangendo não apenas temas relacionados à política e à economia, mas principalmente ao estudo das humanidades oferecido pela proposta de educação liberal. Finalmente, assumindo um maior comprometimento com a preservação das tradições da civilização ocidental e, ao mesmo tempo, como meio de explicitar um completo afastamento do individualismo e do agnosticismo professado pela maioria dos libertários, a instituição mudou o nome para Intercollegiate Studies Institute em 1966. Desde o início da década de 1950, o ISI contou com o apoio de Kirk ministrando palestras e participando de seminários promovidos pela instituição em diferentes *campi* universitários. Ao passar dos anos, o ISI iniciou um vasto programa editorial, sendo responsável pela publicação de várias obras de Kirk e pelos periódicos *Modern Age*, *Intercollegiate Review* e *Political Science Reviewer*. A história do ISI, com várias menções à colaboração de Kirk, é o objeto do seguinte livro: Lee Edwards, *Educating for Liberty: The First Half-Century of the Intercollegiate Studies Institute*. Washington D.C., Regnery Publishing, 2003. Para uma visão sintética, consultar: John Zmirak, "Intercollegiate Studies Institute". In: Bruce Fronhen et al. (eds.), *American Conservatism: An Encyclopedia*, p. 436-39. Ver também: Fred Foldvary, "Chodorov, Frank (1887-1966)". In: Bruce Fronhen et al. (eds.), *American Conservatism: An Encyclopedia*, p. 145-46; Lee Edwards, "Milione, E. Victor (1924-2008)". In: Bruce Fronhen et al. (eds.), *American Conservatism: An Encyclopedia*, p. 571-72; John Zmirak, "Intercollegiate Review". In: Bruce Fronhen et al. (eds.), *American Conservatism: An Encyclopedia*, p. 434-35; Bruce Fronhen, "Political Science Reviewer". In: Bruce Fronhen et al. (eds.), *American Conservatism: An Encyclopedia*, p. 665-66.

por Russell Kirk e outros ilustres professores, dentre os quais se destacam os nomes do crítico literário Cleanth Brooks, do poeta Andrew Lytle, do escritor e satirista Malcolm Muggeridge, do professor de Literatura Peter Stanlis, dos historiadores George Nash, M. E. Bradford e John Lukacs, do psicólogo Paul Vitz, e dos filósofos Gehard Niemeyer, Thomas Molnar e Roger Scruton. Os seminários realizados até 1993 trataram de assuntos diversos como "A Mente e o Coração de Edmund Burke", "O Pensamento de Orestes Browson", "T. S. Eliot e a Defesa da Cultura", "Christopher Dawson e a Cultura", "A Façanha de Eric Voegelin", "A Consciência Histórica", "Crítica à Constituição dos Estados Unidos", "A Lei Natural", "Relações entre Igreja e Estado", "Os Sistemas da Sociedade", "A Economia Humana", "Humanismo Verdadeiro e Falso", "Literatura e Ideologia", "O Romance Político" e "A Educação Liberal". Tal programação de eventos foi o germe do trabalho promovido atualmente pelo Russell Kirk Center for Cultural Renewal.

Em 1978, Russell Kirk foi nomeado Distinguished Scholar pela Heritage Foundation,[109] iniciando um ciclo de quatro palestras anuais na sede da instituição em Washington D.C., totalizando até sua morte o exato número de sessenta conferências, muitas delas publicadas em livros. O Pontifício Conselho para a Família o convidou para ser um dos palestrantes do VII Congresso Internacional sobre a Família, realizado em novembro de 1983, na cidade de Roma, na Itália, e após o evento, Kirk foi recebido, juntamente com Annette, em audiência

---

[109] Fundada em 1973, a Heritage Foundation é a principal instituição conservadora norte-americana dedicada à elaboração de políticas públicas que promovam os princípios dos valores tradicionais, do governo limitado, da economia de livre mercado, da defesa externa e da segurança interna. A história e o trabalho desse *think tank* são objeto do livro: Lee Edwards, *The Power of Ideas: The Heritage Foundation at Twenty-Five Years*. Ottawa, Jameson Books, 1997. Para uma visão sintética, ver: Gregory L. Schneider, "Heritage Foundation". In: Bruce Fronhen et al. (eds.), *American Conservatism: An Encyclopedia*, p. 383-85.

pelo papa João Paulo II.[110] Como Fulbright Scholar, Kirk ministrou diversas conferências na University of St. Andrews em 1987.

O grande comprometimento de Russell Kirk com a defesa dos princípios fundamentais da civilização ocidental fez com que fosse nomeado para cargos administrativos de diferentes instituições, bem como contemplado com alguns prêmios. De 1979 a 1988, foi diretor do programa de Ciências Sociais do Educational Research Council of America, com sede em Cleveland, Ohio. Assumiu em 1979 a presidência da Margerite Eyer Wilbur Foundation, ocupando o cargo até 1994. Em 1983, foi eleito presidente da Philadelphia Society.[111] Foi agraciado, em 1984, com o Ingersoll Prize em Literatura e Humanidades concedido pela The Ingersoll Philanthropic Foundation e, no mesmo ano, recebeu o Richard M. Weaver Award do Rockford Institute. Em 1985, o National Endowment for the Humanities concedeu uma Constitutional Fellowship para iniciar estudos históricos e jurídicos sobre a Constituição dos Estados Unidos.

---

[110] As memórias de Kirk sobre o congresso e o encontro com João Paulo II se encontram em: Russell Kirk, *The Sword of Imagination*, p. 445-48.

[111] O administrador Donald J. Lipsett (1930-1995) fundou a Philadelphia Society em 1964, com o apoio do futuro Prêmio Nobel em economia Milton Friedman (1912-2006) e de William Buckley Jr., Frank Meyer, Wilmoore Kendall e Russell Kirk, com o objetivo de promover um fórum permanente, franco e aberto, de debates acadêmicos, entre conservadores e libertários, sobre a liberdade ordenada. Além dos supracitados membros fundadores, a instituição também reuniu em seus quadros os já citados F. A. Hayek, Eric Voegelin, Robert Nisbet, Gerhart Niemeyer, Irving Kristol, Eliseo Vivas, Erik von Kuehneldt-Leddihn, Henry Regnery e M. E. Bradford, bem como o Prêmio Nobel em economia George Stigler (1911-1991). Dentre os membros que ainda fazem parte da Philadelphia Society se destacam o Prêmio Nobel em economia Ronald Coase, os historiadores Forrest McDonald, Richard Pipes, George H. Nash e Lee Edwards, o jurista Robert H. Bork, o teólogo Michael Novak (1933-2017), o crítico social George Gilder e o filósofo Ellis Sandoz. Para uma análise geral sobre a instituição, ver: William F. Meehan III, "Philadelphia Society". In: Bruce Fronhen et al. (eds.), *American Conservatism: An Encyclopedia*, p. 660-61.

Devido aos contratempos e compromissos assumidos, a produção literária de Russell Kirk, entre os anos 1975 e 1987, não foi tão intensa quanto nos períodos entre 1951 e 1964 ou 1965 a 1974. No entanto, ele escreveu nessa época diversos artigos acadêmicos e alguns livros. Publicou, em 1978, a obra *Decadence and Renewal in the Higher Learning: An Episodic History of American University and College since 1953* [Decadência e Renovação no Ensino Superior: Uma História Episódica da Universidade Norte-Americana desde 1953].[112] Algumas conferências ministradas na Heritage Foundation, bem como para o Intercollegiate Studies Institute e em instituições de ensino superior, foram reunidas em *Reclaiming a Patrimony: A Collection of Lectures* [Reafirmar um Patrimônio: Uma Coletânea de Conferências][113] de 1982. No mesmo ano foi publicado *The Portable Conservative Reader* [O Guia de Bolso de Textos Conservadores],[114] uma seleção de diversas passagens de textos clássicos de diferentes autores sobre conservadorismo, editados por Kirk, que incluiu notas e escreveu como introdução o ensaio "What is Conservatism?" [O que é Conservadorismo?]. A obra *The Assault on Religion: Commentaries on the Decline of Religious Liberty* [O Ataque à Religião: Comentários sobre o Declínio da Liberdade Religiosa],[115] de 1986, foi organizada por Kirk, que também escreveu a introdução do livro, o qual reúne a análise de pesquisadores, senadores e congressistas sobre

---

[112] Russell Kirk, *Decadence and Renewal in the Higher Learning: An Episodic History of American University and College since 1953*. South Bend, Gateway, 1978.

[113] Idem, *Reclaiming a Patrimony: A Collection of Lectures*. Washington D.C., Heritage Foundation, 1982. Dos dez ensaios que compõem a presente obra, cinco foram reimpressos no livro *Redeeming the Time*.

[114] *The Portable Conservative Reader*. Ed., intr. e notas Russell Kirk. Nova York, Penguin Books, 1982.

[115] *The Assault on Religion: Commentaries on the Decline of Religious Liberty*. Ed. e intr. Russell Kirk. Pref. James McClellan. Lanham, The Center for Judicial Studies/University Press of America, 1986.

casos judiciais, ações do executivo e o papel do legistativo em relação ao avanço governamental contra a liberdade religiosa. Em 1987, foi publicada a coletânea *The Wise Men Know What Wicked Things Are Written on the Sky* [Os Sábios Estão Cientes das Perversidades Gravadas no Céu],[116] com o texto de algumas conferências ministradas na Heritage Foundation, no Intercollegiate Studies Institute, no VII Congresso Internacional sobre a Família e em diversas universidades. Como trabalho final para o Educational Research Council of America, escreveu o livro *Economics: Work and Prosperity* [Economia: Trabalho e Prosperidade],[117] um manual de economia para escolas católicas, publicado em 1989.

No mesmo período, Russell Kirk produziu diversos trabalhos literários reconhecidos pela crítica especializada e pelo grande público. O conto "There's a Long, Long Trail a-Winding" [Há uma Longa, Longa Trilha Sinuosa],[118] publicado originalmente em 1976, foi premiado em 1977 com o World Fantasy Award. Em 1979, foi publicada a antologia *The Princess of All Lands* [A Princesa de Todas as Nações][119] e o romance gótico *Lord of Hollow Dark* [O Senhor das

---

[116] Russell Kirk, *The Wise Men Know What Wicked Things are Written on the Sky*. Washington D.C., Regnery Publishing, 1987. Nove ensaios, dos onze que compõem o presente livro, foram reimpressos na coletânea *Redeeming the Time*.

[117] Idem, *Economics: Work and Prosperity*. Pensacola, A Beka Book, 1989.

[118] Idem, "There's a Long, Long Trail a-Winding". In: *Frights: New Stories of Suspense and Supernatural Terror*. Ed. Kirby McCauley. Nova York, St. Martin Press, 1976, p. 5-44.

[119] Idem, *The Princess of All Lands*. Sauk City, Arkhan House Publishers, 1979. Além dos já citados contos "Balgrummo's Hell" e "There's a Long, Long Trail a-Winding", a obra reúne "Saviourgate" publicado em 1976 na *The Magazine of Fantasy and Science Fiction*, quatro histórias que também foram compiladas em *The Surly Sullen Bell* e mais duas narrativas inéditas. As nove histórias que compõem o livro *The Princess of All Lands* foram reimpressas tanto nos dois volumes da coletânea *Off the Sand Road* e *What Shadows We Pursue* como na antologia *Ancestral Shadows*.

Trevas Profundas].[120] A coletânea de contos de terror *Watchers at the Strait Gate: Mystical Tales* [Sentinelas no Estreito Portal: Contos Místicos][121] foi publicada em 1984.

Russell Kirk entendeu a advertência de George Gissing ao afirmar que "a política é a preocupação dos semianalfabetos", mas, ao mesmo tempo, teve consciência para perceber que a política "não pode ser abandonada totalmente aos semianalfabetos".[122] A responsabilidade intelectual diante de graves problemas, tanto em questões domésticas quanto nas relações externas, fez com que o Cavaleiro da Verdade se envolvesse com a prática política algumas vezes ao longo da vida, mas sempre entendendo tal atividade como a arte do possível e evitando a associação com grupos radicais ou sectários.[123] Kirk manteve contato com inúmeros políticos de diferentes partidos, aconselhando informalmente alguns deles ou debatendo em público com outros, vindo a conhecer pessoalmente o ex-presidente Herbert Hoover (1874-1964), o pacifista e socialista Norman Thomas (1884-1968), o senador republicano Barry Goldwater (1909-1998), o senador democrata Eugene J. McCarthy (1916-2005), o vice-presidente Hubert Humphrey (1911-1978), o congressista republicano e futuro presidente Gerald R. Ford (1913-2006), e os presidentes Lyndon Johnson (1908-1973), Richard Nixon (1913-1994), Ronald Reagan

---

[120] Russell Kirk, *Lord of Hollow Dark*. Nova York, St. Martin's Press, 1979. Uma nova reimpressão do romance gótico, incluindo o conto "Balgrummo's Hell" como prólogo, foi publicada na seguinte edição: Russell Kirk, *Lord of Hollow Dark*. Front Royal, Christendom Press, 1989.

[121] Russell Kirk, *Watchers at the Strait Gate: Mystical Tales*. Sauk City, Arkhan House Publishers, 1984. O livro apresenta três contos impressos anteriormente em *The Surly Sullen Bell*, quatro narrativas publicadas em antologias ou periódicos e três histórias inéditas. Os dez contos que compõem o livro *Watchers at the Strait Gate* foram reimpressos tanto nos dois volumes da coletânea *Off the Sand Road* e *What Shadows We Pursue* como na antologia *Ancestral Shadows*.

[122] Russell Kirk, *The Sword of Imagination*, p. 167.

[123] Sobre a temática, consultar: Gerald J. Russello, *The Postmodern Imagination of Russell Kirk*, p. 104-14.

(1911-2004) e George H. W. Bush, bem como o futuro presidente George W. Bush.[124] Os presidentes Nixon e Reagan o convidaram para assumir postos na administração pública, mas Kirk rejeitou essas propostas dizendo ironicamente para o primeiro que "poderia ter tido esse tipo de cargo quando tinha trinta anos, se desejasse", e brincando com o segundo afirmou: "como você deve me odiar para tentar me transformar num burocrata".[125] O Mago de Mecosta sempre acreditou que sua missão era trabalhar além das pequenas disputas do corpo político, despertando a imaginação moral e a imaginação política dos formadores da opinião pública.

Russell Kirk tinha consciência de que a conservação dos princípios mais valiosos de nossa civilização não irá ocorrer por intermédio da política partidária, mas pelo cultivo da imaginação e por um verdadeiro projeto educativo. A ideia kirkeana de uma reforma educacional pautada no primado da família, na competição de currículos, na diversidade de instituições de ensino com ênfase em escolas independentes e na instrução dos princípios morais para os alunos foi advogada por Annette Kirk quando nomeada pelo presidente Ronald Reagan, no outono de 1981, para a National Commission on Excellence in Education [Comissão Nacional para Excelência na Educação], ocupando tal função até abril de 1983, quando foi publicado o relatório *A Nation at Risk: The Imperative for Educational Reform* [Uma Nação em Risco: O Imperativo para a Reforma Educacional]. Annette Kirk continuou a batalha em prol da melhoria da qualidade de ensino durante o período de 1984 a 1987, quando foi membro do Comitê para Educação da Conferência Católica dos Estados

---

[124] O envolvimento de Russell Kirk com a vida política é abordado nos capítulos 10 ("The Art of Politics and the Art of Love", p. 249-71), 11 ("Private Victory and Public Defeat", p. 273-303), 12 ("Imagination and Pratical Politicians", p. 305-36) e 16 ("Causes Gained, Causes Disputed", p. 437-69) de *The Sword of Imagination*.
[125] Russell Kirk, *The Sword of Imagination*, p. 435.

Unidos.[126] Todavia, as maiores colaborações de Russell, apoiado por Annette, para a elevação dos padrões educacionais foram as inúmeras conferências e seminários ministrados, as obras que escreveu e, principalmente, o trabalho que desenvolveu em Mecosta ao orientar vários estudantes e formar diferentes gerações de intelectuais que, até os nossos dias, continuam o trabalho do mestre em prol da preservação das "coisas permanentes".

OS ANOS DE REFLEXÃO E CRÍTICA: 1987-1994

As críticas de Russell Kirk aos desvios ideológicos de certos grupos do movimento conservador norte-americano permeiam a vasta produção intelectual do pensador, cuja honestidade intelectual sempre esteve acima das preferências políticas. Desde o final da década de 1970, o Cavaleiro da Verdade intensificou os ataques ao radicalismo de alguns aliados, demonstrando que as simplificações ideológicas por eles defendidas representam riscos semelhantes às ideias igualitaristas propostas pelos adversários socialistas, vindo a combater de forma explícita tanto as noções falaciosas de liberdade individual e de liberdade econômica absolutas, tal como defendidas pelos libertários,[127] quanto o projeto político de exportação do modelo norte-americano de sociedade e a crença na democracia como meio de salvação da humanidade advogados pelos neoconservadores.[128] A coerência com

---

[126] A cruzada de Annette Kirk pela melhoria dos padrões educacionais é narrada em: Russell Kirk, *The Sword of Imagination*, p. 417-32.

[127] Russell Kirk, "A Dispassionate Assessment of Libertarians". In: *The Politics of Prudence* [*A Política da Prudência*, publicado no Brasil em 2013 pela É Realizações], p. 156-71; Idem, "Libertarians: Chirping Sectaries". In: *Redeeming the Time*, p. 271-83.

[128] Idem, "The Neoconservatives: An Endangered Species". In: *The Politics of Prudence* [*A Política da Prudência*, publicado no Brasil em 2013 pela É Realizações], p. 172-90.

os princícios teóricos defendidos sempre foi mais importante que as aparentes necessidades políticas do momento histórico, fator que fez Russell Kirk criticar o uso de bombas nucleares contra o Japão durante a Segunda Guerra Mundial, censurar a atuação do senador Joseph R. McCarthy (1908-1957) na caça aos comunistas, notar os defeitos gerados pelo conformismo do chamado "American Way of Life" [modo de vida americano], desaprovar a doutrina da guerra preventiva e a entrada dos Estados Unidos na Guerra do Vietnã, assim como avaliar negativamente o apoio quase incondicional da diplomacia norte-americana a Israel e o envolvimento, direto ou indireto, dos Estados Unidos nos problemas do Oriente Médio, tal como se deu na guerra entre o Irã e o Iraque, nos conflitos no Líbano e na Guerra do Golfo. Em 1976, apoiou a candidatura independente de Eugene J. McCarthy, por acreditar que não existiam diferenças de programa político entre o republicano Gerald Ford e o democrata Jimmy Carter. Assumiu em Michigan a coordenação da campanha presidencial de Patrick Buchanan nas primárias do Partido Republicano, em 1992, como uma forma de expressar a desaprovação às direções tomadas pela administração de George H. W. Bush tanto na política interna quanto nas relações externas. Como profundo conhecedor da dinâmica histórica e defensor de uma visão mais ampla do conservadorismo, rejeitou o pessimismo reacionário e não se deixou levar pelo otimismo da maioria dos parceiros de luta, procurando entender os riscos inerentes da transformação do conservadorismo em um dogma ideológico, pois "não acreditava em soluções políticas e econômicas que prometem resolver os problemas de maneira definitiva".[129]

Numa carta para o amigo e editor Henry Regnery, datada de 6 de dezembro de 1987, Russell Kirk escreveu:

> Em resposta aos questionamentos de muitos sobre como tenciono ocupar-me agora que já publiquei 25 livros e aproximo-me dos setenta anos de idade (...).

---

[129] Gerald J. Russello, *The Postmodern Imagination of Russell Kirk*, p. 134.

Os livros históricos, os escritos polêmicos, a crítica literária e mesmo a ficção que produzi foi no intuito de resistir às paixões ideológicas que têm devastado a civilização desde 1914 – aquilo que Arnold Toynbee chamou de "período de desordem" (...). Nadei contra a corrente da opinião dominante. Ao ver se aproximar meu septuagésimo aniversário, estou deveras surpreso de não ter sido lançado ao abismo profundo; de fato, fiz algum progresso contra a maré ideológica e os ferozes apetites de nossa época.

Portanto, a próxima década (e talvez a última) de minha vida será usada, como as décadas anteriores, no combate às desordens intelectual e social. Em particular, desejo terminar um livro bem elaborado sobre as causas das angústias da alma e as aflições da comunidade neste século que agora se aproxima do fim: um livro livre dos argumentos fáceis e comuns de "capitalismo" *versus* "comunismo". Pretendo concluir minhas memórias; os futuros dois volumes finos a respeito da Constituição e um livro que discuta as teorias da justiça, uma vontade intimamente relacionada à análise geral dos desastres e dos descontentes do século XX. Pretendo deixar antever algum júbilo, se possível – para recordar aos leitores que a vontade, afinal, é livre; e empunhar a espada contra o determinismo histórico (...). De certo modo, diferente de meu amigo Malcolm Muggeridge, não perdi as esperanças em nós mesmos, confusas criaturas deste mundo.

Meu estudo e escritos englobarão várias disciplinas: História, Literatura, Ciência Política, Teologia e até Física. Terei de reduzir o volume de matérias jornalísticas sérias para ter tempo de concluir essa grande tarefa literária; também precisarei palestrar com menos frequência em *campi* universitários, apesar da demanda pelas conferências (...).

Uma parcela significativa dos projetos de Russell Kirk listados na carta para Henry Regney foi realizada. O número de aparições em público foi diminuído drasticamente, no entanto, o Cavaleiro da Verdade continuou ministrando palestras na Heritage Foundation, no Hillsdale College e em algumas instituições de ensino superior, bem como em eventos do Intercollegiate Studies Institute e da Philadelphia Society, além de ter sido um dos conferencistas num congresso, em

1988, em comemoração ao centenário de nascimento de T. S. Eliot, realizado em Monza, na Itália. De 1988 a 1994 coordenou *The Library of Conservative Thought* [A Biblioteca do Pensamento Conservador], uma coleção de livros de autores conservadores clássicos e contemporânos publicada pela Transaction Publishers, na qual alguns dos mais de trinta títulos lançados no referido período incluem prefácios ou introduções do próprio Russell Kirk. Infelizmente, o Mago de Mecosta não conseguiu publicar as obras completas de Christopher Dawson com estudos introdutórios inéditos de sua própria lavra, conforme havia planejado; visando executar esse projeto, Kirk manteve uma longa troca de correspondências com Christina Scott (1922-2001), a filha e biógrafa do historiador britânico, e em 1993, visitou a Inglaterra, a Escócia e Gales para recolher dados sobre a vida e o pensamento de Dawson.[130]

O resultado parcial das pesquisas realizadas durante a Constitutional Fellowship do National Endowment for the Humanities foram publicados, em 1990, no livro *The Conservative Constitution* [A Constituição Conservadora],[131] republicado em 1997 como *Rights and Duties: Reflections on Our Conservative Constitution* [Direitos e Deveres: Reflexões sobre nossa Constituição Conservadora],[132] em uma versão editada com novos textos do autor, demonstrando, nos diferentes artigos das duas edições, a necessidade de regras jurídicas objetivas, pautadas na Lei Natural e nos costumes, como salvaguardas da ordem, da liberdade e da justiça, além de criticar o secularismo, que tenta eliminar a dimensão religiosa como verdadeiro fundamento

---

[130] A única parte do projeto executada foi a publicação, com um estudo introdutório de Kirk, da seguinte obra: Christina Scott, *A Historian and His World: A Life of Christopher Dawson*. Intr. Russell Kirk. New Brunswick, Transaction Publishers, 1991.

[131] Russell Kirk, *The Conservative Constitution*. Washington D.C., Regnery Gatway, 1990.

[132] Idem, *Rights and Duties: Reflections on Our Conservative Constitution*. Ed. Mitchell S. Muncy. Intr. Russell Hittinger. Dalas, Spence Publishing, 1997.

das regras de convivência social. Em 1993, foi publicado o já citado livro *A Política da Prudência*, uma compilação de dezessete conferências de Kirk na Heritage Foundation e uma palestra ministrada no Hillsdale College. No mesmo ano foi lançado *America's British Culture* [Cultura Britânica dos Estados Unidos],[133] que ao opor os erros do multiculturalismo demonstra como a manutenção da ordem social necessita da existência de valores culturais comuns, expressos pela mentalidade, língua e literatura, pelos costumes e pelas instituições sociais da nação. Alguns meses antes de falecer, concluiu a autobiografia *The Sword of Imagination*, publicada postumamente em 1995. Nos meses finais de vida, continuou o trabalho de organização da coletânea *Redeeming the Time*, cuja edição final ficou aos cuidados de Jeffrey O. Nelson e foi lançada em 1996, reunindo 22 conferências ministradas por Kirk na Heritage Foundation, na Philadelphia Society, no Intercollegiate Studies Institute, no Hillsdale College, na Grand Valley State University, na Pepperdine University e noutras instituições de ensino superior, sendo que alguns dos textos já haviam sido publicados anteriormente nos livros *Reclaiming a Patrimony* e *The Wise Men Know What Wicked Things Are Written on the Sky*. Infelizmente, a morte impediu Kirk de escrever o livro sobre Teoria da Justiça e a obra sobre Filosofia da História, para os quais já vinha realizando inúmeras pesquisas, selecionando a bibliografia e fazendo algumas leituras. O amigo George Panichas (1930-2010) organizou uma seleção de textos de Kirk para o volume *Essential Russell Kirk: Selected Essays* [Russell Kirk Essencial: Ensaios Selecionados],[134] publicado em 2007 e dividido em nove seções que reúnem ensaios sobre a noção de conservadorismo, a crítica às ideologias, as temáticas da imaginação moral e da educação, bem como algumas reflexões sobre

---

[133] Idem, *America's British Culture*. New Brunswick, Transaction Publishers, 1993.

[134] Idem, *Essential Russell Kirk: Selected Essays*. Ed. e intr. George Panichas. Wilmington, ISI Books, 2007.

os fundamentos culturais da civilização ocidental e sobre as raízes históricas dos Estados Unidos, dentre outros assuntos.

Ao longo de toda a vida, o brilhantismo intelectual de Russell Kirk foi amplamente reconhecido. Recebeu doze doutorados *honoris causa* de diferentes instituições de ensino superior nas áreas de Literatura, Direito e Jornalismo. Em janeiro de 1989, foi condecorado com a Presidential Citizen's Medal for Distinguished Service to the United States [Ordem de Mérito da Presidência por Eminentes Préstimos aos Estados Unidos]. Foi agraciado em dezembro de 1991 com Salvatori Prize pelos escritos históricos. Ao celebrar os 75 anos de Russell Kirk e os 40 anos da publicação do livro *The Conservative Mind,* a Philadelphia Society convocou, em maio de 1993, uma sessão especial e, em outubro do mesmo ano, foi organizada uma conferência comemorativa, no Henry Ford Museum and Greenfield Village, em Dearborn, em que John Engler, o governador de Michigan na ocasião, fez um tributo especial ao pensador.

No entanto, a vida familiar era o que havia de mais importante para Russell Kirk. Nos últimos anos, teve o prazer de ver as duas filhas mais velhas receberem o sacramento do matrimônio: Monica, em 5 de julho de 1991, com Brian Scott Carman na St. Anne's Church em Mackinac Island, e Cecilia, com Jeffrey O. Nelson na Cathedral of St. Andrew, em Grand Rapids, em 23 de dezembro de 1993. Infelizmente, o Mago de Mecosta não teve a oportunidade de presenciar os casamentos de Felicia com Marcos Flores em 2003 e de Andrea com Tony Assaf em 2004, nem de conhecer todos os doze netos que darão continuidade à família.

A saúde de Russell Kirk no final de 1993 parecia cada vez mais frágil. Em 16 de fevereiro de 1994, uma quarta-feira de cinzas, foi informado, em uma consulta médica, que sofria de insuficiência cardíaca congestiva e, portanto, teria poucos meses de vida. Diante da notícia aproveitou o tempo que lhe restava para continuar o trabalho na organização da coletânea *Redeeming the Time,* além de escrever o texto "Is Life Worth Living?" [Vale a Pena Viver?], o epílogo da autobiografia *The Sword of Imagination*, no qual questiona o sentido da existência humana, relembra a importância dos pais na formação do caráter, ressalta o papel da crença na transcendência para a sobrevivência da civilização e defende que o homem é feito para a eternidade, vindo a se definir como alguém que foi ao mesmo tempo pré-moderno e pós-moderno e fazendo, também, a seguinte reflexão:

> A presente vida na Terra, muitas vezes o vislumbrara Kirk, é efêmera, duvidosa, mais parecida com uma arena que com um palco: alguns homens estão destinados a ser gladiadores ou cavaleiros andantes, não meros jogadores erradios. De espadas desembainhadas, postam-se na planície umbrosa em defesa de todos e contra tudo; quão bem eles se conduzirem em tal luta mortal determinará que condição poderão atribuir à incorrupção. Não obstante os próprios pecados omissivos e comissivos, na arena do arruinado século XX, Kirk soara a trombeta, empunhara a espada da imaginação e pudera investir contra as tolices do tempo.[135]

Russell Kirk faleceu serenamente em Piety Hill na presença dos familiares, cerca das dez horas da manhã do dia 29 de abril de 1994. Uma missa de réquiem foi celebrada em 3 de maio na Cathedral of St. Andrew, em Grand Rapids, e missas em sua memória também foram realizadas na St. Joseph's Church, em Washington D.C., e na St. Patrick's Cathedral, em Nova York. No cemitério da paróquia católica de St. Michael, em Remus, o Cavaleiro da Verdade foi sepultado ao lado do túmulo de Clinton Wallace, o Cavaleiro da Estrada. Atrás da cova, a viúva e as quatro filhas plantaram uma de suas amadas árvores e mandaram erigir uma grande lápide de granito negro em forma de ogiva gótica, onde se lê: "Russell Kirk / 1918-1994 / Man of Letters" e o seguinte trecho dos versos de T. S. Eliot em "Little Gidding", o último dos "Four Quartets" [Quatro Quartetos], tantas

---

[135] Idem, *The Sword of Imagination*, p. 475-76.

vezes repetidos pelo Mago de Mecosta: *"a comunicação dos mortos se propaga – língua de fogo – para além da linguagem dos vivos"*.[136]

A IMAGINAÇÃO KIRKEANA

A temática da imaginação perpassa a vasta produção intelectual de Russell Kirk, que na autobiografia *The Sword of Imagination* afirmou: "o mundo é governado, em qualquer época, não pela racionalidade, mas pela fé: pelo amor, pela lealdade e pela imaginação".[137] A correta compreensão de como o Mago de Mecosta "utiliza o termo imaginação é a chave que torna possível entender o seu pensamento".[138] Na cruzada interminável contra os erros ideológicos de nossa época e na defesa das "coisas permanentes", o Cavaleiro da Verdade utilizou cinco formas distintas e complementares de imaginação construtivas,[139] a saber:

1) a "imaginação histórica", que nos permite compreender o que a humanidade tem sido, traçando as mudanças culturais e as permanências da natureza humana em épocas e em locais distintos, mostrando, assim, o lugar e o significado do homem no tempo e na eternidade;

2) a "imaginação política", que nos orienta sobre o que a humanidade deve ser, oferecendo princípios para se viver a boa vida em comunidade, pautada nos princípios da ordem, da liberdade, da justiça, da virtude, da consciência, da prudência e da sabedoria, fios condutores para o florescimento de um arranjo social harmonioso;

---

[136] T. S. Eliot, "Little Gidding", seção I, versos 52-53. No original em inglês: *"the communication / Of the dead is tongued with fire beyond the language of the living"*. Mais uma vez utilizamos a tradução em português de Ivan Junqueira na já citada edição brasileira dos poemas completos de T. S. Eliot.

[137] Russell Kirk, *The Sword of Imagination*, p. 199.

[138] Gerald J. Russello, *The Postmodern Imagination of Russell Kirk*, p. 53.

[139] Gleaves Whitney, "The Swords of Imagination: Russell Kirk's Battle with Modernity", p. 311-20.

3) a "imaginação moral", que nos possibilita discernir acerca do que a pessoa humana pode ser, apreendendo, por alegorias, a correta ordem da alma e a justa ordem da sociedade, diferenciando o verdadeiro e o falso, o bem e o mal, o belo e o feio, além de oferecer uma correta visão da lei natural e da natureza humana;

4) a "imaginação poética", que nos estimula a compreensão dos diversos modos como a pessoa humana pode usar as energias criativas, oferecendo o ideal de encantamento em um mundo marcado por diferentes concepções desumanizadoras;

5) a "imaginação profética", que nos oferece uma visão sacramental do que é a pessoa humana, dando possibilidades de escolha, denunciando a desordem e as injustiças da sociedade, criando um elo entre o passado e o futuro, antevendo os males vindouros e oferecendo uma solução apropriada para as mazelas que afligem a humanidade.

Russell Kirk acreditava que "o mistério central da vida pode ser uma oportunidade para a criação via a imaginação construtiva".[140] As cinco categorias construtivas de imaginação supracitadas permeiam a produção acadêmica kirkeana, na qual também se destacam os seguintes conceitos recorrentes: "coisas permanentes", "sentido ilativo" e "contrato da sociedade eterna".[141] Apenas a compreensão dos diferentes tipos de imaginação e dos conceitos destacados nos permite captar a essência do conservadorismo kirkeano, não como uma proposta política, mas como "um estilo de vida, forjado pela educação e pela cultura", que se expressa numa "forma de humanismo cristão, sustentado por uma concepção sacramental da realidade", em que fatos e circunstâncias culturais, como a moral e as instituições sociais, não são acidentes históricos, mas "desenvolvimentos necessários da própria natureza humana".[142] Defendendo os mesmos princípios,

---

[140] Gerald J. Russello, *The Postmodern Imagination of Russell Kirk*, p. 65.

[141] James E. Person Jr., *Russell Kirk: A Critical Biography of a Conservative Mind*, p. 19-27.

[142] Alex Catharino, "Russell Kirk (1918-1994)", p. 292.

C. S. Lewis lembra que "cada geração exerce um poder sobre os seus sucessores e cada uma, na medida em que se rebela contra a tradição, limita o poder de seus predecessores e resiste a ele".[143] O pensamento kirkeano advoga que a sobrevivência e a evolução da cultura são possíveis apenas se estiverem pautadas em determinados valores religiosos, visto que "a primeira organização social, além do limitado grupo familiar, é a do culto que busca se comunicar com as forças sobrenaturais".[144] Seguindo os passos de Christopher Dawson, o Mago de Mecosta defendeu que "sem um fundamento religioso uma civilização entrará em colapso pelo próprio peso, independente do sucesso material ou econômico".[145] Tomando tais pressupostos, há mais de quarenta anos o Cavaleiro da Verdade ressaltou:

> O mal da desagregação normativa corrói a ordem no interior da pessoa e da república. Até reconhecermos a natureza dessa enfermidade, seremos forçados a afundar, cada vez mais, na desordem da alma e do Estado. O restabelecimento das normas só pode começar quando nós, modernos, viermos a compreender a maneira pela qual nos afastamos das antigas verdades.
>
> A boa e a má literaturas exercem influência poderosa sobre o caráter privado e sobre a organização política da sociedade. Teoria e prática políticas virtuosas possibilitam a manutenção e a melhora da virtude privada; a política desvirtuada irá, necessariamente, desvirtuar o caráter humano. Portanto, se a compreensão ética for ignorada nas letras e na política modernas, seremos deixados à mercê de um apetite privado descontrolado e de um poder político opressivo. Terminaremos nas trevas (...).
>
> Meu objetivo é auxiliar na reforma daquilo que Edmund Burke chamou de "guarda-roupa da imaginação moral". Quando a

---

[143] C. S. Lewis, *A Abolição do Homem*. Trad. Remo Mannarino Filho. São Paulo, Martins Fontes, 2005, p. 54.

[144] Russell Kirk, *The Roots of American Order*, p. 14.

[145] Gerald J. Russello, *The Postmodern Imagination of Russell Kirk*, p. 86.

imaginação moral se enriquece, as pessoas se percebem capazes de grandes coisas; quando ela é empobrecida, as pessoas não podem agir, com eficácia, nem pela própria sobrevivência, a despeito da abundância de recursos materiais. Não sugiro, nestas páginas, nenhuma panaceia, mas tento apontar o caminho para os princípios mais básicos. A maioria desses princípios é muito antiga, mas foi obscurecida pelo descaso.[146]

A correta apreensão das normas é possível "pela revelação divina, pelos costumes do senso comum e pelo discernimento dos profetas",[147] ou seja, são transmitidas pelas forças da tradição, responsáveis pela manutenção da ordem da alma e da comunidade. Ao distorcermos com visões ideológicas as artes da literatura e do estadismo fomentamos a desagregação normativa e corrompemos a natureza humana, criando "uma geração de monstros, escravizada pela vontade e pelo apetite".[148] No processo de recuperação da normalidade, devemos compreender que a sociedade é "iluminada por um complexo simbolismo, com vários graus de compactação e diferenciação", que são partes integrantes da realidade; por conta disso, nossa tentativa de entendimento da ordem deve ser elaborada "a partir do rico conjunto de autorrepresentações da sociedade".[149] O conceito kirkeano de ordem é o arranjo harmonioso entre duas formas distintas e complementares de normatividade, a saber: 1) a "ordem da alma", denominada "ordem

---

[146] Russell Kirk, "A Arte Normativa e os Vícios Modernos", p. 993. O texto publicado pela primeira vez em português na *Communio: Revista Internacional de Teologia e Cultura* em 2008 apareceu originalmente em inglês no ano 1969 no livro *Enemies of the Permanent Things* (p. 15-39), sendo reimpresso em 2007 na coletânea *Essential Russell Kirk* (p. 219-40).
[147] W. Wesley McDonald, *Russell Kirk and the Age of Ideology*, p. 119.
[148] Russell Kirk, "A Arte Normativa e os Vícios Modernos", p. 994.
[149] Eric Voegelin, *A Nova Ciência da Política*. 2. ed. Apres. José Pedro Galvão de Sousa. Trad. José Viegas Filho. Brasília, Editora Universidade de Brasília, 1982, p. 33.

moral"; 2) a "ordem da comunidade", conhecida como "ordem constitucional".¹⁵⁰ Na visão de Kirk:

> A ordem, no campo da moral, é a concretização de um corpo de normas transcendentes – de fato uma hierarquia de normas ou padrões – que conferem propósito à existência e motivam a conduta. A ordem, na sociedade, é o arranjo harmonioso de classes e funções que preserva a justiça, obtém o consentimento voluntário à lei e assegura que todos, juntos, estaremos a salvo. Embora não possa haver liberdade sem ordem, num certo sentido, há sempre um conflito entre os clamores da ordem e os da liberdade. Muitas vezes expressamos esse conflito como a competição entre o desejo de liberdade e o desejo de segurança.¹⁵¹

Fundamentado nas ponderações filosóficas de Eric Voegelin, Simone Weil (1910-1943) e Hans Barth (1904-1965), o Cavaleiro da Verdade entendeu que a "ordem é o caminho que seguimos ou os padrões pelos quais vivemos com propósito e significado", constituindo tanto "a primeira necessidade da alma" quanto "a primeira necessidade da comunidade",¹⁵² pois a condição humana seria insuportável caso não houvesse a percepção de uma harmonia na existência. O conceito kirkeano de ordem está intimamente ligado à tradição histórica da sociedade e na relação desta com a ordem espiritual da pessoa, assemelhando-se em muitos aspectos à visão ontológica voegeliana segundo a qual "*ordem* é a estrutura da realidade como experimentada pelo homem, bem como a sintonia entre o homem e uma ordem não fabricada por ele, isto é, a ordem cósmica".¹⁵³ Há uma relação necessária entre a ordem interna da

---

¹⁵⁰ Russell Kirk, *America's British Culture*, p. 83.
¹⁵¹ Idem, "The Tension of Order and Freedom in the University". In: *Redeeming the Time*, p. 33.
¹⁵² Idem, *The Roots of American Order*, p. 3, 6.
¹⁵³ Eric Voegelin, *Reflexões Autobiográficas*. Intr. e ed. Ellis Sandoz. Trad. Maria Inês de Carvalho e notas Martim Vasques da Cunha. São Paulo, É Realizações, 2007, p. 117.

pessoa e a ordem externa da sociedade, pois "uma medida elevada de ordem individual é necessária para o florescimento de uma ordem social tolerável, ao passo que uma ordem social respeitável sustenta a obtenção e a subsistência da ordem individual".[154] No plano comunitário, a ordem é "uma textura de relações sociais que ninguém é compelido a violar", visto que sem ordem "a vida do homem é pobre, sórdida, embrutecida e curta".[155]

O fenômeno que Russell Kirk denominou "desagregação normativa" é a perversão da ordem, causada por rupturas nas práticas sociais tradicionais e, principalmente, pela substituição das antigas verdades acerca do homem e da sociedade por concepções ideológicas da realidade. Pautado nas análises filosóficas, históricas e sociológicas de Edmund Burke, John Adams, Eric Voegelin, Thomas Molnar, Jacob Leib Talmon (1916-1980) e Raymond Aron (1905-1983), bem como na observação da dinâmica histórica, o Mago de Mecosta descreve o processo da seguinte forma:

> Podemos discernir as principais causas da desordem social. Algumas delas são consequências de uma repentina mudança econômica e tecnológica que, aqui, não podem ser analisadas em profundidade. Mas, a ordem social também começa a se desintegrar – ou é suplantada por um controle muito diferente – quando o costume político e a teoria política são completamente dominados pela ideologia, e quando as instituições políticas estabelecidas são abandonadas ou é permitido que entrem em decadência, sem contar a indiferença popular e a ignorância (...). Fico preocupado com a deserção da teoria política e da tradição, e com o que pode ser feito a esse respeito, com a negligência das instituições que preservam a ordem, a justiça e a liberdade, e com os resultados de tal abandono. As coisas permanentes da comunidade ficam em perigo, em todo o mundo. Nossa primeira necessidade é compreender a natureza da ideologia.

---

[154] Gerald J. Russello, *The Postmodern Imagination of Russell Kirk*, p. 155.
[155] W. Wesley McDonald, *Russell Kirk and the Age of Ideology*, p. 117.

"Ideologia" não significa teoria política ou princípio, embora muitos jornalistas e alguns professores, comumente, empreguem o termo nesse sentido. Ideologia realmente significa fanatismo político – e, mais precisamente, a crença de que este mundo pode ser convertido num Paraíso terrestre pela ação da lei positiva e do planejamento seguro. O ideólogo – comunista, nazista ou de qualquer afiliação – sustenta que a natureza humana e a sociedade devem ser aperfeiçoadas por meios mundanos, seculares, embora tais meios impliquem uma violenta revolução social. O ideólogo imanentiza símbolos religiosos e inverte as doutrinas da religião.

O que a religião promete ao fiel numa esfera além do tempo e do espaço, a ideologia promete a todos na sociedade – exceto aos que forem "liquidados" no processo.[156]

A democratização da sociedade, o desenvolvimento econômico e o avanço tecnológico, diferente do que pensam as ideologias progressistas, não solucionarão os mais graves problemas da humanidade, pois estes não são suscetíveis às mudanças materiais, visto que, em última instância, "a questão da ordem é um problema moral e cultural".[157] Todavia, as modernas sociedades ideologizadas são assombradas pela ansiedade, produzida pela "desordem na existência privada e desordem na experiência social", que cresce "na fraqueza, impotência e frustração" e, apesar de nunca poder ser totalmente abolida, só recuará quando estivermos em conformidade com as normas, recuperando assim "o propósito da existência do homem".[158] Neste sentido, a ideia de conservadorismo, tal como apresentada por Russell Kirk, é a tentativa de desvendar as normas permanentes legadas pela tradição, visando a restauração da ordem e a negação da

---

[156] Russell Kirk, "O Ópio das Ideologias". Trad. Márcia Xavier de Brito e notas Alex Catharino. *Communio: Revista Internacional de Teologia e Cultura*, vol. XXVIII, n. 3, jul./set. 2009, p. 767-90 (cit. p. 767-68).
[157] W. Wesley McDonald, *Russell Kirk and the Age of Ideology*, p. 137.
[158] Russell Kirk, "A Arte Normativa e os Vícios Modernos", p. 1002-03.

ideologia,[159] que, por sua vez, é uma "fanática doutrina armada que só pode ser confrontada por intermédio de um poderoso corpo de princípios sadios".[160] Graças ao *The Conservative Mind*, uma síntese de princípios, uma genealogia intelectual e uma identidade foram definidas para a vertente tradicionalista do nascente movimento conservador.[161] O próprio autor define a referida obra como um "exercício em imaginação".[162] No entanto, alguns críticos, principalmente socialistas e libertários, costumam acusar o tradicionalismo kirkeano de propor uma forma de autoritarismo, ao ressuscitar e defender a concepção burkeana de ordem moral e social como meio de desafiar a desagregação normativa promovida pelas ideologias radicais e

---

[159] Sobre a temática, ver: Gerhart Niemeyer, "Russell Kirk and Ideology". *The Intercollegiate Review*, vol. 30, n. 1, outono 1994, p. 35-38; Scott P. Richert, "Russell Kirk and the Negation of Ideology". *Chronicles*, vol. 29, n. 7, jul. 2004, p. 28-30; Bradley Birzer, "Russell Kirk: Knight-Errant against the Ideologues". *Second Spring: International Journal of Faith and Culture*, 10, 2008, p. 50-59; W. Wesley McDonald, *Russell Kirk and the Age of Ideology*, p. 80-85; Gerald J. Russello, *The Postmodern Imagination of Russell Kirk*, p. 53-64.

[160] Russell Kirk, *The American Cause*, p. 4.

[161] George H. Nash, *The Conservative Intellectual Movement in America*, p. 67. O conceito de tradicionalismo empregado pelo autor não é o mesmo utilizado para definir os diferentes grupos de católicos, após o Concílio Vaticano II, que, pautados majoritariamente nos ensinamentos do Concílio de Trento, criticaram as novas propostas do Magistério Romano acerca de mudanças na liturgia e nas relações da Igreja Católica com o mundo moderno, chegando, em alguns casos, ao cisma com Roma. A noção de tradicionalismo utilizada por Nash se refere à forma de pensamento cultural e político defendido, dentre outros, por Peter Viereck, Donald Davidson, Richard Weaver, Eric Voegelin, Russell Kirk, Robert Nisbet e M. E. Bradford. Sobre a temática, além dos capítulos 2 ("The Revolt Against the Masses", p. 30-48) e 3 ("The Recovery of Tradition and Values", p. 49-61) da já citada obra *The Conservative Intellectual Movement in America: Since 1945* [O Movimento Intelectual Conservador na América: Desde 1945] de George H. Nash, ver: Mark C. Henrie, "Traditionalism". In: Bruce Frohnen et al. (eds.), *American Conservatism: An Encyclopedia*, p. 870-75.

[162] Russell Kirk, *The Sword of Imagination*, p. 166.

revolucionárias contemporâneas. Mas tanto Edmund Burke quanto Russell Kirk entendiam que a ordem é uma precondição da liberdade, pois "a liberdade política só é possível quando a maioria dos cidadãos controla suas paixões egoístas e antissociais".[163] Na perspectiva dos dois pensadores, da mesma forma que na doutrina cristã, a liberdade tem como pressuposto a autodisciplina, pois a alma se torna um estado de perfeita liberdade apenas quando se submete à vontade de Deus. O pecado original é uma rebelião individual contra o Criador e contra a ordem divina, que tem por essência o orgulho, um desejo da criatura de se portar como centro do universo. Baseado em Santo Agostinho, o Cavaleiro da Verdade diferencia três tipos de concupiscência:

> 1) a "avareza" ou "luxúria dos bens materiais", pela qual o indivíduo deseja riquezas e propriedades mundanas acima dos bens da alma e em detrimento dos desfavorecidos da sociedade;
>
> 2) o "desejo de poder", que leva à busca desenfreada dos próprios interesses e à tentativa de subjugar os demais membros da comunidade;
>
> 3) a "lascívia" ou "luxúria sexual", que almeja o prazer corporal dissociado dos fins corretos da sexualidade, que são a formação da prole e o amor conjugal.

A partir desta tipologia, Russell Kirk defende que todos os membros de uma comunidade são afetados por essas formas de concupiscência – as verdadeiras causas dos crimes, desordens públicas e guerras ofensivas. O remédio para tais males está no próprio controle dos desejos pessoais, na adequação da própria existência às leis de Deus e no correto entendimento da natureza humana. Nas palavras de Eric Voegelin, "a ideologia é a existência em rebelião contra Deus e o homem, é a violação do primeiro e do décimo mandamentos, (...) é a *nosos*, a doença do espírito".[164] Seguindo a noção de "messianismo

---

[163] W. Wesley McDonald, *Russell Kirk and the Age of Ideology*, p. 126.

[164] Eric Voegelin, *Ordem e História – Volume I: Israel e a Revelação*. Intr. Maurice P. Hogan. Trad. Cecília Camargo Bartolott. São Paulo, Loyola, 2009, p. 32.

político" cunhada por Jacob Talmon, Kirk entende a ideologia como "uma teoria política dogmática que se esforça para substituir doutrinas e objetivos seculares por doutrinas e objetivos religiosos", utilizada como uma promessa de reconstrução e aperfeiçoamento tanto da sociedade quanto da natureza humana, devendo "ser alcançada pela transformação radical das instituições sociais, que envolve a destruição da lei e instituições existentes".[165]

A *norma* para Russell Kirk é "um padrão duradouro", "uma lei da natureza", "uma regra de conduta humana e uma medida de virtude pública", que não pode ser inventada pela especulação individual, nem imposta pela utilidade social, ressaltando que "por uma geração, ou mais, muitos homens tentaram fazer que uma ideologia servisse a um objetivo normativo e falharam".[166] Raymond Aron destaca que "quando o intelectual não se sente mais ligado nem à comunidade nem à religião de seus antepassados, pede às ideologias progressivas para que tomem conta de toda a alma", o homem que se deixa conduzir por visões ideológicas "não se contenta com opiniões, quer uma certeza, um sistema. A revolução traz-lhe seu ópio".[167]

O conhecimento das verdadeiras normas nos liberta desse ópio teórico, possibilitando enxergar além das trevas da ideologia. Um dos meios disponíveis para iluminar a razão e a imaginação com luzes que ofusquem os dogmas ideológicos é a chamada educação liberal ou educação clássica. Tal noção pedagógica foi definida pelo cardeal John Henry Newman com as seguintes palavras:

> O treinamento pelo qual o intelecto, em vez de ser formado ou sacrificado para algum fim acidental ou particular – algum comércio específico, ou profissão, estudo ou ciência – é disciplinado para os próprios fins, para a percepção de seu objeto próprio, e para sua

---

[165] Russell Kirk, "O Ópio das Ideologias", p. 771.
[166] Idem, "A Arte Normativa e os Vícios Modernos", p. 994-95.
[167] Raymond Aron, *O Ópio dos Intelectuais*. Apres. Roberto Campos. Trad. Yvone Jean. Brasília, Editora Universidade de Brasília, 1980, p. 214.

cultura mais elevada, é chamado educação liberal; e apesar de não haver quem tenha levado este ideal aos máximos limites concebíveis, praticamente não há quem não possa adquirir alguma noção do que é o treinamento autêntico, e ao menos tender a ele, e tornar seu verdadeiro escopo, não algo mais, seu padrão de excelência.[168]

O propósito da educação liberal é conservar um corpo sadio de conhecimentos legados pelos "gigantes do passado", apreendendo as verdades eternas sobre a pessoa e a comunidade, para romper os grilhões "do cativeiro do tempo e do espaço: para nos permitir ter uma visão mais ampla, para entender o que é ser plenamente humano – e para ser capaz de transmitir às gerações futuras o patrimônio comum de nossa cultura".[169] A disciplina intelectual proporcionada pela educação liberal permite à pessoa atingir certo nível de harmonia interior, formando "um hábito mental que dura por toda a vida, cujos atributos são liberdade, equanimidade, serenidade, moderação e sabedoria".[170] Russell Kirk ressalta que:

> O objetivo primário de uma educação liberal, então, é o cultivo do intelecto e da imaginação do próprio indivíduo, para o bem do próprio indivíduo. Não deve ser esquecido, nesta era massificada em que o Estado aspira a ser tudo em tudo, que a educação genuína é algo além de mero instrumento de política pública. A verdadeira educação deve desenvolver o indivíduo humano, a pessoa, antes de servir ao Estado. (...) O ensino não foi originado pelo moderno Estado-Nação. O ensino formal começou, de fato, como uma tentativa de tornar o conhecimento religioso – o senso do transcendente e as verdades morais – familiar à geração nascente. Seu propósito não era doutrinar os jovens em civismo, mas sim ensinar o que é ser um homem genuíno, que vive dentro de uma ordem moral. Na educação liberal, a pessoa tem primazia.

---

[168] John Henry Newman, *The Idea of a University: Defined and Illustrated*. Intr. Josiah Bunting III. Washington D.C., Regnery Publishing, 1999, p. 138.
[169] Russell Kirk, "The Conservative Purpose of a Liberal Education", p. 42.
[170] John Henry Newman, *The Idea of a University*, p. 93.

Contudo, um sistema de educação liberal também possui um propósito social, ou ao menos um resultado social. Ajuda a prover um corpo de indivíduos que se tornam líderes em muitos níveis da sociedade, em grande ou pequena escala.[171]

O pensamento kirkeano, demonstra que "a preservação da ordem, da liberdade e da comunidade genuína depende do cultivo da mente e da alma dos cidadãos".[172] Russell Kirk alerta que "caso permaneçamos presunçosos e apáticos neste mundo decaído, deixando deteriorar as obras da razão e da imaginação, chegaremos a conhecer a servidão de corpo e de alma. A alternativa à educação liberal é o ensino servil".[173] No livro *A Era de T. S. Eliot*, o Cavaleiro da Verdade ressaltou que:

> Caso a educação esteja pervertida a simplesmente um processo de socialização e sociabilidade, caso o isolamento individual fragmente a comunidade de almas; caso a política deteriore em uma luta por poder e posições – ora, não haverá comunidade de cristãos, e nenhuma classe responsável. Não haverá justiça, nem cultura, e mesmo se os apetites físicos forem satisfeitos, reinará o tédio. São tais as ilusões que induzem o homem do século XX à decadência.[174]

Russell Kirk destacou que "a decadência pessoal e a social não são obra de forças inelutáveis, mas consequências da desobediência à verdade ética".[175] A finalidade do processo educativo é o desenvolvimento ético da pessoa, pautado na verdade, e não no adestramento utilitarista nas novas tecnologias visando a formação profissional ou a transmissão de valores subjetivos.[176] Conforme ressaltou C. S. Lewis

---

[171] Russell Kirk, "The Conservative Purpose of a Liberal Education", p. 43.

[172] W. Wesley McDonald, *Russell Kirk and the Age of Ideology*, p. 200.

[173] Russell Kirk, "The Conservative Purpose of a Liberal Education", p. 47-48.

[174] Idem, *A Era de T. S. Eliot*. Ver, adiante, p. 583-84.

[175] Idem, "A Arte Normativa e os Vícios Modernos", p. 994.

[176] Para um aprofundamento na forma como Kirk aborda esses temas, ver: Russell Kirk, "Liberal Learning, Moral Worth, and Defecated Rationality". In: *Beyond the Dreams of Avarice*, p. 153-65; Idem, "Cultivating Educational

numa conferência em 1943: "o dever do educador moderno não é derrubar florestas, mas irrigar desertos", visto que "a defesa adequada contra sentimentos falsos é inculcar os sentimentos corretos".[177]

No pensamento kirkeano a base cultural de uma sociedade sadia é dada pela vida familiar, pela religião e pela educação, que deve ser orientada pelo modelo clássico da chamada educação liberal.[178] Russell Kirk entende que "na falta de convenções sensatas, a ordem civil e social se dissolve. E na falta da variedade da vida e da diversidade das instituições, a normalidade sucumbe à tirania da padronização sem padrões".[179] A decadência dos modelos pedagógicos vigentes, marcados por concepções ideológicas que se refletem no fanatismo e na mediocridade de professores e alunos, deve ser combatida pela livre adoção de um "modelo educacional humanista, pautado no ensino dos clássicos da civilização ocidental, comprometido com a sensibilidade artística, e preocupado em despertar a busca da sabedoria e a prática da virtude".[180] A educação liberal, em um ambiente de liberdade acadêmica, é o caminho para que as novas gerações, pelo contato com os clássicos, superem "o fanatismo, a trivialidade e a mediocridade"[181] de nossa época.

Outra forma de redescobrirmos as normas ocultas pelas ideologias é por meio das verdades expressas em mitos, fábulas, alegorias

---

Wastelands". In: *The Politics of Prudence* [*A Política da Prudência*, publicado no Brasil em 2013 pela É Realizações], p. 237-52; Idem, "Humane Learning in the Age of the Computer". In: *Redeeming the Time*, p. 115-27.

[177] C. S. Lewis, *A Abolição do Homem*, p. 12.

[178] Análises sintéticas sobre a temática estão disponíveis em: Peter J. Stanlis, "Prophet of American Higher Education". *The Intercollegiate Review*, vol. 30, n. 1, outono 1994, p. 35-38; David G. Bonagura Jr., "The Sword of Education". *The University Bookman*, vol. XLVI, n. 4, inverno 2008, p. 16-20; James E. Person Jr., *Russell Kirk: A Critical Biography of a Conservative Mind*, p. 81-95.

[179] Russell Kirk, "A Arte Normativa e os Vícios Modernos", p. 1005.

[180] Alex Catharino, "Russell Kirk (1918-1994)", p. 292.

[181] James E. Person Jr., *Russell Kirk: A Critical Biography of a Conservative Mind*, p. 94.

e parábolas,[182] que alimentam a imaginação moral, definida por Russell Kirk como um "poder de percepção ética que atravessa as barreiras da experiência individual e de eventos momentâneos", e aspira "à apreensão da ordem correta na alma e da ordem correta na comunidade política" ao informar "sobre a dignidade da natureza humana".[183] O termo "imaginação moral" foi cunhado por Edmund Burke como uma metáfora para descrever a maneira como os revolucionários franceses, pautados em ideias abstratas, estavam promovendo a destruição dos costumes civilizatórios tradicionais que durante gerações foram sustentados pelo espírito religioso e pelo sentimento de cavalheirismo. Em 1790, Burke afirmou:

> Agora, porém, tudo irá mudar. Todas as agradáveis ilusões, que tornaram o poder gentil e a obediência liberal, que harmonizaram os diferentes tons da vida e que, por branda assimilação, incorporaram na política os sentimentos que embelezam e suavizam as relações particulares, deverão ser dissolvidas pela conquista recente da luz e da razão. Toda a roupagem decente da vida deverá ser rudemente rasgada. Todas as ideias decorrentes disso, guarnecidas pelo guarda-roupa da imaginação moral, que vem do coração e que o entendimento ratifica como necessárias para dissimular os defeitos de nossa natureza nua e elevá-la à dignidade de nossa estima, deverão ser encostadas como moda ridícula, absurda e antiquada.[184]

Assim, o termo criado por Edmund Burke tomou dimensões mais amplas nas reflexões de Russell Kirk, que ao relacionar o *insight* burkeano com algumas ideias do cardeal John Henry Newman, G. K. Chesterton, Irving Babbitt, T. S. Eliot e C. S. Lewis desenvolveu um novo conceito,[185] segundo o qual "a imaginação moral é a capacidade

---

[182] Russell Kirk, "Rediscovering Norms through Fantasy". In: *Enemies of the Permanent Things: Observations of Abnormity in Literature and Politics*, p. 109-24.

[183] Idem, "A Imaginação Moral", p. 104.

[184] Edmund Burke, *Reflexões sobre a Revolução em França*, p. 101.

[185] Não existe um estudo sistemático sobre a temática segundo uma compreensão kirkeana do conceito, no entanto, algumas análises sintéticas sobre

distintamente humana de conceber a pessoa como um ser moral", e constitui "o próprio processo pelo qual o eu cria metáforas a partir das imagens captadas pelos sentidos e guardadas na mente", que são "empregadas para descobrir e julgar correspondências morais na experiência".[186] Em linhas gerais o conceito kirkeano de imaginação moral se assemelha mais à noção descrita na obra *The Abolition of Man* [A Abolição do Homem] de C. S. Lewis como *Tao*, ou seja, os princípios expressos pela Lei Natural, denominados também como "moral tradicional, primeiros princípios da razão prática ou primeiros lugares-comuns".[187]

Ao estabelecer os seis cânones que definem a ideia de conservadorismo, no livro *The Conservative Mind*, Russell Kirk apontou como o primeiro deles a "crença em uma ordem transcendente, ou em um corpo de leis naturais, que rege a sociedade bem como a consciência".[188] Todavia, a noção kirkeana de "corpo de leis naturais" não é a mesma de Lei Natural utilizada por Santo Tomás de Aquino e seus discípulos ou a ideia moderna de Direito Natural, tal como defendida por Thomas Hobbes (1588-1679), John Locke (1632-1704) e Jean-Jacques Rousseau (1712-1778). Dando seguimento às reflexões burkeanas, Kirk criticou a pretensão das diferentes correntes jusnaturalistas que tendem a exacerbar o papel da razão humana, dando, assim, um

---

o assundo podem ser encontradas em diferentes trabalhos, dentre os quais destacamos os seguintes ensaios: George A. Panichas, "The Moral Imagination". In: *Growing Wings to Overcome Gravity: Criticism as the Pursuit of Virtue*. Macon, Mercer University Press, 1999, p. 103-09; Vigen Guroian, "The Moral Imagination in an Age of Sentiments". In: *Rallying the Really Human Things: The Moral Imagination in Politics, Literature, and Everyday Life*, p. 63-79; Idem, "A Imaginação Moral e os Contos de Fadas". Trad. e notas Márcia Xavier de Brito. *Communio: Revista Internacional de Teologia e Cultura*, vol. XXVII, n. 1, jan./mar. 2008, p. 185-202; Benjamin G. Lockerd Jr., "The Truth of Beauty: Educating the Moral Imagination". *Star – Saint Augustine Review*, vol. 9, n. 1, jan./fev. 2009, p. 9-12.

[186] Alex Catharino, "Russell Kirk (1918-1994)", p. 292.

[187] C. S. Lewis, *A Abolição do Homem*, p. 12.

[188] Russell Kirk, *The Conservative Mind*, p. 8.

caráter legalista e intelectualista à moralidade por não perceberem que a maioria dos princípios morais deriva da experiência histórica concreta.[189] Nessa percepção, a Lei Natural não deve ser reduzida simplesmente às leis racionais da cognição sobre as verdades eternas, visto que o entendimento humano não pode ser dissociado do aspecto intuitivo da imaginação moral, que é a "percepção direta e concreta do padrão de vida e da experiência ética".[190]

A desconfiança em relação à razão instrumental[191] fez Russell Kirk buscar o fundamento epistemológico para o conceito de imaginação

---

[189] Sobre a temática, consultar principalmente: Russell Kirk, "Burke and the Natural Rights". *The Review of Politics*, vol. 13, n. 3, out. 1951, p. 441-56; Idem, "The Case For and Against Natural Law". In: *Redeeming the Time*, p. 196-212; Idem, "Natural Law and the Constitution". In: *Rights and Duties*, p. 116-38. Ver também as seguintes análises: W. Wesley McDonald, "Moral Imagination, Reason, and Natural Law". In: *Russell Kirk and the Age of Ideology*, p. 55-85; Gerald J. Russello, "The Jurisprudence of Russell Kirk". In: *The Postmodern Imagination of Russell Kirk*, p. 146-76.

[190] W. Wesley McDonald, *Russell Kirk and the Age of Ideology*, p. 80.

[191] No livro *The Conservative Mind* se encontra a seguinte afirmação:
A convicção não é produzida pela lógica da linguagem, nem pela acumulação dos fatos. A ciência natural não pode aportar à certeza, pois as teorias científicas mais plausíveis não são mais do que prováveis suposições fundadas em fatos tão escassos quanto a nossa capacidade de realizar juntos um trabalho penoso, ao feitio desajeitado dos humanos. Os homens não serão bons porque lhes ensinaram certos fatos devidamente classificados, ou porque foram treinados na arte de duvidar. O verdadeiro conhecimento não é o produto de uma razão metódica (...) (p. 284).
De certa forma, tal crítica de Russell Kirk se assemelha às reflexões de C. S. Lewis, Eric Voegelin e Joseph Ratzinger à tentativa moderna de transformar a razão instrumental em única fonte válida para o reconhecimento da verdade acerca do homem e da sociedade. Além dos já citados livros *A Abolição do Homem*, de Lewis, e *A Nova Ciência da Política*, de Voegelin, aconselhamos os seguintes textos: Joseph Ratzinger, "Fé, Verdade e Cultura: Reflexões sobre a Encíclica *Fides et Ratio* de João Paulo II". Trad. Alex Catharino. *Communio: Revista Internacional de Teologia e Cultura*, vol. XXVII, n. 1, jan./mar. 2008, p. 251-76; Bento XVI, "Fé, Razão e Universidade: Recordações e Reflexões". *Communio: Revista Internacional de Teologia e Cultura*, vol. XXVI, n. 2, jan./abr. 2007, p. 177-88.

moral na noção de "sentido ilativo", desenvolvida pelo cardeal Newman, definido como "a faculdade raciocinante, enquanto exercida por mentes dotadas, educadas ou diversamente preparadas".[192] De forma correta, Kirk entendeu tal faculdade raciocinante como um "produto combinado da intuição, do instinto, da imaginação e da longa e complexa experiência".[193] Na elaboração do conceito de imaginação moral, o princípio filosófico do "sentido ilativo" foi enriquecido com a concepção da "ética dos contos de fadas" defendida por G. K. Chesterton.[194] Por via de mitos, fábulas, alegorias e parábolas, a chamada "ética dos contos de fadas" estimula a "democracia dos mortos", transmitindo para as gerações vindouras as normas apreendidas pelo senso comum e pelos costumes tradicionais, que "são expressões práticas do que a humanidade aprendeu na escola das quedas e tropeços".[195]

A imaginação moral se opõe às formas anárquicas e corrompidas de imaginação que dominam o cenário cultural de nossa época, colaborando no processo de desagregação normativa da civilização ocidental. A primeira delas, tal como denominada e analisada por Irving Babbitt,[196] é a "imaginação idílica", um tipo anárquico que na busca pela emancipação dos constrangimentos convencionais, se torna

---

[192] John Henry Newman, *Ensaio a Favor de uma Gramática do Assentimento*, p. 355.

[193] Russell Kirk, *The Conservative Mind*, p. 285.

[194] G. K. Chesterton, *Ortodoxia*, p. 67-90. Ver, também: G. K. Chesterton, "A Ética do Reino Encantado". Trad. Márcia Xavier de Brito. *The Chesterton Review: Edição Especial em Português*, vol. I, n. 1, 2009, p. 6-9; Idem, "A Educação pelos Contos de Fadas". Trad. Márcia Xavier de Brito. *The Chesterton Review: Edição Especial em Português*, vol. I, n. 1, 2009, p. 11-14; Idem, "A Ética dos Contos de Fadas". Trad. Márcia Xavier de Brito. *The Chesterton Review: Edição Especial em Português*, vol. I, n. 1, 2009, p. 16-19.

[195] Russell Kirk, "A Arte Normativa e os Vícios Modernos", p. 1014.

[196] Irving Babbitt, *Rousseau and Romanticism*. Pref. Claes Ryn. New Brunswick, Transaction Publishers, 2004; Idem, "Rousseau and the Idyllic Imagination". In: *Democracy and Leadership*, p. 93-119; Idem, "Burke and the Moral Imagination". In: *Democracy and Leadership*, p. 121-40.

fantástica, isenta de restrições, primitivista, naturalista e utópica, numa total rejeição e revolta contra velhos dogmas, constrangimentos morais convencionais e costumes tradicionais. De uma controversa obra de T. S. Eliot,[197] o termo "imaginação diabólica" foi extraído por Russell Kirk para definir o imaginário corrompido, que pela perda do conceito de pecado e pela concepção de natureza humana infinitamente maleável e mutável, entende as normas morais como valores relativos às preferências individuais subjetivas ou à transitoriedade dos diferentes contextos culturais, defendendo a abolição de qualquer norma objetiva.

A luta travada pelo Cavaleiro da Verdade não foi na pequena arena da política dos rótulos simplistas que partem verticalmente a realidade em direita e esquerda. A grande cruzada de Russell Kirk aconteceu no amplo terreno da cultura, onde tentou reunir os remanescentes, aqueles que estavam preocupados com a preservação do "contrato da sociedade eterna", ao erguer a "espada da imaginação" em um combate incansável contra os inimigos das "coisas permanentes", contrapondo em diversas batalhas "a inocência e a sofisticação, a beleza e a luxúria, a verdade e o cinismo, o amor e a pornografia", "o conteúdo e a forma", "o dever e o hedonismo", "o eterno e o efêmero", ou seja, "a guerra entre o humano e o desumano".[198] Um dos meios mais importantes utilizados nessa contenda foi a crítica literária, dando continuidade à tradição legada por insignes homens de letras, como Samuel Taylor Coleridge, George MacDonald, Irving Babbitt, Paul Elmer More, G. K. Chesterton, C. S. Lewis e, principalmente, T. S. Eliot. As análises literárias kirkeanas apontam o caminho para a recuperação das normas que podem esclarecer a humanidade acerca das verdades eternas a respeito da ordem da alma e a ordem da comunidade, igualmente apreensíveis na leitura de inúmeros de seus

---

[197] T. S. Eliot, *After Strange Gods: A Primer of Modern Heresy*. Londres, Faber and Faber, 1934.

[198] James E. Person Jr., *Russell Kirk: A Critical Biography of a Conservative Mind*, p. 151-52.

trabalhos acadêmicos, dentre os quais destacamos os livros *Enemies of Permanent Things* e *A Era de T. S. Eliot*.

Outro caminho utilizado por Russell Kirk foi a ficção sobrenatural, escrita sem pretensões moralizantes, como um meio lúdico, mas plasmada nos princípios eternos defendidos pelo autor.[199] A produção literária kirkeana foi "um veículo para retratar as consequências trágicas que se seguem quando, de forma arrogante, as 'coisas permanentes' são desafiadas".[200] Uma visão sacramental da realidade permeia as histórias criadas por Kirk, principalmente os contos de terror, onde os aspectos transcendentes "da natureza da morte e da insondável graça recebida" pela humanidade são ressaltados.[201]

Em meio século de conflito literário, o Cavaleiro da Verdade legou uma vasta e relevante obra acadêmica e ficcional, pela qual podemos captar a essência das imaginações histórica, política, moral,

---

[199] A ficção kirkeana foi o objeto da seguinte dissertação de mestrado: Ray Andrew Newman, *Delivering Us from Evil: An Introduction to Russell Kirk's Supernatural Fiction*. Lincoln, University of Nebraska, 1998. Além do estudo de Vigen Guroian em *Ancestral Shadows* e das duas análises introdutórias de John Pelan publicadas, respectivamente, em *Off the Sand Road* e em *What Shadows We Pursue*, a produção literária de Russell Kirk também foi abordada em diferentes ensaios, dentre os quais destacamos os seguintes: Robert Champ, "Russell Kirk's Fiction of Enchantment". *The Intercollegiate Review*, vol. 30, n. 1, out. 1994, p. 39-42; Ray Andrew Newman, "Pilgrimages and Destinations in the Ghostly Tales of Russell Kirk". *Modern Age*, vol. 40, n. 3, verão 1998, p. 314-18; Scott P. Richert, "Ghosts of the Midwest: Russell Kirk's Moral Imagination." *Chronicles: A Magazine of American Culture*, vol. 26, n. 2, fev. 2002, p. 18-21; Ray Andrew Newman, "And Therefore as a Stranger Give It Welcome". *The University Bookman*, vol. XLVI, n. 4, inverno 2008, p. 21-27; James E. Person Jr., "Horror and Redemption: Kirk's Short Stories and *Lord of the Hollow Dark*". In: *Russell Kirk: A Critical Biography of a Conservative Mind*, p. 109-35; Idem, "Novels Gothic to Baroque: *Old House of Fear* and *A Creature of the Twilight*". In: *Russell Kirk: A Critical Biography of a Conservative Mind*, p. 136-50.

[200] W. Wesley McDonald, *Russell Kirk and the Age of Ideology*, p. 201.

[201] James E. Person Jr., *Russell Kirk: A Critical Biography of a Conservative Mind*, p. 133.

poética e profética. Numa época marcada pela desordem caótica da informação que transforma o mundo numa "terra desolada" onde falsos profetas tentam seduzir os "homens ocos" com um conhecimento ideologizado, ler os textos de Russell Kirk é uma das trilhas para reencontrar a sabedoria das "coisas permanentes". Conforme ressaltou há quarenta anos o Mago de Mecosta:

> Ao sermos agraciados com um vislumbre da verdade das coisas, podemos ser redimidos do "sombrio tempo devastado"; podemos experimentar a eternidade em atos humildes; não é tarde demais, não obstante quão cegos e escravos dos apetites tenhamos sido anteriormente. Cada momento de amor conta, e compõe nossa imortalidade. Ficando imóveis e movendo-nos cada vez mais, por mais idosos que sejamos, a descoberta da realidade pelo amor e o sonho mais alto ainda são possíveis – mesmo na "escura frieza e vazia desolação" de nossa época, assim como na época de Santo Agostinho. "Em meu fim está meu princípio." Mantenhamos a fé neste dogma, e a fé nos libertará da servidão do tempo.[202]

O LEGADO DE RUSSELL KIRK

Aprendemos com Santo Agostinho que a história não é cíclica e que, diferente da crença dos antigos gregos e romanos, os acontecimentos não se repetem, pois a existência histórica da humanidade é marcada por eventos decisivos e singulares.[203] Todavia, como a natureza humana é a mesma em diferentes contextos culturais, estamos fadados a repetir os mesmos erros em períodos históricos distintos se não

---

[202] Russell Kirk, *A Era de T. S. Eliot*. Ver, adiante, p. 476.

[203] Idem, *The Roots of American Order*, p. 165-67; Idem, *Enemies of Permanent Things*, p. 259-68. Ver também: James E. Person Jr., "Virtue and the Historical Consciousness". In: *Russell Kirk: A Critical Biography of a Conservative Mind*, p. 57-81; Gerald J. Russello, "Participant Knowledge and History". In: *The Postmodern Imagination of Russell Kirk*, p. 67-103.

aprendermos as lições legadas pelo passado. Em nossa época, marcada pela "desagregação normativa", o pensamento de certos autores, como G. K. Chesterton ou T. S. Eliot, parece manter uma atualidade maior do que no momento histórico em que foi elaborado. O mesmo ocorre com as reflexões de Russell Kirk, cuja obra legou importantes lições para o contexto cultural e político dos Estados Unidos, mas que também pode instruir os remanescentes de outras nações.

A importância e a atualidade da sabedoria apresentada nas reflexões de Kirk podem ser parcialmente vislumbradas pelo crescente número de pesquisadores, nos Estados Unidos e em outros países, principalmente na Europa, que se dedicam ao estudo das obras desse autor, bem como pela tradução de seus livros ou artigos para diferentes idiomas.[204] A obra de Russell Kirk tem sido estudada de forma sistemática nos Estados Unidos, na Alemanha, no Brasil, na Espanha, na Hungria, na Itália, no Japão, na Polônia e na Rússia. O pensamento kirkeano é o objeto de estudo de diferentes pesquisadores em diferentes países, os quais têm produzido sobre a temática diversos livros, teses de doutorado e dissertações de mestrado, capítulos de livros, verbetes para obras de referência, artigos para periódicos acadêmicos e textos para conferências.[205] A obra mais famosa, *The Conservative Mind*, foi publicada em alemão, espanhol e tcheco. Na Espanha também foram publicados os livros *A Program for Conservatives* e *Edmund Burke*, além de uma coletânea de artigos reunindo a maioria dos textos do livro *A Política da Prudência*. O monumental estudo de história comparada *The Roots of American Order* e a coletânea *A Política da Prudência* foram lançados em italiano. O livro *Prospects for Conservatives* foi traduzido para o polonês. Na Coreia do Sul, foi publicado *Academic Freedom*. O romance

---

[204] A relação parcial dos textos de Russell Kirk publicados em outros idiomas aparece em: Charles C. Brown, *Russell Kirk: A Bibliography*, p. 137-43.

[205] Uma parcela significativa dos trabalhos sobre Russell Kirk estão listados em: Charles C. Brown, *Russell Kirk: A Bibliography*, p. 169-89.

gótico *Old House of Fear* foi lançado em holandês. Diversos artigos de Russell Kirk foram publicados em diferentes periódicos acadêmicos na Alemanha, na Bulgária, na Itália, na Noruega, na Polônia e na Rússia. No Brasil, desde 2008, a *Communio: Revista Internacional de Teologia e Cultura* tem publicado artigos de Russell Kirk em português nas quatro edições anuais.

Fundado em 1995, por Annette Y. Kirk e Jeffrey O. Nelson, o The Russell Kirk Center for Cultural Renewal tem dado suporte para inúmeros pesquisadores de diferentes países interessados nos temas de estudo do pensamento kirkeano ou de autores relacionados aos temas de interesse de Kirk, oferecendo bolsas de estudo via um programa de pesquisa para internos na instituição, mantendo uma biblioteca com um impressionante acervo com mais de 12 mil livros e revistas acadêmicas, publicando os periódicos *The University Bookman* e *Studies in Burke and His Time*, reunindo uma comunidade de professores que orientam as pesquisas dos estudantes, e preservando os arquivos com as obras, os manuscritos e a vasta correspondência de Russell Kirk, além de promover uma programação educacional permanente com diversos seminários e conferências ministrados na biblioteca da instituição e em Piety Hill por renomados professores.

No contínuo legado kirkeano, o pensamento político e social é inseparável das reflexões culturais sobre literatura, estética, educação e história. Para o professor David L. Schindler, catedrático de Teologia Fundamental do John Paul II Institute for Studies on Marriage and Family na Catholic University of America e editor responsável pela *Communio* norte-americana, "todos que se dedicam às tradições humanistas da cultura ocidental estão em dívida com Russell Kirk, cuja vasta erudição foi transmitida com mansidão, humildade, dignidade e encanto".[206] Na percepção do discípulo

---

[206] James E. Person Jr., *Russell Kirk: A Critical Biography of a Conservative Mind*, p. 218.

W. Wesley McDonald (1946-2014), "os livros e os ensaios de Russell Kirk, bem como seu nobre exemplo de vida, terão maior duração que as obras de seus mais famosos contemporâneos".[207] O que dissera no comentário ao legado de T. S. Eliot também poderia ser dito de sua pessoa:

> Ao longo de toda a vida, (...) combatera o espírito de sua época. (...) Por conhecer a comunidade das almas, libertou outras da prisão do tempo e da solidão do eu. Nos ventos das doutrinas, testemunhou as coisas permanentes. E sua mensagem, em línguas de fogo, vai para além da linguagem dos vivos.[208]

A Editora É, ao iniciar a publicação dos livros de Russell Kirk no Brasil com o lançamento de *A Era de T. S. Eliot: A Imaginação Moral do Século XX*, mais uma vez disponibiliza aos leitores de língua portuguesa uma obra fundamental que recorda as verdades do "contrato primitivo da sociedade eterna". Agradeço ao convite feito por Edson Manoel de Oliveira Filho para escrever o presente estudo introdutório, cujo excelente trabalho editorial como patrono das "coisas permanentes" tem reunido vários remanescentes em uma importante cruzada na tentativa de reverter o processo de "desagregação normativa" no Brasil, o que o torna, de certo modo, companheiro da mesma batalha intelectual de T. S. Eliot e de Russell Kirk. Não poderia deixar de expressar aqui a minha gratidão ao saudoso professor Ubiratan Borges de Macedo (1937-2007), talvez o intelectual brasileiro mais erudito de sua geração, que me apresentou há cerca de dez anos a obra de Russell Kirk e cuja amizade foi fundamental para a minha formação acadêmica e pessoal. Agradeço, também, o grande apoio dado, desde 2008, por Annette Y. Kirk à minha pesquisa sobre o pensamento de seu marido, ao sugerir leituras, apresentar pesquisadores e franquear o acesso aos arquivos

---

[207] W. Wesley McDonald, *Russell Kirk and the Age of Ideology*, p. 219.
[208] Russell Kirk, *A Era de T. S. Eliot*. Ver, adiante, p. 614.

e à biblioteca do Russell Kirk Center for Cultural Renewal, além de partilhar valiosas informações e relatos familiares nas diversas vezes em que tivemos a oportunidade de debater o conteúdo do presente estudo introdutório. Agradeço, finalmente, a Márcia Xavier de Brito pelo cuidadoso trabalho de tradução do livro *A Era de T. S. Eliot* e por ter gentilmente lido minha introdução, fazendo algumas sugestões importantes. Espero que o leitor aprecie as reflexões de Russell Kirk sobre T. S. Eliot.

Nota da Tradução

MÁRCIA XAVIER DE BRITO

Assim como a poesia de Eliot, Russell Kirk compôs o presente livro como uma polifonia – trechos dos poemas de Eliot, da prosa e poesia de outros autores como Dante, Shakespeare, Johnson, Burke e Bernard Shaw podem ser ouvidos por toda a narrativa kirkeana, o que constituiu um verdadeiro desafio tradutório.

Utilizei para a poesia e teatro de T. S. Eliot as seguintes edições: *T. S. Eliot, Obra Completa – Volume I: Poesia*. Trad., intr. e notas Ivan Junqueira. São Paulo, Arx, 2004; e *T. S. Eliot, Obra Completa – Volume II: Teatro*. Trad. Ivo Barroso. São Paulo, Arx, 2004. Quanto aos demais ensaios e textos de Eliot, pouco foi traduzido para o português.[1]

Ao contrário do original em inglês, optei por identificar com aspas e referendar em notas grande parte dos versos e trechos de Eliot e de outros autores "ocultos" na prosa, utilizando para isso, preferencialmente, traduções que ainda estão à disposição do público. No caso das passagens bíblicas, utilizei a Bíblia de Jerusalém. Igualmente, tomei o cuidado de indicar as traduções das obras literárias mencionadas e citadas para que o leitor aprofunde a leitura, caso deseje.

---

[1] A É Realizações Editora publicou as traduções de *Notas para a Definição de Cultura* (2011), *A ideia de uma Sociedade Cristã e Outros Escritos* (2016) e *O Uso da Poesia e o Uso da Crítica* (2015).

Ao longo da tradução, como tive a rara oportunidade de consultar toda a coleção da revista *The Criterion*, bem como todos os livros de ensaios de T. S. Eliot, acrescentei notas mais precisas, indicando as páginas das passagens citadas em substituição às notas mais gerais do original que só indicavam artigos ou capítulos. Do mesmo modo, foram necessárias algumas notas de referência cultural, histórica ou literária que tomei a liberdade de introduzir e que estão devidamente identificadas com N. T.

Por vezes, por conta da própria prosa de Kirk, fui forçada a pesquisar mais profundamente alguns trechos de Eliot já consagrados em português; sempre que a pesquisa indicou haver problemas ou dificuldades de compreensão na tradução, acrescentei notas explicativas.

Aproveito a oportunidade para agradecer a hospitalidade da viúva do autor, sra. Annette Y. Kirk, e a equipe do Russell Kirk Center for Cultural Renewal pela possibilidade de realizar a presente tradução nas "longínquas terras do Norte" em que o original foi escrito, e com total acesso à vasta biblioteca do Centro; ao prof. dr. Benjamin Lockerd pelas valiosas discussões sobre a peculiar terminologia de Kirk e de Eliot, a Carlos Nougué pela paciência em ler todas as traduções de poesias que surgiram ao longo do texto, bem como a Alex Catharino pela leitura final da tradução.

Mecosta, setembro de 2011.

Introdução à Terceira Edição Norte-Americana

BENJAMIN G. LOCKERD JR.

Depois da publicação em 1971, a biografia crítica de Russell Kirk (1918-1994) foi amplamente reconhecida como a melhor introdução geral à vida e à obra de T. S. Eliot (1888-1965). Muito foi escrito a respeito de Eliot desde então; no entanto, este livro continua a ser a melhor introdução ao maior literato do século XX. Além disso, o livro do dr. Kirk também é uma obra que deve ser consultada com frequência por todos os que estudam Eliot, pois ainda tem muito a ensinar: de muitos modos, as várias interpretações de Eliot estão apenas começando a equiparar-se à de Kirk. Os estudiosos que deixam de consultar este livro ao escrever sobre Eliot, especialmente aqueles que lidam com suas ideias culturais, provavelmente descobrirão, demasiado tarde, que percepções tidas como originais já haviam sido há muito enunciadas por Kirk – ou, pior ainda, ele já as havia refutado. *A Era de T. S. Eliot: A Imaginação Moral no Século XX* é um exemplo do que há de melhor em um texto acadêmico: obsequioso sem ser adulatório; erudito sem ser pedante; abrangente e nunca penoso; complexo, mas eminentemente agradável. É permeado do começo ao fim pela crença de Kirk na verdadeira importância da imaginação para o bem-estar de todas as pessoas e comunidades. Este livro indispensável esteve esgotado por muitos anos e agora a publicação de uma nova edição é motivo de comemoração.

UMA AMIZADE LITERÁRIA

Neste livro, a ideia da amizade entre Kirk e Eliot é formada aos poucos, bem como nas memórias de Kirk, *The Sword of Imagination* [A Espada da Imaginação],[1] e na correspondência trocada pelos dois. A primeira carta de Kirk para Eliot é datada de 30 de junho de 1953, quando acabara de receber o doutoramento na Universidade de St. Andrews e tivera a tese publicada por Henry Regnery (1912-1996), cujo título passara a ser *The Conservative Mind: From Burke to Santayana* [A Mentalidade Conservadora: De Burke a Santayana].[2] O livro estava conquistando os Estados Unidos; era resenhado em todos os grandes jornais e revistas e estava recebendo muitos elogios de quase todos os grupos, até mesmo de escritores liberais que não concordavam com tais princípios. Kirk escreve: "Prezado sr. Eliot, nosso amigo, o sr. Henry Regnery, sugeriu-me que o visitasse quando estiver em Londres, entre 13 e 19 de julho. Creio que ele já lhe enviou uma cópia de meu novo livro *The Conservative Mind*". Kirk menciona outros amigos em comum: o cônego anglicano Bernard Iddings Bell (1886-1958) e Sir David Lindsay (1900-1975), o 28º conde de Crawford e 11º conde de Balcarres. Observa que Eliot fora agraciado recentemente com o grau de doutor em Direito por St. Andrews, enquanto Kirk recebeu o doutoramento em Letras – dado, pela primeira vez, a um norte-americano – e estava escrevendo um livro sobre a universidade.[3]

---

[1] Russell Kirk, *The Sword of Imagination: Memoirs of a Half-Century of Literary Conflict*. Grand Rapids, William B. Eerdmans Publishing Company, 1995.

[2] Um fac-símile dessa primeira edição foi recentemente republicado. Ao longo das edições a obra foi sofrendo supressões, modificações em trechos e algumas adições até chegar ao formato definitivo na sétima edição. Para a primeira edição ver: Russell Kirk, *The Conservative Mind*. Miami, BN Publishing, 2008. (N. T.)

[3] Russell Kirk, *St. Andrews*. Londres, T. B. Batsford, 1954.

Uma carta de 13 de julho de 1953, da secretária, a srta. Valerie Fletcher (1926-2012), que se tornaria mulher de Eliot em 1957, convida Kirk para um chá com o sr. Eliot, mas quando Kirk chegou a Londres e recebeu o recado, era tarde demais. Escreve em 17 de julho que iria para Fife e assistiria à nova peça teatral de Eliot, *The Confidential Clerk* [O Secretário Particular], no festival de Edimburgo. Eliot responde, no dia 6 de agosto, informando Kirk que estaria em Edimburgo no Hotel Beresford e que esperava encontrar outro amigo comum, George Scott-Moncrieff (1910-1974), durante sua estada. Na qualidade de editor da Faber & Faber, Eliot tencionava publicar a edição britânica da obra *The Conservative Mind*: "Devo dizer que fiquei muito bem impressionado com seu livro, e espero que sejamos capazes de chegar a algum acordo com Regnery, para quem já escrevemos".

Kirk fala do encontro em Edimburgo nas memórias, ao dizer que foi imediatamente "tocado pela gentileza de Eliot – uma impressão confirmada pelos encontros e pela correspondência durante os muitos anos que se sucederam".[4] Os biógrafos e críticos mais recentes geralmente pintam o quadro de um Eliot indiferente e até mesmo frio. Uma exceção digna de nota é Anne Ridler (1912-2001), que serviu por muitos anos como secretária do poeta: no breve livro de memórias *Working for T. S. Eliot* [Trabalhar para T. S. Eliot],[5] descreve-o como uma pessoa verdadeira, generosa e compassiva. Parece que aqueles que o conheceram bem normalmente o consideravam assim. O Eliot formal, inacessível, é, em grande medida, uma ficção daqueles que não o conheceram e não querem gostar dele.

Kirk resenhou a peça *The Confidencial Clerk* para a revista *Month*. Encontrou nela (como expõe no presente livro) um retrato das pessoas modernas que: "tentam, semiconscientemente, ter

---

[4] Idem, *The Sword of Imagination*, op. cit., p. 212. (N. T.)

[5] Anne Ridler, *Working for T. S. Eliot: A Personal Reminiscence*. Londres, Enitharmon Press, 2000.

alguma certeza de que sua vida tem relevância, e que as barreiras que separam cada homem do próximo podem ser transcendidas, por fim, na comunidade de almas".⁶ Eliot ficou satisfeito com a resenha, e escreveu a Kirk (em 28 de outubro de 1953):

> É surpreendente encontrar um crítico que penetre com tanta profundidade na peça apenas pelo que viu em uma única apresentação, sem ter podido ler o texto. Fico pensando quando ou se outros críticos virão assistir à peça a partir de algo como o seu ponto de vista. Parece que alguns intelectuais são da impressão de que *The Confidencial Clerk* é uma farsa um tanto malsucedida.

A objeção implícita de Eliot não era crer que a peça fosse um sucesso total, mas que não era uma farsa. Kirk tinha, após assistir a uma única apresentação, compreendido o que o dramaturgo tentava dizer. Neste momento foi criada uma proximidade intelectual e artística entre o eminente homem de letras de 64 anos (que ganhara o prêmio Nobel cinco anos antes) e o novo escritor, trinta anos mais jovem, que tinha acabado de irromper no cenário.

Talvez o primeiro encontro amigável tenha feito Kirk pensar em escrever um livro sobre Eliot. Em todo o caso, Kirk escreveu do navio *Queen Elizabeth* ao partir de Cherbourg, no dia 10 de setembro, "algum dia, a propósito, irei escrever um relato sobre a literatura do século XX chamado *The Age of Eliot* [A Era de Eliot] – e talvez isso não tarde muito". Nesta ocasião, faltariam dezoito anos para este livro ser publicado, o que ocorreu seis anos após a morte de Eliot. Na mesma carta, Kirk confidencia que: "Certa vez, pretendi chamar meu livro *The Conservative Mind: From Burke to Eliot* [A Mentalidade Conservadora: De Edmund Burke a T. S. Eliot]. No entanto, decidi que seria impróprio tratar em detalhes de um pensador cuja obra ainda não estava completa; e essa foi uma decisão afortunada, como se verificou, pois teria sido um tanto embaraçoso, para ti, publicares

---

⁶ Russell Kirk, *A Era de T. S. Eliot*. Ver, adiante, cap. 10, p. 561.

um livro com tal título". Ocorreu que Eliot dissera a Henry Regnery, o editor norte-americano do livro, que questionava dar tal lugar de honra ao velho professor de Harvard George Santayana (1863-1952). Apesar da reserva expressa na carta, Kirk realmente mudou o subtítulo na edição revista para "de Burke a Eliot" e aumentou o tratamento dado a Eliot – e a outros poetas modernos, incluindo Robert Frost (1874-1962) – no capítulo final.[7] Nesta ocasião, escreve "Se houve um pensador conservador fundamental no século XX, este é T. S. Eliot, cuja era, nas humanidades, é a presente. Todo o esforço de Eliot foi no sentido de indicar uma saída da *Terra Desolada* rumo à ordem na alma e na sociedade".[8]

Assim, em um momento crítico no início da própria carreira literária, Kirk foi ajudado por Eliot e começou a concentrar, cada vez mais, os próprios escritos críticos no poeta. No romance gótico *Lord of the Hollow Dark* [O Senhor das Trevas Profundas],[9] Kirk dá às personagens principais nomes tirados das poesias de Eliot. Muitas vezes, fazia conferências a respeito do autor anglo-americano, e a palestra na comemoração do centenário de Eliot, na T. S. Eliot Society, em 1988, chamada "Eliot's Christian Imagination" [A Imaginação Cristã de Eliot] foi publicada na coletânea *The Placing of T. S. Eliot*[10] [O Lugar de T. S. Eliot], editada por Jewel Spears Brooker. Uma coletânea póstuma de ensaios de Kirk tem, muito apropriadamente, como título uma expressão inspirada em um verso de *Ash Wednesday* [Quarta-feira de Cinzas] e no ensaio *"Thoughts after Lambeth"*, muitas vezes citado por Kirk: *Redeeming the Time*

---

[7] Todas as edições seguintes mantiveram o mesmo subtítulo e o capítulo final. A edição definitiva da obra é a seguinte: Russell Kirk, *The Conservative Mind: From Burke to Eliot*. 7. ed. Washington, Regnery Publishing, 1986. (N. T.)

[8] Ibidem, p. 493.

[9] Idem, *Lord of the Hollow Dark*. Nova York, St. Martin's Press, 1979.

[10] Idem, "Eliot's Christian Imagination". In: *The Placing of T. S. Eliot*. Ed. Jewel Spears Brooker. Columbia, University of Missouri Press, 1991, p. 136-44.

[Redimir o Tempo].[11] Ao menos de 1953 em diante, Eliot foi central no pensamento de Kirk.

Eliot e Kirk tinham muito em comum além dos vários amigos. De certa forma, ambos foram felizes ao casar com mulheres mais jovens: Eliot casou-se com Valerie Fletcher em 1957; Kirk casou-se com Annette Courtemanche em 1964. Os dois fundaram e editaram revistas acadêmicas: Eliot, a *Criterion*, e Kirk, a revista *Modern Age* – lucrando igualmente muito pouco com o trabalho. Os dois foram criados fora do âmbito da ortodoxia cristã: a família de Eliot era de unitaristas e a de Kirk, de pessoas que não seguiam nenhum credo e que, às vezes, praticavam o espiritualismo de Emanuel Swedenborg (1688-1772). Ambos passaram por conversões graduais, começando pelas convicções filosóficas e terminando na fé. Eliot tornou-se anglicano em 1927 e Kirk, católico em 1964. Kirk escreveu muitas histórias de fantasmas, e fantasmas também estão em evidência nos poemas e peças de Eliot. Kirk experimentou uma espécie de conexão mística com Eliot na quarta-feira de cinzas de 1975. Neste dia havia lido parte do poema de mesmo título para os alunos no Olivet College. Mais tarde, naquela noite, a parte mais antiga de sua casa em Mecosta, Michigan, ardeu em chamas e só restaram cinzas.

Tendo em comum o temperamento um tanto cético, nenhum dos dois esperava que o mundo melhorasse, embora, pelo mesmo motivo, não fossem dados ao desespero. Um comentário de Eliot – feito no ensaio sobre F. H. Bradley (1846-1924) –, muitas vezes citado por Kirk asseverava: "Não há nada que possa ser uma causa perdida porque não há nada que possa ser uma causa ganha. Lutamos por causas perdidas porque sabemos que a derrota e o desânimo podem ser o preâmbulo da vitória de nossos sucessores, embora tal vitória seja, em si, temporária; lutamos mais para manter algo vivo do que

---

[11] Idem, *Redeeming the Time*. Ed. Jeffrey O. Nelson. Wilmington, Intercollegiate Studies Institute, 1996.

na esperança de que algo triunfe".¹² Com base nessa postura estoica (e ainda assim muitas vezes esperançosa) uma amizade duradoura foi construída.

Ainda que a correspondência entre Kirk e Eliot tratasse de muitas questões sérias, às vezes também era divertida. Kirk gostava de dizer, após um discurso alongado sobre os problemas de nosso tempo, que apesar disso "a alegria iria continuar" e, de fato, a animação é evidente nas cartas. Por exemplo, Kirk escreve da Balcarres House na Escócia no dia 4 de janeiro de 1955: "Lorde e Lady Crawford esperam que fiques em Balcarres quando quiseres. Faz pouco tempo que ficaram sem serviçais. Lady Crawford lava os pratos, Lorde Crawford os seca e o dr. Kirk os põe no guarda-louças. Este é o fim de uma antiga canção". No dia 7 de janeiro, Eliot responde: "Por favor, dê as mais calorosas lembranças aos Crawfords e diga que sempre estarei pronto para lhes servir de copeiro e que também sou muito bom em arrumar camas". Parece que dois amigos discutiram a possibilidade de fazer uma viagem juntos, e Kirk propunha que Eliot o acompanhasse ao Chipre, um lugar um tanto perigoso naquela ocasião: "Quais são os teus planos para uma expedição no estrangeiro? Seria esplêndido ser apedrejado no Chipre. Serás glorificado". Eliot responde: "Creio ser improvável que agora deva ir contigo a um lugar tão distante quanto o Chipre, com ou sem apedrejamento". Em uma carta de 31 de maio de 1955, Kirk diz a Eliot: "Tenho ouvido histórias maravilhosas de tuas palestras em Chicago dos alunos do Comitê de Pensamento Social...". Parece que os informantes haviam lhe contado a respeito do problema que Eliot despertou com alguns dos comentários sobre educação durante uma visita, em 1950, à Universidade de Chicago. Conclui Kirk: "Terei de escrever uma *História Cômica sobre a Era de*

---

¹² T. S. Eliot, "Francis Herbert Bradley (1927)", *Selected Prose of T. S. Eliot*. Nova York, Houghton Mifflin Harcourt, 1975, p. 200. Citado neste livro: cap 3, p. 614. (N. T.)

Eliot, assim como *A Era de Eliot*". É evidente que os dois partilhavam o amor pelas brincadeiras.

Um certo ceticismo travesso foi o que impediu que Kirk e Eliot transformassem a filosofia conservadora em apenas outra ideologia simplista a oferecer soluções fáceis para todos os problemas. Em uma das cartas para Eliot, datada de 27 de outubro de 1955, Kirk cita a definição de Ambrose Bierce (1842-?) de conservador: "estadista enamorado pelos males que existem, bem diferente do liberal, que deseja substituí-los por outros".[13] Com similar estado de espírito, Eliot fez um comentário cáustico a respeito do Partido Conservador em 1929 (citado em detalhes no presente volume): "Desfruta de algo que nenhum outro partido político atual possui, um completo vácuo mental: uma ausência que pode ser preenchida com qualquer coisa, até mesmo com algo de valor".[14] Eliot e Kirk mantiveram uma distância irônica, até mesmo desdenhosa, de todos os projetos políticos que prometiam mais do que poderiam realizar neste mundo em queda.

No capítulo final de *Conservative Mind*, Kirk cita a afirmação de Eliot na obra *A Ideia de uma Sociedade Cristã*: "O conservadorismo também, muitas vezes, é a conservação das coisas erradas; o liberalismo, o abrandamento da disciplina; a revolução, a negação das coisas permanentes"[15] – o último termo se tornaria parte do título de um dos livros de Kirk, *The Enemies of Permanent Things* [Os Inimigos das Coisas Permanentes].[16] O comentário de Kirk sobre esta passagem

---

[13] Ambrose Bierce, *The Devil's Dictionary* (1911).

[14] T. S. Eliot, "A Commentary". *The Criterion*, vol. VIII, n. 33, jul. 1929, p. 578. Citado neste livro: cap. 5, p. 319.

[15] T. S. Eliot, *Christianity and Culture*. "The Idea of a Christian Society" [*A Ideia de uma Sociedade Cristã*, publicado no Brasil em 2016 pela É Realizações]. Nova York, Houghton Mifflin Harcourt, 1960, p. 76. Citado neste livro: cap. 8, p. 449. (N. T.)

[16] Russell Kirk, *The Enemies of Permanent Things: Observations of Abnormity in Literature and Politics*. Peru, Sherwood, Sudgen & Company, 2ª edição revista, 1984.

designa o tipo de conservadorismo sem inteligência a que se opunha: "O conservadorismo de Eliot não é a atitude do dragão Fafnir ao murmurar 'Deixe-me descansar – Isto é meu'".[17] Este "conservadorismo de Fafnir" como Kirk daí em diante o chama, não era aquilo que ambos defendiam.

A desconfiança de Eliot de um conservadorismo doutrinário e ideológico é evidente nos comentários que faz em cartas para Kirk a respeito da *National Review* de William F. Buckley Jr. (1925-2008). Em uma carta de 7 de dezembro de 1955, observa que várias "pessoas confiáveis" – dentre elas o próprio Kirk – escreveram para a publicação, mas, ao ler alguns escritos de Buckley, descobriu neles uma tendência a chegar "violentamente a extremos" e a "substituir um erro por outro". Em 13 de janeiro de 1956, Eliot escreve que na *National Review* e em outras revistas de opinião norte-americanas havia "muitas ofensas pessoais e vitupérios" e pouco debate de princípios.[18] Em uma carta anterior, de 12 de outubro de 1953, em comparação, Eliot observara com interesse a evolução de um conservadorismo nos Estados Unidos, à frente do inexistente conservadorismo da Inglaterra, liderado por Robert Nisbet (1913-1996) (cujo livro *The Quest for Community* [Em Busca da Comunidade][19] havia sido publicado no mesmo ano de *Conservative Mind*), Reinhold Niebuhr (1892-1971) e Russell Kirk. Eliot tinha poucas esperanças no conservadorismo de tipo menos equilibrado e nada filosófico, mesmo quando praticado por um aliado tão hábil quanto Buckley. Kirk posteriormente conta para Eliot, em 22 de dezembro de 1955, que tenciona continuar escrevendo para a *National Review*, mas pediu a Buckley para retirar seu nome da ficha técnica da publicação – Kirk permaneceu unido a Buckley e foram forças aliadas em muitas causas comuns, no entanto,

---

[17] Russell Kirk, *The Conservative Mind*, op. cit., p. 493.

[18] Trecho citado na íntegra neste livro: cap 10, p. 575.

[19] Robert Nisbet, *The Quest for Community: A Study in the Ethics of Order and Freedom*. Nova York, Oxford University Press, 1953.

pretendia uma visão mais ampla do que a de alguns colaboradores da *National Review*. Em 28 de janeiro de 1956, escreve que esperava imprimir um tom melhor na *Conservative Review* – por fim, denominada *Modern Age*. Ao receber o primeiro número da nova revista, feita a partir do modelo da *Criterion*, Eliot escreve, no dia 3 de fevereiro de 1958, para dizer que era "muito mais bem-vinda do que a *National Review*, sobre a qual tenho impressões contraditórias".

No livro *The Sword of Imagination*, Kirk identifica três princípios do conservadorismo de Eliot: "Primeiramente, foi tocado por aquilo que Unamuno chamou de 'sentimento trágico da vida' (...). Em segundo lugar, Eliot era fiel à sabedoria ancestral: o patrimônio hebraico, cristão e clássico da cultura (...). Em terceiro lugar, Eliot procurou recuperar a ideia de uma comunidade de almas, unindo os mortos, os vivos e os ainda não nascidos".[20] A ordem destes três pontos é importante: a consciência da fraqueza humana leva à busca pela sabedoria nos ensinamentos tradicionais daqueles que – para usar uma expressão da peça *Rei Lear* – "mais sofreram": nossos antepassados. E um ponto central para a sabedoria que transmitem é a ideia de comunidade. O que aqui fica implícito e, nos demais lugares, explícito, é que Eliot e Kirk acreditavam – influenciados, sobretudo, por Christopher Dawson (1889-1970) – que essa comunidade só poderia ser formada se relacionada a uma crença religiosa comum – que não há cultura sem culto.

Nos idos de 1956, casualmente Eliot começava as cartas com uma saudação familiar "Meu caro Kirk", embora o mais jovem continuasse a saudá-lo com deferência como "Prezado sr. Eliot". A calorosa amizade entre os dois literatos prosperou na última década da vida de Eliot. A última carta de Eliot para Kirk é datada de 25 de agosto de 1964, menos de seis meses antes de sua morte. Os Kirks, posteriormente, mantiveram relações amigáveis com a sra. Eliot, e as

---

[20] Russell Kirk, *The Sword of Imagination*, op. cit, p. 214.

filhas fizeram encenações teatrais do *Old Possum's Book of Practical Cats* [Livro do Velho Gambá sobre Gatos Travessos] antes que Andrew Lloyd Webber o fizesse em grande escala. Valerie Eliot e Annette Kirk continuam amigas até os dias de hoje.

A IMAGINAÇÃO MORAL

Ao escrever sobre a poesia e o teatro de Eliot, Kirk traz à baila uma importante teoria literária que desenvolve a partir da expressão de Edmund Burke "a imaginação moral". Embora não reivindique a autoria do conceito, Kirk ingressa em um debate filosófico que começou com *A República* de Platão (427-347 a.C.), em que Sócrates (469-399 a.C.) defende que a mimese poética está triplamente distante da realidade ideal e conclui que os poetas deveriam ser banidos da república.[21] Muitos estudiosos de Platão veem todo o projeto utópico do referido diálogo como uma ironia, pois inicia quando o interlocutor de Sócrates insiste a respeito dos luxos e excessos no estado ideal e o mestre tacitamente aceita e concorda pensar em um governo ideal para uma sociedade "febril". Não obstante, a questão proposta nesse diálogo é se a poesia pode apresentar a verdade ou só serve ao prazer. Aristóteles (384-322 a.C.) responde na *Poética* que a poesia tem a capacidade de apresentar as realidades universais da "ação humana e da vida, da felicidade e da miséria" e que "a poesia é algo de mais filosófico e mais sério do que a história, pois refere aquela principalmente o universal, e esta o particular".[22] Na Idade Média, Dante Alighieri (1265-1321) amplia tal afirmação, ao dizer na carta a Can Grande que o propósito de sua *Comédia* é "tirar os que, nesta vida, estão em um estado de sofrimento

---

[21] Platão, *A República*, Livro X. (N. T.)

[22] Aristóteles, *Poética*, 1451b. Utilizamos a tradução de Eudoro de Souza publicada na coleção Os Pensadores. (N. T.)

e levá-los a um estado de felicidade".²³ Na Renascença, Sir Philip Sidney (1554-1586) defende a poesia dos ataques puritanos na obra *Apology for Poetry* [Apologia da Poesia], ao afirmar que as imagens poéticas são capazes de tocar nossos corações e nos *mover* para a ação moral, o que as abstrações dos filósofos não fazem.²⁴ Russell Kirk traz um acréscimo significativo para essa escola de teoria literária com o conceito ampliado de imaginação moral.

Por "imaginação moral", diz Kirk, "Burke está falando daquele poder de percepção ética que atravessa as barreiras da experiência individual e de eventos momentâneos".²⁵ Esta definição é um desafio às noções de relativismo e de "construtivismo cultural" que atualmente dominam o meio acadêmico ao afirmar que os pensamentos nunca podem ir além "das barreiras da experiência privada e dos acontecimentos do momento". Kirk define a imaginação moral em oposição àquilo que Irving Babbitt (1865-1933) chamou – referindo-se a Jean-Jacques Rousseau (1712-1778) – de "imaginação idílica",²⁶ que ignora a experiência trágica do passado e inventa visões da perfeição humana surgidas dos programas ideológicos racionalistas. Como posteriormente Kirk expõe no presente livro, "Assim como Burke, Eliot veio a temer não o intelecto propriamente dito – certamente não receava a reta razão – mas, em vez disso, veio a temer a racionalidade refinada, arrogantemente apartada das

---

²³ Dante Alighieri, *Dantis Alagherii Epistolae: The Letters of Dante*. Introd. e trad. Paget Toynbee. Oxford, Clarendon Press, 1920, epist. X, § 15, p. 202.

²⁴ Sir Philip Sidney, *Apology for Poetry*. Introd. Geoffrey Shepherd. Manchester, Manchester University Press, 1973.

²⁵ Russell Kirk, "A Imaginação Moral". *Communio Revista Internacional de Teologia e Cultura*. Vol. XXVIII, n. 1 (edição 101), jan./mar. 2009. Rio de Janeiro, Instituição Communio, p. 104. (N. T.)

²⁶ Irving Babbitt, *Rousseau and Romanticism*. New Brunswick, Transaction Publishers, 2004. Ver também: Irving Babbitt, *Democracia e Liderança*. Prefácio de Russell Kirk. Trad. Joubert de Oliveira Brízida. Rio de Janeiro, Topbooks, 2003. (N. T.)

grandes fontes de sabedoria".²⁷ Assim, o primeiro princípio do pensamento de Eliot – o sentimento trágico – é inerente ao segundo – a confiança na sabedoria das épocas – pois somente aquele que não crê no mal pode supor que será capaz de pensar soluções racionais para todos os problemas.

Em termos cristãos, o sentimento trágico é expresso na doutrina do pecado original, uma ideia que serviu de critério para Eliot. Em *The Sword of Imagination*, Kirk cita uma afirmação feita por Eliot em 1933:

> Com o desaparecimento da ideia de pecado original, com o desaparecimento da ideia de intensa luta moral, os seres humanos que nos são apresentados hoje, tanto em poesia quanto em prosa ficcional, e de forma mais evidente entre os escritores sérios do que no submundo das letras, tendem a ser cada vez menos reais (...). Se acabarmos com esta luta, e sustentarmos que pela tolerância, benevolência, pela não ofensividade, por uma redistribuição ou aumento do poder de compra, combinados com a devoção à arte por parte da elite, o mundo será tão bom quanto gostaríamos que fosse, então devemos esperar que os seres humanos se tornem cada vez mais etéreos.²⁸

Além de Rousseau, um dos culpados na mudança da imaginação moral para a imaginação idílica foi Ralph Waldo Emerson (1803-1882) – que tem uma importância especial para Eliot, um descendente da mesma classe unitarista abastada da Nova Inglaterra que produziu Emerson. Kirk cita Emerson ao dizer: "Nunca pude transmitir muita verdade ao mal e à dor".²⁹ Juntamente com a convicção na existência do mal e do pecado original vinha a crença

---

²⁷ Russell Kirk, *A Era de T. S. Eliot*. Ver, adiante, cap. 1, p. 183.
²⁸ Russell Kirk, *The Sword of Imagination*, op. cit., p. 238. In: T. S. Eliot, *After Strange Gods*, 1933, p. 42, e, no presente livro uma parte dessa passagem aparece novamente no cap. 6, p. 374.
²⁹ Idem, *The Conservative Mind*, op. cit., p. 244. (N. T.)

no inferno, e Kirk cita a declaração de Kathleen Raine (1908-2003) que "o sr. Eliot nos devolveu o Inferno (...). As superficiais filosofias progressistas tanto religiosas como seculares da geração de nossos pais buscaram eliminar o mal do mundo. As visões de Inferno do sr. Eliot restauraram a dimensão necessária de nosso universo".[30] As visões tenebrosas da fase inicial da poesia de Eliot, que podem ser tomadas por muitos – e ainda o são por alguns – como expressão de um desespero niilista, eram, de fato, um reconhecimento dramático da existência do mal e da incapacidade de uma pessoa, ou de uma geração, de vencê-lo.

W. B. Yeats (1865-1939) diz em determinada passagem que o escritor que não tenha a "visão do mal" não pode ser grande; e os melhores escritores do século XX, todos descrevem tal visão de uma forma ou de outra. Encontramo-la em James Joyce (1882-1941), Flannery O'Connor (1925-1964), Evelyn Waugh (1903-1966), Robert Frost (1874-1963), William Faulkner (1897-1962), Graham Greene (1904-1991) e assim por diante.

Destes autores, Flannery O'Connor foi uma das favoritas de Kirk. Tinham em comum um gosto pelo senso de humor mordaz e ambos escreveram uma ficção repleta de grotescos tipos rurais. Os dois se encontraram uma única vez, em 1955, e O'Connor faz uma fascinante descrição do acontecimento em carta: "Ele tem cerca de 37 anos, parece o *Humpty Dumpty* (sem tirar nem pôr) sempre com um charuto e (ao sair) usa um chapéu de feltro. Não é de falar e nem eu, e nos momentos em que nos deixaram a sós, as tentativas de iniciar uma conversa se assemelharam aos esforços de dois anões para pôr abaixo uma sequoia". Ela recorda, no entanto, um diálogo bem-sucedido em que os dois imaginaram, com prazer, o recém-falecido John Dewey (1859-1952) sendo atormentado por crianças rastejando sobre seu corpo. Em uma carta de 15 de janeiro de 1957, Kirk

---

[30] Russell Kirk, *A Era de T. S. Eliot*. Ver, adiante, cap. 3, p. 198.

pergunta a Eliot: "Conheces o novo livro de contos de Flannery O'Connnor *A Good Man is Hard to Find* [É Difícil Encontrar um Homem Bom]?[31] Muito bom e aterrorizante". Eliot responde em 20 de fevereiro "Vi o livro de Flannery O'Connor quando estive em Nova York, e fiquei bastante horrorizado com o que li. Por certo, ela tem um inquietante talento superior, mas meus nervos não são fortes o bastante para tamanha perturbação".

Onde estão as grandes obras poéticas e ficcionais escritas pelos progressistas? Kirk observa que o grande crítico literário liberal Lionel Trilling (1905-1975) admitiu a falta de tais obras no livro *A Imaginação Liberal*, de 1950:

> Nossa ideologia liberal produziu uma grande literatura de protesto social e político, mas não produziu, por várias décadas, um único escritor que guiasse a verdadeira admiração literária (...). De modo que podemos dizer que não existe ligação entre nossa classe culta liberal e o melhor das mentes literárias de nossa época. Isto para não dizer que não há ligação entre as ideias políticas da classe culta e as profundezas da imaginação.[32]

Kirk conclui que a imaginação de um grande escritor vê e descreve as verdades da natureza e da natureza humana, ao passo que a ideologia política liberal tende a ignorar essas duras verdades. A franca admissão de Trilling, aparentemente, não detém os mais recentes críticos liberais. Ainda parecem presumir que sua visão de mundo é completa e consistente. Na falta de textos seguros para admirar, muitas vezes se dedicam a desacreditar escritores como Eliot, que tem sido acusado de fascista, antissemita, misógino e assim por diante. Contudo, nas tentativas de manter a moral em um patamar

---

[31] Em português encontramos a obra na seguinte edição: Flannery O'Connor, "É Difícil Encontrar um Homem Bom". *Contos Completos – F. O'Connor*. Trad. Leonardo Fróes. São Paulo, Cosac Naify, 2008. (N. T.)

[32] Lionel Trilling, *A Imaginação Liberal: Ensaios Sobre a Relação entre Literatura e Sociedade*. Trad. Cecília Prada. São Paulo, É Realizações, 2015. (N. T.)

elevado, esses críticos revelam uma noção simplista e incoerente de moralidade, que substitui a caridade viva e verdadeira por uma tolerância sem cor e vazia.

Na visão de Kirk, a verdadeira imaginação moral é impossível sem as verdades religiosas, e tal afirmação desafia os teóricos secularistas que esperam poder desenvolver um sistema ético a partir de um relativismo moral radical. Ao enfrentar tal fantasia, Kirk segue Eliot, que refletiu sobre o elo entre literatura e religião, tanto antes como depois da conversão. Refletia a respeito do que a sólida crença religiosa trazia para a boa arte da escrita imaginativa, no entanto viu que o relacionamento entre religião e literatura era mais complicado. Tais conclusões, talvez, possam ser resumidas em um comentário feito em 1947 e relembrado por Kirk: "Caso aprendamos a ler poesia de forma adequada, o poeta nunca nos persuade a acreditar em nada (...). O que descobrimos com Dante, ou Bhagavad-Gita, ou com qualquer outra poesia religiosa é o que se *sente* ao acreditar em uma religião".[33] Certamente Eliot achava que uma das riquezas de seu poeta favorito, Dante, era a teologia tomista que inspira *A Divina Comédia*. Contudo, na época moderna, Eliot encontra outra necessidade; em um período de descrença, talvez as expressões de fé devam tomar uma forma escandalosa:

> Onde a blasfêmia outrora poderia ter sido um sinal de corrupção espiritual, agora pode ser tomada mais propriamente como um sintoma de que a alma ainda está viva, ou mesmo de que está recobrando a vivacidade, visto que a percepção de bem e mal – qualquer que seja a escolha que possamos fazer – é o primeiro requisito da vida espiritual.[34]

---

[33] T. S. Eliot, *On Poetry: an Address by T. S. Eliot on the Occasion of the Twenty-fifth Anniversary of Concord Academy* (1947), citado no presente livro no cap. 8, p. 461.

[34] Idem, *After Strange Gods*, p. 53. Citado no presente livro no cap. 6, p. 375. (N. T.)

Um dos poetas que teve grande influência no jovem Eliot foi Charles Baudelaire (1821-1867), que dificilmente nos ocorreria chamar de um poeta de imaginação moral. Todavia, Eliot descobriu nos escritos de Baudelaire o primeiro princípio da imaginação moral, a crença no mal. Na introdução aos *Journaux Intimes* [Diários Íntimos] de Baudelaire – citado por Kirk –, Eliot afirma que a percepção do mal do poeta francês era preferível ao "automatismo animado do mundo moderno" e continua a dizer:

> Uma vez que somos humanos, o que fazemos deve ser bom ou mau; já que fazemos o bem ou o mal, somos humanos; é melhor, paradoxalmente, fazer o mal a nada fazer: ao menos existimos. É verdadeiro dizer que a glória do homem é a capacidade de salvação; também é verdade dizer que sua glória é a capacidade de condenação às penas eternas. O pior que pode ser dito da maioria dos malfeitores, de estadistas a ladrões, é que não são homens o suficiente para merecerem a condenação eterna (...). Baudelaire percebeu que o que realmente importava era o pecado e a redenção (...) e a possibilidade de condenação eterna é um alívio tão grande em um mundo de reforma eleitoral, plebiscitos, reforma dos sexos e do vestuário, que a própria danação é uma forma imediata de salvação – da salvação do tédio da vida moderna, porque, ao menos, dá algum significado para a vida.[35]

As horríveis visões infernais nos primeiros poemas de Eliot – e nas ficções de Kirk e de O'Connor – têm o mesmo efeito de colocar o leitor face a face com o mal e fazê-lo recusar as simplistas soluções modernas, científicas e sociais, para o dilema humano. Assim, até mesmo o mais tenebroso verso de Eliot, escrito antes da conversão é, segundo a teoria de Kirk, verdadeira poesia de imaginação moral.

A teoria da imaginação moral de Kirk tem muito em comum com a tese proposta por C. S. Lewis (1898-1963) na obra *The Abolition*

---

[35] T. S. Eliot, *Selected Prose of T. S. Eliot*. Intr. Sir Frank Kermode. Nova York, Houghton Mifflin Harcourt, 1975, p. 235-36. Trecho citado no presente livro no cap. 5, p. 301-02. (N. T.)

of Man [A Abolição do Homem]. Lewis prova que a boa literatura imaginativa educa o coração a responder com emoções ordenadas, adequadas ao objeto apresentado. Sustenta que coisas particulares necessitam de respostas particulares – em outras palavras, que nossas afeições podem ser objetivas. O racionalismo moderno tende a criar pessoas que desconsideram as verdades da imaginação, e que se tornam "homens sem peito".[36] Kirk defende quase a mesma visão em *A Era de T. S. Eliot*. Em uma passagem significativa, avalia cuidadosamente a postura de Eliot para com a razão discursiva e intuitiva:

> Embora sempre partidário da reta razão, Eliot compreendia que a razão discursiva não é a única via de acesso à verdade. Várias vezes, ficou do lado da razão contra o impulso e a ideologia. Suspeitava da noção de uma intuição não controlada pela autoridade e não submetida à análise discursiva – assim como opunha-se à falácia de uma consciência indisciplinada. Todavia, as intuições de fé – "o salto no ser" do homem de visão, a súbita experiência direta da realidade – são essenciais à posterior poesia de Eliot.[37]

A intuição visionária, imediata e direta da realidade citada aqui é o fruto de uma imaginação educada e instruída. Kirk expressa com grande sutileza a equilibrada visão da razão discursiva e da intuição imaginativa a que tende toda a obra de Eliot e que, por fim, chegou a alcançar.

A FILOSOFIA POLÍTICA

Ao reconhecer as verdades fundamentais da existência humana, a imaginação moral necessariamente se vê em desacordo com as ideologias modernas, que tendem a reduzir tudo a um único problema – seja

---

[36] C. S. Lewis, *A Abolição do Homem*, cap. 1. (N. T.)
[37] Russell Kirk, *A Era de T. S. Eliot*. Ver, adiante, cap. 5, p. 290. (N. T.)

uma classe ou um gênero, ou qualquer outra coisa – e a exagerar no poder da razão instrumental para transformar a sociedade humana. No livro *The Conservative Mind*, Kirk observa que Eliot não confiava nas novas elites burocráticas que representavam o estado centralizado: "Pois uma coisa a evitar", declara Eliot, "é um planejamento *universalizado*; uma coisa a determinar são os limites do planejável".[38] A imaginação moral, portanto, propõe como um corolário da doutrina teológica do pecado original o princípio político dos "limites do planejável", limites nem sempre reconhecidos pelos racionalistas pós-iluministas.

Nos coros do poema *The Rock* [A Rocha], Eliot descreve, de forma brilhante, os sonhos dos planejadores modernos "com sistemas tão perfeitos em que o bem seja de todo dispensável".[39] A imaginação tradicional, ao contrário, sonha com uma comunidade fundamentada na oração:

> Que vida tendes se não viveis em comunhão?
> Não há vida que floresça sem comunidade,
> E comunidade não há que perdure sem louvar a DEUS.[40]

Eis o terceiro princípio que Kirk identifica no conservadorismo de Eliot, a noção de que não precisamos de uma visão grandiosa de sociedade nacional ou global que a todos aprovisiona, mas, em vez disso, precisamos ter em vista comunidades menores e mais integrais de pessoas que cuidem umas das outras. Esta é a diferença entre fornecer bens e fazer o bem. Kirk define ideologia como "a tentativa de substituir os dogmas religiosos por dogmas políticos e científicos". As

---

[38] Russell Kirk, *The Conservative Mind*, op. cit., p. 494. O trecho aparece no presente livro no cap. 9, p. 518. (N. T.)

[39] No original: *of systems so perfect that no one will need to be good*. T. S. Eliot, *The Rock*, seção VI, verso 307. (N. T.)

[40] No original: *What life have you if you have not life together? / There is no life that is not community, / And no community not lived in praise of GOD*. T. S. Eliot, *The Rock*, seção II, versos 162-64. (N. T.)

ideologias modernas, acreditava, são todas variantes da noção benthamita de conseguir "o maior bem para a maior quantidade de pessoas", em que o bem é definido como material e a humanidade é vista como um rebanho manobrável em vez de uma comunidade de almas.

Eliot contemplava duas versões extremas de planejamento central – fascismo e comunismo – e sua visão vale ser analisada em detalhes. O poeta foi acusado de ser fascista por uma série de críticos ou, pelo menos, criptofascista, mas tais críticos não leram o presente livro. Kirk, por outro lado, verificou todos os comentários de Eliot na revista *Criterion*, em que apareceram a maior parte das declarações políticas. Não há quem tenha lido cuidadosamente tais comentários que ainda possa acreditar que Eliot simpatizasse com Benito Mussolini (1883-1945) ou Adolf Hitler (1889-1945), somente alguns estudiosos que não leram nem os comentários nem a explicação que Kirk lhes deu (um livro novo e excelente sobre a revista *Criterion* é o de Jason Harding, que finalmente começa a corrigir os erros em tais questões, mas o autor deixa de dar crédito a Kirk, que elaborara alguns dos argumentos três décadas antes).[41] A conclusão de Kirk é que nos anos entre guerras, quando editava a *Criterion*, Eliot "se opôs, de modo consistente e inteligente, tanto à ideologia fascista quanto à comunista, e de alguma forma, para a própria surpresa, talvez em algumas ocasiões, se via defendendo as democracias constitucionais da Grã-Bretanha e dos Estados Unidos. Nunca nutriu quaisquer esperanças tolas a respeito de Mussolini ou Lênin, Hitler ou Stalin".[42]

Fascismo e comunismo, continuava Eliot, "são meras variações da mesma doutrina".[43] Hoje parece quase autoevidente, mas poucos percebiam isso naquela época, quando muitos intelectuais ingleses

---

[41] Jason Harding, *The Criterion: Cultural Politics and Periodical Networks in Inter-War Britain*. Oxford, Oxford University Press, 2002.

[42] Russell Kirk, *A Era de T. S. Eliot*. Ver, adiante, cap. 5, p. 311.

[43] T. S. Eliot, "Mr. Barnes and Mr. Rowse", *The Criterion*, vol. VIII, n. 33, jul. 1929, p. 683. Citado neste livro no cap. 5, p. 321.

haviam aderido a uma ou outra dessas variantes e gritavam entre si no caos. Kirk observa que no número de abril de 1931 da *Criterion*, Eliot publicara o discurso de Thomas Mann (1875-1955) em Berlim, em que Mann condena o nacional-socialismo. O problema fundamental, tanto com o comunismo quanto com o fascismo, Eliot sustentava, estava no fato de ambos serem sistemas ateus. Tomaria posição definitiva a esse respeito na obra *A ideia de uma Sociedade Cristã*, publicada em 1939, assim que a guerra estava começando: "Se não quisermos Deus (e Ele é um Deus ciumento), devemos reverenciar Hitler ou Stalin".[44]

Os críticos que continuam a acusar Eliot de tendências fascistas muitas vezes apresentam como prova a alta estima de Eliot pelo escritor francês Charles Maurras (1868-1952), cujo movimento político, chamado *Action Française*, fora profundamente antissemita, embora nunca tenha sido realmente pró-fascista. Novamente, faria bem a tais críticos ler *A Era de T. S. Eliot*, pois Kirk esclarece os limites da estima de Eliot por Maurras. Ao descrever a oposição de Eliot à invasão italiana à região de Negus Negusti na Abssínia em 1935, Kirk ressalta que o comentário de Eliot na *Criterion* assume uma postura anti-imperialista, ao perguntar: "Quantos povos menores foram, se pesarmos, realmente ajudados por nossa intervenção europeia?".[45] Kirk segue afirmando que a defesa desse ponto por Eliot "o levou também a ter graves receios da direita francesa, com a qual simpatizava há um bom tempo. A guerra da Abissínia provocara manifestações de três grupos de intelectuais: os de direita, os de esquerda e os católicos. Eliot se pôs ao lado dos últimos".[46] A liderança da direita

---

[44] T. S. Eliot, "The Idea of Christian Society". *Christianity and Culture*. Nova York, Houghton Mifflin Harcourt, 1960, p. 73. Citado neste livro no cap. 8, p. 450.

[45] T. S. Eliot, "A Commentary". *The Criterion*, vol. XV, n. 58, out. 1935, p. 68. Citado neste livro no cap. 7, p. 401-02.

[46] Citado neste livro no cap. 7, p. 402.

francesa com quem Eliot havia simpatizado, era, por certo, Maurras. Kirk certamente estava correto ao dizer que tal simpatia diminuiu com o passar do tempo, e provavelmente estava certo ao alegar que Irving Babbitt e Paul Elmer More (1864-1937) exerceram influência ainda maior no pensamento político de Eliot que Maurras.

Sobre o assunto de Maurras e no que diz respeito à visão que Eliot tinha do líder francês, os críticos contemporâneos que estão decididos a provar o fascismo de Eliot ignoram Kirk e erram. Em um ensaio recente de uma erudita publicação acadêmica, por exemplo, um crítico famoso afirmou que Eliot nunca havia se distanciado de Maurras. A prova disso seria uma declaração de Eliot de 1948, em que chamava Maurras de "uma espécie de Virgílio que nos guiou aos portões do templo". Primeiramente, isto demonstra que o crítico ignora o poema favorito de Eliot, *A Divina Comédia*, em que o poeta latino Virgílio (70-19 a.C.) guia Dante pelo Inferno e por parte do Purgatório, mas é incapaz de conduzi-lo no Paraíso. Eliot diz, por meio da alusão, que Maurras – que avaliava o catolicismo estritamente como uma força cultural, e era, ele mesmo, um incrédulo cujas obras foram postas no *Index* pelo papa Pio XI – o conduziu aos portões do templo, mas não pôde levá-lo para dentro. De qualquer forma, caso esse crítico tivesse consultado *A Era de T. S. Eliot* teria visto a citação da passagem de uma palestra de 1955, ministrada por Eliot, em que o poeta fala de "um homem por quem tinha respeito e admiração, embora alguns de seus pontos de vista fossem exasperadores e outros, deploráveis"[47] – Charles Maurras. Eliot segue dizendo que se Maurras tivesse se limitado à "literatura de teoria política" em vez de se envolver na prática política, "algumas das ideias que eram sadias e vigorosas poderiam ter se espalhado mais".[48] Além disso, quando os críticos acertam com

---

[47] T. S. Eliot, "The Literature of Politics". Palestra reimpressa: *To Criticize the Critic and Other Writings*. Nova York, Farrar, Straus & Giroux, 1965, p. 142-43.

[48] No presente livro ver cap. 9, p. 499, nota 2.

relação a Eliot, tomam certas observações como originais, no entanto Kirk já as havia feito muito antes. Dominic Rowland recentemente publicou um artigo assinalando que Eliot recebeu forte influência de dois teóricos políticos franceses: da direita, Maurras, mas também da esquerda, Julien Benda (1867-1956).[49] Novamente, esta foi uma observação que Kirk fez há três décadas.

Durante o último decênio tem havido uma grande controvérsia a respeito do suposto antissemitismo de Eliot, e muitos intelectuais defendem que o poeta foi virulentamente antissemita. Em *A Era de T. S. Eliot*, Kirk faz uma análise equilibrada e objetiva de tal questão. Há pouco tempo, o estudioso Ranen Omer-Sherman trouxe à baila uma vasta correspondência entre Eliot e o filósofo judaico-americano Horace M. Kallen (1882-1974).[50] Um dos grandes estudiosos de Eliot de nossa época, Ronald Schuchard, escreveu um extenso artigo reavaliando o relacionamento de Eliot com os judeus, à luz da amizade com Kallen.[51] Não é de surpreender que o nome de Kallen apareça nas páginas deste livro. Kirk cita uma carta que Eliot lhe escreveu em 13 de janeiro de 1956, mencionando "meu velho amigo Horace Kallen". Outro recente acontecimento nos estudos de Eliot diz respeito ao movimento eugenista, que era muito popular no início do século XX, em especial entre os intelectuais. Dois livros diferentes afirmam que Eliot acreditava na eugenia. Nenhum deles cita uma passagem extremamente relevante de um "Comentário" de Eliot, no número de janeiro de 1931 da revista *Criterion*, em que lamenta propostas de pôr em prática a eugenia: "É concebível existir, em tempo, uma legislação

---

[49] Dominic Rowland, "T. S. Eliot and the French Intelligence: Reading Julien Benda". *ANQ: A Quarterly Journal of Short Articles, Notes and Reviews*, vol. 13, n. 4, 2000, p. 26-37.

[50] Ranen Omer-Sherman, "Rethinking Eliot, Jewish Identity, and Cultural Pluralism". *Modernism / Modernity*, vol. 10, n. 3, set. 2003, p. 439-45.

[51] Ronald Schuchard, "Burbank with a Baedeker, Eliot with a Cigar: American Intellectuals, Anti-semitism, and the Idea of Culture". *Modernism / Modernity*, vol. 10, n. 1, jan. 2003, p. 1-26.

destinada a obrigar determinadas parcelas da população a limitar as famílias (pelos métodos usuais) e a forçar a procriação de outras, com aplauso de parte do clero",[52] cita Kirk.

Eliot, como Kirk deixa claro, desconfiava dos movimentos modernos que se abrigavam sob a bandeira da "justiça social". Embora não visse nada de desaprovador no termo, temia que isso levasse a dar uma ênfase muito grande ao social e a valorizar muito pouco o individual. Kirk cita Eliot ao dizer: "no momento em que falamos de 'consciência social' e esquecemos da consciência, estamos em perigo moral – assim como a 'justiça social' deve estar baseada na 'justiça'. A separação que ocorre em nossas mentes, simplesmente pela presença constante do adjetivo 'social' pode levar a crimes, bem como a erros".[53] A história de vários movimentos de justiça social, desde então, já deu muitas provas de que as preocupações de Eliot eram justificadas.

Entretanto, como observei anteriormente, o conservadorismo filosófico de Eliot nunca o tornou um partidário complacente do Partido Conservador britânico. Por exemplo, como ressalta Kirk: "No 'Comentário' da *Criterion* de outubro de 1931, Eliot atacou tanto o socialismo materialista de Harold Laski quanto o conservadorismo materialista de Lorde Lymington (...)".[54] O problema com algumas variedades do conservadorismo político moderno, do ponto de vista de Eliot é que tendiam a ser tão secularizados e materialistas quanto o socialismo ao qual se opunham. Kirk também cita uma passagem da *Criterion* de abril de 1931 em que o editor afirma que "a antiga diferença entre capitalismo e socialismo dificilmente será suficiente para os próximos quarenta anos (...)".[55] Kirk foi complacente, pois se viu, por

---

[52] T. S. Eliot, "A Commentary". *The Criterion*, vol. X, n. 39, jan. 1931, p. 307-08. Citado neste livro no cap. 6, p. 341.

[53] T. S. Eliot, *To Criticize the Critic and Other Writings*, op. cit., p. 90. Citado neste livro no cap. 10, p. 550.

[54] Ibidem, cap. 6, p. 356.

[55] Ibidem, cap. 6, p. 346.

vezes, debatendo com a capitalista ateia Ayn Rand (1905-1982), bem como com vários libertários e "neoconservadores" ao longo dos anos. Eliot muitas vezes chamou a atenção para o fato de que as heresias teológicas eram o resultado de uma verdade parcial passar a ser vista como absoluta, e via o mesmo tipo de erro surgir na filosofia política.

Eliot se preocupava com o fato de as modernas democracias ilustradas e respectivas elites educacionais se tornarem Estados totalitários sem ditadores, inquietação expressa mais recentemente pelo papa João Paulo II na carta-encíclica *Veritatis Splendor*, de 6 de agosto de 1993. A visão de Eliot, como explica Kirk, é que:

> Ainda que as democracias não resvalem em uma variedade própria de totalitarismo (...) ainda assim já são, de muitos modos, irreligiosas, especialmente nas medidas econômicas. Organizar a sociedade apenas com base no princípio do lucro privado leva à rejeição da natureza – chegando até mesmo ao esgotamento dos recursos naturais por uma industrialização não regulamentada que acabará em "escassez e deserto".[56]

Como sugere esta passagem, Eliot tinha compreensão daquilo que hoje chamamos de "ambientalismo". Kirk prossegue citando-o ao dizer: "por muito tempo não acreditamos em nada a não ser nos valores que nasciam de um modo de vida mecânico, comercial e urbano: seria igualmente bom que enfrentássemos as condições permanentes sob as quais Deus permitiu que vivêssemos neste planeta".[57] Em contrapartida, Kirk observa, em outro lugar, o ceticismo de Eliot a respeito da ideia de superpopulação, um dos pesadelos de muitos ambientalistas modernos. Assim, Kirk revela a sutileza e o equilíbrio do pensamento cultural e político de Eliot de modo insuperável.

---

[56] Ibidem, cap. 8, p. 454.

[57] T. S. Eliot, *Christianity and Culture*. "The Idea of a Christian Society" [*A Ideia de uma Sociedade Cristã*, publicado no Brasil em 2016 pela É Realizações]. Nova York, Houghton Mifflin Harcourt, 1960, p. 49. Citado neste livro no cap. 8, p. 454.

UMA OBRA PERMANENTE

A Era de T. S. Eliot é uma biografia literária que sobreviverá, quando muitos dos recentes escritos sobre Eliot já estiverem esquecidos nas estantes. Na autobiografia *The Sword of Imagination*, Kirk destaca especialmente dois de seus livros: *The Conservative Mind* e *A Era de T. S. Eliot*, que com acerto chama de "uma obra verdadeiramente maior".[58] A presente obra tem lugar entre outros pioneiros e fundamentais livros a respeito de Eliot, que esplendidamente ainda valem dispensar a atenção – obras de estudiosos como Hugh Kenner (1923-2003),[59] Grover Smith,[60] Leonard Unger[61] e Helen Gardner (1908-1986).[62] De fato, diria que os dois livros que devem ter à mão os que quiserem estudar Eliot são: a obra enciclopédica de Grover Smith, *T. S. Eliot's Poetry and Plays* [A Poesia e o Teatro de T. S. Eliot], de 1956, e a obra de Russell Kirk, *A Era de T. S. Eliot*. O primeiro ainda é um precioso achado em termos de conhecimento a respeito das fontes literárias de Eliot; o segundo, continua sendo o livro cuja pesquisa foi a mais exaustiva, e o estudo das ideias fundamentais de Eliot, o mais criterioso. Nenhum outro intelectual esteve em posição melhor para compreender o homem e seus escritos do que Kirk, pois conhecia bem Eliot, tinha lido quase os mesmos livros, e tinham

---

[58] Russell Kirk, *The Sword of Imagination*, p. 374.

[59] Hugh Kenner, *The Invisible Poet: T. S. Eliot*. San Diego, Harbinger-Harcourt, Brace & World, edição revista, 1969.

[60] Grover Smith, *T. S. Eliot's Poetry & Plays: A Study in Sources & Meaning*. Chicago, University of Chicago Press, 1956.

[61] Leonard Unger, *T. S. Eliot: Moments and Patterns*. Minneapolis, University of Minnesota Press, 1966; Leonard Unger, *Eliot's Compound Ghost: Influence and Confluence*. University Park, Pennsylvania State University Press, 1981.

[62] Helen Gardner, *The Art of T. S. Eliot*. Londres, Cresset Press, 1949; Helen Gardner, *T. S. Eliot and the English Poetic Tradition*. Nottingham, Nottingham University, 1966; Helen Gardner, *The Composition of Four Quartets*. Nova York, Oxford University Press, 1978.

muitos amigos em comum – que incluíam, além dos já mencionados, pessoas como Wyndham Lewis (1882-1957) e Roy Campbell (1901-1957). Além disso, Kirk e Eliot lutavam as mesmas batalhas intelectuais e culturais em lados opostos do Atlântico. A profunda afinidade de Kirk por Eliot e por aquilo que o poeta acreditava poderia ter feito dele um mero acólito, mas Kirk sempre foi um pensador profundamente independente e crítico – de modo que seu livro não é simplesmente um tributo reverencial ao mestre. Foi sorte Kirk não ter escrito um livro sobre Eliot quando pensou nisso pela primeira vez. Ao escrever quase duas décadas depois, amadurecera o próprio pensamento e se tornara, ele mesmo, um eminente homem de letras. Foi capaz de avaliar toda a vida e carreira de Eliot com bastante distância temporal e suficiente autoridade pessoal, de modo que seus juízos fossem os mais objetivos possíveis. O resultado é uma obra que abrange, melhor do que qualquer outra, tanto Eliot como a sua época.

Gostaria de agradecer a sra. Annette Kirk por convidar-me para escrever esta introdução; a Jeremy Beer e Jennifer Connolly do ISI Books, que trabalharam com atenção e paciência para publicar esta nova edição; a várias outras pessoas que apontaram erros: William Blissett, Lee Oser, David Huisman, James Person e Jewel Spears Brooker; e a minha esposa, Micheline Lockerd, que generosamente leu as provas.

Capítulo 1

Eliot e as Tolices do Tempo

No momento atual, uns poucos anos após a morte de T. S. Eliot, oscilamos em um interregno literário. De 1960 a 1970, creio, a maioria dos sobreviventes daquilo que chamo de "a era de Eliot" entrou, um após o outro, na eternidade; muito embora, aqui e acolá, algum robusto Gerontion ainda escreva, ou surja subitamente um novo talento promissor, em geral encontramos febres literárias passageiras ou mesmo belos frutos espinhosos e esvaecidos da decadência literária.

Contudo, nenhuma civilização permanece eternamente satisfeita com o tédio e a violência literários. Mais uma vez, uma consciência pode falar à outra nas páginas dos livros, e a ressequida geração que surge – como homens num local remoto e inacessível – pode tatear em busca do caminho que leva às fontes da imaginação moral. Aí resistem, porém, muito desfiguradas e negligenciadas, ao que Eliot chamou de "as coisas permanentes".

Um novo exame da obra de T. S. Eliot pode ajudar nesse revigoramento. Este livro é um esforço para, ao mesmo tempo, criticar um importante conjunto literário e relacionar essa literatura aos acontecimentos, circunstâncias e expectativas da civilização deste século.

Até agora não temos nenhuma biografia de Eliot, nem qualquer copiosa coleção de suas cartas.[1] "Como deveria odiar-te!" Samuel Bu-

---

[1] Minha correspondência particular com Eliot, de onde aparecem trechos neste e em capítulos posteriores, está guardada na The Clarke Historical Library

tler – de quem Eliot não gostava – escreveu a respeito do presumível futuro biógrafo. O amável Tom Eliot não sentia nenhuma animosidade para com aqueles que, na plenitude do tempo, escreveriam a seu respeito como homem. Não obstante estar sempre reticente sobre tribulações particulares e ter cuidado ao fazer distinção entre as emoções privadas e os sentimentos expressos nos poemas, Eliot não desejava um Boswell.

Embora este livro não seja tal tipo de biografia, uma nota preliminar a respeito do homem Eliot pode parecer, nesta ocasião, apropriada. Tinha muitos conhecidos, alguns amigos, poucos íntimos. Outros o conheceram melhor do que eu, mas não creio que tenha deixado de captar sua personalidade. As pessoas que se relacionam com Eliot somente pelos escritos podem supor que fosse um homem insensível e quase impessoal. Na verdade era o contrário.

Encontramo-nos pela primeira vez em 1953, em um obscuro hotelzinho retirado, com móveis de vime nada atraentes na sala de visitas, onde Eliot hospedara-se em Edimburgo antes da primeira apresentação da peça *The Confidential Clerk* [O Secretário Particular]. Fui obrigado a procurá-lo porque ele havia convencido a Faber & Faber, firma em que fora um dos diretores por muitos anos, a publicar a edição inglesa de um de meus volumosos livros e porque eu tinha sido convidado a resenhar *The Confidential Clerk* nas páginas da revista *Month*.

Amabilidade, simplicidade e franqueza figuravam, descobri, entre as características de Eliot; e essa impressão foi confirmada por nossos encontros posteriores, em Londres, ao longo dos anos – no clube Garrick ou no seu pequeno escritório no andar superior da

---

na Central Michigan University. [A cópia da correspondência entre Russell Kirk e T. S. Eliot também está guardada nos arquivos do Russell Kirk Center for Cultural Renewal, em Mecosta, Michigan. Vale lembrar que parte da correspondência de T. S. Eliot, de 1898 a 1925, foi publicada, em dois volumes, por sua viúva, nos anos de 1988 e 2009. (N. T.)]

Faber & Faber, em Bloomsbury. Disciplinado como o próprio estilo literário, o intelecto de Eliot era benevolente com uma firmeza rara nos dias de hoje. Era fácil falar com ele porque era tão profundamente inteligente (ainda que nunca teórico no discurso) quão graciosamente despretensioso.

Uma pessoa de tipo completamente diferente – Somerset Maugham – afirmou, há duas décadas, que tinha se tornado impossível para nós, modernos, venerarmos quem quer que fosse. É verdade. Restaram poucos de nossa época aos quais poderíamos ficar tentados a venerar. Contudo, embora Eliot nunca tenha esperado reverência, e pudesse ter sorrido afavelmente de tal intenção, foi digno de ser reverenciado, se é que alguém o merecesse, nos últimos anos de vida. Atualmente, titubeio ao atribuir "compaixão" – em parte pela corrupção piegas do mundo – a um homem sensível. Todavia, compaixão, no sentido original, podia ser vista no rosto de Eliot: não o sentimentalismo condescendente do filantropo, mas a percepção de uma comunidade de almas.[2] Vez ou outra vinha à mente, enquanto reunia-me com Eliot, os versos dos "Preludes" [Prelúdios], que escrevera nos dias de Harvard:

Sou movido por fantasias que se enredam
Ao redor dessas imagens, e elas se agarram:

---

[2] Carl Sandburg, que não era amante da poesia ou dos princípios de Eliot, ficou igualmente impressionado com um breve (e acidental) encontro dos dois poetas. Encontraram-se no escritório de Robert Giroux: "(...) Sandburg já havia puxado uma cadeira e taciturno, por sobre minha escrivaninha, olhava fixamente nos olhos de Eliot. 'Apenas olhe para ele!' Sandburg falou-me, apontando para Eliot. 'Olhe para o rosto deste homem – o sofrimento e a dor'. Nessa altura, Eliot dera um grande sorriso. Sandburg continuou: 'Não podes responsabilizá-lo por poetas e críticos que tiram proveito de seu sucesso!'. Com isso, saiu do escritório e percebi que um dos grandes encontros literários de nossa época havia acontecido, e até onde sei, Eliot não havia dado uma palavra sequer". Ver Robert Giroux, "A Personal Memoir". In: *T. S. Eliot: The Man and His Work*. Ed. Allen Tate, 1967, p. 339-40.

A noção de algo infinitamente suave
De alguma coisa que infinitamente sofre.[3]

Esses versos também haviam impressionado Wyndham Lewis em 1915. Na ocasião, Lewis, e eu posteriormente, não supusemos que Eliot fosse patético: passara do sofrimento, na época em que o conheci, à resignação e esperança; mas "a vaidade dos desejos humanos"[4] sempre esteve ao seu redor, não de modo desagradável. Os apetites foram reduzidos, a conduta aperfeiçoada – e a paciência ilimitada. Poderia ter servido para Sir Thomas Browne, ou para o próprio amigo, padre Martin D'Arcy, como um exemplo de moral cristã.

Tudo nele, naqueles últimos anos em que conheci Eliot, percebia a desordem interna e externa, mas não desanimava. Em um inverno lhe disse que deveria vir comigo para o Chipre (não poderia andar comigo como o fizera ao longo do rio Loire e na Bretanha com Wyndham Lewis, logo após a Primeira Guerra Mundial; mas caso tivesse sentado ao seu lado, a céu aberto, nos aposentos da rainha no castelo de Santo Hilário, por exemplo, onde o penhasco se estende por mais de seiscentos metros até o chão, teria conhecido um dos momentos elioteanos da interseção do temporal com o atemporal). Não pela artrite, ele teria tentado; mas tinha tarefas a cumprir. Na verdade, disse, seu médico o aconselhara a passar os meses frios em algum "lugar seco, calmo – talvez no Egito". Naquela ocasião, o Egito havia se tornado terrível pela revolução e pelo massacre; Eliot insinuou que o médico era um profissional um tanto fora de moda, que não era dado a "devorar os jornais".

Não obstante a capacidade do médico de estar por fora do mundo, respondi, realmente deveríamos abraçar juntos aquela prescrição:

---

[3] No original: *I am moved by fancies that are curled / Around these images, and cling: / The notion of some infinitely gentle / Infinitely suffering thing.* T. S. Eliot, "Preludes". *Prufrock and Other Observations*, versos 51-54. (N. T.)

[4] Referência ao poema de Samuel Johnson, de 1749, *The Vanity of Human Wishes: The Tenth Satire of Juvenal Imitated*. (N. T.)

no Cairo ou Alexandria, ou na "Cidade dos Mortos" em Luxor, deveríamos acabar gloriosamente como duas velas romanas acendidas pelos sarracenos, não com um gemido, mas com uma explosão.[5] Eliot sorriu, talvez arrependido, ciente de que nada melodramático jamais lhe ocorrera, nem iria – exceto no domínio da razão e do espírito.

Permanecendo quieto enquanto os homens se armavam, Eliot teve uma vida segura, repleta de anos e de homenagens, em meio à queda dos impérios. Poderia ter dito, juntamente com Dom Quixote, "Sei quem sou", uma rara descoberta – educando à renúncia a quem quer que a faça – e que Eliot alcançara dolorosamente. Por não sentir atração pelo poder ou pelas riquezas, Eliot estava satisfeito em ser um poeta e um crítico. Não tinha alguma paixão pela fama que lhe coube, e não era facilmente ferido pela hostilidade entre críticos e ideólogos.

Contudo, sobre a presente condição da cultura e o futuro do homem, Eliot reconhecia uma inquietação que (ao menos por volta de 1953, quando nos conhecemos) deixara de ser uma percepção pessoal. Por cinco décadas, desde *Prufrock and Other Observations* [Prufrock e Outras Observações] até os ensaios publicados postumamente, Eliot trabalhara para renovar o "guarda-roupas da imaginação moral", de modo que uma geração poderia se unir à outra – e com isso, para além do tédio e do horror, os homens poderiam perceber a glória.

Por poemas, peças e ensaios, Eliot esperava convencer a sua época – por meio do que escrevia, não pelo que experimentava na vida privada; e, nesse espírito, o presente livro foi realizado. Poderia ser arrogância em um homem menos amável por natureza, mas Thomas Stearns Eliot aspirava representar em seus dias o poder da imaginação moral que possuíam os exemplares mantuano e florentino.[6] Foi um poeta ético, disposto a redimir o tempo. O que Unamuno chamou de "sentimento trágico da vida" era Eliot na íntegra – embora, como

---

[5] Referência ao último verso do poema "The Hollow Men". (N. T.)
[6] Referência ao poeta romano Virgílio e ao poeta medieval Dante Alighieri. (N. T.)

escrevera o velho Robert Burton em *The Anatomy of Melancholy* [A Anatomia da Melancolia], homens melancólicos são os mais sagazes. Com um modo austero e sutilmente bem-humorado, Eliot percebia a própria época de forma mais comovente do que qualquer um na república das letras.

T. S. Eliot foi o principal defensor da imaginação moral no século XX. Ora, o que é a imaginação moral? A expressão é de Edmund Burke. Por ela, Burke queria indicar a capacidade de percepção ética que transpõe as barreiras da experiência privada e dos acontecimentos do momento – "especialmente", como o dicionário a descreve, "as mais altas formas dessa capacidade praticadas na poesia e na arte". A imaginação moral aspira apreender a justa ordem da alma e a justa ordem da comunidade. Foi o dom e a obsessão de Platão, Virgílio e Dante.

Na retórica de Burke, o ser civilizado se distingue do selvagem por possuir imaginação moral, por "todas as ideias decorrentes disso, guarnecidas pelo guarda-roupa da imaginação moral, que vem do coração e que o entendimento ratifica como necessárias para dissimular os defeitos de nossa natureza nua e elevá-la à dignidade de nossa estima".[7] Inferidas dos séculos de experiência humana, essas ideias de imaginação moral são novamente expressas de uma era para a outra.[8] Portanto, é assim que os homens de literatura e humanidades de nosso século, cujos trabalhos parecem ter mais chances de perdurar, não são "novilinguistas",[9] mas portadores de um padrão antigo,

---

[7] Edmund Burke, *Reflexões sobre a Revolução em França*. Trad. Renato de Assumpção Faria, Denis Fontes de Souza Pinto e Carmem Lídia Richter Ribeiro Moura. Brasília, Editora da Universidade de Brasília, 1982, p. 101. (N. T.)

[8] Um dos poucos críticos que mencionam a ligação intelectual entre Burke e Eliot é Northrop Frye, no breve *T. S. Eliot* (1963). Lionel Trilling, também, lembrou aos leitores de Burke a respeito da imaginação moral, reconhecendo a originalidade do conceito burkeano.

[9] No original, o autor utiliza o termo *neoterist* para indicar o criador de neologismos depreciativos. Na falta de uma palavra para expressar tal conceito, optamos por utilizar a terminologia orwelliana. (N. T.)

agitado pelos ventos modernos da doutrina: os nomes de Eliot, Frost, Faulkner, Waugh e Yeats devem bastar para dar a entender a variedade dessa imaginação moral na era moderna.

A imaginação moral de Burke é realçada pela reflexão do professor de Eliot, Irving Babbitt – que provavelmente foi quem apresentou a Eliot esse aspecto de Burke –, sobre a imaginação idílica de Rousseau. No século XX, a imaginação idílica pode estar dando lugar à imaginação diabólica. Eliot iria lutar tanto com os discípulos de Rousseau como com os discípulos de D. H. Lawrence – em oposição ao culto de deuses estranhos.

Eliot e alguns de seus contemporâneos concordavam, tácita ou explicitamente – para usar, mais uma vez, expressões de Burke –, "Sabemos que *nós* não fizemos descoberta alguma; e julgamos que não há descobertas a serem feitas no campo da moral (...)".[10] A façanha era reavivar no século XX aquelas percepções morais perenes que são a fonte da normatividade humana, e que tornam possíveis a ordem, a justiça e a liberdade.

Já foram escritos bons livros e ensaios a respeito do estilo de Eliot, das fontes, da capacidade de inovação literária, dos talentos críticos. No entanto, muitos críticos mostram desconforto ou falam por alto dos princípios políticos de Eliot. A sua ortodoxia cristã é tolerada por alguns, escarnecida por outros; as ideias sociais muitas vezes são ignoradas ou menosprezadas. Para desnudar as esfarrapadas tolices do tempo, contudo, Eliot estava pondo em risco toda a longa carreira literária. Deliberadamente escreveu dentro de uma grande tradição e em conformidade com o ensinamento ortodoxo. Assim como Samuel Johnson, Eliot poderia ter escolhido ser julgado pelos méritos como moralista e estadista, não simplesmente como um escritor de estilo. Como poeta filosófico, como dramaturgo, como crítico literário e ensaísta social, Eliot trabalhou para a recuperação da ordem: da ordem da alma e da ordem da comunidade.

---

[10] Edmund Burke, *Reflexões sobre a Revolução em França*, op. cit., p. 107. (N. T.)

É a força da imaginação moral que dará vida longa à obra de Eliot. E mais de 55 anos depois de "The Love Song of J. Alfred Prufrock" [A Canção de Amor de J. Alfred Prufrock] ter sido publicado, é necessário um julgamento digressivo tardio. Dessa forma, proponho-me a analisar os principais esforços de Eliot e tocar, vez ou outra, na obra de aliados ou de adversários. Caso apreendamos Eliot – que não é de fácil compreensão – perceberemos as contendas intelectuais e morais de nossa época.

Meu objeto, no presente livro, é examinar a significância das convicções de Eliot para nossa época e determinar a perspectiva social do escritor mais eminente da primeira metade do século XX. Não sirvo sob a bandeira daqueles senhores a quem F. O. Matthiessen – à moda de Eliot – chama de "críticos sociológicos": ao fazer parte de uma continuidade superior, Eliot não era apenas um produto ou um representante de influências sociais do período em que viveu. Todavia, concordo com Irving Babbitt que toda a literatura importante é ética por natureza, e que o homem de letras move sua sociedade para o bem ou para o mal. Este livro, então, relaciona-se com o Eliot defensor da imaginação moral e com o Eliot crítico da ordem social civil.

Nas humanidades, nossa era tem sido a era de Eliot, como já houve a era de Dryden e a era de Johnson. Como período histórico e literário, o nosso tempo começa com a Primeira Guerra Mundial: os anos anteriores do século marcaram o fim das opiniões do século XIX, e até 1914 as instituições sociais daquele século estavam pouco danificadas. Após o cataclismo do que os otimistas chamaram de "Grande Guerra", brotou uma nova corrente na literatura, bem como na ordem social. A primeira metade do século XX foi a era de Eliot; nela Thomas Stearns Eliot, um colosso tímido, transpôs o período como Virgílio, Dante, Dryden ou Johnson haviam feito em diferentes épocas. Gostemos ou não dele, encontraremos Eliot em todos os lugares da intelectualidade, da especulação social e da controvérsia literária do século XX.

Desde a morte de Eliot, caímos ainda mais num mundo de doutrina armamentista hostil e de apetite dissipador. Este livro pode ajudar a explicar a poderosa relevância do pensamento e das imagens de Eliot para os irascíveis descontentes de hoje.

Expus, em prosa, nos dez capítulos seguintes o que James McAuley expressou em três estrofes:[11]

> Um distante pastor na pradaria
> Mudou a canção e a cidade caiu;
> Mas, sílaba por sílaba,
> As paredes, Anfião reconstruiu.
>
> As razões do vibrante filamento,
> A coluna frouxa de ar insuflado,
> Ordenam o ritmo ao desalento
> E ambição, num anel, ligados.
>
> Ideada, a métrica provê
> o sentido e sua oposição:
> "Ordene o amor no coração –
> Pois nestes tons, a pólis vive."[12]

É possível que em uma distante época futura, quando a história do século XX parecer bárbara e desconcertante como as crônicas da Escócia medieval, a aguda perspicácia de Eliot deva ser lembrada como a luz mais clara que resistiu às trevas universais.

---

[11] James McAuley, "In Regard to T. S. Eliot". *Surprises of the Sun*, 1969, p. 55.

[12] No original: *A distant shepherd on the plain / Changed his tune, and the city fell; / But, Syllable by syllable, / Amphion raised the walls again. // The ratios of the vibrant string, / The trembling column of breathed air / Ordain a measure to despair / And bind ambition in a ring. // Justly framed, the metre gives / This meaning, meaning's counterpart: / "Set love in order in the heart – / For in these modes the polis lives."* (N. T.)

Capítulo 2

O Enterro de Matthew e Waldo

SIR EDMUND GOSSE E O HIPOPÓTAMO

Em junho de 1917, eis que surgiu publicado por The Egoist Press, em Bloomsbury, um diminuto livro de versos: *Prufrock and Other Observations*. Esse foi o primeiro volume produzido por The Egoist Ltd., que, mais tarde, publicaria obras de James Joyce, Wyndham Lewis e outros escritores novos; também era o primeiro livro do criador de Prufrock.

Quinhentas cópias foram impressas, e demorou quatro anos para que toda a edição fosse vendida; os direitos autorais perfaziam o montante de dez guinéus, e o lucro da editora, dezoito xelins e oito pennies.

O poeta, embora fosse norte-americano, trabalhava em um banco de Londres, e estava então com 29 anos. Num breve poema inovador, "Cousin Nancy" [Prima Nancy], rompeu de forma bem-humorada com a tradição de refinada educação dos parentes de Boston:

Sob as prateleiras envernizadas da estante vigiavam
Matthew e Waldo, guardiães da fé,
O exército da lei imutável.[1]

---

[1] No original: *Upon the glazen shelves kept watch / Matthew and Waldo, guardians of the faith, The army of unalterable law*. T. S. Eliot, "Cousin Nancy". *Prufrock and Other Observations*, 1917, versos 11-13. (N. T.)

Cavalgando, fumando e dançando, a prima Nancy não seria guiada por Matthew Arnold e Ralph Waldo Emerson; nem o seria o novo mundo antagônico, batizado pelo fogo poucos meses antes de *Prufrock* surgir. Na batalha de Somme, de julho a outubro de 1916, quase meio milhão de soldados britânicos tinham sido mortos, feridos ou capturados; miríades mais morreriam naquela frente de batalha – a obsessão do marechal Haig – em 1917 e 1918. Perto de junho de 1917, a Grande Guerra parecia ter entrado em um impasse que só findaria até que todos os exércitos recrutados quedassem mortos. Rudyard Kipling publicara, na fatal primavera de 1917, a assustadora descrição dos corpos dos soldados na terra de ninguém, "pálidos ou vistosamente corados por vapores",[2] abandonados à decomposição:

> Por isso faremos expiação.
> *Mas quem trará de volta nossos filhos?*[3]

Aqueles jovens morreram ao longo do Somme; seus ossos não teriam voz no tenso mundo do pós-guerra. A antiga ordem civilizada da Europa e dos Estados Unidos havia sido descartada por essa devastação. Arnold e Emerson, pilares da brandura e das luzes do século XIX – tal como haviam sido –, foram incinerados pelo fogo, ao lado dos corpos nas crateras das bombas.

J. Alfred Prufrock, passeando pelas ruas pobres de Boston na hora do chá, oprimido por pequenas timidezes e por um grande tédio, incapaz de amar ou de sair do abarrotado guarda-roupas do próprio eu, nunca viu o Somme; mas tinha um inferno particular. Prufrock também seria um aspecto do novo mundo antagônico.

---

[2] No original: *to be blanched or gay-painted by fumes*. Rudyard Kipling, "The Children", verso 23. (N. T.)

[3] No original: *For this we shall take expiation* / But who shall return us our children? (grifo de Kipling). Ibidem, versos 25-26. (N. T.)

Após 1917, muitos homens como "um par de dilaceradas garras"[4] se esgueirariam pelo mundo; e os Prufrocks seriam a presa de tais homens. Matthew e Waldo não iriam mais cortar o bolo, na hora do chá, como de costume. Não da guerra, mas do porão de um banco sob a London Street, surgiu a visão poética que viria a ser a medida para o século.

Como se inclinada a desmentir a noção darwiniana da sobrevivência do mais apto, a guerra estava desbastando os talentos do período. Os princípios militares de seleção, especialmente para os oficiais de regimento, enviavam "para insensatamente serem lançados e relançados em insulsa mutilação"[5] os jovens profissionais, cientistas, professores, engenheiros, administradores, artistas, líderes públicos – e poetas. No mundo do pós-guerra, os lugares que deveriam ter sido ocupados por homens como George Wyndham, T. E. Hulme e Rupert Brooke – por jovens bastante promissores que, em vez disso, padeciam as "pilhérias da decadência que perturbavam o coração e pendiam dos arames"[6] – seriam substituídos por outra raça. Muitas vezes, os sucessores eram um novo tipo de político (aqueles "homens de feições severas que pareciam ter prosperado, longe da guerra", na honesta descrição de Stanley Baldwin), ideólogos de política totalitária ou homens ocos.

Matthew e Waldo também foram empalidecidos ou vistosamente corados por vapores do Somme. O mundo antagônico estava próximo; mas da mesma forma estava próxima a era de Eliot, com resignação, penitência, em defesa das coisas permanentes e com obstinada esperança.

---

[4] No original: (...) *a pair of ragged claws*. T. S. Eliot, "The Love Song of J. Alfred Prufrock". *Prufrock and Other Observations*, 1917, verso 76. (N. T.)

[5] No original: *"to be senselessly tossed and retossed in stale mutilation"*. Rudyard Kipling, op. cit., verso 24 (N. T.)

[6] No original: *"By the heart-shaking jests of Decay where it lolled in the wires."* Rudyard Kipling, op. cit., verso 22. (N. T.)

Como poucos sabem, os jovens escritores aos quais Wyndham Lewis chamou de "homens de 1914" – Eliot, James Joyce, Ezra Pound, T. E. Hulme e o próprio Lewis – haviam começado a deixar marcas em Londres quase no mesmo período em que a guerra estourou. Nos aposentos de Ezra Pound no sopé de Notting Hill (que mais tarde se tornaria a Rotting Hill[7] das cenas sardônicas de Lewis após a Segunda Guerra Mundial), que o observador imparcial Wyndham Lewis encontrou pela primeira vez, em 1914, o jovem T. S. Eliot daqueles anos, "uma figura que se insinuava nos portais – sentada na sala de estar – da *Heartbreak House* [Casa dos Corações Partidos]".[8] Seria esse jovem desconhecido, de sorriso plácido, uma das "pessoas absurdas" de Ezra? Na própria revista, a *Blast*, Lewis publicaria, em julho de 1915, os "Preludes" [Prelúdios] e "Rhapsody on a Windy Night" [Rapsódia sobre uma Noite de Vento] de Eliot.

Lewis, que tão prontamente se aborrecia com as pessoas, gostou de Eliot:

> Dera um rosnado suave ao cumprimentar. Americano. Notei-lhe o pescoço elegante, e tinha algo daquilo que em algum lugar chamei de um "sorriso de Gioconda". Embora não fosse feminino – salvo ser fisicamente grande, sua personalidade visivelmente vivia em um universo masculino – *havia* covinhas na cálida pele morena; e sem dúvida movia os olhos um tanto como uma pintura de Da Vinci. Na ocasião, era um homem bastante atraente; um tipo pouco comum do outro lado do Atlântico. Gostei dele, embora não possa dizer nada sobre os

---

[7] Trocadilho com o nome do bairro londrino. A substituição da letra N por R faz com que o bairro passe a se chamar "Colinas Podres". (N. T.)

[8] Referência à comédia de George Bernard Shaw, *Heartbreak House: A Fantasia in the Russian Manner on English Themes*, escrita em 1919, que descreve uma família totalmente caótica. A casa que parece funcionar dentro de regras próprias e há uma coleção de idiossincrasias e neuroses, com indivíduos muito peculiares. Segundo o próprio Shaw, *Heartbreak House* é uma representação simbólica pessimista da grande sociedade chamada Inglaterra às vésperas da Primeira Guerra Mundial ou ainda um navio amotinado rumo à catástrofe. Kirk fará uso dessa metáfora ao longo do presente livro. (N. T.)

textos que Ezra me mostrara a respeito de uma personagem fictícia terrivelmente perturbada com a idade, cujos versos (se é que o fossem) "envelheço... envelheço... / Andarei com os fundilhos das calças amarrotados." – aparentemente fossem um aspecto das humilhações reservadas aos aposentados – não era capaz de entender o pé nem a cabeça.[9]

Ezra Pound estava empenhado em fortalecer, em vez de moldar, T. S. Eliot para o mundo literário de Londres. Eliot ajudaria Pound e a srta. Harriet Weaver a editar o *The Egoist*, um periódico promissor, problemático e fadado à extinção prematura.[10] Em junho de 1917, Eliot foi nomeado editor assistente dessa publicação com um salário de nove libras e uma coroa, muito dessa quantia (sem o conhecimento de Eliot) dada por Pound. Talvez, o título do periódico não fosse de todo muito feliz. Eliot já estava ciente, por observar as pessoas nos salões e nos bares e pela leitura de Kipling, que a principal aflição do homem do século XX era esta: ter muito ego no próprio cosmo.

A associação com o *The Egoist* fez com que a srta. Weaver publicasse *Prufrock* e, assim, alcançasse uma fama limitada. Naquele inverno, Osbert Sitwell, um oficial que retornara dos horrores para os salões literários, conheceu o tímido e emergente Eliot em um elegante recital público de vários poetas. Foi um evento beneficente para a Cruz Vermelha, ocorrido no dia 12 de dezembro de 1917, em uma casa ao sul de Kensington; Sir Edmund Gosse presidiu o acontecimento. Na noite anterior ao recital, foi oferecido um jantar para o presidente, os organizadores e os poetas que se apresentariam – entre eles Robert Graves, Robert Nichols, Irene Rutherford McLeod, Sherard Vines, Aldous Huxley, Edith Sitwell, Sacheverell

---

[9] A descrição de Wyndham Lewis citada pode ser encontrada no conto "Early London Enviroment". In: Richard March e Tambimuttu (ed.), *T. S. Eliot: A Symposium*, 1948, p. 24-32; ver também sua descrição do jovem Eliot em *Blasting and Bombardiering*, 1937.

[10] Para uma descrição do relacionamento de Eliot com a srta. Weaver, *The Egoist*, e *The Egoist Press*, ver June Lidderdale e Mary Nicholson, *Dear Miss Weaver: Harriet Shaw Weaver, 1876-1961*, 1970.

Sitwell, Osbert Sitwell, Viola Tree, Siegfried Sassoon (que, no entanto, não apareceu) e Eliot.

Sir Edmund Gosse era, então, o árbitro inglês do bom gosto literário; a era de Eliot o destronaria. Gosse era tão detestado pela nova geração de literatos, os homens de 1914, que o condenaram à fama imortal. Embora os méritos possam ter sido insignificantes, acumulou uma série de condecorações. "Bastava uma palavra bondosa – e, nessa época, apenas dele – e a venda de livros de um jovem escritor, mesmo a de um poeta, aumentava vertiginosamente", escreve Sir Osbert Sitwell, "ao passo que a insolência com que, por vezes, tinha de se deparar, faria decrescer ou desaparecer por completo".[11]

Gosse era dado a repreender severamente jovens escritores presunçosos. Evelyn Waugh (cujo pai, um parente distante de Gosse, fora ajudado por Sir Edmund no início de carreira) olhava para o crítico rigoroso e disciplinador como um abominável charlatão: "Para mim, é a síntese de tudo o que considero ignóbil na profissão das letras", um charlatão como estudioso, um autor que beira o nada, um sicofanta com homens de poder e prestígio social. "Via Gosse como um sr. Tulkinghorn,[12] uma pessoa de andar macio, discreto, um *habitué* mal-humorado do grande mundo, e não via a hora de uma criada demente dar um fim nele."[13]

Naquele jantar comandado por Gosse, pela primeira vez os Sitwells viram Eliot:

> Um ser deveras atraente, com olhos particularmente luminosos, amarelados, mais do que fulvos: olhos que poderiam ser de um dos grandes

---

[11] Sir Osbert Sitwell, *Noble Essences*, 1950. p. 39-41.

[12] Personagem do romance *Bleak House* [A Casa Soturna] de Charles Dickens, que era um advogado conspirador confiante no poder de manipular os segredos das pessoas. Em português, a obra pode ser encontrada na seguinte edição: Charles Dickens, *A Casa Soturna*. Trad. Oscar Mendes. Rio de Janeiro, Nova Fronteira, 1986. (N. T.)

[13] Evelyn Waugh, *A Little Learning*, 1964, p. 65-66.

felinos, de tigre, puma, leopardo, lince, em vez de olhos de leão que, por alguma razão, em geral traziam uma expressão mais domesticada e plácida. Seu rosto, também, tinha as dimensões ósseas de uma face trigrídea, se bem que o nariz fosse proeminente, parecido, como costumava pensar, com o de uma figura asteca entalhada em baixo relevo.[14]

No dia seguinte, os poetas recitaram de um tablado posto na sala de estar da Lady Colefax em Onslow Square. Por ter ficado preso no banco, Eliot chegou atrasado – e foi advertido diante de todos – com toda a pompa de Sir Edmund. "Ele não demonstrou nenhum incômodo por ter sido repreendido", relembra Sitwell, "Todavia, uma das manifestações da boa educação de Eliot era nunca permitir que os amigos suspeitassem do cansaço que deveria estar sentindo, nem jamais se lamentou abertamente do extraordinário destino que forçou a tal poeta uma tarefa como essa, mas a suportou, ainda que às vezes perplexo, com animada paciência – embora, sem dúvida, com todo um feroz e impaciente âmago de tigre".

A suserania de Gosse estava desabando e, dessa forma, se iniciava a era de Eliot, pelo próprio Gosse, irritadiça – totalmente inconsciente. A atração de Gosse por uma literatura pela literatura – ou talvez pela moda – seria banida do interesse de Eliot na literatura por amor à imaginação moral.

Aldous Huxley foi um dos poetas que se apresentaram na ocasião. Sir Edmund Gosse – assim escrevera Aldous para o irmão Julian – era "o velhote mais maldito que já vi"; vários "jovens bardos" (na expressão de Gosse) sucederam uns aos outros no palco:

> Tropas de Shufflebottoms, também chamados Sitwells, na retaguarda. A última e a melhor: Eliot. Mas, ah – que apresentação! – Eliot e eu éramos as únicas pessoas que tinham alguma dignidade. Bob Nichols delirou e gritou, vaiou e gemeu seus imundos poemas de guerra como um vilão de liceu que não aprendera a atuar; Viola Tree declamou numa voz tão melosa, adocicada e jocosa que ficáramos enfastiados

---

[14] Sir Osbert Sitwell, *Laughter in the Next Room*, 1949, p. 32-33.

e enjoados com dois versos; os Shufflebottoms eram respeitáveis, mas terrivelmente nervosos; o McLeod embriagou-se com os próprios versos; Gosse parecia um narrador de folhetim.[15]

Eliot leu "O Hipopótamo"; e se tinha a intenção de indignar Gosse, conseguiu:

> Branco como a neve, por todas
> As virgens há de ser beijado,
> Enquanto a Igreja fica, embaixo,
> Envolta em seu miasma enevoado.[16]

É provável que poucos dos presentes suspeitassem que o irônico jovem poeta seria, dentro de poucos anos, quase venerado pelo *Church Times*. Arnold Bennett, presente às leituras da tarde, ficou muitíssimo impressionado com Eliot. Escreveu em seu diário: "Se eu fosse uma casa, isso a teria derrubado". Posteriormente, onde quer que os dois se encontrassem, ele perguntaria a Eliot se iria escrever outro "hipopótamo". Embora estivesse cansado do trabalho no banco, Eliot, que normalmente era hábil em se tornar imperceptível, foi carismático naquela tarde.

"Posto que fosse reservado, se escondesse sob a couraça das boas maneiras, e os modos fastidiosamente corteses, tão peculiares", prossegue Osbert Sitwell; "não obstante também as várias e trágicas profundezas de sua grande poesia pudessem ser lidas nas próprias linhas do rosto; e, além disso, ainda que estivesse exausto pelas longas horas do próprio trabalho, seu aspecto, ao contrário, era sempre animado, alegre, e até mesmo bem disposto". Elegante ao vestir, gracioso nos movimentos, o jovem poeta que saíra há pouco de Harvard e

---

[15] Aldous Huxley para Julian Huxley, 13 de dezembro de 1917. In: Grover Smith (ed.), *Letters of Aldous Huxley*, 1969, p. 141.

[16] No original: *He shall be washed as white as snow / By all the martyr'd virgins kist / While the True Church remains below / Wrapt in the old miasmal mist*. T. S. Eliot, "The Hippopotamus". *Poems 1920*, versos 33-36. (N. T.)

conhecido, até a publicação de *Prufrock*, principalmente pelas contribuições ao *The Egoist*, serviria de Davi para o Golias de Gosse.

Os versos cômicos, mas não irreverentes de "O Hipopótamo" foram a perdição de Gosse. Quase quatorze anos depois, quando Eliot já havia dominado a cena literária de Londres por causa de uma moda muito diferente da de Gosse, o autor de "O Hipopótamo" resenhou, na revista quadrimestral *Criterion,* a biografia de Gosse de Evan Charteris.

"O lugar que Sir Edmund Gosse ocupou na vida literária e social de Londres", Eliot escreveria em 1931: "ninguém mais irá ocupar, porque é, por assim dizer, um posto abolido (...) Não diria que a atividade de Sir Edmund não fosse útil no mundo socioliterário que rapidamente fica para trás na lembrança. Foi, de fato, uma amenidade; mas não uma amenidade qualquer de que tenhamos necessidade em nossa época". A comparação feita por Charteris de Gosse com Sainte-Beuve não foi feliz. Eliot prosseguiu:

> Sir Edmund não poderia ter escrito uma obra-prima como *Port Royal*, porque não tinha muito interesse; não poderia nem mesmo ter escrito um livro comparável a *Chateaubriand*. Creio que pessoas cujos interesses sejam tão estritamente limitados, pessoas que não são dotadas de qualquer curiosidade inquieta e nem atormentadas pelo demônio do pensamento, de alguma forma perdem as mais vivas emoções que a literatura pode dar. E, em nossa época, tanto os problemas temporais quanto os eternos se impõem sobre a mente inteligente com uma insistência que não pareciam ter no reinado de Edward VII.[17]

Emoções mais vivas e preocupações urgentes com os problemas temporais e eternos seriam marcas visíveis da literatura na era de Eliot. Ainda que os Sitwells, Arnold Bennett, Aldous Huxley e outros vislumbrassem o talento no novato, relativamente poucos detectaram em Eliot, de início, a sobriedade e a força do intelecto. Homens de

---

[17] T. S. Eliot, "A Commentary". *The Criterion*, vol. X, n. 61, jul. 1931, p. 715-16.

boa posição literária como Arthur Waugh – escritor, editor e pai de Evelyn Waugh – ainda desfrutavam de suas "noites máximas" na casa de Sir Edmund Gosse em Hanover Terrace, ainda que tivessem certo receio daquele potentado. O grupo de Gosse tomou Eliot por um poeta de negação e de maus modos; Arthur Waugh comparou o autor de *Prufrock* a um escravo bêbado, capaz somente de corrigir a geração vindoura pelo exemplo infame.

Eliot rejeitava o liberalismo do século XIX e o que este tomava por cultura, arruinados pela guerra; Eliot observara que o século XIX – que abominava – em algum momento deveria acabar, ainda que em meados do século XX. Com o tempo ficaria claro (para o desagrado de alguns "novilinguistas" que, a princípio, tomaram o partido de Eliot) que esse norte-americano afirmava uma crença antiga e firme, embora sarcástica. Eliot se voltaria, dentro em pouco, para os teólogos anglicanos, para o século XVII (o século do gênio), e para fontes de pensamento e sentimento ainda mais antigas.[18]

Para aqueles que estavam cansados de Gosse, os poemas de *Prufrock* eram um alívio tardio. Eliot não tentou escrever aquilo que Huxley chamou de "imundos poemas de guerra"; essa variedade de literatura deixou para os que haviam lutado, entre eles Sitwell, Sasoon, Graves, Edmund Blunden e os jovens poetas que morreram entre as papoulas de Flandres. A saúde de Eliot não fora boa o bastante para

---

[18] O que Eliot achava tolice na adulação de Emerson e Arnold é sugerido em uma frase do livro *Gray Days and Gold* (1892), escrito por um esquecido jornalista literário norte-americano, William Winter. Ao declarar que "o bem-estar do futuro se assenta no culto à beleza", Winter continua o elogio a Arnold, de uma forma bem representativa daquela época:
O homem que presta atenção aos ensinamentos de Matthew Arnold não confiará em credos e superstições, não porá a confiança na sutil estrutura argumentativa da teologia, não se deixará guiar pela multidão animalesca e irracional, mas "manterá a alvura d'alma"; será simples, altruísta e doce; viverá para o espírito e não para a carne; e nesse espírito puro, sensível, destemido, forte para suportar e paciente para sofrer, encontrará serenidade para enfrentar os inevitáveis desastres da vida e o medonho mistério da morte.

a Marinha norte-americana aceitá-lo. "*Antwerp*" [Antuérpia] de Ford Madox Hueffer foi "o único poema bom que encontrei sobre guerra", Eliot escreveu na revista *Egoist*, naquele ano, no dia 10 de novembro. Todavia, não era um pacifista, dissera isso a Bertrand Russell, em outubro de 1914. Escrevia sobre aquilo que conhecia – a desordem interior, não a exterior.

Ao ler *Prufrock* em 1917, E. M. Forster ficou animado por encontrar versos "livres de civismo". Eliot, escreveu Forster, dava prosseguimento à herança humana ao cantar o "fastio privado e a desconfiança, ao falar de pessoas que pareciam verdadeiras porque eram sem atrativos ou fracas". Eliot, Forster continuou, tinha debilmente se manifestado em público contra a obsessão pelo patriotismo e coisas do tipo, protesto que foi "o mais apropriado por ser fraco".

Duas décadas depois de *Prufrock* – altura em que sentimentos revolucionários, em lugar de pacifistas, estariam em voga entre os poetas – Louis MacNeice, na coletânea *Modern Poetry* desdenharia do julgamento de Forster expresso em *Abinger Harvest* [A Colheita de Arbinger] de 1926. Eliot, MacNeice escreveria, tinha

> sentado e observado as emoções de outras pessoas com tédio e com uma autopiedade irônica (...). Dez anos depois protestos menos débeis foram feitos pelos poetas e a herança humana foi transmitida de modo um tanto diferente (...). A contemplação de um mundo de fragmentos se torna entediante e os sucessores de Eliot estão mais interessados em arrumá-lo.

Para MacNeice, haveria a resposta, em 1940, de um escritor, com certa experiência de guerra, revolução, pobreza e dogmas literários de esquerda: George Orwell, que tomou a defesa de Eliot a respeito desse ponto. MacNeice desejava que os leitores acreditassem que ele e seus amigos, de alguma forma, haviam protestado de maneira mais eficiente do que Eliot ao publicar *Prufrock* no momento em que os exércitos aliados estavam investindo contra a Linha Hindenburg. Orwell comentaria:

Onde exatamente tais "protestos" devam ser encontrados, não sei. Mas, ao comparar os comentários do sr. Forster e os do sr. MacNeice vemos a total diferença entre o homem que sabe como foi uma guerra semelhante a de 1914-1918 e um homem que mal a recorda. A verdade é que, em 1917, não havia nada que uma pessoa pensante e sensível pudesse fazer, a não ser continuar a ser humana, se possível. E um gesto de impotência, até de futilidade, poderia ser a melhor forma de fazê-lo. Se tivesse sido um soldado na Primeira Guerra Mundial, preferiria ter *Prufrock* a *The First Hundred Thousand* ou *Letters to the Boys in the Trenches* de Horatio Bottomley. Deveria sentir, como o sr. Forster, que simplesmente por ficar distante e manter contato com as emoções pré--guerra, Eliot estava perpetuando a herança humana. Que alívio teria sido naquela época ler a respeito das dúvidas de um intelectual careca de meia-idade![19]

Nem Forster nem MacNeice entenderam bem *Prufrock*: os poemas naquele livro não se ocupavam diretamente da ordem da comunidade política, mas refletiam um forte interesse pelo ordenamento da alma. Todavia, certamente, os poemas de Eliot reavivaram as forças daquela parcela do público que ainda guardava o gosto pela literatura. Aliada à novidade das formas métricas de Eliot e as novas imagens austeras com um toque de Laforgue, as ironias, leviandades, evocações e alusões de *Prufrock and Other Observations* acabaram por chamar a atenção de um jovem público literário, cansado tanto dos bordões patrióticos quanto das bucólicas poses georgianas. Como a guerra pôs um fim às complacentes noções políticas do século XIX, assim, Eliot demoliu a presunção acerca da condição humana.

Por volta desse período, George Santayana, outro refugiado de Harvard, descreveu o fim de uma era:

> Os dias do liberalismo estavam contados (...). Nesse subsolo de uniformidade, de tradição, da grande necessidade que o bem-estar

---

[19] George Orwell, "Inside the Whale". In: Sonia Orwell e Ian Angus (eds.), *The Collected Essays, Journalism and Letters of George Elliot*. 1968, vol. I. p. 524-25.

humano tem fincadas as raízes, junto com a sabedoria e a verdadeira arte, as flores da cultura que não se nutrem desse solo são apenas flores de papel.[20]

Esse, em suma, seria o discurso de Eliot a respeito da sociedade moderna.

À anarquia, certamente, Eliot resistiria com todas as forças. A cultura de Eliot pareceria mais com a dos antigos escolásticos. Nós, modernos, somos anões sobre ombros de gigantes, Bernardo de Chartres já havia dito no século XII: "Se vemos mais e mais adiante deles, não é por causa de nossos olhos límpidos e de nossos altos corpos, mas porque somos mantidos no alto pela gigantesca estatura dos antigos". Em algumas igrejas medievais, as figuras dos evangelistas estão sentadas ou de pé sobre os ombros dos profetas. Assim era a compreensão de Eliot da tradição cultural e social. Os protestos – mesmo as objeções a Sir Edmund Gosse – eram afirmações das coisas permanentes.

O JOVEM ELIOT DE ST. LOUIS

Thomas Stearns Eliot nunca perdeu a afeição pela família, lugar ou cultura que herdou; mas a vida moderna apagara, como o fez para milhões de outras pessoas, os lugares que conheceu na infância. A casa na Rua Locust, número 2635, em St. Louis, onde nasceu em 1888, sumiu sem deixar rastro: no local foi erguido um novo prédio industrial. Recentemente, toda a vizinhança ficou irreconhecível. Na Locust e nas ruas ao redor, quase não há população – tudo se tornou uma área comercial decadente ou sucumbiu a um medonho abandono.

---

[20] George Santayana, *Soliloquies in England and Later Soliloquies*. 1922, p. 177-78.

De fato, três quartos da cidade ribeirinha que Eliot conheceu, foram destruídos. A uma centena de metros ao norte do que foi o cais Laclede, no Mississippi, sobreviveram alguns prédios que ele teria reconhecido – e foram salvos da demolição apenas na última hora. Grande parte da antiga cidade francesa foi deliberadamente devastada na década de 1940, e por um quarto de século, a catedral permaneceu sozinha no deserto de escombros chamado Jefferson Memorial. A influência maligna se espalhava por muitos quilômetros, a partir do centro da cidade. "Estamos destruindo nossos edifícios antigos", Eliot escreveria em 1948, "para preparar o terreno onde os nômades bárbaros do futuro acamparão com suas caravanas mecanizadas".[21]

Contudo, a St. Louis onde Eliot nasceu – o sétimo filho de um casal de meia-idade – naquela ocasião gozava de um rápido crescimento e grande prosperidade. Sua família era uma das que conferia um tipo de cultura e distinção próprias a St. Louis. Se por cavalheiro podemos definir a pessoa que nunca refere a si mesma como um cavalheiro, então, nos Estados Unidos, certa aristocracia assumiu a liderança sem nunca referir a si mesma como aristocracia.

Os descendentes de Andrew Eliot, um fabricante de calçados finos (que emigrou de Somerset para a colônia da baía de Massachusetts em 1667), em pouco tempo se tornaram pessoas eminentes na singularmente austera aristocracia de pastores e mercadores da Nova Inglaterra. Tanto pelo lado paterno quanto pelo materno, os ancestrais de Eliot tinham relações com essa classe – embora às vezes sofressem reveses. O sexto presidente dos Estados Unidos, por exemplo, tinha uma ligação colateral. "John, o primo de meu bisavô", escreveu-me T. S. Eliot em 1956 (referindo-se a John Quincy Adams), "foi extremamente útil para minha família. Meu bisavô era um armador cuja fortuna fora perdida na breve batalha naval entre a

---

[21] T. S. Eliot, *Notas para uma Definição de Cultura*. Trad. Geraldo Gerson de Souza. São Paulo, Editora Perspectiva, 2008. p. 135. (N. T.)

Grã-Bretanha e os Estados Unidos em 1812, e o primo John salvou a situação conseguindo-lhe um emprego público em Washington, onde meu avô nasceu".[22]

Da *Harvard Divinity School* [Faculdade de Teologia de Harvard], o reverendo William Greenleaf Eliot, doutor em Teologia, partiu diretamente para St. Louis em 1834 e instituiu a Igreja Unitarista do Messias. Fundou a Universidade de Washington, tornando-se o primeiro chanceler, em 1872; escreveu e leu muito; era formidável em obras de caridade; trabalhava contra a escravidão e a favor da proibição das bebidas alcoólicas; ajudou a manter o estado do Missouri na União quando começou a Guerra Civil. Esse avô de T. S. Eliot era o máximo da consciência da Nova Inglaterra.

Disse o poeta em St. Louis, em 1953:

> Não conheci meu avô. Ele faleceu um ano antes do meu nascimento. Mas fui criado com muitas informações a respeito dele: tantas que, quando criança, ainda acreditava que ele era o chefe da família – um governante que *in absentia* deixara minha avó como vice-regente. O padrão de conduta era o que tinha sido estabelecido pelo meu avô; os julgamentos morais, as decisões entre o dever e a permissividade, eram tomados como se, assim como Moisés, ele tivesse trazido as tábuas da lei, e qualquer desvio seria pecaminoso. Uma das leis não menos importantes, que continha prescrições mais que proibições, era a lei de servir a coletividade: sem dúvida, devido à impressão que essa lei causou em minha mente infantil é que senti, desde o passar dos

---

[22] Poucos meses antes dessa correspondência (a carta de Eliot data de 13 de janeiro de 1956), eu tinha publicado, acrescida de uma introdução, uma edição do *American and French Revolution Compared* de Gentz, que fora traduzido e publicado por John Quincy Adams, quando ministro na Prússia. Eliot não conhecia esse ensaio até que lhe enviei uma cópia de minha edição. Na carta supracitada, T. S. Eliot é um pouco impreciso: William Greenleaf Eliot, seu avô, nasceu em New Bedford em 1811, embora tenha passado grande parte da infância em Washington. Assim como não tinha muito interesse na cultura da Nova Inglaterra, similarmente, o poeta não partilhava do gosto do pai e do avô pela genealogia dos Eliots e dos Greenleafs.

primeiros anos de irresponsabilidade, uma obrigação incômoda e muito inconveniente de servir em comitês.[23]

Henry Ware Eliot, o segundo filho de William Greenleaf Eliot e pai do poeta, prosperou como presidente de uma empresa de tijolos ("Tanto quis que tudo perdeu",[24] Henry Ware disse a respeito do plano do pai de torná-lo um clérigo). A esposa de Henry Ware, Charlotte Champe Stearns, vinha de uma família de Massachusetts ainda mais antiga que os Eliots. Escreveu um poema dramático, *Savonarola*, e uma biografia do sogro; era atuante na reforma das prisões femininas e das cortes de justiça para os jovens. Piedosos, tanto no sentido clássico como no cristão dessa palavra tão mal empregada, os pais do pequeno Eliot pensavam – muito justificadamente – nos antepassados, e ainda mais nos deveres religiosos e cívicos.[25] Ainda que Eliot fosse transcender tal agradável cultura familiar, ao mesmo tempo conservadora e reformista, nunca repudiaria tais características.

Foi uma infância boa. Muito mais tarde escreveria "o longo rio escuro, os ailantos, os flamejantes pássaros vermelhos, as altas falésias de calcário onde procurávamos por fósseis de conchas (...)". O Mississippi o fascinava, e escreveria no prefácio de uma edição de *Huckleberry Finn* que o rio poderia ser uma indicação para o significado do livro. "Sinto que há alguma coisa em ter passado a infância ao lado de um grande rio", escreve em 1930, "que é incomunicável àqueles que não o fizeram. Claro que meus parentes eram pessoas do

---

[23] T. S. Eliot, "American Literature and the American Language". In: *To Criticize the Critic*. Nova York, Farrar, Straus & Giroux, 1965, p. 44.

[24] O provérbio original é *Too much pudding will choke the dog* e o sentido é algo como "tudo pode quem tudo quer". O pai de Eliot inverte o sentido do provérbio mudando o tempo verbal para o passado e diz "*Too much pudding choked the dog*", daí a opção por utilizar uma inversão proverbial equivalente. (N. T.)

[25] Uma boa descrição da família de Eliot e da cidade de St. Louis naquele período pode ser encontrada nos primeiro e segundo capítulos de Herbert Howarth, *Notes on Some Figures behind T. S. Eliot*, 1964.

norte e da Nova Inglaterra e certamente, de modo geral, passei muitos anos fora dos Estados Unidos, mas o Missouri e o Mississippi causaram uma impressão profunda em mim, mais do que qualquer outra parte do mundo".[26]

Teve a sorte de nascer em St. Louis, diria em 1953, em vez de Nova York, Boston ou Londres. A Igreja do Messias, na antiga cidade, e a Universidade de Washington se tornaram, para ele, símbolos de religião, de comunidade e de educação: "Creio que é um bom começo para qualquer criança ser criada com reverência a tais instituições, e aprender que objetivos pessoais e egoístas devem estar subordinados ao bem comum que representam". Na Academia Smith, "uma boa escola", já destruída, foi ensinado "como é incrivelmente raro hoje, em qualquer lugar, o que considero o básico: latim e grego, além de história grega e romana, inglesa e norte-americana, matemática elementar, francês e alemão. E também inglês! Fico feliz em recordar que, naqueles dias, a redação em inglês ainda se chamava *Retórica*".[27]

Religião e educação, naquela época, eram bastante sadias em St. Louis; mas o que ocorria no antigo tribunal e na prefeitura, rio abaixo, nem sempre era tão salutar. A corrupção política da cidade foi o assunto do primeiro capítulo do livro de Lincoln Steffens chamado *The Shame of the Cities* [A Desonra das Cidades] de 1904. Surgira em St. Louis também uma plutocracia avarenta que os Eliots e outros de sua espécie sabiam desprezar; "Bleistein com um Charuto" e outras personagens vulgares dos primeiros poemas de Eliot tinham seus modelos em St. Louis. Pela indústria e pelo comércio honesto, T. S. Eliot – como os ancestrais na Nova Inglaterra e em St. Louis – guardou simpatia por toda a vida; e, no que lhe diz respeito, se tornaria um eficiente homem de negócios. Mas o predador financeiro era um

---

[26] Ver T. S. Eliot, prefácio ao livro de Edgar Ansel Mowrer, *This American World*, 1928; e a carta de Eliot a M. W. Childs, citado em F. O. Matthiessen, *The Achievement of T. S. Eliot*, 1947, p. 186.

[27] T. S. Eliot, *To Criticize the Critic*, op. cit., p. 44-45.

ser diferente. Alguns dos recorrentes alvos de escárnio nos poemas, o sombrio financista bárbaro, pode ser em parte o reflexo dos escândalos que atormentaram St. Louis quando menino na Academia Smith. O jovem Eliot conhecia a riqueza, em St. Louis e em Massachusetts, mas por toda vida desprezou Sir Epicure Mammon.[28]

HARVARD, BABBITT E PARIS

Boston e Londres, melhor que St. Louis, seriam o pano de fundo dos primeiros versos. Eliot saiu do Harvard College em 1906; daquele ano em diante, St. Louis era apenas uma tênue hipótese para os primeiros poemas. O vilarejo de East Coker em Somerset, de onde Andrew Eliot havia saído para os Estados Unidos, com o tempo seria mais caro a Eliot do que a mutável St. Louis – estimado o bastante para ter, por fim, suas cinzas enterradas lá. Por permanência e continuidade, Eliot iria ansiar por toda a vida; e East Coker, hoje, poderia ser reconhecida por um Andrew Eliot que acaso retornasse, ao passo que a St. Louis da juventude de T. S. Eliot é pouco mais que um espectro.

Assim como crescera em St. Louis num período afortunado, fora para Harvard em anos ditosos. Era a Harvard em que um parente distante, Charles William Eliot, fora reitor; a Harvard de Irving Babbitt (que detestava o reitor Eliot), Barrett Wendell, George Santayana (que nutria um desprezo por Wendell), Josiah Royce, Charles T. Copeland e outros professores famosos cujos livros perduraram. F. O. Matthiessen lembra que dos professores de Harvard, Babbitt e Santayana foram os que mais influenciaram Eliot; certamente Eliot e Santayana tinham em comum a crítica mordaz ao liberalismo político; mas o materialismo

---

[28] Personagem da comédia de Ben Johnson, *The Alchemist* [O Alquimista], que sonha tomar o elixir da juventude e desfrutar de fantásticas conquistas sexuais. (N. T.)

de Santayana não combinava com o jovem Eliot.²⁹ De Babbitt, também, Eliot divergiria em parte; mas sempre seria grato a Irving Babbitt, que, atacado por todos os lados pelos adversários intelectuais, ainda assim construiu a base mais forte que conhecera.

Durante os anos de Eliot em Harvard, Babbitt publicou seus primeiros três livros: *Literature and the American College* [Literatura e o *College* Americano], *The New Lacoön* [O Novo Lacoonte], e *The Masters of Modern French Criticism* [Os Mestres da Crítica Francesa Moderna]. Estes, e certamente todos os escritos posteriores de Babbitt, encontrariam nova expressão ou clara simpatia – embora, às vezes, também discordâncias – na poesia e na prosa de Eliot. Na plenitude do tempo, Eliot foi além do humanismo ético de Babbitt, assim como já havia superado o unitarismo de sua família; mas a dívida com Babbitt continuava a ser o laço mais próximo com os escritores do próprio século. O fato requer uma digressão.

"Não creio que qualquer aluno que estivesse profundamente impressionado com Babbitt, jamais pudesse falar dele com a suave ternura que sentimos por algo que cresceu ou foi cultivado", Eliot escreveria em 1941:

> Se alguém, algum dia, já teve esse tipo de relacionamento com Babbitt, ele permanece como uma influência ativa; suas ideias ficarão para sempre, como um padrão e um teste para as próprias ideias da pessoa. Não consigo pensar em alguém *reagindo a* Babbitt. Mesmo nas convicções que possa ter, nas visões que possa defender, que possam parecer contradizer as convicções mais importantes do próprio Babbitt, essa pessoa tem de estar ciente que ele mesmo foi, em grande parte, quem

---

²⁹ Em 1954, quando Eliot estava providenciando para a Faber & Faber publicar a edição inglesa de meu livro *The Conservative Mind*, ele objetou moderadamente com meu editor americano a respeito do subtítulo: *de Burke a Santayana*. George Santayana, Eliot recordou, não tinha conteúdo suficiente para tal posto. Naquela época, deixei ficar o subtítulo; mas alguns anos depois, nas edições norte-americanas revisadas, o alterei (sem consultar Eliot) para: *de Burke a Eliot*.

lhes deu causa. A grandeza da dívida que alguns de nós temos com Babbitt deve ficar mais óbvia para a posteridade do que para nossos contemporâneos.[30]

Em 1908 – um ano antes de Eliot se matricular na turma de "Crítica literária francesa com especial referência ao século XIX" – Babbitt publicou *Literature and the American College*, fruto de quinze anos de estudos e reflexão. Este foi o prolegômeno ao movimento intelectual que veio a ser chamado de humanismo americano, ou o novo humanismo, que por quase uma geração ocupou as publicações sérias dos Estados Unidos com críticas amigáveis ou hostis – e que, na Inglaterra, seria a maior preocupação da revista de Eliot, *The Criterion*. Esse humanismo (não deve ser confundido com a associação de "humanismo religioso" de John Dewey, que não era nem religiosa nem humanista) continua uma força viva, embora professado somente por um grupo remanescente. Babbitt acreditava ser inconveniente ir além da ética para a teologia ou para o dogma; ademais, ele mesmo não estava convencido da ação da graça divina. Eliot, o discípulo de Babbitt, se tornaria, com o tempo, cristão; mas Eliot permaneceu até o fim também um humanista.

"O que é humanismo?" Este é o primeiro capítulo de *Literature and the American College*, e todo o restante dos livros de Babbitt ampliam esse assunto. Para expressar de maneira breve o tópico, o humanismo é a crença de que o homem é uma categoria de ser distinta, governada por leis peculiares à própria natureza. Há uma lei para o homem e uma lei para as coisas. O homem mantém uma posição superior às feras, que sucumbem porque ele reconhece e obedece à lei de sua natureza. As artes disciplinares da *humanitas* ensinam ao homem a pôr limites sobre a vontade e o apetite. Tais limites são dados pela razão – não pela racionalidade privada do Iluminismo, mas por uma

---

[30] T. S. Eliot, *To Criticize the Critic*, op. cit., p. 15; e as recordações de Eliot sobre Babbitt. In: Frederick Manchester e Odell Shepard (eds.), *Irving Babbitt, Man and Teacher*, 1943, p. 104.

razão maior que brota do respeito pela sabedoria dos antepassados e do esforço para perceber a essência do bem e do mal. O sentimental, que sujeita o homem ao domínio do impulso e da paixão; o materialista pragmático, que trata o homem como um primata instruído; o entusiasta sensato, que reduz a personalidade humana a uma mediocridade coletiva – esses são os inimigos da natureza humana, e contra eles Babbitt dirigiu o referido livro e os seguintes.

Contra o humanista, Babbitt pôs os humanitários. O humanista luta para desenvolver, por um ato da vontade, a natureza mais elevada que há no homem; o humanitarista, ao contrário, acredita no "trabalho exterior e em um interior *laissez faire*", ganho material e libertação de restrições morais. O que o humanista deseja é um trabalho na alma do homem; mas o que o humanitarista busca é a satisfação dos apetites. Francis Bacon representou para Babbitt o aspecto utilitário do humanitarismo, o desejo de poder sobre o homem e a natureza física; Rousseau significou o lado sentimental do humanitarismo, o impulso pérfido para romper com o que Burke havia chamado de "o contrato da sociedade eterna" e para substituir a obrigação moral pelo culto de um egoísmo temerário.

Extremamente letrado em filosofia hindu, Babbitt extraiu de Buda a verdade de que o maior dos vícios é "a submissão preguiçosa aos impulsos do temperamento (*pamâda*), a maior virtude (*appamâda*) é o oposto despertar da indolência e da letargia dos sentidos, o exercício constante da vontade ativa". O respeito de Babbitt pela sabedoria hindu ajudou a convencer Eliot a realizar um trabalho de pós-graduação em estudos hinduístas em Harvard – estudos que Eliot posteriormente abandonaria, não obstante temer poder cair em um sincretismo antropomórfico em detrimento da plena participação nas culturas clássica e cristã. "Boa parte do esforço de compreensão do que estavam buscando os filósofos hindus – e as sutilezas fazem a maioria dos filósofos europeus parecerem meninos de escola – está em tentar apagar da mente todas as categorias e tipos de distinção comuns à filosofia europeia desde a época dos gregos", diria Eliot em 1933, a respeito dos estudos hinduístas em Harvard sob a direção de Lanman e Woods. Não queria esquecer de como era pensar como um norte-americano ou um europeu. "E não podia deixar de sentir que, em alguns aspectos, Irving Babbitt, com a mais nobre das intenções, simplesmente tinha tornado as coisas piores em vez de melhores."[31]

Apesar dessa reserva, a marca de Babbitt é forte na poesia e na prosa de Eliot – mesmo a marca da admiração de Babbitt por conhecimentos budistas. Em *The Waste Land* [A Terra Desolada], o sermão do fogo de Buda se tornaria relevante para a cultura do século XX. Especialmente na percepção da continuidade cultural, a obra de Eliot dá seguimento ao intento de Babbitt; na reação contra o Romantismo; nas teorias educacionais; no princípio político; na compreensão da finalidade ética das letras; na ênfase ao essencial e ao sucinto; no despertar da imaginação moral.

Assim, Babbitt ficou impresso na mente de Eliot; mas, em geral, Harvard não o afetou de modo substancial. A tradição cavalheiresca não o atraía, e dos antigos escritores da Nova Inglaterra, apenas Hawthorne o impressionara bastante. Só estava superficialmente familiarizado com alguns escritores da Nova Inglaterra cujas convicções poderia ter compartilhado, ou talvez não o estivesse em absoluto.[32]

Vemos Eliot durante os anos de Harvard principalmente pelos olhos de Conrad Aiken, seu colega de faculdade e um dos primeiros

---

[31] T. S. Eliot, *After Strange Gods: A Primer of Modern Heresy*. Faber & Faber, 1934, p. 40-41.

[32] Eliot não ouvira falar de Orestes Brownson, por exemplo, até ler meu livro *The Conservative Mind*; e uma brochura de ensaios selecionados de Brownson, que editei em 1955 com uma introdução, foi a primeira apresentação direta ao defensor norte-americano da ortodoxia e da tradição. "Não estou completamente satisfeito com o estilo de Brownson", Eliot escreveu-me no início de 1956, "que me parece prolixo e difuso. Mas é admirável que um ianque, há um século, tenha sustentado tais pontos de vista e é deprimente que tenha sido tão ignorado e que a maioria de nós nunca tenha ouvido falar dele".

amigos mais próximos: pelo breve esboço de Aiken "King Bolo and Others" [Rei Bolo e Outros] e pela inimitável autobiografia, *Ushant* (Eliot é "Tse-tsé"[33] do elenco de personagens de Aiken em *Ushant*). Aiken foi um dos primeiros a descobrir a "fabulosamente bela e sibilina Tse-tsé", cujos talentos literários permaneceriam não publicados até 1915. Eram editores do *Harvard Advocate* e tinham muitos interesses em comum, embora as personalidades fossem bem diferentes. Aiken passou grande parte da vida numa busca quase obsessiva por mulheres, enquanto Eliot era tímido com todos no início, e durante o resto da vida foi severo no encontro dos sexos. Em Londres, poucos anos depois, o "Tio Drácula"[34] continuava a "apontar um dedo acusatório para a acabrunhada Tsé-tsé, e repetia várias vezes, 'creio que és um homem mau' (a última coisa que poderia ser dita a respeito de Eliot)". Aiken descreve Eliot como "um jovem singularmente atraente, alto e bastante elegante, com um sorriso de Lâmia",[35] escrevendo versos burlescos sobre o rei Bolo (que continuou a fazer, por muitos anos, e só os mostrava para um círculo seleto). Eliot escreveu também uma ode para a turma quando se formou no Harvard *College*.

É conveniente saber alguma coisa a respeito de Harvard, Boston e Eliot naquela época, se quisermos compreender *Prufrock and Other Observations*. A falta de tal familiaridade leva o crítico, Graham Martin, perceptivo em questões mais teóricas, a proferir o aparte absurdo de "O amante do 'Retrato' (poema "Portrait of a Lady" em *Prufrock*) relata as visitas à sua concubina (...)". Mas a senhora de Beacon Hill de Eliot, é, de fato, uma idosa "querida e lastimável amiga, a srta. X, a *précieuse ridicule* que para pôr fim a todo o preciosismo,

---

[33] A escolha de "Tse-tsé" por Aiken é uma brincadeira com as iniciais do poeta. (N. T.)

[34] Modo como Aiken referia a si mesmo em *Ushant*. (N. T.)

[35] Personagem mitológica feminina, muitas vezes retratada como metade mulher, metade serpente, que devorava crianças, jovens ou viajantes. (N. T.)

serve o chá, primorosamente, em meio as quinquilharias". O mesmo diz Aiken, que conheceu a senhora que originou a Lady de *Prufrock*, "alfinetada como uma borboleta no papel". Seus laços não eram os de Circe, e pessoas semelhantes ainda vivem em Boston nos dias de hoje. Sem dúvida Graham Martin foi enganado pela epígrafe do poema (um trecho do *The Jew of Malta* [O Judeu de Malta] de Marlowe) que menciona fornicação. Temos de ter em mente sempre o sutil senso de humor de Eliot.

Embora Harvard e Boston, naqueles anos, tivessem encantos agora ressequidos, eles não podiam prender Eliot. Em 1908 e 1909, Eliot havia lido o *Symbolist Movement in Literature* [Movimento Simbolista na Literatura] de Arthur Symon e três outros volumes de poemas de Jules Laforgue; a admiração pelos simbolistas franceses (combinado, talvez, com a influência das aulas de Babbitt sobre literatura francesa) o levou para fora dos pátios de Harvard. Obteve o grau de mestre em Literatura Inglesa em 1910, e partiu para Paris para ficar mais de um ano.[36]

Quase um quarto de século depois, Eliot escreveria com alguma nostalgia a respeito do ano em Paris. Naquela época, observou,

---

[36] Durante os anos que passou como estudante, Eliot escreveu, nos intervalos, os poemas que seriam coligidos em *Prufrock and Other Observations*. A cronologia de seus estudos formais é a seguinte: Ingressou no *College* de Harvard em 1906 e colou o grau de bacharel em 1909; foi aluno da pós-graduação de Harvard do outono de 1909 ao outono de 1910, ao obter o grau de mestre; estudou Literatura Francesa e Filosofia na Universidade Sorbonne de outubro de 1910 a julho de 1911; passou algum tempo em Munique no verão de 1911; retornou à Harvard Graduate School no outono de 1911 e passou três anos nos Estudos e Filosofia Hinduístas; foi feito professor assistente de Filosofia em Harvard para o ano acadêmico de 1913-1914; seguiu para Marburg, com uma bolsa de viagem, no verão de 1914; e levado para a Inglaterra com a deflagração da guerra; estudou Filosofia Grega no Merton College, em Oxford, por uns meses em 1914 e 1915; casou em junho de 1915. Embora tivesse completado a dissertação sobre Francis Herbert Bradley em 1916, nunca requereu o título de doutor por Harvard ou buscou uma colocação na universidade.

a Inglaterra fora um deserto intelectual onde podiam ser vistos uns poucos cactos, belos e altos: a esterilidade da "arte pela arte" de tipos como sir Edmund Gosse; enquanto os Estados Unidos foram um deserto intelectual "sem a menor perspectiva até mesmo de plantas desérticas". Mas, Paris estivera viçosa:

> O predomínio de Paris era incontestável. A poesia, é verdade, era algo eclipsado; mas havia a mais emocionante variedade de ideias. Anatole France e Rémy de Gourmont ainda exibiam erudição, e forneciam tipos de ceticismo para que jovens se sentissem atraídos ou os repudiassem; Barrès estava no auge da influência e de sua reputação um tanto transitória. Péguy, mais ou menos bergsoniano *e* católico *e* socialista, acabara de se tornar importante, e os jovens estavam com o espírito mais voltado para Gide e Claudel. Vildrac, Romains, Duhamel experimentaram com o verso, o que parecia promissor, embora sempre tenha sido, creio, decepcionante; algo era esperado de Henri Franck, o autor de *La Danse devant l'arche* que morreu cedo. Na Sorbonne, Faguet era uma autoridade a ser atacada com violência; os sociólogos Durkheim e Lévy-Bruhl defendiam novas doutrinas; Janet era o grande psicólogo; no Collège de France, Loisy desfrutava da eminência um tanto escandalosa, e sobre todos pendia a figura aracnídea de Bergson (...) Estou disposto a admitir que minha rememoração do passado seja afetada por um ocaso sentimental, pela lembrança de um amigo andando pelos Jardins de Luxemburgo no fim da tarde, balançando um ramo de lilases; um amigo que mais tarde (até onde pude descobrir) seria misturado à lama de Gallipoli.[37]

Meses depois, Aiken se juntaria a Eliot, "para a primeira visita à *pâtisserie* e depois para um *sirop de fraises* e soda, na calçada de um café". Enquanto esteve na Sorbonne, Eliot aprendeu a compor resenhas críticas diretamente na máquina de escrever, e descobrira que "isso obrigava o uso de períodos longos no lugar de frases soltas", informara a Aiken. Liam poemas em um sótão; conversavam em uma

---

[37] T. S. Eliot, "A Commentary". *The Criterion*, vol. XIII, n. 32, abr. 1934, p. 451-52.

"mesa de mármore (...) as flores das castanheiras caíam das árvores despertas pela primavera por sobre o livro ou na *bière blonde*, ou sobre a cabeça dos poetas (...)". Dessa forma escreve Aiken que, não obstante, foi-se para Londres (abandonando também uma bela mocinha coquete norte-americana) – com os fundilhos do único par de calças quase furados.

Durante o ano parisiense, Eliot leu – dentre muitas outras coisas – os escritos de Charles Maurras e de Julien Benda, um homem de direita e outro de esquerda, cujas ideias o influenciariam por décadas, embora nem chegassem à metade da forte influência das ideias de Babbitt. Leu também Henri Massis; assistiu a uma palestra de Bergson, mas não se tornou um discípulo; conheceu Alan-Fournier e Jacques Rivière; estudou Paul Claudel. Voltaria para Harvard "em exóticas roupas da *Rive Gauche* e com o cabelo repartido ao meio"; tinha cogitado em fixar residência na França em caráter permanente.

No entanto, o apelo de Paris em Eliot não era tão forte quanto fora para muitos outros norte-americanos que progrediram na *Rive Gauche*, ou na *Droite*, naqueles anos. Embora tivesse sido "desde cedo inoculado pelos penetrantes venenos criativos de Laforgue e Vildrac" (frase de Aiken), mesmo a influência de Laforgue, como observa Aiken, tem sido demasiado enfatizada por alguns comentaristas. Eliot não foi um imitador de Laforgue; era mais uma questão de mentes um tanto semelhantes que visavam a temas um tanto similares. Eliot já estava escrevendo versos que, embora só fossem publicados dali a mais quatro ou cinco anos, eram algo bastante novo; aos olhos de Aiken, Eliot "deixava entrever uma forma que poderia ser exatamente a solução que estavam procurando – algo certamente mais livre do que as estrofes fixas, ou as monotonias do clássico verso branco; com variado tamanho de verso e, até certo ponto, uma substituição do ritmo pelo compasso métrico ou padrão; mas utilizando ambos e também a rima, quando desejada ou cabível".

O jovem Eliot não deveria ser tomado como um sério devoto da alta cultura gálica: Aiken nos conta como Eliot se divertia com o que, hoje, seria chamado de "arte pop" e "cultura pop", "durante a primeira 'grande' era das tirinhas em quadrinhos", de Krazy Kat, Mutt e Jeff, Rube Goldberg e Nell Brinkley; da paixão pela descoberta e invenção da gíria; diversões não muito comuns para um típico estudante de pós-graduação de Harvard. Todavia, ao regressar para Harvard no outono de 1911, Eliot ingressou nos estudos hinduístas e na filosofia pura. Foi nomeado professor assistente de Filosofia – sendo visto como uma promessa por Alfred North Whitehead e Bertrand Russell com mais clareza do que fora por Irving Babbitt – e os professores de Harvard esperavam que se unisse a eles em caráter permanente, uma vez que obtivesse o doutorado.

Foi um dos alunos de pós-graduação das dúzias que tivera Russell, o aristocrata excêntrico que, naquela ocasião, ministrava as "conferências Lowell" como professor visitante em Harvard; juntamente com outros, Eliot tomava chá com Russell uma vez por semana, falando muito pouco. Retratou Russell como o "Sr. Apollinax" de *Prufrock and Other Observations*:

> Quando o Sr. Apollinax visitou os Estados Unidos
> Sua gargalhada tilintava entre as chávenas de chá.
> Pensei em Fragilion, essa criatura furtiva entre as bétulas,
> E em Priapo atrás das moitas
> Espreitando a dama a balançar-se.[38]

As comparações eram cabíveis. Tal familiaridade levaria, um ano depois, a uma intimidade com Bertrand Russell de curiosas consequências.

---

[38] No original: *When Mr. Apollinax visited United States / His laughter tinkled among the teacups. / I thought of Fragilion, that shy figure among the birch-trees, / And of Priapus in the shubbery / Gaping at the lady in swing.* T. S. Eliot, "Mr. Apollinax". *Prufrock and Other Observations*, 1917, versos 1-5. (N. T.)

A pós-graduação em Harvard foi um breve interlúdio: Eliot não suportou o Professor Channing-Cheetah e a viúva sra. Phlaccus.[39] Eliot havia voltado para Cambridge "já europeizado", escreve Aiken: "Logrou o intento, por um tempo, um propósito visivelmente nada americano, de portar uma bengala – seria uma bengala de Malaca? – estava ciente disso e queixava-se de que a 'boa conduta' não era algo fácil". No quarto, Eliot pendurou um quadro da crucificação de Gauguin e fez aulas de boxe com um irlandês de Boston, talvez o original do rude Sweeney de Eliot[40] (muito depois, ao ser perguntado que tipo de pessoa o criador supunha que fosse o "Sweeneypanzé", Eliot responderia que tinha em mente um pugilista moderadamente bem-sucedido que havia se afastado para cuidar de um bar). "Deixou explícito desde o início, também, a respeito da necessidade, no caso da pessoa ser tímida, da autodisciplina, por receio de perder certas variedades de experiências que naturalmente 'teria'. As danças e as festas eram parte dessa disciplina, bem como (...) eram as aulas de boxe."[41]

Em Harvard, a variedade das experiências era limitada; Santayana, ao constatar a mesma coisa, acabara de partir para sempre. A Europa oferecia diversidade. Um estudante do idealismo, naqueles anos, necessariamente passaria um tempo nas universidades alemãs; e, assim, Eliot se dirigiu à bela e antiga Marburg, na primavera de 1914. Então, sem perceber, o Velho Mundo o solicitava.

---

[39] Referência às personagens que aparecem no poema "Mr. Apollinax". (N. T.)

[40] Sweeney é uma das personagens recorrentes de Eliot. Aparece como protagonista em "Sweeney Among the Nightingales" (1918), "Sweeney Erect" (1919), faz breves aparições em "Mr. Eliot Sunday Morning Service" (1918) e em "The Waste Land" (1922) e retorna no poema dramático inacabado "Sweeney Agonistes" (publicado em 1926 e encenado pela primeira vez em 1934). (N. T.)

[41] Conrad Aiken, "King Bolo and Others". In: March e Tambimuttu, *Eliot*, op. cit. p. 20-23; e Aiken, *Ushant: An Essay* (1932), Meridian edition, 1962, p. 133, 137-38, 143, 156-57, 164, 168, 173, 186, 201-02, 205, 215-16, 231-33, 246, 249.

O EXÍLIO

T. S. Eliot mal havia começado a se instalar em Marburg – na verdade, ainda não tinha recebido a mala que Aiken lhe despachara – antes dos acontecimentos que partiram de Saraievo colocarem os norte-americanos, às pressas, para fora do continente: foi o início do despedaçamento da civilização que haveria de pesar em Eliot pelo resto da vida. Abrigando-se na Inglaterra, estudou Filosofia no Merton College por um ano, amou os edifícios de Oxford, mas não ficou muito atraído pelos professores. O incidente da partida de Marburg, disse Aiken, "provaria ser decisivo, e na Inglaterra permaneceria a explorar e consolidar o novo terreno cultural, iniciando o laborioso trabalho de demarcar aquilo que lá seria o seu domínio".

Em outubro de 1914, por acaso encontrou-se com Bertrand Russell, que regressara de Harvard, na New Oxford Street. O solitário jovem norte-americano e o filósofo matemático iconoclasta começaram uma amizade; por certo, naquela ocasião, Eliot precisava da ajuda de alguém. Em Oxford terminou a tese de doutorado sobre F. H. Bradley, o filósofo idealista inglês. Nunca retornou a Harvard para receber o grau de doutor; a poesia o atraíra para longe das disciplinas metafísicas e das possibilidades do magistério, e a Inglaterra o ganhara dos Estados Unidos. Na altura de maio de 1916, a mãe de Eliot escreveria para Bertrand Russell expressando o desejo de que Russell encorajasse Tom a escolher "a filosofia como meio de vida (...) Espero que busque um cargo na universidade no próximo ano. Caso não o faça, ficarei arrependida. Confio absolutamente na filosofia dele, mas não nos *vers libres*".[42] Isso não viria a acontecer.

Então, Tom Eliot casou-se com Vivienne Haigh-Wood em junho de 1915, e em um primeiro momento os dois foram morar com os pais dela em Hampstead, onde passaram pouco tempo. Provavelmente

---

[42] Charlotte C. Eliot para Bertrand Russell, 23 de maio de 1916. In: Bertrand Russell, *The Middle Years, 1914-1944*, 1968, cap. I.

não tinham dinheiro para mudar para a França ou para os Estados Unidos, caso desejassem; além disso, Bertrand Russell insinua que Vivienne estava com medo de encontrar-se com os Eliots de St. Louis. Mais do que qualquer outra coisa, o acidente do casamento o converteu em um exilado.

Para sustentar o casal, por mais de um ano Eliot trabalhou como professor assistente em escolas, principalmente na Highgate Junior School, "então um lugar adverso", diz John Betjeman, um aluno dessa escola, que pôs nas mãos do mestre norte-americano um manuscrito modestamente denominado *Os Melhores Poemas de Betjeman*. Eliot ensinou francês, latim, matemática elementar, desenho, natação, geografia, história e beisebol.[43] A situação não era promissora e, como alternativa, se tornou funcionário do Lloyd's Bank, no centro financeiro de Londres. Daí em diante passou a residir em Londres, voltando aos Estados Unidos somente em raras ocasiões, sendo a primeira delas dezessete anos após ter deixado a pós-graduação em Harvard.

Outro motivo para Eliot ter fixado residência em Londres, e posteriormente ter se tornado súdito britânico, está implícito nas últimas frases do tópico "Note on the American Critic" [Nota sobre a Crítica Norte-Americana] em *The Sacred Wood* [O Bosque Sagrado] (1920): "contudo, não é culpa do sr. More ou do sr. Babbitt que a cultura das ideias só tenha sido capaz de sobreviver nos Estados Unidos na atmosfera desfavorável da universidade".[44] Ele não mudou de ideia: escreveria em 1931, "o intelectual norte-americano, hoje, quase não tem oportunidade de se desenvolver no seu país (...) deve ser um exilado". Era melhor ser um expatriado em Londres que em Nova

---

[43] "Sei com base na experiência", Eliot diria para uma plateia em Chicago, no ano de 1950, "que trabalhar em um banco das 9h15m às 17h30m, e um sábado inteiro a cada quatro semanas, com duas semanas de férias ao longo do ano, era um descanso reparador se comparado a dar aulas em uma escola." Ver *To Criticize the Critic*, op. cit., 1965, p. 101.

[44] T. S. Eliot, "Imperfect Critics". In: *The Sacred Wood: Essays on Poetry and Criticism*. London, Methuen & Co. Ltd., 1950, p. 44.

York – esta última, a pior forma de exílio da vida norte-americana, declarou Eliot.

Ficou extremamente orgulhoso ao se tornar um homem de negócios. Escreveria para Lytton Strachey em 1919: "És muito inventivo, caso me concebas conversando com deões rurais perto da catedral". (Lidava com letras de câmbio, aceites e câmbio exterior.): "Não vou a cidades com catedrais, mas aos centros industriais. Meus pensamentos estão absortos em questões mais importantes que jamais passaram na cabeça de deões – como *por que* é mais barato comprar barras de aço dos Estados Unidos do que de Middlesbrough, e os prováveis efeitos – as dificuldades de câmbio com a Polônia – e a valorização da rúpia".[45]

Não estava totalmente satisfeito com a vida inglesa; mas tinha pouca escolha. "Onde viver? As cartas estão repletas dessa pergunta", recorda Conrad Aiken a respeito da correspondência com o recém-casado Eliot.

> Na Inglaterra era nitidamente impossível. "Um povo que se satisfaz com uma comida tão detestável *não é* civilizado." Londres, a princípio, é detestável. Mas Oxford e Merton, com seus "versos alexandrinos, nozes e vinho", os professores com esposas grávidas e crianças por todos os lados, e as medonhas pinturas nas paredes, fazem a pessoa sentir saudades até mesmo de Londres, talvez de trabalhar no Museu Britânico. "Vamos, desistamos das esposas, e viajemos para uma terra onde não existam gravuras dos Médicis, não exista nada a não ser concubinato e conversas. Oxford é muito bela, mas não gosto de estar morto."

Assim Eliot escreveu para Aiken em 1915. Anteriormente, durante uma visita a Londres, Aiken se esforçara em vão para achar um editor para os manuscritos de "The Love Song of J. Alfred Prufrock" e "La Figlia che Piange" que levara consigo em nome de Eliot. Aqueles

---

[45] Eliot para Lytton Strachey, maio de 1919. In: Michael Holroyd, *Lytton Strachey*, 1968, vol. II, p. 364-65.

poemas o deixaram satisfeito, Eliot disse a Aiken em 1915, fossem bons ou não; e não tinha certeza se conseguiria escrever outros como esses. "Por que alguém deveria se preocupar com isso? Sinto que tais problemas se resolvem por si mesmos e não dependem de nossos planos." Lançou suas incertezas nos versos de Byron; não tinha nada planejado, disse, "a não ser, talvez, alegrar-me por um momento (...)".[46]

Alegria, contudo, não seria exatamente o que Eliot iria encontrar, na maioria dos dias, durante os próximos anos. Tanto por acaso como por escolha, ficou preso em Londres. Não estava totalmente alheio aos Estados Unidos: melhor, aos poucos foi penetrando na Inglaterra e no que ocorrera na Inglaterra do século XVII em Little Gidding e East Coker, bem como na Londres do século XX onde ganhava o sustento e a fama.

Por volta de 1915, aos 27 anos, T. S. Eliot cometera um único erro grave, e muito grave, na vida: o casamento. Vivienne (às vezes grafado como Vivien) Haigh-Wood, que se tornou a primeira sra. Eliot, era uma bela tagarela e, na ocasião, um espírito dançante. Com ela, Eliot aprendeu a dançar o foxtrote. "Pobre Tom Eliot, casou com a filha da senhoria", disse-me certa vez Roy Campbell, com seu modo impiedoso e bem-humorado. Vivienne era uma jovem alta e magra, caprichosa e não tinha paciência com limitações, um produto de seu tempo: uma melindrosa. "Ela queria desfrutar a vida", disse Stephen Spender "e achava Eliot inibidor e inibido, no entanto, o venerava". Alguém a chamou de "a menina do rio". Possuía uma inteligência petulante e certo talento literário, reconhecido por Eliot e, durante os anos de 1924 e 1925, escreveria várias vinhetas e resenhas para a revista do marido. Não é difícil entender por que um jovem norte-americano tímido e solitário em Londres, filosoficamente desorientado e solto das primeiras amarras do Missouri

---

[46] No original: *But the fact is that I have nothing plann'd, / Unless it were to be a moment merry*". Verso do Canto IV do poema "Don Juan" de Lorde Byron. (N. T.)

e de Massachusetts, deva ter sido arrastado por essa menina dos jacintos[47] de imaginação idílica.

Mas Vivienne Haigh-Wood tinha pouca saúde, obscuras neuroses e, na opinião de muitos, era vulgar. Bertrand Russell jantou com os recém-casados em julho de 1915:

> Esperava que ela fosse terrível, pelo mistério que ele fez; mas não era assim tão má. Era alegre, um tanto vulgar, ousada, cheia de vida – uma artista, disse, mas pensei que fosse uma atriz. Ele é requintado e apático; ela diz que se casou com ele para animá-lo, mas parece que não consegue. Obviamente, ele casou para animar-se. Creio que, em breve, ela se cansará dele.

Apesar disso, Russell gostava dos dois – tanto que os convidou para ocupar um do quartos de seu apartamento de Londres; e por serem miseravelmente pobres, aceitaram. Além disso, Russell deu, ou emprestou, a Eliot algumas debêntures de uma empresa que fabricava munição – Russell era um pacifista, e Eliot não. Essa estranha conjunção de personalidades não duraria muito tempo. "É muito engraçado como chego a amá-lo como se fosse meu filho", Russell escreveu a respeito de Eliot em novembro:

> Está se tornando muito mais homem. Tem uma dedicação profunda e bastante altruísta pela mulher, e ela realmente gosta muito dele, mas tem arroubos de crueldade para com ele de tempos em tempos. É um tipo de crueldade dostoieviskeana, não de um tipo direto, comum. Todos os dias, apaziguo as coisas entre eles, mas, no momento, não posso deixá-los a sós e, é claro, eu mesmo fico muito interessado. Ela é o tipo de pessoa que vive na corda bamba, e acabará como uma criminosa ou uma santa – ainda não sei qual. Tem capacidade perfeita para ambas.

Russell não era o conselheiro amoroso ideal. Naquela época, Bertrand Russell – que havia sido casto até o casamento, mas

---

[47] Ver T. S. Eliot, "The Burial of the Dead". *The Waste Land*, 1922, verso 36. (N. T.)

posteriormente tomara outro curso – estava tendo casos amorosos simultâneos com Lady Ottoline Morrell, com a famosa Colette (Constance Malleson) e com uma garota norte-americana com quem prometeu se casar caso conseguisse o divórcio. Por volta de setembro de 1916, Russell escreveu para Lady Ottoline, com quem era sincero a respeito dos outros amores, "em breve conseguirei restabelecer o equilíbrio com a sra. E. [sra. T. S. Eliot]. Creio que tudo ficará bem, em bases melhores. Assim que estiver resolvido, irei para Garsington".[48]

O relacionamento de Russell com os Eliots terminou naquela época; T. S. Eliot tentou, por carta, renovar a amizade passada uma década, quando Vivienne já estava bastante enfraquecida, mas fora uma estranha espécie de filho para Bertrand Russell. Os Eliots foram para uma casa em Marlow (cujo nome do lugar Vivienne adotou como pseudônimo), onde Aldous Huxley foi visitá-los em junho de 1918, encontrando os dois em excelente forma: "Gosto bastante dela. É uma pessoa verdadeira, vulgar, mas não tenta esconder a vulgaridade; não tem o esnobismo do tipo que faz com que as pessoas digam que gostam de coisas, como Bach ou Cézanne, quando não gostam".[49] Essa "excelente forma" não duraria muito tempo.

A REVOLTA COM O ABSTRUSO

"Cousin Nancy" foi publicado em *Poetry*, com a ajuda de Ezra Pound em outubro de 1915. O enterro de Matthew e Waldo feito por Eliot, nesse poema, foi o ato de um jovem que havia descoberto por Babbitt, Bradley e outros estudos literários e filosóficos (como, de

---

[48] O relato de Russell do relacionamento com T. S. e Vivienne Eliot deve ser buscado, principalmente, no primeiro capítulo do segundo volume de sua autobiografia *The Middle Years*.

[49] Aldous Huxley para Julian Huxley, 28 de junho de 1918. In: Smith, *Letters of Aldous Huxley*, op. cit., p. 156.

fato, pela breve experiência que tivera com três culturas) a vacuidade desses guardiões do século XIX.

Quem quer que leia a tese de Eliot, *Knowledge and Experience in the Philosophy of the F. H. Bradley* [Conhecimento e Experiência na Filosofia de F. H. Bradley] (não publicada até 1964), irá descobrir uma das incursões de Eliot na filosofia pura digna da descrição de Josiah Royce: "obra de especialista". Acreditava que Arnold e Emerson tinham se tornado, para empregar a palavra cunhada por Ambrose Bierce, "incomponíveis" com a crença em Bradley. A pós-graduação em Harvard e Herbert Bradley tinham tornado Eliot um tanto metafísico – ainda que, como Bradley, um cético metafísico; e em metafísica Matthew e Waldo pareciam desanimadores.[50]

Os escritos de Bradley, ao contrário de Babbitt, não perduraram em Eliot como uma forte influência consciente por pouco mais de uma década; e no prefácio da edição publicada da tese de doutorado, Eliot repudia, de certa forma, à moda de Bradley, qualquer importância duradoura dos primeiros estudos: "Quarenta e seis anos após o término de meu filosofar acadêmico, sinto-me incapaz de pensar na terminologia deste ensaio. De fato, não tenho pretensões de entendê-lo".[51]

---

[50] Os herdeiros da escola transcendentalista norte-americana, que com ideais de "unidade, cosmopolitismo, irmandade e progresso por meios pacíficos", estavam enredados em "Cousin Nancy" prontamente detectaram heresia. Waldo Browne, editor do *The Dial* e homônimo de Waldo Emerson, seus companheiros e fiéis leitores denunciaram a blasfêmia para com Arnold e Emerson. Chegaram até a acusar Eliot de plágio, na esperança de arrasá-lo (Eliot havia tomado emprestado *"the army of unalterable law"* [o exército da lei imutável] do soneto de Meredith "Lucifer in Starlight"; esse é um momento inicial da técnica de evocação deliberada de figuras de estilo de outrem que Eliot iria empregar na maioria de seus poemas.) Ver *The Dial*, 25/11/1915; e Nicholas Joost, *Years of Transition, The Dial, 1912-1920*, 1967, p. 61-71.

[51] T. S. Eliot, *Knowledge and Experience in the Philosophy of F. H. Bradley*. Nova York, Farrar, Straus & Giroux, 1964, p. 10.

Como Eliot observou mais de uma vez, partilhava com Bradley de uma desconfiança em ideias obscuras. Bradley fez muito por ele, afirma Hugh Kenner: "uma visão do passado, uma visão de si e das outras pessoas, uma visão da natureza do que dizemos afirmar e comunicar: isso livrou Eliot daquilo que poderia ter sido, após um começo brilhante, um *cul-de-sac* e o silêncio".[52]

Bradley confirmou o que, talvez, a compreensão de Eliot da própria família já o havia sugerido, de que o passado não é algo congelado, mas vive em nós; igualmente podemos aspirar separar o desejado do desejo. De Bradley, Eliot ganhou também defesas contra o utilitarismo da época, então dominante, e argumentos que faziam distinção entre a pessoa, as pretensões da arte e da ciência e as exigências da vida social.

"É apenas na suposição de que a existência física é o fim supremo da sociedade que a arte e a ciência podem ser tomadas, essencialmente, como meios para os fins sociais", comentou Lewis Freed a respeito da ajuda de Bradley a Eliot:

> E, tal suposição, defende Bradley, está em conflito direto com os fatos da consciência moral. A finalidade da sociedade, no nível secular, é a realização do ideal moral cujo conteúdo tanto é social quanto cultural. E, embora Bradley não conteste a importância da vida social, defende que a arte e a ciência são a parte mais elevada desse ideal. É nosso dever moral aperfeiçoar a natureza por intermédio do cultivo da arte e da ciência, não simplesmente como um meio para fins sociais, mas como fins em si mesmos.[53]

Bradley também confirma o que Eliot aprendera com Babbitt, Santayana e outros: que o utilitarismo e o pragmatismo não podem suster as normas da civilização, aquilo que há de permanente. Como diz Freed, "Bradley oferece armas mais modernas que a escolástica, e mais penetrantes que Arnold, para contraditar a 'mentalidade

---

[52] Hugh Kenner, *The Invisible Poet: T. S. Eliot*, 1959, p. 55-56.
[53] Lewis Freed, *T. S. Eliot: Aesthetics and History*, 1962, p. 88-89.

utilitarista'". Dessa forma, Bradley fez sua parte ao blindar Eliot contra a ideologia – contra o esforço de aplicar ideias abstrusas a interesses pessoais e públicos, em especial contra a tentativa de reduzir tudo na vida ao suposto "bem maior do maior número de pessoas". Como escreveria J. M. Keynes, o marxismo é o último *reductio ad absurdum* do benthamismo, e assim, ao vir a compreender as falácias dos utilitaristas ingleses, Eliot começou a formar uma crítica da doutrina marxista muito mais penetrante que os argumentos materialistas contra o comunismo que a maioria dos publicistas da "democracia" e do "livre comércio" empregariam após 1918.

Ademais, Eliot adquirira de Bradley algo que pessoalmente necessitava: um vislumbre do eu, algo como uma coisa distinta daquilo que costumamos chamar de "personalidade". Bradley ponderava que toda personalidade era uma criação artificial: o que devemos buscar não é o individualismo excêntrico, o culto à personalidade, mas a realização do eu em um ordenamento cultural. Desde os primeiros anos, Eliot parece ter sentido o que todos (até mesmo Sweeneypanzé), em determinadas ocasiões, sentem: um certo isolamento dos demais, uma dificuldade em relacionar o espírito com as pessoas que encontra. Essa tendência ao solipsismo – a um isolamento do eu, a duvidar da realidade de todas as coisas, com exceção das próprias sensações e observações – era um perigo entre os idealistas, como assinalara Bradley. Eliot, certamente, descobriu que até mesmo Bradley não erigira barreiras suficientes para isolar completamente o fosso do solipsismo.

A soberba humana tenta o homem de intelecto – especialmente se é um intelectual tímido, como Eliot – para aceitar que somente o eu pode ser conhecido, ou que talvez, só exista o eu. Os homens tendem a confundir as experiências privadas com determinado conhecimento; dessa forma, tropeçam na prisão do espírito, pondo-se fora da dolorosa sabedoria adquirida da espécie.

Bradley levou Eliot a compreender que o mundo é real, mas que o eu percebe o mundo por uma lente escura. Uma intenção geral entre os homens de conciliar os pontos de vista diferentes e fragmentários por referências comuns não chega a impedir o solipsismo; nem a posse de uma linguagem comum pode fazê-lo. Para chegarmos a uma breve visão do que realmente somos, e para agir com certa compreensão da condição humana, temos de superar as ideias obscuras. Na realidade, Eliot começou a perceber que devemos alimentar a imaginação moral, que tem por base a teologia, a história e as imagens poéticas. Como escreve Richard Wollheim a respeito da tese de Eliot sobre Bradley: "Acreditava que a exigência ia além disso [de uma linguagem comum para unir os pontos de vista] e havia necessidade de uma comunidade de almas, à qual o indivíduo devesse a existência".[54]

Harvard ficou surpresa que o jovem Eliot, tão brilhante estudante de Filosofia, não voltasse à universidade e à metafísica. Todavia, a minuciosa análise de Bradley levou Eliot para além da metafísica. O idealismo não o satisfazia, e o suave desdém com que, quase meio século depois, via sua tese de doutorado pode ter surgido não muito depois de ter terminado o estudo de Bradley. Eliot deveria ser um poeta filosófico – mesmo um poeta metafísico – mas não um reservado metafísico.

Posteriormente, se opôs aos sistemas abstratos criados a partir da racionalidade privada – fossem sistemas metafísicos ou políticos. Tinha buscado refúgio dentro da empoeirada metafísica; compreendia as potencialidades e limites dessa disciplina; e ainda se via a buscar algo. Defenderia a razão, como oposição à paixão e ao sentimento, nos ensaios: a razão do classicismo firmada contra os impulsos do romantismo. Quanto mais imaginação possuísse um determinado homem, tanto mais deveria maravilhar-se com a misteriosa essência que ele mesmo era; tanto mais deveria ter ciência de sua singularidade; tanto mais deveria atormentar-se ao suspeitar que o rosto era refletido por um espelho, ou que seu comportamento consciente com

---

[54] Richard Wollheim, "Eliot and F. H. Bradley: An Account". In: Martin, *Eliot in Perspective*, op. cit., p. 267-68.

as outras pessoas não poderia realmente ser *ele mesmo*. E, caso um homem imaginativo não conhecesse a si mesmo ou a fonte de onde procede o eu, como atrever-se-ia a penetrar nas aparências chamadas de "outras pessoas"?

Eliot não encontraria na metafísica respostas satisfatórias a tais questões. Às acusações de Burke à essência do metafísico puro e à censura de Johnson contra a intelectualidade presunçosa, prejudicial nos problemas pessoais, bem como na vida pública, Eliot logo subscreveria, ao menos implicitamente. Já nos próprios poemas, estava, às apalpadelas, abrindo caminho para outros meios além da metafísica com o intuito de repelir o solipsismo, por intermédio da fé e da imaginação moral.

Assim como Burke, Eliot veio a temer não o intelecto propriamente dito – certamente não receava a reta razão – mas, em vez disso, veio a temer a racionalidade refinada, arrogantemente apartada das grandes fontes da sabedoria. Receava tal arrogância na pessoa e a temia na comunidade. William Hazlitt disse que Burke dominou completamente os polemistas que se lhe opunham por ser um metafísico, não um simples lógico – e isso apesar da aversão de Burke aos *philosophes*. O mesmo sucedia a Eliot: veio a dominar a literatura da época racionalista por causa do poderio das próprias faculdades racionais, que o informaram dos limites da racionalidade individual e do juízo privado. Aqueles que tomavam Eliot por ignorante da metafísica ou da ciência natural – ou, no que diz respeito, de economia – às vezes se viam humilhados por uma tréplica rápida, com Eliot citando Whitehead ou aludindo a algum experimento em química.

A filosofia formal, afinal, é simplesmente o ordenamento e a verificação do conhecimento; a filosofia não é a fonte do conhecimento.[55]

---

[55] No diálogo da humanidade, diz Michael Oakeshott, não há "um número fixo de vozes que entram na conversa, mas as mais familiares são as da atividade prática, as da 'ciência' e da 'poesia'. A filosofia, o impulso de estudar a qualidade e o estilo de cada voz, e de refletir acerca do relacionamento de uma voz com outra, deve ser considerada uma atividade parasitária; surge

Eliot sentia-se compelido a tentar penetrar além da análise das sensações e da palavra até as fontes da compreensão do eu, do mundo e do tempo. Isso não significa abandonar a reta razão, mas ver além das ideias abstrusas. Se "todas as regras de um retórico o ensinassem nada além de nomear os recursos", todo o aparato de um metafísico não seria nada além de um arsenal crítico. Eliot submeteu-se, caso desejemos, a uma força: a uma convicção atormentada, mas ineutável de que as hábeis construções do Iluminismo chamadas "ideias" não poderiam, por si mesmas, satisfazer uma razão superior.

Eliot tinha um grande respeito pelas ideias; mas sabia que havia outros meios de expandir a razão além do rebaixamento diante das ideias isoladas – que comumente são apenas análises e requintamentos da própria experiência e visão de outra pessoa. A metafísica tem seus usos; mas também os tem a imaginação moral. Em Virgílio, Santo Agostinho e Dante, Eliot baseou a imaginação moral, bem como na racionalidade privada. Lançou mão da imaginação moral como um caminho para a sabedoria libertar o pensador dos estreitos limites da experiência pessoal e das faculdades racionais individuais.

O que chamamos "imaginação moral" tem relação com o "sentido ilativo"[56] de Newman. Os indícios podem ser fragmentários e irregulares, mas são numerosos; e, ao se inscreverem na mentalidade por um longo período, podem levar à convicção. A imaginação moral, ao abraçar a tradição, olha para a teologia e a história e para as humanidades, em especial, em busca de indícios da natureza humana

---

da conversa, porque é sobre ela que o filósofo reflete, mas não traz nenhuma contribuição específica". Michael Oakeshott, *The Voice of Poetry in the Conversation of Mankind*, 1959, p. 12.

[56] A noção de sentido ilativo, ou seja, o poder da mente de julgar e inferir no máximo da perfeição, foi posteriormente utilizada por Eliot em *After Strange Gods: a Primer of Modern Heresy* [Em Busca de Deuses Estranhos: Uma Cartilha das Heresias Modernas] de 1934. Sobre o sentido ilativo, ver John Henry Newman, *Ensaio a Favor de uma Gramática do Assentimento*. Trad. Artur Morão. Lisboa, Assírio & Alvim, 2005, p. 347-75. (N. T.)

e das coisas permanentes. Por intermédio da imaginação moral, podemos escapar do fosso do solipsismo: a ordem moral é percebida como algo maior do que as circunstâncias de tempo e da experiência privada; tornamo-nos cientes de nossa adesão como membros da comunidade das almas; aprendemos que a consciência e a racionalidade não começam com o eu ou com os contemporâneos.

Era para tal imaginação moral – mesmo que não usasse a expressão – que Eliot estava se voltando ainda quando em Harvard. Após ter estudado Bradley, não poderia ter se contentado com tipos como Arnold e Emerson, os quais, certamente, o jovem Eliot achara demasiado simplórios em termos de ideias. A geração que estava surgindo revoltara-se. A prima Nancy rebelou-se na ignorância, mas Eliot rebelou-se metafisicamente. A revolta contra o teísmo comovido e o moralismo do século XIX fez com que Eliot buscasse por certezas mais antigas.

Emerson, juntamente com outros espíritos livres do século XIX, era caro à mãe de Eliot; talvez por isso, e possivelmente por não conhecer muito os literatos da Nova Inglaterra, Eliot tenha restringido a primeira divergência de Emerson nos quatro versos de "Sweeney Erect" [Sweeney Ereto]:

(A sombra alongada de um homem
É história, disse Emerson,
Que nunca viu a silhueta escanchada
De Sweeney contra o sol recortada.)[57]

"Nunca considerei muito reais o mal e a dor", dissera Emerson por ocasião de seu aniversário de 58 anos. Eliot, contudo, assim que saíra de Harvard, já via a realidade do mal e da dor: em grande escala, a carnificina do Somme era o bastante. Sweeney, prenunciando o século XX, arruinou Emerson.

---

[57] No original: *(The lengthened shadow of a man / Is history, said Emerson / Who had not seen the silhouette / Of Sweeney straddled in the sun.).* T. S. Eliot, "Sweeney Erect". *Poems 1920*, versos 25-28.

Matthew Arnold, um adversário mais formidável cuja ambição regeneradora assemelhava-se de modo considerável a de Eliot, seria, diversas vezes, criticado pelo poeta, notadamente nos ensaios "Arnold and Pater" de 1930 e "Matthew Arnold" de 1933. Arnold "errou ao ascender aos primeiros princípios"; empenhava-se credulamente para que a poesia fizesse o papel da religião. "O efeito absoluto da filosofia de Arnold foi colocar a cultura no lugar da religião, e deixar a religião ser devastada pela anarquia de sentimentos. E cultura é um termo que cada um não só deve interpretar como aprouver, mas que deve ser interpretada como puder."[58]

Não foi apenas em Boston que Eliot viu Arnold pavimentar o caminho do Inferno com boas intenções: mais ainda, na Inglaterra, o tom elegíaco desesperado de Arnold tornava difícil o restabelecimento da esperança e do princípio que Eliot buscava. Ian Gregor expõe muito bem a relação:

> Distinguir-se de Arnold se tornou, para Eliot, um modo de caracterizar a revolução do gosto que pretendia realizar, uma revolução que, ao colocar "os poetas e os poemas em nova ordem", também o permitia criar um clima de opinião favorável à sua própria prática poética. Quando vemos Arnold por essa perspectiva, começamos a compreender algo sobre o porquê de ele assombrar Eliot a cada etapa da carreira, como "um complexo e familiar espectro"[59] despertando-lhe admiração e aversão.[60]

Quando escreveu "Cousin Nancy", Eliot podia não ter muita certeza por que não gostava de Arnold, a não ser pelo fato dos bostonianos o elencarem juntamente com a lei e todos os profetas e, assim,

---

[58] Idem, "Arnold and Pater" (1930). In: *Selected Essays 1917-1932*. Nova York, Harcourt, Brace & Co., 1932, p. 351.

[59] No original: *a familiar compound ghost*. Idem, "Little Gidding". *Four Quartets*, seção II, verso 101. (N. T.)

[60] Ian Gregor, "Eliot and Matthew Arnold". In: Martin, *Eliot in Perspective*, op. cit., p. 267-68.

neutralizarem a imaginação. Por volta de 1932, quando Eliot já se tornara cristão havia alguns anos, o que Arnold fizera aos bostonianos ficaria mais claro: "como em muitas pessoas, ao desaparecer a fé religiosa, restam somente os hábitos e muita ênfase na moral. Tais pessoas muitas vezes confundem moral com os próprios bons hábitos, resultado de uma criação sábia, prudente e da ausência de qualquer tentação muito forte; mas não refiro-me a Arnold ou a qualquer pessoa em particular, pois só Deus sabe".[61]

A praia de Dover estivera bastante fria e árida, mas por volta de 1917, Eliot e seus contemporâneos se viram em uma costa ainda mais desolada. Eliot fora residir na Casa dos Corações Partidos, um prédio em ruínas: a Inglaterra e o mundo civilizado que a guerra estava desmantelando. O estado de espírito da época era o de George Bernard Shaw:

> A Casa dos Corações Partidos era muito indolente e superficial para libertar-se desse palácio de encantamento maléfico. Rapsodiava acerca do amor; mas acreditava na crueldade. Temia as pessoas cruéis; e via que a crueldade, ao menos, era eficaz. A crueldade fazia coisas que davam dinheiro, ao passo que o amor nada fazia senão provar a solidez do dito de La Rochefoucauld de que muitas pessoas se apaixonariam ainda que nunca tivessem lido a esse respeito. A Casa dos Corações Partidos, em suma, não sabia como viver, a ponto de que tudo o que lhe restava era vangloriar-se de que, ao menos, sabia como morrer: um feito melancólico que a erupção da guerra presente deu, praticamente, oportunidades ilimitadas de demonstração. Assim eram os primogênitos feridos da Casa dos Corações Partidos; e os jovens, os inocentes, os esperançosos que expiaram a tolice e a inutilidade dos antepassados.[62]

---

[61] T. S. Eliot, "Matthew Arnold". In: *The Use of Poetry and the Use of Criticism* (1933). Cambridge, Harvard University Press, 1964, p. 114.

[62] George Bernard Shaw, "Heartbreak House and Horseback Hall". Prefácio à *Heartbreak House: a Fantasia in the Russian Manner on English Themes* (1919).

Um funcionário de banco de modos suaves, escrevendo versos e resenhas num apartamento de Londres, estava iniciando um trabalho de restauração intelectual bem diferente das expectativas errantes de Shaw. Por intermédio da imaginação moral, a ordem do espírito e da comunidade poderiam ser reconquistadas; e Eliot, embora não fosse amante de belos sistemas de tipo sociológico, começara a fazer nascer, em sua geração, tal faculdade imaginativa adormecida.

Capítulo 3

O Inferno e a Casa dos Corações Partidos

O SUCESSOR DE HENRY JAMES

Do alto das sacadas desmoronadas da Casa dos Corações Partidos, enquanto caíam as bombas alemãs em 1917, figurava, empertigada, a figura enérgica do primeiro-ministro David Lloyd George; diante dele estendia-se a terra desolada. Não poderia haver contraste maior do que entre o temporário senhor da política e o poeta-bancário que iria dominar as letras inglesas por décadas. "Parecia com a visão setecentista de um galês", assim o melhor biógrafo de Lloyd George resumiu o vistoso e astuto político: "cheio de orgulho, petulância e *pedigree*, lascivo e traiçoeiro como um bode velho".[1]

O erudito norte-americano, reticente, bem-humorado, elegante e transplantado para Londres não tinha qualquer traço galês. Em 1917 e nos anos subsequentes, Eliot estava buscando em Buda ou em Santo Agostinho aquilo que Arnold e Emerson não puderam lhe dar. Londres podia não parecer o melhor de todos os lugares imagináveis para fazer tal pesquisa, mas Samuel Johnson, William Blake e muitos outros poetas antes dele, lá tinham feito suas incursões.

---

[1] Donald MacCormick, *The Mask of Merlin: a Critical Biography of David Lloyd George*, 1964, p. 316.

Os gênios devem ser cêntricos, escreveria G. K. Chesterton, não excêntricos; e Eliot foi cêntrico até demais. Para Lloyd George, os jornalistas populares atribuíam adjetivos como "vívido"; tivessem conhecido Eliot, poderiam tê-lo chamado de sombrio. Contudo, está entalhada sobre a lápide de Eliot, na abadia de Westminster, uma rosa flamejante. Interiormente, em 1917, Eliot estava abrasado, cheio de ardor, enquanto a força centrífuga espalhava as telhas da Casa dos Corações Partidos.

Lloyd George ficou rico em meio às catástrofes generalizadas; Eliot, então, era miseravelmente pobre. Mesmo no auge da fama, Eliot não teria sobrevivido somente da poesia. Durante os anos de 1916, 1917 e 1918, conseguiu suplementar o salário curto do Lloyd's Bank com resenhas, parcamente remuneradas, para respeitáveis publicações acadêmicas e com aulas em cursos de extensão para a Universidade de Oxford e de Londres; também deu aulas para adultos no Conselho do Condado de Londres – cujos temas eram literatura vitoriana, elizabetana, francesa e inglesa modernas.

Eliot, o escritor, sentiu o esporão da necessidade; também conheceu o aguilhão do pesar. Se Vivienne queria estimulá-lo pelo casamento, tinha conseguido – mas não do jeito que pretendia. Deu ao marido, principalmente, o que a mulher de Thackeray dera ao grande vitoriano – uma ocasião para a disciplina da compaixão. Logo, os amigos de Eliot, embaraçados, lhe perguntariam pela saúde da mulher.

"Testemunhei de perto o trágico curso de seu primeiro matrimônio", recorda Sir Herbert Read:

> Vivienne era uma criatura frágil e estava casada há pouco quando começou a sofrer de sérias indisposições internas. Isso exasperou um temperamento já nervoso e que, lenta, mas certamente, fez com que desenvolvesse uma psicose histérica, à qual, por fim, sucumbiu. Os sofrimentos de Eliot nesses anos foram intensos (...) Provavelmente a posteridade julgará severamente Vivienne, mas lembro-me dela

quando era doce e cheia de vida; mais tarde, sua histeria se tornaria embaraçosa (...).[2]

Read sugeriria a Eliot divorciar-se da mulher; o próprio Read havia feito isso e o amigo de Eliot, Conrad Aiken, estava sempre deixando uma companheira e arrumando outra. Mas, para Eliot, assim como para C. S. Lewis, havia algo de eterno mesmo na mais desgastada união dos sexos, e o casamento era moralmente indissolúvel.

Assim, décadas de feitos criativos e críticos de Eliot foram obscurecidas pelo conhecimento da "vaidade dos desejos humanos"; e a obra de Eliot não pode ser bem compreendida a menos que estejamos cientes do peso que trazia consigo por grande parte da vida.

Certos melindres, talvez austeridade, para com a "dança da vida" perpassavam a poesia e a crítica de Eliot; quando, por exemplo, teve oportunidade de citar Sir Epicure Mammon de Ben Jonson, eliminou as palavras "nua entre minhas súcubas". Desconhecia Freud, assim como Marx; e tinha quase aversão a D. H. Lawrence. "Talvez a força do ataque a Lawrence", observa Stephen Spender, "não seja a do puritano contra o sensualista, mas o da verdade – de que não pode haver síntese – diante da falsa ideia de Lawrence de que o mundo moderno poderia ser salvo pela relação sexual do casal humano".[3] Eliot soube disso cedo.

Mas isso seria precipitar o pesar. Naqueles dias, Eliot por vezes estava pálido e doentio, mas com um rosto feliz e elegante. As feições, as conversas (quando se podia extrair algo) e as roupas faziam dele um jovem ilustre. "No espetáculo vespertino de domingo" recorda Clive Bell, "costumava admirar o impecável traje do sr. Eliot, colete branco e tudo o mais: fosse numa festa à noite, no campo (recordemos do terno

---

[2] Herbert Read, "T. S. E., a Memoir". In: Allen Tate (ed.), *T. S. Eliot: The Man and His Work*, 1966, p. 23.

[3] Ver Aldous Huxley para Julian Huxley, 28 de junho de 1918. In: Grover Smith (ed.), *Letters of Aldous Huxley*, 1969, p. 154; ver também Stephen Spender, "Remembering Eliot". In: Tate, *Eliot*, op. cit., p. 63.

de quatro peças) ou na cidade, sempre o poeta se fez imperceptível pela adequação do traje".[4] E a descrição de Frank Morley de Eliot como um homem do centro financeiro de Londres (um pouco antes, por certo tempo, havia usado um monóculo e os que lhe eram próximos apelidaram-no de Capitão Eliot):

> O conjunto de feições firmes e aquilinas e sua figura bem apessoada tiravam vantagem do traje tradicional de chapéu-coco, paletó preto e calças risca de giz que o distinguiam como pertencente a uma classe que nos dá regimentos de excelentes soldados voluntários e que fornecem mais atletas e desportistas que qualquer outro grupamento nestas ilhas. Seria um disfarce proposital? Enganar-te-ia se soubesses qual disfarce era qual. Trazia um guarda-chuva com cabo em cana de Malaca, sempre maravilhosamente enrolado e que brandia no ar, quando queria um táxi. Tal aparato, no entanto, era invulgar; pois, em boa parte do tempo, seu comportamento estava sujeito a um controle férreo.[5]

Eliot chegara a conhecer quase todos, com exceção de G. K. Chesterton, no mundo literário de Londres. Bertrand Russell o apresentara às pessoas; os poemas e as resenhas de Eliot nos periódicos *Poetry, Blast, The New Statesman, The International Journal of Ethics, The Monist, The Little Review, The Egoist* e outros atraíram a atenção de pessoas interessantes. Leonard e Virginia Woolf, John Middleton Murry, os Sitwells, Herbert Read e a anfitriã dos salões o adotaram. Lady Ottoline Morrell o levaria muitas vezes para Garsington Manor. Com a publicação de *Prufrock*, tem início uma nova influência literária.

Para o irmão Julian, escreveu Aldous Huxley a respeito de Eliot, no final de 1916: "Deves ler as coisas dele. Todas se tornam ainda mais notáveis quando conhecemos o homem, no geral, apenas um

---

[4] Clive Bell, "How Pleasant to Know Mr. Eliot". In: Richard March e Tambimuttu (eds.), *T. S. Eliot: A Symposium*, 1949, p. 18.

[5] Frank Morley, "T. S. Eliot as a Publisher". In: Richard March e Tambimuttu (eds.), op. cit., p. 61.

norte-americano europeizado, soberbamente culto, que fala de literatura francesa da forma mais trivial que se possa imaginar". Poucos meses depois, Huxley escreveu para um amigo que Eliot era "uma criatura muito boa". Visitou Eliot no Lloyd's Bank, onde o autor de *Prufrock* "era o mais bancário de todos os bancários. Não estava no andar térreo, nem mesmo no andar abaixo, mas em um porão subalterno sentado numa escrivaninha, numa fila de escrivaninhas com outros funcionários do banco".[6]

Era uma época de literatos famosos. Yeats continuava nas alturas; Robert Graves, Siegfried Sassoon, Edmund Blunden e outros estavam escrevendo das trincheiras; H. L. Mencken publicou, naquele ano, seu *Book of Prefaces* [Livro de Prefácios]; Pound era uma força ascendente; surgiu a *History of the French Novel* [História do Romance Francês] de George Saintsbury; Joseph Conrad e Rudyard Kipling ainda eram grandes; havia nomes grandes ou em ascensão nos dois lados do Atlântico; embora essa viesse a ser a era de Eliot.

Por volta de 1917, uma revolução literária estava a caminho, e Eliot a descreveria 37 anos depois, em 1954:

> Na primeira década do século, a situação era incomum. Não podíamos pensar em um único poeta vivo, tanto na Inglaterra quanto nos Estados Unidos, então no auge de seu poderio, cuja obra fosse capaz de guiar o caminho de um jovem poeta consciente de desejar uma nova linguagem. Este era o fim da era vitoriana. Extinguiram-se as simpatias, creio, por aqueles que eram tidos como os poetas ingleses dos anos noventa, que estavam todos, sem exceção, mortos. A exceção era W. B. Yeats, o mais jovem, mais forte e de hábitos mais moderados que os poetas do clube *Rhymer*.[7] E o próprio Yeats não havia descoberto

---

[6] *Letters of Aldous Huxley*, op. cit., p. 117 e 123; e Huxley, citado por Spender. In: Tate, *Eliot*, op. cit., p. 58-59.

[7] Grupo de poetas londrinos fundado em 1890 por W. B. Yeats e Ernest Rhyn que se reuniam em um *pub* na rua Fleet ou nas casas de alguns deles para beber, fumar cachimbo e recitar as próprias poesias. O grupo produziu duas antologias poéticas e entre os membros figuravam Ernest Dowson, John

sua linguagem pessoal (...) O que os poetas dos anos noventa nos legaram, além de um novo tom em uns poucos poemas de Ernest Dowson, John Davidson e Arthur Symons, foi a certeza de que havia algo a ser aprendido com os poetas franceses do movimento simbolista – e a maioria deles também estava morta.[8]

Foi o próprio Eliot quem preencheu esse vazio de imaginação poética. Viria a ser o que Henry James[9] fora, mas também algo mais; e estava ciente das dificuldades de um "norte-americano europeizado". Em 1928, após se tornar súdito britânico, escreveria para Herbert Read uma carta que tocava nesse assunto:

> Algum dia, quero escrever um ensaio do ponto de vista de um norte-americano que não era norte-americano, porque nascera no sul e frequentara a escola na Nova Inglaterra quando pequeno, cujo sotaque era a fala arrastada dos negros, mas que não era um sulista no sul porque os seus eram nortistas de um estado fronteiriço e menosprezavam todos os sulistas e virginianos, e que nunca foi nada em lugar algum e, portanto, sentia-se mais francês que norte-americano, e mais inglês que francês e, ainda assim, sentia que os Estados Unidos, passados mais de cem anos, eram uma extensão da família. É extremamente difícil, mesmo para H. J. [Henry James] que, nesse caso, não era de jeito nenhum norte-americano.[10]

Ao ter escolhido a Casa dos Corações Partidos, Eliot lá permaneceria durante a Segunda Grande Guerra, quando outros literatos acharam prudente atravessar o Atlântico ocidental. "Caso tomemos a perspectiva mais ampla e sábia de uma causa", escreveria uma década depois, "não há nada que possa ser uma causa perdida porque não há

Davidson, Arthur Symons, Oscar Wilde, Lionel Johnson e seu primo Lorde Alfred Douglas, entre outros. O grupo deixou de se reunir em 1904. (N. T.)

[8] T. S. Eliot, "American Literature and Language". In: *To Criticize the Critic*. Nova York, Farrar, Straus & Giroux, 1965, p. 58.

[9] Henry James, também um norte-americano naturalizado inglês, falecera em 28 de fevereiro de 1916, após morar muitos anos na Inglaterra. (N. T.)

[10] T. S. Eliot, citado por Herbert Read. In: Tate, *Eliot*, op. cit., p. 15.

nada que possa ser uma causa ganha. Lutamos por causas perdidas porque sabemos que a derrota e o desânimo podem ser o preâmbulo da vitória de nossos sucessores, embora tal vitória seja, em si, temporária; lutamos mais para manter algo vivo do que na esperança de que algo triunfe".[11] Como um poeta com uma causa, conquistaria vitórias nos ambientes literários de Londres e também dos Estados Unidos; embora fosse necessária muita fortaleza, estoica e cristã, da parte de Eliot para lutar com as forças dominantes do século XX. Lloyd George, na frente do governo de coalizão, em 1917, era o símbolo de muitas coisas que Eliot detestava; o verdadeiro defensor das causas conservadoras seria Eliot.

PRUFROCK E A TRADIÇÃO

Com a publicação de *Prufrock* em 1917, Eliot conseguiu algo muito mais importante do que a admiração de literatos já consagrados: conquistou a geração que estava surgindo. Se muitos da geração nascente o compreenderam bem, isso pode ser uma outra questão; apenas alguns anos depois tal tendência de pensamento foi revelada. Do primeiro ao último, os poemas de Eliot trazem em si certo mistério e são suscetíveis a várias interpretações; o próprio poeta sempre permitia aos críticos e comentadores descobrir nos versos significados que poderiam gostar ou não; e reconhecia que um escritor, e em especial um poeta, podia expressar verdades bastante obscuras para si mesmo, mas esclarecedoras para outros; Eliot não os elucidava.

"Para a minha geração", declara Kathleen Raine (que tinha nove anos quando *Prufrock* surgiu), "a primeira poesia de Eliot, mais do que a obra de qualquer outro poeta, nos permitiu conhecer o mundo

---

[11] T. S. Eliot, "Frances Herbert Bradley" (1926). In: *Selected Essays 1917-1932*. Nova York, Harcourt, Brace & Co., 1932, p. 363.

de modo imaginativo".[12] Mas, conhecer o mundo com que tipo de imaginação? O conjunto das críticas de *Prufrock*, de 1917 até a presente obra, inclui uma ampla variedade de visões. Às vezes, as críticas refletem uma imaginação freudiana ou marxista. Explicar o que Eliot estava dizendo, em vez de exaltar o modo como o disse, é um dos propósitos principais deste livro. Precisamos começar a tarefa com "The Love Song of J. Alfred Prufrock" [A Canção de Amor de J. Alfred Prufrock], um poema muito obscuro, evocativo e surpreendente.

No seu âmago, "The Love Song" é o primeiro dos vários poemas de Eliot a respeito do Inferno. Nesse particular, é o inferno do solipsista, incapaz de confiar na realidade das pessoas que surgem ao seu redor: um distinto solipsista incapaz de, mesmo quando vislumbra a essência das coisas, dizer a verdade aos fantasmas próximos. "The Love Song of J. Alfred Prufrock" não é simplesmente a descrição de um cavalheiro indeciso em um chá da tarde, tímido demais para declarar os afetos, nem é uma condenação da sociedade burguesa, nem mesmo uma efusão do tédio do mundo. Na verdade, Prufrock é o flácido homem de todos os dias – embora o homem moderno tenha confortos em abundância e fique sem jeito quando é confrontado pela revelação – e que se recusa a ser testemunha ocular da verdade. J. Alfred Prufrock não é idêntico a Thomas Stearns Eliot, a não ser pelo fato de que as personagens criadas por todos os poetas devam conter algo do autor, mas o poema não reflete a mentalidade do jovem em busca de bases sólidas.

A Prufrock é concedida uma espiadela no atemporal, mas por não ter uma vontade firme, volta para a prisão do tempo e daí em diante tem de se desgastar com a perspectiva de envelhecer. As sereias da imaginação moral não cantarão para ele. Cada uma de nossas decisões, durante toda a vida, é irrevogável, seja para o bem ou para

---

[12] Kathleen Raine, "The Poet of Our Time". In: Richard March e Tambimuttu (eds.), *Eliot*, op. cit., p. 78.

o mal, diria Eliot muitas vezes nos anos seguintes. Mas Prufrock não pode manter uma decisão por muito mais de um minuto – certamente não uma decisão que pode torná-lo absurdo aos olhos daqueles que vivem de acordo com as formulações das salas de chá: faltam-lhe forças "para enervar o instante e induzi-lo à sua crise".[13] Ele é um homem oco.

A epígrafe do poema é tirada do *Inferno*.[14] Como Lázaro, Prufrock vira a morte, o "eterno Lacaio",[15] mas as trivialidades e o temor de ser mal interpretado o assaltaram; e desce como o Guido de Dante, ao inferno de um doador de maus conselhos. A melhor interpretação desse poema é a de John Halverson.

Prufrock viveu a existência de modo vazio. Halverson escreve: "Contudo, também contempla, ao menos, a possibilidade de se libertar. Isso teria sido um salto heroico, a autolibertação, e que requereria nada mais do que uma completa revolução na vida; embora possa trazer consigo a possibilidade de uma existência cheia de significado, de comunicação e de amor".[16]

Falta-lhe a coragem para esse salto. Para o amor perdurar deve haver uma comunidade de almas. Mas Prufrock rejeitou sua parte no diálogo moral da humanidade: sua canção é um monólogo sem ouvintes; termina em um isolamento infernal.

O que nenhum crítico de *Prufrock* previra em 1917, é que com aquele opúsculo de versos havia se iniciado uma renovação da imaginação moral na literatura. Muitos ficaram aturdidos com os primeiros

---

[13] No original: *Have the strength to force the moment to its crisis*. T. S. Eliot, "The Love Song of J. Alfred Prufrock". In: *Prufrock and Other Observations*, 1917, verso 83. (N. T.)

[14] Dante Alighieri, "Inferno". In: *La Divina Commedia*, XXVII, 61-66. (N. T.)

[15] No original: *The eternal Footman*. T. S. Eliot, "The Love Song of J. Alfred Prufrock". In: *Prufrock and Other Observations*, 1917, verso 89. (N. T.)

[16] John Halverson, "Prufrock, Freud and Others". *The Sewanee Review*, vol. LXXVI, n. 4, outono 1968, p. 578.

poemas de Eliot; alguns atraídos somente pelas novidades de estilo; outros simplesmente tomaram os poemas como "comentários sociais"; para alguns críticos moderados, Eliot havia expressado, com sucesso, a desilusão de uma geração com todas as coisas. Tivesse o significado moral ficado claro para a maioria dos leitores, *Prufrock* teria sido rejeitado como irremediavelmente fora de moda na inspiração. Mas, gradualmente, o público literário de 1917 e dos anos seguintes ficaram cientes de que Eliot tinha algo de profeta; de que uma era literária fora enterrada e outra estava nascendo. Algumas pessoas até mesmo sentiram de que o inferno terreno da guerra encontrou paralelo nesse inovador *Prufrock*, pelo contínuo inferno da natureza humana decaída.

Katheleen Raine escreve que "o sr. Eliot nos devolveu o Inferno (...) As superficiais filosofias progressistas tanto religiosas como seculares da geração de nossos pais buscaram eliminar o mal do mundo. As visões de Inferno do sr. Eliot restauraram a dimensão necessária de nosso universo".[17] Descrever o Inferno não é desesperar da salvação; nem converter o próprio eu em um Prufrock, ou em um fanático sem senso de humor; certamente não é condenar o eu à esterilidade literária.

Prufrock retirava suas imagens e expressões de uma desconcertante variedade de fontes para o regozijo de grande número de estudiosos de Eliot – de Dante a Santo Agostinho, obviamente, mas também da vida de Edward FitzGerald por A. C. Benson,[18] cujo livro as imagens de "Gerontion" também ficam muito a dever.[19] Prufrock podia estar condenado, mas é cômico à sua moda. Embora Dante não tenha escrito nenhum livro como o *Old Possum's Book of Practical Cats* [Livro do Velho Gambá Sobre Gatos Travessos], havia em Eliot

---

[17] Kathleen Raine, op. cit., p. 79.

[18] A biografia de FitzGerald escrita por Benson pode ser encontrada na série "English Men of Letters" de 1905. (N. T.)

[19] Ver a divertida peça investigativa de John Abbot Clark, "On First Looking into Benson's FitzGerald", *South Altantic Quarterly*, abr. 1949; reimpressa em: *Fifty Years of South Atlantic Quarterly*, 1952, p. 344-55.

um toque de Demócrito; nunca sabemos ao certo quando ele faz um gracejo, embora certamente o faça com frequência. A resignação de J. Alfred Prufrock ao papel de Polônio não era para ser rivalizada por Eliot. Essa se tornaria uma das qualidades de Eliot, aquela alegria que poderia ocorrer inesperadamente, como a chuva, na terra desolada.

O curso estabelecido por Eliot tem de ser avistado por quem quer que leia seu primeiro e principal ensaio crítico: "Tradition and the Individual Talent" [Tradição e Talento Individual], publicado no *The Egoist*, em 1919, e reimpresso na primeira coletânea de ensaios de Eliot, *The Sacred Wood*, no ano seguinte. Essa declaração de princípios soou com a agressividade da juventude; foi atacada tanto pelos amigos como pelos inimigos de Eliot de um ponto a outro até o presente, mas Eliot nunca se retratou. Se tal ensaio serviu-lhe satisfatoriamente como couraça para sua natureza tímida e reservada, ainda assim representava seus princípios literários e sociais do princípio ao fim. O próprio talento de Eliot não era revolucionário, mas conservador; não se tornou um líder desperdiçado do partido do progresso porque mesmo em *Prufrock* estava defendendo o que veio a chamar de "coisas permanentes", contra as tolices da época.[20] Não é um paradoxo, disse em essência, ser de uma só feita, inovador e reacionário.

Em "Tradition and the Individual Talent", Eliot afirma que o verdadeiro poeta, ao restringir as emoções privadas, quase extinguindo a personalidade visível, imerge na profunda continuidade da literatura; pode acrescer ao corpo da grande literatura (de fato, deve inovar, caso tenha capacidade, de modo que possa renovar a vitalidade da tradição), apenas se tiver absorvido a grande literatura. A tradição tem vida; contribuímos com ela e somos por ela alimentados.

---

[20] Para uma crítica sensata, não adulatória, das inclinações políticas de Eliot, ver J. M. Cameron, "T. S. Eliot as a Political Writer". In: Neville Baybrooke (ed.), *T. S. Eliot: A Symposium for His Seventhieth Birthday*, 1958, p. 138-51; e John Peter, "Eliot and the Criterion". In: Graham Martin (ed.), *Eliot in Perspective*, 1970, p. 252-66.

"No entanto, se a única forma de tradição, de transmissão, consistir em seguir os caminhos da geração imediatamente anterior à nossa numa adesão cega ou tímida nos sucessos", escreveu Eliot:

> a "tradição" deve ser categoricamente desestimulada. Temos visto muitas correntes logo se perderem na areia; e a novidade é melhor que a repetição. A tradição é uma questão de significado muito mais amplo. Não pode ser herdada, e caso seja desejada, deve ser obtida com grande esforço. Envolve, em primeiro lugar, o sentido histórico, que podemos dizer quase indispensável para quem quer que queira continuar a ser poeta para além do vigésimo quinto ano de vida; e o sentido histórico encerra a percepção, não somente do aspecto pretérito do passado, mas de sua presença (...) Esse sentido histórico, que é o sentido do atemporal bem como do temporal e do atemporal e temporal unidos, é o que torna um escritor tradicional. E é, ao mesmo tempo, o que torna um escritor vivamente consciente de seu lugar no tempo, de sua contemporaneidade.[21]

A interseção do temporal com o atemporal: tal compreensão iria perpassar toda a obra de Eliot. A ideia está ligada ao que Burke chamava de "o contrato da sociedade eterna" e com a "grande incorporação misteriosa da raça humana". Não somos apenas criaturas de momentos – e o poeta, muito menos. "E é provável não saber o que deve ser feito", diz Eliot a respeito do poeta, "a não ser que viva no que não é simplesmente o presente, mas o presente momento do passado, a menos que esteja consciente, não do que está morto, mas do que já está vivo". Nenhuma literatura duradoura pode ser escrita por homens que tenham uma compreensão deficitária disso; sem a justa compreensão, nenhuma sociedade pode subsistir por muito tempo.[22]

---

[21] T. S. Eliot, "Tradition and Individual Talent". *The Sacred Wood: Essays on Poetry and Criticism*. London, Methuen & Co. Ltd., 1950, p. 48-49.

[22] Para uma análise mais detalhada desse tópico em Eliot, ver Russell Kirk, "T. S. Eliot's Permanent Things". In: *Enemies of the Permanent Things* (1969), Peru, Sherwood Sugden & Co., 1984, p. 51-62.

Ao provocar Gosse e a *Dial*, Eliot não estava rompendo com a tradição, mas restaurando-a. "Ninguém pode criar uma tradição", escrevera Nathaniel Hawthorne; "leva séculos para que surja".[23] Os versos de Eliot pareciam excêntricos para os leitores que tinham em mente apenas os estilos de ontem; mas Eliot pretendia ser cêntrico. "Um erro, de fato, da excentricidade na poesia é buscar expressar novas emoções humanas; e nessa busca pela novidade no lugar errado, descobrimos o perverso."[24] Não um passado morto, ou um futuro incognoscível era o fim de Eliot: a ação aqui e agora é própria da vida; mas essa vida pode ganhar sentido somente se soubermos o que fora dito e feito antes de nossa época; se ao menos nos subordinarmos à continuidade da civilização e à essência; somente, de fato (embora este último não devesse se tornar claro nos escritos de Eliot por algum tempo), se aceitarmos certas fontes de autoridade antigas que descrevem a interseção do temporal com o atemporal. "Alguém disse: 'Os escritores falecidos estão distantes porque *conhecemos* muito mais coisas do que eles.' Eles são, precisamente, o que conhecemos."[25]

Isso é verdade para a literatura, Eliot percebeu, e também é verdade para a comunidade. Nunca passara por uma fase de radicalismo político, e a continuidade essencial da grande poesia tinha, para ele, seu paralelo na continuidade da ordem social civil. A literatura e a sociedade não conhecem muro de separação.

É verdade que o poeta não deve se converter em político, Eliot afirmou na introdução da obra *The Sacred Wood*; Matthew Arnold havia feito exatamente isso, em prejuízo próprio. "Arnold não deve

---

[23] No original: *Nobody can make a tradition; it takes a century to make it.* Nathaniel Hawthorne, *Septimius Felton: or, The Elixir of Life*, XIII, p. 92. (N. T.)

[24] T. S. Eliot, "Tradition and Individual Talent". *The Sacred Wood: Essays on Poetry and Criticism*, op. cit., p. 57-58.

[25] T. S. Eliot, *The Sacred Wood: Essays on Poetry and Criticism*. Londres, Methuen & Co. Ltd., 1950, p. 52.

ser acusado; dissipou suas forças, como às vezes acontece aos homens de capacidade superior, porque via que algo devia ser feito e não havia ninguém para fazê-lo. A tentação, para qualquer pessoa que esteja interessada em ideias e, principalmente, em literatura, de colocar a literatura de escanteio até que limpe primeiramente todo o país, é quase irresistível."[26] H. G. Wells e G. K. Chesterton fizeram exatamente isso; sem dúvida, era o que deveriam fazer, sugeriu Eliot; mas esse não deveria ter sido o papel de Arnold.

No entanto, ainda que o poeta deva afastar-se da ideologia e do envolvimento passional nos movimentos da política prática – embora, na verdade, o poeta não seja aquele que faz as leis ou que se torne o capitão das tropas – ainda assim, o poeta vive na ordem social. Essa ordem pública está interligada com a ordem do espírito; portanto, o poeta não pode ignorá-la. Com considerável coragem, três anos após escrever os ensaios da obra *The Sacred Wood*, Eliot tentaria, por intermédio da edição de críticas literárias, uma obra de regeneração social, inseparável da regeneração literária. Em finos traços, posteriormente, defenderia a ordem na política de modo tão intrépido quanto reafirmara a tradição na literatura. Assim fora com Johnson e com Coleridge, exemplos para Eliot; assim fora com Platão e sua tempestade de areia.[27]

"E, por certo, a poesia não é a inculcação da moral", Eliot escreveria no prefácio à edição de 1928 da obra *The Sacred Wood*, "ou a direção da política; e não mais o é a religião ou seu equivalente, a não ser por alguma monstruosa violação das palavras".[28] Exatamente. No

---

[26] T. S. Eliot, Introdução. In: *The Sacred Wood: Essays on Poetry and Criticism*, op. cit., p. xiii. (N. T.)

[27] Em *A República*, Platão compara o filósofo em uma cidade injusta com um homem em uma tempestade de areia que se refugia atrás de uma parede e que "ao ver os demais repletos de ilegalidades, conforta-se ao saber que se ele é capaz de viver livre de injustiças e crimes, poderá alegremente partir desta vida com esperanças no futuro". Ver *A República*, VI, 496d-497a. (N. T.)

[28] T. S. Eliot, Prefácio à edição de 1928. In: *The Sacred Wood: Essays on Poetry and Criticism*, op. cit., p. ix.

entanto, Eliot era um moralista, um pensador político e (posteriormente) um cristão, bem como um poeta.

"GERONTION" E A ESCRAVIDÃO AO TEMPO

Durante o ano de 1917, a antiga ordem da sociedade na Europa caíra aos pedaços numa velocidade vertiginosa. O czar abdicara em março, em novembro os bolcheviques depuseram Kerensky. Tudo cedia ao caos e, no outono de 1918 (quando Eliot publicou na *The Little Review*, quatro novos poemas, sendo o principal "Sweeney among the Nightingales" [Sweeney entre os Rouxinóis]), em novembro, o armistício fora assinado, determinando para a Alemanha uma paz, de algum modo, pior que a guerra. Em Versalhes, em junho de 1919, o mapa da Europa foi redesenhado – de um modo que acabaria em uma guerra ainda mais catastrófica.

T. S. Eliot, lidando com câmbio exterior no banco e ajudando a editar *The Egoist*, apresentou seus *Poems* [Poemas], publicados pelos Woolfs: dessas quadras, ficaria difícil antever a posterior eminência. Eliot, na ocasião, desfrutava de grande reputação em um círculo restrito: foram impressas menos de 250 cópias dos *Poems*, e quando *Ara Vos Prec* (uma coletânea de todos os primeiros versos) foi publicada – em tiragem limitada – em 1920, somente três cópias foram enviadas para os críticos.

Em *Ara Vos Prec* (publicado nos Estados Unidos como *Poems*) estava "Gerontion", escrito em 1919; e "Gerontion" deixava claro que Eliot não era um mero talento efêmero. Em 1919 e 1920, uma coletânea de poemas de Hardy e Kipling foi publicada, bem como livros de versos de Richard Aldington, Lawrence Binyon, Walter de la Mare, D. H. Lawrence, John Masefield, Siegfried Sassoon, Edith Sitwell, Amy Lowell, Ezra Pound, John Crowe Ransom, Edmund Blunden, Robert Bridges, Aldous Huxley, Wilfred Owen, Conrad Aiken, Vachel

Lindsay, Edna St. Vincent Millay, Edwin Arlington Robinson, Carl Sandburg, Sara Teasdale e Glenway Westcott. Foi um período próspero para a poesia assim como não foi próspero para a ordem social.[29]

Sábio à sua maneira, o velho Gerontion se tornou, desde 1919, um evangelista – totalmente contra sua vontade e intenção. Seu dedo entorpecido aponta para um caminho que Eliot, meio inconsciente, já começara a seguir. Por certo, "Gerontion" não "equivale à religião", conforme Arnold, mas é a descrição da vida destituída de fé, tristemente ressequida, cautelosa – embora o próprio Eliot, nessa época, estivesse apenas a meio caminho do santuário mutilado em Canterbury.

O poema – com a força de expressão jacobita misturada com toques do ano de Versalhes – é uma estação na trajetória de Eliot, refletindo também a situação do mundo revolto de 1919, e a condição do homem perdido de todas as épocas. Para mim, o verso branco de "Gerontion" é a poesia mais comovente de Eliot, no entanto, não tentou mais tarde essa modalidade viril. Um esplendor desolado de expressão brota do moribundo Gerontion, que só viveu para os sentidos. "O problema dele", escreve Marion Montgomery a respeito de Gerontion, "é não poder descobrir nenhuma presença vital no invólucro pecador que é seu corpo, a parte de sua existência que poderia ser chamada de Sweeney inerte".[30] Gerontion acredita na existência de Deus e não acredita na possibilidade da própria salvação do corpo desta morte.

---

[29] Dos muitos ensaios interessantes a respeito de "Gerontion", quatro devem ser mencionados aqui: Wolf Mankowitz, "Notes on Gerontion". In: B. Rajan (ed.), *T. S. Eliot: A Study of His Writings by Several Hands*, 1964; Hugh Kenner, "Gerontion". In: *Invisible Poet*, 1959; John Crowe Ransom, "Gerontion". In: Tate, *Eliot*, op. cit.; Elizabeth Dew, "Gerontion". In: *T. S. Eliot: The Design of His Poetry*, 1949.

[30] Marion Montgomery, *T. S. Eliot: An Essay on the America Magus*, 1970, p. 70-82. Ver também Hoxie Neale Fairchild, *Religious Trends in English Poetry*, vol. V. *Gods of a Changing Poetry*, 1962, p. 566-68.

Ao meditar e entregar-se a devaneios, Gerontion espera seu fim em uma casa alugada – uma casa do coração partido. A sabedoria do mundo que possui, agora, não serve para nada. Por ter rejeitado o Cristo há muito tempo, logo Gerontion deverá encontrar o Cristo retributivo, o tigre. Ao ter negado o Cristo, nem o medo nem a coragem poderão aliviar a chaga do espírito. Os conhecidos de Gerontion, que agora nem mesmo são espíritos, buscarão na necromancia, no estetismo ou na sensualidade alguma fuga da aridez. Caíram no precipício antes dele, e agora Gerontion será aniquilado:

> Eu, que estive perto de teu coração, daí fui apartado,
> Perdendo a beleza no terror, o terror na inquisição.
> Perdi minha paixão: porque deveria preservá-la
> Se tudo o que se guarda acaba adulterado?
> Perdi visão, olfato, gosto, tato e audição:
> Como agora utilizá-los para me aproximar de ti?[31]

Gerontion é o que os espanhóis chamam um *desperado* (desesperado, em português): aquele que desesperou da ação da graça divina. Restou-lhe não a completa danação, mas somente o vestíbulo do Inferno; é um pecador demasiado insignificante e covarde para se tornar companheiro de Farinata no *Inferno*. Com uma bravata desesperadoramente egoísta espera o último salto do Tigre; sua vida não foi heroica, mas a destruição em "despedaçados átomos"[32] pode ser bastante melodramática. A sedutora história atrai os homens para "muitos e ardilosos labirintos, estratégicos corredores e saídas",[33]

---

[31] No original: *I that was near your heart was removed therefrom / To lose beauty in terror, terror in inquisition. / I have lost my passion: why should I need to keep it / Since what is kept must be adulterated? / I have lost my sight, smell, hearing, taste and touch: / How should I use them for your closer contact?* T. S. Eliot, "Gerontion". In: *Poems 1920*, versos 55-60. (N. T.)

[32] No original: *In fractured atoms.* Ibidem, verso 70. (N. T.)

[33] No original: *cunning passages, contrived corridors / And issues.* Ibidem, versos 34-35. (N. T.)

como uma feiticeira cigana, a iludir pela ambição e a guiar pela vaidade – e então a pessoa se perde, privada de luz, vaidosa, sedenta.³⁴ O ritual esvaziado, a aceitação formal sem a vida na fé, não trazem a salvação. No final, o perdido cai no abismo.

Eliot quer dizer: no apetite moderno e perene "multiplicam-lhe os espetáculos numa profusão de espelhos",³⁵ (novamente está com Sir Epicure Mammon) o que leva à destruição. Os práticos estadistas do Salão dos Espelhos em Versalhes, ao falar de história, ao passear pelos corredores bem planejados, esqueceram-se do gorgulho e da aranha – os símbolos da morte e da corrupção, ao passo que Sweeney, o medíocre homem sensual das imagens de Eliot, rejeita a graça a todo tempo – e então deverá ser arrastado pelo turbilhão "para além da órbita da trêmula Ursa".³⁶

Alguns daqueles que leram Eliot em 1919 e em 1920 apreciaram "Gerontion" como uma hábil expressão labiríntica da própria postura de desespero e desilusão, do enervante estado de crença e descrença incompletas: como as lamentações de um desafio impotente. Ainda era possível na Inglaterra ou nos Estados Unidos, deliciar-se com uma postura tão aos moldes de Byron. Mas Eliot escreveu com seriedade. A menos que a fé fosse recuperada – se é que pode ser readquirida – a não ser que nos tornemos melhores que "os sapientes vivandeiros do Senhor"³⁷ – ora, acabaremos desesperados como Gerontion ou

---

³⁴ Como afirmou Elizabeth Drew, em "Gerontion": "A história é a experiência humana vivida sem o arcabouço do *Lógos*; vivida pelo 'conhecimento' dado pela ciência empírica. É o homem a confiar nos próprios desejos e 'sugestões', acreditando que pode controlar o próprio destino, dirigido apenas pela conveniência arbitrária (...)". Ver E. Drew, *T. S. Eliot: The Design of His Poetry*, 1949, p. 54.

³⁵ No original: *multiply variety / In a wilderness of mirrors*. T. S. Eliot, "Gerontion". In: *Poems 1920*, versos 64-65. (N. T.)

³⁶ No original: *beyond the circuit of the shuddering Bear*. Ibidem, verso 69. (N. T.)

³⁷ No original: *The sapient sutlers of the Lord Eliot*. T. S. Eliot, "Mr. Eliot's Sunday Morning Service". In: *Poems 1920*, verso 2. (N. T.)

simiescos como Sweeney. Terminaremos estéreis. O estado de espírito de Eliot na ocasião era como o de Joseph Wood Krutch em *The Modern Temper* [O Temperamento Moderno][38] – embora Eliot escrevesse, anos depois, que tinha mais coisas em comum até mesmo com um comunista do que com um liberal secularista como Kutch. Se a fé está perdida, então, tudo está perdido; mas aqueles que comeram do fruto da árvore do conhecimento não podem esquecer que aprenderam a vacuidade do universo. O conhecimento, e não a ignorância, é a desgraça de Gerontion.

Em "Gerontion", a perplexidade de Eliot não está distante da de Matthew Arnold e de seu argumento implícito – de que a crença é uma necessidade para a pessoa e para a comunidade; portanto, ajudai-me, Senhor, na descrença – assemelha-se a Arthur Balfour e a W. H. Mallock, duas ou três décadas antes. A diferença é a seguinte: Eliot estava criando uma linguagem e um estilo que, esperava, pudessem despertar a imaginação da jovem geração. Será que a racionalidade moderna poderia, tendo provado, orgulhosa, do fruto da árvore do Paraíso, tentar voltar por hábeis vias em direção ao temor e ao amor do Senhor? "Após tanto saber, que perdão?"[39] Em 1919, Eliot duvidava da existência de tal fio de Ariadne.

Entretanto, apenas alguns anos mais tarde, aquelas dúvidas diminuíram. No chá em Tavistock Square, recorda Stephen Spender, "Virginia Woolf alfinetou Eliot a respeito de sua religião. 'Vai à igreja?' 'Sim' 'Passa a coleta para os demais?' 'Sim' 'É sério! Então, o

---

[38] No desanimador livro *The Modern Temper: A Study and a Confession*, escrito por Krutch em 1929, o homem é visto como um ser paradoxal: quanto mais adquire conhecimento a respeito do universo, mais se dá conta de que o universo tem leis próprias e que não leva em conta as profundas e permanentes necessidades humanas de sustento espiritual. No entanto, o livro explica o estado de espírito do homem na segunda década do século XX e ajuda a compreender a adesão cega aos movimentos totalitários nos anos seguintes. (N. T.)

[39] No original: *After such knowledge, what forgiveness?*. T. S. Eliot, "Gerontion", op. cit., verso 33. (N. T.)

que sentia ao rezar?' Eliot inclinou-se, curvando a cabeça numa postura que, por si, seria de oração ('por que abriria a velha águia suas asas?'),[40] e descreveu a tentativa de concentração, de esquecer o eu, de obter a união com Deus".[41]

Gerontion hospedara-se na decrépita Casa dos Corações Partidos do armistício e do tratado, nos jardins, agora, "Rochas, líquen, pão-dos-pássaros, ferro, bosta",[42] e lá seria devorado. Mas Eliot estava abrindo caminho para outras mansões. Ter perdido a certeza em uma ordem espiritual e em uma ordem temporal durante os anos de escola, faculdade e pós-graduação era uma experiência comum já desde o início do século XVIII. Lamentar essa perda e buscar substitutos curiosos era um jogo muito difundido entre os intelectuais durante a última metade do século XIX. Mas, para um rapaz de talento poético, nos anos após a Primeira Guerra, descobrir tal caminho em meio às preocupações comuns, com dúvidas no sentido de uma nova apreensão do transcendente e buscando um entendimento revigorado dos princípios da ordem social – isso era algo ainda mais raro. Qualquer outra pessoa que estivesse em tal busca poderia ter se aborrecido ou sido ridicularizada pelo grupo de Bloomsbury; mas esse círculo não poderia dispensar Eliot com zombarias ou risinhos. Ele conhecia os poetas, os metafísicos e até os teólogos. Dotado de senso de humor, era qualquer coisa menos um entusiasta humeano "sombrio, estúpido" que "podia ter espaço nas efemérides; mas raramente seria admitido, quando vivo, no íntimo da sociedade". Além disso, sem dúvida, Eliot era um inovador no verso; caso o grupo de Bloomsbury excluísse qualquer talento por originalidade, estaria sendo desleal com a própria convenção de ausência de convencionalismos.

---

[40] No original: *Why should the aged eagle stretch its wings?* T. S. Eliot, *Ash Wednesday*, 1930, verso 6. (N. T.)

[41] Spender. In: Tate, *Eliot*, op. cit., p. 59.

[42] No original: *Rock, moss, stonecrop, iron, merds*. T. S. Eliot, "Gerontion", op. cit., verso 12. (N. T.)

Então, aconteceu de Bloomsbury – onde vivia um bom número de Gerontions – promover e apadrinhar Eliot, embora as crenças do poeta, em pouco tempo, abalariam a complacência (incluindo as doutrinas condescentes de originalidade e criatividade) e exauririam a hegemonia intelectual do grupo. Leonard e Virgina Woolf haviam publicado os *Poems* [Poemas] em 1919 e publicariam a primeira edição inglesa da obra *The Waste Land* [A Terra Desolada] em 1923, e *Homage to John Dryden* [Homenagem a John Dryden] em 1924. Para Virginia Woolf, por volta de 1922, Eliot era "o Grande Tom". No entanto, em *The Waste Land* e na resenha na revista *Criterion*, Eliot lançaria algumas bombas nas bases das convicções filosóficas dos Woolfs e do grupo.

Não que o criador de Gerontion gostasse menos do grupo de Bloomsbury do que de outros círculos de intelectuais naqueles anos; ao menos Bloomsbury era humano e curioso. Certamente, nos Estados Unidos não havia nada que tivesse a metade daquela imaginação. Virginia Woolf era melhor companhia do que Eliot poderia ter encontrado em Harriet Monroe, rainha da revista *Poetry*, que tinha ficado quase tão indignada com as primeiras poesias de Eliot como ficara Waldo Browne e o antigo grupo da revista literária *The Dial*. Pound enviara a Harriet Monroe uma cópia do poema "The Love Song of J. Alfred Prufrock" em outubro de 1914, mas o que aprovara para publicação foi o poema "The Fireman's Ball" [O Baile do Bombeiro] de Vachel Lindsay. Pound escrevera para ela que "Prufrock" era "a contribuição mais interessante que já recebi de um norte-americano"; Eliot, na verdade, havia "treinado *e* modernizado-se *sozinho*". Como comenta Noel Stock, a srta. Monroe "ficou decepcionada quando descobriu que Eliot traíra sua herança nas mãos do mesmo cosmopolitismo que a civilização norte-americana estava destinada a superar".[43]

---

[43] Noel Stock, *The Life of Ezra Pound*, 1970, p. 166-70.

Também não se demorou com os exilados – ou exilados festivos – da *Rive Gauche*. Convencional por princípio, se tornou suspeito de debochar deliberadamente das artes da alfaiataria dos amigos que frequentavam a boemia. Em Paris, no mês de maio de 1924, Eliot frequentou "o *Dôme* e outros bares de fraque, calças risca de giz e cartola". William Carlos Williams queixou-se de que os trajes absurdamente corretos de Eliot "eram tomados como um gesto de desprezo" pelos tipos norte-americanos das letras e das artes, orgulhosos da recém-descoberta emancipação parisiense.[44] Provavelmente era verdade. A poesia de Eliot, inovadora na forma como William e os amigos aspiravam fazer, tomou um rumo em reflexão e conteúdo tão repugnante para o grupo de Williams quanto o fraque de Eliot.

Eliot fechara-se em si mesmo, independente deste ou daquele círculo literário. Durante os anos de 1921 e 1922, enviava para a nova revista *Dial* os muito admirados ensaios chamados de "London Letters" [Cartas de Londres]. Logo após o ataque da revista *Dial* ao poema "Cousin Nancy", o referido periódico mudara-se de Chicago para Nova York, passara por vários editores diferentes, abraçara a inovação literária e política, e saudara Eliot, cuja política, naquela época, ainda não tinha sido percebida. Essa conexão deu a Eliot a oportunidade de criticar os complacentes poetas georgianos na Inglaterra e os discípulos igualitaristas de Walt Whitman, em particular, Carl Sandburg, nos Estados Unidos. As duas escolas, de modos opostos, deram ao público aquilo que lhe proporcionava satisfação; ambas eram falsas para com a realidade – tanto o sentimentalismo "das terras verdejantes e agradáveis" quanto o culto norte-americano do colossal. Poucos meses depois, Eliot puniria as duas escolas com seu novo chicote de Tisífone[45] em *The Waste Land*.

---

[44] *The Autobiography of William Carlos Williams*, 1951, p. 217.

[45] Uma das Erínias ou Fúrias da mitologia greco-romana cujo chicote, que açoitava e enlouquecia os culpados, trazia, na ponta, escorpiões. (N. T.)

O percurso desse solitário inovador era bastante duro, não obstante a admiração do grupo de Bloomsbury. As dificuldades com Vivienne aumentaram e estavam refletidas, veladamente, em certos versos do poema *The Waste Land*. E ainda estava pobre. No primeiro ano no Lloyd's Bank, seu salário anual era de 120 libras, menos do que havia recebido como professor assistente na escola; tinha recebido aumentos, mas não eram suficientes. Os brilhantes ensaios críticos foram despejados em rápida sucessão, acrescentando uma migalha à ninharia. Segundo Samuel Johnson, apenas um mentecapto escreve, salvo por dinheiro. Assim como Johnson, na mesma idade e no mesmo cenário londrino, Eliot escreveu sob forte pressão para o próprio sustento. Ninguém fica rico ao escrever para eminentes revistas literárias como a *Dial* e, um pouco depois, *La Nouvelle Revue Française*. O cargo de escriturário no Lloyd's podia tomar-lhe tempo, mas sem isso, Eliot poderia ter ficado reduzido à pobreza de George Gissing numa distinta e maltrapilha *New Grub Street*.[46]

Nem tampouco o percurso de tal inovador foi filosófica e psicologicamente fácil. Além dos problemas do casamento e do trabalho, o inquiridor Eliot parece ter experimentado uma crise existencial por volta de 1921. Percebeu que o racionalismo decadente e o liberalismo não poderiam sustentar um homem preocupado com as perguntas últimas. Todavia, ainda que em "Gerontion" e mesmo em "Prufrock" tivesse delineado a grande negação, ainda não poderia submeter-se à doutrina religiosa. Pensava tanto em se tornar budista quanto em professar um credo cristão.

---

[46] Referência ao livro de Gissing, *New Grub Street*. A *Grub Street* era uma rua da cidade de Londres (hoje desaparecida) que desde o século XVIII se tornara sinônimo de um tipo de literatura que só visava ao retorno financeiro. A vida de Eliot se assemelha, em muitos pontos, à da personagem Edwin Reardon, que embora talentoso, era incapaz de viver de literatura – pois insistia em manter altos padrões literários, o que acabou o levando à total ruína e morte. (N. T.)

Ademais, quem, exatamente, era Tom Eliot? O que era o eu? O que era o tempo? A armadilha solipsista que descobrira no idealismo ainda escancarava-se diante dele: uma terrível perspectiva de solidão. F. H. Bradley argumentara que o que chamamos de eu é simplesmente o produto de uma experiência privada limitada; certamente, o mundo "conhecido" é uma construção arbitrária. Gerontion acreditava que o eu e o mundo eram assim. Mas Eliot buscava alguma certeza, algum conhecimento verdadeiro do eu e do mundo – era compreensível que buscasse a revelação, caso a razão discursiva não proporcionasse tal certeza.

Especialmente, parece ter ansiado por uma compreensão do tempo. Será que o que chamamos de "tempo" é também uma mera construção privada, mutável e amorfa como o eu, que não signifique nada além de um envelhecer privado? E a morte, aquilo que esperava Prufrock logo adiante e era iminente para Gerontion? Assim Bradley havia escrito, e assim Eliot ainda temia. Ou será que o tempo é algo objetivo; que tem um autor, que as ações de uma pessoa tenham significado no tempo? Se o tempo deve ser uma continuidade verdadeira e não apenas uma convenção humana, então o eu pode ter um significado. Tais problemas atormentavam até mesmo Sweeneypanzé; e obcecavam Eliot.

Provavelmente é verdade, como sugere Graham Martin, que em 1921 Eliot ainda estava filosoficamente certo dos conceitos de Bradley de eu, mundo e tempo; e não obstante, nos primeiros poemas, expressava a avidez por certeza, permanência, significado e realização do eu. Aquilo que Eliot tomara por metafisicamente honesto, descobrira ser psicologicamente insuportável. Essa tensão comovente estava no ponto mais escabroso quando se voltou para a imaginação moral em reflexões e fragmentos que comporiam *The Waste Land*.

Desde a morte de Eliot, vários críticos sugeriram que o pesar de Eliot em *The Waste Land* fora, principalmente, o resultado da frustração no casamento – que, como podemos conjecturar a partir do poema e de outros escritos, não havia harmonia de corpo e espírito. Sem dúvida, algum problema do tipo contribuiu para tal visão estéril e deu a essa percepção um ponto central particular. Mas a preocupação com a ordem pública também era profunda, do início ao fim. Escreveria, em 1939, que sua grande depressão de alma, por toda a vida, foi a que se deu pela vergonhosa rendição a Hitler em Munique. Em uma mente como a de Eliot, enigmas filosóficos podem produzir uma inquietação tão potente quanto qualquer preocupação erótica. A respeito de sua época, Eliot também fora atormentado pelo problema do "Deus está morto", desde então popularizado; e Marion Montgomery descreve muito bem:

> A ciência da mente que Eliot estudou provou ser insuficiente. A fenomenologia é, afinal de contas, um desenvolvimento da subjetividade como se fosse autossuficiente, o que leva à separação do ser subjetivo de qualquer outro. A possibilidade de qualquer diálogo, palavra usada de modo tão precipitado em nossa época, está condenada. Pois a fenomenologia, como ramo do saber que se desenvolvera na época de *Prufrock*, era uma heresia à relação familiar ortodoxa das inteligências, muito parecida com os albingenses no verdadeiro isolamento do indivíduo. Considerado dessa forma, vemos quanto uma heresia como essa é destrutiva para a sanidade do artista, que nada difere de qualquer outro homem, pois uma parte da definição do artista é a comunicação de uma visão, seja de um simples sorriso ou de um complexo sistema metafísico. A aplicação pura da fenomenologia significa não só que o poeta não pode escrever para os outros, mas que não pode nem mesmo escrever para si.[47]

Uma tensão intelectual, portanto, subjaz a *The Waste Land*, assim como em "Gerontion". Mais do que poemas pessoais ou sociais, esses são poemas filosóficos. Rompendo os limites da fenomenologia, Eliot está buscando por novas fontes de conhecimento e amor que

---

[47] Montgomery, op. cit., p. 89, e Graham Martin, "Language and Belief in Eliot's Poetry". In: Martin, *Eliot*, op. cit., p. 127-30.

possam capacitar o casal humano para uma comunhão plena, e que possam permitir ao aglomerado humano se tornar uma comunidade. Gerontion não conhece nenhum Outro; Eliot tem mais sorte, suspeita que o Outro é reconhecível, embora ainda não o conheça.

Em 1921, Eliot estava totalmente tomado pela penúria. O aguilhão da necessidade fez com que viessem à tona os talentos de Eliot, em vez de os rebaixar; mas pagou um preço muito alto com a própria saúde. Preocupações filosóficas assombrosas – que um século antes poderiam ter sido chamadas de "melancolia religiosa". Uma intensa ocupação diária, um total empenho literário, uma mulher doente e um casamento imperfeito: tudo isso, em cima da estrutura física, em poucos meses o derrubou.[48]

Enquanto se recuperava em Margate e na Suíça, produziu o estranho poema *The Waste Land*, que iria revirar o mundo literário de pernas para o ar. Após escrever "Gerontion" e *The Waste Land*, Eliot compreenderia melhor o eu e o mundo. Mas ainda sentiria falta, por mais alguns anos, da gramática do assentimento.[49]

A TERRA DESOLADA INTERIOR E EXTERIOR

Para um homem como Eliot, imbuído da ideia do contrato da sociedade eterna, o panorama da Europa no outono de 1921 era bastante funesto. O império dos Habsburgos fora dilacerado e os empobrecidos estados-herdeiros, divididos por facções, ideologias e rivalidades étnicas, claramente não poderiam alcançar uma ordem

---

[48] O colapso foi principalmente físico – e certamente não intelectual, pois durante esse período Eliot produziu seu poema mais famoso. Anos depois, na peça *The Cocktail Party*, Eliot faria o psiquiatra, o dr. Hartcourt-Reilly, objetar que os pacientes usassem o termo "ataque de nervos" – pois a expressão não significava coisa alguma. [Em português, ver *T. S. Eliot. Obra Completa – volume II Teatro*. Trad. Ivo Barroso. São Paulo, Arx, 2004, p. 339. (N. T.)]

[49] Ver nota 56 do cap. 2. (N. T.)

duradoura. Arruinada a Alemanha, a República de Weimar mostrou-se fraca desde o início, e foi fortemente pressionada para resistir à insurreição comunista. A face e o espírito da França foram devastados. Na Itália, bandos comunistas e fascistas, terríveis simplificadores, lutavam pelo poder; Mussolini triunfaria no ano seguinte. O urso, agora vermelho, brilhava sobre o Ocidente. A Irlanda saíra do Reino Unido, assim como os *Sinn Fein* e os *Black and Tans*[50] competiam em terror. A inflação de Lloyd George foi seguida por uma repentina deflação; dois milhões de homens estavam desempregados na Grã-Bretanha. "A glória da Europa foi extinta para sempre", Burke declarara em 1789; se a acusação fora, então, uma hipérbole, parecia bastante certeira em 1921.

A decadência da ordem, da justiça e da liberdade na antiga comunidade europeia foi acompanhada pela decadência da antiga ordem moral, a Igreja caindo em descrédito e o motor que guiava muitos dos homens importantes era simplesmente "pôr dinheiro no bolso". Para os charlatões e trapaceiros, grandes oportunidades estavam abertas em todos os lugares, ao passo que os antigos motivos de integridade tinham sido terrivelmente abalados. Fora da brutalidade da guerra emergiram grandes apetites e violentas ambições e, por todos os lados, era ostentado o egoísmo. Uma inteligência disciplinada pela educação clássica pensaria na decadência romana. Havia infindáveis falatórios a respeito de democracia, mas a verdadeira tendência do período parecia ser a da servidão à ideologia nos assuntos públicos. Era uma perspectiva nada simpática e atingia a comunidade de almas.

---

[50] Os *Sinn Fein* [literalmente, "Nós sozinhos"] era o nome do combativo partido nacionalista e republicano da Irlanda, que ganhou a maioria em 1918 e acelerou o processo de independência. Por outro lado, os *Blacks and Tans* [Negros e Castanhos] eram a tropa de choque formada por irlandeses convocados na Inglaterra para reprimir as agitações em Dublin e no restante da Irlanda, entre os anos de 1919 e 1921. Um dos mais famosos embates violentos entre esses grupos, ocorrido em 21 de novembro de 1920, ficou conhecido como *Bloody Sunday* [Domingo sangrento]. (N. T.)

Fosse *The Waste Land* apenas o lamento poético de um homem cujo casamento não tinha atingido as expectativas e que trabalhara duro, ainda continuaria a ser interessante – mas não teria falado ao senso moral de uma infinidade de outras consciências. Um declínio amoroso muito difundido não é acidente: as causas podem ser discriminadas, e os remédios – embora difíceis – podem ser sugeridos. Em suma, Eliot havia descrito em *The Waste Land* não apenas seu estado de espírito efêmero; muito mais importante, havia penetrado nas causas de uma desordem comum a alma do século XX.

Ao desdenhar da exaltação do ego do poeta lírico do romantismo, Eliot subordinara a emoção privada à expressão das verdades gerais. Umas poucas e breves passagens de "Tradition and Individual Talent" – publicado somente dois anos antes – podem sugerir a determinação de Eliot de colocar-se acima do comentário pessoal acerca do universo.

"O progresso de um artista", Eliot havia argumentado:

> é um contínuo autossacrifício, uma extinção prolongada da personalidade (...) quanto mais o artista for perfeito, mais perfeitamente à parte nele estará o homem que sofre e a mente que cria; mais perfeitamente a mente digerirá e transmutará as paixões que são o material. (...) As impressões e experiências que são importantes para o homem podem não encontrar lugar na poesia, e aquelas que se tornam importantes na poesia podem ter um papel desprezível no homem, na personalidade (...) Não são por emoções pessoais, por emoções provocadas por determinados acontecimentos na vida que o poeta é, de certo modo, extraordinário ou interessante (...) A poesia não é uma libertação da emoção, mas uma fuga da personalidade.[51]

Portanto, *The Waste Land* não deveria ser lido como uma sublimação das emoções de Eliot de 1921 – que, fossem ou não complexas, certamente não eram comuns. É o pensamento e a expressão de

---

[51] T. S. Eliot, "Tradition and Individual Talent". In: *The Sacred Wood: Essays on Poetry and Criticism*, op. cit., p. 44-58.

Eliot que importam. Privadamente, estava com problemas em 1921, mas sabia que grande parte dos homens estava com problemas e que muitos os suportavam com resignação e fortaleza. Não o receio privado, mas a preocupação com a condição do homem moderno é o que dá ao poema *The Waste Land* uma força duradoura. Diante dele espalhava-se a perspectiva de desordem privada e pública. Embora sofresse dessa enfermidade generalizada, o que Eliot nos apresenta não é nada senão uma perplexidade privada.

Confrontado com esse cenário, Eliot não está "iludido"(quando foi que deixou-se enganar por ilusões?) ou desesperado, embora bastante triste. A primeira necessidade, infere, é fazer as perguntas certas. Como isso veio a acontecer? O "protagonista" (como os críticos geralmente o chamam) é realmente aquele que inquire; e está buscando por fontes de amor.

The Waste Land poderia ter sido menos coerente e mais enigmático, caso Eliot não tivesse buscado aconselhar-se com Ezra Pound – assim notamos ao analisar as modificações de Pound. Eliot, parcialmente recuperado do colapso, levou a Pound, em Paris, no final de 1921, um poema duas vezes maior que o *Waste Land* que conhecemos. Além disso, Eliot propusera publicar "Gerontion" como prólogo. Houve versos que Pound extirpou e apareceram, posteriormente, como porções de "The Hollow Man" [Os Homens Ocos] e como *Doris's Dream Songs* [Canções Oníricas de Doris] nos *Minor Poems* [Poemas Menores].[52]

---

[52] Em 1924, três poemas de Eliot foram publicados no periódico *Chapbook*, editado por Harold Monro. Os poemas receberam o título de *Doris's Dream Songs* [As Canções Oníricas de Doris] (Doris alude à personagem da última quadra do poema "Sweeney Erect" [Sweeney Ereto] de 1919). Os poemas da tríade eram: "Eyes That I Last Saw in Tears" [Olhos que pela Última Vez Eu Vi Chorar], "The Wind Sprang up at Four O'Clock" [O Vento se Erguia às Quatro Horas] e "This is the Dead Land" [Esta é a Terra dos Mortos]. Os dois primeiros poemas aparecem como parte integrante da coletânea denominada *Minor Poems* [Poemas Menores] e o terceiro foi incorporado como a seção III de *The Hollow Man* [Os Homens Ocos]. (N. T.)

Eliot havia destroncado a mão ao remar, por isso dera a Pound um rascunho quase todo datilografado. Pound suprimiu grandes porções e escreveu as emendas.

"Na verdade, Pound era um guia dominador", Eliot escreveria em 1946. "Sempre teve paixão por ensinar. De certa forma, não posso pensar em alguém que se pareça tanto com Irving Babbitt – uma comparação que nem todo homem teria gostado." A influência de Babbitt sobre ele era evidente, continuou Eliot; e sugeriu que Pound, assim como Babbitt, fosse um daqueles "homens tão afeiçoado às ideias, que não podia entrar numa discussão proveitosa com pessoas cujas ideias diferissem das dele". Mas Eliot aceitou a autoridade de Pound e o manuscrito (ou melhor, o rascunho datilografado) do poema *The Waste Land* diminuiu de tamanho. "Gosto de pensar que o manuscrito, com as passagens suprimidas, tenha desaparecido de modo irrecuperável; contudo, por outro lado, gostaria que os escritos em azul fossem preservados como prova irrefutável do talento crítico de Pound."[53]

O que Pound fizera ao poema? Melhorou-o bastante. A maior parte dos críticos de Eliot já suspeitava – até 1972, quando Valerie Eliot publicou uma edição facsímile e transcrita dos rascunhos originais do poema – que Pound deveria ter deixado Eliot à própria sorte. Originalmente, Eliot queria empregar "Gerontion" como uma vã esperança no início de *The Waste Land*, com a obra *The Hollow*

---

[53] Ver T. S. Eliot, "Ezra Pound" (1946). In: Peter Russell (ed.), *Ezra Pound, a Collection of Essays on his Sixty-Fifth Birthday*, 1950, p. 27-28. Na verdade, Eliot havia dado o manuscrito de *The Waste Land*, em outubro de 1922, para John Quinn, de Nova York, como expressão de gratidão pelos muitos serviços prestados por Quinn; também havia vendido a Quinn, por 140 dólares, uma multidão de outros manuscritos. O manuscrito de *The Waste Land* ficou com Quinn e (depois de 1924) com sua irmã, até a Biblioteca Pública de Nova York comprá-los em 1958. Essa aquisição foi mantida em segredo até 1968. "Críticas aceitas, bem como compreendidas, com gratidão", Eliot escrevera para Pound de Londres em janeiro de 1922. Ver D. D. Paige (ed.), *The Letters of Ezra Pound, 1907-1941*, 1950, p. 167-72.

Man como uma espetada ao final. Nós, os críticos, estávamos enganados. O gosto de Pound, na ocasião, era superior ao de Eliot, e o que Pound prudentemente apagou teria diminuído a explosão dessa bomba, sem fortalecer o significado. Sim, Pound estava certo: Eliot teria escrito muito mais versos sem acrescentar nada ao sentido; e *The Waste Land* não teria sido menos enigmático – fosse para o deleite ou para a exasperação dos críticos – se as partes que Pound eliminou tivessem sido poupadas. Sem as melhorias, o poema teria sido mais vulnerável aos cavalheiros indignados que pensavam como escravos bêbados. Tanto os grandes cortes de Pound como as pequenas mudanças – entre elas hábeis substituições de uma única palavra, tal como "desmobilizado", em vez do original de Eliot, "saídos do Corpo de Transporte militar"[54] – foram melhores.

Quando li pela primeira vez *The Waste Land*, nos meus dias de estudante, fiquei incomodado com o aparente pedantismo – pedantismo ineficaz – das notas de Eliot, que explicam muito pouco e induziram em erro muitos leitores e críticos. As notas a *The Waste Land* eram, em parte, um esforço de compensação das supressões impiedosas de Pound, e algumas delas guardam traços de extravagância e ironia; Eliot não era amante de ostentar cansativos aparatos acadêmicos. Mas, as notas, principalmente, eram improvisadas para agradar ao editor: ao todo, 64 páginas, a serem enxertadas no pequenino livro, e o poema, em si, era demasiado curto para abrangê-las; portanto, frases ou trechos inúteis deveriam ser providenciados para preencher o espaço. Eliot não cairia novamente nessa loucura.

As notas deveriam ser ignoradas; assim como deveriam ser algumas críticas a *The Waste Land*. Alguns críticos apresentaram teorias a respeito do poema tão declaradamente conflituosas com os próprios princípios literários de Eliot e com os escritos posteriores que ficamos a imaginar se tais comentadores alguma vez leram o poema

---

[54] No original: *coming out of the Transport Corps*. (N. T.)

desejando compreendê-lo; leram as notas e os primeiros críticos – a quem imitaram ou denunciaram. Mas o poema pode ser lido apreciativamente sem a necessidade de ter um grau de doutor em Literatura; e não é uma alegoria, mas, ao contrário, conforme o estilo, é um poema narrativo, assim como a *Eneida* e *A Divina Comédia* são narrativos e filosóficos.

Em outubro de 1922, o poema foi publicado na revista *Criterion*, a recém-criada publicação de Eliot, sem as notas; apareceu na *Dial*, do outro lado do Atlântico, em novembro – mais uma vez sem as notas, porque os editores da *Dial* se recusaram a imprimi-las. A primeira edição do livro foi publicada em Nova York (mil cópias, com notas) pela editora Boni and Liveright, naquele mesmo ano, em dezembro; a primeira edição inglesa (menos de quinhentas cópias) foi feita pelos Woolfs em setembro de 1923. A era de Eliot tinha chegado como um estrondo de trovão.

Logo, com *The Waste Land*, Eliot completara o sucesso que havia começado a alcançar com *Prufrock*: conquistou a simpatia de todos os exércitos, de uma geração emergente de talentos literários.[55] Com certa antipatia, E. M. Forster reconheceu a ascendência de Eliot sobre os jovens:

> A obra do sr. Eliot, em particular *The Waste Land*, causou-lhes profunda impressão, e proporcionou exatamente o alimento de que precisavam. E, por "jovens" refiro-me aos rapazes e moças entre os dezoito e trinta anos cujas opiniões mais respeitamos, e cujas reações mais admiramos. Ele é o autor mais importante da época desses jovens,

---

[55] Eliot atraiu, como jubilosamente admite Roy Campbell, "aqueles que eram, na ocasião, os maiores admiradores de J. E. Flecker, Brooke e Lascelles Abercrombie", o grupo das "terras verdejantes e agradáveis", que repentinamente se transformaram de depreciadores para aduladores de Eliot, e se tornaram os "mais ardentes admiradores e imitadores (...) Desde então, a influência de Eliot literalmente engoliu muitos desses poetas menores, assim como a baleia azul engole pequenos crustáceos". Ver Roy Campbell, *Light on a Dark Horse*, 1952, p. 203.

sua influência é enorme, está por dentro das expressões usadas, assim como os jovens de 1900 sabiam o que dizia George Meredith. Eles estão muito mais qualificados do que os mais velhos para interpretá-lo, e em determinados sentidos, realmente o explicam.[56]

Na verdade, *The Waste Land* dava a entender, mais que toda a poesia anterior de Eliot, para onde se dirigia o "Poeta Invisível" – de modo que levantou suspeitas justificadas nos jovens inovadores que tinham estabelecido relações com a ideologia, o oposto do dogma religioso. Malcolm Cowley descreve os sentimentos confusos dos jovens progressistas e de vanguarda, encantados com a novidade de *The Waste Land*, mas apreensivos com as implicações morais e sociais. "Estranheza, abstração, simplificações, respeito pela literatura como uma arte com tradições – tinha todas as qualidades exigidas por nossos lemas." Defenderiam o poema de todas as antigas e inveteradas escolas de crítica, e das incompreensões populares: mas, no fundo, não gostaram do poema.

> Quando *The Waste Land* apareceu pela primeira vez, deu visibilidade a uma divisão social entre os escritores que não era a divisão entre capitalistas e proletários (...) Mas, aos poucos, tornou evidente que os escritores e as suas teorias estavam se movendo em direção a dois extremos (embora poucos alcançassem um ou outro). O primeiro extremo era o da autoridade e o da tradição divinamente inspirada, como representada pela Igreja Católica; o segundo era o comunismo. Em Paris, no ano de 1922, fomos forçados por Eliot a fazer uma escolha preliminar. Embora não víssemos o nosso caminho, instintivamente rejeitamos o dele.[57]

Desde a publicação de *The Waste Land*, de fato, os homens de esquerda começariam a censurar violentamente Eliot – como atualmente queixam-se de Robert Frost; pois os dois poetas tornaram-se

---

[56] E. M. Forster, *Arbinger Harvest*, 1936, p. 89-96.
[57] Malcolm Cowley, "Readings from the Lives of the Saints". In: *Exile's Return*, 1934, p. 123-28.

defensores da imaginação moral, com raízes em nítidas compreensões religiosas da natureza das coisas e na continuidade da civilização. Isso o ideólogo inteligente não conseguia tolerar, comprometido como estava com o mecanicismo e o futurismo.

Quase meio século após o aparecimento de *The Waste Land*, ainda temos a vontade de perguntar – para o leitor comum e para boa parte dos leitores incomuns – o que exatamente Eliot estava a dizer naquele poema surpreendente. Embora a simples enumeração dos notáveis ensaios críticos a respeito de *The Waste Land* requeira algo equivalente a um capítulo inteiro deste livro, certo mistério e mistificação continuam a envolver as intenções de Eliot. Alguns críticos chegam tão a fundo que analisam verso por verso (sempre à luz vacilante das confusas notas) e se veem perdidos, como os leitores, nos "ardilosos labirintos".[58] Um exame cuidadoso das fontes e alusões de Eliot não é algo ruim, mas já foi realizado por muitas mãos competentes.[59]

Minha análise sumária, a seguir, é uma tentativa de penetrar no âmago do poema, necessariamente abstendo-me de comentar a respeito da técnica de Eliot, e evitando a maioria das digressões das evocações de profetas, santos, poetas, potentados e antropólogos. Agora que podemos ler à vontade todo o conjunto das obras de Eliot, é possível ver *The Waste Land* na perspectiva da poesia e prosa eliotianas posteriores e, assim, nos livrarmos das compreensíveis limitações daqueles críticos que escreveram apenas alguns anos depois do poema estourar. Emprego deliberadamente o verbo "estourar", sob a autoridade de William Carlos Williams, cuja escola poética fora arruinada por Eliot: "Então, do nada, a revista *Dial* publicou *The Waste Land* e

---

[58] No original: (...) *contrieved corridors*. T. S. Eliot, "Gerontion", op. cit., verso 34. (N. T.)

[59] Talvez a análise mais convincente seja Cleanth Brooks, "The Waste Land: Critique of the Myth". In: *Modern Poetry and the Tradition*, 1939, p. 136-72. Outra abordagem de leitura agradável e inteligente é a de C. M. Bowra, *The Creative Experiment*, 1948, p. 159-88.

acabou-se toda a alegria. Liquidou nosso mundo como se uma bomba atômica tivesse caído em cima de nós e nossas magníficas investidas lançadas na obscuridade, onde viraram pó".[60]

No centro desse poema investigativo repousa a lenda do Santo Graal, mais especificamente o símbolo da Capela Perigosa. Eliot, que não esperava que *The Waste Land* alcançasse tão surpreendente popularidade, pressupôs que aqueles que o pudessem ler conheceriam razoavelmente bem a Capela Perigosa e tantas outras alusões e símbolos nos versos. Mas o declínio, que já estava em curso, da antiga educação humanista, nas salas de aula e nos lares, diminuíra no público a impressão de reconhecimento; naquele momento, o ensino superior norte-americano, como dissera Babbitt, produzia mais pedantes e diletantes, porém menos jovens de verdadeira erudição nas artes liberais.

Como pode um homem renascer e uma terra maldita fazê-lo resplandecer mais uma vez? "Bastará aparafusardes vossa coragem até o ponto máximo":[61] ousai perguntar coisas terríveis e podereis ser respondido.

Em algumas versões da lenda do Santo Graal, os cavaleiros em demanda que entraram na Capela Perigosa – rodeados de túmulos – viram o cálice, a lança, a espada e a lápide. Se tivessem a audácia de perguntar, obteriam a seguinte resposta: o significado de tais coisas será contado; quiçá de uma só vez ou, quem sabe, mais tarde. E de tal questionamento surgiria um grande bem: a ferida do Rei Pescador seria curada, e a terra desolada seria novamente irrigada. "Assim, numa civilização reduzida a 'um feixe de imagens fraturadas',[62]

---

[60] W. C. Williams, *Autobiography*, op. cit., p. 174.

[61] William Shakespeare, "Macbeth", ato I, cena VII, linhas 58-59. In: *Tragédias: Teatro Completo*. Trad. Carlos Alberto Nunes. Rio de Janeiro, Agir, 2008, p. 345. (N. T.)

[62] No original: *"a heap of broken images"*. T. S. Eliot, "The Burial of the Dead". In: *The Waste Land*, seção I, verso 22. (N. T.)

tudo o que se requer é suficiente curiosidade", comenta perspicazmente Hugh Kenner:

> a pessoa que pergunta o que significa um ou outro desses fragmentos (...) pode ser o agente da regeneração. O passado existe em fragmentos exatamente porque ninguém se importa com o que aquilo significou; unir-se-á e ganhará vida na mente de quem quer que venha a cuidar dele (...) em um mundo onde "sabemos tanto e estamos convencidos de tão poucas coisas".[63]

Ao saber que o passado e o presente são realmente uma unidade, Eliot toma por base os mitos e os símbolos de várias culturas para descobrir as perguntas que os modernos deveriam fazer. O mito não é uma mentira; ao contrário, é a representação simbólica da realidade. Das antigas fontes teológicas, poéticas e históricas, abrasadoramente relevantes para a presente condição privada e pública, extraímos a imaginação moral. Devemos experimentar a aventura da Capela Perigosa se não quisermos morrer de sede; devemos enfrentar lá, na Capela Perigosa, a Mão Negra e o cavaleiro-feiticeiro morto; se enfrentarmos o horror e ousarmos fazer as perguntas, poderemos ser ouvidos e curados.[64]

A crítica hostil mais superficial de *The Waste Land*, fomentada principalmente por progressistas doutrinários, humanitaristas e impiedosos ideólogos foi a seguinte: "Eliot", diziam, "está contrastando, de modo esnobe, a suposta glória e dignidade do passado com o que toma por degradação do presente democrático e industrial. Isso é historicamente falso, e deve ser repudiado por todos os pensadores maiores".

---

[63] Hugh Kenner, *The Invisible Poet*, op. cit., p. 171.
[64] "O horror!, O horror!", da obra *Heart of Darkness* [No Coração das Trevas] de Joseph Conrad, era a epígrafe que Eliot primeiro escolheu para *The Waste Land*; Pound o persuadiu a substituí-la pela citação da Sibila entediada de Petrônio.

Mas essa não era, absolutamente, a intenção de Eliot. O presente, Eliot sabia, é somente uma tênue membrana sobre o profundo manancial do passado; o presente deixava de existir no exato momento em que escrevia, fosse em Margate ou Laussane; o presente evapora rapidamente na nuvem do futuro e aquele futuro, também, em breve, seria passado. O culto ideológico do modernismo é filosoficamente ridículo, pois a modernidade de 1971, digamos, é muito diferente da modernidade de 1921. Não podemos ordenar a alma ou participar de uma ordem pública, simplesmente por aplaudir o caminho não recomendável do presente. A condição particular atual e o conhecimento que temos dependerão daquilo que fomos ontem, há um ano, há uma década; se rejeitarmos as lições do passado pessoal, não subsistiremos por mais uma hora. Da mesma forma acontece com qualquer grupamento humano, sustentado por uma comunidade de almas: se o grupo rejeitar o passado – se ignorar tanto os conhecimentos quanto os erros das gerações anteriores – dentro em breve virá a repetir as piores tolices do passado. Se o tempo é ou não mera convenção humana (e sobre esse ponto Eliot não chegou a nenhuma conclusão ao escrever *The Waste Land*), o passado não está morto, mas vive em nós; e o futuro não são campos elíseos predeterminados, mas o produto de decisões tomadas no momento evanescente em que as desfrutamos ou as suportamos.

Assim, *The Waste Land* não é a glorificação do passado. O que o leitor deve descobrir nesse poema, mais propriamente, é a compreensão eliotiana de que, por definição, a natureza humana é uma constante; os mesmos vícios e as mesmas virtudes estão agindo em todas as épocas; e os atuais descontentes, privados e públicos, podem ser percebidos somente se formos capazes de contrastar as presentes circunstâncias com os desafios e as respostas de outras épocas. Além disso, os vislumbres de Eliot e as alusões a um estilo mais grandioso e a uma visão mais pura em outros séculos são, essencialmente, o dispositivo criado pelo satirista, que desperta os homens para as terríveis condições de anormalidade, ao comparar cães vivos com leões mortos.

Perdidos, devemos pedir orientações; e tais rumos não virão somente dos homens vivos.⁶⁵ Para uma orientação competente, Eliot voltou-se, em especial nesse poema, para Santo Agostinho, para Buda e os Upanishads. "Uma vida sem reflexão não é digna de ser vivida", como Sócrates disse aos discípulos. *The Waste Land* é o esforço de um poeta filosófico em refletir sobre a vida que vivemos, relacionando o atemporal com o temporal. Um Peregrino, ao sondar a moderna terra desolada, põe perguntas em nossas cabeças; e ainda que as respostas obtidas possam não nos agradar, ele já nos despertou da morte em vida; pois é exatamente isto que é a Terra Desolada: um reino de seres que pensam em si apressadamente, mas que existem somente numa condição sub-humana e subnatural, prisioneiros da caverna de Platão.

Na Terra Desolada, perguntas extraordinárias ecoam ao redor da Capela Perigosa. No curso de uma busca aterrorizante, certa sabedoria é recuperada, embora não haja certeza da salvação. Terminamos conhecendo o nosso perigo, que é melhor do que a estupidez: antes de ser curada, a pessoa deve reconhecer a doença.

A regeneração é um processo cruel: assim começa "O Enterro dos Mortos", a primeira das cinco partes de *The Waste Land*, a semivida clandestina, para muitos, parece preferível. Dito isso, irrompe a voz melancólica de uma "pessoa deslocada", Maria, uma nobre que surge dos destroços da antiga ordem europeia. Talvez seja uma

---

⁶⁵ O nome de John Ruskin raramente é associado ao de Eliot; contudo foi Ruskin quem, na literatura do século XIX, ofereceu a melhor expressão de continuidade cultural, defendida no século XX por Eliot. Tomemos a seguinte passagem de *Sesame and Lilies* [Gergelim e Lírios]: "Brincamos com as palavras dos mortos que nos ensinam, e as atiramos longe com a vontade contrariada, inquieta; pensemos por um breve momento que as folhas que o vento espalha tivessem sido amontoadas, não somente sobre a lápide, mas sobre o selo de um jazigo encantado – ou melhor, o portão de uma grande cidade de reis adormecidos, que por nós poderiam acordar e andar conosco, se ao menos soubéssemos chamá-los pelos nomes".

alemã do Báltico; sua situação é terrível (dessa forma escreve Henry Regnery) porque toma café no *Hofgarten* de Munique "com as colunatas nos dois lados, a *Residenz* neoclássica do outro, as alamedas de cascalho cuidadosamente varridas (...) os pináculos barrocos da *Theatinerkirche* erguendo-se ao fundo". Atrás de Maria vemos a patética multidão de espoliados da moderna Terra Desolada.[66]

Ao ficar silente, uma voz é ouvida, profética e fantasmagórica, a convidar o filho do homem a abrigar-se sob a rocha escarlate, onde será mostrado o medo em um punhado de pó. Na vila de Adriano, um falso inferno subterrâneo pode ser acessado a partir de qualquer das construções daquela vasta extensão; da mesma forma, é fácil passar do café no *Hofgarten*, num momento, para a Terra Desolada, onde "as árvores mortas já não mais te abrigam, nem te consola o canto dos grilos".[67]

No momento seguinte, memória e desejo flutuam na menina dos jacintos, a imagem do amor perdido; quatro versos de *Tristan und Isolde* [Tristão e Isolda] a chamam dos mortos, nesse mês de lilases, jacintos e de uma primavera ilusória. O episódio do jardim de jacintos foi como o transe daqueles que buscaram o Santo Graal mas não eram dignos. Agora o jacinto está murcho e a menina sumiu entre a imundície pedregosa. Sim, esse episódio foi criado para perguntar: O futuro nos trará a consolação?

Então aparece a Madame Sosostris, com as cartas de tarô, a decadente sibila interpretando erroneamente as próprias cartas. "Receia

---

[66] "Maria" e seus murmúrios podem ter sido tirados, em parte, da autobiografia da condessa Marie Larisch, *My Past* (1916), intimamente ligada ao arquiduque Rudolf e Maria Vetsera, que morreram misteriosamente em Mayerling. Ver George L. K. Morris, "Marie, Marie, Hold on Tight". In: *Partisan Review*, XXI, mar./abr. 1954. Mas, como sugere Henry Regnery, a Maria de Eliot representa, em termos gerais, as classes fundiárias europeias.

[67] No original: *the dead tree gives no shelter, the cricket no relief*. T. S. Eliot, "The Burial of the Dead". In: *The Waste Land*, 1922, seção I, verso 23. (N. T.)

morte por água",⁶⁸ diz ela – para pessoas que estão morrendo de sede. Seus conselhos nos negarão o renascimento pela graça na morte, o poder fertilizante da água; ela não encontra o Enforcado – Cristo, ou o Deus que morre – ao prever a sorte. Mas talvez, involuntariamente, a feiticeira tenha conjurado um espírito: Steton, que morreu como um covarde em Mylae – que poderia ter sido em Dardanelos – tais guerras têm muita semelhança.

Assim, "O Enterro dos Mortos" conclui com a censura do Peregrino ao falecido Steton, não muito longe da Ponte de Londres:

> O cadáver que plantaste no ano passado em teu jardim,
> Já começou a brotar? Dará flores este ano?
> Ou foi a imprevista geada que o perturbou em seu leito?
> Mantém o Cão à distância, esse amigo do homem,
> Ou ele virá com suas unhas outra vez desenterrá-lo!⁶⁹

Esta é uma brincadeira com os versos de Webster em *The White Devil* [O Demônio Branco]:

> Mas mantém o lobo à distância, esse inimigo do homem,
> Pois ele virá com suas unhas outra vez desenterrá-los.⁷⁰

Aqui, um aparte sobre o cão é permitido, pois, em particular, esses versos de *The Waste Land* ilustram admiravelmente a ampla variedade de interpretações possíveis, e até mesmo plausíveis, de Eliot (alguns críticos se abstêm completamente de comentar essa passagem específica). Consideremos, isoladamente, três comentadores bem conceituados.

---

⁶⁸ No original: *Fear death by water*. Ibidem, verso 55. (N. T.)

⁶⁹ No original: *That corpse you planted last year in your garden, / has it begun to sprout? Will it bloom this year? / Or has the sudden frost disturbed its bed? / O keep the Dog far hence, that's friend to men, / Or with his nails he'll dig it up again!*. Ibidem, versos 71-75. (N. T.)

⁷⁰ No original: *But keep the wolf far thence, that's foe to man, / For with his nails he'll dig them up again*. John Webster, *The White Devil*, 1612, ato V, cena IV. (N. T.)

Primeiramente, George Williamson[71]:

Se o Cão for Sirius – como em "Sweeney Among the Nightingales"[72] – torna-se um símbolo das cheias das águas, propícias ao crescimento. Mas o Cão também pode ser Anúbis, o guardião dos mortos, que ajudou a embalsamar o despedaçado Osiris. Pela ambiguidade, o Cão apresenta um aspecto irônico, e essa ironia centra-se na tentativa de plantar (...).

Em segundo, D. E. S. Maxwell:[73]

O Cão pode ser uma atenção espiritual ou consciência, que Steton não se esforça em despertar, no temor de que isso possa forçá-lo a reconhecer suas falhas espirituais, tentar redimir-se – o que nenhuma das pessoas da Terra Desolada quer fazer, pois requer esforço e uma ação positiva.

Em terceiro, Cleanth Brooks:

Tendo a tomar o Cão (...) como o humanitarismo e as teorias afins que, na preocupação com o homem, extirpam o sobrenatural – desenterram o cadáver do deus morto e então o impedem de voltar à vida.

Brooks acrescenta uma nota de rodapé: "A referência talvez seja ainda um pouco mais geral: pode incluir o naturalismo e a ciência na concepção popular como a nova mágica que permitirá ao homem conquistar totalmente o próprio meio".[74]

Teria sido bom ser desenterrado pelo Cão ou não? Eliot nunca explicou, e tais controvérsias devem continuar enquanto houver poesia inglesa a ser criticada. Essa catacumba, com várias camadas

---

[71] George Williamson, *The Reader's Guide to T. S. Eliot*. Londres, Thames and Hudson, 1955, p. 134-35.

[72] Ver verso 9 de "Sweeney among the Nightingales": *Gloomy Orion and the Dog* (...) [A Lúgubre Órion e o Cão (...)]. (N. T.)

[73] D. E. S. Maxwell, *The Poetry of T. S. Eliot*. Londres, Routledge and Kegan Paul, 1960, p. 39.

[74] Cleanth Brooks, *Modern Poetry and Tradition*. Chapel Hill, The University of North Carolina Press, 1939, p. 145-46.

de evocação e sugestão em *The Waste Land*, torna o poema sutil, estranho e ambíguo como o Apocalipse de São João. Muitos versos são enigmáticos como os caracteres escritos pela sibila nas folhas que espalhou. No entanto, o significado geral de *The Waste Land* é tão claro quanto seus versos, em particular, são obscuros.

Então, o Peregrino escala as pilhas de imagens despedaçadas, deixando "The Burial of the Dead" [O Enterro dos Mortos], para entrar em "A Game of Chess" [Uma Partida de Xadrez], a segunda parte do poema – e tropeça em um *boudoir*. À primeira vista, é confundido com o de Cleópatra; mas na verdade não é um aposento de grande paixão e poder real; é apenas o retrato de uma mulher moderna, rica, enfastiada e neurótica. Na parede, a pintura da metamorfose de Filomela[75] é um símbolo da redução da mulher à comodidade – amiúde uma comodidade estéril e rançosa – nos tempos modernos. Os planificadores poderão nos levar, Burke dissera, até a doutrina de que "uma mulher é apenas uma mulher; uma mulher é apenas um animal e um animal que não é da mais alta ordem".[76] A mulher moderna é violentada, mas hoje em dia não é transformada num doce rouxinol.

No *boudoir* a mulher é assombrada, a começar por barulhos na escada, buscando na conversa vazia aquietar o insidioso pavor; nenhuma distração a satisfaz – certamente não "O O O O este *Rag* shakespaéreo".[77] "Pensa", diz a mulher ao Peregrino, e de fato ele o faz:

---

[75] Na mitologia grega, Filomela foi uma princesa transformada em rouxinol pelos deuses do Olimpo. (N. T.)

[76] Optamos por uma nova tradução, mas em português o referido trecho pode ser encontrado em Edmund Burke, *Reflexões sobre a Revolução em França*. Trad. Renato de Assumpção Faria, Denis Fontes de Souza Pinto e Carmem Lídia Richter Ribeiro Moura. Brasília, Editora da Universidade de Brasília, 1982, p. 101. (N. T.)

[77] No original: *O O O O that Shakespeherian Rag*. T. S. Eliot, "A Game of Chess", op. cit., seção II, verso 137. (N. T.)

Penso que estamos no beco dos ratos
Onde os mortos seus ossos deixaram.[78]

Assim acontece com a mulher da moda – e não é diferente do que ocorre com a mulher do salão das senhoras de um bar londrino, ao falar de adultério e aborto. O jogo de xadrez que a mulher moderna joga é a sua destruição: a força sexual é atrofiada a ponto de tentar, de forma seca, a gratificação de um apetite que não pode ser satisfeito somente pela carne; e amor se torna uma palavra vazia. E o empregado do bar grita repetidamente: "DEPRESSA POR FAVOR É TARDE":[79] como a mulher no *boudoir*, a mulher no bar desperdiça as horas e os dias até que a morte bata à porta.

Ao deixar o bar, o Peregrino vai em direção ao Tâmisa: ouvimos "The Fire Sermon" [O Sermão do Fogo], a terceira parte do poema. O rio poluído não purifica; luxúrias tediosas, sexuais ou gananciosas, agora permanecem ao redor; o Peregrino não descobre nenhuma alegria ou glória. Torna-se o hermafrodita Tirésias, a testemunhar impotente a cópula sem ardor e sem perda da castidade, sem prazer ou remorso:

Quando uma mulher se permite um pecadilho
E depois pelo seu quarto ainda passeia, sozinha,
Ela deita a mão nos cabelos em automático gesto.
E põe um disco na vitrola.[80]

Diante de tal degradação, o Peregrino recorre à verdadeira cidade do amor e da alegria, com música sobre as águas. São ouvidas,

---

[78] No original: *Think. / I think we are in rat's alley / Where the dead men lost their bones.* Ibidem, versos 124-25. (N. T.)

[79] No original: *HURRY UP PLEASE ITS TIME.* Ibidem, versos 150, 161, 173, 177-78. (N. T.)

[80] No original: *When lovely woman stoops to folly and / Paces about her room again, alone / She smoothes her hair with automatic hand. / And puts a record on the gramophone.* "The Fire Sermon", op. cit., seção III, versos 264-67. (N. T.)

como um eco distante, as vozes das crianças cantando a respeito do Santo Graal. Mas o próprio Rei Pescador, talvez o chagado pescador de homens, lança as linhas em um canal sombrio aos fundos do gasômetro,[81] e até as memórias românticas do castelo em ruínas já o tinham deixado. Nesse lugar, os mortos não vêm à superfície, seus ossos são lançados numa seca água-furtada e "apenas vez por outra os pés dos ratos embaralham".[82] De Highbury até as areias de Margate, esse rio – outrora fonte de vida – se tornou ameaçador. As variedades de concupisciências expulsaram o amor. Aqueles que se divertem ou que vagueiam ao longo do rio (para a sua desgraça) imaginam estar bem seguros:

> Atrás de mim, porém, numa rajada fria, escuto
> O chacoalhar dos ossos, e um riso ressequido tangencia o rio.[83]

Obsessão com impulsos transitórios, dissera o Buda no sermão do fogo, oprime o homem; renunciem ao desejo. E assim como Santo Agostinho buscou a redenção dos amores profanos de Cartago, da mesma forma o Peregrino reza para que o Senhor possa arrebatá-lo como uma brasa das chamas ardentes.

Para o mar, o Tâmisa nos conduz – e para os dez enigmáticos versos da quarta parte do poema, "Death by Water" [Morte por Água]. Além dos lucros e prejuízos, Flebas, o fenício afogado, sucumbiu ao torvelinho. No devido tempo, todos seremos engolidos pelo redemoinho de água; por ora o que consideramos como "vida" pode ser pior do que a morte; e, talvez, pela morte cheguemos à vida eterna. Madame Sosostris havia predito morte por água. Mas será que essa "morte" é realmente a destruição? Não poderia ser um renascimento,

---

[81] Ibidem, versos 198-99. (N. T.)

[82] No original: *Rattled by the rat's foot only, year to year.* Ibidem, verso 205. (N. T.)

[83] No original: *But at my back in a cold blast I hear / The rattle of the bones, and chuckle spread from ear to ear.* Ibidem, versos 193-94. (N. T.)

como pelo batismo? Por mais que possa ser isso, uma entrega ao elemento água é melhor do que o tormento no fogo da concupisciência.

Não é nas profundezas do oceano que o Peregrino termina sua demanda. Na parte final desse poema, "What the Thunder Said" [O que Disse o Trovão], ele sobe as montanhas – outrora a fonte da água da vida – tendo em mente o Getsêmani e o violento assasínio de Deus. As "rubras faces taciturnas"[84] que escarnecem "a espreitar nas portas de casebres calcinados"[85] foram abandonadas por Deus; o trovão é seco e estéril. Alguém anda ao lado dele: talvez o Rei Pescador, que algum dia guardou o Santo Graal; e um misterioso terceiro ser, encapuzado. Será o Cristo, ou o tentador do deserto, ou algum homem oco? Nesse deserto ilusório, o viajante não pode estar certo de nada.

Tal desolação nas alturas, destruída por "hordas embuçadas",[86] é a árida vastidão do Sinai para as pessoas perdidas – deste e de muitos séculos passados – que vagam sem rumo, expulsas por acontecimentos terríveis; é a Europa Oriental em 1921, e também o "Inferno ou Connaught"[87] de todos os derrotados. "Fendas e emendas e estalos no ar violáceo"[88] de obra crepuscular, a ruína das cidades: Atenas, Alexandria, Viena e Londres se tornam as cidades da planície; os terríveis simplificadores lutam uns com os outros nos últimos dias.

Neste momento a paisagem é de Bosch ou Breughel, e a sexualidade feminina, megulhada em feitiçaria, engendra uma raça de

---

[84] No original: *red sullen faces*. T. S. Eliot, "What the Thunder Said". *The Waste Land*, 1922, seção V, verso 354. (N. T.)

[85] No original: *from doors of mudcracked houses*. Ibidem, verso 355. (N. T.)

[86] No original: *hooded hordes*. Ibidem, verso 379. (N. T.)

[87] Expressão atribuída a Oliver Cromwell, empregada ao obrigar que os católicos irlandeses escolhessem entre o genocídio ou uma transferência em massa para uma província irlandesa ocidental durante a campanha da Irlanda de 1649 a 1650. (N. T.)

[88] No original: *Cracks and reforms and bursts in the violet air*. T. S. Eliot, "What the Thunder Said". *The Waste Land*, 1922, seção V, verso 383. (N. T.)

monstros, "morcegos de faces infantis".⁸⁹ O mundo é virado de ponta-cabeça: vozes chamam de cisternas vazias e de poços. Atravessando com dificuldade esse horror, o Peregrino chega à Capela Perigosa, ossos secos e túmulos caídos.

Ali está a capela vazia e esquecida, onde "o vento fez seu ninho".⁹⁰ No entanto, o Peregrino chegara ao lugar onde, mesmo agora, as perguntas são respondidas ao luar para aqueles que ousarem perguntar seriamente. Ao cantar do galo na cumieira, os poderes diabólicos ao redor são dispersos por um momento. Uma rajada de vento úmido traz a chuva e surge o trovão.

Esse trovão é a voz da sabedoria revelada: é o indo-europeu "DA", uma raiz que produziu muitos troncos; é, se quiser, "Eu sou aquele que é"⁹¹ da sarça ardente. E o trovão de "DA" profere três sons que são as respostas – certamente sibilinas – para as perguntas do Peregrino. São *Datta*, o *Dayadhvam* e *Damyata* do Brihadaranyaka-Upanishad. E significam "dar", "compartilhar" e "controlar".⁹²

Então diz o Senhor: dê, compartilhe e controle. Mas, embora o Peregrino tenha encontrado coragem de levá-lo até a Capela Perigosa e fazer as apavorantes perguntas, será que tem determinação e fé suficientes para induzi-lo a obedecer ao trovão? Choveu um pouco: mas o rio sagrado quer uma enchente; a mente e a carne são fracas. Por falta de ousadia humana, a Terra Desolada poderá permanecer terrivelmente seca.

Dar? Isso significa rendição – obedecer a algo fora do próprio eu. Para que a união sexual seja fértil, deverá ocorrer a rendição do eu em algum grau, uma momentânea autoanulação no outro. A luxúria, é bem verdade, pode produzir uma descendência; mas

---

⁸⁹ No original: *bats with baby faces*. Ibidem, verso 390. (N. T.)

⁹⁰ No original: *the wind's home*. Ibidem, verso 399. (N. T.)

⁹¹ Exôdo 3,14.

⁹² Ver versos 410-33 de "What the Thunder Said". (N. T.)

estes são morcegos de faces infantis. Ainda maior que a procriação, dar ou render-se significa a subordinação ao eu (como a da arrogante racionalidade privada) a uma autoridade há muito ridicularizada e negligenciada. Poderá o homem moderno se humilhar o bastante para render-se incondicionalmente ao trovão das alturas?

Compartilhar? Isso significa amor e lealdade, e a diminuição das pretensões privadas. Estamos todos na prisão da autopiedade; e para reconhecer a realidade de outros eus – mais ainda, para agir sobre essa realidade – deve exigir uma força incomum: a virtude da *caritas*. O presunçoso ego moderno ganhou corpo na doutrina da autoadmiração; a comunidade de almas já está despedaçando há alguns séculos.

Controle? Isso, como dissera Babbitt, é restringir a vontade e o apetite. O verdadeiro controle é exercido não pela força e por um mestre, mas pela autodisciplina e persuasão dos demais. Contudo, será que o pretensioso irá controlar-se por vontade própria? Poderão ser os modernos apetites por tanto tempo incontidos – há muito mergulhados em sangue e em imundícies, como na guerra – confinados, mais uma vez, no devido lugar? Entregamo-nos à libido; podemos agora voltar ao outro tipo de liberdade, *voluntas* – a liberdade ordenada e desejada de Cícero? Nossos desejos são insaciáveis, e o trovão está distante.

Assim o trovão respondeu às perguntas feitas na Capela Perigosa. Foi doloroso buscar por tais respostas; será uma agonia obedecê-las. O Peregrino ainda titubeia, embora a árida planície tenha sido deixada para trás. Lança os versos sobre as águas. A Ponte de Londres está caindo: a ordem exterior da civilização se desintegra. Mas as ruínas não podem ser escoradas? E alguém não deveria começar o trabalho de renovação, espiritual e material, ao pôr sua terra em ordem: ao recuperar a ordem na própria alma? O mundo pode escarnecer e tomar como tolice tais aspirações; mas este é um mundo enlouquecido, minha especialidade. Finja ser Dom Quixote. Dê, compartilhe e controle; e a paz que ultrapassa todo o entendimento estará convosco.

"Isso deu a impressão de ser uma nova voz, revelando coisas antigas de um modo novo", recorda Rose Macaulay com relação à marca deixada pelo poema *The Waste Land* em outros Peregrinos:

> Os corredores sombrios, onde os sonhos nos espreitam, onde as histórias primitivas se escondem, foram guarnecidos com o que pareceu, por vezes (mas não era), uma justaposição casual, inconsequente de imagens, com fragmentos de diálogos sociais dos chás, das ruas, fragmentos lançados de que misterioso contexto de experiência? Estavam à deriva, movendo-se na névoa; os ecos perturbavam (...) A conhecida paisagem nasceu para a vida: restos de pedras, uma cova arruinada entre as montanhas, a capela vazia onde o vento fez seu ninho. Conhecemos tais coisas naturalmente, é nossa herança, mas não as deixamos ao partir; nessa paisagem irrompem o trovão, as vozes e as falas, pondo as coisas de pernas para o ar; a pessoa tem de pensar, entender e seguir (...).[93]

Eliot fizera as grandes perguntas; e na terra desolada, aqui e ali, a relva começara a brotar.

---

[93] Rose Macaulay, "The First Impact of *The Waste Land*". In: Braybrooke, *Eliot*, op. cit., p. 30-31.

Capítulo 4

Um Critério em uma Época de Homens Ocos

ESTABELECENDO UM PADRÃO

Como outros poetas antes dele, Eliot descobriu estar famoso; mas ainda trabalhava nos porões do Lloyd's Bank – arrumando os ativos do propagandista alemão Houston Stewart Chamberlain, após sua morte em 1927, entre outras tarefas desagradáveis, e lidando com todos os pedidos e obrigações do Lloyd's que se originaram do Tratado de Versalhes. *The Waste Land* tinha sido um grande sucesso: ainda que um sucesso, de início, principalmente entre aqueles que escreviam ou que aspiravam escrever. Não foi nada como os triunfos populares de Scott e Byron, há mais de um século antes, ou como a popularidade de John Betjeman, quatro décadas depois.

"Sucesso" era a primeira edição norte-americana (para a qual o editor pagou a Eliot um adiantamento tardio de 150 dólares) a esgotar imediatamente e imprimir outro milheiro de cópias. Significava o prêmio da revista *Dial* (dois mil dólares, na verdade um acordo prévio com a revista que publicou o poema nas primeiras páginas) ser dado a Eliot. Significaria, com o tempo, que o nome de Eliot seria conhecido por milhões que não leram quase nada do que escrevera. Por ora, esse primeiro sucesso o deixou, literalmente, abaixo das calçadas de Londres, com os calcanhares das pessoas batendo sem parar nos tijolos de vidro verde das calçadas, exatamente em cima de sua escrivaninha do Lloyd's.

O sucesso como poeta fez com que Eliot também fosse mais notado no banco. Na Suíça, o jovem I. A. Richards encontrou um dirigente do Lloyd's, o sr. W., que lhe perguntou se o sr. Eliot era um bom poeta; e ao receber uma resposta afirmativa de Richards, o sr. W. declarou-se satisfeito:

> Sabes, estou mesmo muito feliz de ouvir-te dizer isso. Muitos de meus colegas absolutamente não concordariam. Pensam que um escriturário não tem nada que ser poeta... mas creio que qualquer coisa que um homem faça, qualquer que seja o seu *passatempo*, tanto melhor se realmente tem pendor e o faz bem... na verdade, caso ele continue a se sair como está, não vejo por que – no devido tempo, é claro, no devido tempo – ele não possa se tornar gerente de uma filial.[1]

Na verdade, Eliot poderia ter ascendido ainda mais do que isso no centro financeiro de Londres, caso tivesse persistido – como poderia ter ido além em Harvard, ou em Oxbridge; era seu talento em realizar negócios que, de fato, em breve, iria lhe obter um cargo em uma nova editora. Assim como Harvard, o banco esperava que continuasse. Provavelmente preferiu o trabalho no Lloyd's a dar aulas em uma universidade; dissera a Richards, naquela época, que "Não, não estava certo de que uma vida acadêmica seria o que escolheria".

No entanto, ou ele largava o banco e encontrava outro meio de prover a si mesmo e à mulher ou então teria de deixar de escrever: antes havia tido um colapso por excesso de trabalho, e agora estava editando um periódico, além de todos os outros empreendimentos, e estava à beira de um segundo colapso. Em junho de 1920, Ezra Pound escrevera a John Quinn, um patrono das artes e das letras novaiorquino, pedindo subsídios para Eliot: "Sua mulher não tem um centavo e é inválida, sempre com acessos de loucura e precisando de médicos, incapaz de ganhar o que quer que seja – embora ela tenha

---

[1] I. A. Richards, "On T. S. E.". In: Tate (ed.), *T. S. Eliot: The Man and His Work*, 1966, p. 5.

tentado – pobrezinha". No início de 1923, o Lloyd's estava pagando a Eliot um salário de seiscentas libras por ano; não era tanto a falta de dinheiro que o oprimia, mas o esforço de ser, ao mesmo tempo, funcionário do banco e literato. O que poderia ser feito a seu favor?

Os Woolfs esperavam poder conseguir um salário de editor para o Grande Tom. Nessa época, os luminares do liberalismo estavam reorganizando um dos principais e mais importantes periódicos, o *The Nation and Athenaeum*. Será que Eliot não seria um bom editor literário – ou talvez editor literário assistente, sob o comando de Leonard Woolf? Virginia Woolf recorreu a Lytton Strachey pedindo apoio, e escreveu-lhe em fevereiro que Eliot estava ficando desesperado "com seu modo altamente norte-americano, tedioso e um tanto prolixo"; tinha de deixar o banco de qualquer maneira. Maynard Keynes também deu grande apoio à candidatura de Eliot para o cargo. Mas a maioria dos diretores do *Nation* nunca tinha ouvido falar de Eliot ou tinham certas reservas, talvez suspeitando de sua política – não sem motivo. Finalmente ofereceram-lhe o cargo, mas com um salário duzentas libras menor do que recebia no Lloyd's e com garantia de ocupá-lo por apenas seis meses; isso era inaceitável. No início de março, escreveu para John Quinn que não tinha tempo livre o bastante para ir ao dentista ou ao barbeiro. "Estou desgastado. Não posso continuar."

Durante o ano de 1922, foram feitas duas tentativas para levantar fundos para o autor de *The Waste Land*. Em março, Ezra Pound, Richard Aldington e May Sinclair, sócios na *Bel Esprit* (uma pequena associação criada por Pound), iniciaram as tentativas de obter trezentas libras por ano, ao menos a quantia referente a cinco anos, que deveriam ser pagas a Eliot para que pudesse "dedicar todo o tempo à literatura". Para William Carlos Williams, Pound escreveu: "O caso é que Eliot está nas últimas. Teve uma crise nervosa. Temos de fazer algo imediatamente". Uma carta circular da *Bel Esprit* preparou, sem o conhecimento de Eliot, um pedido de ajuda substancial. "O fato é que o trabalho no banco diminuiu seu rendimento na poesia, e sua prosa tornou-se cansativa. No inverno passado teve uma crise nervosa e recebeu ordens para descansar por três meses."

John Quinn contribuiu com trezentos dólares em dinheiro e conseguiram outros 21 doadores; parece que *Bel Esprit* obteve dinheiro e promessas de doação suficientes para prover a Eliot 120 libras por ano. Pound também instou os doadores a enviar o dinheiro diretamente para Eliot, caso preferissem, e o pedido chegou aos jornais: doações anônimas, até mesmo quadras de selos postais, chegaram a Eliot, e a sua família nos Estados Unidos ficou indignada ao saber do artifício. Eliot, então, recusou-se a aceitar o benefício da *Bel Esprit*. Não tendo feito nada para Eliot ou para qualquer outro escritor ou artista, a criação de Pound, a *Bel Esprit* foi encerrada em 1923, embora o exemplo do grupo tenha convencido alguns franceses a subsidiar Paul Valéry. Posteriormente, Quinn enviou quatrocentos dólares a Eliot, prometeu doações anuais e tentou obter outros duzentos dólares de Otto Kahn; mas Quinn já estava prestes a morrer.

O que Pound não pôde fazer de Paris, o grupo de Bloomsbury facilmente poderia tentar. Durante o verão de 1922, o círculo dos Woolfs adotou a boa causa ao tentar fundar o *Eliot Fellowship Fund*; Aldington era o tesoureiro e Lady Ottoline Morrell, Leonard Woolf e Harry Norton compunham o comitê do fundo, na Inglaterra. Ao chamar Eliot de "um dos escritores mais originais e significativos de nossos dias", o comitê declarara que "era impossível que ele continuasse a produzir boa poesia, a menos que tivesse mais tempo livre do que agora poderia esperar conseguir, mas sua obra literária era de qualidade demasiado elevada e original para que lhe proporcionasse, por si mesma, meios de subsistência".

Lytton Strachey, embora tivesse dado cem libras para esse fundo, achou o pedido um tanto absurdo – especialmente depois de Eliot ter formalmente alegado que deveria ser sua a decisão de largar ou não o banco; Strachey parodiou o pedido de Eliot numa carta aos

Woolfs, solicitando a criação de um fundo para ele, *The Lytton Strachey Donation*. Esse projeto também não deu em nada.²

Ao final, muito pouco foi feito para o exausto Eliot durante os anos de 1922 e 1923. Enquanto se desenrolavam todas essas inúteis negociações, Eliot estava embarcando no trabalho difícil e não remunerado de fundar sua própria revista literária, *The Criterion* [O Critério]. Essa revista trimestral – por um breve período mensal – perduraria por quase dezessete anos como o mais importante periódico de crítica e reflexão dos dois lados do Atlântico. O primeiro número surgiu em outubro de 1922.

O corajoso ato de iniciar a *Criterion* significava que Eliot, ao contrário de Gerontion, não desesperou da graça; e que esperava restaurar e revigorar a Casa dos Corações Partidos. A *Criterion* deveria ser uma obra de renovação, incitando as esperanças e inspirando a imaginação das pessoas de boa formação que poderiam reconhecer algum valor na tradição. Então, também pretendia ajudar na recuperação do patrimônio cultural comum da Europa, ao atrair para suas páginas escritores de muitos países, homens que reconheciam a causa comum. E isso seria o flagelo das insensatas tolices daquele tempo. Ainda que os assinantes da revista (como as coisas se mostrariam) nunca tenham ultrapassado os oitocentos, Eliot se dirigia àqueles que Matthew Arnold (segundo Isaías) chamara de "Os remanescentes".³ De missões para massas, o século XX conhecia muito bem; a missão de Eliot era para as classes instruídas. A guinada para o marxismo, ou para qualquer outra ideologia totalitária, já era aparente no meio dos literatos: Eliot lhes ofereceria uma alternativa – em filosofia e religião, em humanidades e política.

---

² A história um tanto complicada dessas tentativas de arrecadar dinheiro para Eliot pode ser traçada em várias e recentes coletâneas de cartas. Ver: B. L. Reid, *The Man from New York: John Quinn and His Friends* (1968), p. 436-37, 489, 534-35, 582-83; D. D. Paige (ed.), *The Letters of Ezra Pound, 1907-1941* (1950), p. 172-76; Noel Stock, *The Life of Ezra Pound* (1970), p. 244-45; Michael Holroyd, *Lytton Strachey* (1968), vol. II, p. 393.

³ Isaías 10,21.

Três números da *Criterion* apareceram sem justificativas editoriais; contudo, no número de julho de 1923, o editor encartaria um folheto explicando o propósito da revista:

> A *Criterion* pretende analisar os primeiros princípios ao criticar, valorar o novo e reavaliar as antigas obras literárias, conforme princípios, e esclarecê-los em escritos criativos. Quer determinar do valor da literatura para as outras atividades humanas e tem o propósito de afirmar a ordem e a disciplina no gosto literário.[4]

Também visava à ressurreição política, embora isso não fosse proclamado. Desde o início, a *Criterion* publicou ensaios que tocavam em teoria política e instituições – apesar da agradável repreensão de Eliot a Chesterton e Wells por algumas recentes ofensas dessa espécie.

Conforme a *Criterion* progredia, a indiferença para com Matthew Arnold diminuía, pois Arnold tentara, igualmente, realizar a obra que Eliot escolhera – restaurar a cultura e aniquilar a anarquia por intermédio dos homens de intelecto. No último número da *Criterion*, no início de 1939, Eliot reconheceria a tendência da publicação – uma tendência há muito identificada por todos os assinantes:

> De minha parte, uma reta filosofia política cada vez mais significa uma reta teologia – e a economia fia-se em uma reta ética; o que levou-me a dar ênfase a coisas que, de alguma forma, excediam o propósito original de uma revista literária.[5]

Essa frase quase parafraseia uma passagem de Irving Babbitt em *Democracy and Leadership* [Democracia e Liderança][6] – embora o

---

[4] Ver Herbert Howarth, *Notes on Some Figures Behind T. S. Eliot*. Boston, Houghton Mifflin Company, 1964, p. 252. (N. T.)

[5] T. S. Eliot, "Last Words". *The Criterion*, vol. XVIII, n. 71, jan. 1939, p. 272.

[6] Em português encontramos a obra, com uma introdução de Russell Kirk, na seguinte edição: Irving Babbitt, *Democracia e Liderança*. Trad. Joubert de Oliveira Brízida. Rio de Janeiro, Topbooks/Liberty Fund, 2003. (N. T.)

livro tenha sido resenhado de modo um tanto condescendente por Herbert Read na *Criterion* de outubro de 1924.[7] A ordem da alma não poderia ser separada da ordem da comunidade.

Tão logo Eliot escrevera o rascunho de *The Waste Land*, lançou-se naquilo que Walter Bagehot chamara de a "Era do Debate": pela argumentação com pensadores, a terra desolada poderia ser irrigada. Eliot encontrara uma benfeitora, Lady Rothermere, para sua revista no final de 1921 e, no outono seguinte, o primeiro número causou um forte impacto – no tipo de leitores que podiam perceber a realidade entre os símbolos da desordem de *The Waste Land*. Eliot não aceitou nenhum salário como editor; Richard Aldington (segundo Herbert Read, teve algum ciúme do amigo Eliot) se tornou editor assistente.

Desde o início da "Era do Debate", na última metade do século XVIII, o tom da vida civilizada e o tecido da ordem social eram mantidos, em grande parte, pelas publicações sérias de opinião e crítica. Essas revistas, continuando a discussão sobre os primeiros princípios e as controvérsias atuais entre pessoas bem formadas e de reflexão, exerceram uma profunda influência sobre aqueles que, mais diretamente, moldavam a opinião pública – clérigos, professores, editores de jornais, advogados, homens públicos e muitos outros homens e mulheres cujos nomes ninguém nunca ouve falar, mas que individualmente detêm o respeito dos amigos e vizinhos, e assim, mudam a mentalidade do público para um ou outro lado. Em 1921, o número e a influência de tais periódicos moderados já estava diminuindo e, após a Segunda Guerra Mundial, esse recuo seria a completa derrota (ao aproximar tal desastre, a *Criterion* fechou as portas).

Se os críticos sérios fossem subvertidos, e Eliot sabia disso, não restaria ao público nada melhor do que aquilo que, após muita

---

[7] Herbert Read, "Democracy and Leadership". *The Criterion*, vol. III, n. 9, out. 1924, p. 129-33.

experiência, Arthur Machen chamou de "perverso comércio vil", o jornalismo diário de tipo barato (naquela época, meio *penny*); pois os melhores jornais imitavam o tom das publicações trimestrais, mensais e semanais. Henry Adams dissera que embora a sua *North America Review* tivesse uma circulação direta de apenas poucas centenas de cópias, a influência indireta era incalculável; os editores dos jornais diários ao ler, difundiam suas ideias por plágio.

Para Eliot, muito do que era tratado na "Era do Debate" pouco atraía – e fora pouco atraente desde os primórdios, na época da Reforma Protestante. Aquele período fora de soberba, egoísmo e vozes inquietas; desafiara a sabedoria consagrada pelo uso, negara toda a autoridade, escarnecera da tradição e poderia levar a humanidade à beira da destruição.

Nem sempre é agradável viver numa época em que tudo o que existe sobre a face da Terra é permanentemente questionado – em que todo o princípio na vida é incessantemente discutido como se o mundo fosse uma associação sofista de debate. Ainda, uma vez que os homens ingressem em uma era de debates, é pouco provável que retornem a uma era de fé; o perigo é que muitos possam recair em uma era de propaganda secular, de uma comodidade inimaginável aos modismos e fraquezas, e de manipulação das massas.

O jornalismo sério, no sentido da publicação regular de periódicos que promovam a reflexão, não é muito antiga; começou não muito antes da chegada da Revolução Francesa, quando as pessoas no poder começaram a achar prudente consultar ou persuadir a opinião pública sobre as principais questões do dia, em vez de simplesmente apurar as opiniões da corte, do alto clero, dos ricos proprietários de terras, dos grandes banqueiros e mercadores. Na Grã-Bretanha, no auge da "Era do Debate", *The Edinburgh Review* e *The Quarterly* mostram o caminho a seguir; semelhantes jornais de opinião e crítica apareceram na França, na Itália, na Espanha, nos estados alemães e nos novos Estados Unidos. Tais periódicos atingiram a máxima influência na última metade do século XIX (um período, a propósito, que Eliot via com muitas suspeitas), quando eram encontrados sobre as mesas de todos os lares importantes. Como espécie de publicação, já estavam em decadência quando Eliot ingressou nessa área: durante seus poucos anos em Londres, *The Egoist*, *Arts and Letters* e outras publicações haviam nascido e morrido em plena infância.

Em muitos países depois de 1914, e especialmente na Grã-Bretanha, os rendimentos reduzidos das classes alta e média, que compunham o grosso das listas de assinantes, afetaram tais publicações. Novas diversões, como o rádio e os filmes que começavam a ocupar as horas de lazer, e o automóvel agindo como um jacobino mecânico, cobravam seus preços em termos de leitores diletantes. Não obstante o muito que se diga a respeito da ilustração das classes trabalhadoras, os esforços do final do período vitoriano e do período eduardiano nesse sentido já estavam indo à falência antes de Eliot se estabelecer em Londres; George Gissing, nos romances, já observara tal fracasso. Nem o aumento do grau de instrução pública ajudara a manter as publicações sérias: era bastante evidente que não havia relação clara entre a escolaridade compulsória e a leitura voluntária; de fato, poderia ser postulada uma proporção inversa.

Durante os anos de Eliot como editor da *Criterion*, a Grã-Bretanha – apesar dos séculos de um governo razoavelmente popular e uma longa história de escolas livres, que se tornaram compulsórias em consequência da reforma de 1867 e da chegada da competição econômica estrangeira – foi submetida ao que talvez tenha sido a mais torpe pressão popular do mundo. *The Fortnightly*, *The Contemporary Review*, *Blackwood's*, *The Quarterly* e outros periódicos mais sérios sobreviveram – mas apenas sobreviveram, diminuindo em circulação; as revistas populares, como a edição britânica da Harper's (que editada por Andrew Lang, no início do século, tinha posto em circulação cem mil cópias por mês) estavam a desaparecer por completo. E, quando o primeiro número da *Criterion* surgiu, poucos dos periódicos trimestrais patrocinados por universidades que existem hoje tinham surgido nos dois lados do Atlântico.

Eliot estava descontente com as revistas sérias que existiam na Grã-Bretanha e nos Estados Unidos em 1921, embora contribuísse para elas; nem estava de todo satisfeito com a nova *Dial*, por exemplo, como não esteve mais satisfeito com a antiga *Dial*.[8] Quais publicações faziam as grandes perguntas? Que editores partilhavam das suas convicções? Havia algo mais na literatura do que diversão, do que a postura de "arte pela arte" de Gosse, a tolice das "terras verdejantes e agradáveis", ou o culto norte-americano por tudo o que fosse colossal como em Whitman e Sandburg? Havia algo mais para a sociedade do que a eficiência econômica, e algo mais para a política do que aquilo que H. L. Mencken chamou de "choque de estupidez"? Que periódico estava dando expressão à imaginação moral e aos clamores da tradição? Se uma publicação séria podia começar a suscitar tais questões de novo, a "Era do Debate" poderia não mergulhar em uma era de vazio. A *Criterion* foi uma das várias tentativas enérgicas de T. S. Eliot de redimir o tempo.[9] Faria o que fosse para restaurar os padrões de julgamento.[10]

Por que Eliot não afirmou com mais vigor, no início, sua intenção para a *Criterion*? Um motivo para a relutância, provavelmente,

---

[8] Ver William Wasserstrom, "T. S. Eliot and *The Dial*". *The Sewanee Review*, vol. LXX, n. 1, inverno 1962, p. 81-91.

[9] No original: *redeeming the time*. A expressão foi retirada da carta de São Paulo aos Efésios (Efésios 5,16). Tal expressão aparecerá várias vezes na obra de Eliot e será o título de uma coletânea de ensaios de Russell Kirk publicada postumamente. (N. T.)

[10] Em carta a John Quinn, em 1920, Eliot escarnecera da nova *Dial*, embora um dos editores, Scofield Thayer, tivesse sido colega de Eliot na escola e em Harvard. A *Dial*, escreveu Eliot, era uma cópia exata da maçante *Atlantic Monthly*. "Há coisas demais, tudo é de segunda linha e excessivamente solene". Londres não tinha nada melhor. Ver Reid, *The Man from New York*, op. cit., p. 434.

foi o patrocínio financeiro da nova publicação. Sua benfeitora, durante os primeiros três anos, foi Lilian, Lady Rothermere – que tinha boas intenções, mas pouco compreendia e partilhava das preocupações de Eliot.

A viscondessa Rothermere era casada com o mais eminente barão da imprensa popular – Harold Harmsworth, feito, em 1913, Lorde Rothermere, que obteve um tremendo sucesso nos empreendimentos jornalísticos fundados com o irmão, Alfred Harmsworth, feito Lorde Northcliffe. Começaram a desenvolver, no julgamento de R. C. K. Ensor, "o mais lucrativo negócio em periódicos a proporcionar sustento loquaz e não intelectualizado para mentes ignorantes".[11] Firmaram com um irlandês de Glasgow, proveniente dos bairros pobres, Kennedy Jones, a criação de um jornal diário com a maior circulação na Grã-Bretanha (alcançada já em 1896). Suas publicações, como dissera Lorde Salisbury, eram "escritas por auxiliares de escritório para auxiliares de escritório".

Tal difamação de Hatfield House era branda, pois esses jornais eram exatamente o que Arthur Machen queria dizer com a expressão "perverso comércio vil". Northcliffe é descrito por seu biógrafo, Hamilton Fyfe, como infantil – "sua irresponsabilidade era pueril, tinha aversão a levar suas publicações, ou a si mesmo, a sério; tinha certeza de que o que quer que as beneficiassem era justificável, e que não era seu problema levar em conta o efeito na mentalidade pública dos conteúdos que publicava".[12] Os jornais dos Harmsworths eram para fazer dinheiro e para dar poder aos Harmsworths, e foi o que fizeram. Semialfabetizados, na melhor das hipóteses, Northcliffe e Rothermere eram personagens da terra desolada.

Da política desses barões da imprensa, nada mais caridoso pode ser dito além de que partilhavam, o que Bagehot chamou de

---

[11] R. C. K. Ensor, *England, 1870-1914*, 1936, p. 311.

[12] Hamilton Fyfe, *Northcliffe*, 1930, p. 106.

"o ignorante conservadorismo democrático das massas". Enchiam os jornais de "notícias" fraudulentas e distorcidas por amor ao sensacionalismo e à circulação. Os leitores gostam de um "bom ódio", disse Alfred Harmsworth; os irmãos e seus editores traziam à mente imagens que deveriam ser rejeitadas; saíram-se bem no cultivo sucessivo da fúria nos habitantes locais contra os franceses, os bôeres, os boxers, os alemães. Na recompensadora expectativa de mais dinheiro, os Harmsworths cumpriram integralmente a tarefa de ampliar as fronteiras da terra desolada.

As preferências do cunhado e do marido não são, necessariamente, as mesmas da lady-benfeitora de uma nova revista trimestral de crítica; todavia, desde o início, Eliot deve ter se sentido profundamente desconfortável com tal relação. O que esperava destruir era o que aumentava o interesse de Hamsworth. Com tal auxílio, era melhor não mencionar de forma alguma, nos primeiros números da *Criterion*, certas finalidades da publicação.

Felizmente para Eliot o patrocínio não continuaria por muito tempo. Embora não interferisse demais na editoria, Lady Rothermere desejara um outro tipo de publicação. Em 1925, convocou Eliot para ir à Suíça, onde foi informado que o subsídio que recebia (via Cobden Sanderson, que publicara a revista durante os primeiros três anos) seria interrompido. Poucos meses antes, Eliot escrevera para Herbert Read a respeito de suas ambições para a revista e as expectativas diferentes de Lady Rothermere. Ela desejara "uma publicação de artes e letras mais chique e radiante, que pudesse ser um elegante modismo entre os mais abastados"; Eliot não tinha do que reclamar, pois ela tinha sido "tão grata quanto poderíamos esperar que fosse uma pessoa com tais antecedentes e relações".

Alguns pensavam, disse Eliot a Read, que estivesse ganhando bem como editor da *Criterion* – embora, na verdade, não estivesse recebendo nada de salário; outros, entre eles os parentes norte-americanos, pensavam que estivesse publicando a revista "por outros motivos desonrosos". Manteve-se calado quanto aos motivos e a política editorial do periódico, e assim permaneceu, porque não queria ser acusado de desejar ardentemente a liderança. "Se alguém defende uma causa é fanático ou hipócrita; se a pessoa tem qualquer dogma preciso, então está impondo tais dogmas aos que com ele colaboram."

Embora desejasse unir escritores com pontos de vista semelhantes, esta homogeneidade era indefinível: "não espero que todas as pessoas aceitem todos os artigos de minha fé pessoal, ou que leiam Arnold, Newman, Bradley ou Maurras com os meus olhos". Dogma e credo eram coisas desejáveis naquele tempo, acrescentou, mas nenhum de nós é totalmente consistente; não se preocupava com a inconsistência de um de seus versos ou de sua prosa. "Por que devo preocupar-me a respeito de diferenças particulares ou de formulação entre mim e aqueles que gostaria que trabalhassem comigo?"[13]

Essa nova revista se tornaria a principal rival da bem estabelecida, porém maçante, *London Mercury*; de fato, a *Mercury* deixaria de ser publicada antes da *Criterion*. Desde o início, faziam parte do "grupo da *Criterion*" muitas pessoas cujos pontos de vista não coincidiam com os de Eliot – John Middleton Murry, dentre esses, o colaborador mais frequente. Eliot saiu-se bem em atrair a maioria dos escritores que desejara – embora o irascível Wyndham Lewis tenha desertado da *Criterion*, talvez pela pressão do trabalho ou por algum rancor obscuro.

Eliot certamente não pretendia promover os princípios – ou os não princípios – de Northcliffe e Rothermere. O que pretendia defender? Apesar de não declarar seus "dogmas" no primeiro número da revista, é muito fácil descrever tais doutrinas dando uma olhada em seus antecedentes.

---

[13] Eliot para Read (outubro de 1924?). Ver Herbert Read, "T. S. E., a Memoir". In: Tate, *Eliot*, op. cit., p. 20-21.

ORTODOXIA É A MINHA *DOXA*

Se alguém acredita sinceramente na tradição, como Eliot, parece perda de tempo buscar pelas fontes de tal convicção, sobretudo nos escritos dos contemporâneos, ou mesmo em teorias políticas formais. As opiniões políticas bem cedo tomaram forma na vida de Eliot, e não sofreram alterações substanciais, embora a forma de ele expressar tais princípios tenha melhorado com o passar das décadas.

As verdadeiras origens de Eliot como pensador social estão interligadas com a história de sua família e da república em que nasceu; com a experiência social inglesa e o preceito político; com o conceito cristão de ordem social, particularmente na expressão anglicana; e com a imaginação política de certos grandes homens de letras que admirava – particularmente Virgílio, Dante, Dryden, Johnson e Coleridge. Contra os vários messias políticos de sua época, reagiu com vigor, em parte porque eram hostis aos ensinamentos cristãos e da Igreja. E opôs-se tenazmente aos vários literatos políticos e teóricos sociais daqueles dias, de H. G. Wells a Karl Mannheim.

Dos escritores políticos do período, dois são, em especial, mencionados nos ensaios e comentários editoriais de Eliot: Charles Maurras e T. E. Hulme. O último era apenas um novo recurso, pois Eliot não conhecia Hulme até Herbert Read apresentá-lo (em 1924) a obra *Speculations* [Especulações] do falecido autor – e por volta desse ano Eliot já havia se decidido a respeito dos primeiros princípios de uma sociedade.[14] Maurras, muito lido por Eliot desde 1910, resistiu por um bom tempo: Eliot admirava no fundador da *Action Française* o apoio dado à continuidade cultural, à defesa do espírito do cristianismo (embora o próprio Eliot ainda não o professasse), o zelo pela

---

[14] Surgiram indícios recentes de que Eliot provavelmente conhecia Hulme antes de 1924. Ver Ronald Schuchard, *Eliot's Dark Angel: Intersections of Life and Art*. Nova York, Oxford University Press, 1999, p. 52-64 (Nota de Benjamin Lockerd).

ordem; e tudo expresso em uma prosa esplêndida. Todavia, na maior parte dos tópicos, *Democracy and Leadership* de Babbitt estava mais próximo de Eliot que os escritos de Maurras.

Quanto aos filósofos políticos cujos nomes imponentes aparecem nos manuais universitários de ciência política, é raro Eliot os mencionar – talvez ligeiramente o tenha feito (quanto a Thomas Hobbes, realmente o desprezava de forma elegante). J. M. Cameron, o ensaísta mais arguto a respeito das opiniões políticas de Eliot, pergunta-se por que "o sr. Eliot deixa de ver que suas verdadeiras afinidades não eram com Maurras (muito radical no positivismo), mas com aqueles que são os profetas e apologistas das sociedades liberais na Inglaterra e nos Estados Unidos: eram com Jefferson e Burke, com Acton e Maitland".[15] No entanto, os motivos não são difíceis de encontrar. Quanto a Jefferson, T. S. Eliot era uma espécie de herdeiro dos Federalistas, como o parente distante Henry Adams, e o nome de Jefferson era anátema, com razão. Mais de uma vez, Eliot observou que a *sua* América acabou com a rejeição pública de John Quincy Adams como presidente dos Estados Unidos. Quanto a Burke (que, não obstante, influenciou Eliot via Babbitt nos primeiros anos, e o influenciou diretamente durante suas últimas duas décadas) – ora, Burke era um *Whig*, e Samuel Johnson dissera a todos que o primeiro *Whig* foi o Diabo.

O modelo político da juventude de Eliot fora um cavalheiro, tão real para o menino de St. Louis como se ainda estivesse sentado à cabeceira da mesa de jantar na Rua Locust: o avô que, na verdade, nunca conheceu, o reverendo William Greenleaf Eliot, o "descendente do vigário de Chaucer no século XIX".[16] O avô tinha sido um herói cristão – e um pilar da comunidade visível, um conservador reformista, bem como um esteio da comunidade

---

[15] J. M. Cameron, "T. S. Eliot as a Political Writer". In: Neville Braybrooke (ed.), *T. S. Eliot: A Symposium for His Seventieth Birthday*, 1958, p. 145.

[16] Herbert Howarth, op. cit., p. 3.

de almas. Em St. Louis reformou escolas, fundou a universidade, tornou-se apóstolo da gradual libertação dos escravos, defendeu a união nacional, foi líder numa série de outras turbulentas causas de reforma – mas sempre à luz das coisas permanentes. William Greenleaf Eliot tinha acalentado, nas palavras da mãe de Tom Eliot, "tudo o que era sagrado e memorável no passado, como um legado inestimável, um repositório da verdade, apesar de estar misturado aos erros". A noção de perfectibilidade do avô, e algumas outras crenças (entre elas, o zelo em proibir bebidas fortes), T. S. Eliot rejeitaria. Todavia, para um adepto da tradição, um avô como esse deve pesar, ao longo da vida, mais do que todos os metafísicos políticos dos livros.

Alguns comentaristas de Eliot tendem a esquecer quão norte-americano ele permaneceu em alguns aspectos, apesar de ter se tornado súdito britânico; e o lado conservador da experiência política norte-americana, como o representado pelo federalismo, e até mesmo pelo republicanismo de St. Louis, tingiram o pensamento de Eliot de modo mais forte do que qualquer outra coisa que tenha vindo do continente europeu durante seus anos de vida. Continuou familiarizado com as práticas políticas norte-americanas até os últimos anos, e conversei com ele sobre tais assuntos (corrupção no Senado norte-americano, por exemplo), várias vezes na década de 1950. Percebia rapidamente as alusões políticas que teriam confundido quase todos os ingleses. Apesar da veneração pelo rei Charles, o mártir, havia, nos pressupostos políticos de Eliot, muito do erudito e destemido parente, John Adams – um fértil território ainda virgem para qualquer candidato ao doutorado.[17] Disse J. M. Cameron:

---

[17] A forte influência de John Adams em Ezra Pound é mais óbvia, embora a paráfrase de Adams em Pound passe despercebida para muitos leitores dos *Cantos* – assim como, nesse sentido, as citações de expressões e de frases sem referência a Adams por parte de Pound. Adams e Confúcio se tornaram os queridos guardiões da lei de Pound.

Ninguém totalmente inglês em termos de cultura conseguiria confessar ter como credo político, nos anos 1920, o "monarquismo", e ainda que o anglo-catolicismo com o qual o sr. Eliot relaciona o seu monarquismo seja, por definição, inglês, da forma como é por ele utilizado tem um corte menos insular que o comum. Essa branda excentricidade dos modelos de pensamento inglês tem às vezes, embora nem sempre, sido uma imensa vantagem para o sr. Eliot nos escritos políticos. Nos dias felizes da frente popular, manteve o equilíbrio quando muitos escritores perderam, e sem ceder à complacência que marcou o conservadorismo do sr. Chamberlain e de Lorde Halifax.

Exatamente: Eliot continuou suficientemente norte-americano nos fundamentos políticos para julgar os assuntos políticos britânicos, algo como um distanciamento. Não houve nenhum escritor inglês do período que o tivesse influenciado tanto quanto Irving Babbitt e Paul Elmer More. Consideremos esta passagem, por exemplo, que Eliot levou a sério:

> A reação deve ser, e verdadeiramente é, algo completamente diferente deste sonho inútil; em essência é responder à ação com ação, é opor ao caos da circunstância a força do discernimento e da seleção, é dirigir a maré sem rumo da mudança tomando por referência a lei coexistente do fato imutável, é levar as experiências do passado para diversos ímpetos do presente e assim pôr em movimento um progresso ordenado. Se qualquer jovem que sentir dentro de si, hoje, a força da cultura, hesitar ser chamado de reacionário, no melhor sentido do termo, pela pecha de efeminação, deixe-o tomar coragem.[18]

Charles Maurras? Nada disso: a passagem foi extraída da coletânea de Paul Elmer More chamada *Shelburne Essays*, publicada no início do século XX. No "Comentário" de Eliot de julho de 1936, encontraremos a seguinte passagem:

---

[18] Paul Elmer More, "Victorian Literature: The Philosophy of Change". In: *Shelburne Essays: Seventh Series*. Boston/New York, Houghton Mifflin Co., 1910, p. 268.

> Os únicos reacionários hoje são aqueles contrários à ditadura do financeiro e à ditadura da burocracia não importando sob qual nome político se reúnam; e aqueles que têm alguma lei e algum ideal que não seja totalmente deste mundo. Mas o movimento em direção a assim-chamada direita (...) é bem mais profundo do que podem elaborar as simples maquinações dos interesses conscientemente projetados (...).[19]

O jovem de Paul Elmer More que sente "dentro de si, hoje, a força da cultura" era um aluno de faculdade em Harvard quando, em 1906, se tornou o editor literário da *The Nation*. Foi o convite de More para uma reação imaginativa, ao ecoar pelos anos, que reforçou a coragem de Eliot para açoitar as tolices do tempo. Por Eliot, bem como por More, alguma coisa da antiga Nova Inglaterra foi transmitida; e, com Eliot, essa voz voltou afirmando a nação de onde se afastara, desmentindo os primeiros três séculos.[20]

Assim, o passado norte-americano continuava potente na visão política de Eliot. Ninguém pode negar que a adoção da vida e das instituições inglesas contribuíram muito às tendências conservadoras de suas convicções sociais. Tanto por acidente como por escolha, o jovem Eliot alojara-se na Casa dos Corações Partidos, e achara seu apartamento bastante confortável, apesar dos buracos no telhado e dos ratos no porão. Veio a amar Londres, dos pináculos de Wren ao metrô; os vilarejos ingleses e o campo. A Casa dos Corações Partidos, posto que fosse a Grã-Bretanha, e muito embora desprezasse a maior parte dos homens públicos britânicos de sua época, ainda assim, havia sombra nesse canto da terra desolada, assim como "sob esta rocha escarlate".[21]

---

[19] T. S. Eliot, "A Commentary". *The Criterion*, vol. XV, n. 61, jul. 1936, p. 667-68.

[20] No entanto, More não admirava a poesia de Eliot: *The Waste Land* lhe era abominável, como disse pessoalmente a Eliot.

[21] No original: *There is shadow under the red rock*. "The Burial of the Dead". *The Waste Land*, 1922, verso 25.

Liberdade, ordem e justiça sobreviveram com mais confiança, naqueles dias, na Grã-Bretanha do que em qualquer outra parte do mundo: a coroa no parlamento, a constituição e o direito consuetudinário ainda protegiam a comunidade nacional. A esse modelo consagrado de política, Eliot se aliou.

Desconfiar das abstrações políticas sempre foi útil aos ingleses por um bom tempo. Isso foi chamado de política do empirismo; porém, de forma mais precisa, a estrutura social e as instituições políticas britânicas eram produto do costume e da convenção, da prescrição e da predisposição: uma continuidade benéfica há séculos. Nesse lugar, muito daquilo que era bom para a ordem social civil podia ser preservado, e talvez revigorado. Na Grã-Bretanha, Eliot encontrou uma tradição que valia a pena ser defendida: uma tradição em perigo, mas não totalmente condenada. Eliot adotou a causa conservadora, tendo fé naquela tradição, embora não fosse (ao menos, não até os últimos anos de Eliot) conservadora com letra maiúscula. Os políticos daquele partido que professavam uma ligação com a continuidade e a convenção eram muito fracos, como percebeu Eliot. Como um corpo, os líderes conservadores do período de Eliot foram descritos de maneira competente por W. L. Burn:

> Ao abandonar o velho conceito aristocrático de governo, nada fizeram para criar uma nova aristocracia; seguramente confiaram na própria capacidade de montar nos cavalos selvagens da democracia; eram jogadores que alegremente embolsariam os ganhos e pagariam as perdas, sem buscar mudar as regras do jogo. O que fazem para manter a família como a unidade básica da sociedade? Podem existir respostas a essa pergunta, mas não são, pelo que recordo, muito óbvias (...) Houve determinada tolerância e certa eficiência, das quais Baldwin e Chamberlain foram os respectivos representantes; e além disso, houve oportunidade de se protegerem dos impactos mais desagradáveis da sociedade. Permitiram a continuidade do processo de proletarização, mas as pessoas suficientemente ricas podiam não entrar em contato com isso. A principal diferença, hoje, é que o

processo de proletarização foi acelerado, ao passo que a maioria das imunidades foi suspensa.[22]

A isso Eliot teria dito amém. Redimir o tempo dos conservadores, bem como dos socialistas, dos liberais e de várias fações ideológicas sombrias era, desde o início, um dos principais propósitos da *Criterion* de Eliot. Um padrão deveria ser estabelecido, tanto na política quanto na literatura. Eliot não hesitou proclamar-se reacionário na Grã-Bretanha do século XX: não desejava conservar a decadência e a fealdade; algo deveria ser feito caso os ingleses pudessem ser lembrados daquilo que fora dito e pensado naquele reino durante os séculos XVI, XVII, e muito antes. Nada era mais natural para Eliot do que poder se tornar, nessas circunstâncias, um *Tory*. (Torismo, dissera John Henry Newman, é lealdade às pessoas.) "Sempre fui um autêntico *Tory*", James Russell Lowell escrevera para Thomas Hughes em 1875, "e a Inglaterra deveria ser firme. Não desistiria de nada que tivesse raízes nisso, embora pudesse sorver o próprio alimento dos cemitérios".[23] O que Lowell poderia ter se tornado, Eliot se tornou – mas acreditando que a Inglaterra ainda tinha mais vida do que o cemitério ao redor da Capela Perigosa. A *Constitution of Church and State, According to the Idea of Each* [Constituição da Igreja e do Estado, segundo Cada um dos Conceitos] de Coleridge poderia ser, consequentemente, a de Eliot.

As hipóteses fundamentais de Eliot a respeito de ordem social, então, eram tiradas, consideravelmente, da herança norte-americana e da situação inglesa, iluminadas pela consciência histórica. O que dizer da influência dos teóricos políticos? Na Inglaterra houve somente cinco líderes práticos que também foram homens de pensamento e

---

[22] W. L. Burn, "English Conservatism". *The Nineteenth Century and After*, fev. 1949, p. 72.

[23] Charles Eliot Norton (ed.), *Letters from James Russell Lowell*, 1894, vol. II, p. 153.

retórica. Eliot sugere no ensaio sobre "Charles Whibley (1931)":[24] Clarendon, Halifax, Bolingbroke, Burke e Disraeli; e destes tinha dúvidas quanto a Bolingbroke. Mas a influência mais certa de Eliot veio de três grandes poetas e críticos, incidentalmente homens de pensamento político, que assomam nos escritos de Eliot: John Dryden, Samuel Johnson e Samuel Taylor Coleridge. Destes, em política, provavelmente Johnson tenha sido o mais significativo para Eliot.[25]

Longe de ser um absolutista, Johnson representava o estado de direito em um sistema de governo, a *libido dominandi* contida pelo costume e pela lei. Não era específico quanto à estrutura de governo, dado que era um governo com base no preceito: caso a moralidade dos homens fosse forte o bastante, ponderava Johnson, quase todos os sistemas políticos iriam funcionar bem; se a moralidade estivesse enfraquecida, as constituições seriam castelos de areia. Esses pressupostos, juntamente com a lealdade dos *Tories* ao trono e a forte ligação com a Igreja da Inglaterra, foram o que Johnson, Coleridge e outros legaram a Eliot.

Portanto, era bastante natural que Eliot, cuja compreensão do homem político muito se assemelhava à de Johnson, defendesse algo bem parecido com o ilustre torismo antigo – num período, no mínimo, tão desarmônico para os *Tories* quanto fora a época de Johnson. A visão política de Eliot, assim como a de Johnson, era muito mais histórica que teórica nos fundamentos. Com Johnson, Eliot tinha fortes afinidades com a Antiga Causa – embora, como iria escrever depois, "não podemos seguir um tambor antigo". Acreditava na necessidade da aristocracia, hereditária e intelectual: a alternativa para um elemento aristocrático na comunidade política era o governo de uma oligarquia.

---

[24] T. S. Eliot, "Charles Whibley (1931)". *Selected Essays 1917-1932*, op. cit., p. 403-15.

[25] Para Eliot sobre Samuel Johnson, ver "Johnson as Critic and Poet", *On Poetry and Poets*, 1957, p. 184-222; e a introdução de Eliot às obras de S. Johnson, *London: A Poem* e *The Vanity of Human Wishes*, 1930.

Via os *Whigs* como pai dos liberais de seus dias; como Yeats, abominava o rematado *Whig*, o racionalista raso e o sofista, com:

> Um espírito monótono, rancoroso, racionalista
> que nunca viu as coisas com olhos de santo
> ou com olhos de ébrio.[26]

A *Criterion* resistiria ao radicalismo uniformizante e à plutocracia. Faria oposição aos cultos de personalidade políticos. Esforçaria para encontrar um meio termo entre a degradação do dogma democrático e o novo totalitarismo dos comunistas, nazistas e fascistas. Tentaria salvar os homens de intelecto da desonesta servidão da ideologia e do partidarismo: daquilo que Benda chamou de "a traição dos intelectuais" (traduzido com mais exatidão ao tomarmos de empréstimo a terminologia de Coleridge como "a traição da clerezia").[27]

"Os *Whigs* vão viver e morrer na heresia de que o mundo é governado por pequenos tratados e panfletos", Walter Scott certa vez escreveu a um amigo. Eliot não caiu no erro dos *Whigs*: sabia que seu periódico poderia se ocupar de poucos, e de forma lenta. Mas, na Grã-Bretanha, quando os primeiros números da *Criterion* apareceram, a velha estrutura de classes e de políticos ainda mantinha suas posições, ainda que, aqui e ali, estivesse um pouco corroída pela ferrugem. Pela persistência e apelo aos literatos, os fabianos moveram a nação em uma direção: por esforços semelhantes, teoricamente, Eliot e um punhado de amigos poderiam planejar mudar o rumo da nação.

---

[26] No original: *A levelling, rancorous, rational sort of mind / That never looked out of the eye of a saint / or out of drunkard's eye.* Ver W. B. Yeats, "The Seven Sages". *The Winding Stair and Other Poems*, 1933, versos 14-16.

[27] No original, *Clerisy*. A palavra foi cunhada por Coleridge na obra *A Constitution of Church and State* (1830) para designar uma classe de pessoas letradas e de boa formação, clérigos e leigos, mais ou menos integradas ao Estado, responsáveis pela preservação e disseminação do patrimônio nacional e dos valores daquela sociedade. Hoje, a palavra é utilizada como sinônimo de classe de intelectuais ou de literatos. (N. T.)

O primeiro número da *Criterion* apareceu em um momento de crise para os *Tories* conscienciosos. Em 17 de outubro de 1922, no Carleton Club, o governo de coalizão de Lloyd George foi derrubado por Stanley Baldwin, então presidente da Câmara de Comércio. Lloyd George era uma força dinâmica, disse Baldwin aos conservadores naquele encontro, mas "uma força dinâmica é algo muito terrível". Retirando-se da coalizão, os conservadores resolveram lutar nas próximas eleições gerais como um partido independente com líder próprio. Ao menos a Casa dos Corações Partidos estava livre da gerência de Lloyd George.

Nas eleições gerais de 1922, os conservadores ganharam 344 das 615 cadeiras da Câmara dos Comuns e Bonar Law se tornou primeiro-ministro como conservador, não como um partidário da coalizão (que foi a sua posição por um breve período após a saída de Lloyd George). Bonar Law dificilmente corresponderia ao modelo de estadista de Eliot, embora fosse um homem mais honesto que Lloyd George. Seria possível, na confusão dos partidos da época, existir algo como a imaginação moral de Dryden, Johnson e Coleridge para atingir a prática política da Grã-Bretanha? Tal esperança foi satisfeita por Eliot quando lançou a *Criterion*; e, embora nunca tenha sido recompensado, essa esperança perdurou em Eliot enquanto a revista durou.

O FORTE BRADO VINDO DE UM PORÃO DA CIDADE

Apesar do discurso de Eliot sobre dogma, a *Criterion* recepcionou cordialmente uma grande variedade de escolas literárias e uma diversidade de credos religiosos. O primeiro número continha, além do poema *The Waste Land*; um artigo sobre a aridez, de George Saintsbury (um antigo *Tory* fiel, embora cético); um artigo sobre *Tristão e Isolda* de T. Sturge Moore; um conto de fantasmas de May Sinclair;

o planejamento do romance de Dostoiévski *A Vida de um Grande Pecador*; um artigo de Hermann Hesse sobre a recente poesia alemã; um artigo de Valery Larbaud sobre o *Ulisses* de Joyce. Os números posteriores durante o primeiro ano incluíram contribuições de Ernst Robert Curtius, Ezra Pound, Roger Fry, Luigi Pirandello, Julien Benda, Virginia Woolf, Herbert Read, W. B. Yeats, Owen Barfield, E. M. Forster, Paul Valéry e outras pessoas de estatura. A única peça francamente política, em 1922-1923, foi uma avaliação de Bolingbroke, em duas partes, feita por Charles Whibley.

O próprio Eliot contribuiu para o segundo número com um dos seus ensaios mais duradouros, "*In Memoriam*: Marie Lloyd". Esse elogio à "maior artista do *vaudeville* da Inglaterra", tocou no ponto da decadência de classe que agora se estendia para os menos favorecidos: "As classes médias, na Inglaterra como noutros lugares, sujeitas à democracia, são moralmente dependentes da aristocracia, e a aristocracia teme moralmente a classe média, que aos poucos a absorve e destrói". Com a vinda da sociedade sem classes, reina o tédio. Os povos da Melanésia, escreveu W. H. R. Rivers, estão diminuindo e em vias de extinção porque a "civilização" os privou da cultura nativa: literalmente estão em um tédio mortal. Concluiu Eliot:

> Quando todos os teatros forem substituídos por cem cinemas, quando todo instrumento musical for substituído por cem gramofones, quando todo cavalo for substituído por cem veículos motorizados mais baratos, quando toda a engenhosidade elétrica tornar possível para toda criança ouvir suas estórias de ninar por um receptáculo sem fios acoplado no ouvido, quando a ciência aplicada tiver feito todo o possível com as substâncias que existem na face da Terra para tornar a vida o mais interessante possível, não ficaria surpreso se a população de todo o mundo civilizado rapidamente recaísse na fatalidade dos povos da Melanésia.[28]

---

[28] T. S. Eliot, "*In Memoriam*: Mary Lloyd". *The Criterion*, vol. I, n. 2, jan. 1923, p. 195.

Depois disso, a aridez de um total igualitarismo transpassaria os escritos de Eliot, como fora, antes dele, um tema ocasional em George Saintsbury.

Do terceiro número em diante, foram publicadas críticas literárias de periódicos franceses, alemães e norte-americanos. Embora a unidade cultural da Europa fosse o principal interesse do editor da *Criterion*, as primeiras contribuições de famosos escritores europeus que olhavam para a Europa como uma comunidade histórica podem ter sido, de alguma forma, frustrantes para Eliot; artigos *a respeito* desses líderes do pensamento europeu teriam sido mais satisfatórios. Mais escritores do continente foram incitados a contribuir para o segundo número da revista – Hofmannsthal, Lévy-Bruhl, Proust e Cavafy – e o rol de autores importantes cresceu: Ford Madox Ford, Wyndham Lewis, Hugh Walpole, J. Middleton Murry, Sacheverell Sitwell, W. B. Yeats, Osbert Sitwell, Harold Monro, David Garnett. F. W. Bain escreveu sobre Disraeli e Charles Whibley sobre Chesterfield. As resenhas de livros começaram no número de julho de 1924.

Durante o segundo ano, Eliot contribuiu com dois ensaios para a revista, duas críticas literárias e dois comentários editoriais. Em "The Function of Criticism" [A Função da Crítica] (outubro de 1923), ridicularizou o Romantismo e a postura *Whig*, em nome do classicismo e do catolicismo; defendeu a tradição e uma autoridade exterior em oposição à voz interior de Middleton Murry:

> Caso, então, o interesse da pessoa seja político, ela deve, suponho, professar fidelidade a princípios, ou a uma forma de governo ou a um monarca; e caso esteja interessada em religião, e a professe, deve ser a uma Igreja; caso aconteça de interessar-se por literatura, deve manifestar apreço, parece, exatamente por esse tipo de fidelidade (...) Há, não obstante, uma alternativa, expressada pelo sr. Murry. "O escritor inglês, o teólogo inglês, o estadista inglês não herdaram quaisquer leis dos antepassados; herdaram somente isto: o senso de que como último recurso devem se fiar na voz interior." Essa afirmação, admito, parece abranger certos casos: lança imensas luzes sobre o sr. Lloyd George. Mas

por que *"como último recurso"*? Será que, então, eles evitam os ditames de uma voz interior até o último extremo? Minha crença é que aqueles que possuem essa voz interior estão mais do que prontos a ouvi-la com atenção, e não ouvirão a mais nenhuma. A voz interior, de fato, soa extraordinariamente como um velho princípio formulado por um crítico mais antigo na expressão, agora familiar, de "faça como quiser". Os possuidores de uma voz interior conduzem, ouvindo a voz interior, dez pessoas numa cabine de trem para uma partida de futebol em Swansea, que insufla a eterna mensagem de vanglória, temor e cobiça.[29]

Nada poderia expressar melhor o caráter ético da *Criterion* do que a passagem anterior. Outro dos principais ensaios éticos de Eliot apareceu em fevereiro de 1924: "Four Elizabethan Dramatists: Preface to an Unwritten Book" [Quatro Dramaturgos Elizabetanos: Prefácio de um Livro não Escrito]. Se os críticos que demonstraram que Eliot idealizou o passado (por conta da descrição em *The Waste Land*, de Elizabeth e Leicester no Tâmisa, e por versos semelhantes) tivessem lido esse ensaio com atenção, poderia ser difícil explicar estas frases:

> Até mesmo as bases filosóficas, a postura geral dos elizabetanos diante da vida é a do anarquismo, da dissolução, da decadência. Isso está, de fato, em paralelo e é, exatamente, a mesma coisa que a voracidade artística deles, o desejo de pôr junto toda sorte de efeitos, a indisposição de aceitar qualquer limitação e de tolerá-las. Os elizabetanos são, certamente, uma parte do movimento de progresso ou de deterioração que culminou em Sir Arthur Pinero e o presente governo da Europa.[30]

Uma época em que as falas de progresso, sugeriu Eliot repetidas vezes, provavelmente estavam a caminho de Averno. No "Comentário" (o primeiro de muitos comentários da *Criterion*) de abril de 1924, Eliot discutiu a obra póstuma de T. E. Hulme chamada

---

[29] T. S. Eliot, "The Function of Criticism". *The Criterion*, vol. II, n. 5, out. 1923, p. 35.

[30] T. S. Eliot, "Four Elizabethan Dramatists: Preface to an Unwritten Book". *The Criterion*, vol. II, n. 6, fev. 1924, p. 122-23.

Speculations [Especulações], editada por Herbert Read. Hulme é "clássico, reacionário e revolucionário; é o antípoda da mentalidade eclética, tolerante e democrática do final do século passado", na Grã-Bretanha, uma figura solitária.

> Uma nova época clássica será alcançada quando o dogma, ou *ideologia*, do crítico for bastante modificado pelo contato com escritos criativos, e quando os escritores criativos forem bastante permeados pelo novo dogma até que seja alcançado um novo equilíbrio.
>
> O que se entende por momento clássico em literatura é, certamente, um momento de *stasis*, quando o impulso criativo encontra uma forma que satisfaz o melhor intelecto da época, um momento em que um tipo é produzido.[31]

Ao aspirar a formulação desse novo dogma que inicia uma era clássica, Eliot perpetrou, com palavras, um ataque viril nesse primeiro comentário, agredindo Bertrand Russell por sua opinião a respeito dos homens de cultura (que havia sido publicada no *The Dial*) e esbordoando o deão Ralph Inge pela "violência, preconceito, ignorância e confusão", indigno dos talentos do presidente do cabido da Catedral de St. Paul, quando Inge escreveu para leitores de jornais. No "Comentário" de julho de 1924, Eliot atacou vários críticos literários por obliterar distinções exatas, confundindo "posturas" diante da vida, da religião ou da sociedade com literatura. A mais perigosa dessas tendências, escreveu, "é a tendência de confundir literatura com religião – uma tendência que só pode ter o efeito de degradar a literatura e aniquilar a religião".[32] No mesmo comentário, lança um olhar desconfiado sobre a "Sociedade para Relações Culturais entre os Povos da Comunidade Britânica e da União das Repúblicas Socialistas Soviéticas" – possivelmente uma agência oficial de propaganda soviética, sugeriu. O ideólogo – ou seja, o fanático que subverte a religião para dar lugar aos novos

---

[31] T. S. Eliot, "A Commentary". *The Criterion*, vol II, n. 7, abr. 1924 p. 232.
[32] T. S. Eliot, "A Commentary". *The Criterion,* vol. II, n. 8, jul. 1924, p. 373.

mandamentos cruéis de um deus selvagem – tinha talentos como os de Proteu; mas, na *Criterion*, Eliot mantinha os ideólogos em observação.

No terceiro volume da *Criterion* – o último sob o patrocínio de Lady Rothermere – surgiram literatos ainda mais conhecidos, dentre eles, D. H. Lawrence, a quem Eliot reconhecia como importante, ainda que desagradável. Conrad Aiken, Clive Bell, Edith Sitwell, F. G. Selby, Gilbert Seldes, A. E. Coppard, Benedetto Croce, James Joyce e Edwin Muir foram publicados. O ensaio de F. W. Bain chamado "1789" foi um golpe no jacobinismo. Foi dada considerável atenção nesses quatro números à música, ao teatro e ao balé.

Em janeiro de 1925 apareceu *Three Poems by Thomas Eliot* – que discutiremos posteriormente, pois eram fragmentos do poema "The Hollow Men" [Os Homens Ocos].[33] No mesmo número, Eliot publicou seu "diálogo" ou conto, chamado "On the Eve" [À Véspera]; muito do primeiro rascunho fora obra de Vivienne Eliot, e foi uma forma literária em que Eliot não perseverou. Versa sobre o fenômeno do anarquista rico e bem relacionado – um assunto interessante que já fora adotado alguns anos antes por Robert Louis Stevenson, Joseph Conrad e G. K. Chesterton. Neste diálogo, os comentários de um dos aristocráticos comensais, Alexander, em geral, refletem os receios e as desconfianças do próprio Eliot – exceto pelo fato de Alexander aceitar a ditadura como paliativo.

Alexander, citando Disraeli, expressa seu asco por aqueles ricos membros do Partido Liberal que atuam para derrubar leis, o Império e a religião da Inglaterra.

> – São "capitalistas" porque vivem em uma civilização para qual nada contribuem, e são "anarquistas" porque já estão prontos a destruir a civilização que os embalou e alimentou. Há certa ironia, é claro, sobre a sorte desses porcos gadarenos. São sempre a favor do "progresso", e o progresso que puseram em movimento está a ponto de os eliminar para sempre (...)

---

[33] A este respeito ver também nota 52 do capítulo 3 deste livro.

– Foram a favor da expansão da democracia – e agora que a democracia foi ampliada ao máximo, está a ponto de os destituir em favor de uma nova oligarquia mais forte e mais terrível do que a deles (...)

– Apegam-se, por fim, à reles satisfação de "manter a balança de poder" entre dois partidos que fingem desprezar. Esbanjaram tudo o que as pessoas mais humildes se esforçaram para criar: soldados, generais, diplomatas e administradores são pessoas humildes, em minha opinião – disse Alexander acidamente. – Os *Whigs* não têm princípios – continuou, recapitulando, com acerto. – Vejam as políticas deles com relação a Rússia, Irlanda, Índia (...)

– Mas nunca verão o que aconteceu. São às suas mesas de jantar que podemos ouvir as teorias políticas mais antiquadas, e as mais estúpidas expressões do gosto literário mais esnobe e hipócrita (...)[34]

Neste momento, Eliot, por intermédio de Alexander, estava golpeando os Liberais que haviam ingressado no governo liberal-trabalhista de Ramsay MacDonald, que assumira o gabinete como uma coalizão após as eleições gerais de 1923 (muito embora os Trabalhistas tenham obtido somente 30,7% dos votos, e os Liberais 29,9% e os Conservadores permanecessem como o maior partido). Sidney e Beatrice Webb eram os arquitetos intelectuais desse controle; e Eliot sabia que os Webbs buscavam luzes nos soviéticos.[35] Mas a Grã-Bretanha não estava às vésperas da revolução. Por volta do outono de 1924, como observa D. C. Somervell, "Os Liberais estavam completamente fartos de manter no cargo, com seus votos, um governo que, para convencer o mundo de que não era um protegido do liberalismo, nada fazia a não ser ultrajar e maltratar seus benfeitores".[36]

---

[34] T. S. Eliot, "On the Eve". *The Criterion*, vol. III, n. 10, jan. 1925, p. 279-80.

[35] Para detalhes dessa contenda política, ver Beatrice Webb, *Diaries 1912-1924*, 1952, em especial p. 203-33.

[36] D. C. Sommervell. *British Politics since 1900*, 1950, p. 161.

Na eleição geral, que aconteceu entre a elaboração de "*On the Eve*" e a publicação do conto, o governo de MacDonald caiu; e jamais os Liberais ganhariam uma eleição geral[37] – todavia Eliot nunca mais discutiria o perigo com tal veemência.

No "Comentário" de janeiro de 1925, Eliot fez algumas emendas a Matthew Arnold – que agora aparecia como o defensor (apesar dos muitos pontos fracos) da verdadeira cultura em oposição a degradação marxista da cultura. Estivesse Arnold vivo, disse Eliot, "encontraria a ralé e a barbárie mais filisteia, e os filisteus mais bárbaros e proletarizados do que em seu tempo".[38] A obra *Os Problemas da Vida Cotidiana* de Trotsky fora publicada na tradução inglesa. Nesse livro, Eliot esperara encontrar a descrição de uma nova cultura revolucionária que, sem dúvida, teria sido repelente, mas fascinante. Ao contrário, o que encontrou nas páginas de Trotsky foi enfastiante. A cultura soviética não justificaria o horror da revolução:

> Não é explicável pela triste descrição das escolas montessorianas, das creches, da abstinência das blasfêmias e do álcool, uma população confortavelmente vestida (ou prestes a ser confortavelmente vestida) e com suas mentes repletas (ou em vias de ser atulhadas) de superstições do século XIX a respeito da natureza e suas forças. Contudo, fenômenos como esses é que o sr. Trotsky orgulhosamente apresenta como o resultado de sua revolução; isso forma a sua "cultura". Eis o profeta oriental da nova era falando no mais afetado dos tons da nova burguesia:
>
> > "O cinema diverte, educa, atinge a imaginação por imagens e livra as pessoas de cruzar as portas da igreja."
>
> Resta apenas observar que não há nenhuma menção no *Enchiridion* de cultura de Trotsky de uma instituição tal como o balé; e esse seu quadro guarda uma leve semelhança com o rosto do sr. Sidney Webb.[39]

---

[37] Somente nas eleições gerais de 2010 é que os Liberais voltaram ao governo na Grã-Bretanha, mas em um gabinete de coalizão com os Conservadores. (N. T.)

[38] T. S. Eliot, "A Commentary". *The Criterion*, vol. III, n. 10, jan. 1925, p. 162.

[39] Ibidem, p. 163.

Para que os Trotskys e os Webbs não dominassem a cultura do futuro, Eliot, em sua pobreza, trabalhava quinze horas por dia. Escolheu uma passagem de Arnold – a de Oxford, em *Culture and Anarchy* [Cultura e Anarquia] – para descrever o esforço da *Criterion*:

> Não ganhamos as batalhas políticas, não apresentamos nossos principais argumentos, não paramos o avanço de nossos adversários, não marchamos vitoriosamente com o mundo moderno; mas manifestamo-nos silenciosamente no espírito da nação, preparamos o curso dos sentimentos que enfraquecerão a posição dos adversários quando parecerem vitoriosos, prosseguimos as comunicações com o futuro.[40]

Tais comunicações com o futuro, contudo, Lady Rothermere estava prestes a suspender. Por três anos, Eliot – um agradável autocrata como editor – trouxera à vida um periódico trimestral maravilhosamente interessante; nele, a promessa de tocar as mentes e os corações da geração vindoura, como *The Waste Land* já agira como catalizador. Fizera sua publicação melhor que a *Nouvelle Revue Française* de Paris e a nova-iorquina *Dial*. Todavia a *Criterion* estava prestes a cair no esquecimento, até o momento em que a situação de Eliot foi alterada.

EDITORIA E HOMENS PÚBLICOS

Uma das mudanças foi a angústia: a deterioração de Vivienne. Sob os pseudônimos de Fanny Marlow, Feiron Morris, Felix Morrison e F. M., a mulher de Eliot escrevera meia dúzia de esboços literários coquetes e algumas resenhas de livros para a *Criterion*; ela não mais escreveria. Contribuíra também com um poema: "*Necesse est Perstare?*" [A Persistência é Necessária?]. Naquele momento, ela deixava de persistir.

---

[40] Matthew Arnold. *Culture and Anarchy: an Essay in Political and Social Criticism*. Londres, Smith, Elder & Co., 1869, p. 35-36.

Nos versos de Vivienne Eliot, as pessoas insistem em falar na hora do almoço sobre "o eterno Aldous Huxley – Elizabeth Bibesco – Clive Bell – incessante clamor de futilidades". O marido, "como um macaco muito velho", se cansa da conversa; ela fica ainda mais cansada:

> É necessário –
> Isto é necessario –
> Diga-me, é *necessário* que passemos por isto?[41]

Jacintos florescem em dois dos esboços literários da *Criterion*; no inverno de 1924, seus jacintos:

> estão irrompendo desajeitadamente dos vasos, como sempre fazem, vindo a dar flores disformes antes do tempo. E isso é a absoluta primavera – primavera no inverno, primavera em Londres, primavera cinzenta e brumosa, crepúsculos acinzentados, sons de órgãos, floristas nos cruzamentos das ruas (...)

> Agora começa a vibrar nas grades da gaiola: a máquina de escrever e o telefone, e a visão de um rosto na vidraça. A alma começa a se levantar, rija, do período morto do inverno – mas para qual primavera? (...) Quais encontros felizes, quais conversas brilhantes na penumbra de cômodos recendendo a jacinto esperam por mim agora? A voz intransigente da verdade dentro de mim responde, nenhuns. Pois não sou a mesma pessoa que um dia teve – como me parece – um papel importante nessas fantasias primaveris (...)

> Por que sempre sinto, quando vejo Bernard Shaw, que devo dirigir-me a ele, tomar-lhe a mão e dizer-lhe do isolamento do inverno, da máquina de escrever e do telefone, da visão do rosto na vidraça e de como uma pessoa, que começou a vida como uma bela princesa admirada e adorada por todos os homens, e vivia numa casa de vidraças cor-de-rosa por onde via passar o invejoso mundo, de como esse

---

[41] No original: *Is it necessary - / Is this necessary - / Tell me, is it* necessary *that we go through this?*, ver: F. M., "*Necesse est Perstare?*". *The Criterion*, vol. III, n. 2, abr. 1925, p. 364.

alguém, que fora banido da casa de vidro, quer voltar, entrar, ficar a salvo, bela e segura?[42]

É verdade, jacintos: e pensamos imediatamente na "menina dos jacintos" do poema "The Burial of the Dead", da primeira parte da obra *The Waste Land* do marido, escrito dois anos e meio antes. O que veio primeiro – *The Waste Land* ou os recorrentes jacintos disformes e prematuros de Vivienne?

Faz agora um ano que me deste os primeiros jacintos;
Chamavam-me a menina dos jacintos.[43]

No entanto, se tomarmos o símbolo do jacinto, o casamento que poderia ter sido um idílio em 1915, invariavelmente passava a ser um tormento: raras vezes as pessoas voltam às casas de vidraças cor-de-rosa. Não muito depois de *The Waste Land* ter sido publicado, a menina dos jacintos que Eliot ganhara – para seu sofrimento posterior – começara a recair em uma terra desolada particular. Na primavera de 1923 – assim Eliot escrevera a Bertrand Russell – Vivienne quase não resistira a uma doença terrível. Por volta de maio de 1925, Eliot escreveu a Russell que a saúde de Vivienne estava mil vezes pior do que estivera na década anterior, quando Russell a conhecera. Seria melhor – caso fosse possível – que vivesse sozinha, pensou Eliot: "viver comigo lhe fez muito mal (...)". Após dez anos de casamento, ainda achava Vivienne instável e enganadora, "como uma criança de seis anos com uma mente imensamente sagaz e precoce"; ela pode escrever extremamente bem, asseverara Eliot. Sentia-se desesperado.[44]

---

[42] F. M., "Letters of the Moment – I". *The Criterion*, vol. II, n. 6, fev. 1924, p. 220-22. Talvez os esboços literários de Vivienne Eliot fossem uma concessão ao gosto de Lady Rothermere; uma vez que a revista conseguiu novos patrocinadores, cessaram as contribuições da sra. Eliot.

[43] No original: *You gave me hyacints first a year ago; / They called me the hyacint girl*. T. S. Eliot, "The Burial of the Dead". *The Waste Land*, seção I, versos 35-36.

[44] As cartas de Eliot para Russell durante esse período podem ser encontradas no capítulo 4 do segundo volume da obra de Russell chamada *Autobiography*,

Agora que Vivienne estava demasiado enferma para que o dinheiro pudesse ajudá-la (se é que um dia pôde), a situação material de Eliot repentinamente melhorou. Durante o ano de 1925, Geoffrey Faber – um poeta que se tornou empresário, cujo segundo volume de versos Eliot revisara em 1918 – decidiu mudar do ramo cervejeiro para o editorial. A empresa que existia, chamada *The Scientific Press*, gerenciada por C. W. Stewart, se tornou a sociedade de Faber & Gwyer, e os donos buscavam por uma equipe. Dizem que Bruce Richmond do *Times Literary Supplement*, Hugh Walpole e Charles Whibley sugeriram o nome de Eliot para assumir algum cargo. A oferta foi feita e aceita: os dias de penúria de Eliot haviam acabado, e nessa editora (posteriormente Faber & Faber) iria permanecer até a aposentadoria. Posteriormente, a Faber & Faber publicaria os livros de Eliot e ele ajudaria, como autor e diretor, a tornar a editora famosa.

Como homem de negócios, e não como homem de letras, que Eliot fora contratado. "Nem sequer é o caso dos colegas da Faber & Gwyer aprovarem ou serem ardentes admiradores do juízo literário de Eliot", escreveu Frank Morley:

> Em 1925, duvido que qualquer um deles vissem algum motivo especial para defendê-lo em questões literárias. Então, quais eram suas habilidades? Era um cavalheiro; era letrado, paciente; lidava bem com pessoas difíceis; tinha charme; e pertencera ao mercado financeiro (...) No início de uma editora, a solvência é um grande objetivo, e, possivelmente, algo sensato e confortável era ter um funcionário de banco entre os empregados.[45]

The Middle Years, 1914-1944. "Nunca pude escapar do encanto de seu persuasivo (até mesmo coercitivo) dom de argumentação", Eliot confessou a Russell. Talvez, como Eliot sugeriu, Russell entendesse Vivienne Eliot melhor do que o marido. Mas no que dizia respeito às mulheres, a verdadeira gentileza de Russell muitas vezes conflitava com a lascívia irreprimível. Como escreve Freda Utley na obra *Odyssey of a Liberal* (1970), ela não conseguia esquecer "da visão muito vívida dos lábios famintos e dos olhos ávidos destruindo as imagens que mais importavam, a do filósofo e a do amigo".

[45] Frank Morley, "T. S. Eliot as a Publisher". In: Richard March e Tambimuttu, *T. S. Eliot: A Symposium*, 1949, p. 62.

Como homem de negócios, Eliot executou as tarefas de forma eficiente, pela formação no Lloyd's Bank. Morley o descreveu, poucos anos depois, quando (em 1929) a Faber & Gwyer se tornara Faber & Faber, da seguinte forma:

> Não usava mais o paletó preto. Seu rosto, um tanto pálido por excesso de trabalho, era agora visto sobre um terno escuro comum, mas mantinha a cautela do homem de banco. Tinha uma teoria de que provavelmente não se perdia dinheiro em livros não publicados. Era difícil assustá-lo; tinha a coragem de dizer não. Mas também podia dizer sim. Era extremamente perspicaz para detectar o estilo de escrita adequado em manuscritos que poderiam ser considerados como além de seu alcance. Cometeu erros, é claro, mas seus erros, via de regra, não eram onerosos, e algumas das apostas que pareciam ter poucas possibilidades de sucesso, deram um bom retorno (...) Um dos apelidos de Eliot era gambá (referência às estórias do Tio Remus),[46] e o outro era elefante (porque nunca esquecia) (...) Não estava disposto a brigar por alguém que pudesse ser publicado por outros editores; mas podia brigar por pessoas para as quais nenhum outro editor olharia.[47]

Eliot já estava com a Faber & Gwyer quando o patrocínio de Lady Rothermere terminou. Parece que os diretores da Faber & Gwyer poderiam ter esperado que apresentasse a proposta para a empresa assumir a publicação do periódico; o déficit anual da revista não era grande. Mas, para o "grupo da *Criterion*" que estava acostumado a se reunir, com frequência, no bar *The Grove*, em South Kensington, Eliot não deu esperanças de que alguma vez sugeriria isso. Ainda que a *Criterion* e "o grupo da *Criterion*" importassem muito para ele, não proporia aos empregadores um projeto que poderia trazer perdas no curto prazo, não importando o possível prestígio que poderia conferir à Faber & Gwyer: era muito profissional para isso.

---

[46] O Tio Remus é uma personagem ficcional da coleção de estórias folclóricas afro-americanas, adaptadas, compiladas e publicadas, em 1881, por Joel Chandler Harris. (N. T.)

[47] Morley, op. cit., p. 67.

Frank Morley, um novo amigo de Eliot, trocou ideias com C. W. Stewart, que sugeriu que ele e Richard de la Mare (neste momento, gerente de produção da Faber & Gwyer) gerenciassem a questão, caso um benfeitor externo pagasse o déficit; com essa perspectiva, provavelmente a Faber & Gwyer convidaria Eliot a deixá-los publicar a revista. Morley aconselhou Eliot a não dissolver a *Criterion*, embora um número (o de agosto de 1925) já tivesse sido cancelado: ainda poderiam ser encontrados recursos financeiros. "Está bem", disse Tom. "Sou difícil. Quem pagará as contas?".[48]

Morley foi então a Bruce Richmond, que disfarçadamente riu – e dez minutos depois apresentou a Morley uma lista com uma dúzia de nomes, prováveis patrocinadores de um fundo de reserva para a *Criterion*. Esse dinheiro foi rapidamente levantado. Charles Whibley e Frederick Scott Oliver, *Tories* convictos, estavam entre os doadores. Faber & Gwyer logo convidou Eliot para publicar *The Criterion* com o selo da empresa, tendo o subsídio para custear as perdas; e após a publicação de uns poucos números, Faber & Gwyer fez a revista (nesta altura, a *New Criterion*) uma subsidiária da editora. Não houve necessidade, até 1928, de um novo fundo de reservas.

O poeta havia se libertado do banco, e a revista fora arrebatada do limbo. Contudo, embora Eliot tivesse uma enorme reputação em certos círculos, ainda não podia ser chamado de um autor popular. O diminuto livro *Homage to John Dryden*, publicado em 1924, foi lançado em uma edição de aproximadamente duas mil cópias – e não houve edição em Nova York. No final de novembro de 1925, a Faber & Gwyer publicou *Poems 1909-1925*, em uma edição de 1.460 cópias. Esse volume incluía *Prufrock*, os *Poems 1920*, *The Waste Land* e "The Hollow Man"; a coletânea foi dedicada ao pai de Eliot, que morrera em 1919, a quem o jovem Eliot não havia mais

---

[48] Frank Morley, "A Few Recollections of Eliot". In: Tate (ed.), *Eliot*, op. cit., p. 100-01.

visto desde uma breve viagem, solitária e infeliz, a Massachusetts, logo após o casamento.

"The Hollow Man" descreve o vazio espiritual da época moderna – e não só o vazio das pessoas comuns que deixaram de frequentar as igrejas. Em "The Idea of a Literary Review" [A Ideia de uma Revista Literária], que foi o prefácio da ressuscitada *Criterion* de janeiro de 1926, Eliot afirmou que podia perceber a tendência de "uma concepção de razão mais elevada e clara, e um controle das emoções pela razão mais severo e sereno": um novo Classicismo, três vezes bem-vindo. Essa tendência pode ser encontrada nos livros de Sorel, Maurras, Benda, Hulme, Maritain e Babbitt.

> Em oposição a esse grupo de livros, estabelecerei outro grupo (...) que representam, a meu ver, aquela parte do presente que já está morta: *Christina Alberta's Father* de H. G. Wells; *St. Joan*[49] de Bernard Shaw; e *What I Believe*[50] de Bertrand Russell (lamento incluir o nome do sr. Russell, cujo intelecto estaria entre os melhores, mesmo no século XIII; todavia, ao ultrapassar a filosofia da matemática, suas incursões são sempre deslizes). Entre esses escritores há muitas e grandes diferenças, assim como entre os outros. E todos tiveram seu momento: em um determinado ponto do romance, o sr. Wells passa da vulgaridade à alta seriedade; em duas ocasiões, se não mais, na longa série de peças do sr. Shaw, vê-se um artista cujo desenvolvimento ficou preso à puberdade. Mas todos possuem curiosas religiões diletantes, aparentemente baseadas em uma biologia de segunda-mão ou amadora, e no *The Way of All Flesh*.[51] Todos demonstram uma inteligência à mercê da emoção

---

[49] A obra em português pode ser encontrada na seguinte edição: Bernard Shaw, *Santa Joana – Pigmalião*. Trad. Dinah Silveira de Queiroz, Miroel Silveira e Fausto Cunha. Rio de Janeiro, Opera Mundi, 1973. (N. T.)

[50] A obra em português pode ser encontrada na seguinte edição: Bertrand Russell, *No que Acredito*. Trad. André de Godoy Vieira. Porto Alegre, L&PM, 2007. (N. T.)

[51] Eliot faz referência ao romance semiautobiográfico do romancista Samuel Butler, publicado postumamente em 1903, cujos ataques à hipocrisia da era vitoriana o autor não teve coragem de desferir em vida. A obra foi traduzida

(...) mas devemos encontrar nossa própria fé, e ao encontrá-la, temos de defendê-la das pessoas de futuro.⁵²

De modo inteligente, então, "The Hollow Man" foi dirigido ao vazio de inúmeras pessoas: também visava os inimigos intelectuais das coisas permanentes, tais como Wells, Shaw e Russell, aqueles que vagam divertidamente pela trama de corredores do espírito – e a outros iludidos, menos dotados, depois deles. De igual modo, como homens ocos, Eliot tinha em mente os políticos de seu tempo – embora na Grã-Bretanha os Conservadores estivessem no governo. Medidas políticas destituídas de imaginação moral, certamente são vazias. Nas relações exteriores, enquanto os políticos resistiam as promessas apaixonadas da paz perpétua a ser alcançada pela Liga das Nações, davam um passo em falso rumo a uma guerra maior; nos assuntos domésticos, os políticos estavam em vias de se contentar com o aborrecido estado de bem-estar social, em vez de se encarregarem da tarefa, árdua e rigorosa, de criar um programa para restaurar a verdadeira comunidade. (Nesse último ponto crítico, Eliot concordava com Chesterton.)

Durante os anos de 1925 e 1926 pode ter sido traçada uma linha limítrofe na história e, consequentemente, o *Torismo* imaginativo de Eliot não tinha muita perspectiva de sucesso. Nem todos os políticos que traçaram tal linha eram socialistas: alguns eram homens do segundo governo conservador de Stanley Baldwin.

"Nossas antigas diferenças partidárias estavam quase extintas", escreve Keith Feiling a respeito da época:

> Uma linha divisória desapareceu no tratado com a Irlanda; outra, ainda mais antiga, da Igreja contra os divergentes, desvaneceu com o declínio da crença religiosa. Uma terceira, do livre mercado em oposição

---

para o português na seguinte edição: Samuel Butler, *Destino da Carne*. Trad. Rachel de Queiroz. Introd. Otto Maria Carpeaux. São Paulo, Editora José Olympio, 1942. (N. T.)

⁵² T. S. Eliot, "The Idea of a Literary Review". *The Criterion*, vol. IV, n. 1, jan. 1926, p. 6.

ao protecionismo, estava em suspenso (...) Nem estava a democracia, que Peel tanto temera e que Salisbury achara tão perigosa nas relações exteriores, novamente em questão (...) Em essência, a controvérsia não era mais a respeito da democracia, ou mesmo do socialismo; ao contrário, versava sobre o grau de socialismo que, com prudência, poderia ser aplicado ou se haveria a afirmação da democracia econômica. Então, tanto com o gabinete Conservador quanto com o Trabalhista, o poder do Estado progredia continuamente.[53]

Não obstante, em 1925 e 1926, leis parlamentares estabeleceram pensões para todas as viúvas e para todos os idosos – não só para os indigentes ou para pessoas em situação de emergência, mas para todos, para sempre. Disposições semelhantes para os desempregados e doentes se seguiriam. Que tais atos prometiam muito mais do que podiam verdadeiramente proporcionar, e que estavam parcamente custeados, passou desapercebido por certo tempo. "O Estado não deveria mais ser um interventor esporádico em épocas de dificuldade e tensão e o lenitivo da extrema pobreza, mas o verdadeiro canal compulsório e trivial ao qual, em muitas das contingências normais da vida, todas as pessoas, sem distinção de recursos, classes e ocupação deveriam buscar auxílio financeiro."[54] Depois da Segunda Guerra Mundial, o Plano Beveridge seria apenas uma ampliação das políticas de Stanley Baldwin e Neville Chamberlain. A grande greve geral ocorrer logo após tais medidas de bem-estar social foi um mau presságio: as classes trabalhadoras não estavam visivelmente agradecidas, e o governo Baldwin viria a cair em 1929.

Eliot acreditava que transformar todo o povo em pensionista do Estado não faria desaparecer nenhum dos descontentes da sociedade moderna, mas, com o tempo, isso iria exacerbá-los: foi uma concessão humanitária, mas não uma reforma imaginativa e benéfica. Na política externa, similarmente, os anos de Baldwin foram uma época de ilusão

---

[53] Keith Feiling, *A History of England*, 1950, p. 1086.
[54] Douglas Jerrold, *England: Past, Present and Future*, 1950, p. 222-23.

nos três partidos da Grã-Bretanha. Lorde Curzon (liderança que Eliot deve ter aprovado no governo), que há poucos anos quase fora escolhido primeiro-ministro, teve negado qualquer cargo no gabinete de Baldwin em 1925. No lugar de Curzon, Austen Chamberlain foi feito Secretário de Estado para Relações Exteriores: continuou a tolice de Locarno, e passado pouco tempo, sucedeu-lhe Neville Chamberlain que prosseguiria até a vergonha de Munique. Embora não fosse economista e nem diplomata, Eliot percebeu a vacuidade dos estadistas da década de 1920. Esses cavaleiros também arrastavam-se rodando "a figueira-brava às cinco em ponto da madrugada".[55]

O REINO DE SONHO DA MORTE

Com "The Hollow Man" (em grande parte, sobras do primeiro rascunho de *The Waste Land* publicados em fragmentos nas revistas *Chap Book*, *Dial* e *Criterion*, antes de aparecerem na forma final em *Poems 1909-1925*), Eliot põe fim a um período da vida em que viu o abismo de perto. Depois disso tornou-se um poeta de crenças. Alguns dos críticos tomaram "The Hollow Man" como um epílogo desanimador para uma busca sem esperanças; mas não era nem uma nem outra coisa, nem mesmo uma afirmação do triunfo do espírito.

Esses homens ocos – que evocam Kurtz de *Heart of Darkness* de Conrad, a efígie de Guy Fawkes, as figuras de Dante e do César assassinado de Shakespeare – são as almas que serão vomitadas da boca d'Ele. Escolheram se prolongar em uma desprezível morte em vida, em vez de passar das "mandíbulas da morte"[56] para "o outro

---

[55] No original: (...) *round the prickly pear / At five o'clock in the morning.* T. S. Eliot, "The Hollow Man", seção V, versos 70-71. (N. T.)

[56] A expressão *jaws of death*, aqui traduzida literalmente, já aparece em Shakespeare, em 1602. Ver William Shakespeare, *Twelfth Night* [Noite de Reis], ato III, cena IV. (N. T.)

reino da morte",[57] que poderá ser o Paraíso. Não que tenham pecado violentamente: o vício é a lassidão da vontade. A vida é para a ação, mas não agiram em espírito. Flebas, o marinheiro fenício, ao morrer pela água experimentou o renascimento, e foi mais feliz do que eles.

Esses homens ocos temem encontrar aqueles olhos – os olhos de Cristo, ou os olhos recriminadores da Beatriz de Dante – que exigem arrependimento e provação para a regeneração; cheios de medo escondem-se no "reino de sonho da morte",[58] preferindo a ilusão à realidade transcendente. Em certo sentido, são os liberais humanitaristas e secularistas que põem fé no trauma da perfeição imanente; em outro sentido, é a grande maioria da humanidade neste século, que prefere os confortos medíocres que conhece a busca da Capela Perigosa. John Henry Newman os descreveu: "Eles, que compreenderão naquele dia terrível em que se verão face a face com Aquele cujos olhos são como chamas de fogo, irão, nesse momento, como uma breve barganha, orar agradavelmente como pensam que farão depois".[59]

Não. É mais seguro brigar no reino de sonho, onde tais olhos não invadem a escuridão. Por causa da timidez, esses homens ocos perderam a personalidade. Amontoam-se em uma coletividade triste que não é uma comunidade. São atores de pantomina, espantalhos a venerar imagens esculpidas, cegos.

Sobre eles "tomba a sombra",[60] frustrando as insignificantes aspirações: as ideias não são apreciadas, os gestos nada concluem, a imaginação é estéril, as emoções não despertam respostas, os desejos terminam em aridez, somente restam forças latentes, e a própria existência não tem energia. As tentativas de súplica são tardias e vãs:

---

[57] No original: *In death's other kingdom*. T. S. Eliot, "The Hollow Man", seção III, verso 46. (N. T.)

[58] No original: *In death's dream kingdom*. Ibidem, seção II, verso 20. (N. T.)

[59] John Henry Cardinal Newman, *Parochial & Plain Sermons – vol. 5*. "Sermon 1 – Worship: A Preparation for Christ's Coming". Londres, Rivingtons, p. 2-3.

[60] No original: *Falls the Shadow*. T. S. Eliot, op. cit., versos 76, 82, 90. (N. T.)

é tarde para professar a fé com humildade. Não podem nem mesmo desintegrar, como Gerontion, em "despedaçados átomos";[61] não irão atear fogo à pólvora sob o Parlamento. O mundo deles termina "Não com uma explosão, mas com um gemido".[62]

Em uma sala de estar de Boston, Prufrock, que não ousava falar da verdade revelada, se viu no inferno de uma existência isolada. No reino de sonho da morte, na desolação do cacto e da figueira-brava,[63] tais homens ocos estão, para sempre, confinados. Este poema é o último dos esboços elioteanos do Inferno. Daí em diante, ainda será um Peregrino – mas buscará a "estrela perpétua, rosa multifoliada"[64] do amor atemporal, sabendo agora que a rosa é real. Um homem que se despiu da vaidade e dos desejos carnais pode lutar para, pelo sofrimento, chegar à rosa; mas um homem oco, um "homem empalhado",[65] agitado apenas pelo vento na terra morta, dando voltas sem fim ao redor da figueira-brava.

Em "The Hollow Man", Eliot nos dá uma imagem de "um tipo de inferno que a mentalidade moderna pode acreditar, e acreditar ser pior, e não melhor, que o limbo", escreve Harold F. Brooks:

> O inferno dos sermões dos jesuítas em Joyce não é crível; as "violentas almas danadas", o Farinata de Dante, o Caim de Byron, o Don Juan de Baudelaire, como o próprio Satanás, atraem a admiração romântica. Os homens ocos parecem um sujeito velho; não Fawkes, o herói-vilão, e aquilo a que estão para sempre condenados é a total paralisia, que corresponde, para a razão e para a alma, às previsões

---

[61] No original: *In fractured atoms*. Idem, "Gerontion". *Poems 1920*, verso 70. (N. T.)

[62] No original: *Not with a bang but a whimper*. Idem, "The Hollow Man", seção V, verso 98. (N. T.)

[63] Nome vulgar de mais de duzentas espécies de cacto, muitas com frutos comestíveis, pertencentes ao gênero *Opuntia*. (N. T.)

[64] No original: (...) *the perpetual star / Multifoliate rose*. T. S. Eliot, "The Hollow Man", seção IV, versos 63, 64. (N. T.)

[65] No original: (...) *stuffed man*. Ibidem, seção I, versos 2, 18. (N. T.)

catastróficas dos cientistas, segundo o princípio da entropia, de um "vale de estrelas tíbias".[66,67]

É o inferno da energia completamente exaurida, de uma erosão universal ao nível do mar; e pode estar pavimentado de boas intenções.

Esse é o inferno dos intelectuais que põem a confiança "naquela parte do presente que já está morta"; é o inferno do oportunista na política; é o inferno do homem sensual mediano que prefere a diversão efêmera ao amor pelo dever e sacrifício; é o inferno a que descem muitos homens, em todas das épocas; também é o inferno que mais está em conformidade com a infidelidade do século XX. Embora esse não seja o inferno da imaginação diabólica, certamente é o inferno para o qual a imaginação idílica nos seduz; é um inferno em que ninguém reina: nem mesmo o Grande Anarquista pode ser avistado.

---

[66] No original: [...] *valley of dying stars*. Ibidem, seção IV, verso 54. (N. T.)

[67] Harold F. Brooks, "Between *The Waste Land* and the First Ariel Poems: *The Hollow Men*". In: *English*, vol. XVI, n. 93, outono 1966, p. 89-93. Acredito que seja a melhor abordagem breve de "The Hollow Men".

Capítulo 5

Católico, Monarquista e Classicista

A JORNADA DO PEREGRINO RUMO ÀS TÊMPORAS

Do final de 1925 a primavera de 1930, Eliot não publicou nenhuma coletânea de verso nem qualquer poema maior. Esses foram os anos de transição das visões de danação para visões de purgação e confirmação. O tempo de Eliot foi gasto principalmente na editoração da *Criterion* e na elaboração de um grande número de ensaios e resenhas literárias. Contribuiu para periódicos, entre a publicação de *Poems, 1909-1925* e a de *Ash Wednesday*, escrevendo cerca de 140 peças em prosa. Essa foi a época em que as convicções teológicas e políticas de Eliot alcançaram a plenitude. Embora fosse aperfeiçoar e ampliar os primeiros princípios após 1930, não ocorreu nenhuma mudança de posição substancial após esse ano.

Entre 1925 e 1930, Eliot passou da dúvida à crença; do horror à crença; de uma política de aspirações juvenis à compreensão da política como a arte do possível. É conveniente olhar primeiro para a poesia de Eliot durante esses anos – o breve *Ariel Poems* [Poemas de Ariel] e as partes do drama inacabado que, mais tarde, foi publicado como "Sweeney Agonistes" [Sweeney Agonista] – sendo reservado para a conclusão deste capítulo *Ash Wednesday*.

O poema "Fragment of a Prologue" [Fragmento de um Prólogo] foi publicado na *Criterion* em outubro de 1926; o poema "Fragment of an Agon" [Fragmento de um Agon] foi publicado na mesma revista em janeiro de 1927. Eram para ser partes de uma peça teatral cujo título seria *Wanna Go Home, Baby?* [Quer ir para casa, boneca?]. Mas, a pretendida tragédia da era do *jazz* nunca se tornou realidade. Os dois fragmentos foram publicados juntos como *Sweeney Agonistes: Fragments of an Aristophanic Melodrama* [Sweeney Agonista: Fragmentos de um Melodrama Aristofânico] ao fim de 1932, e uma versão teatral (acrescida de uma cena final curta, um pouco desconexa) resultou em uma peça de um ato.[1] A perseguição das Fúrias,[2] sugerida em "Sweeney Agonistes", viria a se tornar o tema da peça *The Family Reunion* [Reunião de Família], em 1939. Os dois fragmentos são importantes principalmente porque põem fim às visões de horror de Eliot que se iniciam com "The Love Song of J. Alfred Prufrock"; depois disso, Eliot discerne o caminho para a purgação e a redenção.

Os "Fragmentos", com duas jovens mulheres de duvidosa virtude, a sorte em cartas de baralho, os visitantes masculinos de cabeça-oca e um Sweeney assombrado, provavelmente nunca poderia ser ampliado para se tornar uma peça de sucesso. "A temática dos primeiros versos do sr. Eliot encontra a suprema expressão em *The Waste Land*, do qual 'Sweeney Agonistes' parece ser um apêndice um tanto estéril", afirma Helen Gardner:

> restrito aos limites da apresentação teatral, com esse limitado círculo de pessoas, o "tédio", que em *The Waste Land* parece universal, é capaz de ser rejeitado como um acidente de determinada classe ou período; e o "horror" é igualmente trivial e simbolicamente um tanto

---

[1] A cena final, que Eliot decidiu não incluir nos textos publicados de *Sweeney Agonistes*, pode ser encontrada em Carol H. Smith, *T. S. Eliot's Dramatic Theory and Practice*, 1963, p. 62-63.

[2] Na mitologia greco-romana, as Fúrias (ou Erínias) eram as divindades infernais encarregadas de atormentar os criminosos, sempre representadas por três mulheres aladas de aspecto terrível, a saber: Alecto (Interminável), Megera ou Megaira (Rancor) e Tisífone (Castigo). (N. T.)

óbvio, como no toque do telefone e nas batidas, ou grotesco, como o breve incidente contado por Sweeney retirado do *News of the World*.[3]

Ainda que a crítica seja consistente, há um breve espaço para acrescentar outra exegese aos inúmeros comentários de Sweeney já publicados. Eliot abandonou a peça *Wanna Go Home, Baby?* não só porque o desenvolvimento dramático fosse impossível no plano que escolhera, mas também, certamente, por causa dele mesmo estar saindo de uma percepção de horror para uma percepção de homem regenerado.

O que acho surpreendente em algumas críticas de Sweeney é a afirmação de que a personagem é um mero fantoche. Eliot, o intelectual fala, de maneira pouco convincente, por intermédio do Sweeneypanzé; que os sentidos dos homens comuns não podem compreender o tédio e o horror de uma existência limitada a "nascer, copular e morrer".[4] Não obstante, atualmente, os manicômios estão repletos de sensuais homens comuns perseguidos pelas Fúrias. Sweeney cometeu um imperdoável ato de horror, e não pode voltar ao que fora antes desse ato. Ainda que tenha de "escolher as palavras quando lhes falo",[5] e embora Sweeney não domine suficientemente as palavras para expressar o terror e o asco que sente, ainda assim, tem ciência de sua atroz condição desesperadora. "Debaixo do bambual",[6] em uma versão jazzística da imaginação idílica de Rousseau, Sweeney pode procurar refúgio; mas não o encontra; compreende, nesse momento, que para alguém como ele "A vida é a morte",[7] seja no seu apartamento ou na ilha canibal.

---

[3] Helen Gardner, *The Art of T. S. Eliot*, 1950, p. 132.

[4] No original: *Birth and copulation and Death*. T. S. Eliot, "Fragment of an Agon". *Sweeney Agonistes*, versos 39, 42, 45 e 48. (N. T.)

[5] No original: *I've gotta use words when I talk to you*. Ibidem, verso 150. (N. T.)

[6] No original: *Under the bamboo tree*. Ibidem, versos 54, 61, 67, 73. (N. T.)

[7] No original: *Life is death*. Ibidem, verso 108. (N. T.)

Nevill Coghill foi assistir à produção de Rupert Doone da peça *Sweeney Agonistes* (apresentada para uma plateia de 30 pessoas, incluindo o próprio poeta). Um bom tempo depois, teve a oportunidade de questionar Eliot a respeito daquela produção. "Não tinha ideia de que a peça tencionava dizer aquilo que nos levara a pensar (...) que todos somos como Crippen",[8] disse Coghill da interpretação de Doone. "Fiquei atônito."

"Eu também", disse-lhe Eliot. O poeta pretendera algo muito diferente das conclusões de Doone de que todo homem é dominado pela compulsão de assassinar uma garota e dissolvê-la em ácido na banheira. Contudo, qualquer peça, laconicamente revelara Eliot para Coghill, pode ter mais do que um único sentido. No entanto, a interpretação de Coghill do sentido de *Sweeney Agonistes* (que toma como semelhante ao significado do poema "Marina")[9] está de acordo com a totalidade da compreensão de imaginação moral de Eliot naquela ocasião:

> A ideia dominante (para mim) é a do renascimento para a vida sobrenatural por um ciclo em que a descida à noite escura da alma é uma preliminar recorrente. Isso aparece como um processo tanto para o homem comum como para o místico professo, caso admita ou não como verdadeiro, e Sweeney é o homem comum, o medíocre, o tolerável grosseirão.
>
> Tal homem é torturado pela própria alma, cuja existência, de início, quase não percebe, mas ao amadurecer toma consciência da erupção de um "dente do juízo". Isso machuca e o leva, naturalmente, à violência.[10]

---

[8] Referência ao dr. Hawley H. Crippen, médico norte-americano que assassinou e ocultou o cadáver da esposa no início de 1910, em Londres. Entrou para a história como o primeiro assassino a ser capturado com a ajuda do telégrafo. (N. T)

[9] Um dos poemas da coletânea *Ariel Poems*. (N. T.)

[10] Neville Coghill, "*Sweeney Agonistes*". In: Richard March e Tambimuttu (eds.), *T. S. Eliot: A Symposium*, 1948, p. 82-87.

Não resgatado pela graça e de intelecto e vontade fracos, Sweeney descobre a alma apenas para conhecer o Inferno. Mas T. S. Eliot, com os *Ariel Poems*, estava se afastando do abismo. Sete meses depois de "Fragment of an Agon", a Faber & Gwyer publicava "The Journey of the Magi" [A Viagem dos Magos], uma espécie de cartão de felicitação (cinco mil cópias), especialmente encomendada pela empresa. Esse seria seguido, na série de *Ariel*, pelo poema "A Song for Simeon" [Um Cântico para Simeão] (1928), "Animula" (1929) e "Marina" (1930). Esses poemas formam um arco, como uma ponte, entre a esperança indistinguível em "The Hollow Man" e a Senhora compassiva de *Ash Wednesday*.

O poema "Journey of the Magi", como sugeriu o sermão de Lancelot Andrewes em Whitehall, no ano de 1622, é o relato singelo de um velho mago que pertenceu à antiga dispensação – e que, embora tenha visto a criança, afirma que "Uma outra morte me será bem-vinda",[11] pois, para ele, o nascimento do Cristo foi uma "amarga e áspera agonia".[12] A velha ordem, embora ainda pudesse ser vista, está desfeita; a nova ordem até agora não pôde ser compreendida.

Em "A Song for Simeon", no espírito do segundo capítulo do Evangelho de São Lucas, os "jacintos romanos estão florindo nos vasos"[13] como símbolos da nova dispensação, em que Simeão pode profetizar, mas não pode viver para apreciar; a visão última lhe é negada. A cidade será saqueada e as pessoas buscarão "a trilha das cabras e a toca da raposa".[14] Mas tudo Simeão aceita calmamente, consolado, "após ter visto a tua salvação".[15]

---

[11] No original: *I should be glad of another death*. T. S. Eliot, *Journey of the Magi*, verso 44. (N. T.)

[12] No original: *Hard and bitter agony*. Ibidem, verso 40. (N. T.)

[13] No original: (...) *Roman hyacinths are blooming in bowls*. T. S. Eliot, *A Song for Simeon*, verso 1. (N. T.)

[14] No original: (...) *the goat's path, and the fox's home*. Ibidem, verso 15. (N. T.)

[15] No original: *Having seen thy salvation*. Ibidem, verso 37. (N. T.)

"Animula" diferencia a alma que brota da mão de Deus com a alma suja que surge da mão do tempo. Frágil e nada percebendo, essa pobre alma vive de ilusões dos anos de infância e de outras ilusões na maturidade: "Vacilante e egoísta, trôpega e disforme".[16] O mundo engana e corrompe; contudo, após o viático, a alma deverá ser purificada e o suportará.

"Marina" (publicado um pouco depois de *Ash Wednesday*, mas, mesmo assim, o último trecho da ponte que parte de "The Hollow Man") é narrado pelo rei Péricles, cuja filha perdida fora recuperada pelo mar. É uma expressão de vitória da vida eterna sobre a morte. E, contudo, esse poema continua ambíguo: Péricles pode estar sonhando e se iludindo, seu desejo alimenta a visão. A ternura inunda o poema, como o faz em "Animula", mas ternura não é fé, e "Marina" não pode ser bem compreendido até que se leia *Ash Wednesday*.

Embora os quatro sejam bons poemas de inspiração religiosa, quase não poderiam ajudar a redimir o tempo, caso não surgissem *Ash Wednesday* e *Four Quartets* [Quatro Quartetos]. Estes são guias para a compreensão na longa via que vai da consciência da morte em vida à vida verdadeira que é encontrada na conjunção do temporal com o atemporal. Como aconteceu, perguntaram muitos dos admiradores de Eliot, de em apenas oito anos, o inovador, o tristonho criador do poema *The Waste Land* conseguir subir as escadas para encontrar a rosa multifoliada? Como poderia um poeta modernista acreditar ser possível encontrar refúgio em tão antiga ortodoxia?

A jornada de Eliot em direção à fé cristã não era um fenômeno específico de seu tempo, é claro: a peregrinação fora feita, ou estava sendo feita, por homens de letras tão diversos quanto G. K. Chesterton, C. S. Lewis, Roy Campbell, Charles Williams, Edwin

---

[16] No original: *Irresolute and selfish, misshapen, lame*. T. S. Eliot, *Animula*, verso 27. (N. T.)

Muir, Paul Elmer More e Evelyn Waugh. Mesmo assim, não há dois deles que tivessem seguido exatamente o mesmo caminho. No caso de Eliot, não há nada surpreendente no restabelecimento da fé (foi uma recuperação, em vez de uma queda providencial na estrada para Damasco). Teria sido estranho caso um homem tão apaixonado pela tradição inglesa, e tão conhecedor de Dryden, Johnson e Coleridge, não tivesse se sentido atraído para a viva e visível Igreja da Inglaterra – e nessa Igreja, em direção ao partido que herdara o Movimento de Oxford.

A crença visa à ação,[17] dissera John Henry Newman. Muito antes de sua crisma, Eliot estivera seguindo uma vida cristã e lendo uma quantidade substancial de vigorosa literatura cristã – dando ênfase especial aos escritos de Newman. Se, digamos, os intelectos majestosos de Johnson e Newman foram submissos ao dogma, por que não deveria T. S. Eliot aceitar a autoridade da Igreja? Eliot crescera familiarizado com as filosofias, as ideologias, e os inovadores cultos à estética linguística de seu tempo, e os via como sepulcros caiados, manifestações da decadência do espírito. No entanto, a Igreja ainda era uma rocha, grande e antiga. "A razão primeira de realmente admirarmos tais coisas maiores", escrevera o judicioso Hooker, "e a razão segunda de admirá-las por serem as mais antigas é porque as primeiras são as que menos distam da substância infinita e as outras as que menos distam da infinita duração de Deus".[18] Ao escrever "The Hollow Man", Eliot ainda murmurava, "Creio, Ó Senhor, ajudai-me

---

[17] Um bom exemplo de tal princípio é a afirmação de Newman na obra *Gramática do Assentimento*: "A vida é para a ação. Se insistirmos em provas para todas as coisas, jamais chegaremos à ação; para agir tens de supor, e tal suposição chama-se fé". In: John Henry Newman, *Ensaio a Favor de uma Gramática do Assentimento*. Trad. Artur Morão. Lisboa, Assírio & Alvim, 2005, p. 119. (N. T.)

[18] Richard Hooker, *The Works of that Learned and Judicious Divine, Mr. Richard Hooker, in Eight Books of the Laws of Ecclesiastical Polity*. Book V – Ecclesiastical Polity. Londres, 1723, n. 69, p. 249 b.

na incredulidade". Os *Ariel Poems* são o início da ação que segue à crença. E houve vários motivos pelos quais a crença seguiu mais rapidamente do que Eliot poderia esperar.

Primeiramente, Eliot nunca fora um anticristão ou ateu, só escapulira do Unitarismo de St. Louis e da Nova Inglaterra.[19] Desde os dias de escola, sua condição fora de dúvida aflitiva e não de negação beligerante. O protestantismo norte-americano do século XX, com a tendência a se deteriorar em um *ethos* de sociabilidade, não o satisfez nem intelectualmente nem emocionalmente. No entanto, o patrimônio cristão que herdara das gerações de honestos habitantes da Nova Inglaterra repousava no âmago de sua tradição. Isso não poderia ser ignorado. O que necessitava era de uma "gramática do assentimento". Na Igreja da Inglaterra, com a liturgia grandiosa, a antiga capacidade intelectual, as esplêndidas igrejas de todos os períodos, a identidade que mantinha com praticamente toda a cultura inglesa, veio a descobrir aquilo que acreditava insuficiente na Igreja do Messias e no sectarismo dos últimos dias de Beacon Hill.

Em segundo lugar, o encontro de Eliot com o humanismo, por intermédio de Irving Babbitt e outros, o levara a fazer as perguntas últimas. A economia conduz à política, dissera Babbitt, e a política à ética. Mas quais sanções existem para a ética? Assim como Paul Elmer More, Eliot achou necessário ultrapassar a ética e ir para a teologia. Os ensaios e apartes de Eliot a respeito do humanismo, um assunto constantemente discutido por ingleses, norte-americanos e pelos colaboradores continentais de sua revista, são a prova de quão fortes eram suas simpatias para com os humanistas do século XX – e do quanto aprendera com eles – e de como o deixaram insatisfeito e sedento por uma certeza mais forte.

---

[19] O melhor aspecto do Unitarismo, Eliot escreveu em uma resenha para vários livros na *Criterion* (maio 1927), não é o liberalismo supostamente confortável do século XIX, senão, mais propriamente, "uma espécie de reserva emocional e integridade intelectual".

Em carta para Bonamy Dobrée, no início de 1929, Eliot tocou no ponto central dessa questão:

> Não me oponho, minimamente, à posição de Babbitt para Babbitts. É uma postura bastante possível para um indivíduo. Somente digo: essa não é uma doutrina que possa ajudar o mundo de modo geral. O indivíduo com certeza pode amar a ordem sem amar a Deus. As pessoas não são capazes disso. E quando digo as pessoas, não pense que estou me referindo a qualquer bairro pobre, subúrbio ou às pessoas da Belgrave Square; refiro-me a quem quer que possa ser abordado por um meio de comunicação impresso. Devo dizer do humanismo o que muitos dizem do misticismo: é impronunciável e incomunicável. Pois serve apenas a um único humanista. Não é só uma tolice, mas algo condenável, dizer que o cristianismo é necessário para as pessoas, até que essa pessoa sinta ser necessário para si mesma. Não estou atacando o humanismo: devo ser mais hostil para com um católico sem humanismo; apenas quis dizer que o humanismo é um ingrediente, e de fato, um ingrediente necessário, em qualquer catolicismo respeitável. Gostaria de ressaltar o perigo de Babbitt levar alguns dos discípulos a uma espécie de catolicismo que não aprecio tanto quanto ele.[20]

O humanismo, então, o ferroou como se fora um inseto, despertando a curiosidade e a investigação. Sua reação, após deixar Harvard, foi um transcender gradual do argumento humanista, à realização, em vez da rejeição dos ensinamentos de Babbitt. Assim como Thomas More e Erasmo, Eliot tornou-se humanista e cristão.

Em terceiro lugar, o estudo de F. H. Bradley e do idealismo impulsionara Eliot para a busca por uma realidade que fosse mais que o *continuum* temporal de passado, presente e futuro. Será que tudo é efêmero? Não existe uma realidade permanente? O idealismo buscou penetrar além do mundo das aparências, mas pôde oferecer somente uma vaga apreensão do absoluto por meio de alguma experiência imediata unificadora de razão, vontade e sentidos. O próprio idealista não é

---

[20] Eliot para Dobrée. Ver Bonamy Dobrée, "T. S. Eliot: A Personal Reminiscence". In: Tate (ed.), *T. S. Eliot: The Man and His Work*, 1967, p. 72.

dono de tal experiência transcendente: devemos nos voltar aos místicos para isso. E, caso nos voltemos para os místicos, também devemos voltar à fonte da comunhão mística – ao ser de Deus? Os estudos hinduístas de Eliot o predispuseram à mesma conclusão. Ademais, poucos são místicos. Para um gênio como Pascal, a visão mística ocorreu apenas uma vez, e foi impossível de exprimir em palavras, a não ser por "Fogo, fogo, fogo!".[21] Será que não somos dependentes do conhecimento do verdadeiro eu (distinto do ego faminto e iludido) e do conhecimento dos outros e do mundo, do conhecimento sobre a revelação e o *Lógos* – sobre a capacidade de penetração divina na consciência humana? Os estudos metafísicos impulsionaram Eliot para percepções religiosas.

Embora sempre partidário da reta razão, Eliot compreendia que a razão discursiva não é a única via de acesso à verdade. Várias vezes, ficou do lado da razão contra o impulso e a ideologia. Suspeitava da noção de uma intuição não controlada pela autoridade e não submetida à análise discursiva – assim como opunha-se à falácia de uma consciência indisciplinada. Todavia, as intuições de fé – "o salto no ser"[22] do homem de visão, a súbita experiência direta da realidade – são essenciais à posterior poesia de Eliot. Durante o ano de 1927, a *Criterion* publicou um longo debate ou simpósio a respeito de inteligência e intuição, cujos participantes foram Middleton Murry, padre Martin D'Arcy, Charles Mauron, Ramon Fernandez e o próprio Eliot.

Escreveu Eliot:

> O sr. Murry sugere que deva dizer uma ou duas coisas; quer negue completamente a "intuição", ou afirme a "intuição" como uma forma

---

[21] Referência ao episódio acontecido em 23 de novembro de 1654 em que Pascal teve uma experiência mística durante duas horas. Após tal experiência ingressou no mosteiro jansenista de Port-Royal e viveu asceticamente até morrer. (N. T.)

[22] Para a compreensão da terminologia voegeliana utilizada por Kirk, ver "A Simbolização da Ordem". In: Eric Voegelin, *Ordem e História, vol. I – Israel e a Revelação*.Trad. Cecília Camargo Bartolotti. São Paulo, Edições Loyola, 2009, p. 45-55. (N. T.)

de inteligência. Por certo não me refiro à primeira; não desejo absolutamente expurgar a palavra "intuição" do dicionário. O que pretendo dizer se parece mais com a última opção. Estou disposto a admitir, *grosso modo* e rapidamente, que "a inteligência é o gênero, a intuição e o discurso, as espécies" (...) Disponho-me a dizer que a intuição deve ter seu lugar em um mundo de discurso; deve haver espaço para intuições tanto no topo quanto embaixo, no início e no fim, mas tal intuição sempre deve ser testada e capaz de teste, na experiência integral em que o intelecto exerce um grande papel.[23]

As percepções de *Ash Wednesday* – e mais ainda, dos *Four Quartets* – seriam o ápice das intuições em um mundo discursivo.[24]

Um quarto motivo seria Eliot ter progredido para a fé cristã porque vira a que ponto o mundo moderno estava chegando com a decadência da fé. Se a terra se torna uma desolação árida quando as águas da fé secam, então tais águas devem ter sido a fonte da vida pessoal e da comunidade. Aceitou a presunção legítima de que a fé cristã poderia ser julgada pelos frutos – ou pelos frutos que outrora produzira: percebera como a ignorância ou negação do pensamento cristão fora seguido pela desordem privada e pública.

---

[23] Ver T. S. Eliot, "Mr. Middleton Murry's Synthesis". *The Criterion*, vol. VI, n. 4, out. 1927, p. 341-42.

[24] Este ponto pode ser esclarecido pela referência à conversa entre St. John Perse (cuja obra *Anabasis* Eliot traduzira e publicara em 1930) e Albert Einstein. O cientista tinha convidado o poeta a Princeton para lhe fazer uma pergunta:
– Como um poeta trabalha? Como a ideia de um poema lhe vem à mente? Como ela se desenvolve?
St. John Perse descreveu o grande papel exercido pela intuição e pelo subconsciente. Einstein parecia encantado:
– Mas é o mesmo que acontece com o homem de ciência – disse –, o mecanismo da descoberta não é lógico nem intelectual. É uma iluminação súbita, quase um êxtase. Mais tarde, com certeza, a inteligência analisa, os experimentos confirmam (ou invalidam) a intuição. Contudo, inicialmente, há um grande salto da imaginação.
Ver André Maurois, *Illusions*, 1968, p. 35.

De *Prufrock* a "The Hollow Man", descrevera a meia-vida perversa dos pecadores de sua época. Com *Ash Wednesday* começaria a descrever a possibilidade de regeneração. Como disse Hoxie Neale Fairchild a respeito de Eliot,

> lenta e gradualmente descobre que anseios românticos frustrados são incapazes de enfrentar a consciência que tinha da realidade e do mal, e que o problema do mal não faz sentido a menos que seja interpretado em termos cristãos. Por um certo tempo reconheceu essa verdade sem se sentir disposto a agir nesse sentido. Então, tornou-se cristão e começou a escrever poesia cristã.[25]

Portanto, uma vez que Eliot começara a agir, logo foi impelido a escrever *Ash Wednesday*. O ato mais indicativo foi ser crismado na Igreja Anglicana em 1927 – ano em que se tornou, também, súdito britânico. Nos escritos em prosa, por vários anos após 1925, vemos explicação suficiente, ainda que fragmentária, de como a razão e o sentimento agiram nele, após ter anatemizado os homens ocos, e lhe trouxeram certezas. Ao longo das quatro décadas de vida que ainda teria pela frente, seria sustentado por tais coisas permanentes.

No ensaio "Second Thoughts on Humanism" [Reconsiderações sobre o Humanismo] de 1929, Eliot mostraria, muito claramente, como deu substância a tudo isso. Citou T. E. Hulme sobre o realismo dos dogmas cristãos, que são muito mais importantes que "o sentimento de Fra Angelico". Então, com palavras semelhantes às de John Henry Newman afirmou que veio a professar o cristianismo porque chegara à conclusão de que os dogmas eram verdadeiros:

> A maioria supõe que algumas pessoas, porque desfrutam da delícia dos sentimentos cristãos e do entusiasmo do ritual cristão, engolem ou fingem engolir dogmas incríveis. O processo é o exato oposto.

---

[25] Hoxie Neale Fairchild, *Religious Trends in English Poetry, vol. V: 1880-1920, Gods of a Changing Poetry*. Nova York, Columbia University Press, 1962, p. 564.

O assentimento racional pode ocorrer tardiamente, a convicção intelectual pode ser lenta, mas inevitavelmente chegam sem violentar a honestidade e a natureza. Pôr os sentimentos em ordem é uma tarefa posterior e imensamente difícil: a liberdade intelectual é mais breve e mais fácil do que a completa liberdade espiritual.[26]

A CAPACIDADE DE SALVAÇÃO

For Lancelot Andrewes [Em honra de Lancelot Andrewes][27] foi publicado em novembro de 1928 (1.500 cópias). Os oito ensaios "sobre estilo e ordem" nesse volume apareceram anteriormente em periódicos, não obstante muitos leitores dos dois lados do Atlântico ficarem assustados com a nota preliminar de que, na realidade, a ortodoxia era a sua *doxa*, como fora para o dr. Johnson. Eliot se declarou um classicista em literatura, um monarquista em política e um católico anglicano em religião. "Estou bastante ciente de que o primeiro termo é completamente vago, e facilmente se presta à bazófia; estou ciente de que o segundo termo está, no momento, sem definição, e facilmente se presta àquilo que é quase pior que a bazófia, ou seja, um conservadorismo moderado, o terceiro termo, não cabe a mim definir."[28]

---

[26] T. S. Eliot, *Selected Essays 1917-1932*. Londres/Nova York, Faber & Faber, 1932, p. 402.

[27] Muito da conversão de Eliot se deveu à leitura dos sermões de Lancelot Andrewes, descrito nessa obra como o maior pregador que já houve na Igreja Anglicana, superior até mesmo a John Donne. Vemos a influência da obra de Andrewes em vários poemas de Eliot, como em "The Coming of the Magi", que faz referências explícitas ao sermão da Epifania de 1622. Ver *For Lancelot Andrewes: Essays on Style and Order*. Londres, Faber & Gwyer, 1928. (N. T.)

[28] T. S. Eliot, Prefácio. *For Lancelot Andrewes: Essays on Style and Order*. Londres, Faber & Gwyer, 1928, p. ix-x.

Que distância de Bloomsbury! Mas Eliot não tinha sofrido nenhuma grande mudança, exceto no senso simbólico que emergira da noite escura da alma à certeza da fé. As convicções de 1928 derivaram de modo bastante natural das inclinações de 1915.

Católico anglicano? Isso poderia escandalizar o grupo de Bloomsbury, mas o cristianismo sempre fora um escândalo. Contudo, poderíamos questionar por que (tendo sido tão influenciado por Newman) Eliot não continuou até o fim para Roma. No entanto, não há dúvida de que o desejo de Eliot de participar, na Inglaterra, de uma tradição viva havia garantido a permanência em Canterbury. A liturgia da Igreja da Inglaterra era entrelaçada com o conjunto das obras literárias que ele tanto conhecia; os esplêndidos monumentos arquitetônicos da Igreja Anglicana estavam por toda a parte; ainda perdurava a consagração da Igreja Anglicana ao Estado – ainda que de forma precária; os pregadores e estudiosos dessa Igreja, do reinado de Elizabeth em diante, haviam povoado sua mente naqueles últimos anos. Em Londres, o catolicismo romano parecia uma coisa exótica, algo mais irlandês que latino. Eliot professaria a fé católica na vertente anglicana.[29] Fora batizado discretamente em 1927.

Monarquista? A palavra soava bastante estranha à maioria dos ingleses. Quase todos na Grã-Bretanha eram monarquistas, visto que a democracia britânica não tinha a menor intenção de atacar Windsor: mesmo no partido Trabalhista, um republicano era tido como um excêntrico bastante desagradável. Mas Eliot estava novamente expressando a observação de Newman que o *Torismo* é lealdade às pessoas. Significava que sua fidelidade (professada alguns

---

[29] Quase todos os escritores que se tornaram cristãos naquela época, observa George Orwell, foram "para a Igreja com organização mundial (...) Talvez valha a pena notar que Eliot, o único recém-convertido daqueles dias com talentos de primeira grandeza, abraçara não a Igreja Romana, mas o anglo-catolicismo, o equivalente eclesiástico ao trotskismo". Ver Orwell, "Inside the Whale" (1940). In: Orwell and Angus (eds.), *The Collected Essays, Journalism and Letters of George Orwell*, vol. 1, p. 515.

meses antes) fora dada à coroa – e não, digamos, ao Partido Conservador de 1928, na ocasião, prestes a perder a eleição geral. Eliot queria dizer que apoiava as instituições políticas prescritivas da nação que escolhera para si; que rejeitava a revolução e a ideologia; e que, na pior das hipóteses, preferia o "rei tronco ao rei cegonha",[30] ou seja, um soberano legítimo a um ditador como Mussolini.

Devemos acrescentar que um renovado respeito pelos monarcas, aos quais foi dada, como diria Burke, certa "graça natural da existência",[31] estava no ar no final da década de 1920. Não foram poucos os intelectuais (devendo ser incluídos aí alguns pensadores nada convencionais) que começaram a mostrar que monarcas constitucionais poderiam ter suficiente senso de honra e de compromisso com a justa autoridade para impedir oligarcas sórdidos, interesses predatórios e a canalha ideológica. Bernard Shaw, na ocasião, parecia quase tão monarquista quanto Eliot. Consideremos o prefácio de Shaw à peça *The Apple Cart: A Political Extravaganza* [A Carroça de Maçãs: uma *Extravaganza* Política], apresentada pela primeira vez em agosto de 1929. O rei Magnus é o herói de Shaw na peça – um herói trágico –, apesar de Shaw tentar alegar imparcialidade.

"Algumas pessoas ainda se agarram ao erro de que na disputa entre autoridade real e democracia, a prejudicada é a democracia. Tais pessoas estão há muito desatualizadas", escreveu Shaw:

> No entanto, para mim, é o rei quem está condenado a ficar tragicamente nesta posição no futuro em que se passa a peça, e já está visivelmente

---

[30] Alusão à fábula de Esopo, "As Rãs e Júpiter". Ver *Fabulas de Esopo, com Applicações Moraes a cada Fabula*. Paris, Typographia Pillet Fils Ainé, 1848, p. 76-77. (N. T.)

[31] No original: "*unbought grace of life*", expressão de difícil tradução que designa certa graciosidade e benevolência que nem todos podem adquirir. Optamos utilizar a tradução consagrada na seguinte edição brasileira: Edmund Burke, *Reflexões sobre a Revolução em França*. Trad. Renato de Assumpção Faria, Denis Fontes de Souza Pinto e Carmem Lídia Richter Ribeiro Moura. Brasília, Editora da Universidade de Brasília, 1982, p. 100. (N. T.)

a meio caminho disso; mas a teoria da monarquia constitucional supõe que o rei esteja integralmente no posto, e assim tem sido desde o final do século XVII.

Ademais, o conflito não é verdadeiramente entre realeza e democracia. É entre ambas e a plutocracia, que, ao ter destruído o poder real com força ostensiva sob pretextos democráticos, comprou e teve de engolir a democracia.[32]

Por um momento, os sentimentos de Shaw e Eliot coincidiram.

Eliot queria dizer que via a monarquia, onde quer que tenha sobrevivido ou pudesse ser restaurada no devido tempo, como um baluarte da ordem: a fragilidade dos estados sucessores da Europa, durante a década anterior, provou essa teoria. Eliot não mais nutria qualquer ideia de monarquia nos Estados Unidos ou em qualquer outra república há muito instituída, como nutrira aquele seu parente, John Adams. Em vez disso, estava a dizer que onde quer que reis tivessem reinado por muito tempo, como na Inglaterra, derrubar o trono seria subverter a ordem, a justiça e a liberdade. Eliot respeitava o monarquismo de Charles Maurras – apesar de certas extravagâncias de linguagem em Maurras – como uma barreira à ditadura: um rei forte e um primeiro-ministro capaz seriam preferíveis a um ditador dissimulado como ministro, dominando um rei obscurecido.

Classicista? Muitos dos admiradores de Eliot, e muitos dos adversários, negavam que ele fosse algo do tipo; outros críticos apoiaram a declaração. Mas, em geral, é melhor aceitar a própria avaliação sincera de um homem. Neste particular, Eliot queria dizer que viveu e respirou tradição: o classicista é assimilador, pois a capacidade de assimilar é o dom de absorver cultura (assim dissera Dryden de Ben Johnson, assim Samuel Johnson – como Rasselas – escrevera a respeito da poesia, e assim Pope agira). Queria dizer também que

---

[32] Bernard Shaw, *The Bodley Head Bernard Shaw: Collected Plays with their Prefaces*. Londres, Reinhardt, 1973, p. 252.

representava a reta razão, em oposição à obsessão por pretensas originalidade, personalidade e criatividade; expressava as coisas permanentes, em oposição à ânsia pela novidade; apresentava a normalidade em contraste com a deformidade.

"Se devemos ser qualificados como 'neoclassicistas'", escrevera no "Comentário" da *Criterion* de junho de 1927, "Esperamos que ao 'neoclassicismo' seja permitido incluir a ideia de que o homem é responsável, *moralmente* responsável pelo presente e pelo futuro imediato". O classicismo, afirmou repetidamente, significa um equilíbrio sensato, derivado da participação consciente em uma grande tradição; significa a valorização do passado vivo. No mesmo comentário, declarara que a *Criterion* iria continuar:

> a usar a palavra "classicismo", insatisfatória como é para a maioria das pessoas para as quais significa pouco mais que um par de versos alexandrinos, a pintura de David, a arquitetura da Igreja de la Madeleine ou possivelmente o Museu Britânico (...) Aqueles que ainda encontram certo esteio e conforto na palavra "classicismo" sempre estão em desvantagem. Caso fiquem restritos à crítica, são censurados pela falta de capacidade criativa; caso "criem" e se o que criarem (como é certo de acontecer) guardar pouca semelhança na forma com a obra de Racine, do dr. Johnson ou de Landor, então, imediatamente é dito que os preceitos e a prática estão totalmente divorciados: pois caso não possam negar que a obra criativa deles tenha mérito, sempre negam que tenha qualquer das características do "classicismo".[33]

Na passagem anterior, Eliot refuta, sucessivamente, creio, vários críticos que questionam, na verdade, a impossibilidade de Eliot ser um classicista porque *The Waste Land* é diferente do *The Rape of the Lock* [O Rapto da Madeixa] de Pope. No entanto, tais categorias literárias "românticas" e "clássicas" foram perdendo precisão durante os primeiros sucessos de Eliot como crítico, e hoje caíram em uma confusão ainda maior (de fato, quanto existe em comum

---

[33] T. S. Eliot, "A Commentary". *The Criterion*, vol. V, n. 3, jun. 1927, p. 284.

entre um "romântico" como Walter Scott e um "romântico" como Percy B. Shelley?). No entanto, caso alguém queira definir "classicista", está bastante claro que as convicções literárias de Eliot eram coerentes, e que ele procurou permanecer na linha sucessória de Virgílio e Dante. No breve livro que escreveu sobre Dante, surgido em 1929, e ao escrever o prefácio de *For Lancelot Andrewes*, Eliot tinha em mente tal esplendor clássico. Em essência, o classicismo de Eliot era a expressão literária da imaginação moral, rivalizando com as imaginações idílica e diabólica.

De pouco valeu o manifesto de Eliot. Dos ensaios de *For Lancelot Andrewes*, há dois em especial (posteriormente reimpressos nos *Selected Essays* [Ensaios Escolhidos]) que falam do anglo-catolicismo e da política de preceitos. A leitura de Pascal e de Newman ajudaram Eliot no caminho do estabelecimento do princípio; da mesma forma, a reflexão sobre Baudelaire e os dois bispos anglicanos do "século do gênio", Andrewes e Bramhall, que se tornaram seus padrinhos de crisma invisíveis. Eliot lera bem Richard Hooker e Jeremy Taylor. Muitos o fizeram na ocasião, o que a maioria não fez, foi ler também Lancelot Andrewes, bispo de Winchester, e John Bramhall, bispo de Derry.

Uma igreja deve ser julgada pelos frutos intelectuais, pela influência sobre a sensibilidade e por seus monumentos arquitetônicos, escrevera Eliot no ensaio sobre Andrewes. "A Igreja Anglicana", admitia, "não tem nenhum monumento literário que se compare ao de Dante, nenhum monumento intelectual igual a Santo Tomás de Aquino, nenhum monumento equivalente a São João da Cruz, nenhum prédio tão belo quanto a Catedral de Módena ou a Basílica de São Zenão em Verona."[34] Todavia, a Igreja da Inglaterra era digna de receber um parecer favorável em termos intelectuais, caso Hooker e Andrewes fossem estudados.

---

[34] T. S. Eliot, "Lancelot Andrewes". *For Lancelot Andrewes: Essays on Style and Order*. Londres, Faber & Gwyer, 1928, p. 16.

Pode não ser um caminho fácil:

Para pessoas cujo raciocínio está habituado a alimentar-se no jargão impreciso de nossa época, quando temos vocabulário para tudo e ideias precisas a respeito de nada – quando uma palavra parcialmente compreendida, retirada do lugar por alguma ciência divergente ou mal concebida, como a psicologia, esconde tanto do escritor quanto do leitor a falta de significado de uma afirmação, quando todo dogma é posto em dúvida exceto os dogmas das ciências que lemos nos jornais, quando a linguagem da própria teologia, sob a influência do misticismo indisciplinado da filosofia popular tende a se tornar uma linguagem de tergiversação – Andrewes pode parecer pedante e literal. Apenas quando nos impregnamos de sua prosa, seguindo o movimento de seu raciocínio, que descobrimos o decisivo exame das palavras no êxtase da aprovação.[35]

Andrewes é mais rico que John Donne porque está mais profundamente enraizado na tradição.

Eliot contrasta o bispo Bramhall com Hobbes, "um desses extraordinários arrogantes que surgem do nada, a quem as moções caóticas da Renascença lançaram a uma eminência que dificilmente mereceu e que nunca perdeu".[36] Thomas Hobbes foi um primitivo divulgador do cientificismo, aplicado à fé e à política. Não levou muito em conta a vontade humana, substituindo-a por uma teoria rasa de percepção sensorial; e a teoria do governo de Hobbes não era absolutamente filosófica. A psicologia hobbesiana levava à tirania política – embora fosse por intermédio do temperamento, e não pela racionalidade. Bramhall, na sua apologia da Igreja e do Estado contra Hobbes, foi o defensor das ordens moral e pública – incluindo a liberdade ordenada, pois Bramhall cria que o rei tinha uma obrigação religiosa para com seu povo, bem como uma obrigação civil. Hobbes, de fato, foi um dos primeiros ideólogos:

---

[35] Ibidem, p. 24.
[36] T. S. Eliot, "John Bramhall", op. cit., p. 35-36.

É extraordinário que uma filosofia, em essência, tão revolucionária quanto a de Hobbes, e tão semelhante a da Rússia contemporânea, alguma vez tenha sido admitida como base ao Torismo. Mas, tal ambiguidade é, em grande parte, a responsável pelo sucesso. Hobbes foi revolucionário no pensamento e timidamente conservador na ação, e sua teoria de governo é apropriada ao tipo de pessoa que é conservador por prudência, mas revolucionário em sonho (...) A violência de Hobbes é de tal forma que muitas vezes atrai as pessoas de boa estirpe. O efeito ilusório de unidade entre a simples teoria da percepção sensorial e uma teoria de governo igualmente simples é de uma espécie que sempre será popular porque parece ser intelectual, mas na verdade é emocional e, portanto, muito tranquilizadora para mentes ociosas.[37]

Quando um Bramhall é esquecido e um Hobbes é exageradamente elogiado pelos intelectuais, as ordens pública e privada estão em decadência: essa é a lição dos ensaios sobre Andrewes e Bramhall. Conquanto possa ser heresia e loucura erigir um fundamento religioso por suposta necessidade política, Igreja e Estado não podem ser separados; um Estado declaradamente ateu será construído, afinal, pois é a própria caricatura secular da Igreja, e com sua hierarquia herege decretará os próprios dogmas alterados. Tanto a Igreja quanto o Estado deverão definhar caso seja tentado erigir entre ambos um muro de separação, acreditava Eliot. Escreveu os ensaios sobre Andrewes e Bramhall e recebeu a comunhão na Igreja da Inglaterra, numa época em que a separação Igreja-Estado parecia provável, e que várias belas igrejas da cidade ameaçavam ser demolidas. Em 1926, ele e Bonamy Dobrée tinham liderado, ao som de hinos, uma procissão pelas ruas em protesto ao plano de demolir as igrejas "supérfluas" da cidade; e foram bem-sucedidos em evitar tal atrocidade. Todavia, Eliot não estava muito animado com sua pequena vitória. Em agosto daquele ano escreveu a Dobrée que não se poderia esperar nenhuma união com Roma:

---

[37] Ibidem, p. 45-46.

O que quis dizer foi que depois da separação Igreja-Estado, a Igreja Anglicana perderia toda a razão de existir, e que os membros mais sérios iriam, aos poucos, passar para Roma. Alguns cairiam no inconformismo, a maioria se contentaria com casamentos civis e deuses individuais (em lugar de "meu Deus", teríamos "meu cachorro", "meu cachimbo", "meu equipamento de golfe" e "meu pedaço de jardim", estes seriam os deuses deles). Mas Roma irá, muito lentamente, se tornar mais forte.[38]

Eliot supunha estar arriscando a sorte com os vencidos.

Por que aderir a uma causa perdida? Porque a Igreja é a guardiã da verdade. "Devo dizer que, de certa forma, foi essencial para a religião que pudéssemos ter a concepção de um objeto imutável ou a Realidade, cujo conhecimento será o objeto final daquela vontade. Não pode haver realidade permanente, caso não haja verdade permanente", escreveu para Dobrée. "É claro que estou pronto a admitir que a apreensão humana da verdade varie, mude e talvez desenvolva, mas isso é uma propriedade da imperfeição humana e não da verdade. De qualquer modo, não podemos conceber a verdade, a palavra não tem significado, salvo ao ser tomada como uma coisa permanente."[39] Repositório e intérprete das coisas permanentes, a Igreja torna possível a ordem interior e exterior. Uma Inglaterra sem a Igreja seria uma Inglaterra destituída da verdade.

Dentre as verdades que a Igreja guarda, assomam o conhecimento do pecado e a redenção. Na introdução da tradução de *Jornaux Intimes* [Diários Íntimos] de Baudelaire, em 1930, Eliot afirma que mesmo o mal é preferível ao:

> automatismo animado do mundo moderno (...) Uma vez que somos humanos, o que fazemos deve ser bom ou mau; já que fazemos o bem ou o mal, somos humanos; é melhor, paradoxalmente, fazer o mal a nada fazer: ao menos existimos. É verdadeiro dizer que a glória do homem é a capacidade de salvação; também é verdade dizer que sua

---

[38] Dobrée, op. cit., p. 70.
[39] Ibidem, p. 75.

glória é a capacidade de condenação às penas eternas. O pior que pode ser dito da maioria dos malfeitores, de estadistas a ladrões, é que não são homens o suficiente para merecerem a condenação eterna.[40]

O homem oco é mais vil que o Farinata de Dante.

Em meados do século XIX, uma época que (na melhor das hipóteses) Goethe prefigurara um período de grande atividade, programas, plataformas, progresso científico, humanitarismo e revoluções que nada melhoraram; em uma época de degradação progressiva, Baudelaire percebeu que o que realmente importava era o pecado e a redenção (...) e a possibilidade de condenação eterna é um alívio tão grande em um mundo de reforma eleitoral, plebiscitos, reforma dos sexos e do vestuário, que a própria danação é uma forma imediata de salvação – da salvação do tédio da vida moderna, porque, ao menos, dá algum significado para a vida.[41]

A Igreja, então, representa a liberdade da vontade – a liberdade de escolha entre a salvação e a condenação – assim como representa a comunidade voluntária. Caso a Igreja seja derrubada, da mesma forma cairá a ordem social tolerável. Contudo, poucos apoiam a Igreja por mera conveniência social, e não devem. A missão da Igreja é ordenar as almas, não ordenar o Estado – embora da comunidade de almas deva surgir uma comunidade social. A fé não é o produto de um conceito falacioso da Igreja como uma espécie de polícia moral.

Então, como um homem é convencido a aceitar a doutrina e a igreja cristãs? Na introdução aos *Pensées* [Pensamentos] de Pascal, em 1931, Eliot lidou com tal pergunta com expressões semelhantes às do cardeal Newman:

O pensador cristão – e tenciono chamar assim aquele que está tentando elucidar, consciente e escrupulosamente, o próprio seguimento que

---

[40] T. S. Eliot, *Selected Prose of T. S. Eliot*. Nova York, Houghton Mifflin Harcourt, 1975, p. 236.

[41] Ibidem, p. 235.

culmina na fé, e não o apologeta público – que procede por rejeição e eliminação, constata que o mundo é um tanto desagradável; descobre ser inexplicável por qualquer teoria não religiosa. Dentre as religiões encontra o cristianismo, e o cristianismo católico, que descreve o mundo mais satisfatoriamente, em especial o mundo moral. Assim, por aquilo que Newman chamou de razões "potentes e concorrentes", se encontra inexoravelmente entregue ao dogma da encarnação. Para aquele que não crê, esse método parece insincero e perverso, pois o descrente não vê, via de regra, problema em explicar o mundo para si mesmo, não se aflige muito com a desordem, nem está, em geral, preocupado (em termos modernos) em "preservar valores".[42]

Eliot não fez nenhuma declaração formal a respeito de sua conversão – ou melhor, da reconciliação com o cristianismo. Tais apologias foram escritas por outros de pensamento semelhante, e provavelmente qualquer profissão de fé detalhada por parte de Eliot pareceria muito o livro *Orthodoxy* [Ortodoxia] de Chesterton.[43] No ensaio *Thoughts after Lambeth* [Reflexões após Lambeth], de 1931, Eliot relega a uma observação patética os protestos dos manifestantes, no raiar do secularismo, que o consideravam como um líder desperdiçado:

> Não gosto da palavra "geração" que tem sido um talismã na última década. Quando escrevi um poema chamado *The Waste Land*, alguns críticos mais aprovadores disseram que expressara a "desilusão de uma geração", o que é um disparate. Posso ter expressado a própria ilusão de estarem desiludidos, mas isso não era parte de minha intenção.[44]

---

[42] Blaise Pascal, *Pascal's Pensées*. Intr. T. S. Eliot. Teddington, The Echo Library, 2008, p. 7.

[43] Em português a referida obra pode ser encontrada nas seguintes edições: G. K. Chesterton, *Ortodoxia*. Trad. Cláudia Albuquerque Tavares. São Paulo, Editora LTr, 2001; ou G. K. Chesterton, *Ortodoxia*. Trad. Almiro Pisetta. São Paulo, Editora Mundo Cristão, 2008. (N. T.)

[44] T. S. Eliot, "Thoughts after Lambeth" (1931). *Selected Essays 1917-1932*, op. cit., p. 314.

A ilusão de estarem desiludidos e a servidão real da "nova liberdade" nos costumes são os principais assuntos das observações de Eliot a respeito da Conferência de Lambeth de 1930 da Igreja Anglicana (de fato, essa conferência ineficaz e sem imaginação estaria completamente esquecida hoje, não fossem as *Reflexões* de Eliot). A moral deriva da fé, escreveu Eliot; a fé baseada no moralismo é intolerável e, felizmente, transitória. Ao longo dessa argumentação, Eliot censurou o antigo benfeitor Bertrand Russell:

> Não lamento que visões tais como as do sr. Bertrand Russell ou daquilo que podemos chamar de o débil *evangelho da felicidade*, estejam abertamente expostas e sejam defendidas.[45] Ajudam a esclarecer aquilo que o século XIX, em grande parte, se ocupou em ocultar, de que não há tal coisa como a mera moralidade; contudo, para qualquer

---

[45] No poema "The Georgiad" (1933), Roy Campbell pôs em versos a severa crítica de Eliot a Russell:

> Vinde, congregai toda a multidão que o amor destruiu
> Dos sem intelecto que intelectam
> e assexuados cujos sexos "intersectam":
> Todos, admiradores do Russell bem ajeitado
> Os "lineamentos do desejo saciado",
> E do desespero que evitou o precipício aberto
> Por estudar suas receitas melancólicas de perto
> Da "felicidade" – da qual é o cozinheiro
> Sabe o peso, o sabor, a aparência [e o cheiro],
> Quanto autocontrole tens de reunir:
> E o tipo certo de faca que deve partir:
> Como "rechauffe", do desejo, o caldeirão
> Embora o diabo urine no fogão (...).

No original: *Hither flock all the crowd whom love has wrecked / Of Intellectuals without intellects / And sexless folk whose sexes intersect: / All who in Russell's burly frame admire / The lineaments of gratified desire, / And of despair have baulked the yawning precipice / By swotting up his melancholy recipes / For "happiness" – of which he is the cook / And knows the weight, the flavour and the look, / Just how much self-control you have to splice it with: / And the right kind of knife you ought to slice it with: / How to "rechauffe" the stock-pot of desire / Although the devil pisses on the fire (...).*

homem que pense de forma clara, a fé será conforme a sua moralidade (...) Quando era jovem, a emancipação teve algum interesse para os espíritos arrojados, e deve ter sido bastante excitante para a geração anterior; mas a juventude para qual as palavras dos bispos se aplicam está agora de cabelos grisalhos (...) A moral cristã ganha incomensuravelmente em riqueza e liberdade ao ser vista como consequência da fé cristã, e não como imposição de um hábito tirânico e irracional. O que principalmente resta da nova liberdade é o conceito deficiente e empobrecido de vida emocional. No final, é o cristão quem desfruta de maneira mais variada, aprimorada e intensa a vida, como o tempo irá demonstrar.[46]

Alguns críticos têm objetado que a reaquisição da fé não tornou Eliot uma pessoa feliz (ficamos imaginando se a noção desses escritores de "cristão professo" é a de um pilar de falsa santidade com um sorriso imbecil). É verdade, a imitação de Cristo, às vezes, cobre os fiéis de alegria; mas esta não é a experiência usual, pois a fé não transforma as circunstâncias. O que a fé oferece, comumente, é paz, resignação e esperança, não uma euforia exuberante. O resgate da fé de Eliot não recuperou o corpo ou a mente de sua mulher, ou alterou o mundo desviado que via naqueles anos. A fé não abole a tristeza; a torna suportável.

Contudo, aqueles que imaginam que o Eliot tardio tinha uma pomposidade lúgubre, nunca o conheceram. Será que poderiam levar a sério a cômica ironia autoinfligida nos seguintes versos (publicados em janeiro de 1933 na *Criterion*), em "*For Cuscuscaraway and Mirza Murad Ali Beg*"?

Quão aborrecido é encontrar o Sr. Eliot!
Com seu talhe clerical,
de tão austera expressão
de tão afetada dicção

---

[46] T. S. Eliot, "Thoughts after Lambeth" (1931). *Selected Essays 1917-1932*, op. cit., p. 313-14.

A conversa, escrupulosamente
Restrita ao que precisamente
Se, talvez, etc. e tal.⁴⁷

Eliot se tornaria um guardião da Igreja; mas ainda era o velho gambá, estudioso das extravagâncias felinas; ainda se dedicava às gravações de "*Two Black Crows*", de Moran e Mack;⁴⁸ ainda possuía senso de ridículo, frequente na correspondência; ainda era uma boa companhia, generoso nos elogios e pronto a solidarizar-se. A expressão não era realmente austera: trocaria correspondência até com o sr. Groucho Marx.⁴⁹

O restabelecimento da fé deu a Eliot as virtudes teológicas. Mas a negação da fé, por muitos intelectuais racionalistas, causou a "Era da Aflição", e provocou para a grande massa da humanidade a "Era da Ideologia". Recuperar a fé deu a Eliot aquilo que brilhara de maneira débil em *The Waste Land*: a esperança de que o tempo pudesse ser resgatado. Tal aspiração surge nas últimas frases de *Thoughts after Lambeth*:

> A Igreja universal atualmente se encontra, ao que me parece, mais em oposição ao mundo do que em qualquer outra época desde a Roma pagã. Não quero dizer que nossa época seja particularmente corrupta;

---

⁴⁷ No original: *How unpleasant to meet Mr. Eliot! / With his features of clerical cut, / And his brow so grim / And his mouth so prim / And his conversation, so nicely / Restricted to What Precisely / And If and Perhaps and But*. Ver T. S. Eliot, "Five-Finger Exercises". *The Criterion*, vol. XII, n. 47, jan. 1933, p. 222. Outra versão da tradução pode ser encontrada em T. S. Eliot, *Obra completa, vol. I – Poesia*. São Paulo, Arx, 2004, p. 271. (N. T.)

⁴⁸ Eliot gostava de imitar as vozes da dupla de comediantes norte-americanos do teatro de *vaudeville*, Moran e Mack, que se apresentavam com o rosto pintado de negro e se intitulavam "dois corvos negros". Dizem que Eliot ouviu a gravação tantas vezes no fonógrafo que ganhou por volta de 1927, que chegou à perfeição na reprodução dos trechos. (N. T.)

⁴⁹ Seis cartas escritas por Eliot e cinco cartas de Marx endereçadas a ele foram incluídas no livro *The Groucho Letters: Letters from and to Groucho Marx*. Nova York, Simon & Schuster, 1967.

todas as épocas são corruptas. Quero dizer que o cristianismo, a despeito de certas manifestações locais não está, e nem pode estar, dentro de uma época mensurável, "oficial". O mundo está realizando o experimento de tentar uma forma de mentalidade civilizada, porém não cristã. A experiência irá falhar; mas devemos ser pacientes em esperar o colapso. Neste ínterim, redimamos o tempo: para que a fé possa ser preservada viva ao longo da era das trevas que surge diante de nós; para renovar e reconstruir a civilização, para salvar o mundo do suicídio.[50]

PERMANECEI COMIGO

Religião e ética ocuparam muito espaço na *Criterion* de 1925 a 1930, e dentre os que escreveram sobre tais assuntos estão William Butler Yeats, Ramon Fernandez, Jacques Maritain, Martin D'Arcy, Julien Benda, G. K. Chesterton, Mario Praz, Paul Elmer More e Allen Tate. No entanto, afora algumas resenhas literárias e contribuições para o longo debate sobre intuição e inteligência, o próprio editor pouco escreveu sobre tais questões. Na própria visão, nesse período foi mais um crítico político.

Na Grã-Bretanha e na maior parte do mundo, esse foi um período de incômoda bonança, que começou com o acordo de Versalhes até a série de desastres (o colapso financeiro de 1929-1930, a Guerra Civil espanhola, a conquista italiana da Abissínia, a reocupação alemã da região da Renânia), que levaram a uma desordem ainda maior. Foi um período de ascensão do Partido Conservador, com Stanley Baldwin ocupando o número 10 da Downing Street, de novembro de 1924 a maio de 1929. Foi um período de complacência para muitos.

Foi uma época em que o mundo suspendeu temporariamente a violência: um período em que a imaginação política deveria ter sido

---

[50] T. S. Eliot, "Thoughts after Lambeth" (1931). *Selected Essays 1917-1932*, op. cit., p. 332.

empregada, em que os princípios da ordem poderiam ter sido observados. Mas Eliot viu um Partido Conservador desprovido de imaginação e receoso, um Partido Trabalhista fortemente ideológico e materialista, um Partido Liberal debilitado e sem escrúpulos. Não viu nada melhor em outros grandes Estados; de fato, a perspectiva era que a democracia (pela qual Eliot não sentia nenhuma afeição ardorosa) daria espaço a algo pior – a força e o dogmatismo político de traços fanáticos. O tempo estava se esgotando. De 1925 a 1930, Eliot fez o que pôde para estimular o debate entre as pessoas cultas, no que tangia aos primeiros princípios da ordem social.

Durante os primeiros anos da *Criterion*, líamos nas entrelinhas a nítida esperança de Eliot de que o catolicismo, o monarquismo e o classicismo pudessem revigorar a sociedade. Durante os anos intermediários da revista, no entanto, esforçou-se principalmente para manter um equilíbrio tolerável – para resistir aos extremos do comunismo e do fascismo. Como num suspiro, tomou a direção do imperfeito possível; até se viu defensor da democracia em oposição aos totalitários – ou, ao menos, foi amigo de uma democracia com grandeza, apesar de ainda resistir ao enfadonho nivelamento do democratismo.

Visto que um sufrágio universal poderia estabelecer uma sociedade democrática, a Grã-Bretanha estava agora à beira da reforma. Em 1918, um *Representation of People Act* [Ato de Representação do Povo][51] estendera o direito de voto a quase todos os homens adultos e a quase todas as mulheres de mais de trinta anos de idade; embora tal medida não tivesse nenhum efeito perceptível sobre a força de qualquer dos partidos e pareceu não ter inflamado as mulheres para agir na vida pública, ainda continuavam as pressões para que fossem

---

[51] Os chamados Atos do Parlamento são as leis promulgadas pelo Poder Legislativo e, portanto, considerados como legislação primária no sistema legal anglo-saxão. O "Ato de Representação do Povo" é o nome dado às leis eleitorais inglesas. (N. T.)

adotadas as velhas ideias radicais de "um homem, um voto" – ou melhor, um adulto, um voto – "e apenas um voto".

O Ato de 1928 traria o "voto petulante" – ou seja, daria direito de voto às mulheres dos vinte aos trinta anos de idade. Também eliminaria os últimos remanescentes do voto plural, exceto para as cátedras universitárias (que sobreviveriam até o governo de Attlee, após a Segunda Guerra Mundial). Eliot viu o derradeiro triunfo do conceito benthamita de governo democrático representativo e imaginou se tal triunfo realmente seria o último. A democracia das massas, mal conduzida, presunçosa e disposta a sacrificar tudo pelo bem-estar das criaturas, não recairia em um novo tipo de dominação? Essas circunstâncias e aquela pergunta foram o pano de fundo da argumentação política de Eliot entre a derrota do primeiro governo MacDonald e a vinda da grande depressão.

Com considerável imparcialidade, a *Criterion* abriu suas páginas à discussão de questões de princípio político. Durante esses anos, Charles Maurras contribuiu com um ensaio de duas partes, muito debatido por outros autores em vários números; o livro de Shaw chamado *Intelligent Woman's Guide to Socialism and Capitalism* [Guia da Mulher Inteligente para o Socialismo e o Capitalismo] foi objeto de quatro resenhas concomitantes, a partir de vários pontos de vista; J. S. Barnes defendeu o fascismo; A. L. Rowse, então um "crítico simpatizante" do comunismo, escreveu vários ensaios e críticas literárias; Christopher Dawson previu o fim da era liberal; Julien Benda surgiu nesse periódico. Mais tarde, Eliot iria bem longe, a ponto de publicar o "Segundo Hino a Lênin" de C. M. Grieve.

Apesar do interesse em pensamento político, *The Criterion* continuou sendo, essencialmente, uma revista de literatura e filosofia. Em junho de 1928 – quando a revista voltou à periodicidade trimestral, após um ano na tentativa de obter popularidade como revista mensal – Eliot afirmou no "Comentário", em linhas gerais, a postura do periódico com relação ao debate político:

> *The Criterion* está interessada em teoria política, no sentido amplo, tanto quanto a política possa estar dissociada dos partidos políticos, das paixões e fantasias do momento, e dos problemas de importância local ou temporária. Qual partido está controlando o país ou qual contenda está acontecendo nos Balcãs, não nos interessa, nem a disputa por posições nos tratados e pactos de paz. Mas, as relações gerais entre os países civilizados devem ser analisadas, e as filosofias expressas ou implícitas em várias tendências, tais como comunismo ou fascismo, valem uma análise desapaixonada.[52]

De modo semelhante, acrescentou, *The Criterion* discutiria ideias religiosas, mas pararia onde começasse a convicção emocional.

> O que une, cremos, os vários escritores, tanto na Inglaterra quanto nos países estrangeiros, e que constituem o que é vagamente chamado de "grupo da *Criterion*", não é a adesão comum a um conjunto de princípios dogmáticos, nem mesmo de crítica literária, mas um interesse comum que acreditamos ser uma das questões mais importantes de nosso tempo, e que permite a maior variedade de posturas e tendências (...) De modo individual, os vários colaboradores (onde se inclui o editor), inevitavelmente, têm paixões e preconceitos; como um todo, a *Criterion* é bastante imparcial.[53]

Dois interesses políticos especiais do editor são recorrentes nos "Comentários" de Eliot durante esses anos: a lei de direitos autorais norte-americana e a censura na Grã-Bretanha. Sobre esse assunto, fez oposição à censura de livros pelo *Home Office* [Ministério da Administração Interna]. Se fosse o caso de existir censura, argumentou, isso deveria ser responsabilidade da Igreja da Inglaterra e não de um funcionalismo político. (Entretanto, teria controlado severamente os filmes por causa do poder que possuem de aviltar e iludir uma indiscriminada audiência de massa.)

---

[52] T. S. Eliot, "A Commentary". *The Criterion*, vol. VII, n. 4, jun. 1928, p. 291.
[53] Ibidem, p. 292.

De interesse mais imediato são as várias contribuições da *Criterion* para a compreensão da democracia, do fascismo e do comunismo. Caso esses artigos fossem conhecidos por um maior número de pessoas, poderiam dissipar boa parte da confusão sobre as opiniões políticas de Eliot. Desde o início, ele se opôs, de modo consistente e inteligente, tanto à ideologia fascista quanto à comunista, e de alguma forma, para a própria surpresa, talvez em algumas ocasiões, se via defendendo as democracias constitucionais da Grã-Bretanha e dos Estados Unidos. Nunca nutriu quaisquer esperanças tolas a respeito de Mussolini ou Lênin, Hitler ou Stalin.

O poder, sabia, era inconstante: temia que, embora mutável, não fosse recair nas mãos de uma multidão pacífica, mas nas garras de oligarcas e demagogos. Observou a degradação do dogma democrático em muitas publicações – até mesmo no novo "Livro de Orações" da Igreja Anglicana, em que as palavras "inescrutável" e "imorredouro"[54] foram substituídas por "infinito" e "eterno":

> No prefácio, lemos uma apologia um tanto confusa para a mudança: tudo está mudando, portanto, o "Livro de Orações" deveria mudar. "Em todos os lugares o campo deu lugar à cidade, o desenvolvimento do conhecimento possibilitou a milhões, e não apenas a milhares, novos meios de ganhar o pão de cada dia." Pode ser, mas qual ligação que esses fenômenos econômicos possuem com a revisão de um "Livro de Orações", e, caso estejam relacionados, estariam *racionalmente* ligados? "Com o crescimento em números veio também a mudança de poder, de poucos para muitos." Uma mudança de poder, certamente; mas será de poucos para muitos? Ou de demagogos para demagogos? E qual é, novamente, a relação do sufrágio universal

---

[54] Em inglês, a palavra *everlasting* não significa o mesmo que *eternal*. *Eternal* é um termo que nos remete linguística, psicológica e especulativamente ao que nunca acaba, ao que não tem início nem fim, à eternidade de Deus. *Everlasting*, por sua vez, é o duradouro, o que não evolui, aquilo que é constante, permanente, imorredouro, imortal. Embora *eternal* seja mais apropriado para fazer referência a Deus, Eliot está correto ao afirmar a anterioridade do uso de *everlasting*, em inglês, com relação a Deus. (N. T.)

(agora, aproximando-se da consumação) com a revisão de um "Livro de Orações"? Os editores prosseguem: "na religião, como em tudo o mais, a verdade não é menos valorizada porque não está mais cercada por qualquer dos lados." No entanto, quando as cercas caem o gado atravessa, incluindo os dois animais chamados *infinito* e *eterno*, termos que, desde já, desviar-se-ão, e estando derrubada a cerca do sentido, deixarão de pertencer a qualquer lugar.[55]

Nos anos de Baldwin, Eliot acreditava que poucos líderes do Partido Conservador se preocupassem com as questões do infinito e do eterno. Em julho de 1927, ao resenhar o livro *Defense of Conservatism* [Defesa do Conservadorismo] de Anthony M. Ludovici, Eliot salientou uma fraqueza desastrosa: "Isola a política da economia, e a isola da religião. Poderia construir uma concepção de *Tory* sem levar em conta essas transformações econômicas imensas e internacionais, uma vaga consciência e inquietação a respeito daquilo que, de qualquer modo, nos leva a pensar a respeito de política". E, em Ludovici, a Inglaterra teria de descartar a Igreja Anglicana em favor da Igreja de Roma – um erro grave para aqueles que apoiam a monarquia. "O problema do *Torismo* deveria ser, em vez disso, fazer a Igreja de Laud[56] sobreviver em uma era de sufrágio universal, em uma era em que o Parlamento eleito por pessoas de variadas crenças religiosas ou ateus (e incluindo aqui e ali um discípulo de Zoroastro) tem certo controle sobre o destino dessa Igreja."[57]

---

[55] T. S. Eliot, "A Commentary". *The Monthly Criterion*, vol. V, n. 2 (Maio, 1927), p. 190.

[56] Referência a William Laud, arcebispo de Canterbury em 1633, que exerceu forte liderança na Igreja Anglicana e estimulou o uso do Livro de Orações. Acusado de "papismo", foi encarcerado na Torre de Londres e decapitado em 1645. (N. T.)

[57] As resenhas de Eliot dos recentes livros de Ludovici, Chesterton, Belloc, Hobson e o grupo dos autores de Coal, ver: T. S. Eliot, *The Monthly Criterion*, vol. VI, n. 1, jul. 1927, p. 69-73.

Será que o *Torismo* poderia ser salvo dos *Tories* do momento? Três acontecimentos da década anterior fizeram voltar a atenção dos homens de letras para a política, Eliot escreveu em novembro daquele ano: a Revolução Russa, a transformação da Itália e a condenação vaticana da *Action Française*.

> Todos estes eventos nos compeliram a considerar o problema da liberdade e da autoridade, tanto na política como na organização do pensamento especulativo. A política se tornou um assunto demasiado sério para ser deixado para os políticos. Somos obrigados, no alcance de nossas capacidades, a ser economistas amadores, numa era em que a política e a economia não podem mais ficar completamente separadas. Tudo está em questão – até o dogma fundamental da sociedade moderna de que debêntures são mais seguras do que as ações comuns (...) Temos de nos adaptar a uma nova era – nova, certamente, visto que o século XIX nos preparou inadequadamente para tal.[58]

Eliot buscava por pontos de vista recentes. Wyndham Lewis acabara de publicar *Time and Western Man* [O Tempo e o Homem Ocidental]; Eliot recebeu bem o livro, descrevendo Lewis como "o exemplo mais notável na Inglaterra da mutação atual do artista em filósofo de um tipo até agora desconhecido".[59]

Durante 1928, Eliot novamente escreveu contra os fascistas, socialistas e comunistas. O fascismo italiano estava em desacordo com a constituição britânica, sugeriu num comentário ao *The Lion*, órgão do partido fascista da Grã-Bretanha.[60] Mas as ideias de Charles Maurras eram outro assunto; e tomou a defesa de Maurras em oposição a Leo Ward. O monarquismo e tradicionalismo de Maurras, disse Eliot, eram bastiões contra a ideologia totalitária: "Se algo, em outra

---

[58] T. S. Eliot, "A Commentary". *The Monthly Criterion*, vol. VI, n. 5, nov. 1927, p. 386-87.

[59] Ibidem, p. 387.

[60] Ibidem, vol. VII, n. 2, fev. 1928, p. 98.

geração ou coisa parecida, deverá nos salvar de um anglo-fascismo sentimental será algum sistema de ideias que terá lucrado do estudo de Maurras". Nem Maurras era anticristão: "Sou leitor da obra de Maurras há dezoito anos; em mim, surtiram um efeito diametralmente oposto".[61] Eliot apensou ao ensaio uma bibliografia considerável sobre Maurras e a *Action Française*.

Nesse mesmo número da revista, Eliot publicou a segunda parte de "Prologue to an Essay on Criticism" [Prólogo a um Ensaio sobre Crítica]. Leo Ward respondeu a Eliot no número de junho da *Criterion*; no mesmo número, o editor replicou, e a Ward foi dada uma última tréplica. Ward argumentara que Maurras produziu o que John Adams chamara de "cristãos políticos", homens que aceitavam a doutrina religiosa porque poderia levar a uma vantagem política. A refutação de Eliot foi característica de sua frieza no debate político:

> O sr. Ward pergunta: "Não é somente para aqueles que identificam conservadorismo com cristianismo que a adesão ao primeiro é uma preliminar para a conversão ao último?". Com todas as reservas ao significado da palavra "conservadorismo", digo que nunca supus qualquer outra coisa. Nunca supus que o sr. Maurras pudesse influenciar para o cristianismo alguém que não fora influenciado pela teoria política. Mas, aqueles que não foram afetados pela sua teoria política, não serão, de modo algum, afetados por Maurras, de modo que o cristianismo deles não estará em questão. Digo apenas que se alguém é atraído pela teoria política de Maurras, e se a pessoa tem também uma tendência para um cristianismo *interior*, essa tendência será vivificada ao descobrir que a visão política e a religiosa podem viver em harmonia.[62]

Três meses depois, Eliot derrubou o democratismo de Emil Ludwig, que declarara que a Grã-Bretanha não precisava temer a

---

[61] Idem, "The *Action Française*, Mr. Maurras and Mr. Ward", *The Monthly Criterion*, vol. VII, n. 3, mar. 1928, p. 202.

[62] Idem, "A Reply to Mr. Ward". *The Monthly Criterion*, vol. VII, n. 4, jun. 1928, p. 375.

Alemanha, porque a Alemanha agora era um país socialista; somente a monarquia Hohenzollern fora belicosa. Eliot via de outro modo:

> Uma nação não é mais ou menos agressiva porque tem um rei ou um imperador, um presidente ou um comitê como chefe nominal. O fato de "o povo" não querer a guerra não é segurança contra a guerra; e um "povo" não é nada mais confiável que um único soberano. As causas da guerra moderna – e por "guerra" refiro-me a guerra entre povos de mesmo nível de civilização – no fundo, repousam nas questões econômicas e financeiras (...) Todos os povos acima da barbárie desejam a paz – em geral; mas não podem se convencer de que o desejo de paz é o bastante para garanti-la; embora a vigilância inteligente e a crítica independente ajudarão a preservá-la.[63]

Se democratas e socialistas eram absolutamente capazes de travar uma guerra, da mesma forma inocentes psicólogos eram capazes de reprimir a liberdade e a variedade humanas. Eliot começou a estudar o texto de Sigmund Freud *Die Zukunft einer Illusion* [O Futuro de uma Ilusão], e descobriu nele uma intenção sinistra:

> Uma vez que cultura signifique simplesmente uma organização social, então as observações seguintes do dr. Freud, sobre a necessidade de defender a cultura do indivíduo, são bastante justas. Mas isso o leva a uma visão de que cultura e civilização são sempre "impostas" a muitos por uns poucos – o que é apenas inteligível caso continuemos a restringir cultura à manutenção da lei e da ordem, o que não é totalmente verdadeiro.
>
> Mas ficamos completamente desconcertados na página seguinte (...) onde lemos [em Freud] que inicialmente pensamos que a essência da cultura "inclui toda a conquista da natureza para extrair os meios para a manutenção da vida", e que a eliminação dos perigos que ameaçam a cultura estão na adequada "distribuição da riqueza disponível". Caso alguém realmente pense que essência da cultura está na eliminação dos perigos que a ameaçam, então deve haver algum problema muito

---

[63] Idem, "A Commentary". *The Criterion*, vol. VIII, n. 30, set. 1928, p. 5.

sério com a capacidade de raciocínio dessa pessoa. Só podemos ficar pasmos ao ver tal linha de argumentação. E ao longo de todo o primeiro capítulo, temos a impressão de que o homem verdadeiramente culto e civilizado é o policial altamente eficiente. Dr. Freud observa desejoso que "Provavelmente uma certa percentagem da humanidade (...) permanecerá sempre associal". Talvez a palavra "associal" tenha algum significado psicológico profundo, além de minha compreensão; mas, parece-me que homens solitários ou rebeldes deram algumas contribuições àquilo que chamo de civilização.[64]

Esses raramente são sentimentos consoantes com a imagem de Eliot como um impiedoso pilar das coisas consagradas erigido por críticos hostis. Eliot também não era um partidário político. Como as eleições gerais britânicas de 1929 se aproximavam, não previu qualquer melhoria no governo de Baldwin: "tudo o que pode ser previsto este ano é a perda de tempo, dinheiro e energia de sempre, uma votação muito pequena em consequência do aumento do número de eleitores, e o retorno, conhecido por Dryden de 'antigas consciências com novos rostos'".[65] A retórica dos políticos ingleses refletia os talentos escassos: "talvez os estadistas britânicos outrora tenham tido mais tempo livre, tempo de reler suas frases, e até de procurar palavras no dicionário. O sr. Lloyd George sempre foi um homenzinho ocupado". Ramsay MacDonald não era diferente; Winston Churchill, ainda pior.

> Além de um determinado ponto, os graus de inferioridade são indiferentes; e neste sentido nada pode ser sensivelmente pior que o estilo das recentes reminiscências do sr. Churchill no *The Times* (...) No ideal de república platônica, é claro, o país seria governado por aqueles que pudessem escrever e falar a língua com mais proficiência – em outras palavras, aqueles que melhor podem pensar naquela língua.[66]

---

[64] Idem, Resenha sobre *O Futuro de uma Ilusão* de Freud. *The Criterion*, vol. VIII, n. 30, dez. 1928, p. 351-52.
[65] Idem, "A Commentary". *The Criterion*, vol. VIII, n. 32, abr. 1929, p. 377.
[66] Ibidem, p. 378.

Nessa conjuntura, Eliot observou que Bernard Shaw, H. G. Wells e Wyndham Lewis, de várias formas, todos tinham inclinações fascistas (Wells, de fato, disse Eliot, dissimulou tais tendências para uma sociedade totalitária fazendo chacota de Benito Mussolini).[67] Na ocasião, essa não era uma acusação tão prejudicial como veio a se tornar posteriormente. E os fabianos, ao envelhecer, estavam mudando de curso para algum tipo de autocracia. Eliot tomou ciência do perigo; compreendeu a atração dos intelectuais pela concentração do poder político, mas as consequências (uma vez que as ideias de um escritor devem penetrar, ser vulgarizadas, para "milhares de pessoas que não pensam") podem ser as mais desagradáveis.

> O extremo da democracia – que quase já alcançamos – promete interferências cada vez maiores na liberdade privada, mas o despotismo pode ser igualmente opressor (...) um governo racional seria aquele que agiria por si mesmo em questões em que "o povo" não tem capacidade de decidir; que governaria o menos possível, e que daria, no que fosse factível, uma maior parcela de liberdade individual ou legal.[68]

Eliot (a quem alguns críticos radicais tentaram rotular como "criptofascista", um termo retirado do jargão jornalístico marxista na época da Segunda Guerra Mundial) foi, na verdade, um dos primeiros editores a se opor à guinada fascista dada pelos intelectuais. Os literatos estavam ficando descontentes com a ineficiência e a aridez

---

[67] Nessa época, apesar de Wells ter ridicularizado a postura de Mussolini, diversos escritos dele pareciam sugerir que não se oporia a um dirigismo central, que era a essência do fascismo, enquanto os ditadores ou os oligarcas estivessem sob influência de intelectuais. Todavia, um ano mais tarde, em 1930, Wells satirizou a própria noção de um governo autocrático ao criar como líder um professor visionário no romance *The Autocracy of Mr. Parham* [A Autocracia do sr. Parham].

[68] T. S. Eliot, "A Commentary". *The Criterion*, vol. VIII, n. 32, abr. 1929, p. 379.

da democracia. "Se, como acreditamos, a indiferença ao modo como a política vem sendo conduzida atualmente aumentar, então devemos preparar o estado de espírito para algo diferente da alternativa fácil de uma ditadura comunista ou fascista."[69] Visto que homens de letras realmente têm poder, seja latente ou imediato; os homens comuns estavam começando a ver como incompetentes os dois maiores partidos da Inglaterra; e se a tendência dos intelectuais coincidisse com a da multidão, a constituição deveria ceder.

Em 1918 e 1919 existira o perigo dos comunistas tentarem um golpe na Inglaterra; o governo, na ocasião, ficara severamente preocupado. No entanto, uma década depois, o perigo vinha dos fascistas, e, ao contrário de muitos outros escritores daquele tempo, Eliot percebeu o mal naquele movimento. O que poderia ser feito para reforçar a liberdade ordenada e restaurar o vigor da comunidade política? A eleição geral de junho de 1929 levou MacDonald e os Trabalhistas ao poder pela segunda vez – embora os Conservadores tivessem ganhado a maioria do voto popular. Um mês depois, Eliot apresentou as "Second Thoughts on the Brainless Election" [Novas Reflexões sobre a Eleição Insensata]. Os membros do novo gabinete – ou melhor, os antigos ministros liberais-trabalhistas que voltaram ao poder – não tinham sequer uma ideia nova. O que poderia ser feito, num momento em que fascistas e comunistas ficavam mais influentes entre os intelectuais e entre a multidão dos cidadãos?

> Há, é claro, uma grande oportunidade – para o Partido Conservador; uma oportunidade que, temos certeza, deixará de aproveitar. É a oportunidade de pensar em descansar e de apreciar os esforços privados das pessoas que já se deram ao trabalho de pensar. O Partido Trabalhista é um partido capitalista no sentido de que está vivendo da reputação do que foi pensado pelos fabianos de gerações passadas (não sabemos se alguns fabianos veteranos ainda pensam) (...) O Partido Conservador

---

[69] Ibidem, p. 380.

tem uma grande oportunidade por não constar, na lembrança de nenhum homem abaixo dos sessenta anos, que o partido tenha tido qualquer contato com a inteligência (...) Desfruta de algo que nenhum outro partido político atual possui, um completo vácuo mental: uma ausência que pode ser preenchida com qualquer coisa, até mesmo com algo de valor.[70]

Se os Conservadores derrotados não despertaram para confrontar o perigo das opiniões políticas totalitárias, um homem de letras deveria fazer o que podia. No final de 1928, Eliot publicara na *Criterion* um ensaio chamado "The Literature of Fascism" [A Literatura do Fascismo]. A este se seguiram o ensaio de J. S. Barnes, "Fascism" [Fascismo] no número de abril de 1929 e o ensaio de A. L. Rowse, "The Literature of Communism: Its Origin and Theory" [A Literatura do Comunismo: Origens e Teoria], também no número de abril. Eliot respondeu a tais escritores ideológicos com o texto: "Mr. Barnes and Mr. Rowse"[sr. Barnes e o sr. Rowse].

Ao descrever-se como "ignorante político", Eliot passou a expor ambas ideologias como insuficientes para as dificuldades do período. Naquele momento em que todos tinham voto na Grã-Bretanha, escreveu, o verdadeiro poder ficou mais concentrado nas mãos de "um pequeno número de políticos, ou talvez no funcionalismo público, ou no centro financeiro ou quiçá em algumas cidades". Sobre uma multidão cada vez mais consciente de que o "governo popular" imergira na obscuridade, os lemas ideológicos agiriam com muita eficácia.

A principal ameaça do fascismo e do comunismo, continua Eliot, é que esses ideólogos tentam suplantar a fé religiosa.

> Quanto mais o credo político usurpa o lugar do credo religioso, maior é o risco disso se tornar mera fachada. O resultado popular de ignorar a religião parece ser o da multidão simplesmente transferir emoções religiosas para teorias políticas. Poucas pessoas são civilizadas o

---

[70] T. S. Eliot, "A Commentary". *The Criterion*, vol. VIII, n. 33, jul. 1929, p. 578.

suficiente para permitir-se o ateísmo. Quando uma teoria política se torna um credo, começamos a suspeitar de sua impotência.[71]

O fascismo, fundado na Itália com base na conveniência, e não em um conjunto de ideias sólidas, poderia destruir a democracia por toda a Europa, em parte pela insatisfação geral com os governos democráticos. E essa perspectiva consternava Eliot:

> Não posso partilhar de maneira entusiástica do vigoroso repúdio pela "democracia". Quando todo o mundo repudia uma ideia tola, há grande chance de que adotarão outra ideia tão ou ainda mais tola. Devo afirmar, além disso, uma triste certeza, que o governo democrático foi reduzido a quase nada (...) Contudo, outra coisa é ridicularizar a *ideia* de democracia. A verdadeira democracia é sempre uma democracia restrita, e só pode desenvolver com alguma limitação de direitos hereditários e responsabilidades (...) A pergunta moderna, como popularmente é feita, diz: "A democracia está morta, o que irá substituí-la?". Ao passo que deveria ser: "O arcabouço da democracia foi destruído; como podemos, com os materiais que temos à disposição, construir uma nova estrutura em que a democracia possa viver?".
>
> Ordem e autoridade são coisas boas: creio nisso tão calorosamente quanto creio que deva acreditar em qualquer ideia; e muito da demanda por elas em nossa época tem bases profundas. No entanto, por trás da busca cada vez maior do povo por tais bens, por trás do papaguear das palavras, tenho a impressão de entrever certa anemia espiritual, uma tendência à ruína, o recorrente desejo humano de escapar do fardo da vida e da reflexão (...) E, nesse estado mental e espiritual, os seres humanos tendem a acolher qualquer regime que os alivie da obrigação de uma pretensa democracia. Possivelmente, também, oculto em muitos corações, está o desejo de um regime que nos desobrigará de pensar e, ao mesmo tempo, trará entusiasmo e saudações militares.[72]

---

[71] Idem, "The Literature of Fascism". *The Criterion*, vol. VIII, n. 31, dez. 1928, p. 282-83.

[72] Ibidem, p. 287.

Muito no pensamento de Maurras e de seus companheiros o atraíra, concluiu Eliot, mas o fascismo era vazio – e inflexível. "É preciso uma nova escola de pensamento político, que possa aprender do pensamento político estrangeiro, mas não da prática política. Tanto o comunismo russo quanto o fascismo italiano me parecem ter morrido como ideias políticas ao se tornarem fatos políticos."[73]

Na réplica a Barnes e Rowse, Eliot sugeriu que o fascismo e o comunismo "são meras variações da mesma doutrina: e igualmente simples variantes do atual estado de coisas".[74] Os filósofos políticos, infelizmente, nunca reconhecem o elemento irracional das próprias filosofias. "O sr. Barnes parece confundir os elementos racionais e irracionais do fascismo; e o sr. Rowse parece tentar isolar o racional e ignorar o elemento irracional no comunismo."[75] O fascismo é napoleônico, e não monarquista. "No *sucesso* de um homem como Mussolini (um homem "do povo") toda uma nação pode sentir uma espécie de autolisonja; e o povo russo se deifica em Lênin. Ambos, italianos e russos, me dão a impressão de sofrer de bonapartismo."[76]

Dos dois, concluiu Eliot, preferia o fascismo, como o menos opressivo, mas não desejava nenhum dos dois.

> O fascismo é (peço perdão ao sr. Barnes) nacionalista, e o comunismo, internacionalista; no entanto é concebível que em determinadas circunstâncias o fascismo possa contribuir para a paz, e o comunismo para a guerra. As objeções que fascistas e comunistas fazem uns aos outros, são, na maioria, bastante irracionais (...) Contudo, o propósito principal de me aventurar a criticar dois autores incomensuravelmente mais eruditos e competentes do que eu, é afirmar minha

---

[73] Ibidem, p. 290.
[74] T. S. Eliot, "Mr. Barnes and Mr. Rowse", *The Criterion*, vol. VIII, n. 33, jul. 1929, p. 683.
[75] Ibidem, p. 687.
[76] Ibidem, p. 690.

argumentação anterior de que nem o fascismo e nem o comunismo são novos ou revolucionários como *ideia*.[77]

Fascismo e comunismo só poderiam oferecer antigas consciências com novos rostos, e não poderiam dar aquele salto para que uma civilização decadente pudesse ser renovada. Os homens de letras seriam atraídos para uma ou outra dessas ideologias superficiais, temia Eliot, e o equilíbrio seria perdido. A resposta a Barnes e a Rowse foi publicada apenas três meses antes do colapso de 29 de outubro de 1929. Quando a bolsa de Nova York se tornou um caos, o caminho estava livre para os terríveis simplificadores reunirem uma imensa audiência. Muitos literatos, diversas vezes tão sentimentais e superficiais nas opiniões políticas práticas, recaíram na "traição dos intelectuais" de Benda.

Alguns do grupo da *Criterion* iriam admirar a retórica que ressoou da sacada do Palazzo Venezia – ou mais tarde, confundiriam a *superbia* do orador de porão de cervejaria com inspiração política; outros levariam as oferendas ao santuário do deus que faltou com a promessa, em Moscou, como se a múmia de Lênin pudesse fazer milagres seculares. Entretanto, Eliot e os que lhe eram mais próximos nas convicções insistiriam em tentar restaurar a ordem pessoal e pública que herdaram de Jerusalém, Atenas e Roma, e que na Inglaterra foi confirmada por Westminster, Windsor e Canterbury. "É difícil acreditar que não existam, espalhados pelos continentes da Europa e da América, uns poucos homens de inteligência e observação que estejam preocupados com teoria política", Eliot escreveu em janeiro de 1930. "Precisamos desesperadamente disso; e uma meia dúzia de Aristóteles trabalhando juntos seria o suficiente para suprir a necessidade. Tudo o que temos é uma confusão de vozes no debate popular, que exageram a importância de vários detalhes."[78]

---

[77] Ibidem, loc. cit.
[78] T. S. Eliot, "A Commentary". *The Criterion*, vol. IX, n. 35, jan. 1930, p. 183.

A formação da opinião pública não deveria ser deixada para os jornais populares. "Divertir as pessoas é ter poder sobre elas; e poder é poder, mesmo se os que o possuem não têm a menor noção do que estão fazendo com isso".[79]

Será que homens de inteligência poderiam evitar outra grande guerra e outra série de revoluções? Será que poderiam reconciliar as pretensões de ordem com os clamores por justiça e liberdade? "Creio que concordamos que 'ordem' e 'autoridade', hoje, são lemas mais perigosos do que 'liberdade civil' e 'reforma' foram há uns cinquenta ou setenta anos", escreveu para Dobrée em novembro de 1930. "A ordem e a autoridade evidenciam mais diretamente a imprensa marrom e os capitalistas trapaceiros do que a liberdade civil e a reforma evidenciavam o socialismo. Estou aterrorizado com o desprezo moderno pela 'democracia' (...) Estou igualmente assustado tanto com a ordem quanto com a desordem."

Mais tarde, enquanto Hitler assomava na Alemanha, Dobrée encontrou, por acaso, Eliot em Picadilly:

– Suponho que este possa pôr ordem – disse Dobrée.
– Sim – respondeu Eliot –, mas existem diferentes tipos de ordem.[80]

Eliot queria dizer que a ordem constitucional é legítima – quaisquer que sejam as imperfeições dos Estados democráticos – e está relacionada a determinados princípios de justiça e liberdade; ao passo que a ordem de um ditador ou de um oligarca, que nos Estados totalitários reconhecem pouca ou nenhuma fonte de autoridade superior, destrói a saudável tensão entre as pretensões de autoridade e os clamores de liberdade: tal Estado pode cometer atrocidades em nome da ordem. Pode ter pensado na observação de Talleyrand após a queda de Napoleão, de que "podeis fazer tudo com as baionetas – exceto sentar-vos nelas". Eliot estava tão fortemente ligado à constituição

---

[79] Ibidem, p. 184.
[80] Eliot para Bonamy Dobrée. In: Dobrée, op. cit., p. 81-82.

prescritiva da Grã-Bretanha, com todas as complexidades, quanto a maioria dos norte-americanos professam a vinculação ao documento formal de sua constituição federal. Caso um projeto de reforma política não pudesse ser conciliado com a essência da constituição britânica, para Eliot isso era motivo suficiente de rejeição à proposta.

Se a ordem da alma está decadente, o civilizado policial de Freud não basta para manter a ordem exterior do Estado, tem êxito o poder das tropas de choque; e até esse poder, a longo prazo, deverá ruir. Em 1930, Stephen Spender encontrou Eliot pela primeira vez. No almoço, Spender perguntou a Eliot que futuro previa para a civilização. "Lutas mortais...", disse Eliot. "Pessoas matando umas às outras nas ruas."[81]

REAVENDO O SONHO MAIS SUBLIME

Nada pode estar mais distante da esfera da política do que *Ash Wednesday*. Como escreve Helen Garden, o poema surge de uma experiência pessoal "tão dolorosa que não poderia ser totalmente traduzida em símbolos".[82] Todavia esse poema fez mais por redimir o tempo – tanto para atrair apoio para uma ordem civil tolerável, bem como para restaurar a consciência de uma ordem espiritual – do que tudo o que Eliot escreveu para a *Criterion*.

Ash Wednesday fez com que muitos da nova geração retornassem ao cristianismo, enquanto outros se precipitavam para o comunismo, como sugere Rose Macaulay.[83] Algum tipo de fé é o que buscam todos os talentos em ascensão. Se pessoas com tal vigor, em qualquer sociedade, ignoram ou rejeitam a interpretação

---

[81] Stephen Spender, "Remembering Eliot". In: Tate, op. cit., p. 49.

[82] Helen Gardner, op. cit., p. 104.

[83] Rose Macaulay, "The First Impact of Waste Land". In: Neville Braybrooke (ed.), *T. S. Eliot: A Symposium for His Seventieth Birthday*, 1958, p. 33.

religiosa, abraçam a pseudorreligião da ideologia – que inverte os símbolos religiosos da transcendência, prometendo, aqui e agora, na Terra e amanhã, a perfeição de nossa natureza que a religião promete pela salvação da alma. Ou, se uma pessoa ignorante em religião escapar das garras da ideologia fanática, se transformará, na melhor das hipóteses, em um Sir Epicure Mammon, adorador de si mesmo e dos prazeres vulgares. *The Waste Land* e "The Hollow Man" tornaram possível descrer no liberalismo do século XIX de Matthew e Waldo – e a permanecer como um indivíduo intelectualmente respeitável; *Ash Wednesday* tornou possível acreditar na compreensão cristã – e ainda, mais uma vez, continuar nos limites da intelectualidade moderna.

Quando publicou as primeiras três seções de *Ash Wednesday* em vários periódicos durante os anos de 1927, 1928 e 1929, Eliot estava dando muita atenção às questões políticas. Entretanto, *Ash Wednesday* não revela qualquer ligação com tais interesses, nem ao menos poderia esperar que suas visões purgatoriais reduzissem o apelo da ideologia – a não ser, talvez, ao nutrir a esperança de que as exortações (na quarta seção) para "redimir o tempo" pudessem chegar a alguns olhos. Ao longo de todo o poema, Eliot não se dirige à comunidade, mas à consciência.

Experiências de culpa, concupiscência, erro e tédio são universais; da mesma forma os sentimentos de remorso e a renovada tentação após o arrependimento. Igualmente universal é a busca pelo amor duradouro, embora equivocado ou pervertido ao longo da jornada, e o desejo de ser expiado e redimido, de poder encontrar a paz permanente. Tais coisas existem, supomos, em cada ser humano pleno, ao menos subconscientemente. Novamente, devemos nos lembrar que Eliot acreditava que as próprias emoções do poeta eram irrelevantes ou triviais: o que importava em um poema, no que dizia respeito às emoções, era o poeta comunicar emoções universais. Portanto, o egoísmo romântico de Shelley podia motivar um estudo da vida privada do poeta relevante para sua poesia; mas a objetividade clássica de Eliot reduz sua experiência pessoal ao interesse incidental – como se, na verdade, isso não fosse da conta de ninguém, a não ser dele. Um homem que insistia tanto na privacidade, como Eliot, e tão sensível com relação aos sentimentos dos outros, não poderia, de modo algum, ter publicado *Ash Wednesday*, caso imaginasse que os leitores iriam reconhecer imediatamente as aflições privadas que o poema transforma em verdades gerais.

Aqui, então, só precisamos sugerir que *Ash Wednesday* não espelha a culpa que Sweeney, digamos, reconheceria como condenável. Ainda que a imaginação moral possa emancipar quem a possui da tirania do tempo e do ego, essa imaginação sempre traz consigo uma sensibilidade aguçada das deficiências pessoais – abrangendo os pecados de omissão – que é poupada ao homem carnal mediano. A vida de Eliot raramente permitiu abusos. (Alguns críticos imprudentes tomaram um dos primeiros poemas "*La Figlia che Piange*" como a lembrança de uma infidelidade amorosa. Na verdade, esse poema teve por inspiração o fato de Eliot não encontrar, durante a visita a um museu na Itália, determinada estátua de uma menina a chorar. E mencionamos anteriormente a idosa senhorita X, a dama de Boston do "Retrato" que, mais tarde, mandou para Eliot, na Inglaterra, um cartão de Natal em que se via escrito "saudações calorosas da amiga para o amigo" – não *inamorata*.) A agonia do remorso de um é a dispensa de um pecadilho do outro.

Agora sabemos o que a maioria dos leitores de *Ash Wednesday* não sabia quando o poema foi publicado (somente seiscentas cópias) em abril de 1930. As pessoas devem ter notado a dedicatória à mulher, mas ninguém (exceto uns poucos amigos) tinha ciência da espiral descendente de Vivienne. Quem quiser poderá ver na análise do poema de Grover Smith, por exemplo, fortes insinuações de que a dedicatória é para uma pessoa, de certo modo, há muito já perdida (de qualquer forma, sua mulher a reconheceu). Tornou-se necessário ponderar o conselho de São João da Cruz de que devemos nos despojar do amor dos seres criados. O jardim do Purgatório de uma única rosa, o jardim "onde todo o amor termina",[84] é o consolo para o Jardim dos Jacintos perdido em *The Waste Land*; naquele jardim do Monte Purgatório há uma senhora, mas se nela ainda existe alguma essência da menina dos jacintos, toda impureza foi purgada. "Este jardim é o 'Paraíso Recuperado'", comenta Grover Smith, "O Jardim dos Jacintos de *Waste Land* é o 'Paraíso Perdido' (...)". A senhora daquele jardim "por entre os teixos",[85] em *Ash Wednesday*, "é um símbolo do desejo além do desejo e da fusão do humano com o celestial. Ela, melhor que um espectro indefinido de 'cabelos castanhos e lilases',[86] é a verdadeira sósia da menina dos jacintos, dominando, com intensidade efêmera, o ponto central de todo impulso em direção à claridade e beleza".[87]

Vivienne ainda estava com o marido quando ele escreveu *Ash Wednesday*, e não se separaram até 1933. Desse modo, Eliot não se despojou completamente do amor dos seres criados: a *via negativa* de São João da Cruz (embora o protagonista de *Ash Wednesday* renuncie "à face abençoada (...) à voz",[88] porque não pode fazer de outra maneira) até agora é apenas uma possibilidade. Muitos anos depois, Eliot escreveu para Bonamy Dobrée (que estava horrorizado com a *via negativa*) que João da Cruz tencionava o "despojamento" para as pessoas:

---

[84] No original: *Where all loves end*. T. S. Eliot, *Ash Wednesday* (1930), seção II, verso 76. (N. T.)

[85] No original: *Between the yew trees*. T. S. Eliot, op. cit., seção IV, verso 148. (N. T.)

[86] No original: *Lilac and brown hair*. T. S. Eliot, op. cit., seção III, verso 117. (N. T.)

[87] Grover Smith, *T. S. Eliot Poetry and Plays: A Study in Sources and Meanings*, 1958, p. 146, 150.

[88] No original: *I renounce the blèssed face / And renounce the voice*. T. S. Eliot, op. cit., seção I, versos 22 e 23.

seriamente comprometidas no caminho da contemplação. Somente deve ser lido com relação a este caminho. Isto é, simplesmente matar os afetos humanos não levará ninguém a lugar nenhum, seria apenas se tornar pouco mais que um morto-vivo, como é a maioria das pessoas. Mas a doutrina é fundamentalmente verdadeira, creio. Ou, se formos expor a fé à sua moda, somente por intermédio do amor dos seres criados é que nos aproximamos do amor de Deus, o que acredito ser FALSO.[89]

Tudo quanto o declínio de Vivienne à loucura possa ter contribuído para o remorso e a renúncia de *Ash Wednesday*, o poema não seria menos comovente, caso nada suspeitassem do sofrimento particular de Eliot.[90] É desnecessário conhecer alguma coisa a respeito da verdadeira Beatrice Portinari para compreender a Beatriz do *Paraíso* de Dante. Quem quiser estudar, certamente, fará bem em retomar o breve e iluminador estudo de Eliot sobre Dante (publicado em 1929, e reimpresso em *Selected Essays*, dois anos depois) antes de ler as abundantes críticas de *Ash Wednesday*. O "Divino Cortejo"[91] do Paraíso, escreveu Eliot, "pertence ao mundo daquilo que chamo de sonho mais sublime, superior, e o mundo moderno só parece ser capaz do

---

[89] Eliot a Bonamy Dobrée. In: Dobrée, op. cit., p. 81.

[90] Se o sacramento do matrimônio consagra uma união espiritual atemporal, não pode haver total renúncia do amor, ao menos, não pode haver renúncia de um único ser especialmente criado para o cônjuge. Esse tópico pode ser esclarecido pelas palavras do amigo de Eliot, padre Martin D'Arcy. Quando padre D'Arcy, minha mulher e eu jantamos em Los Angeles, em 1965, minha mulher lhe perguntou se no Céu não haveria matrimônio ou, dados em casamento, marido e mulher deverão esperar, para além da morte, a plenitude da união que conheceram neste mundo de cativeiro. Padre D'Arcy respondeu que no estado celestial, todas as boas coisas da existência temporal de uma pessoa serão apresentadas, de todas as maneiras, quando quer que a pessoa as deseje; ao passo que o mal será incognoscível. Sendo assim, o que foi bom no episódio do Jardim dos Jacintos, digamos, é bom para além do tempo; e a senhora que é a guia-protagonista no início de *Ash Wednesday*, a senhora terrena, será reconciliada com o homem que deve renunciar ao conhecimento dela neste mundo.

[91] Dante Alighieri, "Purgatório". *A Divina Comédia*, Canto XXIX. (N. T.)

sonho inferior. Eu mesmo cheguei a aceitar isso somente com alguma dificuldade". *Ash Wednesday* é um esforço para devolver o sonho *sublime* ao século XX, e as causas imediatas do sonho sublime elioteano não significam muito, caso as ponhamos ao lado das fontes intelectuais da visão: Dante, João da Cruz, Cavalcanti e até Jacob Grimm. A *experiência* da angústia privada o tocou imensamente, é claro, mas a expressão dessa experiência é o que nos interessa.

Quanto aos significados mais amplos de *Ash Wednesday*, há uma concordância geral entre os críticos mais rigorosos, embora, é claro, divirjam (como o fazem sobre cada poema de Eliot) a respeito das fontes particulares e dos significados. Os três leopardos brancos da segunda seção do poema são interpretados de forma variada na simbologia: são os pecados da avareza, gula e luxúria, e também são os três aspectos do amor (no entendimento do padre Genesius Jones); são a comunhão e também um ritual canibal (no entender de Leonard Unger); são o mundo, a carne e o demônio, e agentes da expiação (para Grover Smith); são, possivelmente, agentes de Deus para a destruição (ver Jeremias 5,6 e Oseias 7,7) (para B. C. Southam); ou não tem significado alegórico (para Helen Gardner).[92] Em 1929, quando questionado a respeito dos leopardos, Eliot recitou o verso em questão, entretanto, não disse nada mais. Todavia, o conjunto de críticas literárias de *Ash Wednesday* é amplo e, em grande parte, bastante lúcido. Vez ou outra não faço mais do que descrever de forma sumária o poema – e posteriormente comentar a respeito da influência.

Esses seis poemas líricos, Allen Tate escreveu um ano após a publicação de *Ash Wednesday*, "são um breve momento de experiência religiosa em uma época que acredita que a religião é uma espécie de

---

[92] Ver Genesius Jones, *Approach to the Purpose: A Study of the Poetry of T. S. Eliot*, 1964, p. 112-13; Leonard Unger, *T. S. Eliot: Movements and Patterns*, 1956, p. 49-54; Grover Smith, op. cit., p. 144-45; B. C. Southam, *A Student's Guide to the Selected Poems of T. S. Eliot*, 1968, p. 112; Helen Gardner, op. cit., p. 115-16.

derrotismo e coloca toda a esperança na descoberta da justa ordem secular pelo homem (...). Possivelmente é o único tipo de imagem válida para a poesia religiosa nos dias de hoje".[93] Desde então, não foi concebida nenhuma imagem mais convincente.

Com um toque de ironia, Eliot refere a si mesmo como uma "velha águia"[94] e está ciente de que a reputação dos poetas é precária; ele inicia a primeira seção com um verso de Guido Cavalcanti: "Porque não espero mais voltar".[95] O que foi feito no tempo e no lugar, não pode ser desfeito; somente é possível "ter de edificar alguma coisa de que me possa depois rejubilar".[96] Lamentar-se é um tormento e um tédio. A nós, resta a contrição, a resignação e a oração: com uma diminuta possibilidade de Purgatório, insinuada em "The Hollow Man".

Os três leopardos, na segunda seção do poema, devoraram o pecador, exceto por alguns restos rejeitados; seus ossos brancos cantam para a Senhora dos Silêncios, dizendo que é bom deixar a carne, de pôr fim ao tormento "do amor insatisfeito e da aflição maior ainda do amor já satisfeito".[97] A rosa do esquecimento é a contemplativa Senhora:

> E eu que estou aqui dissimulado
> Meus feitos ofereço ao esquecimento (...)[98]

---

[93] Allen Tate, "On Ash Wednesday". In: *Collected Essays*, 1959; reimpresso in: Hugh Kenner (ed.), *T. S. Eliot: A Collection of Critical Essays*, 1962, p. 129-35.

[94] No original: (*Why should the agèd eagle stretch its wings?*). T. S. Eliot, *Ash Wednesday*, 1930, seção I, verso 6. (N. T.)

[95] No original: *Because I do not hope to turn again*. Ibidem, verso 1. Adaptação do verso de abertura de Guido Cavalcanti, *Rime*, XXXV, "Perch'i' no spero di tornar giammai".

[96] No original: (...) *having to construct something / Upon which to rejoice.* Ibidem, versos 25-26. (N. T.)

[97] No original: *Of love unsatisfied / The greater torment / Of love satisfied.* T. S. Eliot, op. cit., seção II, versos 78-80. (N. T.)

[98] No original: *And I who am here dissembled / Proffer my deeds to oblivion* (...). Ibidem, versos 53-54. (N. T.)

Esses poemas não são uma unidade, mas muitos aspectos da purificação. Na terceira seção ou movimento, o protagonista sobe a escada – o que vem a ser, afinal, uma penitência: sobe, relembrando brevemente a avareza, a gula e a luxúria, após passar pelo demônio das escadas; ascende aos três aspectos do amor – caridade, ágape e eros.[99] Na primeira volta da terceira escada olha por "uma janela estreita [que] inchava como um figo"[100] e contempla as distrações da carne; mas, embora não seja digno, persiste.

No quarto movimento, segue adiante para o Paraíso terrestre do Monte Purgatório. A senhora agora é a "irmã silenciosa",[101] pura, "por entre os teixos",[102] deixa entrever um sinal, e a fonte jorra. "Redimem o tempo, redimem o sonho."[103]

O Verbo, o *Lógos*, que o mundo rejeitou, é buscado no quinto movimento. Roga à "irmã velada"[104] entre os teixos que reze:

Pelas crianças no portão
Por aqueles que se querem imóveis e não podem orar:
Orai por aqueles que escolhem e desafiam (...)[105]

O Peregrino reconhece, como propõe Leonard Unger, "que a condição do mundo moderno é proibitiva para a experiência que

---

[99] Ver Genesius Jones, op. cit., p. 116-20.

[100] No original: (...) *a slotted window bellied like the fig's fruit*. T. S. Eliot, *Ash Wednesday*, 1930, seção III, verso 111. (N. T.)

[101] No original: *The silent sister veiled in white and blue*. T. S. Eliot, *Ash Wednesday*, 1930, seção IV, verso 147. (N. T.)

[102] No original: *Between the yew*. Ibidem, verso 148. (N. T.)

[103] No original: *Redeem the time, redeem the dream*. Ibidem, verso 152. (N. T.)

[104] No original: *For children at the gate / Who will not go away and cannot pray: / Pray for those who choose and oppose* (...). T. S. Eliot, *Ash Wednesday*, 1930, seção IV, verso 152. (N. T.)

[105] As referências à personagem podem ser vistas nos versos 176, 180 e 185. (N. T.)

deseja".[106] Aqueles que já subiram para o *Lógos* encontraram o último deserto da terra desolada.[107]

Finalmente, no sexto movimento, eros e ágape foram transcendidos, e da mesma forma se foram o remorso e a culpa.[108] A esta altura, os sonhos de passado, presente e futuro se cruzam. Até agora, a paz de Deus não foi alcançada; mas enquanto estamos por aqui, a rosa pode ser percebida à distância.

Esse poema, ou poemas, pode ser lido várias vezes, com crescente comiseração e surpresa. Max Eastman (o homem com o menor senso de humor que já escreveu um livro sobre humor) ficou indignado com o poema e chamou *Ash Wednesday* de "uma trapalhada untuosa de ruídos emocionais". Mas a força da imaginação moral de Eliot, por fim, descobrira sua fonte na fé; e se Eliot podia acreditar na crença, outras inteligências anteriormente fechadas à possibilidade de transcendência, começariam a fazer as terríveis perguntas fundamentais.

Por volta de 1930, a reputação de Eliot já era grande o suficiente para que muitos levassem a sério tudo o que tivesse a dizer, não importando quão estranho parecesse. Caso Eliot tivesse escrito um poema devocional de tipo clássico, ainda assim, não teria deixado uma impressão duradoura no público. O simbolismo cristão pouco significava para a inteligência pública em 1930: era tido como arcaico, uma relíquia (fragmentariamente evocativa) da infância da espécie. Para esse público, a Bíblia era apenas uma coletânea confusa de escritos hebraicos e gregos, posta em dúvida pela "Alta Crítica"[109] do

---

[106] Leonard Unger, op. cit., p. 62-64.

[107] Ver "*What the Thunder Said*", T. S. Eliot, *The Waste Land*, 1922, seção V.

[108] A compreensão de amor de Eliot e suas várias formas ficará mais clara pela leitura de M. C. D'Arcy, *The Mind and Heart of Love* (1947), obra de um acadêmico intimamente ligado a Eliot.

[109] "Alta Crítica" é o nome dado em exegese teológica aos estudos críticos da Bíblia. Essa corrente trata os textos bíblicos como literatura e utiliza o aparato crítico normalmente aplicado a semelhantes textos literários, sem partir de nenhum dogma para efetuar suas análises. (N. T.)

século XIX e por eminentes teólogos do século XX. A igreja parecia ser, sobretudo, moralismo e sociabilidade; a "ciência" (não que o público realmente entendesse muito de ciência natural), disseram, tinha derrubado o mito.

Muito daquele público conhecia religião somente na forma do que Coleridge chamara de bibliolatria; para outros, era sabatarianismo,[110] agradável ou desagradável. Para os pensadores progressistas, como ainda condescendiam em utilizar alguns dos antigos símbolos, poderia ser um Evangelho Social – o grande mandamento sem a primeira oração. A revelação estava afastada no tempo. Tais ossos secos poderiam falar?

Ora, símbolos sempre foram um meio de transmitir alguma verdade experimentada; verdade que deve ser experimentada pelo homem mortal. Todavia, quando o homem está distante ou morto, o símbolo deve ser reduzido, geralmente, em palavras. Eric Voegelin apresenta muito bem a questão:

> Como consequência, quando a experiência de engendrar símbolos deixa de ser uma presença situada no homem que os vive, a realidade de onde os símbolos obtêm o significado desaparece. Os símbolos, no sentido de palavras faladas ou escritas, é verdade, são deixados como traços no mundo da percepção sensorial, mas o significado só pode ser compreendido caso seja evocado, e por intermédio da evocação reconstituam a realidade produzida no ouvinte ou leitor.[111]

Tais traços de uma experiência transcendente foram quase apagados no século XX: os símbolos não evocavam mais a experiência transcendente. O ideólogo poderia encontrar nisso uma vantagem

---

[110] Indivíduos ou facções religiosas que se distinguem pela opinião ou prática a respeito da observância do *Shabat* judaico (o dia do repouso). Nunca formaram uma seita distinta, e podem ser encontrados espalhados por muitas denominações protestantes. (N. T.)

[111] Eric Voegelin, "Immortality, Experience and Symbol". *Harvard Theological Review*, vol. 60, n. 3, p. 235.

para falar de um "mundo pós-cristão"; e ninguém deseja ser considerado como uma relíquia de antiquário. Somente ao experimentar outra vez a realidade que outrora gerou os antigos símbolos, poderá o homem moderno recuperar a fé, "uma posse antecipada do que se espera, um meio de demonstrar as realidades aos que não veem".[112]

O feito de Eliot em *Ash Wednesday* era exatamente expressar a experiência transcendente sob nova forma. Não estava simplesmente renovando velhas formas: o que importava para aqueles que o compreenderam ou quase o compreenderam era o fato dele relacionar a própria experiência ao sonho superior, ao "sonho mais sublime",[113] à realidade percebida pela imaginação moral. Embora não admitisse o impulso profético, falava com autoridade: vira com os olhos da mente, sentira com profunda emoção. Empregando antigos símbolos, renovara-lhes a ligação com o homem contemporâneo. Por intermédio da contrição, a culpa poderia ser purificada ou consumida pelo fogo. A "dúbia face de esperança e desespero"[114] poderia ser deixada para trás. O Verbo ainda poderia ser ouvido no mundo; renunciando aos desejos da carne, Gerontion poderia se tornar Gerontius; bem superior a Grishkin com sua promessa de "beatitudes pneumáticas",[115] poderia ser detectado um verdadeiro brilho de imortalidade, enquanto a humilde Senhora se persigna.

As visões infernais de Eliot foram aceitas como descrições válidas da realidade do século XX, donde se pode concluir que as visões purgatoriais deveriam ser levadas a sério. Tinha realizado o que

---

[112] Hebreus 11,1.

[113] No original: *The unread vision in the higher dream*. T. S. Eliot, *Ash Wednesday*, 1930, seção IV, verso 145. (N. T.)

[114] No original: *The deceitful face of hope and of despair*. Ibidem, seção III, verso 103. (N. T.)

[115] Referência à personagem Griskin, a russa de seios generosos, que surge no poema *Whispers of Immortality* [Sussurros de Imortalidade]. No original: *Gives promise of pneumatic bliss*. T. S. Eliot, "Whispers of Immortality". *Poems 1920*, verso 20. (N. T.)

eminentes eclesiásticos de sua época não conseguiram: relembrar a sua era que o mito poderia ser verdade, uma expressão simbólica das coisas permanentes da realidade experimentada em todos os tempos. Nas palavras de Voegelin, "Uma verdade cujo símbolo se tornou obscuro e suspeito não pode ser redimida por concessões doutrinárias ao *Zeitgeist*, mas somente pelo retorno à realidade da experiência que originalmente pôs em perigo os símbolos. O retorno produzirá a própria exegese (...) e a linguagem exegética fará com que os símbolos fiquem novamente translúcidos".[116]

De 1932 até o presente momento, a exegese de *Ash Wednesday* está em andamento. Um homem de verdadeira capacidade intelectual e de grande erudição podia acreditar no dogma, isso estava claro. Mais importante, poderia experimentar algo do transcendente, e expressar tal experiência em um misto de antigos e novos símbolos. O público intelectualizado, ou parte dele, estava comovido.

George Santayana, no breve ensaio sobre americanismo, mais tarde iria sugerir que as classes liberais não tinham certeza dos próprios pressupostos liberais: "A civilização moderna tem uma imensa energia, não só irresistível, em termos físicos, mas moral e socialmente dominante na imprensa, na política e na literatura das classes liberais. Contudo, a voz de uma ortodoxia despossuída e desamparada, profetizando o mal, não pode ser silenciada, e o que torna essa voz mais inquietante é não poder mais ser compreendida".

Em Eliot, a ortodoxia despossuída e desamparada encontrara a voz que podia ser compreendida por alguns homens do século XX. Embora a voz pudesse chocar, eles a ouviriam.

---

[116] Eric Voegelin, "Immortality, Experience and Symbol", op. cit., p. 257.

Capítulo 6

O Poeta, o Estadista e a Rocha

COMENTÁRIOS EM UMA ÉPOCA TURBULENTA

Aos quarenta e dois anos, a aparência de T. S. Eliot não tinha mudado muito desde 1917, quando "Prufrock" e o "Hipopótamo" fascinaram Londres. As fotografias demonstram isso; e Wyndham Lewis comenta que seu rosto ainda não parecia com "a máscara abatida e esgotada" que se tornou no final dos anos 1930. Na verdade, o sorriso de Gioconda ou de Lâmia da época de Harvard ou dos primeiros anos em Londres não era mais visto: "A veia melancólica foi intensamente nutrida com o duro espetáculo do período (...) o espetáculo da Europa cometendo suicídio".[1]

Por volta de 1931, Eliot tinha se tornado o poeta mais interessante daqueles dias, o crítico mais formidável, o editor mais sério e respeitado e era uma espécie de potência no mercado editorial. O autor de *Ash Wednesday* continuou capaz de brincar: certa vez, em uma quarta-feira, próxima ao 4 de julho, ele, Frank Morley e Morley Kennerley disparariam vários cartuchos de pólvora debaixo da mesa na sala da diretoria da Faber & Faber para o espanto dos diretores na hora do almoço.[2]

---

[1] Whyndham Lewis, "Early London Environment". In: Richard March e Tambimuttu (eds.), *T. S. Eliot: A Symposium*, 1948, p. 29-30.

[2] Ver Frank Morley, "T. S. Eliot as a Publisher". In: Ibidem, p. 69-70.

Permanecia a tênue esperança de que, talvez, o amor debilitado pudesse desabrochar novamente. Vivienne Eliot já estava perdida: por volta de 1930, quando o jovem Wynyard Browne foi visitar Eliot no apartamento em Marylebone, "uma senhora abriu a porta e perguntou-lhe o que queria, e ao ouvir 'sr. Eliot', reclamou, 'por que, oh, por que todos querem ver meu marido!' e bateu a porta na cara do rapaz". No entanto, Vivienne continuaria com Eliot por mais um ano, e, por volta de agosto de 1932, iria com ele para a fazenda Pike, a casa de campo de Frank Morley, para um batizado.

O empenho com que Eliot trabalhou em *Ash Wednesday* deve ter exigido, naquele momento, muito de seus talentos como verdadeiro poeta; mas estava despertando o interesse em escrever para o teatro. De 1931 a 1934, publicaria dois importantes poemas novos, todo um volume de crítica (as palestras Charles Eliot Norton em Harvard); um longo ensaio (as palestras Page-Barbour na Universidade da Virgínia) abordando literatura, teologia e política – o que o traria dificuldades; os coros de *The Rock* [A Rocha] e mais de cinquenta contribuições em periódicos.

A ideologia demoníaca estava começando a enfraquecer antigas amizades, embora Eliot continuasse a publicar na *Criterion* os escritos de companheiros dos quais discordava. John Middleton Murry – uma daquelas criaturas raras, o verdadeiro herege, escrevera Eliot – afastou-se por causa da calorosa simpatia que começou a nutrir pelo comunismo, acreditando ser impossível restaurar a síntese medieval e que o homem moderno deveria encontrar um novo fundamento filosófico. Ezra Pound, agora residindo na Itália, escrevera para Hound & Horn, no final de 1930, uma carta atacando o "Criterionismo" e afirmando que Eliot estava interessado em uma "escrita morta e moribunda". No final de 1931, Pound começou a datar as cartas segundo o calendário fascista. Bernard Shaw (que nunca foi um amigo) partira para a União Soviética, onde o "czar" Stalin concedeu-lhe uma audiência. Wyndham Lewis, de temperamento difícil e sempre fazendo oposição ao que quer que parecesse ser a tendência popular do momento, publicou em abril de 1931, um livro elogiando Adolf Hitler como aliado de uma aristocracia do intelecto, um defensor contra o comunismo e uma força pela paz. Nas cartas dessa época, Lewis escarnece de Eliot; e a admiração de Eliot por Lewis foi diminuindo. A aproximação de um novo período de problemas internacionais estava envolvendo os literatos em disputas.

Esse foi o ano em que os japoneses invadiram a Manchúria e que a monarquia espanhola caiu. Foi o ano em que os nazistas ganharam 107 cadeiras no Reichstag e os comunistas, 77.

Foi o ano da desconcertante crise financeira na Grã-Bretanha. Perto da Páscoa, quase três milhões de pessoas estavam desempregadas e as reservas do seguro-desemprego tinham um débito de cem milhões de libras; no orçamento havia um déficit de mais de trinta milhões de libras, embora um terço da renda gasta pela Grã-Bretanha viesse de impostos e taxas; o Banco da Inglaterra, só durante o mês de julho, consumiu 45 milhões de libras em ouro; e quase ocorrera um motim na esquadra do Mar do Norte por conta de cortes nos salários. O gabinete Trabalhista criou, naquele verão, um governo nacional – quatro ministros Trabalhistas, quatro Conservadores, dois Liberais – apesar de Ramsay MacDonald continuar como primeiro-ministro. Em setembro, a Grã-Bretanha abandonou o padrão ouro. George Orwell andava na companhia de vagabundos, fazendo biscates e colhendo lúpulo e, em breve, estaria à caminho de Wigan Pier.[3]

Na eleição geral, em outubro, os Trabalhistas foram esmagados: os candidatos da coalizão nacional receberam 14,5 milhões de votos, contra 6,5 milhões para os socialistas. O governo nacional

---

[3] Referência a um dos primeiros livros de Orwell chamado "O Caminho para Wigan Pier", em que descreve as condições de extrema miséria dos trabalhadores do Norte da Inglaterra, com quem conviveu durante alguns anos. O livro foi publicado por Victor Gollancz em 1937 para o *Left Book Club*. (N. T.)

continuaria no poder, ficando cada vez mais conservador (Baldwin sucederia MacDonald como primeiro-ministro em 1935), até 1940.

Tais circunstâncias e acontecimentos são o pano de fundo dos dois poemas que compõem *Coriolan* [Coriolano]: "Triumphal March" [Marcha Triunfal] (primeiramente publicado como um *Ariel Poem*, em outubro de 1931) e "Difficulties of a Statesman" [Dificuldades de um Estadista] (publicado no *Commerce* no final do ano). Nos *Collected Poems*, as obras foram unidas sob o título de *Coriolan*, como fora a intenção em 1931. Seriam partes de um poema maior ou de uma série de poemas – embora não fosse, de modo algum, um poema inteiramente político – e podem ser mais bem compreendidas caso, antes de analisá-las, prestemos atenção aos comentários da *Criterion* ao longo daquele ano.

No comentário de janeiro de 1931, Eliot atacou a interpretação superficial da política propagada pelos jornais diários. O *Times* londrino e a imprensa, em geral, disseminavam uma falácia muito prejudicial a respeito de "educação política", e o sentido que os jornais davam à expressão era bastante claro. Escreveu Eliot:

> Isso quer dizer que caso mantenhamos o partido socialista no poder, até por experiência prática, compraremos problemas e insistiremos futilmente em tentar o impossível, e por estarem, geralmente, com cabeça cheia pelo excesso de trabalho e preocupações, os desditosos ministros ficam reduzidos a total incompetência e inofensividade, então, o governo ficará mais sábio e infeliz, exatamente como qualquer outro governo. (...) E isso também significa que durante esse período devemos continuar apontando todos os erros do governo para com o povo, de modo que o povo, igualmente sábio e infeliz, coloque no poder, por aclamação, um governo realmente bom. Ambas as hipóteses me parecem totalmente erradas, erradas como princípio e como previsão. Como princípio, sugerem que não há outra regra senão a cautela; negam que existam quaisquer divisões morais na política pelas quais os homens estejam dispostos a lutar até o fim, a sofrer e a causar sofrimento aos demais. O ideal é o ideal de dois partidos, ou até três, desde

que sejam exatamente iguais na prática a respeito de tudo o que importa. No entanto, devem diferir completamente em uma série de pontos ostentatórios que não interessam; caso contrário, os jornais não teriam nada que pudessem escrever nos principais artigos, e o público perderia a diversão do mais custoso dos esportes – o esporte dos democratas – as eleições gerais. Disso deduzimos, por fim, uma teoria política que não é de modo algum inventada pelo *The Times*, atualmente proprietário da maioria dos jornais e da maioria dos políticos de todos os tipos; e que é de fato, pela bênção da democracia, o proprietário notório de todos os súditos comuns e cidadãos; a concepção de que a política não tem qualquer relação com a moral privada, que a prosperidade nacional e maior felicidade do maior número de pessoas dependem totalmente das diferenças entre teorias econômicas boas e más. Cada vez mais, a opinião do homem comum é que sua moral privada, a não ser quando infringe a lei criminal, não é da conta de ninguém – a menos que caia nas garras da imprensa sensacionalista. A moral privada não é apenas privada, mas completamente negativa. E, por outro lado, visto que não é totalmente privada, fica na contingência das condições econômicas: assim é concebível existir, em tempo, uma legislação destinada a obrigar determinadas parcelas da população a limitar as famílias (pelos métodos usuais) e a forçar a procriação de outras, com aplausos de parte do clero.[4]

Precisamos de outro Ruskin, continuou, e um estudo mais completo de economia; os financistas realmente não compreendem a política econômica e as verdadeiras ciências da teologia e da ética estão muito inferiorizadas. A economia deve reconhecer na ética uma autoridade maior:

> Não posso deixar de crer que, no fundo, existam umas poucas ideias simples, sobre as quais eu e os demais ignorantes sejamos capazes de decidir segundo os vários temperamentos; todavia nunca consigo chegar ao fundo. Não posso, por exemplo, acreditar na superpopulação enquanto houver espaço no mundo para todos andarem por aí sem

---

[4] T. S. Eliot, "A Commentary". *The Criterion*, vol. X, n. 39, jan. 1931, p. 307-08.

sufocar; não compreendo a concorrência da superprodução com a escassez e não posso deixar de crer que isso se relaciona com o que as pessoas querem – na medida em que estejam em posição de querer mais alguma coisa além de alimento e abrigo – as coisas erradas, o cultivo das paixões erradas. Então precisaremos de economistas que não exigirão de nós apenas bastante perspicácia para apreciar quão intelectualmente brilhantes são, que não terão como propósito nos ofuscar com feitos técnicos, mas que poderão chegar a nos mostrar a relação entre os remédios financeiros que defendem e nossos simples princípios e convicções humanos.[5]

John Middleton Murry tinha defendido "um novo ascetismo"; Edgar Mowrer escrevera um livro demonstrando a aplicação dos princípios científicos na política; Sigmund Freud e Bertrand Russell recomendavam os *menus plaisirs*[6] da vida. O que aquela época realmente precisava, concluiu Eliot, era algo em que acreditar:

"A necessidade de um novo ascetismo, de fato, é premente"; contudo um ascetismo enclausurado ou solitário não é o bastante para nos salvar na presente conjuntura, a menos que o mundo esteja completamente (e bem) perdido; de modo que uns poucos são deixados a "redimir o tempo, pois os dias são maus",[7] mas eternamente importunados com formulários do imposto de renda. Temo que esse novo ascetismo não seja somente praticado por uns poucos, mas imposto a muitos; do contrário o novo ascetismo seria, simplesmente, como já é para alguns, uma antiga necessidade óbvia. Em outras palavras, enquanto os novos economistas esperam melhorar o novo mundo para o velho Adão, os novos psicólogos esperam melhorar o velho Adão para o novo mundo. É necessário um impulso capaz de disciplinar o indivíduo e, ao mesmo tempo, aumentar suas possibilidades de desenvolvimento como um membro independente da sociedade. Em vez da liberdade civil, que a maior parte das pessoas dificilmente

---

[5] Ibidem, p. 309-10.

[6] Pequenos prazeres. (N. T.)

[7] Efésios 5,16. (N. T.)

aprecia, nos oferecem licenciosidade; em vez de ordem, nos oferecem tudo produzido em massa, até mesmo arte e religião.[8]

No número de abril da *Criterion*, Eliot publicou o discurso de Berlim de Thomas Mann, "Um Apelo à Razão", no qual Mann expôs a ameaça no nacional-socialismo e rogou aos franceses que permitissem a revisão do Tratado de Versalhes. No "Comentário", Eliot rejeitou as propostas de um governo nacional, ou, certamente, de qualquer governo de emergência ou de coalizão na Grã-Bretanha. Algo mais estável deveria ser pensado; a imaginação política carecia urgentemente de algo. "Não estamos convencidos de que uma combinação de antigos criminosos será uma grande melhoria para as velhas quadrilhas, em separado".

"Passar por uma maré difícil", "sobreviver" ou "remar contra a maré" não eram suficientes, pois as condições do mundo estavam alterando rapidamente.

> É deprimente descobrir que o Partido Trabalhista que está no governo provou ser não só conservador, mas reacionário. A forma mais racional de representação é a Câmara dos Comuns, e a representação das universidades será, se o Partido Trabalhista conseguir o que quer, destruída. É de uma estupidez incrível, por conta de, talvez, uma pequena diferença numérica vantajosa, retirar exatamente os homens que, de fato, representam alguma coisa. Longe de abolir essa forma de representação, devemos ampliá-la; e ter mais membros responsáveis por interesses genuínos com os quais estão familiarizados em vez de um eleitorado misto que nem conhecem.[9]

Nesta ocasião, Eliot tinha dado uma olhada em um programa político publicado pelos seguidores de Sir Oswald Mosley. Em 1930, Mosley fora o herói dos operários do Partido Trabalhista, e

---

[8] T. S. Eliot, "A Commentary". *The Criterion*, vol. X, n. 39, jan. 1931, p. 313-14.
[9] Ibidem, vol. X, n. 40, abr. 1931, p. 482.

por pouco não ganhara a liderança do partido na conferência anual daquele ano. Porém, impaciente, quase formara um partido próprio, e estava migrando, naquela ocasião (todos os seus candidatos foram derrotados na eleição geral de 1931), para assumir a liderança de um partido fascista britânico. Eliot achou que o programa de Mosley continha alguns germes de inteligência, embora de uma forma vaga e precária, mas faltavam-lhe "provas de uma profunda convicção moral (...) *Politique d'abord*,[10] certamente; mas *politique* significava mais que prosperidade e conforto, se é que queria dizer isso. Significava o aspecto social do bem viver".[11]

No manifesto dos *Southern Agrarians*[12] chamado *I'll Take My Stand* [Manterei Firme a Posição], publicado em 1930, Eliot encontrou pessoas que pensavam de forma semelhante a ele. Dois dos escritores que contribuíram para aquele simpósio, John Gould Fletcher e Allen Tate foram colaboradores frequentes da *Criterion*. No entanto, não foram apenas os estados do sul dos Estados Unidos que foram

---

[10] Termo cunhado por Charles Maurras, e quer dizer "o primado da política". (N. T.)

[11] T. S. Eliot, "A Commentary". *The Criterion*, vol. X, n. 40, abr. 1931, p. 483.

[12] Grupo de romancistas, poetas e ensaístas norte-americanos com raízes no sul dos Estados Unidos e ligados, de alguma forma, à Vanderbilt University. Publicaram uma coletânea com doze trabalhos que serviram como uma espécie de manifesto agrário sulista. Apregoavam a preservação dos costumes e da herança cultural rural do sul dos Estados Unidos como alternativa civilizacional à industrialização, buscando a reconciliação entre tradição e progresso, o que os levava a dar destaque aos valores cristãos, ao senso de comunidade, aos laços familiares e de identidade. Foram os responsáveis pelo renascimento literário sulista nos anos 1930. Conceitualmente, estavam bem próximos do "Distributismo" defendido por G. K. Chesterton e Hillaire Belloc na Inglaterra. Tal semelhança chamou a atenção do editor dos escritos distributistas de Chesterton nos Estados Unidos, Seward Collins, que, já no final dos anos 1920, se autodenominava "fascista" e nutria ódio ao comunismo. A aliança de alguns dos *Agrarians* com Collins acabou por abalar a reputação do movimento, que embora nada tivesse de fascista, aceitara tal editor. (N. T.)

devastados pela modernidade, já que não há simplesmente o contraste entre os Estados Unidos do norte e do sul, "É um conflito entre todas as regiões locais e espiritualmente vivas ou *enclaves* e o modo de existência uniforme dominante, que é Nova York e a monotonia do meio-oeste", observou Eliot:

> uma pessoa da Nova Inglaterra não pode ler o livro sem admitir que o próprio país foi arruinado enquanto o sul era destruído, e que a Nova Inglaterra fora destruída anteriormente (...) não pode deixar de sentir que naquela sociedade isolada, briguenta, muitas vezes limitada, intolerante e herética havia mais desenvolvimento intelectual e espiritual, mais beleza nos costumes, na arquitetura, na pintura e nas artes decorativas – e uma beleza local e peculiar – do que é possível obter na Nova Inglaterra de hoje, em que, de trem, Boston está a cinco horas de Nova York, e a pouco tempo pelo ar. O contraste, e por vezes os conflitos, entre os tipos diferentes e complementares da Nova Inglaterra e da Virgínia, dá ao fim da colônia e ao começo da república na história norte-americana (até 1829) uma vantagem e uma urbanidade que, desde essa época, não mais se viu na história da nação. A intelectualidade norte-americana de hoje quase não tem oportunidade de um desenvolvimento contínuo sobre o próprio território e no ambiente que seus ancestrais, embora humildes, ajudaram a formar. Deve ser expatriada: seja para definhar em uma universidade provinciana, no exterior, ou na maior de todas as expatriações, em Nova York. É apenas um exemplo mais evidente do que tende a acontecer em todos os países.
>
> Um industrialismo ilimitado, então (com os males de superprodução, "riqueza" excessiva, falta de propósito e de relação entre produção e consumo a tentar, em vão, se superar pelo expediente torturante chamado "propaganda"), destrói primeiro as classes superiores. Não é possível transformar em aristocrata um presidente de empresa, embora seja possível fazê-lo nobre; e em uma sociedade totalmente industrial, o único artista que restará será o produtor internacional de filmes.[13]

---

[13] T. S. Eliot, "A Commentary". *The Criterion*, vol. X, n. 40, abr. 1931, p. 484-85.

O regionalismo, concluiu, na forma norte-americana ou escocesa, "é algo que os políticos devem pensar, caso sejam capazes de pensar em quaisquer termos diferentes de 'emergências'".

Um mundo único, padronizado, brutalmente industrializado, obcecado pela equação de grande produção e grande consumo, guiado por políticos débeis e ineficazes, ameaçado por ideólogos e predadores políticos: esse era o futuro provável – de fato, o presente, acreditava Eliot. Um novo *Torismo*, mais bem fundamentado que o antigo, ainda poderia salvar uma sociedade com algum grau de variedade, liberdade e beleza. No comentário de julho de 1931, o editor da *Criterion* passou uma descompostura em J. Beaumont Pease da Associação Britânica de Banqueiros e em Lorde Sankey, nessa época *Lord Chancellor*[14] no governo de MacDonald. Foi ainda mais duro com Bernard Shaw e seu último livro *Fabian Essays in Socialism* [Ensaios Fabianos sobre Socialismo]; esse comentário é um belo exercício de perspicácia política.[15] Nem a insipidez e os ditos espirituosos e elegantes da associação de banqueiros, nem o pomposo plano socialista (talvez, um plano decenal) ou "um modelo para a reconstrução de todas as sociedades modernas", poderiam redimir o tempo:

> O que o sr. Shaw e seus amigos parecem não entender, a despeito da inconstância altamente estudada de suas naturezas humanas, é que a antiga diferença entre capitalismo e socialismo dificilmente será suficiente para os próximos quarenta anos. Não é verdade que todos os que nascerão neste mundo serão pequenos capitalistas ou

---

[14] *Lord Chancellor* é o servidor público mais importante do governo do Reino Unido. É nomeado para o cargo pelo soberano por indicação do primeiro-ministro. Responsável pelo funcionamento eficaz e independente dos tribunais de justiça, muitas vezes é também o curador do Grande Selo do Reino Unido. Até 2005, também tinha como encargo presidir a Câmara dos Lordes. (N. T.)

[15] Shaw, no início daquele ano, informara em uma reunião de bibliotecários em Letchwork que "Permanecerei comunista até morrer"; no entanto, não permaneceu.

pequenos socialistas, e alguns chegam a suspeitar que o socialismo é uma mera variante do capitalismo, ou vice-versa; e que o combate de Tweedledum e Tweedledee[16] provavelmente não conduzirá a qualquer período de justiça, paz e prosperidade. Por certo, existem muitas pessoas, e haverá mais, que buscarão algumas alternativas a ambos. Há muitos que suspeitam que o socialismo não seja radical o bastante, no sentido que suas raízes não vão além do nível de natureza humana dos livros azuis[17]. Parece ter entusiasmo moral sem profundidade moral. O sr. Shaw saberia mais a respeito da volubilidade da natureza humana, caso soubesse mais a respeito de sua permanência. E há muitas ovelhas famintas que voltam os olhos para cima, para baixo e para todos os lados e não são alimentadas pelas orações do sr. Shaw ou do sr. Lansbury, nem mais satisfatoriamente o são pelo sr. Pease ou por Lorde Sankey.[18]

Na ocasião em que esses comentários foram escritos, invocando pragas para todos os partidos, Eliot estava rematando os dois poemas que compõem *Coriolan*. Buscava líderes com imaginação e coragem – homens como Maurras, talvez (Maurras era um talentosíssimo escritor, entretanto, um político nada prático); mas homens decididamente diferentes de Mussolini ou Hitler – ou diferentes de Churchill, naquele tópico. E mais que líderes fortes, Eliot estava dizendo que o mundo necessitava de princípios religiosos e morais

---

[16] Personagens do livro *Alice Através do Espelho*, de Lewis Carroll. São irmãos, tomados desde as primeiras ilustrações como gêmeos idênticos, que mesmo ao concordar "travar uma batalha" sempre se complementam nas rimas. (N. T.)

[17] Referência à série de livros de bolso publicados por Haldeman-Julius Publishing Company e extremamente populares nas décadas de 1920 e 1930 por todo o mundo. Os livros – dentre eles muitos romances, clássicos da literatura e tratados políticos – eram destinados às classes trabalhadoras, mas veiculavam intencionalmente temas como socialismo, ateísmo, homossexualidade, etc. Os livros caíram na obscuridade na década de 1950, porém só deixaram de ser publicados em 1978. (N. T.)

[18] T. S. Eliot, "A Commentary". *The Criterion*, vol. X, n. 41, jul. 1931, p. 714-15.

em que pudesse renovar a ordem social civil. Os dois poemas de *Coriolan* foram tão longe quanto Eliot jamais fora para expressar essas aspirações em poesia; contudo, anos depois daria tratamento sistemático a tais ideias em prosa nas obras *A Ideia de uma Sociedade Cristã* e *Notas para uma Definição de Cultura*. Se *Coriolan* tivesse sido acabado – apesar de algumas dificuldades técnicas no percurso – teria exercido uma influência mais duradoura, senão mais sutil do que esses dois livros.

HEROÍSMO DEBILITADO E PEQUENAS CRIATURAS EMPOEIRADAS

Ao trazer o passado para o presente, o soldado-estadista Coriolano é, ao mesmo tempo, antigo e moderno. Coriolano é Gaius Marcius Coriolanus, o lendário patrício romano do século V a.C., traidor e salvador de seu povo; também é um usurpador do período imperial romano (disse Eliot que nossa época é análoga à decadência romana); também é o herói trágico de Shakespeare, que despreza a plebe; também é o ditador dos anos 1930; finalmente é o moderno chefe de Estado, desnorteado e enredado na burocracia, cuja demissão é exigida pelos que ontem o aplaudiram.

Apesar de *Coriolan* não ser um dos poemas mais difíceis de Eliot, as interpretações críticas variam imensamente. A primeira análise, de 1935, feita por F. O. Matthiessen provavelmente continua sendo a melhor.[19] No entanto, ao mencionar outras leituras insinuarei a complexidade do pensamento e do estilo de Eliot: em cada poema, até o leitor mais cuidadoso deve ter cautela para não confundir os próprios princípios, experiências e preconceitos com os de Eliot.

---

[19] F. O. Matthiessen, *The Achievement of T. S. Eliot* (publicada pela primeira vez em 1935). Galaxy Edition, 1959, com um capítulo sobre a última obra de Eliot por C. L. Barber, p. 137-43.

Há a interpretação da esquerda doutrinária, que é simples e tola: este é um "poema fascista", glorificando um ditador bem-sucedido. A recitação irônica, em "Triumphal March", dos armamentos apreendidos dando voltas pela ruas com o conquistador (a lista é o inventário de Ludendorff das armas alemãs perdidas após o Tratado de Versalhes) não é nada senão a celebração do imperialismo militante. E, é claro, Eliot estivera escrevendo contra o fascismo desde 1928.

Há a interpretação da maioria dos críticos favoráveis – que em essência, argumentam que Eliot expõe as falsas pretensões dos ditadores (olhando para Mussolini, no momento, e antevendo Hitler), e está diferenciando a pompa secular do momento com os fundamentos morais da verdadeira autoridade. Isso não é falso, mas também não é toda a verdade: *Coriolan* significa mais do que isso.

Existe a interpretação de uns poucos comentadores (particularmente de D. E. S. Maxwell) de que o *Coriolan* de Eliot "não é nenhum líder terreno, mas a versão transfigurada de um recomposto Coriolano de *The Waste Land* (...)",[20] talvez "represente até mesmo a lei de Deus", e esteja relacionado "à ideia comum de Cristo como a luz do mundo (...)".[21] Se a "Triumphal March" for considerada isoladamente, essa suposição pode ser defensável; mas é liquidada pela frustração do líder em "Difficulties of a Stateman".

Entretanto, *Coriolan* tem mais "estratégicos corredores"[22] do que nos concedem as várias interpretações. Eliot fez algumas considerações a respeito do que queria que fosse o poema, caso o tivesse terminado: a personagem central seria Cyril (um menino em "Triumphal March",[23] um jovem operador de telefone em "Difficulties of

---

[20] No original: "*Revive for a moment a broken Coriolanus*" [Revivem por instantes um alquebrado Coriolano]. T. S. Eliot, "What the Thunder Said". *The Waste Land*, 1922, seção V, verso 416. (N. T.)

[21] D. E. S. Maxwell, *The Poetry of T. S. Eliot*, 1952, p. 137-43.

[22] T. S. Eliot, "Gerontion". *Poems 1920*, versos 34-35.

[23] Idem, "Triumphal March". *Coriolan*, verso 44.

a Statesman"),²⁴ e nessa pessoa estariam representados todos os cidadãos obscuros, percebendo vagamente os eventos públicos (muito menos o significado) da época – passando rapidamente pelo curso do ego e das circunstâncias, um observador passivo de acontecimentos extraordinários. Tal intenção criou dificuldades imensas para o poeta, quase tão desorientantes quanto as dificuldades do estadista: Como as percepções que Eliot tinha da realidade poderiam ser dadas a conhecer pelos olhos, voz ou inteligência de um jovem *cockney*?²⁵ (problemas similares com Sweeney como um meio transmissor desestimularam Eliot a completar *Sweeney Agonistes*). O obstáculo da expressão, combinado com os meses de Eliot nos Estados Unidos durante os anos de 1932 e 1933, provavelmente foram suficientes para dar fim a *Coriolan* após ter escrito somente duas partes.

Como entendo, o poema não é nem a deificação do líder nem mesmo a condenação de uma liderança firme. Escarnece, por vezes, do vaidoso grande capitão e também censura a multidão superficial e passiva. É um apelo aos verdadeiros princípios da ordem pública, fundamentados na religião e na consciência histórica, em oposição à ideologia, ao culto à personalidade, à indiferença ou irresponsabilidade da multidão, ao "Estado servil" descrito por Hilaire Belloc,²⁶ e contrário à prisão a um determinado momento no tempo. Em parte, Eliot está a dizer o que Yeats dissera na década anterior, no poema *"The Leaders of the Crowd"* [Os Líderes da Multidão]:

---

²⁴ Idem, "Difficulties of a Stateman". *Coriolan*, verso 12.

²⁵ Nome dado aos habitantes do *East End* londrino, porém também pode significar pessoa pobre, ignorante, de modos rústicos, que fala em dialeto e possui sotaque distinto. (N. T.)

²⁶ Referência à tese defendida por Hilarie Belloc no livro de 1912, *The Servile State*. Ao expor o desenvolvimento histórico da economia, defende uma instabilidade natural no sistema capitalista, cuja tentativa de reforma criará o "Estado servil", um sistema mais regulado pelo Estado e sem liberdade civil para os cidadãos, que viverão num sistema de servidão semelhante à antiga escravidão. (N. T.)

Música alta, esperança cada dia renovada
E paixões vivas; tal luz vem da tumba.[27]

A imagem de Coriolano aparece anteriormente duas vezes na poesia de Eliot: em "*A Cooking Egg*" [Um Ovo Cozido], de 1920, em que Coriolano, Sir Philip Sidney, "além de outros heróis que me são caros"[28] desfrutam de honras no Céu; e em *The Waste Land*, em que um "alquebrado Coriolano"[29] revive pelos etéreos humores ao cair da noite – um exemplar heroico que momentaneamente libera o abatido Coriolano da prisão do eu. O Coriolano de "Triumphal March" tem o semblante do herói:

Nenhuma interrogação nos olhos,
Ou nas mãos, calmo sobre o colo do cavalo,
E os olhos alertas, à espera, perscrutando, indiferentes.[30]

Esse não é um impostor político; e o último verso do poema, tirado de uma passagem de Maurras, insinua seu poder.[31]

Este é o Coriolano de Shakespeare, decidido a não tolerar o saque que a turba estava fazendo aos celeiros públicos, uma corrupção da virtude romana pelo exemplo grego:

CORIOLANO – ... embora o povo lá tivesse muito mais força que entre nós, com isso apenas trabalhou para a ruína da república. (...)[32]

---

[27] No original: *They have loud music, hope every day renewed / And heartier loves; that lamp is from the tomb.* (N. T.)

[28] No original: *And other heroes of that kidney.* T. S. Eliot, "A Cooking Egg". *Poems 1920*, verso 12. (N. T.)

[29] Ver nota 20 do presente capítulo. (N. T.)

[30] No original: *There is no interrogation in his eyes / Or in the hands, quiet over the horse's neck, / And the eyes watchful, waiting, perceiving, indifferent.* T. S. Eliot, "Triumphal March". *Coriolan*, versos 29-31. (N. T.)

[31] Referência ao verso 51 do poema: *Et les soldats faisaient la haie? ILS LA FAISAIENT.* [E os soldados faziam a barreira? ELES A FAZIAM]. (N. T.)

[32] No original: *Though there the people had more absolute power, / I say, they nouris'd disobedience, fed / The ruin of the state.* (...). William Shakespeare,

CORIOLANO – (...) Que traduzam seus atos os discursos em tudo iguais àqueles: "Exigimos; somos a grande massa, tendo sido por puro medo que eles concederam tudo quanto pedimos". Rebaixamos, assim, a natureza do mandato, justificando que a canalha o nome de medo dê ao que é solicitude. Dentro de pouco, as portas do Senado serão forçadas e no seu recinto os corvos bicarão as próprias águias.[33]

A degradação do dogma democrático fez necessário o domínio de Coriolano: a multidão que admira os espólios de guerra, as fanfarras e as águias está disposta a ter um "feriado romano"[34] – uma turba moderna segundo a antiga moda de Roma, descuidada e inconstante, gananciosa e ignorante. Seja qual for o tipo de ordem moral que Coriolano perceba, "sob a palmeira do meio-dia, sob a água dos córregos"[35] – ora, a multidão nada percebe. Interessados em linguiças e broas, a turba só vai à igreja quando não vai ao campo; e o menino Cyril confunde o sino durante a Eucaristia com o tinido do vendendor ambulante. Os pais de Cyril pedem fogo para acender um cigarro,[36]

Tragédias: Teatro Completo. Trad. Carlos Alberto Nunes. Rio de Janeiro, Agir, 2008. Ver *Coriolano*, ato III, cena I, p. 407. (N. T.)

[33] No original: (...) *Let deeds express / What's like to be their words: – "We did request it; / We are the greater poll, and in true fear / they gave us our demands": – Thus we debase / The nature of our seats, and make the rabble / call our cares, fears: which will in time / Break ope the locks o' the senate, and bring in / The crows to peck the eagles*. William Shakespeare, *Tragédias: Teatro Completo*. Trad. Carlos Alberto Nunes. Rio de Janeiro, Agir, 2008. Ver *Coriolano*, ato III, cena I, p. 408.

[34] Expressão inglesa cunhada a partir de um verso de Lord Byron que significa a obtenção de prazer com a desgraça alheia, indicando certo gozo no cultivo da corrupção, da desordem e do sadismo. (N. T.)

[35] No original: *Under the palmtree at noon, under the running water*. T. S. Eliot, "Triumphal March". *Coriolan*, verso 33. (N. T.)

[36] Ao traduzir para o português não foi possível manter os vários e mesmos significados da palavra *light* em inglês. Assim, o pedido para acender um possível cigarro (*Please will you / Give us a light?*) dos versos 47-48 não fica muito claro na tradução para o português. (N. T.)

mas a luz de que necessitam é de outra ordem. Não é curioso que os soldados formassem fileiras, uns de frente para os outros, impedindo que Coriolano pudesse ser visto?

A plebe romana traiu Coriolano, e ele, por sua vez, os traiu – embora no final, pelos pedidos da mãe, tenha suportado a ruína pelo bem da república. Em que tipo de apoio popular o Coriolano moderno pode confiar? Na procissão triunfal marcham partidários fracos – os escoteiros, a sociedade de ginástica, os "capitães do clube de golfe".[37] A legítima autoridade é a de Deus: "Ó incógnito sob as asas da pomba, incógnito no ventre da tartaruga.",[38] faltando esta autoridade, Coriolano deve ficar inquieto, apesar dos "5.800.000 rifles e carabinas".[39]

As perspectivas do jovem Cyril são pouco perceptíveis, embora afirmem que "Ele é astuto".[40] A visão que tivera da marcha triunfal fora imperfeita, e o holocausto no templo, onde "virgens com urnas"[41] cheias de pó, pó da antiguidade,[42] para ele, nada significaram. Anos

---

[37] Os tais "Capitães do clube de golfe" são cavalheiros como o sr. J. Beaumont Pease, "o espírito que preside" o jantar da Associação Britânica de Banqueiros no Fishmongers' Hall, cuja "demonstração de frigidez digna de pinguim" foi descrita no "Comentário" de Eliot na *Criterion* de julho de 1931. Em uma nota de rodapé, Eliot informava aos leitores que "O sr. Beaumont Pease recentemente foi eleito para a capitania do *Royal & Ancient Golf Club of St. Andrews*. Ele também é capitão do *Royal St. George Golf Club* e, portanto, ocupará os dois cargos ao mesmo tempo, uma distinção só alcançada anteriormente, creio, por Lorde Foster e pelo capitão Angus V. Hambro. Acredito que o sr. Pease é remotamente ligado ao sr. Andrew Marvell". [T. S. Eliot, "A Commentary". *The Criterion*, vol. X, n. 41, jun. 1931, p. 709. (N. T.)].

[38] No original: *O hidden under the dove's wing, hidden in the turtle's breast*. T. S. Eliot, "Triumphal March". *Coriolan*, verso 32. (N. T.)

[39] No original: *5,800,000 rifles and carbines*. Ibidem, verso 13. (N. T.)

[40] No original: *He is artful*. Ibidem, verso 47. (N. T.)

[41] No original: *virgin bearing urns*. Ibidem, verso 36. (N. T.)

[42] A tradução dos poemas de Eliot que utilizamos optou por utilizar a palavra "*dust*" como "pólvora", talvez pelo contexto marcial do poema. No entanto,

mais tarde, Arthur Edward Cyril Parker será o telefonista-operador,[43] com o salário de no máximo "duas libras e dez por semana, mais um abono de Natal de trinta xelins / E uma semana de férias por ano"[44] (o próprio Eliot, no início, em Londres, tinha duas semanas de férias e, anos depois, conseguiu três semanas). Cyril será um proletário, no sentido romano dessa palavra desagradável, não dando nada à comunidade a não ser o corpo e a prole. Terá um voto, é claro, mas não fará bom uso dele.

E, quais são as perspectivas de Coriolano? As dificuldades de um estadista recaem sobre ele: descobre que, verdadeiramente, como proclama Isaías, "toda carne é erva".[45] Está submerso em comitês e comissões: os recursos devem ir para a reconstrução das fortificações. Será realizada uma conferência sobre a paz com a comissão dos Volscos; no entanto, diante da desagradável possibilidade de desarmamento, os armeiros designam uma comissão própria para "protestar contra a redução das ordens".[46] A paz é uma calmaria inquieta entre desastres, o coaxar das rãs e os pirilampos dos pântanos Pontinos ficam mais sinistros. "Que deverei gritar?"[47] Bustos ancestrais, sustentados por nucas vigorosas nas altas virtudes romanas, não o respondem: não há precedentes. Está mortalmente cansado. Para consolá-lo e confortá-lo, talvez, o fantasma da mãe possa vir

---

para que a análise de Kirk fizesse mais sentido, optamos traduzir *"dust"* por "pó" no corpo do texto. (N. T.)

[43] No original: *Arthur Edward Cyril Parker is appointed telephone operator*. T. S. Eliot, "Difficulties of a Statesman". *Coriolan*, verso 12. (N. T.)

[44] No original: (...) *two pounds ten a week; with a bonus of thirty shillings at Christmas / And one week's leave a year*. Ibidem, versos 13 e 14. (N. T.)

[45] Isaías 40,6.

[46] No original: (...) *to protest against the reduction of orders*. T. S. Eliot, "Difficulties of a Statesman", *Coriolan*, verso 23. (N. T.)

[47] No original: *What shall I cry?* Ibidem, verso 26. (N. T.)

"no frêmito das álulas do morcego".⁴⁸ Pequenas criaturas empoeiradas o importunam. "Que deverei gritar?" E a voz dos líderes da turba é ouvida, solicitando uma comissão de inquérito e a RENÚNCIA, RENÚNCIA, RENÚNCIA.⁴⁹,⁵⁰

"De modo muito sutil, e somente com imagens poéticas e associações, Eliot compara uma estrutura de mundo focada no herói visível como o centro de uma imensa organização de força com aquele ponto oculto que é a luz central de outro mundo", disse Elizabeth Drew a respeito de *Coriolan*.⁵¹ O espírito de Virgílio paira sobre o poema, e talvez surja um eco de Cícero – que pergunta se foram homens ou leis que faltaram à república, e responde que corruptos e corruptores, ambos afundaram juntos. "No imóvel ponto do mundo que gira"⁵²

---

⁴⁸ No original: *Come with the sweep of the little bat's wing*, (...). Ibidem, verso 49. (N. T.)

⁴⁹ No original: RESIGN, RESIGN, RESIGN. Ibidem, verso 55. (N. T.)

⁵⁰ Em 1931, havia uma pressão nesse sentido, feita pela ala radical do partido, para que Ramsay MacDonald renunciasse. A renúncia de Baldwin como líder dos conservadores também havia sido exigida por uma facção, durante a crise financeira nacional e na controvérsia sobre as reformas na Índia. Podemos notar que Eliot isentou Stanley Baldwin de sua lista de desditosos retóricos políticos cuja política era reflexo da linguagem; Baldwin podia não ter grande imaginação, mas era um homem honesto que falava bem, e seus oponentes eram adversários de Eliot. Winston Churchill renunciara ao cargo que ocupava no gabinete paralelo dos conservadores quando permitiram que um "faquir desnudo", Mahatma Gandhi, negociasse com o vice-rei da Índia. A liderança de Baldwin, naquela ocasião, estava em risco, mas ele a recuperou com um discurso sem rodeios com o qual depôs Lloyd George. No Queen's Hall, em Westminster, em março de 1931, respondeu a "insolente plutocracia" que pretendera derrubá-lo. Parafraseando Disraeli, atacou os Lordes da imprensa, Beaverbrook e Rothermere, que o haviam difamado nos jornais: "O que os donos desses jornais pretendem é o poder, e o poder sem responsabilidade, prerrogativa das meretrizes ao longo de todas as eras". Por tais palavras, Eliot desculpou muitas deficiências de Baldwin. Ver G. M. Young, *Stanley Baldwin*, 1952, p. 157-63.

⁵¹ Elizabeth Drew, *T. S. Eliot: The Design of His Poetry*, 1952, p. 133.

⁵² No original: *At the still point of the turning world*. T. S. Eliot, "Triumphal March". *Coriolan*, verso 34. (N. T.)

pode ser encontrada sabedoria e justiça duradouras. Mas o povo e o líder, prisioneiros do tempo e do ego, não percebem tal ponto fixo.

Uma civilização merece os Coriolanos que guiam o povo – quiçá até ao massacre. Uma democracia de apetites em pouco tempo tem de engolir um ditador. Quando a expectativa é de que o Estado faça todas as coisas, em breve, intermináveis comissões tornam tudo intolerável, e mesmo o homem mais forte no comando é derrubado pelo enorme peso do sistema. Cai e é substituído por outro com as mesmas características.

A comunidade, diz Eliot, permanece em ordem, justiça e liberdade somente enquanto estiver unida pelo amor. A alternativa ao aristocrata é o oligarca, a alternativa à democracia com limites é a tirania ilimitada. Amarás o Senhor teu Deus com todo o teu coração e com toda a tua alma, e ao próximo como a ti mesmo:[53] sobre esse mandamento é erigida a verdadeira comunidade. Esquecido isso, comandados e comandantes traem uns aos outros – e alguém pior do que Coriolano será exaltado.

Essas são premissas políticas não de Mussolini, Maurras, Hitler ou Stalin ou dos líderes dos partidos que, naquela época, estavam brigando pelo governo na confusa Grã-Bretanha; mas são as premissas de Johnson, Burke e Coleridge. No "Comentário" da *Criterion* de outubro de 1931, Eliot atacou tanto o socialismo materialista de Harold Laski quanto o conservadorismo materialista de Lorde Lymington (que teria expulsado os bispos da Câmara dos Lordes).

"A menos que o *Torismo* preserve uma teoria de união Igreja-Estado bem definida e firme, será simplesmente um experimento de fascistas",[54] escreveu Eliot. O *Torismo* tinha se tornado desarticulado e instintivo; o *Torismo* exequível tinha de ser inventado. "Lorde Lymington, assim como o sr. Larski, querem um Estado em que o

---

[53] Ver Mateus 22,37-39; Marcos 12,29-31; Lucas 10,27; João 13,34. (N. T.)

[54] T. S. Eliot, "A Commentary". *The Criterion*, vol. XI, n. 42, out. 1931, p. 69.

governo seja planejado para a felicidade dos governados; mas como alternativas ao comunismo, ambas me parecem extremamente aborrecidas e incapazes de despertar entusiasmo."[55] A crítica britânica ao experimento soviético estivera fundamentada no argumento de que o comunismo não estava sendo materialmente bem-sucedido. Ora, e se, por acaso, o governo soviético se saísse bem?

> O que importa não é se implementaram o programa de Marx, se o traíram ou se o melhoraram. A questão é que a filosofia deles é igualmente repugnante caso falhem ou sejam bem-sucedidos. E só poderemos fazer-lhes oposição com outra coisa que nos seja igualmente cara, não importando se será bem ou malsucedida. Os bolcheviques, de qualquer maneira, acreditam em algo que equivale, no entender deles, a uma sanção sobrenatural: e somente com uma verdadeira sanção sobrenatural é que poderemos lhes fazer oposição (...) A teoria do nacionalismo, assim como desenvolvida na Itália, não é boa o bastante; torna-se artificial e ridícula. (...) A única esperança está em um Torismo que, embora não seja necessariamente diferente para efeitos parlamentares, deva recusar a se identificar filosoficamente com o "conservadorismo" a que têm recorrido os primeiros desertores do "whiggerismo", e, logo após, os homens de negócio. E, para tal Torismo, não só é essencial uma doutrina da relação do temporal com o espiritual em questões de Igreja-Estado, mas justamente é necessário um fundamento religioso para toda a filosofia política. Nada poderá ser mais respeitável como um adversário digno do comunismo.[56]

Esses são os princípios de ordem social de Eliot refletidos – melhor dizendo, expressos – em *Coriolan*. Não resta dúvida de que Eliot tinha um modo de escrever *ex cathedra*: não precisava fazer promessas, mas os políticos em exercício não podiam manter os cargos por muito tempo na democracia britânica sem fazer uma infinidade de concessões aos apetites e às opiniões em voga. Todavia, o teórico e o

---

[55] Ibidem, p. 70.
[56] T. S. Eliot, "A Commentary". *The Criterion*, vol. XI, n. 42, out. 1931, p. 71.

ensaísta imparcial tem seus deveres, não idênticos aos dos políticos militantes. Soluções específicas eram assunto para economistas políticos e mestres da diplomacia. Até que os políticos tomassem consciência de uma ordem moral duradoura, acreditava Eliot, as especificidades deles não curariam nenhum dos males sociais.

O ofício de Eliot era diagnosticar. Mas, parece que na Grã-Bretanha e nos Estados Unidos as ideias gerais precisam de umas três décadas, após expressas em publicações como a *Criterion*, para serem aceitas (se é que alguma vez o foram) e surtirem efeito na opinião pública. A destilação de conceitos teóricos é lenta, e isso ajudou a isolar a Grã-Bretanha e os Estados Unidos do arrebatamento ideológico; também, de vez em quando, tal cautela permitiu que o mal agisse. Cerca de quinze meses após escrever o último comentário de 1931, Hitler se tornou o chanceler da Alemanha. "Mas quantas águias e fanfarras!"[57]

NENHUM HOMEM É SALVO PELA POESIA

Provavelmente Eliot não teria completado *Coriolan*, mesmo que tivesse recusado o convite da universidade de Harvard para a cátedra Charles Eliot Norton de Poesia durante o ano acadêmico de 1932-1933. Aceitou o convite e um dos motivos pode ter sido a vida com Vivienne, em Londres, ter ficado insuportável. Em todo o caso, os meses nos Estados Unidos – era a primeira vez que punha os pés na América desde 1914 – interromperam a linha de pensamento; ao passo que após retornar à Inglaterra, primeiro a tristeza e depois novos interesses literários foram decisivos para aquilo que, perceptivelmente, poderia ter sido um longo poema semelhante a *The Waste Land*, *Ash Wednesday* ou *Four Quartets*.

---

[57] No original: (...) *But how many eagles! and how many trumpets!*. T. S. Eliot, "Triumphal March". *Coriolan*, verso 42. (N. T.)

Os *Selected Essays, 1917-1932* foram publicados ao mesmo tempo na Inglaterra (três mil cópias) e nos Estados Unidos (3.700 cópias) quase ao mesmo tempo em que Eliot chegou em Harvard. Essa coletânea já sofreu várias reimpressões desde então, e se tornou um dos livros de crítica mais influentes do século XX. Nele foram incluídas as obras: *The Sacred Wood* (1920), todo o *Homage to John Dryden* (1924), *Shakespeare and the Stoicism of Seneca* (1927), grande parte de *For Lancelot Andrewes* (1928), o ensaio *Dante* (1929), *Thoughts after Lambeth* (1931), o panfleto sobre o amigo inglês *Charles Whibley* (1931) e um pouco dos melhores ensaios publicados em revistas que nunca haviam sido antes coligidos; ao todo, trinta e três extensos ensaios críticos. Omitiu muitas peças boas – talvez pela falta de espaço, pois o livro já estava volumoso. Muitas pessoas, entre elas eu, lamentaram que Eliot não tivesse incluído nesse volume, ou em qualquer outra coletânea, o prefácio que escrevera para a edição inglesa de *London: a Poem* de Samuel Johnson e *The Vanity of Human Wishes*, publicado em 1930. Seja como for, tais *Selected Essays* têm força e autoridade johnsonianas.

Isso não é tão verdade quanto as conferências de Harvard, publicadas em 1933, como *The Use of Poetry and the Use of Criticism* (2.500 cópias pela Faber & Faber, 1.500 impressas pela Harvard University Press). No prefácio à primeira edição, Eliot pede desculpas, dizendo que em Harvard tamanho sucesso das palestras "foi muitíssimo comovente", mas no prefácio à segunda edição (1964), reflete melhor sobre aquelas conferências e espera que algumas possam ser impressas em novas antologias, como substitutas ao ensaio "*Tradition and the Individual Talent*" [Tradição e Talento Individual] – o preferido de todos os antologistas de Eliot, assim como o poema "*The Lake Isle of Innisfree*" [A Ilha do Lago de Innisfree] é incluído (embora pouco representativo) por todo o antologista que busca um exemplar de Yeats.

Certamente, as conferências de Harvard continuam dignas de reimpressão em antologias, embora, em geral, os ensaios sobre Sidney, Dryden, Wordsworth e Coleridge, Shelley e Keats, e Matthew Arnold não sejam o melhor de Eliot. Lançou-os em sequência como uma vaga pesquisa histórica – um método não muito de acordo com seu temperamento. A certeza e a mordacidade de *Sacred Wood* diminuem, e Eliot admite ter certa envergonha do entusiasmo inicial – apesar de não repudiar os princípios de "*Tradition and the Individual Talent*". Analisa a distinção de Coleridge entre "imaginação" e "concepção",[58] mas o tratamento que dá ao interessante assunto, apesar de algumas sugestões memoráveis, continua incompleto (no entanto, informa a respeito do modo como as primeiras observações e leituras sustentaram a imaginação poética de Eliot posteriormente). Muitas vezes podemos ler, nas entrelinhas dessas conferências, certo desânimo.

É possível que Eliot estivesse se perguntando, exatamente nessa época, se fazer crítica poética era como deveria usar o tempo no ano de 1932. Na introdução e na palestra sobre Arnold, cita uma inteligência análoga – a de Charles Eliot Norton, não a do Norton poeta, mas as ideias de Norton sobre o estado da sociedade. Em 1896, o futuro da Europa era obscuro: "Tenho dúvidas que nossa civilização consiga se manter diante das forças reunidas para a destruição das muitas instituições que a corporificam, ou se não estamos prestes a ter outro período de declínio, queda, destruição e renascimento, como

---

[58] Coleridge, na obra *Biographia Literaria* (1817), dedica o cap. XIII à descrição do que é a imaginação e traça um paralelo entre a concepção vital da natureza e a visão da mente como geradora na aquisição do conhecimento. Assim, a mente humana também impõe ordem e forma sobre as informações dos sentidos. Divide a mente em duas faculdades distintas: "*imagination*" e "*fancy*". A primeira age no processo de criação, e é a verdadeira responsável pelos atos de geração e invenção nas instâncias mais nobres; a segunda age por associação e é identificada com a parte "passiva" e "mecânica". Na visão de Coleridge, o artista deve buscar um equilíbrio entre as duas faculdades, embora a imaginação seja a única que realmente contribui para o processo criativo. (N. T.)

aquele dos primeiros treze séculos de nossa era", escrevera Norton. Para Leslie Stephen, em 1896, Norton fizera o comentário: "A subida da democracia ao poder nos Estados Unidos e na Europa não é, como já se esperava, uma salvaguarda da paz e da civilização. É a ascensão do incivilizado a quem nenhuma educação escolar será suficiente para lhe proporcionar inteligência e racionalidade. É como se o mundo estivesse entrando em um novo estágio de experiência, diferente de tudo até então, em que deverá haver uma nova disciplina de sofrimentos para adequar os homens à nova condição".

Poucos dias depois de Eliot proferir a primeira das conferências Norton, Franklin Delano Roosevelt (de quem Eliot não gostava e desconfiava) foi eleito presidente dos Estados Unidos. Antes da quinta conferência, Adolf Hitler se transformara em chanceler da Alemanha. A preocupação pessoal durante aqueles meses era com as questões políticas, e apesar de Dryden, Wordsworth, Coleridge e Shelley tocarem em princípios da política, ainda assim, a atenção de Eliot foi dispersada. O "Comentário" da *Criterion* de janeiro de 1932 foi um ensaio de economia; o de abril, um ataque ao comunismo, nacionalismo e a "crença mística em um sentimento de rebanho".[59] O "Comentário" de julho, antes de embarcar para os Estados Unidos, discutira a degradação da literatura promovida pelo comunismo e por outras ideologias. Na conferência introdutória, Eliot elogiou Norton por ter sido capaz "de mesmo em idade avançada olhar para a ordem que se esvaía sem lamentação e para a ordem vindoura sem esperança".[60] Não há dúvida que Eliot desejava poder reunir tamanha resignação para fazer o mesmo na própria época.

As conferências de Harvard contêm, outrossim, várias alusões consistentes de que Eliot pensava que seus dons literários pudessem estar minguando. Fora incapaz de terminar *Coriolan*: nesse momento

---

[59] T. S. Eliot, "A Commentary". *The Criterion*, vol. XI, n. 44, abr. 1932, p. 470.
[60] T. S. Eliot, *The Use of Poetry and the Use of Criticism* (1933). Massachussets, Harvard University Press, 1986, "Introduction", p. 4.

pensava em Coleridge, "entorpecido pela metafísica". Da metafísica, é bem verdade, Eliot já se libertara antes do primeiro dos poemas ser publicado – mas não do abrasador interesse pela política. "Foi melhor para Coleridge, como poeta, ler livros de viagens e descobrimentos do que ler livros de metafísica e economia política" – muito embora Coleridge desejasse verdadeiramente ler os livros do último tipo. A musa visitara Coleridge (e no caso, não é uma simples metáfora banal), depois disso passou a ser um homem assombrado e falido. Eliot pensava sobre si do mesmo modo: a alusão é bastante clara. "No entanto, às vezes, ser um 'homem falido' é, em si, uma vocação."[61]

Também via trazer consigo algo de Wordsworth, como na passagem:

> Aqueles que falam de Wordsworth como o autêntico líder desperdiçado (...) devem parar por um instante e levar em conta que, quando um homem toma a sério os assuntos políticos e sociais, a diferença entre revolução e reação pode ser da largura de um fio de cabelo, e que Wordsworth pode, porventura, não ser nenhum renegado, mas um homem que pensava por si, tanto quanto pudesse pensar. Mas é o interesse social de Wordsworth que inspira a inovação em forma de verso, apoia os comentários explícitos acerca da dicção poética, e é realmente esse interesse social que (conscientemente ou não) causa todo o alvoroço.[62]

Eliot sabia que estava aceitando, da melhor forma possível, a tarefa que Coleridge e Wordsworth tinham realizado com êxito (uma vez que possa haver influência prática de um poeta na própria época): "um profundo renascimento espiritual". Apesar de a ligação daqueles poetas românticos com questões de fé e de ordem social ter arruinado os próprios talentos poéticos. Sobre Eliot pesava terrivelmente o estado da sociedade em 1932. Tinha de fazer o que podia para redimir o tempo. Não estava fazendo isso naquelas palestras e começara a se perguntar se algum dia encontraria tempo ou teria imaginação

---

[61] Ibidem, "Wordsworth and Coleridge", p. 60.
[62] Ibidem, p. 65.

para novamente escrever algo comparável com "Gerontion" ou "The Hollow Men", sem falar nos poemas maiores. Tal pavor irradia das frases finais da última conferência (31 de março de 1933). Nessas palestras tinha passado, em muito, dos próprios limites. Disse Eliot: "Se, como observou James Thomson, 'os lábios só cantam quando não podem beijar' pode ser que os poetas só possam falar quando não puderem mais celebrar em verso. Estou satisfeito em deixar, a esta altura, minhas especulações a respeito de poesia. O triste fantasma de Coleridge acena para mim das sombras".[63]

Afora "Dejection: An Ode" [Melancolia: uma Ode], toda a poesia importante de Coleridge foi escrita durante uma breve fase, no início da vida; após o período de entusiasmo viera "a longa dissipação e adormecimento das capacidades na metafísica transcendental". A capacidade poética de Eliot poderia ser engolida pela necessidade política. Mas há um duplo sentido, como sugere Frank Morley, à evocação do triste fantasma de Coleridge. O casamento de Coleridge com Sarah Fricker – incompatíveis, aqueles dois, desde o início – fora um desastre. Viveram juntos por apenas quinze anos, e Coleridge viu o menos que pôde a mulher nos primeiros nove anos; no final da vida, embora nominalmente ainda fossem marido e mulher, nunca mais se encontraram.

O casamento de Eliot, por volta de 1933, durara (apesar do sofrimento de ambos os lados) dezoito anos; agora a separação estava próxima. Para outro tipo de homem isso teria sido uma carta de alforria. Para Eliot, muito embora tivesse experimentado e escrito *Ash Wednesday*, era "o reino de sonho da morte".[64] Esse era um peso que carregava enquanto ministrava as conferências em Harvard.

O aspecto mais importante dessas conferências é o argumento de Eliot que a poesia não pode se tornar um substituto à religião.

---

[63] Ibidem, "Conclusion", p. 149.
[64] No original: *Death's dream kingdom*. T. S. Eliot, "The Hollow Man", versos 20 e 30. (N. T.)

Na época de Wordsworth, Coleridge, Shelley e Keats, "a decadência da religião e o desgaste das instituições políticas deixaram dúbios os limites que o poeta poderia transgredir". Aquelas terras disputáveis ainda são devastadas pelos hereges da poesia-como-religião, e nelas há quem "imagine receber a indisposição religiosa de Browning ou Meredith".[65] Nesse erro recaiu Matthew Arnold – como Eliot já escrevera noutro lugar. Na conferência "The Modern Mind"[66] [A Mentalidade Moderna], Eliot deu ao assunto um tratamento mais sistemático.

Ainda que Eliot tivesse se tornado o poeta cristão mais admirado de sua era, encontrar o próprio caminho nessa fé foi um trabalho árduo; concordou com a declaração de Jacques Maritain que "é um erro mortal esperar que a poesia proporcione o alimento supersubstancial do homem".[67] Por erro "mortal", Maritain (no ensaio *Frontières de la Poésie*) quis dizer, na verdade, um erro condenatório. A fé pode inundar a poesia; um poema pode levar os homens à fé, mas versos não são teologia, e sentimentos poéticos não podem fazer as vezes da crença e do conhecimento religioso.[68] A poesia expressa muitas coisas

---

[65] T. S. Eliot, *The Use of Poetry and the Use of Criticism* (1933). Massachussets, Harvard University Press, 1986, "Introduction", p. 16.

[66] Ibidem, "The Modern Mind", p. 113-35.

[67] Jacques Maritain, "The Frontiers of Poetry" (1935). *Art and Scholaticism with Other Essays*. Montana, Kessinger Publishing, 2003, p. 79.

[68] Nisto, como em tantas outras coisas, Eliot é o discípulo ou o assistente de Samuel Johnson. Consideremos a seguinte passagem de "Edmund Waller" de Johnson, na obra *Lives of the Poets* [Vidas dos Poetas]:

> Que não se ofenda nenhum ouvido piedoso, caso antecipe, em oposição às muitas autoridades, que a devoção poética nem sempre pode agradar. As doutrinas da religião podem, por certo, ser defendidas em um poema didático; e aquele que tem a venturosa força de argumentar em verso não iria perdê-la por ser o assunto sagrado. Um poeta pode descrever a beleza e grandiosidade da natureza, as flores da primavera e a colheita do outono, as vicissitudes das marés e as revoluções do céu, e louvar o criador por suas obras, em versos que nenhum leitor deixará de lado. O objeto da

e pode expressar percepções religiosas, posto que seja tolice dizer que a "poesia nos ensina" certas verdades supremas tanto quanto é um despropósito afirmar que "a ciência nos ensina" tais coisas permanentes. Podemos encontrar muitos poetas e cientistas, que não nos ensinam com uma voz única: "qualquer teoria que relacione a poesia muito intimamente com a religião ou com assuntos no plano social, provavelmente, pretende explicar a poesia pela descoberta de suas leis naturais, mas corre o risco de vincular a poesia à observância de uma legislação – e a poesia não pode reconhecer tais leis".[69]

Em I. A. Richards, Eliot encontrou "uma postura emocional moderna", semelhante à de Bertrand Russell em "*A Free Man's Worship*" [A Adoração do Homem Livre] (que Eliot resenhara na *Criterion*). A postura de Richards com relação à poesia era de uma "intensa seriedade religiosa", mas Richards propunha um regime de exercícios espirituais para um mundo pagão, tendo a poesia como a nova Sagrada Escritura. Richards escreveu que "a poesia é capaz de nos salvar". Alguns críticos objetaram à interpretação de Eliot dos pontos de vista de Richards sobre essas questões, mas talvez não tenham percebido que Eliot estava deliberadamente caricaturando a análise de outro crítico com quem sempre manteve um relacionamento amigável. Na edição de 1964 do mesmo livro, Eliot não viu motivo para modificar as observações acerca de Richards.

Segundo Richards, a poesia poderia ser empregada para aliviar a solidão do homem moderno, para reconciliá-lo com as circunstâncias do nascimento e da morte "nas inexplicáveis estranhezas" (expressão

---

controvérsia não é piedade, mas o móbil da piedade; o da descrição não está em Deus, mas nas obras de Deus.
A piedade contemplativa, ou a comunicação entre Deus e a alma humana, não pode ser poética. O homem, autorizado a implorar a misericórdia do Criador, e alegando os méritos do Redentor, já está em um estado superior ao que a poesia pode conferir.

[69] T. S. Eliot, "The Modern Mind". *The Use of Poetry and the Use of Criticism* (1933), Massachusetts, Harvard University Press, 1986, p. 131.

de Richards); para consolá-lo pela "inconcebível imensidão do universo"; para mostrar-lhe o lugar na perspectiva do tempo; para diminuir a "enormidade" (palavra de Richards) da ignorância humana. No entanto, a poesia não pode propriamente realizar qualquer um desses fins, respondeu Eliot – assim como a pura metafísica não poderia. Eliot deve ter notado, embora não mencione, a semelhança entre o anseio de poesia de Richards e o anseio de ciência de Sir Robert Peel – "uma consolação na morte" e muito mais – expresso por Peel no discurso no Tamworth Reading Room. Eliot responde a Richards como Newman respondera a Peel em 1841.

Solidão? "Em que sentido o homem, em geral, está isolado, e de quê?"[70] Como alguém pode conceber um "isolamento" que não é "uma separação de nada em particular"? Há isolamento como descrito por Diotima, em Platão, e há "o sentido cristão de separação do homem de Deus". Contudo, Richards não tem em mente Platão e Cristo; de modo que teria a poesia para preencher um vácuo que ele não conseguiria cobrir.

Inexplicáveis fatos estranhos de nascimento e morte? A poesia não os altera: "Não consigo ver por que nascimento e morte devam, em si, parecer estranhos", Eliot comentou com seu elegante modo de sorrir, "a menos que tenhamos uma ideia de outra forma de vir ao mundo e de deixá-lo que pareça como mais natural".[71]

A imensidão do universo? Ora, Pascal estava aterrorizado não pelos espaços imensos, mas pelo eterno silêncio. Esse silêncio só pode ser compreendido por aqueles que possuem um senso religioso. E não seria o vasto espaço, como a vastidão de um oceano, demasiado insignificante para um homem vivo?

A perspectiva do tempo? Essa questão tinha vindo, com frequência, à imaginação de Eliot, e iria atingir a melhor expressão do

---

[70] Ibidem, "The Modern Mind", p. 125.
[71] Ibidem.

temporal e do atemporal em *Four Quartets*. Mas essa investigação não é edificante, a menos que acreditemos que a história humana tem significado – e que tal significado, sugeriu Eliot, não pode ser derivado da poesia pura. "Temo que para muitas pessoas o tema de meditação só pode estimular conjecturas inúteis e a avidez por fatos que são satisfeitos pelos compêndios do sr. Wells."[72]

A enormidade da ignorância do homem? Ignorância de quê? E que informação definitiva pode dar todo o conjunto da poesia? Poesia não é a reta razão, embora a justa razão possa ser adquirida pelo poeta. Caso as pessoas gostem de poesia de segunda classe, será que isso as tornará mas sábias?

Richards estava envolvido com "uma ação religiosa de retaguarda", aos moldes de Julian Huxley – e de alguém maior que Huxley, Immanuel Kant – escreveu Eliot: Richards buscou "preservar emoções sem as crenças com as quais a história deles estava enredada".[73] A poesia pode preservar a emoção – por um tempo; no entanto, a poesia não pode converter a emoção em um substituto da sabedoria. A força desse julgamento era maior porque o próprio Eliot, mas que qualquer outro poeta de sua época, havia revigorado a imaginação moral, e expressado em poesia uma experiência de transcendência.

Richard sustentava, na realidade, que a arte era redentora. Leon Trotsky, na obra *Literatura e Revolução*, afirmava que a arte é escrava do ambiente social. A arte não deve ser nem uma coisa nem outra, insistiu Eliot. Mas, como as coisas mudam, "podemos esperar encontrar literaturas bem diferentes na mesma língua e no mesmo país", criadas por falácias a respeito da função da poesia e da crítica.[74] Uma forma poderosa dessa nova literatura, como sugerira Maritain, é a diabólica. Desde que Eliot escreveu isso, a literatura deformada se

---

[72] Ibidem.
[73] Ibidem, p. 126-27.
[74] Ibidem, p. 129.

tornou o maior ramo da área editorial. Isso é o que ocorre com a literatura quando é apartada da imaginação moral e do juízo religioso, Eliot escreveu repetidamente: o escritor descobre o perverso.

Eliot encontrou poucos rostos familiares em Harvard, mas os Estados Unidos para o qual retornara brevemente lhe era estranho. Os pais faleceram; Eliot estivera longe deles por duas atarefadas décadas, se bem que tivesse dedicado *For Lancelot Andrewes* para a mãe. De fato, tinha irmãs que viviam na Nova Inglaterra e ia visitá-las de tempos em tempos, nos últimos anos. Mas com o triunfo de Franklin Roosevelt, a sociedade norte-americana tomaria uma direção, para ele, detestável – outro passo do progresso que havia começado em 1829. Voltou para casa na Inglaterra em junho de 1933, no entanto, nem mesmo lá tinha um lar.

Não voltou para a mulher em Londres: como menina dos jacintos, Vivienne Eliot agora era somente uma triste lembrança – ou, fora do tempo, de alguma forma, a Senhora de *Ash Wednesday*. A psicose histérica tomou conta de Vivienne. Amigos e parentes cuidariam dela; seria internada em uma clínica e viveria, irreconhecível, até 1947. Agora, Eliot ingressava em uma solidão que o trabalho incessante era um paliativo.

Nessas circunstâncias, foi para a fazenda de Morley. Lá – completamente só por três semanas no verão e sentindo "como se estivesse em pedaços, e, ao mesmo tempo (...) estivesse na estrada inspecionando as partes e imaginando que tipo de máquina usar, caso quisesse juntá-los novamente" – Eliot permaneceu até novembro, quando fez uma viagem com os amigos à Escócia. Depois do Natal, alugou acomodações em Londres, onde poderia estar perto do teatro. Na fazenda Pike, naquele verão – em meio aos trabalhos domésticos e aprendendo a fazer pão – começou a escrever os coros de *The Rock*.[75]

---

[75] Frank Morley, "A Few Recollections of Eliot". In: Allen Tate (ed.), *T. S. Eliot: The Man and His Work*, 1966, p. 104-07.

Os anos da "máscara abatida e esgotada" estavam se assentando sobre Eliot. Eis a descrição de Wyndham Lewis:

> Ao aparecer na porta da casa de alguém ou ao chegar em um local para jantar (...) seu rosto estava abatido, parecia dar o último suspiro. (...) No entanto, ao tomar o lugar à mesa, ao passar as mãos no rosto ou após um breve repouso, o sr. Eliot rapidamente deixava de ter o aspecto de um refugiado perseguido e exausto, fugindo de algum flagelo de Deus. Aparentemente, podia valer-se de uma modesta reserva de forças, guardada com prudência.[76]

Durante os meses em Harvard, em 1932 e 1933, Eliot pode ter temido o esgotamento de suas reservas de talento poético e crítico. Contudo, em menos de um ano após voltar à Inglaterra, publicaria os coros de *The Rock* – uma aplicação bem-sucedida, em verso, dos ensinamentos cristãos aos problemas da época. Este foi o início de um campo totalmente novo para ele: o teatro. Em 1933, estava cansado; no entanto, mais da metade de seus feitos como literato e crítico da sociedade ainda estava por vir.

EXIGÊNCIAS DE DEUSES ESTRANHOS

A viagem de Eliot aos Estados Unidos resultou em um segundo livro: as conferências Page-Barbour em Charlottesville em 1933, publicadas no início de 1934 como *After Strange Gods: a Primer of Modern Heresy* [Em Busca de Deuses Estranhos: Uma Cartilha das Heresias Modernas] (três mil cópias na edição de Londres e 1.500 na edição de Nova York). Esse longo ensaio, atualmente difícil de conseguir, nunca foi reimpresso – parece que Eliot ficou desanimado com as críticas hostis. Encontramos menções ao livro, aqui e ali, como

---

[76] Wyndham Lewis, "Early London Environment". In: March e Tambimuttu, *Eliot*, op. cit., p. 29-30.

um sustentáculo de intolerância. No entanto, hoje, o leitor de *After Strange Gods* descobrirá que esse breve livro pode ser compreendido com mais complacência nos anos 1970 que nos anos 1930.

Umas poucas frases – na verdade, um aparte – na primeira das conferências respondem pela maior parte das denúncias do livro feitas por liberais e radicais. Eliot expressara simpatia pelos *Southern Agrarians* e a esperança de que a Virgínia pudesse ser capaz de preservar ou restaurar a própria cultura melhor do que fizera sua ancestral Nova Inglaterra. Para a tradição perdurar, escreveu, é necessário estabilidade:

> É pouco provável que uma tradição progrida, a não ser onde a maioria da população viva em circunstâncias relativamente satisfatórias e não exista incentivo ou pressão para a contínua mobilidade. A população deve ser homogênea. Onde existem duas ou mais culturas em um mesmo local, estas tendem a se tornar violentamente autorreferenciais ou ambas se adulteram.

Ou ainda, acrescenta em nota de rodapé, poderia se desenvolver um sistema de castas, muito diferente das classes sociais, "que pressuponha homogeneidade de raça e certa igualdade fundamental"; sem dúvida é uma referência velada à condição dos negros no sul dos Estados Unidos.

> Mais importante ainda é a unidade de antecedentes religiosos; e razões de raça e religião se unem para tornar indesejável qualquer grande número de livres-pensadores judeus. Deve haver um equilíbrio adequado entre o desenvolvimento urbano e rural, industrial e agrícola. E um espírito de excessiva tolerância deve ser desaprovado. Devemos também recordar que – a despeito de todos os meios de transporte que possam ser inventados – a comunidade local deve sempre ser a mais permanente, e o conceito de nação não é, de modo algum, algo fixo e invariável.[77]

---

[77] T. S. Eliot, *After Strange Gods: A Primer of Modern Heresy*. Londres, Faber & Faber, 1934, p. 19-20.

O que ocorreu posteriormente com os judeus da Alemanha e da Europa central fez de Eliot um alvo para aqueles zelosos caçadores de "antissemitismo". Contudo, como Eliot disse aos repórteres dos jornais, não poderia ser antissemita, pois era cristão. Eliot disse a William Turner Levy, anos depois:

> Fico triste e, às vezes, irritado com este assunto (...) Não sou e nem nunca fui antissemita. É lamentável que deem a esse termo odioso uma definição tão ampla e mal fundamentada. Os judeus norte-americanos são sensíveis de um modo que nunca vi igual nos correlatos ingleses, ainda que possa entender que há vários motivos para isso.

Aos que assim o caluniaram, disse: "não sabia, como você e eu sabemos, que aos olhos da Igreja, ser antissemita era um pecado".[78]

"Bleinstein with a Cigar" [Bleinstein com um Charuto][79] e outras personagens com nomes judaicos, aqui e ali, nos poemas de Eliot realmente sugerem um certo preconceito com os judeus – ou melhor, com os "livres-pensadores judeus", secularizados e à deriva entre dois mundos (lembramos da observação de Samuel Johnson de que quando um católico apostata, cai no nada; assim Eliot considerou o judeu que renunciou a Moisés, mas que não esqueceu do bezerro de ouro). Tais alusões nos poemas, contudo, usam o judeu como um símbolo de comercialismo crasso: uma convenção da literatura inglesa, de Marlowe a Dickens e outros depois deles, mas infelizmente encontrou muitos escritores das décadas de 1920 e 1930. O sentimento antijudaico é muito menos visível na obra de Eliot que na obra de Chesterton e Belloc, digamos. A respeito disso, encontramos tais expressões difamatórias, usadas quase inconscientemente, na correspondência de escritores tão liberais quanto Bertrand Russell. Tudo

---

[78] Ver William Turner Levy e Victor Scherle, *Affectionately, T. S. Eliot: The Story of a Friendship: 1947-1965*, 1968, p. 81.

[79] Subtítulo do poema "*Burbank with a Baedcker: Blenstein with a Cigar*" do livro *Poems 1920*. (N. T.)

isso mudaria, especialmente em Eliot, quando a ruína dos judeus com os nazistas transformou a suspeita literária em horror e compaixão.

Sir Herbert Read escreve que Eliot nunca utilizou expressões antissemitas nas conversas, até onde sabia, no entanto, todos sofrem de certa xenofobia: "É um instinto que os homens bem-educados controlam ou erradicam, e, nesse particular, Eliot era tão controlado quanto o melhor dos nossos".[80] Por isso o pesar de Eliot da "vergonha de motivos posteriormente revelados e a consciência de todas as coisas mal feitas ou feitas simplesmente em prejuízo dos outros",[81] em "Little Gidding", provavelmente reflete – como sugeriram alguns críticos – remorso por ter escrito, nas primeiras obras, expressões de preconceito. Foi duramente atacado, apenas tardiamente, por tais expressões iniciais ocasionais, por alguns escritores que devem ter tido os próprios preconceitos, se não, justamente, o mesmo tipo de preconceito.[82]

---

[80] Sir Herbert Read, "T. S. E., a Memoir". In: Tate, *Eliot*, op. cit., p. 30.

[81] No original: (...) *the shame / Of motives late revealed, and the awareness / Of things ill done and done to other's harm*. T. S. Eliot, "Little Gidding". *Four Quartets*, versos 153-56. (N. T.)

[82] Com a habitual franqueza, George Orwell analisou essa acusação em uma carta para Julian Symonds (29 de outubro de 1948). F. R. Fyvel, amigo de Orwell, e na ocasião editor literário do *Tribune*, ressuscitou as acusações de "antissemitismo" feitas a Eliot, muito mais tarde. "O que Fyvel disse de Eliot ser antissemita, não faz qualquer sentido", escreveu Orwell. "É claro que podemos encontrar o que poderia, hoje, ser chamado de notas antissemíticas nas primeiras obras, mas quem não dizia tais coisas naquela época? Temos de distinguir entre o que foi dito antes e o que foi dito depois de 1934. É claro que todos esses preconceitos nacionalistas são ridículos, mas não gostar de judeus não é intrinsecamente pior que não gostar de negros ou norte-americanos, ou qualquer outro grupo de pessoas. No início dos anos 1920, as observações antissemitas de Eliot estavam prestes a ser comparadas com o olhar de desprezo automático lançado pelos coronéis anglo-indianos para as pensões. Por outro lado, caso tenham sido escritas após começarem as perseguições, isso significa algo muito diferente (...). Algumas pessoas ficam farejando antissemitismo o tempo todo." Ver *The Collected Essays, Journalism and Letters of George Orwell*, vol. IV, p. 450. Contudo, em relação à virulência antijudaica

Aos que lerem *After Strange Gods* não afetados por preconceitos ideológicos descobrirão um ensaio corajoso e vívido. "Em uma sociedade como a nossa, carcomida pelo liberalismo", escreve Eliot no prefácio, "a única coisa possível para alguém com convicções firmes é expor seu ponto de vista e parar por aí."[83] Recusa-se a ceder à doutrina do determinismo econômico: boas tradições podem ser recuperadas, caso as pessoas desejem. Essas palestras são uma apologia da tradição e da ortodoxia em oposição à inovação e à heresia.

A verdadeira tradição não é hostil a qualquer mudança, e isso não deve ser aceito irrefletidamente:

> Nem devemos nos apegar às tradições como uma forma de afirmar a superioridade sobre os povos menos favorecidos. O que podemos fazer é usar a razão, lembrando-nos de que pouco valor tem a tradição sem inteligência, para descobrir qual é, para nós, o melhor tipo de vida, não como uma abstração política, mas como um povo específico em um determinado lugar; descobrir aquilo que do passado é digno de ser preservado e o que deve ser rejeitado, e quais condições, ao nosso alcance, que podem ser estipuladas para promover a sociedade que desejamos.[84]

Eliot perseverou no caminho que tomou em "Tradition and the Individual Talent", mas agora tinha arrefecido na classificação tão rigorosa entre escritores "clássicos" e "românticos", e assinalou que seus próprios princípios de catolicismo, monarquismo e classicismo não eram para ser tomados como equivalentes; a fé religiosa detinha o primado. Uma tradição é "um modo de sentir e agir", muitas vezes inconsciente; ao passo que a ortodoxia requer o exercício de uma inteligência consciente. O escritor não deve ceder à sedução da "individualidade", é desastroso quando os leitores "valorizam o autor

---

de Hitler e seus colaboradores no início da década de 1930, Eliot foi estranhamente insensível ao rumo dos acontecimentos quando se referiu, com desprezo, aos "livres-pensadores judeus" em *After Strange Gods*.

[83] T. S. Eliot, *After Strange Gods*, p. 13.

[84] Ibidem, p. 19.

de gênio, não a despeito dos desvios da sabedoria herdada pela raça humana, mas por causa deles".[85]

Os "deuses estranhos" de Eliot eram os ídolos de pés de barro de alguns autores modernos. (O mais eticamente ortodoxo dos escritores, diz Eliot, neste século, é James Joyce). Essas heresias literárias, em geral, são produtos de um protestantismo de nossos dias.[86] O vago e "canoro pietismo de hinos religiosos" da mãe de D. H. Lawrence não ajudou o filho; e o professor de Eliot, Irving Babbitt, nutrira um preconceito pelo cristianismo por uma carência de entendimento emocional "com qualquer outra senão com a forma degradada e inculta" da fé.[87]

Buscar por orientação teológica e ética fora da própria tradição cultural muitas vezes leva os literatos à confusão: assim foi com Babbitt, Lawrence, Pound e (na primeira fase) Yeats. O que causa mais dano é a perda do sentido de pecado original: uma vez desaparecido, as personagens literárias se tornam menos verídicas. "Se acabarmos com esta luta, e sustentarmos que pela tolerância, benevolência, pela não ofensividade, por uma redistribuição ou aumento do poder de compra, combinados com a devoção à arte por parte da elite, o mundo será tão bom quanto gostaríamos que fosse, então devemos esperar que os seres humanos se tornem cada vez mais etéreos." Do mesmo modo, o conceito de inferno de Ezra Pound era "o inferno para os outros, para as pessoas que lemos nos jornais, não para si ou para os amigos".[88]

Na conferência de encerramento, Eliot examinou a heresia – a crença fanática em uma verdade isolada – e a exposição à influência

---

[85] Ibidem, p. 33.

[86] Como Chesterton anteriormente, Eliot observa que o herege não é um incrédulo (longe disso), mas um homem que acentua algum ponto da doutrina de forma muito intensa ou obsessiva.

[87] T. S. Eliot, *After Strange Gods*, p. 35-40.

[88] Ibidem, p. 42.

diabólica. A ortodoxia (ou seja, a aceitação daquilo que a humanidade aprendeu das coisas reveladas, do discernimento das pessoas geniais e da experiência histórica) alimenta a imaginação moral, mas a heresia pode levar o escritor para o outro lado da imaginação idílica, para a imaginação diabólica.

Não é a blasfêmia que aflige o homem moderno: "Onde a blasfêmia outrora poderia ter sido um sinal de corrupção espiritual, agora pode ser tomada mais propriamente como um sintoma de que a alma ainda está viva, ou mesmo de que está recobrando a vivacidade, visto que a percepção de bem e mal – qualquer que seja a escolha que possamos fazer – é o primeiro requisito da vida espiritual".[89] Não, a maldição dos romancistas modernos é a obsessão com "visão pessoal que têm da vida" – o culto da personalidade. Thomas Hardy escreveu por autoexpressão, e escreveu bem. Usou o homem como um veículo apenas para a emoção, desprezando a razão. *The Mayor of Casterbridge* [O prefeito de Casterbridge] é "uma refinada forma de tortura por parte do escritor, e uma forma aperfeiçoada de tortura autoinfligida por parte do leitor". O conto de Hardy "*Barbara of the House of Grebe*" [Bárbara, da Casa de Grebe][90] nos introduz em um mundo de puro mal, "somente para proporcionar satisfação a alguma emoção mórbida".

Um inegável poder para o mal pode agir por intermédio de homens de gênio cujo temperamento privado é bom o bastante. D. H. Lawrence, libertado da tradição e das instituições, incapaz de autocrítica, era inapto para diferenciar as forças espirituais do bem das forças espirituais do mal: "A visão do homem é espiritual, mas espiritualmente enferma". Lawrence nos diz para não conciliamos com o liberalismo, o progresso e a civilização moderna; Eliot, coincidentemente, tem a mesma convicção, mas por razões diferentes. "Faz muita

---

[89] T. S. Eliot, *After Strange Gods*, p. 53.
[90] Em português, o conto pode ser encontrado em Thomas Hardy, "Bárbara, da Casa de Grebe". *Contos de Horror do Século XIX*. Trad. Alexandre Hubner. Org. Alberto Manguel. São Paulo, Companhia das Letras, 2005. (N. T.)

diferença em nome de que condenamos (...)."[91] Apesar da genialidade, Lawrence não apela para os discriminadores, mas "para os doentes, débeis e confusos", aumentando-lhes a aflição.

O uso que Eliot faz da palavra "heresia" não é hiperbólico, pois Lawrence realmente era um herege, observa Eliseo Vivas, porque negou o Cristo. "Lawrence o negou, e negou porque o detestava", escreve Vivas em sua análise conclusiva. "Reconhecê-lo significaria reconhecer o papel do amor – não do eros ou do ágape – no mundo Ocidental, e atestar isso envolveria o repúdio de seus sentimentos mais profundos, da alienação e da misantropia radicais."[92]

Se alguém negar a encarnação divina, acreditava Eliot, deveria afirmar um poder diferente, embora inferior. O diabólico entra na literatura, e na sociedade, quando crescemos fascinados pela "personalidade pecaminosa, que por um lado ilude-se e por outro é irresponsável e, por causa de sua liberdade, terrivelmente limitada pelo preconceito e arrogância, é capaz de um grande bem ou de um grande mal segundo a bondade natural ou impureza do homem; e todos somos, naturalmente, impuros". Essa foi a influência da heresia moderna na literatura. Precisamos voltar, concluiu Eliot, àqueles padrões de

---

[91] Uma interpretação bem diferente de *The Mayor of Casterbridge*, porém, é dada por Donald Davidson, um escritor sulista da escola elogiada por Eliot em *After Strange Gods*. Ver os ensaios "The Traditional Basis of Thomas Hardy's Fiction" e "Futurism and Archaism in Toynbee and Hardy" na obra de Davidson, *Still Rebels, Still Yankees, and Other Essays* (1957). Escreve Davidson: "assim como Swift em '*A Modest Proposal*', Hardy revela as falsas pretensões do modernismo ao dramatizar os extremos lógicos. O testamento de Henchard é o paralelo, em prosa ficcional, da pilha de imagens partidas do poema *The Waste Land* de T. S. Eliot". O próprio Eliot publicara alguma coisa da ficção de Lawrence com seus "travessos peles-vermelhas" que "pareciam representar a vida. E assim o fazem; mas essa não é a última palavra, é apenas a primeira". A respeito de "*The Woman Who Rode Away*" de Lawrence, apareceu pela primeira vez em duas partes, ver *The Criterion*, vol. III, n. 12, jul. 1925, p. 529-42; vol. IV, n.1, jan. 1926, p. 95-124.

[92] Eliseo Vivas, D. H. Lawrence: *The Failure and the Triumph of Art*, 1960, p. 102.

crítica que fazem a distinção entre "o permanente e o temporário, o essencial e o acidental".[93]

Como Eliot conferenciou nos Estados Unidos, tal personalidade pecaminosa subiu ao poder na Alemanha. E a ideologia, precipitando-se para preencher o vazio criado pela perda da tradição e da ortodoxia, demonstraria, pela atuação na sociedade, aquelas antigas e duras verdades que o ideólogo negou.

Enquanto Eliot estava em Harvard e Charlottesville, muitas páginas da *Criterion* foram dirigidas à ideologia – embora a discussões de comunismo e fascismo, em vez da ideologia (ou do embrião da ideologia) do nacional-socialismo, até porque as características do tipo de dominação de Hitler ainda não eram visíveis. Durante esse período, a defesa da tradição e da ortodoxia foi conduzida, principalmente, pelo próprio editor, que ao longo dos anos de editoria esteve fazendo oposição aos interesses políticos e econômicos que dominaram a Grã-Bretanha e o Ocidente em geral – um reacionário autoproclamado, no sentido proposto por Roy Campbell de que "um corpo sem reação é um cadáver; assim é um corpo social sem tradição".[94] Escreveu em oposição à concentração de riqueza e poder nas sociedades capitalistas e estava consternado com a apatia das democracias; mas havia sistemas sociais ainda mais desagradáveis.

No comentário da *Criterion* de outubro de 1932, Eliot selecionou, dentre os demais, o erro fundamental de todas as ideologias: a ideia de perfeição imutável na Terra. Eliot defendeu a permanência, mas seguiu observando que os progressistas, ideólogos do progresso, apesar de adorar a ideia da mudança, na verdade, defendiam a estática:

---

[93] T. S. Eliot, *After Strange Gods*, p. 57-63.

[94] Podemos encontrar, de vez em quando, a estranha noção de que Eliot, porque se opôs ao coletivismo político, estava (na expressão de Robert McAlmon) sujeito ao "jargão estéril dos interesses escusos". Ver Robert McAlmon e Kay Boyle, *Being Geniuses Together*, 1968, p. 7-10. Foi aos "interesses escusos" de sua época que Eliot se opôs.

No entanto, aquele que acredita apenas em valores deste mundo só pode estar diante de um dilema. Se o progresso da humanidade é contínuo enquanto o homem sobreviver nesta Terra, então (...) o progresso se torna simplesmente troca; pois os valores do homem irão mudar, e um mundo de valores modificados é sem valor para *nós* – assim como nós, sendo parte do passado, não teremos valor para *o mundo*. Ainda, se o progresso da humanidade é continuar até que um estado de sociedade "perfeito" seja alcançado, então esse estado de sociedade será sem valor simplesmente por conta de sua perfeição. Será, na melhor das hipóteses, uma máquina de excelente funcionamento sem nenhum significado; e isso pode muito bem acontecer. Será que a abelha na eficiente colmeia acha alguma coisa detestável ou repulsiva?[95]

Na *Criterion* de janeiro de 1933, Eliot publicou o próprio poema *Five-Finger Exercises* [Exercícios para os Dedos] – versos endereçados, na maioria, para gatos, cães e para um pato, agradavelmente alheio ao nacional-socialismo e ao comunismo. Contudo, no mesmo número, utilizou Leon Trotsky e V. F. Calverton no "Comentário". Criticou impiedosamente o conceito marxista de literatura – em especial, a falta de humor:

> Em questões estéticas, o teórico cristão está em uma posição desigual com relação aos comunistas, dos quais rapidamente tira proveito. É capaz de reconhecer uma inconsistência nas questões deste mundo, até mesmo admitindo a possibilidade de que um homem possa ser um comunista, um dialético marxista ortodoxo, em nossa época, neste exato ano e mês, e mesmo assim escrever uma prosa decente em inglês ou ainda ser um grande poeta. Pode até obter prazer e instrução da poesia desse homem. Mas um marxista é compelido a desprezar as delícias, mesmo os êxtases moderados como aqueles que podem ser provocados pela leitura dos ensaios de Emerson, e passar laboriosos dias a decidir o que deve ser a arte. Por seu conhecimento de literatura é obrigado a dedicar-se, não aos prazeres furtivos e dóceis de Homero ou Virgílio – o primeiro, uma pessoa de identidade e cidadania duvidosas; o último,

---

[95] T. S. Eliot, "A Commentary". *The Criterion*, vol. XII, n. 46, out. 1932, p. 77.

um sicofanta, defensor de uma dinastia imperialista da classe média –, mas ao árduo estudo de Ernest Hemingway e John Dos Passos.⁹⁶

No número de abril, Eliot reconhecia o apelo do comunismo à geração intelectual que despontava. O comunismo é, essencialmente, um substituto para a fé religiosa:

> O comunismo – quero dizer, as ideias do comunismo, não a realidade, que neste particular seria inútil – veio como uma dádiva (por assim dizer) para esses jovens que gostariam de crescer e acreditar em alguma coisa. Uma vez que tenham se comprometido, devem descobrir (caso realmente sejam honestos e busquem crescer) que atraíram para si mesmos todos os problemas que afligem aqueles que acreditam em algo. (...) Ingressaram na implacável fraternidade que vive em um patamar superior de dúvida; não mais a dúvida de quem apenas brinca com ideias, no nível de uma França ou de um Gide, mas naquele em que é uma batalha diária.⁹⁷

Eliot reconheceu ter:

> muita afinidade com os comunistas do tipo que aqui me ocupo; diria até que, como é a fé do momento, há somente um pequeno número de pessoas vivas que obtiveram o direito de *não* ser comunistas. Minha única objeção a isso é a mesma a respeito do culto do bezerro de ouro. É melhor adorar um bezerro de ouro a não adorar nada, mas, dadas as circunstâncias, isso não é, afinal, uma desculpa adequada. Minha objeção, apenas, é que isso vem a ser um erro.⁹⁸

Em julho, o editor da *Criterion* declarou (contradizendo a revista liberal norte-americana *The Symposium*) que os comunistas estão certos em acreditar que as questões morais e espirituais estão ligadas à política. Assim como a Igreja Católica, o comunismo tinha algo em si que "inteligências de todos os níveis podem alcançar". Ao menos

---

⁹⁶ T. S. Eliot, "A Commentary". *The Criterion*, vol. XII, n. 47, jan. 1933, p. 249.

⁹⁷ Ibidem, n. 48, abr. 1933, p. 472.

⁹⁸ Ibidem, p. 473.

no estágio revolucionário o comunismo é excitante, e a humanidade pode suportar qualquer coisa menos o tédio. Os editores da *Symposium* afirmavam que as atividades políticas dos comunistas na Rússia eram impedidas pela ideologia – a que Eliot respondeu: "Tendo a acreditar que a 'ideologia obstrutiva' é o que mantém tudo unido; e é isso que tem atraído a maior parte dos convertidos de tipo intelectual e pseudointelectual". O mundo moderno não requer apenas um ajuste às condições econômicas:

> O sistema que o economista inteligente descobre ou inventa deve imediatamente ser relacionado a um sistema moral. Defendo que são os moralistas e filósofos aqueles que, por fim, devem oferecer os fundamentos da arte de governar, muito embora nunca apareçam na praça pública. Dizem-nos constantemente que os problemas econômicos não podem esperar. É igualmente verdade que os problemas morais e espirituais não podem esperar: já esperaram por muito tempo.[99]

Diante dos altares dos deuses estranhos da ideologia, o sacrifício estava sendo feito naquele momento. No entanto, houve um obstáculo que resistiu aos novos mandamentos dos terríveis simplificadores: a Rocha.

OS LEÕES PRECISAM DE CARCEREIROS?

The Rock é um bom espetáculo paroquial, nos versos de um musical de revista, com adoradores, no coro, de trajes pesados tomando totalmente o lugar das moças desnudas. Mas Eliot fez bem incluir nos seus *Collected Poems* somente os coros que escreveu. Pois muitos meteram a colher naquele caldo eclesiástico, e, no geral, a apresentação teatral não era realmente de Eliot. Os coros, contudo, são poemas importantes e todo o empreendimento foi uma nova etapa na recuperação elioteana da imaginação moral.

---

[99] Ibidem, n. 49, jul. 1933, p. 647.

Com o intuito de conseguir fundos para construir igrejas para os bairros da periferia de Londres que cresciam, foi criado um fundo de 45 igrejas que encarregou E. Martin Browne, em 1933, de dirigir o espetáculo da história da Igreja. Browne persuadiu o fundo a pedir que Eliot escrevesse o roteiro – com base em algumas linhas já traçadas. Há muito tempo ativo na causa de preservação de antigas igrejas, e em vários outros assuntos da Igreja Anglicana, Eliot consentiu: na época não tinha nenhum outro escrito importante à vista, e sua solidão pode ter sido atenuada nessa tarefa.[100]

Solicitar recursos para construir igrejas era uma tarefa árdua em 1934. Podemos encontrar na correspondência do bispo Herbert Hensley Henson, durante o mês de janeiro daquele ano, uma carta ao cônego de Norwich que toca no assunto:

> Creio que, fazendo justiça à nossa geração, não devemos esquecer que os gastos altruístas – inadequados como são, lamentavelmente – devem ser vistos em relação às despesas novas, vastas e sempre crescentes dos "serviços sociais" feitas pelo Estado. A pesada cobrança de impostos cortou pela raiz a benevolência voluntária, e estou certo que ainda não foi vista, de forma alguma, a magnitude desse fato desastroso.[101]

Uma igreja criada e com dotações próprias não era, é claro, uma igreja subsidiada pelo Estado. Ao longo daqueles anos, Eliot estava pessimista a respeito das perspectivas de doação voluntária para a Igreja e respectivas obras de caridade – talvez estivesse mais melancólico que o necessário, já que há cinco décadas, ao menos, continuavam a levantar fundos para restauração por subscrição privada, e o *National*

---

[100] Um relato completo da produção de *The Rock* pode ser encontrado em dois escritos do diretor E. Martin Browne: "T. S. Eliot in the Theatre: The Director's Memories". In: Tate, *Eliot*, op. cit., p. 116-32; e "From The Rock to The Confidential Clerk". In: Braybrooke (ed.), *T. S. Eliot: A Symposium for His Seventieth Birthday*, 1958, p. 57-69.

[101] Herbert Hensley Henson para E. Lyttleton, 3 de janeiro de 1934. In: Evelyn Foley Braley (ed.), *More Letters of Herbert Hensley Henson*, 1954, p. 91.

Trust for Places of Historic Interest or Natural Beauty[102] continuava a existir – apesar da previsão de Eliot na *Criterion* de outubro de 1934, de que, por fim, o Estado assumiria as funções do *National Trust*.[103]

À primeira vista, poderíamos nos perguntar por que se pensava necessário construir novas igrejas. De 1900 a 1934, parece, a frequência às igrejas nas cidades da Grã-Bretanha tinha diminuído cerca de 25%, apesar do crescimento de 50% da população de muitas cidades. O número de comungantes não conformistas diminuíra mais rapidamente que os participantes ativos da Igreja da Inglaterra, todavia, na comunhão anglicana, o espetáculo de belas igrejas antigas sem público ou decadentes, ou talvez completamente abandonadas, se tornara comum. Esse definhamento continuaria incontrolado por toda a vida de Eliot: a Rocha parecia estar erodindo.

Nos novos subúrbios da Inglaterra, e ao longo da malha rodoviária que os automóveis fez surgir (sobretudo a partir da época que Eliot se estabelecera em Londres), vivia uma população do século XX, mal assistida por paróquias. Normalmente, essas eram pessoas, em grande parte, ignorantes ou indiferentes à igreja visível. O que o arcebispo de York iria escrever da população inglesa em geral, dezoito anos mais tarde, já era verdade para os conjuntos de casas construídas ao longo das rodovias nos subúrbios de Londres: "A maioria dos homens e das mulheres não fazem suas orações, exceto em alguma circunstância terrível, não leem a Bíblia, a não ser para buscar ajuda para as palavras-cruzadas, e não entram na igreja durante o ano todo, a não ser em batismos, casamentos e

---

[102] Instituição para preservação de monumentos históricos e naturais da Inglaterra, País de Gales e Irlanda do Norte, criada em 1895 e existente até hoje. É uma das maiores organizações privadas sem fins lucrativos do mundo, mantida por contribuições de membros associados, proprietária de grande parte dos bens patrimônio histórico e natural do Reino Unido. (N. T.)

[103] Ver T. S. Eliot, "A Commentary". *The Criterion*, vol. XIV, n. 54, out. 1934, p. 89.

funerais".[104] Seria possível construir igrejas para essas pessoas? E se as novas igrejas pudessem ser construídas, seria possível fazer com que se interessassem pela Rocha? No século XIX, e certamente até a Primeira Guerra Mundial, a Igreja da Inglaterra fora descrita como "o partido *Tory* de joelhos": uma igreja de fidalgos, com sacerdotes aristocratas. Será que tal Igreja poderia falar aos habitantes de casas de subúrbios padronizadas ("como vagões de mercadorias em um acostamento", na descrição de Aneurin Bevan duas décadas depois) e os horrendos bangalôs, frutos do crescimento urbano?

Tampouco Eliot era um evangelista popular: os convertidos que fazia, a maioria, era ao deus dos filósofos. Contudo em *The Rock* – se bem que prejudicado pelo cenário e pela interferência de várias mãos – criou meios de simplificar a poesia para falar a uma audiência consideravelmente maior do que era o seu alcance normal. O próprio espetáculo – descrito de modo apropriado por vários escritores – não foi muito além da ocasião que o produziu.[105] As cenas eram, ao mesmo tempo, históricas e contemporâneas: fascistas e comunistas ridicularizavam a Rocha e o plutocrata erigiu o bezerro de ouro – que, na verdade, é o poder.

Alguns dos conceitos e das imagens elioteanas que podem ser encontradas em *The Rock* são mais bem examinadas se as relacionarmos a *Murder in the Cathedral* [Assassínio na Catedral] e aos *Four Quartets*; e o alcance dos coros somente pode ser apreciado por uma leitura atenta.[106] Todavia, notas sobre os esforços de Eliot para renovar a Igreja podem ser úteis nesse ponto.

---

[104] Ver Cyril Garbett (arcebispo de York), *In an Age of Revolution*, 1952, p. 55.

[105] Ver David E. Jones, *The Plays of T. S. Eliot*, 1960, p. 38-49; Carol H. Smith, *T. S. Eliot's Dramatic Theory and Practice*, 1936, p. 83-90; e os tratamentos de F. O. Matthiessen e Grover Smith, op. cit.

[106] "O 'verso branco' em decassílabo, que quase se manteve uniforme nas primeiras peças de Shakespeare, chegou a variar de oito a quatorze sílabas nas últimas obras, mas a base decassílaba ainda estava na memória, tanto do autor quanto dos ouvintes. Eliot quebrou essa tradição do 'verso branco' ao utilizar, simultaneamente, mais e menos sílabas. Voltou ao padrão estabelecido pelos

No primeiro coro, Eliot volta os olhos para uma época que não encontra lugar para a Igreja na metrópole, na cidade industrial, no campo ou no subúrbio. Temos o conhecimento das palavras, mas ignoramos o Verbo:

> Onde a vida que perdemos quando vivos?
> Onde a sabedoria que perdemos no saber?[107]

A Rocha – que é São Pedro e também a Igreja – é guiada por um menino. Uma coisa não muda, diz a Rocha: "a eterna luta entre o Bem e o Mal".[108] Sacrários são negligenciados, e o deserto no coração é descurado. Os desempregados a "tremer de frio em quartos obscuros".[109] O que a época precisa é de uma Igreja para todos "e um emprego para cada um".[110]

Nas edificações dos últimos anos, a pedra angular foi esquecida – essa é a ideia principal do segundo coro.

> "Nossa cidadania está no Céu"; sim, mas a que modelo e tipo pertence vossa cidadania sobre a Terra?[111]

---

poetas medievais, de um número fixo de sílabas tônicas no verso, sem qualquer número fixo de sílabas. Foi adiante ao encontro do desenvolvimento dos ritmos da prosa pela inclusão de um verso longo, impetuosamente rítmico com seis ou oito sílabas tônicas, mas ainda assim parte da estrutura do verso. Logo, uma forma de verso muito mais variada do que qualquer outra anteriormente é posta à serviço do teatro, e esses coros de *The Rock*, escondidos por uma impessoalidade ameaçadora, são capazes de levar, pela voz do poeta, grandes audiências à exaltação ou ao riso (...)." (E. Martin Browne, "The Dramatic Verse of T. S. Eliot". In: March e Tambimuttu, *Eliot*, op. cit., p. 198.)

[107] No original: *Where is the Life we have lost in living? / Where is the wisdom we have lost in knowledge?* T. S. Eliot, *The Rock*, seção I, versos 14 e 15. (N. T.)

[108] No original: *The perpetual struggle of Good and Evil.* Ibidem, verso 64. (N. T.)

[109] No original: (...) *shiver in unlit rooms.* Ibidem, verso 98. (N. T.)

[110] No original: *A job for each.* Ibidem, verso 92. (N. T.)

[111] No original: *"Our citizenship is in Heaven"; yes, but that is the model and type for our citizenship upon earth.* Ibidem, seção II, verso 137. (N. T.)

A expansão imperial e o desenvolvimento industrial foram demais para nós. Na verdade os pecados dos pais recaem sobre os filhos na Terra; mas é possível a expiação. Sempre a desabar, sempre ameaçada por fora, "A Igreja deve estar sempre em construção".[112]

> Que vida tendes se não viveis em comunhão?
> Não há vida que floresça sem comunidade,
> E comunidade não há que perdure sem louvar a DEUS.[113]

Esquecendo a comunidade, andamos rapidamente em automóveis – "e as filhas galopam no selim do acaso";[114] de fato, estamos a viver "dispersos nas estradas que se esgalham".[115]

No terceiro coro o Senhor censura o homem moderno, que alterna entre "fúteis raciocínios e ações irresponsáveis".[116] A civilização moderna ficará desolada se o Verbo não for expresso. Conquistamos a natureza física, nos cansamos com as invenções, abraçamos as ideologias de nacionalismo, raça ou humanitarismo, mas:

> Um dentre vós se recorda de como alcançar-lhe a porta:
> Podeis iludir a Vida, mas da Morte sois vassalos.[117]

O quarto e quinto coro nos contam como Neemias reconstruiu Jerusalém. Os inimigos do cristianismo escreveram inúmeros livros (com isso Eliot se refere a Russell, Wells e Shaw, "e estes não se legitimam,

---

[112] No original: *The Church must be forever building*. Ibidem, verso 159. (N. T.)

[113] No original: *What life have you if you have not life together? / There is no life that is not in community, / And no community not lived in praise of GOD.* Ibidem, verso 162-64. (N. T.)

[114] No original: *And daughters ride away on casual pillions*. Ibidem, verso 175. (N. T.)

[115] No original: (...) *dispersed on ribbon roads*. Ibidem, verso 168. (N. T.)

[116] No original: (...) *Futile speculation and unconsidered action*. Ibidem, seção III, verso 191. (N. T.)

[117] No original: *There is one who remembers the way to your door: / Life you may evade, but Death you shall not*. Ibidem, versos 252-53. (N. T.)

como tampouco se justificam os outros").[118] Enquanto alguns trabalham para reconstruir a Igreja, outros ficam de guarda diante do inimigo.

A complacência moderna terminará em sangue, caso a fé seja traída: assim prossegue o sexto coro. Mártires e santos surgem em todos os séculos, e o sangue dos mátires escorrerá sobre os degraus do templo de nossa época. Não há como escapar "sonhando com sistemas tão perfeitos em que o bem seja de todo dispensável".[119]

Em um momento daquilo que chamamos história, Cristo interveio: ao homem foi dada a Luz. No entanto, vem acontecendo nos tempos modernos o que jamais ocorreu: os homens abandonaram Deus sem buscar por novos deuses – ou melhor, na verdade, têm idolatrado abstrações que recusam a reconhecer como deuses – razão, dinheiro, poder, vida, raça, dialética; nossa época "avança progressivamente"[120] para trás. A voz dos desempregados brada novamente, no sétimo coro; estão entre as vítimas de uma nação que esqueceu "todos os deuses, exceto a Usura, a Luxúria e o Poder".[121]

---

[118] No original: (...) *seeking every one after his own elevation, and dodging his emptiness*. Ibidem, seção V, verso 280. (N. T.)

[119] No original: (...) *dreaming of systems so perfect that no one will need to be good*. T. S. Eliot, *The Rock*, seção VI, verso 307. (N. T.)
Recordo os versos de John Betjeman em "*The Planster's Vision*"[A Visão de Planster], escrito uma década mais tarde:

> Tenho uma visão de futuro, camarada,
> Em lavouras de soja, prédios operários
> Como lápis argênteos erguem alinhadamente:
> Milhões, em ondas, ouvem a chamada
> Dos microfones comunais, nos refeitórios
> "Certo ou errado, jamais! Tudo perfeito, eternamente".

No original: *I have a Vision of The Future chum, / The workers' flats in fields of soya beans / Tower up like silver pencils, score on score: / And Surging Millions hear the Challenge come / From microphones in communal canteens / "No Right! No Wrong! All's perfect, evermore"*.

[120] No original: (...) *advances progressively backwards*. T. S. Eliot, *The Rock*, seção VII, verso 350. (N. T.)

[121] No original: *All gods except Usury, Lust and Power*. Ibidem, verso 361. (N. T.)

Houve um tempo em que os homens iam às Cruzadas, nos lembra o oitavo coro, conosco ocorre o contrário:

> Nossa idade é uma idade de virtudes moderadas
> E de vícios comedidos,
> Em que os homens não deporão a Cruz
> Porque jamais a assumirão.[122]

Contudo, aperfeiçoemos a *vontade*: fé e convicção novamente voltarão.

A Casa de Deus não é a Casa da Dor, afirma o nono coro. Aqueles dons que hoje empregamos para vaidades, devemos pôr a serviço do Senhor.

Na conclusão do espetáculo, foi construída uma Igreja: os dez coros exortam o homem moderno a construir a Igreja visível em todo o mundo. Não nos deixemos ficar no jardim de Átalo:[123] temos luz o suficiente para guiar nossos passos. Honrando a Luz Invisível, acendemos nossas luzes nos altares.

Durante uma quinzena, na primavera de 1934, o espetáculo *The Rock* ficou em cartaz no Sadler's Wells Theatre. Os trechos cômicos, provavelmente, foram mais populares que a solenidade dos coros. Essa peça religiosa pouco podia fazer para diminuir a afetação secularista dos leitores do *New Statesman*, ou mudar os costumes dos cidadãos dos novos bairros dos subúrbios. O que poderia fazer, todavia, era comover os que ainda acreditavam ou que se agarravam a uns fiapos de crença. Foi suficientemente profética:

> É difícil para aqueles que nunca foram perseguidos,
> E para aqueles que jamais conheceram um Cristão,

---

[122] No original: *Our age is an age of moderate virtue / And of moderate vice / When men will not lay down the Cross / Because they will never assume it.* T. S. Eliot, *The Rock*, seção VIII, versos 403-06. (N. T.)

[123] Referência a Átalo III, último rei da dinastia atálida de Pérgamo que pouco se interessava em assuntos políticos e dedicava o tempo à medicina, botânica e jardinagem. (N. T.)

> Acreditar nas histórias da perseguição cristã.
> (...)
> É difícil para os que vivem próximo à Delegacia
> Acreditar no triunfo da violência.
> Imaginais que a Fé já conquistou o Mundo
> E que os leões dispensem os carcereiros?[124]

Assim entoava o coro. No segundo dia de agosto daquele ano, o marechal von Hindenburg, presidente da Alemanha, faleceu. O chanceler Hitler se fez *Führer*; a república foi abolida. Neste momento, a política de um paganismo redivivo seria sentida por toda a Europa: esquecendo a Rocha, o homem moderno encontraria *"The Gods of the Copybooks Readings"*[Os Deuses dos Cabeçalhos dos Cadernos de Cópia].[125] Vida e raça seriam adorados na Alemanha. A dialética na Rússia. "O Filho do Homem é sempre crucificado."[126]

Dezessete anos após Eliot ter escrito *The Rock*, as peças teatrais que retratavam o Mistério foram recuperadas, pela primeira vez desde a Reforma, na antiga York. Naquele ano, caminhei por um emaranhado de ruas medievais na margem oeste do rio Ouse em direção à igreja de St. Mary Bishophill Senior. É difícil dizer com precisão a idade

---

[124] No original: *It is hard for those who have never known persecution, / And who have never known a Christian, / To believe those tales of Christian persecution. (...) It is hard for those who live near a Police Station / To believe in the triumph of violence. / Do you think that the Faith has conquered the World / And that lions no longer need keepers?*. T. S. Eliot, *The Rock*, seção VI, versos 285-87; 290-93. (N. T.)

[125] Referência ao poema de Rudyard Kipling, publicado em 1919, que previu a decadência do império inglês pela perda das antigas virtudes e por uma espécie de complacência generalizada em que ninguém pagava pelos próprios pecados. Os "cabeçalhos dos cadernos de cópia" do título do poema fazem referência a um tipo muito comum de caderno que havia na Inglaterra do século XIX, em que as crianças copiavam várias vezes provérbios ou máximas edificantes que vinham escritas no alto das páginas. (N. T.)

[126] No original: (...) *the Son of Man is crucified always*. T. S. Eliot, *The Rock*, seção VI, verso 313. (N. T.)

de qualquer igreja em York; talvez as fundações desta sejam a da mais antiga de todas. Certamente ainda é possível ver muito da arquitetura normanda e a torre de pedra em estilo românico. No início do século XX, a igreja de St. Mary's Bishophill Senior ainda tinha uma grande congregação e a paróquia vizinha, a igreja de Bishophill Junior (também muito antiga) era igualmente bem frequentada. Mas, em 1951, quando lá estive, Bishophill Senior estava em ruínas, as cerimônias religiosas haviam cessado muito antes, e Bishophill Junior também lutava com uma congregação bastante escassa. A venerável torre quadrada de Bishophill Senior assomava, de repente, de um cemitério cheio de ervas-daninhas, as lápides riscadas com giz pelas crianças, a fechadura do portão arrombada e a da porta da igreja também. Certamente, qualquer pessoa hesitaria cruzar aquele pórtico sombrio. No entanto, entrei e descobri que havia pessoas lá: dois mendigos, um homem e uma mulher, que pareciam estar indevidamente instalados no imóvel e um casal de adolescentes que aparentemente estavam prestes a violar o sétimo mandamento[127]. Essa congregação, apática, assistiu ao meu passeio pelos corredores em ruínas, enquanto olhava para as telhas caídas de um telhado que cedia e para os monumentos removidos das paredes, enquanto subia nos bancos, quebrados para servir de lenha, durante a minha inspeção aos poucos fragmentos dos vitrais que ainda tristemente pendiam das janelas quebradas. Quando deixei a igreja, meninos e meninas se divertiam jogando pedras nos vitrais sobreviventes – primeiro um tilintar, depois um estrondo.

A Rocha tinha chegado àquele estado. Desde então, Bishophill Senior foi sendo demolida.[128] A antiga torre foi derrubada e reerguida como parte de uma nova igreja suburbana. Nem T. S. Eliot nem

---

[127] Vale notar que Kirk está se referindo aos mandamentos conforme aparecem em Êxodo 20,1-21 e não segundo o Catecismo da Igreja Católica. Portanto, o sétimo mandamento seria "não cometerás adultério" (Êxodo 20,14). (N. T.)

[128] A igreja foi totalmente demolida em 1963. Hoje, resta no local apenas o antigo cemitério com poucas lápides. (N. T.)

qualquer outra pessoa, foi capaz de deter a decadência da Igreja da Inglaterra ou de outras igrejas na Grã-Bretanha ao longo do século XX. Não obstante sobrevive certa continuidade, em parte, graças ao trabalho de Eliot, de algumas pessoas que insistem em se esforçar para redimir o tempo. Caso os homens rejeitem a autoridade da Rocha, Eliot sabia disso, não ingressarão em um paraíso terrestre ao estilo de H. G. Wells; terão sorte, certamente, se apenas imergirem na condição de humanidade da visão de Planster de Betjeman. A maioria irá vergar à autoridade de oligarcas ou entusiastas que, embora incapazes de criar o paraíso na Terra, são bastante competentes para criar o inferno terreno. Uma arquitetura desse tipo estava progredindo rapidamente, sob o comando de Stalin e de Hitler, no ano de 1934.

Capítulo 7

Cristãos e Ideólogos na Casa dos Corações Partidos

O IDEÓLOGO CONTRA A PESSOA

Ao cabo de vinte anos em Londres, Eliot elevara-se muito acima – como poeta e crítico – dos demais. Poetas em ascensão, em particular, W. H. Auden e Stephen Spender, o admiravam: e a crítica literária, principalmente por seus feitos, crescera em estatura desde os tempos de Gosse.

Sua reputação não era inconteste, mesmo entre os amigos antigos. Em uma carta para *The Spectator*, no final de 1934, Wyndham Lewis começa a analisar questões de originalidade e plágio, e insinua que Eliot tinha feito a poesia voltar ao academicismo (uma opinião partilhada, com pesar, por William Carlos Williams):

> O sr. T. S. Eliot teve até mesmo a virtude de se transformar, por assim dizer, em uma espécie de eco encarnado (embora um eco original, se for possível dizer isso). Este método da imitação, do criador-como--erudito – cujos indícios remontam os hábitos da universidade norte--americana, confundidos com "cultura" – em que *a falta de originalidade* acadêmica é a originalidade particular do sr. Ezra Pound de levar para a prática adulta a literatura imaginativa – algo que não me agrada, confesso. Mas ao menos não há melindres amadores no que se refere ao quesito "originalidade".[1]

---

[1] Wyndham Lewis, carta ao editor da *The Spectator*, 2 de novembro de 1934. Reimpressa em: W. K. Rose (ed.), *The Letters of Wyndham Lewis*, 1965, p. 222-25.

No entanto, invectivas como as que Eliot recebera nos primeiros anos como escritor da antiga *Dial* de Arthur Waugh e de Paul Elmer More, não eram mais ouvidas. A antiga geração de literatos, em meados dos anos 1930, ainda podia estar perplexa e indignada com o predomínio de Eliot, mas mesmo assim começavam a se render ao veredito dos críticos de que Eliot era um poeta impressionante – talvez um dos grandes.

Os *Collected Poems: 1909-1935* que seriam publicados no início de 1936 (seis mil cópias em Londres e quase cinco mil em Nova York) incluíam o poema "Burnt Norton". Eliot passava por um período de seis anos em que só publicaria poema maior – este "Burnt Norton", o primeiro dos *Four Quartets* – além das peças em verso *Murder in the Cathedral* e *The Family Reunion*; mas seu domínio estava seguro (como dissera a William Empson por volta de 1930, com muita sobriedade, que o mais importante para muitos poetas "é escrever o mínimo possível").[2] Ainda que sua reputação não estivesse no auge, já era insuperável. Os *Elizabethan Essays* [Ensaios Elizabetanos] foram publicados no final de 1934 (quatro mil cópias); os *Essays Ancient and Modern* [Ensaios Antigos e Modernos] apareceriam (2.500 cópias em Londres e o mesmo número em Nova York) no início de 1936. Juntos esses volumes continham seis ensaios não coligidos anteriormente, mas agora aceitos como uma contribuição permanente para o seleto grupo da crítica literária em língua inglesa.

Do escritório no alto do prédio da Faber & Faber, Eliot estava se tornando o papa da Russell Square. "Não pode haver muitos escritores em minha geração que tenham sido igualmente ardentes na veneração de Eliot, e poucos dos antigos que não tenham ficado espantados com ele", disse Desmond Hawkins a respeito de Eliot com relação a sua época:

---

[2] William Empson, "The Style of the Master". In: Richard March e Tambimuttu (eds.), *T. S. Eliot: A Symposium*, 1948, p. 35-37.

Eliot foi defendido, discutido, citado, idolatrado (inevitavelmente imitado) por nós com um fervor que mesmo Shaw ou Lawrence devem ter invejado. E, além disso, não tinha nenhuma "mensagem" inebriante, não estava em nenhuma polêmica raivosa, não levantava bandeiras para nenhuma cruzada. Tudo era incongruente – o monarquismo, os turíbulos, a aparência equilibrada de um gerente de banco, impregnando a alta boemia dos comunistas de poltrona. Absurdo! Mas aconteceu. Ocorreu porque a poesia entrou em nossas cabeças como uma música de sucesso, porque os ensaios ganharam, imperceptivelmente, o ímpeto da autoridade: os "Ses" e "Mas", o apoio cauteloso eram lembretes de que esta era uma popularidade impopular. Afinal, a maré não corria para esse lado.[3]

Naqueles anos a maré da ideologia quase afundou a ordem da alma de Eliot. O triunfo literário não encontrava paralelo em qualquer outra influência discernível na sociedade ao longo do século XX. A *Criterion* era muito respeitada, mas Eliot começara a duvidar se uma revista trimestral ainda podia influenciar a mente dos poderosos e influentes. Christopher Dawson, Stephen Spender, Dylan Thomas, Montgomery Belgion, W. B. Yeats, William Empson, e Martin D'Arcy destacavam-se entre os colaboradores da revista em 1934 e 1935. A. L. Rowse, Geoffrey Grigson, George Scott Moncrieff, Michael Roberts, Janet Adam Smith e outros escritores competentes muitas vezes escreviam resenhas e ainda havia alguns colaboradores norte-americanos. Contudo, o caráter internacional do periódico diminuíra, assim como um nacionalismo insolente e uma ideologia voraz destruíram a unidade da cultura europeia que Eliot, o editor, tinha defendido. Os jovens escritores no continente, na Grã-Bretanha, nos Estados Unidos foram atraídos para polos políticos – muitos deles para o lado comunista do ímã ideológico.

Já, como escreveria George Orwell, ser mais ou menos "de esquerda" se tornara a ortodoxia nos círculos literários ingleses. Por

---

[3] Desmond Hawkins, "The Pope of Russell Square". Ibidem, p. 44-47.

volta de 1936 ou 1937, a doutrina propagada era a de que só homens de esquerda poderiam ser bons escritores. "Entre 1935 e 1939", segundo o veemente, mas imparcial, Orwell:

> o partido comunista exercia um fascínio quase irresistível para qualquer escritor com menos de quarenta anos. Tornou-se normal ouvir que fulano de tal tinha se "afiliado" como fora, poucos anos antes, quando o catolicismo romano esteve em voga ouvir que fulano tinha "sido recebido" na Igreja. Por quase três anos, de fato, a tendência central da literatura inglesa esteve mais ou menos sob direto controle comunista.[4]

Em estilo e imagens, Eliot persuadiu Auden, Spender e o grupo deles – mas não em política. Embora cada vez mais os amigos das coisas consagradas vissem em Eliot um aliado, nem mesmo o poeta e sua revista mudariam os políticos. No governo da Grã-Bretanha, ministros e membros do parlamento se agarraram medrosamente a uma canoa prestes a furar; inseguros, professavam confiar na Liga das Nações. A *Criterion* não fora lida – ou se fora, não tinha sido aceita – por Coriolano.

Nessa agitação política, Eliot movia-se imperturbável exteriormente; estava para a poesia como Henry James para o romance. "Passo a passo, aprendemos que os gênios não necessariamente usam barba e nem têm romances neuróticos", e continua Desmond Hawkins,

> mas podemos encontrar um curador de igreja em Kensington que fale sobre queijo com o gosto refinado de um *connoiseur* (...) Podemos encontrá-lo todas as manhãs no parque, elegante, com o guarda-chuva bem enrolado, com a bela cabeça um tanto incomum inclinada, como se para escapar da atenção das Eumênides; à caminho, talvez, da casa de Lady Ottoline onde Yeats e A. E. estariam eloquentes (...) e o sr. Eliot faria uma mesura cerimoniosa e demostraria sua

---

[4] George Orwell, *Inside the Whale*. Reimpresso em: Sonia Orwell e Ian Angus (eds.), *The Collected Essays, Journalism and Letters of George Orwell*, 1968, vol. I, p. 512.

invulnerabilidade intelectual junto aos bem-nascidos e bem trajados que despertavam curiosidade.[5]

As Eumênides buscavam outra presa; estavam prestes a se apoderar daqueles que haviam cortado os laços de afinidade com a Europa. O que foi mal alinhavado em Versalhes seria arrebentado. Na ensolarada WalWal, na província de Ogaden, no dia 5 de dezembro de 1934, as forças italianas e abissínias chegaram às vias de fato: os tanques italianos mataram uma centena de etíopes que tentavam derrubá-los e quebraram as espadas do restante. Mussolini invadiria a Etiópia à força, a Liga das Nações não hesitaria, agiria de forma equivocada, e então desmoronaria. Tinha sido dada a partida à sequência de eventos – com causas imediatas menores que as de Saraievo – que ressecaria a terra desolada de uma forma mais terrível que no ano em que Eliot fora para Londres.

A educação compulsória e o serviço militar universais – assim escrevera Christopher Dawson na *Criterion* de outubro de 1934 – tornara possível o Estado totalitário. Do mesmo solo brotaram os sistemas fascista e comunista; de fato, todo o mundo tinha sido recoberto com uma espessa ideologia. "Até onde esta nova evolução política ameaça a liberdade espiritual essencial à religião?", perguntou Dawson:

> Será que a Igreja deve condenar o Estado totalitário em si mesmo e estar preparada para resistir ao poder secular e à perseguição? Deverá a Igreja se aliar com as forças sociais e políticas hostis ao novo Estado? Ou deverá limitar a resistência aos casos de interferência estatal em assuntos eclesiásticos ou em matérias teológicas? Ou, por fim, são as novas formas de autoridade e organização política conciliáveis, em princípio, com as ideias cristãs e as questões que dividem a Igreja e o Estado é que são acidentais e temporárias, estranhas à natureza essencial do novo progresso político?[6]

---

[5] Hawkins, op. cit., p. 45-46.
[6] Christopher Dawson, "Religion and the Totalitarian State". *The Criterion*, vol. XIV, n. 54, out. 1934, p. 5.

Tais questões propostas por Dawson ocupavam a mente de Eliot enquanto escrevia *Murder in the Cathedral*. Neste momento e desde então, Christopher Dawson, o mais perceptivo historiador cristão da época, influenciou a imaginação moral de Eliot, reforçando-lhe as antigas convicções. E a resposta de Eliot a tais perguntas, na peça *Murder in the Cathedral* e nos dois livros sobre sociedade e cultura, seriam muito semelhantes à afirmação final de Dawson: "o Estado está anexando com regularidade todo o território que pertencia anteriormente ao domínio da liberdade individual; e já tomou mais do que qualquer um pensara ser possível há um século". Demonstrava Dawson:

> Tomou a economia, tomou a ciência, tomou a ética. Mas há uma coisa que nunca tomará, porque, para citar Karl Barth (...) "A Teologia e a Igreja são as fronteiras naturais de tudo – até mesmo do Estado totalitário". A única coisa necessária é que os próprios cristãos reconheçam essa fronteira: devem recordar que não é atribuição da Igreja fazer o mesmo que o Estado – construir um reino como todos os outros reinos dos homens, melhorado; nem criar um reino de paz e justiça terrenos. A Igreja existe para ser a luz do mundo, e caso cumpra essa função, o mundo será transformado, apesar de todos os obstáculos que os poderes humanos ponham no caminho. Uma cultura secularista só pode existir, por assim dizer, nas trevas. É uma prisão em que o espírito humano se confina quando é excluído do mundo mais rico da realidade. No entanto, assim que a luz aparece, todo o mecanismo elaborado que foi construído para viver nas trevas se torna inútil. A redescoberta da visão espiritual devolve ao homem a liberdade espiritual. E, portanto, a liberdade da Igreja está na fé da Igreja e a liberdade do homem está no conhecimento de Deus.[7]

As trevas se aproximavam da Europa; T. S. Eliot – que não era político, economista, nem agitador de multidões – faria o que estivesse ao seu alcance para restaurar a visão espiritual naquela prisão.

---

[7] Ibidem, p. 16.

Na homenagem que prestou, poucos meses depois, ao falecido A. R. Orage, Eliot reafirmou o princípio de que a ordem interior da alma e a ordem exterior da sociedade não podem ser separadas:

> Estamos realmente, como se vê, diante do difícil problema do *espiritual* e do *temporal*, problema do qual a questão Igreja-Estado é um derivativo. O perigo, para aqueles que partem do temporal é o utopismo; ponham em ordem o problema da distribuição – de trigo, café, aspirina ou de aparelhos eletromagnéticos – e todos os males desaparecerão. O perigo, para os que partem do espiritual, é o indiferentismo. Negligenciem os negócios do mundo e salvem o maior número possível de almas da destruição. De repente, em meio a essa dificuldade, e com pena de nosso sofrimento, aparece ninguém mais que a divina Sofia. Diz que temos de partir, ao mesmo tempo, dos dois lados. Adverte que se nos dedicarmos, sem quaisquer reservas, a remédios econômicos específicos, poderemos somente isolar facções chilradoras, diminutas e insignificantes; facções que nada possuem em comum, exceto os valores não comprovados do barbarismo contemporâneo. E nos diz que, caso dediquemos atenção, como fazem alguns de nossos amigos franceses, ao *spirituel*, poderemos conseguir uma débil aproximação com o catolicismo e uma fraca aproximação com o socialismo de guilda.[8]

Não se pode dizer que o próprio Eliot ofereceu muita novidade para diminuir aquelas perplexidades econômicas e rivalidades nacionais que atormentavam o mundo em meados de 1930; nem a *Criterion* publicou muitas coisas que pudessem ajudar diretamente – Eliot acreditava que a política prática e as medidas econômicas estavam além do escopo de uma revista como a dele. O editor e muitos do grupo da *Criterion*, por anos, confiaram muito em "facções chilradoras", nos conceitos de crédito social do major C. H. Douglas: Pound, Lewis, Aldington, o próprio Eliot e outros corriam o risco de se tornarem "idiotas das finanças" – se bem que Eliot tivesse menos risco que seus colaboradores, pois os anos como funcionário de banco o

---

[8] T. S. Eliot, "A Commentary". *The Criterion*, vol. XIV, n. 55, jan. 1935, p. 262-63.

fizeram, ao menos, tomar ciência das complexidades do mecanismo de crédito, mesmo desprezando os estreitos pontos de vista dos banqueiros.

O grupo da *Criterion* também simpatizava com o distributismo de Chesterton e Belloc. A propriedade e o poder de compra deveriam ser restaurados para o cidadão comum: a concentração econômica, estabelecendo uma oligarquia vulgar em uma democracia nominal, assim acreditavam, estão nas raízes da confusão econômica e do descontentamento social. O marxismo era o filho bastardo do benthamismo.

O crédito social prometia realizar essa salutar transformação na economia. Pound se tornou um ideólogo do crédito social: o projeto penetrou na sua poesia e censurou Eliot por se afligir com questões teológicas, quando o dinheiro era a raiz de todo o mal e o crédito social era o caminho, a verdade e a luz. Essa hipnose do grupo da *Criterion* pelo foco de luz do major Douglas pode parecer bastante estranha, passado mais de meio século, entretanto ocorreu em uma época de excentricidade econômica: era menos estranho, certamente, que o culto da tecnocracia, na ocasião, seriamente debatida nos Estados Unidos. Um partido do crédito social chegaria ao poder político somente nas desoladas pradarias de Alberta – e mesmo lá, em escala provinciana, os entusiastas veriam ser impossível dar corpo a um plano concebido para centros financeiros e industriais; o crédito social em Alberta foi um grande paradoxo, assim como foi o marxismo para a Rússia.

Dez anos antes, a mais talentosa e sucinta demolição da noção de crédito social fora publicada na própria *Criterion* – uma resenha de J. MacAlpin, que partilhava a ligação com o classicismo junto com Hulme e Eliot. "Major Douglas é o criador de um plano para conceder crédito aos *consumidores* em lugar dos produtores, fica manifesto que sua análise do sistema econômico foi inspirada pelo ardor de propagar o próprio projeto", escreveu MacAlpin

> Não é, portanto, surpreendente que chegue a conclusões fantásticas: por trás dos projetos das altas finanças de Londres, Frankfurt, Paris e

Nova York, está o "governo invisível" – a mão invisível de alguns poucos financistas que utilizam o poder do dinheiro para sujeitar um mundo desgovernado e aproximá-lo da perdição. O "governo invisível" tira seu poder da exploração da doutrina de recompensas e punições, uma doutrina que o major Douglas defende que não só cria o mecanismo que impõe ao mundo a política de limitação e inibição ditada pela atitude clássica diante da vida – sua concepção de classicismo é lugar-comum, a mentalidade clássica e moral, assevera, é caracterizada por uma rigidez de pensamento devastadora – mas também gera a doutrina do trabalho alimentada pela convicção de que somente ele proporciona a titularidade dos frutos da produção.(...) O caos e a desarticulação do comércio que acompanha a inflação e a deflação têm como principal causa a transformação da moeda em uma medida de valor não confiável, e, por presumir que o problema da mensuração valorativa é ilusório, major Douglas se baseia em uma falácia que transforma suas propostas em medidas de caráter totalmente inflacionário (...) O crédito social é um livro extravagante e pretensioso.[9]

Isso é bem verdade. Contudo, Eliot aferrou-se por anos, ainda que de forma hesitante, ao crédito social, tanto quanto Henry e Brooks Adams (apesar da capacidade de percepção em vários assuntos) tinham desenvolvido teorias monetárias parecidas com as de William Jennings Bryan, de um determinismo econômico tenebroso. Ao responder, em 1933, ao ataque de Pound a respeito de sua "concepção de bem viver", Eliot ainda expressou esperança de que major Douglas estivesse, do princípio ao fim, coberto de razão, "mas se está certo ou errado, pouco importa para o argumento da primazia da ética sobre a política".[10] Ninguém irá encontrar realismo econômico na *Criterion* desse período. Apesar disso, podemos dizer que a

---

[9] J. MacAlpin, "C. H. Douglas – Social Credit". *The Criterion*, vol. III, n. 2, abr. 1925, p. 473-74.
[10] "A Economia lida com coisas tão complicadas quanto o motor à gasolina e a ignorância do assunto não é desculpável nem mesmo em primeiros-ministros e outras relíquias irresponsáveis de uma era vergonhosa." Pound escrevera ao editor da *Criterion*, em "The Eleventh Year of the Fascist Revolution". Ver

compreensão econômica peculiar de Eliot não era em nada mais estranha que os vários experimentos econômicos que estavam sendo, na ocasião, feitos nos grandes Estados por vários Coriolanos. O que encontramos nos comentários de Eliot desse período é uma defesa da pessoa em oposição ao coletivismo, e uma manifestação contínua pela base moral da política.

Em uma época em que os intelectuais estavam encantados com os atrativos abstratos do coletivismo, Eliot defendeu os direitos da pessoa e da verdadeira comunidade. Em 1935, Middleton Murry (sempre buscando por uma revelação, mas não a já experimentada) tinha se tornado um completo teórico comunista. Para Murry, Eliot respondeu que não estava encantado com os adjetivos mágicos "orgânico" e "dinâmico". O cristianismo é dualista: "a cidade de Deus é, na melhor das hipóteses, realizável na Terra de modo imperfeito. (...) É verdade que algumas formas de governo, de organização social e econômica, são incompatíveis com o cristianismo; não é verdade que o cristianismo prescreva qualquer forma de organização particular".[11] O marxismo de John Middleton Murry "é algo muito diferente de qualquer governo que porventura devamos ver na prática. Deveria estar mais interessado em ver o comunismo defendido como um projeto viável para eliminar grande parcela do sofrimento comum e da injustiça, do que como um meio de experimentar êxtases místicos de despersonalização".

---

também a troca de correspondências entre F. S. Flint e Pound a esse respeito: "Correspondence". *The Criterion*, vol. XIV, n. 55, jan. 1935, p. 292-305.

Por volta de 1938, Eliot observou uma certa tendência ideológica no movimento de crédito social: "O crédito social, por exemplo, parece estar em constante risco de petrificar-se em uma fórmula de quinze ou vinte anos atrás". No último número de sua revista trimestral (janeiro de 1939), Eliot lamentava que "a tendência em concentrar na economia técnica foi algo que fez mais por dividir que por unir". Ver *The Criterion*, vol. XVII, n. 68, abr. 1938, p. 484; e vol. XVIII, n. 71, jan. 1939, p. 273.

[11] T. S. Eliot, "A Commentary". *The Criterion*, vol. XIV, n. 56, abr. 1935, p. 435.

Apoiar a defesa do comunismo nas abstrações de Hegel era algo como basear toda a defesa do cristianismo no sistema de Santo Tomás de Aquino. "O marxismo pode ser, para uns poucos filósofos, uma experiência religiosa: para o homem de ação será somente um outro estilo da arte de governar os homens."[12]

Enquanto o debate sobre teoria política e econômica ocupava as revistas inglesas, na África, marchava Coriolano. Em outubro de 1935, divisões italianas invadiram a Abissínia, vindas da Eritreia e da Somália Italiana. Confrontado por essa guerra no chifre da África (que poderia não terminar na África, temia Eliot), o editor da *Criterion* esforçou-se por manter um padrão de equidade diante dos ideólogos de esquerda e de direita.

No número de outubro da revista, Eliot se opôs ao tipo de imperialismo representado pelo *Daily Express* – ou, de outra forma, pelo *Times*. O povo recém-descoberto de Tari Furora na Papua-Nova Guiné poderia ser arruinado pelas modernas influências tecnológicas e comerciais, poderiam ser destruídos, nesse ponto, pela mentalidade do *London Times* (em que um escritor expressara preocupação pelo futuro desses papuásios). Os autores de outros artigos de destaque no mesmo jornal estavam desejosos – mais que isso, estavam ávidos – para "civilizar" a Abissínia; exaltavam a virtude dos equipamentos modernos e reconheciam que a Itália tinha "algum direito" de transformar a Etiópia.

O conceito de império não é necessariamente ignóbil, escreveu Eliot (pensando, sem dúvida, em Virgílio) – e não:

> a noção de oferecer direito, justiça, humanidade e civilização – sem qualquer outro interesse que a glória, e nenhum outro motivo que o senso de vocação. Mas no atual estado de coisas, a glória dos administradores é rapidamente seguida, caso não seja acompanhada, pela ignomínia dos exploradores. Quantos povos menores foram, se

---

[12] Ibidem, p. 436.

pesarmos, realmente ajudados por nossa intervenção europeia? E até que ponhamos em ordem nossos loucos sistemas econômicos e financeiros, para não falar de nossa filosofia de vida, será que podemos estar certos de que nossas solícitas ajudas aos bárbaros e selvagens serão mais desejáveis que um abraço de leproso?[13]

A oposição de Eliot à invasão das terras de Negus Negusti[14] era muito diferente da postura de alguns de seus amigos como Ezra Pound e Roy Campbell (embora depois, na Segunda Guerra Mundial, o último lideraria uma companhia do *King's African Rifles*[15] contra as tropas de Ogaden). Sua posição o levou também a ter graves receios da direita francesa, com a qual simpatizava há um bom tempo. A guerra da Abissínia provocara manifestações de três grupos de intelectuais: os de direita, os de esquerda e os católicos. Eliot se pôs ao lado dos últimos.

No momento em que a *Criterion* de janeiro de 1936 foi publicada, o marechal Badoglio atacou a região de Tembien com bombas de grande poder explosivo e gás mostarda. A direita francesa argumentava que qualquer interferência aos italianos na Abissínia seria "um ataque contra a civilização no Ocidente". Eliot achou essa defesa inconsistente – a não ser como um véu para encobrir os interesses franceses. Para Eliot, até a posição da esquerda (apesar de também ser um véu – para os interesses soviéticos) aproximou-se mais do ensinamento cristão.

---

[13] T. S. Eliot, "A Commentary". *The Criterion*, vol. XV, n. 58, out. 1935, p. 68.

[14] Título dos imperadores da Etiópia que significa "Rei dos Reis", pois a palavra *negus* tem origem em *n'gus* que em aramaico significa rei. O título se justifica pois os etíopes acreditam que a linhagem real descende de Salomão e da rainha de Sabá. (N. T.)

[15] Regimento colonial britânico com soldados de vários locais que garantiam a segurança militar e interna das possessões britânicas no leste da África. Combateram, dentre outros grupos, os italianos durante a campanha da África Oriental na Segunda Guerra Mundial. (N. T.)

As raças, assim como os indivíduos, permanecem em condições desiguais. "Mas a identidade fundamental da humanidade sempre deve ser afirmada; assim como deve ser a obrigação moral de equânime inviolabilidade dos povos de todas as raças, conquanto nossa obrigação moral para com os inferiores seja a mesma que temos para com os iguais", disse Eliot.

> E dizer isso para preservar os princípios cristãos, em uma crise como esta que suscitou diferentes declarações, é enfraquecer as defesas diante do comunismo, é a confissão da covardia. É a admissão de que a verdade não é forte o bastante para triunfar em face das imitações; é combater o diabo com os poderes do mal. Isso não é negar que entre cristãos e comunistas exista um grande abismo, e que neste país corremos o risco de ficar à mercê dos amáveis construtores de pontes.[16]

Em 1935, o Estado total – comunista ou fascista – estava pondo ao chão as coisas permanentes. Quando é dada precedência às razões de Estado sobre todas as coisas, até mesmo aos primeiros princípios da moralidade; quando Coriolano exige total obediência dos súditos: O que os cristãos devem fazer? Não obstante o Estado totalitário ser uma criação moderna, essa dificuldade geral existe há muitos séculos. E essa pergunta, para qual os mártires deram resposta, é feita em *Murder in the Cathedral*.

O TESTEMUNHO DE SANGUE

No início de 1935, Eliot foi convidado a escrever uma peça para o Festival de Canterbury, a ser apresentada em junho, e E. Martin Browne a dirigiria. O sucesso de *The Rock* acarretou esse convite, e (dando uma ajuda gratuita ao Festival de Canterbury, como dera ao

---

[16] T. S. Eliot, "A Commentary". *The Criterion*, vol. XV, n. 59, jul. 1936, p. 269.

fundo das 45 igrejas) Eliot aceitou. Inicialmente, pretendia chamar a peça sobre Santo Tomás à Becket de *"Fear in the Way"* [Medo no Caminho]; chegou mesmo a pensar (por ser crítico ocasional de filmes de suspense) de *"The Archbishop Murder Case"* [O Caso do Assassinato do Arcebispo], mas a sra. Browne sugeriu *Murder in the Cathedral* [Assassínio na Catedral].

Na medieval casa do capítulo da catedral de Canterbury, a peça foi apresentada durante umas poucas tardes, tendo Robert Speaight no papel de Becket. Depois Ashley Dukes levou a peça para Londres, onde (a temporada começou em 1º de novembro de 1935) ficou em cartaz durante um ano no Mercury Theatre, e por muitos anos depois no Duchess. Nos Estados Unidos, o Federal Theatre do *Works Progress Administration*[17] apresentou uma temporada; depois a produção de Dukes levou a peça para Boston e Nova York.

A peça *Murder in the Cathedral* foi, desde então, produzida muitas vezes, em vários países, com sucesso especial em prédios religiosos. Seria transformada em filme, uns dezesseis anos depois, com algumas mudanças no roteiro e se tornou a primeira peça em verso adaptada para o cinema.[18] As várias edições inglesas e norte-americanas e as

---

[17] A *Works Progress Administration* foi a maior e mais ambiciosa agência do New Deal, criada em 1935. Empregou milhões em obras públicas e financiou muitos projetos culturais. (N. T.)

[18] O planejamento e produção de *Murder in the Cathedral* são descritos pelas três pessoas mais intimamente ligadas a Eliot nessa tarefa. Ver E. Martin Browne, "The Dramatic Verse of T. S. Eliot". In: March e Tambimuttu, op. cit., p. 196-207; Browne, "From The Rock to The Confidential Clerk". In: Braybrooke (ed.), *T. S. Eliot: A Symposium for His Seventieth Birthday*, 1958, p. 57-69; Browne, "T. S. Eliot in the Theatre: The Director's Memoirs". In: Tate (ed.), *T. S. Eliot: The Man and His Work*, 1966, p. 116-32; Robert Speaight, "Interpreting Becket and Other Parts". In: Braybrooke, op. cit., p. 70-78; Speaight, "With Becket in Murder in the Cathedral". In: Tate, op. cit., p. 182-93; Ashley Dukes, "T. S. Eliot in the Theatre". In: March e Tambimuttu, op. cit., p. 111-18. Ver também *T. S. Eliot and George Hoellering, The Film of Murder in the Cathedral*, 1952, p. 7-14.

diversas tiragens da peça, entre 1935 e 1965, chegam a um total aproximado de 75 mil cópias.

A primeira apresentação da peça, na casa do capítulo, cuja porta abre em direção ao claustro, ocorreu há poucos metros do local, no transepto norte, onde o magistral arcebispo caíra sob as espadas dos cavaleiros de Henrique II, no ano de 1170, e perto do local onde havia a Trinity Chapel, onde estava o túmulo de Becket, erigido em 1220 e destruído em 1538 por Henrique VIII. Para Canterbury acorreram os peregrinos de Chaucer, Pedro, o lavrador[19] e inúmeros outros durante séculos, "a fim de conhecer a sepultura / do santo mártir que lhes trouxe a cura",[20] multidões na antiga estrada de Winchester, no caminho dos peregrinos que já existia antes da história escrita.[21] Tomás à Becket, o "pimpão de Cheapside",[22] o mártir altaneiro, falou por Eliot ao século XX.

Na contenda "entre a alma e o Estado: ou seja, entre as coisas eternas, pessoais, íntimas e as coisas cívicas, comunais (...)", como Hilaire Belloc escrevera sobre o assassinato de Becket, "a violência, nosso método moderno, tentou cortar o nó. Imediatamente, e como sempre ocorre, a violência estúpida produziu o oposto daquilo que desejara. Todo o Ocidente, de repente começara a rumar para Canterbury e o túmulo de Becket se tornou, depois de Roma, o principal santuário da cristandade".[23]

---

[19] Referência ao poema alegórico medieval inglês *Piers Plowman*, escrito por William Langland no século XIV. (N. T.)

[20] No original: "*the hooly blisful martir for to seke*", verso 17 do "Prólogo" dos *Canterbury Tales* [Os Contos de Cantuária] de Geoffrey Chaucer. Utilizamos, no trecho, a tradução em verso que consta na seguinte obra: Paulo Vizioli, *A Literatura Inglesa Medieval*. São Paulo, Nova Alexandria, 1992. (N. T.)

[21] Há indícios de que a trilha dos peregrinos em Winchester segue o traçado de um caminho natural que existe desde a Idade da Pedra. (N. T.)

[22] No original: "*Where is Becket the Cheapside brat?*". T. S. Eliot, *Assassínio na Catedral*, parte II, p. 82-83. (N. T.)

[23] Hilaire Belloc, *The Old Road*, 1911, p. 89-90.

O drama de Eliot tinha relação com assuntos pessoais – o triunfo de Becket sobre as tentações, e com questões comunitárias – a resistência da Igreja em face ao absolutismo político. O arcebispo de Eliot é o primaz da descrição de Daniel-Rops; "um homem de cultura, de inteligência superior, de orgulho sutil, um ministro com experiência em negócios e uma ilimitada lealdade ao dever (...)", ele que "passou por uma transformação psicológica por sugestões da graça divina".[24] É o santo da hagiografia de Guernes de Pont-Saint-Maxence,[25] dos vitrais das catedrais de Paris, Sens e da cultura popular que puniu o poder real inglês por três séculos e meio. E, até onde podemos determinar o fato histórico, o Becket de Eliot é mais verdadeiro que o de Tennyson ou Anouilh.[26]

Grover Smith chama o Becket de Eliot de "um romance fictício de um modo peculiar (...) Em vez de tomar o julgamento comum de Becket como absurdamente arrogante, em raivosa batalha pessoal e eclesiástica com um inimigo que dificilmente era mais pobre em atributos espirituais, Eliot o retrata como humildemente submisso, como alguém que aceita a morte e não a resiste".[27]

Mas esse retrato dificilmente é romanesco: os peregrinos de Chaucer nunca tiveram dúvidas. E não é histórico? Isso depende de se a pessoa foi levada a aceitar acriticamente a "interpretação *whig*

---

[24] Henri Daniel-Rops, *Cathedral and Crusade*. Trad. John Warrington, 1957, p. 216.

[25] Escritor anglo-normando do século XII e um dos dez primeiros biógrafos de Santo Tomás à Becket. Esteve em Canterbury por volta de 1172 e sua obra, *Vie de Saint Thomas Becket,* surge em 1174. O poema contém 6.180 versos em estrofes de cinco linhas composto na forma de alexandrinos em uma mescla de várias línguas de oïl. (N. T.)

[26] A peça de Lorde Tennyson, *Becket*, é de 1884, e a peça de Anouilh, *Becket ou l'honneur de Dieu*, de 1959. A última foi transformada no premiado filme *Becket*, em 1964, com Peter O'Toole no papel de Henrique II e Richard Burton como Becket. (N. T.)

[27] Grover Smith, *T. S. Eliot's Poetry and Plays*. Phoenix edition, 1960, p. 183-84.

da história" e a breve descrição de Becket em *A Child's History of England* [História da Inglaterra para Crianças] de Dickens (como, de fato, muitos espectadores, desde pequenos, acreditaram ser verdade).²⁸

Henrique VIII e a Reforma aniquilaram o culto a Becket, caro à "Antiga Profissão de Fé"²⁹ e aos pobres, o "whiggerismo" e o racionalismo queriam deixar o espírito Becket descansar para sempre. Becket exigira a canonização do arcebispo Anselmo, que desafiara o rei Rufus; defendera os sacerdotes, até mesmo os criminosos, de sofrer duas penas por um delito; apelara a Roma para manter os privilégios e jurisdições da Igreja e fora a favor do ascetismo cristão, pela Rocha. Ao morrer, Becket derrotara o monarca que esperara tornar o próprio poder absoluto. Não haveria um dentre os covardes que comiam seu pão, perguntou Henrique, que pudesse livrá-lo daquele padre nocivo? Pensando em agradar o rei, quatro cavaleiros rumaram para Canterbury; e ao derrubar Becket, fizeram mal a Henrique e (o que perdurou por mais tempo, e contra a intenção deles) reforçaram a Igreja.

Ao contrário dos historiadores na linha de Macaulay, Eliot não nutria o que Leslie Stephen chamara de "a insuperável desconfiança de sacerdotes" dos *Whigs*, nem aceitava que as razões de Estado devessem sempre prevalecer à voz da Igreja. "Há duas maneiras pelas quais este mundo é governado", declarara São Gelásio no final do século V: pela Igreja e pelo Estado. Um defensor dos direitos da Igreja não precisa ser um poço de orgulho e vaidade. Porque não podemos conhecer o coração, devemos julgar os homens pelas ações; e, assim, Eliot julgou Becket. O reconhecimento dos pecados nos transforma; a graça opera nos homens.

---

²⁸ A "História da Inglaterra para Crianças" de Dickens foi leitura obrigatória nas escolas inglesas até a Segunda Guerra Mundial. O retrato de Becket feito por Dickens é de um homem orgulhoso e ambicioso que "queria ser maior que os santos e melhor que São Pedro". Ver Charles Dickens, *A Child's History of England*, cap. XII, vol. 1, 1851, p. 142-43; 150. (N. T.)

²⁹ Referência ao catolicismo romano. (N. T.)

O Becket cuja suntuosidade fora a admiração de Londres, o Becket (de 1,92 metros de altura com armadura) que comandara a campanha de Tolouse em 1159 – este Becket dera lugar ao Becket do cilício, que lavava os pés dos pobres. Por que admitir que o primeiro Becket era o verdadeiro homem e o mártir, o falso? O arcebispo de Eliot era o herói purificado pela graça, não o impetuoso aventureiro da 11ª edição da Enciclopédia Britânica, o ultramontano, cujo nome os reformadores acertadamente expurgaram do calendário anglicano. "Está evidente que no decorrer da longa luta com o Estado tenha ficado cada vez mais exposto ao domínio das motivações pessoais", disse a enciclopédia a respeito de Becket. Mas será que a Enciclopédia Britânica pode conhecer o coração das pessoas? Lembremos do poema de Eliot "Animula":

> A pena de existir e a papoula dos sonhos
> Anelam a almazinha no sofá sob a janela,
> Por detrás da *Encyclopaedia Britannica*.[30]

A graça não opera por meio de uma enciclopédia benthamita; caso Eliot tivesse pensado que alguma enciclopédia pudesse aumentar a imaginação moral, teria sido por intermédio de uma enciclopédia como Coleridge projetara e nunca chegou a completar. Assim, o Becket de Eliot, talvez, seja um homem imprudente como a Enciclopédia Britânica o analisa, mas um homem redimido que sabe que o seu fim é o seu início.

Mais do que qualquer outra peça elucidativa, *Murder in the Cathedral* foi objeto de ensaios críticos, desproporcionais ao público que atraiu; de modo que uma nova análise de última hora não se faz necessária aqui. O que tentarei, daqui em diante, é uma análise de *Murder in the Cathedral* como expressão de dois aspectos da ordem – da

---

[30] No original: *The pain of living and the drug of dreams / Curl up the small soul in the window seat / Behind the* Encyclopaedia Britannica. T. S. Eliot, "Animula". *Ariel's Poems,* versos 23-25. (N. T.)

ordem pessoal e da ordem cívica. Em 1935, como em 1922, a ordem interior e a camada exterior estão inertes na terra desolada.

É o coro das pobres mulheres de Canterbury que recupera a ordem interior ao longo desse drama; pois Becket já estava salvo, e os quatro tentadores que o atacam estão condenados à derrota como Satanás tentou Jesus no deserto. Ao testemunhar o sofrimento do arcebispo e a transcendência daquela agonia em um momento do tempo, as mulheres aprendem novamente a louvar a Deus:

> Pois o sangue de teus mártires e santos
> Enriquecerá a terra, criará os lugares sagrados.[31]

Na sua "porfia contra as sombras",[32] Becket encontra a primeira tentação de prudência egoísta: "o tolerante é que abocanha os jantares melhores".[33] De volta aos prazeres deste mundo, às "libações"[34] como o Primeiro Tentador o aconselha, terá a amizade do rei recuperada. Becket não fez mais do que mudar dos pequenos para os grandes vícios. Mas o arcebispo sabe que nenhum homem cruza o mesmo rio duas vezes. De geração em geração, as mesmas coisas se repetem, numa crônica da tolice; posto que nenhum homem "faz girar a roda em que ele gira".[35] Essa tentação Becket repele muito facilmente,

---

[31] No original: *For the blood of Thy martyrs and saints / Shall enrich the earth, shall create the holy places.* T. S. Eliot, *Assassínio na Catedral*, parte II, p. 96-97. (N. T.).

[32] No original: *strife with shadows.* T. S. Eliot, *Assassínio na Catedral*, parte I, p. 26-27. (N. T.)

[33] No original: *The easy man lives to eat the best dinners.* Ibidem, p. 28-29. (N. T.)

[34] No original: *At kissing time below the stairs.* Ibidem, p. 30-31. O tradutor da peça, por questões de métrica e rima, optou por substituir o exemplo dos prazeres dado por Eliot, cuja tradução literal seria "dos beijos embaixo das escadas" pelo termo genérico "libações", opção que seguimos no texto de Kirk. (N. T.)

[35] No original: *He can turn the wheel on which he turns.* Ibidem, p. 28-29. (N. T.)

apesar do impossível ainda ser sedutor, o único mal feito por tais "vozes que vêm do sono"[36] é distrair a razão no tempo presente.

Ao oferecer o prêmio do poder secular, o Segundo Tentador é mais sutil. O poder pode promover o bem comum:

> Desarmar o rufião, fortalecer as leis,
> Governar para o bem das boas causas (...)[37]

O poder deve ser comprado, este tentador admite – ao preço de submissão aos príncipes deste mundo. E depois? "A política privada é de proveito público".[38] Mesmo assim, Becket também não aceitará isso:

> Aqueles que põem fé na lei do mundo
> Não controlada pela lei de Deus,
> Em sua altiva ignorância só provocam desordem,
> Tornando-a mais rápida, procriam doenças fatais,
> Degradam aquilo que exaltam.[39]

Apresentando-se como um cordial proprietário normando, "um inglês grosseiro e sem rodeios",[40] John Bull, o Terceiro Tentador, oferece uma aliança entre o arcebispo e os barões, tornando o trono angevino uma causa comum. Assim como Tomás ajudou Henrique, da mesma forma deveria romper com ele; na pior das hipóteses, poderia ser como Sansão em Gaza. Mas Becket não trairia o seu rei, não seria um "chacal entre os chacais".[41]

---

[36] No original: *voices under sleep*. Ibidem, p. 30-31. (N. T.)

[37] No original: *Disarm the ruffian, strengthen the laws. / Rule for the good of the better cause* (...). Ibidem, p. 32-33. (N. T.)

[38] No original: *Private policy is public profit*. Ibidem, p. 32-33. (N. T.)

[39] No original: *Those who put their faith in worldly order / Not controlled by the order of God, / In confident ignorance, but arrest disorder / Make it fast, breed fatal disease, / Degrade what they exalt*. Ibidem, p. 34-35. (N. T.)

[40] No original: *I am a rough straightforward Englishman*. Ibidem, p. 34-35. (N. T.)

[41] No original: *a wolf among wolves*. Ibidem, p. 38-39. (N. T.)

O Quarto Tentador (invisível na versão em filme) surpreende Becket, que não conhece sua face ou não o esperava: é um anjo mau – ou, talvez (como Eliot sugeriu a Martin Browne em 1956), um anjo bom disfarçado "que conduz Becket à súbita resolução e simplificação das dificuldades". Este visitante despreza as tentações anteriores: a lascívia é desprezível, o rei não irá perdoar e os barões não podem destronar Henrique. Que conselho? Ora, "Seguir em frente até o fim".[42]

Deixe Tomás desfrutar da supremacia duradoura: pense na glória após a morte; "os Santos e os Mártires nos governam do além".[43] Que importa um golpe de espada? Martirizado, Becket será venerado por gerações de peregrinos no santuário milagroso, enquanto os reis e outros inimigos sofrerão o tormento eterno. É verdade, a roda da existência gira sem cessar, de modo que nada dura para sempre; o futuro santuário será finalmente pilhado:

> Quando o milagre cessar, e o fiel retroceder,
> Os homens vão buscar apenas te esquecer.
> E mais tarde é pior, quando não te odiarem
> O bastante para a difamação, nem te execrarem,
> Mas de tuas lacunas, ponderando a sério,
> Apenas procurarem a razão notória.[44]

Que assim seja: existe uma coroa eterna, usada pelo santo na presença de Deus. Martirizado, Becket será elevado aos Céus, e verá muito abaixo o abismo dos perseguidores, "na ira abrasadora, sem

---

[42] No original: *Fare forward to the end*. Ibidem, p. 40-41. (N. T.)

[43] No original: *Saint and Martyr rule from the tomb*. Ibidem, p. 42-43. (N. T.)

[44] No original: *When miracles cease, and the faithful desert you. / And men shall only do their best to forget you. / And later is worse, when men will not hate you / Enough to defame or to execrate you, / But pondering the qualities that you lacked / Will only try to find the historical fact*. Ibidem, p. 42-43; 44-45. (N. T.)

ter expiação possível".⁴⁵ Escolha a grandeza eterna! Mas certamente Becket reconhece este preço, para o pecado condenatório do orgulho, seu vício, mais uma vez o domina.

> Não poderei agir nem padecer
> Sem ter a perdição?⁴⁶

O Quarto Tentador responde em frases místicas: a roda gira, mas mesmo assim permanece parada para sempre; ação é sofrimento e sofrimento, ação; devemos nos submeter à vontade divina. Esses conselhos finais não são diabólicos.

Ainda que os tentadores tenham buscado persuadir Becket o mais que podiam, ele permanece imóvel. Reduz a vaidade – mesmo a vaidade de agir. Todos os quatro tentadores se unem para escarnecê--lo, agora empregando o terror em lugar de promessas – o terror da irrealidade e da insubstancialidade, da vaidade dos desejos humanos, de um eu à deriva em um pesadelo:

> Este homem é obstinado, cego, decidido
> A destruir-se,
> Passa de decepção a decepção.
> De grandeza a grandeza até a ilusão final,
> Perdido na contemplação de sua própria grandeza,
> Inimigo da sociedade, inimigo de si mesmo.⁴⁷

Os sacerdotes imploram ao arcebispo, com expressões ambíguas, para esperar por um momento mais propício; o coro suplica que se salve para que possam ser salvos. Ainda assim Tomás é resoluto:

---

⁴⁵ No original: *parched passion, beyond expiation*. Ibidem, p. 44-45. (N. T.)

⁴⁶ No original: *Can I neither act nor suffer / Without perdition?* Ibidem, p. 44-45. (N. T.)

⁴⁷ No original: *This man is obstinate, blind, intent / On self-destruction, / Passing from deception to deception, / From grandeur to grandeur to final illusion, / Lost in the wonder of his own greatness, / The enemy of society, enemy of himself*. Ibidem, p. 46-47. (N. T.)

Sua última forma é a traição em redobrado:
Praticar o que é certo por motivo errado.[48]

Como um relutante servo de Deus ("Não fostes vos que me escolhestes, mas fui eu que vos escolhi")[49] incorreu em mais ocasiões de pecado e arrependimento do que quando era o bom servo do rei. Por uma causa maior, sendo tão fraco quanto os demais homens, o servo de Deus poderia tornar aquela causa em algo meramente político. Mas já foi o tempo: agora Becket se submeteria passivamente à vontade de Deus. Restaurou a ordem na alma.

Segue então o sermão de Natal do arcebispo – em prosa simples e comovente no estilo do século XX, diz Tomás:

> O martírio de um cristão nunca é acidental, pois os santos não são feitos por acaso. Será menos ainda a realização do desejo de alguém em se tornar um Santo, assim como pela luta e a força de vontade um homem pode se tornar governante de homens. O martírio é sempre o desígnio de Deus, por Seu amor aos homens, para exortá-los e conduzi-los, para trazê-los de volta aos Seus caminhos.[50]

Os cavaleiros, nesse momento chegam para assassinar Becket; são os tentadores transmutados em forças de violência. O arcebispo recusa a absolver os bispos – servis a Henrique – que havia suspenso; não retornará à França; afirma a autoridade da Rocha. O coro fareja o bestial sob a pele dos homens: quando a autoridade moral é rejeitada, emerge "o horror do símio".[51] Mas as mulheres esquecerão os terrores do momento iminente; o arcebispo lhes diz, compassivamente, que a memória é frágil; Eliot diz aqui o que escrevera

---

[48] No original: *The last temptation is the greatest treason: / To do the right deed for the wrong reason*. Ibidem, p. 50-51, (N. T.)

[49] João 15,16.

[50] T. S. Eliot, *Assassínio na Catedral*, Interlúdio, p. 56-57.

[51] No original: *the horror of the ape*. T. S. Eliot, *Assassínio na Catedral*, parte II, p. 74-75. (N. T.).

antes e escreveria outras vezes: "a espécie humana não suporta muito a realidade".[52]

Contra "bestas com almas de danados",[53] o arcebispo não barraria as portas de Canterbury: A Igreja não é uma fortaleza de carvalho e pedra. Conquistaremos pelo sofrimento; e Tomás entregará o próprio sangue pelo sangue de Cristo. Os cavaleiros o matam.

"Hitler estivera tempo o bastante no poder para que os quatro cavaleiros assassinos de Becket, com certeza, fossem reconhecidos como personagens do momento, quatro perfeitos nazistas defendendo a ação com os fundamentos totalitários mais ortodoxos", escreve Ashley Dukes.[54] Mas esses cavaleiros também são os ingleses modernos, falando com as entonações dos membros da Câmara dos Comuns ou de um dos artigos principais do *Times*; deixam claro que o passado e o presente são uma única coisa. Os discursos para a plateia são murmurações na terra desolada. Diz Sir Hugo de Morville a respeito de Becket: "nunca encontrei um homem tão bem qualificado para o mais alto cargo do Serviço Público";[55] diz ainda que se Becket tivesse acordado com os desejos do Rei, a administração espiritual e temporal teria se unido sob um governo central de maneira perfeita.

A sociedade atual chegou "a uma justa subordinação das pretensões da Igreja ao bem-estar do Estado".[56] Os assassinos de Becket agora merecem o aplauso de uma plateia moderna – caso aprovemos essa condição para a comunidade. O Quarto Cavaleiro (que esteve silente durante a maior parte da ação, pode ser um poder diabólico agindo no intelecto, em vez de uma criatura de carne) oferece uma

---

[52] No original: *Human kind cannot bear very much reality*. Ibidem, p. 74-75. (N. T.)

[53] No original: *beasts with the souls of damned men*. Ibidem, p. 80 81. (N. T.)

[54] Ashley Dukes, "T. S. Eliot in the Theatre", op. cit., p. 114.

[55] T. S. Eliot, *Assassínio na Catedral*, parte II, p. 90-91.

[56] Ibidem, loc. cit.

análise psiquiátrica de Becket, cuja morte realmente equivale a um suicídio por alienação mental: um "veredicto caridoso".[57] Com os apelos ao costume inglês de ouvir as duas partes, com expressões do senso comum e com o "veredicto caridoso" baseado em uma suposta alienação mental, a ironia dos cavaleiros de Eliot é nitidamente mais liberal que nacional-socialista.

Pelo martírio de Becket, o coro – de homens e mulheres comuns – despertaram para a consciência do pecado; e por tal consciência, se seguiria a redenção. Sobre suas cabeças pendem os pecados do mundo, pois são aqueles que:

> temem a bênção de Deus, a solidão da noite de Deus, a
> renúncia exigida, a privação imposta;
>
> Que temem a injustiça dos homens menos que a justiça de Deus (...).[58]

Neste temor está o começo da sabedoria.

Nos dias que se aproximavam da moderna terra desolada, seriam encontrados mártires – dentre eles bispos. O Estado totalitário exigiria obediência até a "morte final, total, definitiva do espírito",[59] e enquanto a maioria dos homens e das mulheres consentissem com a última humilhação, alguns se proporiam a acreditar no testemunho de sangue. Pelo martírio, mesmo na hora dos mensageiros da morte, com "pescoços cinzentos retorcendo-se, rabos de rato se enroscando",[60] o tempo poderia ser redimido.

Cultivar somente o espírito seria abandonar as Mulheres de Canterbury à violência, cultivar somente o secular seria reduzir a humanidade ao horror do símio. Na cidade terrena, Coriolano representaria

---

[57] Ibidem, p. 92-93.

[58] No original: *Who fear the blessing of God, the loneliness of the night of God, the surrender required, the deprivation inflicted; / Who fear the injustice of men less than the justice of God (...).* Ibidem, p. 98-99. (N. T.)

[59] No original: *the final utter uttermost death of spirit.* Ibidem, p. 76-77. (N. T.)

[60] No original: *grey necks twisting, rat tails twining.* Ibidem, p. 72-73. (N. T.)

sempre um poder; mas sempre Becket representaria o outro e nessa tensão a justiça é possível.

A PERDA DE UM CRITÉRIO

Sobre a *Criterion*, durante os últimos três anos de existência, pairou uma nuvem de cansaço. Não havia dúvidas, agora, de quem estava no comando e dirigia a humanidade: Waldo, o guardião, tinha razão. E "os piores estavam cheios de uma energia apaixonada"[61] – um verso de Yeats, que morreu no ano em que a *Criterion* terminou. Enquanto os poderes totalitários desfilavam para o Armagedon, faltava às democracias total convicção. Nada que pudesse alterar os acontecimentos poderia ser dito em uma revista trimestral como a de Eliot.

De 1935 a 1939, aqueles acontecimentos demoliram o que restava do concerto das nações. O pacto Hoare-Laval para a divisão da Abissínia; a conquista italiana do reino bárbaro, desafiando a Liga; a inconteste reocupação e fortificação de Hitler na Renânia; a erupção da guerra civil na Espanha; a ocupação nazista da Áustria, as desastrosas missões de Neville Chamberlain com Hitler em Berchtesgaden e Godesberg; o terrível engano em Munique; o abandono da Tchecoslováquia à mercê de Hitler – esses desastres, sabia Eliot, sufocaram quaisquer esperanças que nutrira quando começou a publicar a revista.

E Eliot também compreendeu que essa decadência da Europa podia ser detida pelos homens de letras – não pelos "intelectuais", eles mesmos servis à ideologia (Eliot teria concordado com Bertrand Russell na posterior definição aristocrático-liberal de um "intelectual": uma pessoa que pensa que sabe mais do que sabe). Nem mesmo o

---

[61] No original: (...) *while the worst / Are full of passionate intensity*. Versos do poema *Second Coming* de Yeats, que parafraseia uma passagem de *Prometheus Unbound* de Shelley. (N. T.)

humanista erudito pode ficar muito tempo no perigoso cerco do estadista. Tudo o que Eliot e seus amigos podiam fazer era ocupar um reduto intelectual entre as fortalezas da ideologia, e dizer o que pudessem pela causa da ordem internacional. No "Comentário" de julho de 1936, Eliot objetou às observações do bispo de Duhram a respeito de "guerra justa", a justiça militante quase não estava em perspectiva. Escreveu o editor da *Criterion*:

> Não posso concordar com aqueles que sustentam que nenhuma guerra possa ser justa: pois uma guerra justa parece-me perfeitamente concebível. Mas, na prática, caso recusemos levar em conta as causas e levemos em conta somente a guerra no momento em que irrompe, é provável haver boa parte de justiça em ambos os lados: e se realmente considerarmos as causas, provavelmente encontraremos uma boa dose de injustiça em ambos os lados. Aquele que acredita na guerra justa está a ponto de interferir, no momento em que a guerra é tida como inevitável, para que a guerra seja necessariamente justa; por outro lado, a pessoa que vê claramente a injustiça por trás da guerra pode recair igualmente em erro ao presumir que porque a guerra é injusta, está justificada sua recusa em tomar parte nela. E é quase impossível dizer qualquer coisa sobre o assunto sem ser mal compreendido por uma ou por ambas as facções de *simplificadores* (...) Se pensarmos e nos esforçarmos bastante para a instituição da justiça em condições de "paz", poderemos não ter de exercitar nossas consciências de modo tão violento em antecipação à guerra.[62]

Os revolucionários da época, entusiasmados pelo Estado totalitário estavam provocando guerra e injustiça e destruindo a liberdade, continuou Eliot; os reacionários (reagindo à tendência de rumar ao Estado totalitário) estavam agarrados ao conceito de ordem que tornava a paz possível. "Os únicos reacionários, hoje, são aqueles que objetam à ditadura das finanças e à ditadura da burocracia qualquer que seja o nome político que os reúna; e aqueles que têm alguma lei

---

[62] T. S. Eliot, "A Commentary". *The Criterion*, vol. XV, n. 61, jul. 1936, p. 664.

ou ideal não totalmente deste mundo."⁶³ Entretanto, havia revoluções de direita, bem como de esquerda; e a revolução de direita daquele tipo, já triunfante na Alemanha e na Itália, era "um sintoma da desolação do secularismo, daquela perda de vitalidade por falta de reabastecimento das fontes espirituais, que temos testemunhado alhures, e que vem a se tornar propensa à aplicação de estimulantes artificiais de nacionalismo e classe".⁶⁴

Também foi possível, Eliot percebeu, se tornar um ideólogo da "paz" nada prático – ao assumir a postura de pacifismo que, na verdade, encorajaria os agressores. No outono de 1936 – quando Hitler começava o "Plano dos Quatro Anos", os alemães preferiram as armas à manteiga e começaram a preparar a economia do país para a guerra – a Inglaterra estava agitada com pedidos de paz: a paz por intermédio de uma Liga das Nações militante, a paz pelo desarmamento, talvez, paz a qualquer preço. Eliot recusou a subscrever as petições da *International Peace Campaign* [Campanha pela Paz Internacional]⁶⁵ ou coisas semelhantes criadas por "artistas e escritores", "cientistas e outros intelectuais". Somente os pacifistas cristãos, escreveu, defendiam uma posição logicamente consistente, e eram uns poucos. Ninguém na Grã-Bretanha, e poucos em outros locais, defendiam (naquele momento) a guerra com base em princípios, ou professavam hostilidade pela civilização – ainda que tais atitudes pudessem aparecer depois, possivelmente entre os mesmos que nesse momento faziam circular petições de "paz". A verdadeira linha demarcatória não era entre defensores da paz e defensores da guerra:

---

⁶³ Ibidem, p. 667.

⁶⁴ Ibidem, p. 668.

⁶⁵ Campanha criada em 1936 por membros da alta sociedade londrina com o objetivo de coordenar as organizações pacifistas existentes, apoiar a Liga das Nações na política de respeito ao Tratado de Versalhes, incentivar a redução das armas e a solução pacífica dos conflitos. Após a eclosão da guerra, a campanha perdeu o objetivo e foi encerrada em 1941. (N. T.)

A verdadeira questão era entre os secularistas – quaisquer que fossem as filosofias morais ou políticas que apoiassem – e os antissecularistas; entre aqueles que acreditavam somente em valores realizáveis no tempo e sobre a Terra, e aqueles que acreditavam em valores que aconteciam fora do tempo. Aqui, mais uma vez, as fronteiras são imprecisas, mas por um motivo diferente: apenas por causa do raciocínio vago e da tendência humana em pensar que acreditamos em uma filosofia, enquanto realmente vivemos conforme outra.[66]

Enquanto Eliot escrevia essas frases, socialistas e liberais exigiam algum tipo de ação contra os nazistas e fascistas – e ainda fazendo oposição, simultaneamente, a qualquer armamento efetivo da Grã-Bretanha, que perdera, há pouco tempo, a paridade aérea com a Alemanha. Stanley Baldwin e Neville Chamberlain continuavam a depositar confiança na Liga das Nações, em parte porque sabiam que a Grã-Bretanha não estava preparada para lutar; mas exatamente quem iria lutar nas batalhas da Liga militante, caso a Grã-Bretanha não pudesse, não havia sugestões. A guerra, de fato, já havia começado – na Espanha, Roy Campbell fora capturado em Toledo pelos terroristas comunistas, para escapar durante o cerco de Alcázar. O melhor romance de Wyndham Lewis, *The Revenge for Love* [Vingança por Amor], publicado em 1937, faz uma descrição que escarnece duramente do clima de opinião entre os intelectuais de Londres naquele momento.[67] Eliot nutria uma débil esperança de que as grandes potências ainda pudessem ser dissuadidas de ingressar em um

---

[66] T. S. Eliot, "A Commentary". *The Criterion*, vol. XVI, n. 62, out. 1936, p. 68.

[67] "Mostra como a política contemporânea assim como a arte contemporânea mais em voga têm sido discretamente comandada por uma quadrilha de gângsteres extremamente desagradável e inescrupulosa", escreveria Hugh Gordon Porteus sobre *The Revenge for Love*, na *Criterion* de outubro de 1937. "Estas ficções, por certo, representam realidades: revelam os bastidores do cenário contemporâneo em toda a sua inferioridade." [Ver "Books of the Quarter", *The Criterion*, vol. XVII, n. 66, out. 1937, p. 133-35. (N. T.)]

conflito generalizado em que as paixões ideológicas, o nacionalismo e o interesse econômico estariam reunidos; e nos "Comentários" podia se observar uma preocupação urgente com a neutralidade da Grã-Bretanha. Embora quase todos falassem de paz, poucos intelectuais realmente partilhavam a preocupação com a neutralidade.

A preocupação deles, como classe, ao longo daqueles anos, era por poder. Ninguém percebia esse apetite dos intelectuais melhor que Wyndham Lewis (que se recuperara de repente, em 1932, como convinha a um iconoclasta, da passageira paixão por Hitler em 1931). *The Revenge for Love* (escrito em 1935, mas publicado, após muitas dificuldades, dois anos depois) tinha como pano de fundo a Espanha às vésperas da eclosão da Guerra Civil, mas grande parte das cenas se passam nos círculos literários radicais de Londres, apresentados por Lewis como uma combinação repelente de esnobismo invertido, fome de poder, humanismo confuso, interesses privados e malícia conspiradora – um romance perspicaz como o *Under Western Eyes* [Sob os Olhos do Ocidente][68] de Joseph Conrad. As únicas pessoas decentes no livro de Lewis são os simplórios, Victor e Margot Stamp, um pintor pobre de poucos talentos e sua sonhadora mulher, que são usados como isca pelos comunistas de Londres e atravessam um despenhadeiro nos Pirineus. Margot, que lê Ruskin, enxerga a trama em que estão metidos – embora isso não a salve; sente a desumanidade daqueles reformadores, suficientemente representados por Gillian Phipps, uma jovem com ares de moça de colégio interno, que gosta de ser beijada por homens de classe inferior:

> Margot entendeu que não havia ponte que pudesse cruzar para conversar como uma igual com essa "Lady" comunista – vivendo num porão infestado de ratos por modismo (assim lhe pareceu a vistosa imagem aristocrata dolorosamente construída). Nem ela queria falar muito porque – por Victor – temia e detestava toda essa política falsa,

---

[68] No Brasil, encontramos a seguinte edição: Joseph Conrad, *Sob os Olhos do Ocidente*. São Paulo, Brasiliense, 1984. (N. T.)

de perspicazes pobres-coitados (como os considerava), política que se utilizava tão prodigamente dos pobres e dos desafortunados, do "proletariado" – como chamavam sua classe – para fazer propaganda da injustiça em benefício de um partido predatório de falsos oprimidos sedentos por poder, cuja doutrina eram as das Vésperas Sicilianas[69] universais, e que ainda tratavam os verdadeiros pobres, quando os encontravam, com desprezo arrogante, e até mesmo, escárnio.[70]

Tais ouvidos, no final dos anos 1930, estavam surdos ao verdadeiro apelo à paz de Eliot. No entanto, o círculo mais íntimo do grupo da *Criterion* (Montgomery Belgion escrevendo regularmente de Paris, por exemplo), e dentre eles alguns recentemente recrutados para o cargo, recusaram a se submeter a uma ideologia gigantesca. Na *Criterion* de janeiro de 1937, o ensaio de William G. Peck sobre "Divina Democracia" assemelhava-se às convicções de Eliot. "O fracasso daquilo que foi tomado como democracia no mundo moderno", escreveu Peck, "a ascensão do Estado totalitário, seja comunista ou fascista, não deve confundir o pensamento cristão. A conclusão não é que a democracia seja imprópria ao cristianismo, mas que a única verdade, certamente a única verdade possível, é que a democracia deve ser cristã".[71] No mesmo número, o próprio Eliot recusou-se a aceitar tanto o argumento do *New Statesman*, de que o governo "legalista" "representava um liberalismo esclarecido e progressista", ou a declaração do *Tablet* de que os nacionalistas espanhóis pegaram em armas somente para defender o cristianismo e a civilização.

"O fanatismo político ao libertar sentimentos generosos irá também libertar sentimentos maus", observou Eliot:

---

[69] Nome da revolta ocorrida na Itália, em 1282, contra o reinado de Carlos I de Anjou, que havia tomado o reino da Sicília, em 1266, com a ajuda do papa Clemente IV. (N. T.)

[70] Wyndham Lewis, *The Revenge for Love*. Chicago, Henry Regnery Co., 1952, p. 146.

[71] William G. Peck, "Divine Democracy". *The Criterion*, vol. XVI, n. 63, jan. 1937, p. 266.

> Qualquer que seja o lado vencedor não será o melhor por ter tido de lutar pela vitória. A vitória da direita será a vitória da direita secular, não da direita espiritual, que é algo muito diferente; a vitória da esquerda será a vitória do pior, em vez da vitória do melhor aspecto; e se acabar em algo chamado comunismo, será a caricatura dos ideais humanitários que têm levado tantas pessoas nessa direção. E aqueles que trazem no coração os interesses do cristianismo – o que não é bem a mesma coisa que ter um respeito nominal pela hierarquia eclesiástica e a liberdade definida pelos interesses do Estado secular –, a longo prazo têm uma razão especial para suspender o juízo.[72]

No próximo número de sua revista, Eliot decidiu repreender C. Day Lewis, como representante da mentalidade da Frente Popular, então dominante entre os intelectuais. Para Lewis, a Rússia soviética não fazia nada errado; para conseguir a paz, deveria ajudar os comunistas em todos os lugares. "É o oposto do patriota chauvinista; pois embora *queira* lutar, não está certo se também quer navios, homens e dinheiro", escreveu Eliot a respeito de Day Lewis. Chegaria o momento, sugeriu Eliot, em que a Rússia aspiraria a um imperialismo mais grandioso do que as "potências imperialistas" jamais sonharam:

> O grande perigo no momento me parece ser a ilusão da "Frente Popular", que é demasiado sedutora para a *intelligentsia* de todos os países. Nossos liberais praticantes ficaram tão hipnotizados com o espectro do fascismo que pareciam ser iniciados tibetanos, no justo caminho para lhe dar forma e atividade. Aqueles "realistas" professos, que há muito se renderam aos princípios, bem como se uniram à Frente Popular, que não tem sentido a menos que seja uma frente de extrema esquerda, só terão de agradecer a si mesmos, caso descubram que conjuraram um gênio que não voltará para a lâmpada, e que será uma Frente Impopular.[73]

---

[72] T. S. Eliot, "A Commentary". *The Criterion*, vol. XVI, n. 63, jan. 1937, p. 290.

[73] Ibidem, n. 64, abr. 1937, p. 474.

De fato, a Frente Impopular – o pacto entre Hitler e Mussolini – distava somente alguns meses. A Grã-Bretanha deveria fazer o que estivesse ao alcance para pôr água na fervura, Eliot continuava a insistir. No "Comentário" de julho de 1937, escreveu (em apoio a Edmund Blunden) que a recusa da Universidade de Oxford a enviar representantes para as comemorações do bicentenário da Universidade de Göttingen poderia ser interpretada como uma desaprovação formal do governo da Alemanha – para a exacerbação dos ânimos diplomáticos. Herbert Read respondeu, no número seguinte da *Criterion*, que a rejeição do convite de Göttingen foi um protesto diante da perda da liberdade acadêmica das universidades alemãs; mas Eliot não estava novamente confiante. A neutralidade realmente "correta" era a sua, de outro modo não seria neutralidade.[74]

No entanto, como ficou claro que Hitler se encaminhava para conquistar a Europa central, independentemente da opinião ou da ação britânica, Eliot abandonou a defesa da neutralidade da Grã-Bretanha; de fato, deixou de comentar quase totalmente os assuntos internacionais. A anexação da Áustria por Hitler e, depois, a pusilanimidade do governo de Chamberlain em Munique, fez com que Eliot não nutrisse mais esperanças de evitar a guerra. Duas décadas depois, disse a William Turner Levy da admiração que tinha por Anthony Eden quando este, secretário de Relações Exteriores, pediu demissão do governo às vésperas da queda da Àustria, em fevereiro de 1938.

"Senti culpa e vergonha profundas por meu país e por mim como parte da nação", disse Eliot a respeito da deserção britânica da Áustria e Tchecoslováquia.

> toda a vida nacional parecia fraudulenta. Se nossa cultura levou a um ato de traição daquele tipo, então tal cultura não valia nada, era indigna porque estava falida. Não tinha moralidade porque, afinal, não

---

[74] Ver T. S. Eliot, "A Commentary". *The Criterion*, vol. XVI, n. 65, jul. 1937, p. 669-70; Herbert Read and Eliot, "Correspondence". *The Criterion*, vol. XVII, n. 66, out. 1937, p. 123-24.

acreditava em mais nada. Preocupávamo-nos com segurança, com nossas possessões, com dinheiro, não com o certo e o errado. Esquecêramo-nos do conselho de Goethe: "os perigos da vida são infinitos e a segurança é um deles".[75]

Assim são os comentários editoriais dos últimos dois volumes da *Criterion*, sem qualquer referência à diplomacia e à guerra – exceto pelo comentário de outubro de 1938. Em uma Espanha devastada, os nacionalistas, naquele momento, estavam prestes a lançar uma contraofensiva ao longo do rio Ebro; estava claro que o general Franco se aproximava da vitória. Mas Eliot não estava muito animado pelo triunfo de um grupo de ideólogos sobre outro. Posicionou-se ao lado de Jacques Maritain, então recém-denunciado por Serrano Suñer, o ministro do interior nacionalista. Eliot não podia aceitar a propaganda da esquerda, que retratava comunistas e anarquistas como defensores da liberdade; não podia aceitar a propaganda da direita, que representava a campanha militar das forças franquistas como uma "guerra santa". Os herdeiros do liberalismo, escreveu Eliot, encontraram:

> uma saída emocional na denúncia da iniquidade de algo chamado "fascismo". Se o intelectual é uma pessoa de raciocínio filosófico, filosoficamente treinado, que pensa por si, então há muito poucos intelectuais por aí, e, certamente, a posição de *Monsieur* Maritain é uma posição tão "intelectual" (bem como cristã) como a que qualquer um poderia adotar.
>
> O "antifascista" irresponsável, o cidadão de encontros de massa e manifestos, é, de vários modos, um perigo. Suas atividades, quando exploradas pela imprensa estrangeira, são capazes de alimentar, no exterior, as mesmas ideias que tão veementemente repudia; confunde os assuntos da política real com um fanatismo religioso deslocado, e tira a atenção dos verdadeiros males da própria sociedade.[76]

---

[75] Ver William Turner Levy e Victor Scherle, *Affectionately, T. S. Eliot*, 1968, p. 79.
[76] T. S. Eliot, "A Commentary". *The Criterion*, vol. XVIII, n. 70, out. 1938, p. 59.

As verdadeiras dificuldades da Inglaterra, escreveu Eliot, não deveriam ser remediadas com jargões ideológicos. "A urbanização da mentalidade" está na base de muitos dos males – na agricultura, nas finanças, na educação, em todos os olhares sobre a vida.

> Não vemos esperança nem no partido Trabalhista ou, no igualmente sem imaginação, setor dominante do partido Conservador. Parece não haver qualquer esperança na política contemporânea. Entrementes, os supostos progressistas e esclarecidos "intelectuais" vociferam, até ficarem roucos, denúncias de sistemas de vida estrangeiros que não se dão ao trabalho de compreender; nunca levando em conta que anterior à crítica de qualquer coisa deve estar a tentativa de compreender como aquilo sucedeu, e tal crítica requer o discernimento do bem que podemos lucrar, assim como uma limitação para condenar o mal que desejamos evitar. Outra característica desse tipo de mentalidade é ser doutrinária sem ser verdadeiramente filosófica, é presumir que todos os problemas podem ser resolvidos: o que leva a ignorar aqueles que, dada a envergadura, parecem apresentar dificuldades insuperáveis.[77]

Enquanto esse número da *Criterion* ia para a impressão, Neville Chamberlain dera à Hitler o que este desejava, em Munique, no dia 30 de setembro; e a Tchecoslováquia rendeu-se naquele dia. Eliot já não tinha mais esperanças na diplomacia de Chamberlain, e de paz na Europa, há oito meses. O *Anschluss* foi o golpe mortal na *Criterion*, e a cova da revista foi cavada – assim como muitas outras – em Munique. Nos números finais da revista, o que poderia ser dito sobre civismo? Ora, fragmentos podiam ser escorados nas ruínas; e a Grã-Bretanha, como o Rei Pescador de *The Waste Land*, poderia pôr suas terras em ordem.

Desse modo, os comentários da *Criterion* nos últimos seis números lidam com a decadência da cultura e o declínio da comunidade na Grã-Bretanha. Os dois maiores problemas da Grã-Bretanha, afora religião, eram educação e terras, escreveu Eliot, e nenhum dos

---

[77] Ibidem, p. 60.

dois estava sendo estudado com inteligência. Os ideólogos ignoravam tais aflições, ou melhor, pregavam-nas com jargões; os poderosos não faziam nada efetivo para minorá-las. A educação era vista como uma questão quantitativa e utilitária, "a antiga panaceia liberal de mais educação para todos"; tentavam criar uma cultura de massa dirigida pelo governo – mas isso iria falhar. O planejamento centralizado não constrói um público para poesia, ou torna mais felizes aqueles sobre os quais é lançada a poesia aprovada pelo governo. Planos, como o de um Teatro Nacional, sufocariam a liberdade artística: "parece-me possível, uma vez que o governo faça parte ativa e abertamente cultive as artes, que tal confusão garanta, no devido tempo, espaço para surgir um 'ditador das artes' (Será, nessa ocasião, o sr. Hore-Belisha[78] ou o sr. Duff Cooper[79]?) e colocar as coisas em ordem".[80]

Com assustadora velocidade, os campos estavam se despovoando e os antigos líderes sendo arruinados pelos impostos ou pelas falsas atrações de Londres. (Aqui Eliot lembra um tanto George Gissing em *The Private Papers of Henry Ryecroft* [Os Escritos Privados de Henry Ryecroft]). "Acredito que a vida real e espontânea no campo – não a vida rural *legislada* – é a vida correta para a grande maioria em qualquer nação."[81] A Grã-Bretanha deveria ficar com cidades inchadas, subúrbios cada vez maiores e poucas áreas preservadas de "beleza natural".

---

[78] Hore-Belisha foi nomeado Secretário de Estado para a Guerra em 1937 pelo primeiro-ministro Chamberlain. Sucedeu o popular Duff Cooper, no entanto, sua indicação foi controversa, entre outras coisas, pelo fato de ser judeu praticante. (N. T.)

[79] Duff Cooper foi um dos maiores críticos da política de conciliação do governo de Chamberlain e pediu demissão do cargo de Secretário de Estado para a Guerra quando foi assinado o acordo de Munique com Hitler. (N. T.)

[80] T. S. Eliot, "A Commentary". *The Criterion*, vol. XVII, n. 68, abr. 1938, p. 479.

[81] Ibidem, p. 483.

O grupo de intelectuais, fascinado pelas declarações grandiosas e projetos universais, negligenciaram esses pormenores vitais. Eliot discutia os perigos da dominação ideológica nas artes e nas letras em uma crítica da Exposição da *"Unity of Artists for Peace, Democracy and Cultural Development"*.[82] Talentos artísticos não conferiam autoridade em problemas sociais. "Temo que o grupo de 'artistas' que se engajam em declarações políticas possam obter o exato oposto do que pretendem, ao invés de influenciar os rumos políticos possam simplesmente estar se excluindo do mundo dos acontecimentos."[83]

Nessa Grã-Bretanha, a imaginação ressecava e aquelas publicações que ajudavam a formar uma opinião pública inteligente estavam murchando; os custos cada vez mais altos de publicação, incluindo o preço do papel, criavam dificuldades. Os jornais eram os que mais faziam mal: "ajudam, certamente, a afirmá-los [o grande público] como uma massa complacente, preconceituosa e não pensante, sugestionável por manchetes e fotografias, pronta para ser inflamada com entusiasmo ou acalmada até a passividade, talvez enganada com mais facilidade do que qualquer outra geração que já viveu na face da Terra".[84]

A Grã-Bretanha e todos os países precisavam de um considerável número de pequenos periódicos independentes, não visando ao lucro, com dois a cinco mil compradores: um meio de comunicação entre as pessoas bem formadas. Mas os dias de tais publicações estavam contados.

> A opinião independente encontra obstáculos cada vez maiores para se expressar. Aceitamos que temos "liberdade" de imprensa na medida em que temos violentas diferenças de opinião sendo impressas; caso

---

[82] Série de grandes exposições públicas sobre temas sociais e políticos organizadas pela *Artists International Association*, grupo com ideias de centro--esquerda, fundado em 1933. (N. T.)

[83] Ver T. S. Eliot, "A Commentary". *The Criterion*, vol. XVII, n. 66, out. 1937, p. 81-86.

[84] Ibidem, n. 69, jul. 1938, p. 688.

qualquer tola posição oficial ou qualquer assunto possa ser atacado por uma oposição com uma política ainda mais tola. Essa é a liberdade de duas turbas. Um grau mais elevado de liberdade se dá quando indivíduos atentos e independentes têm oportunidade de se dirigirem uns aos outros. Caso não tenham veículos para expressarem opinião, então, para eles, a liberdade de imprensa não existe.[85]

Em janeiro de 1939, a melhor dessas publicações chegou ao fim – na época em que Chamberlain e Halifax estavam visitando Mussolini. Esse Coriolano, como ficamos sabendo pelo diário do conde Ciano,[86] olhara com desprezo os estadistas britânicos. "Esses homens", disse Mussolini, "não são feitos do mesmo estofo que Francis Drake e outros magníficos aventureiros que criaram o Império. São, no fim das contas, os filhos cansados de uma longa linhagem de homens ricos".

Nos dois anos anteriores, Eliot pensara em por fim ao trabalho editorial. Como a guerra era praticamente certa, fez planos para suspender as publicações; muito embora ainda tenha sido possível publicar a *Criterion* até o início de 1939, estava muito desmotivado para continuar. "Um editor obsoleto não pode fazer justiça a seus colaboradores."

Aquela renovação da unidade da cultura europeia, principal fim da *Criterion* durante a primeira metade de sua existência, agora parecia a Eliot uma tarefa sem esperança.

> Aos poucos as comunicações se tornaram mais difíceis, as contribuições mais incertas, e novos e importantes colaboradores estrangeiros mais difíceis de encontrar. A "mentalidade europeia" que, erroneamente, alguém poderia crer ser renovada e fortalecida, sumiu do alcance: poucos foram os escritores, em qualquer lugar, que pareceram ter algo a dizer para o público intelectual de outro país. As divisões da teoria política se tornaram mais importantes; mentes estrangeiras

---

[85] Ibidem, p. 691-92.
[86] Gian Galeazzo Ciano, conde de Cortellazzo e Buccari, era genro e foi ministro de Assuntos Exteriores de Mussolini entre os anos de 1936-1943. Seu diário, narrando os acontecimentos de 1939 a 1943, foi publicado, em português, pela Cia. Editora Nacional, em 1946. (N. T.)

têm olhares estrangeiros e a Grã-Bretanha e a França pareciam não estar progredindo em nada.[87]

Nessa nova era, continuava Eliot, sua atenção se voltara mais para a teoria política. "Para mim, uma filosofia política justa vem a indicar, cada vez mais, uma teologia adequada – e uma economia sadia é influenciada por uma ética correta: o que me levava a enfatizar algo que ultrapassava um pouco do objeto original de uma revista literária."[88] Viera a pensar se a revista poderia ter sido melhor desde o início, caso tivesse prestado menos atenção nos critérios literários e, ao invés, "tivesse tentado reunir forças intelectuais para afirmar aqueles princípios da vida e da política cuja falta está nos fazendo sofrer consequências desastrosas".[89]

À autoridade de revistas pequenas e obscuras, talvez por um longo tempo, deve ser confiada a continuidade da cultura, com dolorosas desvantagens. Seria bom que pudessem ser vendidas por um preço baixo: "suspeito que o preço que a *Criterion* teve de ser publicada seja proibitivo para a maioria dos leitores que estão qualificados para apreciar o que há de bom, e para criticar o que é imperfeito"[90] (embora Eliot não soubesse, George Orwell, em 1935, escrevera para um amigo que não podia se dar ao luxo de comprar a *Criterion*, que custava sete xelins e seis pences). Por mais que pudesse ser assim, a revista de Eliot não apareceria mais. "No presente estado das questões públicas – que me induziu a um abatimento do ânimo muito diferente de qualquer outra experiência que tive até os cinquenta anos, tal como para se manifestar como uma nova emoção – não tenho mais o entusiasmo necessário para fazer de uma revista literária aquilo que deve ser."[91]

---

[87] T. S. Eliot, "Last Words". *The Criterion*, vol. XVIII, n. 71, jan. 1939, p. 271-72.
[88] Ibidem, p. 272.
[89] Ibidem, p. 273.
[90] Ibidem, p. 274.
[91] Ibidem, loc. cit.

Nos anos após a Segunda Guerra Mundial, embora muitas revistas bem estabelecidas tenham encerrado as atividades, surgiriam alguns periódicos decididos a manter a continuidade da cultura – dentre eles, o mais próximo da *Criterion* de Eliot em qualidade e tendência seria o *The Cambridge Journal*, editado por Michael Oakeshott, mas que não estava destinado a durar tanto quanto a *Criterion*. Apesar do rápido aumento populacional, o número e a circulação das revistas sérias diminuíram, e nas revistas sobreviventes (com exceção, em parte, de algumas revistas literárias norte-americanas trimestrais custeadas por universidades) a preocupação com a imaginação moral fora substituída por interesses sociológicos.

Ao levar em conta o que foi aquele período, não é de surpreender que a *Criterion* tenha perecido, o que admira é que tenha sobrevivido por tanto tempo. Eliot sabia disso; sabia também que, embora tivesse se dirigido a um pequeno grupo de remanescentes, de um modo sutil sua revista pode ter alertado pessoas a quem nunca encontraria, mas que poderiam influenciar nos trinta anos seguintes ou mais. Contudo, a *Criterion* terminou subitamente, com as luzes da Europa novamente se apagando. Essa revista consumira uma grande parte do tempo de Eliot durante os anos produtivos; os trabalhos editoriais podem ter sido o motivo pelo qual Eliot nunca escreveu, na maturidade, um livro planejado tão extenso quanto a dissertação de Harvard. Não achava que nenhum dos comentários e poucas das resenhas críticas que escrevera para a própria revista durariam o bastante para incluir nos seus vários volumes de ensaios reunidos. No entanto, quem quer que possa se dar ao luxo de comprar os dezoito volumes encadernados da edição reimpressa da *Criterion* encontrará alguns dos melhores escritos e algumas das ideias seminais do século XX.[92]

---

[92] Kirk se refere à edição feita em parceria da Faber & Faber com Barnes & Noble em 1967, atualmente indisponível para venda. (N. T.)

A REUNIÃO NA CASA DOS CORAÇÕES PARTIDOS

Dois meses depois do último número da *Criterion* ser publicado, foi apresentada, em Londres, a primeira das peças em versos brancos sobre a vida moderna: *The Family Reunion* [Reunião de Família]. A Faber & Faber publicou a primeira edição da peça (mais de seis mil cópias) no mesmo mês, e poucos dias depois, em Nova York, a Harcourt Brace lançou a edição norte-americana com 2.500 cópias. Os primeiros que assistiram à peça *The Family Reunion* teriam feito bem se tivessem lido e debatido aquele drama antes de ir ao teatro; como não o fizeram, muitos saíram da peça totalmente perplexos.

A peça era quase tão inovadora quanto fora *The Waste Land*, e igualmente sutil. Poderia ser compreendida, caso o fosse, nos vários níveis de significado. No palco, embora não tenha sido um fracasso, também não foi um grande sucesso. Mais tarde, apresentações radiofônicas da peça foram bem recebidas, pois não é absolutamente necessário ver as personagens da peça. Eliot, que começara a escrever essa peça não muito depois de *Murder in the Cathedral* ter sido aplaudida em Canterbury, tinha, aqui, dois objetivos: o primeiro declarado e o segundo um tanto velado, de reviver a poesia dramática em uma época sem beleza poética e de restaurar uma consciência do espiritual e do transcendente entre as pessoas que repudiavam o cristianismo como um corpo de doutrina inconcebível. Era dirigida a uma audiência muito mais heterodoxa (ou ignorante em religião) do que aquela que assistiu às apresentações de *Murder in the Cathedral*, e mais numerosa que a dos leitores de seus poemas.

Os críticos de Eliot estão divididos a respeito dos méritos dessa peça experimental – alguns a rejeitam como um erro, outros encontram nela erros e virtudes memoráveis, e vários a declaram um dos melhores trabalhos de Eliot. Por mais que isso possa ser verdade, creio que as comédias de costumes do século XX de Eliot podem ser mais bem examinadas na análise completa da peça *The Cocktail Party*, mais adiante, no capítulo 9. Há uma coisa que devemos lembrar. A crítica mais severa da peça *The Family Reunion* veio do próprio autor, em uma palestra sobre poesia e teatro, doze anos depois – republicada na obra *On Poetry and Poets* de 1957, sendo o ensaio "*Poetry and the Drama*" o único exame prolongado de qualquer uma de suas obras, e a leitura é mais proveitosa do que alguma coisa que possa dizer aqui. Assim, limito-me a uma averiguação de quais convicções Eliot tentou transmitir para sua época por intermédio de *The Family Reunion*.

Bernard Shaw começara a escrever *Heartbreak House* [A Casa dos Corações Partidos] às vésperas da Primeira Guerra Mundial. Um quarto de século depois, Eliot escreveu *The Family Reunion* em um momento de crise ainda mais severo. Wishwood, a casa de campo da peça de Eliot, guardava semelhanças com a Heartbreak House; certamente Wishwood sempre fora uma "casa fria", uma casa de cortar o coração. As aflições dos habitantes da Heartbreak House eram por leviandade e egoísmo (vícios que Shaw não deixava de ter); em Wishwood House as pessoas eram iludidas ou estúpidas. Ambos os cenários são, em certa medida, o que Matthew Arnold denominou "filisteus", embora não tão burgueses, vulgares e estreitos quanto ao das pessoas de Horseback Hall.[93] Nas duas peças há um anseio pela vida do espírito. "A vida é uma bênção! É isso o que quero", diz a jovem Ellie de Shaw. A personagem de Harry Monchensey de Eliot está perto de obter essa bênção, embora não da maneira que Shaw teria escolhido.

O que Shaw desejara era a revolução; o que Eliot buscava era uma redescoberta. Nem Heartbreak House nem Wishwood House poderiam suportar por mais tempo. Sobre as ruínas de Heartbreak

---

[93] Ambiente anexo à Heartbreak House na peça de Shaw que representa uma sociedade altamente culta, mergulhada nos prazeres da arte, música e literatura, indiferentes a questões de política e governo. (N. T.)

House, Shaw construiria a "utopia para as pessoas comuns".[94] No lugar de Wishwood, Eliot restauraria a Cidade de Deus. Os habitantes das duas casas pertencem às classes abastadas da Inglaterra; desocupados, em vez de verdadeiramente ociosos. A guerra lhes desintegrará a estrutura de segurança; em parte, a guerra é o resultado da falta de crença de que há algo validamente crível. Na Heartbreak House, a vida é um flerte; em Wishwood, a vida é a conformidade a uma convenção efêmera. Há coisa mais satisfatória do que tais tolices do tempo?

Para Wishwood, retorna – após vaguear por sete anos – um Orestes moderno: Harry, Lorde Monchensey, assombrado pelas Fúrias. Na tentativa de escapar da dominação de sua nobre e viúva mãe, Harry ingressou em um casamento miserável; mas a infeliz está morta. Tornara-se insuportável, e Harry a empurrara do convés do navio – ou assim pareceu, e assim ele disse. Contudo, será que o fez? Não poderia ter sido um acidente ou suicídio? Às vezes, Harry imagina que é uma personagem no sonho de outra pessoa. Moralmente, em qualquer caso, é o assassino da mulher, pois desejava-lhe a morte; e assim como o homem que deseja uma mulher comete adultério no coração, do mesmo modo um marido que deseja a destruição da esposa, fere o sexto mandamento[95].

Por apenas três horas, Lorde Monchensey volta à casa de sua juventude, Wishwood – volta para sua mãe Amy, que quer reduzi-lo à servidão novamente. Ela é uma prisioneira do tempo, incapaz de aceitar a morte, e futilmente o tenta manter inalterável, algo que, por natureza, deve ser mutável. Harry volta para Mary, a prima que Amy

---

[94] Ver a longa introdução de Shaw à peça *Heartbreak House*, chamada "Heartbreak House e Horsebreak Hall", na parte em que o autor trata dos habitantes. (N. T.)

[95] Vale notar que, mais uma vez, Kirk cita os mandamentos conforme Êxodo 20,1-21 e não segundo o Catecismo da Igreja Católica. Portanto, o sexto mandamento seria "não matarás" (Êxodo 20,13). (N. T.)

queria que fosse sua mulher, e pela primeira vez sente-se atraído por ela – até que as Fúrias interveem. Volta aos tediosos tios e para a casa assombrada por memórias da infância que não é um santuário, pois as Fúrias são visíveis para ele até mesmo ali.

E volta para a tia Ágata – que descobre ser, após todos esses anos, sua mãe em espírito. O que Ágata revela para Harry é a fonte da maldição que recaiu sobre ele. O pai de Harry ficara, de repente, apaixonado por ela, poucos meses antes dele nascer: o velho Lorde Monchensey teria matado Amy para ficar com Ágata, mas ela o impediu por amor ao bebê no ventre da irmã. Os pecados dos pais afligem os filhos: a inquietação de Harry é produto do pecado de seu pai e do efeito que isso tem em toda a família. Deve haver expiação.

Até então, a estrutura da peça é a de Ésquilo. Mas a lenda helênica de Eliot é um disfarce, e silenciosamente o autor introduz seu tema. Eliot sabe que as plateias recusariam aprovar – numa era que logo seria denominada "pós-cristã" – um drama abertamente inspirado naquilo que poderiam chamar de mito cristão. Um mito clássico, no entanto, poderia ser tolerado como remoto, inofensivo e nada exigente. Não deixemos que Cristo ou São Paulo sejam mencionados, e pode ser que as plateias os escutem. Eliot foi onipresente, "tornou-se tudo para todos".[96]

Ao ter essa situação esclarecida, ao entender as causas de sua infelicidade – profundamente enraizadas no passado, Harry é redimido. O que resta da peça *The Family Reunion* é o ensinamento cristão do enigma do espelho – embora as palavras da teologia e da fé não sejam ditas explicitamente. Harry expiará o pecado do pai e o seu; renunciará ao amor dos seres criados, no sentido de um apego a Wishwood e seus ocupantes, apesar da partida levar à morte da mãe, prisioneira do tempo. As Fúrias se tornaram Eumênides, não eram mais terríveis,

---

[96] 1 Coríntios 9,22.

e Harry não tinha mais de fugir de seus olhares fixos, pois o olhar será pelos olhos de Deus. Buscará por "um santuário de pedra e um altar primitivo",[97] talvez como Charles de Foucauld, "para cuidar da vida dos humildes".[98] Seu destino permanece incerto, mas não está mais fugindo do passado ou da natureza das coisas. Michael Redgrave, que representou Monchensey na primeira montagem, perguntou a Eliot: "O que acontece com este jovem ao final da peça?". Eliot respondeu que acreditava que Harry e o criado iriam trabalhar no East End em Londres – e mostrou a Redgrave os versos em que fica clara sua intenção de fazer boas obras, embora esses versos não constem na versão impressa da peça. Ao vir a compreender a continuidade da família, Harry descobriu ser possível viver; mais ainda, descobriu ser possível viver com propósito e esperança.

O pobre resumo precedente pode reduzir tudo a um ridículo lugar comum; por isso *The Family Reunion* facilmente se torna caricatural; mas devemos assistir ou ler a peça, que tem muitos versos de força e beleza, bem próximos de um discurso do século XX, o que faz a audiência encontrar realidade nessa fábula. Conquanto todos os comentadores da peça reconheçam o simbolismo cristão, ainda muitos dos mais conhecidos censuram-na por ser ingênua – talvez porque, como Eliot esperava, os críticos conheçam superficialmente a doutrina cristã e a tomem como um amontoado de abstrações, daí não perceberem como a fé cristã permeia a peça.

Alguns críticos objetam, por exemplo, que Harry (ignorando o próprio crime em ato ou intenção) se esforça apenas para apagar a maldição da família trazida pelo pai. Mas, realmente, Eliot não está escrevendo sobre a Casa de Atreu.[99] A "maldição" é o pecado original e a lição

---

[97] No original: *A stony sanctuary and a primitive altar*. T. S. Eliot, *Reunião de Família*, parte II, cena II, p. 213. (N. T.)

[98] No original: *A care over lives of humble people*. Ibidem, p. 213. (N. T.)

[99] Referência às desgraças e maldições da descendência de Atreu na mitologia grega. (N. T.)

de Eliot é a primeira da cartilha da Nova Inglaterra:[100] "com a queda de Adão, pecadores todos são".[101] Há mais de Baudelaire e de Ésquilo nesse drama. Todos os pais e todos os filhos são, de algum modo, pecadores: pela fé e pelas obras redimimos o passado e a época que vivemos.

Os mesmos críticos, ou outros – dentre eles ardorosos admiradores de Eliot –, ficam escandalizados por Harry não expressar remorso pela morte da mulher. Mas a bênção do regenerado é que os pecados são apagados. O remorso – o remorso subconsciente, ao menos, simbolizado pelas Fúrias – é exatamente aquilo que tem atormentado Harry; agora ele entra na vida da graça, e tem a esperança purgatorial, o horror da memória implacável é afastado. Penitência e expiação podem durar por toda a vida de Harry, mas é diferente do remorso que causa preocupação. "Deixa que os mortos enterrem seus mortos",[102] segundo São Mateus.

Outra reclamação de alguns críticos é que Harry abandona a mãe à beira da morte. No entanto, por que a partida de Harry de Wishwood é tão destoante da expiação? Jesus de Nazaré disse aos discípulos que deixassem os pais e o seguissem. Amy, como ela mesma se descreve, é "uma velha sozinha numa casa amaldiçoada";[103] para Harry, submeter-se à mãe novamente seria recair no erro dela e, dessa vez, não teria solução. Se Harry permanece ou vai embora, em breve, a morte deverá levá-la, e filhos deferentes que ficam até o fim ao lado de mães dominadoras não são, afinal de contas, o tipo mais elevado de humanidade. A vida é para a ação moral, não para filhos ficarem presos à barra da saia das mães.

---

[100] A *New England Primer* foi a primeira cartilha de ensino das primeiras letras desenvolvida para as colônias norte-americanas, publicada no século XVII nos Estados Unidos. (N. T.)

[101] No original: *In Adam's fall we sinned all.* (N. T.)

[102] Mateus 8,21.

[103] No original: *an old woman in a damned house.* T. S. Eliot, *Reunião de Família*, parte II, cena III, p. 221. (N. T.)

Assim, creio que a peça tem consistência interna – o que não significa dizer que todos os pontos sejam fortes. Doze anos depois, Eliot criticou severamente a própria peça. Dera atenção à métrica, em detrimento do enredo e das personagens, disse. Apenas Lady Monchensey fora totalmente planejada. O uso do coro familiar não fora realmente bem-sucedido; introduzira passagens poéticas que não se justificavam dramaticamente. Pior, perdera muito tempo apresentando a situação, o que o deixou com pouco tempo para o desenvolvimento. Pior ainda, não havia reconciliado a lenda grega e a situação moderna. As Fúrias deveriam ser invisíveis, não membros do elenco: "Deveria ter ficado mais próximo de Ésquilo ou ter tomado mais liberdade com seu mito".[104] O pior de tudo "ficamos divididos, não sabendo se devemos considerar a peça uma tragédia da mãe ou a salvação do filho".[105] Por fim, "o herói agora me parece um pedante insuportável".[106]

Essas censuras feitas pelo autor são duras, mas admissíveis: entretanto, Eliot foi feliz em duas coisas com *The Family Reunion*. Primeiro, abriu caminho para revigorar a poesia dramática que novamente poderia reclamar expressão e dignidade nos palcos, sem a linguagem arcaica ou a beleza vazia dos poetas e dramaturgos georgianos. "O que temos de fazer é levar a poesia ao mundo em que o público vive e ao qual retornará quando deixar o teatro; e não transportar a audiência para algum mundo imaginário totalmente diferente do nosso, um mundo irreal em que a poesia é tolerada."[107] Deixemos o público saber que eles também podem falar poeticamente; então "nosso sórdido, monótono mundo cotidiano será, de repente, iluminado e transfigurado".[108]

---

[104] T. S. Eliot, "Poetry and Drama". *On Poetry and Poets*, Nova York, Noonday Press, 1961. p. 90.

[105] Ibidem, p. 90.

[106] Ibidem, p. 91.

[107] Ibidem, p. 87.

[108] Ibidem.

Em segundo lugar, a peça de Eliot destravou o portão para o reino do espírito. "Pois esta é a função suprema da arte, estabelecer uma ordem crível na realidade comum, e por conseguinte, provocar certa percepção de ordem na realidade, nos trazer um estado de serenidade, calma e reconciliação; e então nos levar, como Virgílio levou Dante, a seguir para uma região em que o guia não pode mais nos valer."[109] A imaginação moral de Eliot, trabalhando por meio do teatro, tornou possível a emancipação da prisão de um momento no tempo e das obsessões do ego. O teatro grego pretendia ordenar a alma, Eliot retomou tal propósito. Com Harry Monchensey, uma vida futura poderá seguir anjos fulgurantes.

Não são poucos os repelidos pela busca de Eliot pelo espiritual, nesta peça e em *The Cocktail Party*. Um dos desgostos recorrentes de Eliot foi o receio dos britânicos e norte-americanos modernos da palavra e do conceito "espiritual", embora os escritores franceses não hesitassem em empregar *spirituel*. Se "espiritual" significar um toque de sobrenatural ou de preternatural, como nessas peças teatrais, é duplamente rejeitado. "Aquele tipo de recurso ao 'sobrenatural' em tal contexto é indefensável e revelador: denuncia em Eliot uma pressão interna que leva ao pior tipo de insinceridade, a inconsciente", escreveu F. R. Leavis.

Em alguns aspectos, Leavis é o crítico mais interessante de Eliot, porque os vigorosos elogios repetidamente se transformam em severas dissenções. Para Leavis, como para Irving Babbitt, o "espiritual" – se, de qualquer modo, pudermos usar o termo – é a apreensão de uma natureza humana duradoura, com necessidades que o tecnólogo e o benthamita não conseguem compreender. Leavis teria deixado o crítico literário fora de qualquer discussão de teologia cristã nas obras de Eliot.[110]

---

[109] Ibidem, p. 94.
[110] F. R. Leavis e Q. D. Leavis, *Lectures in America* (1969), p. 51-52.

Mas isso seria como omitir qualquer menção à filosofia estoica da crítica de Sêneca; ou proibir qualquer referência à teologia judaica ao analisar Maimônides; ou tirar os deuses dos autores clássicos. Se Eliot só pode ser entendido à luz dos humanistas (embora essa luz seja muitas vezes clara), então devemos ignorar a evolução constante de Eliot e as crenças que o governam – até mesmo a certeza que tinha de que somos persuadidos pelos poderes da luz e das trevas, acima e abaixo de nossa natureza. Se o crítico literário não trava relação com a teologia, deverá o teólogo travar relação com a literatura? A vida e as letras não podem perdurar em pequenos compartimentos estanques. Como poderíamos criticar Pascal ou Coleridge, digamos, sem levar em conta a religião de ambos? Como, então, fazer com Eliot?

Dr. Leavis acha a poesia de Eliot heroicamente sincera, mas suas quatro comédias de costumes são evasivas ou baratas em alguns aspectos: neste momento uma inferioridade espiritual, produzida pela alegada incapacidade de Eliot de "reconhecer totalmente o amor pleno entre os sexos". Em "Marina", Eliot é mais terno – mas é o amor do pai pela filha. Com Eliot, Leavis continua, "em geral, as relações entre homem e mulher sugeridas pela 'filha' não existem para o poeta. (...) O fato é que a desordem interna e a incapacidade permaneceram dolorosas e, desvantajosamente, conta contra ele a preocupação pelo espiritual".[111]

Em *The Family Reunion*, Harry Monchensey detesta e destrói a mulher (que parece ter sido detestável), rejeita Mary e a troca por uma vida de ascetismo – que é uma escolha paulina, dificilmente peculiar a Eliot. Ao longo de todos os poemas e peças de Eliot, até o final da vida, há uma renúncia à união física dos sexos que a maioria dos críticos relutou analisar com sinceridade enquanto Eliot vivia. Será que a aparente aversão ao carnal, ou a dificuldade em responder às solicitações da carne, afetam ou distorcem a "preocupação pelo

---

[111] Ibidem, p. 49-50.

espiritual" de Eliot? A questão também pode ser considerada aqui, enquanto damos uma olhada no Eliot de 1939.

Existe um ensaio franco, porém condescendente, sobre a questão do ascetismo sexual de Eliot escrito por Arthur M. Sampley. É difícil encontrar uma boa mulher nos poemas e peças de Eliot, observa Sampley; assim como o Rei Pescador foi ferido, talvez estivesse Eliot:

> Sua timidez e reserva (...) talvez o inibissem em uma das áreas de comunicação mais difíceis. O espírito crítico (...) talvez o impedisse ter uma experiência plena de amor, louvada de modo eloquente nos poemas posteriores. Certamente, o elemento de sorte ou destino estava envolvido, ao dar ou não ao homem uma mulher com quem pudesse se comunicar plenamente.

Consternação com aventuras sexuais assomam desproporcionalmente em *The Waste Land* e em vários lugares da obra de Eliot: "o fracasso do amor conjugal dificilmente parece uma causa conveniente e certamente incompleta da ameaça de caos que, certamente, parece pairar sobre o mundo".[112]

A impotência sexual (tenha ou não o próprio Eliot sofrido disso) por certo afligiu não poucos literatos nos séculos passados. Alguns nomes vêm à mente, dentre eles, o de escritores tão variados quanto John Ruskin, Henry James, J. M. Barrie, Lionel Johnson (durante uma parte considerável da vida), e George Bernard Shaw; há também o velho Yeats. Mas não há um padrão comum de pensamento ou de escritos que emirja da impotência desses homens. Também não se pode concluir que por um escritor não gostar de açucenas ou de Campaspe,[113] deva abraçar um espectro, em um sobrenaturalismo falso. Podemos também tirar conclusões, da notória concupiscência de Bertrand Russell, H. G. Wells ou de C. E. M. Joad, a respeito das

---

[112] Arthur M. Sampley, "The Woman Who Wasn't There: Lacuna in T. S. Eliot". *The South Atlantic Quarterly*, vol. LXVII, n. 4, out. 1968, p. 603-10.

[113] Nome da amante de Alexandre Magno que se tornou o sinônimo literário de "amante". (N. T.)

principais tendências de suas ideias. Uma análise freudiana da obra de Eliot – particularmente, *The Family Reunion* – foi genial, mas pouco convincente.[114] Um homem tímido não é necessariamente um neurótico.

Assim, creio ser muito mais fácil acreditar que o toque de sobrenatural ou de preternatural nas peças de Eliot, encontrado de vez em quando também nos poemas ("Difficulties of a Statesman", por exemplo), não está relacionado com a inaptidão para a convivência sexual; as Fúrias não são substitutas de Dóris e Dusty[115] e as insinuações do poder oculto de Riley, o Beberrão[116] não são substitutos do amor de uma mulher. Com um misticismo à moda de Yeats ou Orage, de fato, Eliot sempre demonstrou, na melhor das hipóteses, inquietação, e às vezes repugnância. O "mundo sobrenatural" de Yeats era "o mundo sobrenatural errado", disse Eliot em *After Strange Gods*. "Não era um mundo de expressão espiritual, não um mundo de bem e mal verdadeiros, de santidade ou pecado, mas a evocação de uma mitologia menor, altamente sofisticada, como um médico, que dá ao pulso enfraquecido da poesia um estimulante transitório, de modo que o paciente possa proferir as últimas palavras."[117]

Acho muito mais fácil acreditar que Eliot percebeu, como disse, as atividades do espírito do mal e estou convencido que lá havia também anjos reluzentes e um imorredouro jardim de rosas. Sabia que

---

[114] De modo notável, C. L. Barber, "Strange Gods at T. S. Eliot's 'The Family Reunion'". In: *The Southern Review*, vol. VI, p. 387-416. Reimpresso em: Leonard Unger (ed.), *T. S. Eliot: A Selected Critique*, 1966, p. 415-43.

[115] Alusão às personagens do poema inacabado *Sweeney Agonistes*, de Eliot. (N. T.)

[116] Referência à personagem do cancioneiro irlandês *"one-eyed Reilly"*, utilizada por Eliot na peça *The Cocktail Party* em uma canção (também composta por Eliot) entoada pelas personagens cujo sobrenome também é Reilly. Ver Eliot, *Cocktail Party*, ato I, cena I, p. 265, e para ver a música, como ditada pelo autor, ver p. 416. (N. T.)

[117] T. S. Eliot, *After Strange Gods*, 1934, p. 46.

estamos envolvidos em mistérios, nos quais se incluem os mistérios do eu e do tempo; mas não somos o divertimento dos "Imortais" de Hardy;[118] a religião, em particular o cristianismo, é um esforço de comunicação com o ser transcendente – cuja natureza que não copia a natureza do homem, chamamos de sobrenatural. Caso esse entendimento e a expressão do amor de Eliot parecerem um tanto menos refinados nas comédias de costumes que nos poemas – ora, isso não é consequência de qualquer traidora insinceridade inconsciente, mas, como declarou, o que estava tentando alcançar com as peças era um público mais amplo e menos erudito que os leitores dos poemas. Quanto mais variados forem os seguidores que buscarmos, menos abstratas terão de ser as imagens.

Por fim, suspeito que mesmo que Eliot estivesse idilicamente unido, ao longo desses anos, à menina dos jacintos de infinita variedade ou mesmo a Grishkin sem corpete, de seios generosos, ainda assim teria ouvido os sussurros de imortalidade; teria pranteado o mundo decaído e buscado a intersecção do temporal com o atemporal, teria ainda encontrado o demônio das escadas. Outros, dentre eles, este vosso servo, mantiveram a metafísica avivada mesmo em companhia do cupido e de Campaspe.

A plenitude do amor seria a recompensa de Eliot, o coroamento da vida, próximo ao fim; mas em 1939, não obstante o saudável humor que atenua a peça *The Family Reunion*, é doloroso pensar em sua solidão. Efetivamente um viúvo, embora Vivienne ainda vivesse, confinada a um local retirado, reduzida a uma sombra; a ausência de filhos; a revista conduzida a um fim melancólico; a paixão ideológica engolindo a nova leva de escritores; a desordem pública induzindo aquele "abatimento de ânimo muito diferente de qualquer outra

---

[118] Referência à personagem Tess do romance *Tess of the D'Ubervilles*, de Thomas Hardy. O destino de Tess é se tornar um peão do presidente dos "Imortais", um terrível jogo que os homens aplicam às mulheres, em que Tess acabará pagando pelos pecados dos "nobres antepassados". (N. T.)

experiência que já tive até os cinquenta anos" – essa era a existência na Heartbreak House ou em Wishwood.

F. R. Leavis disse que essa circunstância surtiu o efeito de uma fome mortal na espiritualidade de Eliot. "Mas temos de reconhecer, creio", escreveu Leavis, "que um desses efeitos foi a intensidade, e sem intensidade (...) – Não seguirei desenvolvendo tal consideração, além de dizer que a intensidade característica de Eliot era uma condição necessária daquela surpreendente proeza de elevado grau criativo, os *Four Quartets*".[119]

Isso fazia Eliot parecer tão desesperado quanto Gerontion; mas não era bem assim. O lado cômico de sua natureza não havia acabado, mesmo em 1939. Naquele mês de outubro, Eliot publicaria o *Old Possum's Book of Practical Cats* [O Livro do Velho Gambá sobre Gatos Travessos] (umas três mil cópias), repleto de alegria, agradecendo a ajuda dos filhos dos Fabers e dos Morleys e de outras crianças. As crianças gostavam dele, os gatos também, e parece que até os ratos.[120] No outono de 1939, tanto fazia rir com Demócrito como chorar com Heráclito.

A Grã-Bretanha declarara guerra à Alemanha no terceiro dia de setembro. Em 14 de outubro, o encouraçado *Royal Oak*, foi torpedeado por um submarino alemão, na base naval de Scapa Flow, levando consigo cerca de oitocentos oficiais e marinheiros: morte por água. Desse pesadelo da época só poderíamos sair pela vida do espírito.

---

[119] Leavis, op. cit. 53.

[120] Quanto Wyndham Lewis pintou o retrato de Eliot em 1938, o estúdio de Lewis estava infestado de exibidos camundongos que surpreendiam os modelos do pintor. "Finalmente, quando Tom Eliot posava para ele", escreve Edith Sitwell, "o comportamento dos ratos se tornou intolerável. Subiam-lhe nos joelhos e lá se sentavam, olhando fixo para o rosto de Tom. Então Lewis comprou um grande gongo que colocou perto da toca dos ratos e, quando as coisas chegavam a um determinado ponto, o fazia soar bem alto, e os ratos se recolhiam". Ver John Lehmann e Derek Parker (eds.), *Edith Sitwell: Selected Letters, 1919-1964*, 1970, p. 231.

Capítulo 8

A Comunicação dos Mortos

É CONCEBÍVEL UMA SOCIEDADE CRISTÃ?

A "guerra imperceptível" (expressão de Neville Chamberlain, adotada por Winston Churchill) durou de 3 de setembro de 1939 a 10 de maio de 1940; depois desse período, com a invasão alemã dos Países Baixos, eclodiu a imensa guerra de atrocidades. Foi durante a guerra imperceptível que Eliot publicou *A Ideia de uma Sociedade Cristã* e terminou dois dos *Four Quartets*.

Philip Mairet, então editor da *The New English Weekly*, relata os colóquios que teve com Eliot em uma leiteria perto da Victoria Station, durante aqueles meses sombrios, depois dos encontros dos membros da diretoria do *Christian News-Letter* (dos quais números inteiros foram escritos por Eliot, que também era um membro ativo na direção da *The New English Weekly*). Eliot estava acabrunhado pela ruína iminente da Europa: "Contudo algo que me disse, em resposta a uma opinião irrefletida que proferi a respeito do patriotismo, deixou-me com a súbita impressão de que ele, ainda que partilhasse do total envolvimento emocional na situação política, o fazia com um desprendimento de espírito que eu não consegui suportar, de modo que sua resposta penetrou como uma repreensão".[1] Eliot não aprovava a doutrina de Stephen Decatur de "meu país, certo ou errado".

---

[1] Philip Mairet, "Memories of T. S. E". In: Neville Braybrooke (ed.), *T. S. Eliot: A Symposium for His Seventieth Birthday*, 1958, p. 36-44.

Não era apenas o patriotismo que poderia salvar a ordem no mundo. Em três semanas a Polônia foi invadida por alemães e russos; depois, nos meses subsequentes, ingleses e franceses pareciam não ter forças. Mais tarde, em outubro de 1939, o breve livro de Eliot a respeito da sociedade cristã foi publicado (duas mil cópias em Londres e três mil em Nova York no início de janeiro), enquanto Londres estava às escuras. Será que a doutrina cristã ainda poderia ser a luz do mundo?

Os materialistas ideológicos estavam declarando que o cristianismo era uma fábula já desmascarada, que ninguém poderia honestamente acreditar: por meio da ação política o homem seria salvo. Tinha acabado de sair o influente livro de David Daiches, *The Novel and the Modern World* [O Romance e o Mundo Moderno], permeado de pressupostos de materialismo dialético. Eliot e Aldous Huxley foram repudiados por Daiches como escritores que evitavam a verdadeira questão, "que não é a compensação pessoal, mas a alteração do ambiente que produziu a necessidade daquela compensação – a evolução e estabilização de um padrão em que a sociedade possa viver e que, ao se relacionar com ele, as atividades possam ganhar propósito, significado e valor". Daiches insinuou que Eliot fora afetado por uma religião fraudulenta, quando deveria ter se identificado com o proletariado – uma noção um tanto cômica, no caso de Eliot – e ter cedido à corrente do determinismo histórico.

A Daiches, respondeu Edwin Muir:

> Acreditar em tais coisas é, em última análise, acreditar que não temos relações pessoais, nem dificuldades pessoais na vida, mas simplesmente o dever público de mudar o ambiente, um dever que nos trará aliados e inimigos – e nada mais. O sr. Daiches crê que a religião do sr. Eliot é meramente uma evasão da questão e uma compensação a um verdadeiro dever; contudo, não vejo como pode acreditar depois de ler *The Waste Land, Ash Wednesday* e *The Family Reunion* que isso é uma imaginação passada, a menos que os

tenha lido sem acreditar que lidam com algo real (...) "compensação" é um termo de dois gumes. A interpretação do sr. Daiches da experiência do sr. Eliot pode ser uma compensação por não compreendê-lo. A primeira condição de qualquer crítica a respeito da religião do sr. Eliot é que a religião deva ser compreendida; então, o crítico pode decidir se ela encerra a verdade ou se não há nada além de erros; mas não tem o direito de transformá-la em algo diferente e então, avaliá-la como algo diferente.[2]

A convicção de Daiches de que os dogmas políticos devessem suplantar os religiosos era exatamente o que Eliot criticara por anos na *Criterion* e em outros locais, uma forma mais polida de "antifascismo" semiprofissional, que Eliot acreditava ser repugnante e tão perigoso quanto o próprio fascismo. O desacato mais irônico pelo antifascismo fanático foi expresso por um veterano da milícia do Partido Operário de Unificação Marxista da Catalunha – George Orwell, cujo livro *Coming up for Air* [Um Pouco de Ar, Por Favor!] foi publicado em junho de 1939.

"Você conhece a linha do discurso" diz a personagem George Bowling de Orwell, que estivera ouvindo com atenção um "conhecido palestrante antifascista":

> Esses camaradas podem reproduzir isso por horas. Como um gramofone. Gire a manivela, aperte o botão e lá vai. Democracia, fascismo, democracia. O que está fazendo? Muito deliberadamente e com toda a franqueza, está instigando o ódio. Dando a detestável contribuição para fazer você odiar certos estrangeiros chamados fascistas. É uma coisa estranha, pensei, ser conhecido como "sr. Fulano de tal, o eminente antifascista". É um negócio estranho, o antifascismo. Este senhor, creio, ganha a vida escrevendo livros contra Hitler. Mas o que ele fez antes de Hitler aparecer? (...) Está tentando acender o ódio na plateia, mas isso não é nada comparado ao

---

[2] Edwin Muir, "The Political View of Literature". Reimpresso em: *Essays on Literature and Society*, 1949, p. 138-39.

ódio que ele mesmo sente. Cada palavra de ordem é uma verdade evangélica (...) talvez, até seus sonhos sejam *slogans*.[3]

Orwell e Eliot partilhavam a ojeriza ao ideólogo (em 1940, Orwell listaria Eliot como um dos quatro autores vivos favoritos). Mas o que poderia coibir os ideólogos, os homens orwellianos que "pensam em slogans e falam em balas de revólver"?[4] Orwell, no final, tinha poucas esperanças de que seriam contidos; ele não podia partilhar da percepção religiosa da sociedade de Eliot. O remédio de Eliot era a redescoberta da comunidade cristã, expressa na obra *A Ideia de uma Sociedade Cristã*.

A este breve livro (cujo núcleo central foram as conferências Boutwood no *Corpus Christi* College em Cambridge, dadas em março de 1939) Eliot acrescentou sua participação em um programa de rádio de fevereiro de 1937, chamado "The Church's Message to the World" [A Mensagem da Igreja para o Mundo] – talvez sua melhor declaração política curta. "Precisamos deixar de supor que nossa forma de democracia constitucional é a única adequada para um povo cristão, ou que é, em si, uma garantia diante de um mundo anticristão",[5] dissera aos ouvintes da BBC.

> Portanto, em vez de simplesmente condenarmos o fascismo e o comunismo, faremos bem em considerar que também vivemos em uma civilização de massa que segue muitas ambições e desejos errados, e que caso nossa sociedade renuncie completamente a obediência a

---

[3] George Orwell, *Coming up for Air*, 1939, p. 177-78. Ver também: George Orwell, "Not Counting Niggers". In: *The Adelphi*, jul. 1939. Reimpresso em: Orwell e Angus (eds.), *The Collected Essays, Journalism and Letters of George Orwell*, 1968, vol. I, p. 394-98. [Em português encontramos a obra na seguinte edição: George Orwell, *Um Pouco de Ar, Por Favor!* Belo Horizonte, Itatiaia, 2000. (N. T.)]

[4] Ibidem, p. 195.

[5] T. S. Eliot, "The Idea of a Christian Society" [*A Ideia de uma Sociedade Cristã*, publicado no Brasil em 2016 pela É Realizações]. *Christianity and Culture*. Nova York, Houghton Mifflin Harcourt, 1960, p. 73.

Deus, não se tornará melhor, possivelmente ficará pior, que algumas daquelas sociedades estrangeiras popularmente execradas (...). Para a maioria das pessoas, a atual constituição da sociedade, ou o que as paixões mais generosas desejaram realizar, está certa, e o cristianismo deve se adaptar a isso. Mas a Igreja não pode ser, em qualquer acepção política, nem conservadora, nem liberal, nem revolucionária. O conservadorismo também, muitas vezes, é a conservação das coisas erradas; o liberalismo, o abrandamento da disciplina; a revolução, a negação das coisas permanentes.[6]

Uma sociedade neutra não pode perdurar; uma sociedade pagã seria convenientemente abominada pelos defensores da democracia. Permanece a possibilidade de recuperar a ideia de uma sociedade cristã, muito enfraquecida no século XX. Tudo aquilo que há de positivo na sociedade moderna ainda é cristão, ou derivado da crença cristã; mas a cultura da negação se agiganta diante de nós, disse Eliot. O liberalismo e a democracia não podem ser ficar desamparados. O liberalismo é algo que:

> tende a dissipar as forças, em vez de acumulá-las, a relaxar, em vez de fortalecer (...) Ao destruir os hábitos sociais tradicionais das pessoas, ao dissolver sua consciência social coletiva em eleitores individuais, ao permitir as opiniões dos mais tolos, ao substituir a instrução por educação, ao encorajar a sagacidade em vez da sabedoria, ao fazer ascender os não qualificados, ao promover uma noção de participação para qual a alternativa é a incorrigível apatia. O liberalismo pode preparar o caminho da própria negação: o controle artificial, mecanizado, brutal, que é um remédio desesperado para o caos.[7]

O liberalismo já é a dissolução.

Quanto à democracia, aquela sociedade estava enfraquecida pelo materialismo; e a democracia sem uma crença religiosa deveria ser

---

[6] Ibidem, p. 74 e 76.
[7] Ibidem, p. 12.

"um estado de coisas em que teremos arregimentação e conformidade, sem respeito pelas necessidades da alma individual (...)".[8] Muito frequentemente, o que chamamos democracia é uma oligarquia financeira manipulando uma massa de pessoas ou ainda um regime dos demagogos. "O termo democracia (...) não possui um conteúdo suficientemente positivo para, por si só, fazer oposição às forças que desgostamos – tal termo pode ser facilmente transformado por elas. Se não quisermos Deus (e Ele é um Deus ciumento) devemos reverenciar Hitler ou Stalin."[9]

O cristianismo não prescreve nenhuma forma de governo. Contudo, a fonte de qualquer ordenamento político é o credo religioso – ou ainda a religião invertida da ideologia. A principal função do Estado é a manutenção da justiça, e a justiça pode ser definida somente a partir de alguns pressupostos éticos, derivados, em última análise, das visões religiosas. Se o Estado está em oposição aos princípios religiosos de uma sociedade, ou é indiferente a tais princípios, então, tanto o Estado quanto a sociedade não tardam neste mundo. Para nossa civilização, o cristianismo estabeleceu princípios de ordem pessoal e de ordem social. Caso repudiemos ou ignoremos esses princípios, a única alternativa é o Estado pagão, que obedece aos mandamentos do "Deus Selvagem". É por isso que devemos trabalhar para restaurar o Estado cristão. Não é necessário que todos os estadistas sejam bons cristãos; nem que a divergência seja desestimulada entre os cidadãos, mas é preciso que o Estado reconheça a ordem moral delineada pelo cristianismo a essa compreensão ética, e conforme a ordem pública, na medida do possível, para este mundo imperfeito (entendam que ao longo da presente exposição estou parafraseando os argumentos de Eliot, e não desenvolvendo qualquer nova teoria própria).

---

[8] Ibidem, p. 18.
[9] Ibidem, p. 50.

Para surgir um Estado cristão, deve existir uma comunidade cristã, ou uma sociedade em que a maioria das pessoas seja fortemente influenciada pelo ensinamento cristão. Essa comunidade é dirigida por um "número muito menor de seres humanos conscientes", a comunidade dos cristãos. Esses homens e mulheres, que de certo modo se assemelham ao conceito de "clerezia"[10] de Coleridge, mas que não se circunscrevem aos clérigos e professores são a minoria cuja fé está fundamentada na reta razão, os quais pelo exemplo e liderança, consciente e conscienciosamente, guiam a massa dos cidadãos que aceitam a fé cristã somente de forma passiva.

A comunidade dos cristãos, e a própria Igreja, deve reconhecer e trabalhar, de dentro da sociedade, a condição social do mundo moderno – mas não deve estar totalmente imersa no mundo, ou conformar a doutrina cristã às tolices do tempo. Podem rever a estrutura paroquial; mas não podem revisar o Sermão da Montanha.

> Por mais intolerante que possa parecer a proclamação, o cristão não pode se satisfazer com nada menos que a organização cristã da sociedade – o que não é o mesmo que uma sociedade composta exclusivamente de cristãos devotos. Seria uma sociedade em que a finalidade natural do homem – a virtude e o bem-estar na comunidade – fosse reconhecida por todos, e o fim sobrenatural – a beatitude – para os que têm olhos para ver.[11]

Não são a sociedade e o Estado que o "Ocidente" tem atualmente. A guerra contra as potências fascistas não era uma luta da cristandade contra o paganismo, pois a Grã-Bretanha e os aliados não eram verdadeiramente potências cristãs. Como Lincoln dissera durante a Guerra Civil norte-americana, ele não sabia que Deus estava "do nosso lado"; apenas esperava que estivéssemos do lado Dele. Muitas

---

[10] Ver nota 27 no capítulo 4 deste livro. (N. T.)
[11] T. S. Eliot, *Christianity and Culture*. "The Idea of a Christian Society" [*A Ideia de uma Sociedade Cristã*, publicado no Brasil em 2016 pela É Realizações]. Nova York, Houghton Mifflin Harcourt, 1960, p. 27.

das acusações das potências do eixo, acreditava Eliot, não eram nada além de um mecanismo para ignorar ou esconder vícios semelhantes nas próprias sociedades (outro ponto em que Eliot concordava com George Orwell).

Como escreve Peter Kirk, a respeito da obra *A ideia de uma sociedade Cristã*,

> a temática que apresenta não era popular no período, quando o ar estava repleto de vozes de políticos e religiosos dizendo ao mundo que estavam lutando pelo cristianismo contra o paganismo, nem seria muito popular hoje em dia, quando muitos políticos e religiosos utilizam as mesmas expressões, simplesmente empurrando os pagãos um pouco mais a leste. Não que Eliot estivesse preparado para tolerar de alguma forma o que os nazistas e comunistas estavam fazendo; estava simplesmente assinalando que, o que quer que estivéssemos fazendo, e por mais certo que estivesse – e é impressionante o quanto este livro ainda é relevante para os nossos dias – não estávamos defendendo uma sociedade cristã contra o paganismo porque não vivemos em uma sociedade cristã.[12]

Uma nação deve ter uma filosofia política, continua Eliot – algo mais que os programas dos partidos. Um vestígio de cristianismo ainda proporciona um farrapo de princípio político para as democracias ocidentais; mas, hoje em dia, a conveniência é o que mais conta. Para a teoria política, bem como para a moral, é necessária uma Igreja visível e reconhecida, das quais a Igreja da Inglaterra é um modelo. Todavia, Igreja e Estado não devem ser uma unidade – daquele erro erastiano, a ruína da igreja russa permanece como um aviso terrível. "Há dois poderes pelos quais se governa o mundo".[13]

---

[12] Peter Kirk, "T. S. Eliot". In: Melville Harcourt (ed.), *Thirteen for Christ*, 1963, p. 3-26.

[13] Trecho da epístola *Duo Sunt* de Gelásio I, promulgada no ano de 494 e endereçada ao Imperador Anastácio I, sobre as respectivas competências do poder temporal e espiritual. (N. T.)

Nem a cristandade deve ser defendida por ser socialmente benéfica; o que importa é a verdade, não a vantagem material imediata. As vantagens devem fluir da fé, mas não a fé das vantagens. Eliot detestava as tentativas de empregar a religião como estimulante moral ou força policial: o homem que defende uma vaga religiosidade generalizada como um meio de fortalecimento nacional vive uma mentira, pois ninguém acredita em uma religião "socialmente conveniente". Juntamente com o bispo de Durham, Eliot condenou movimentos como o "Rearmamento Moral" de Frank Buchman, que "não pode produzir nada melhor que um nacionalismo disfarçado e especialmente hipócrita, que acelera a caminhada em direção ao paganismo que dizemos abominar".[14]

O reino de Cristo na Terra nunca virá a acontecer na história literalmente, embora de certa forma tomemos consciência desse reino nas boas ações do dia a dia. "Devemos recordar que qualquer que seja a reforma ou revolução que implementemos, o resultado sempre será uma sórdida paródia do que deveria ser a sociedade humana – se bem que o mundo nunca ficará totalmente sem a glória."[15] Mesmo se recu-

---

[14] O movimento do "Rearmamento Moral" de Buchman, vigoroso em 1939, se tornou mais influente (ou mais extravagante nas pretensões de influência) nos anos após a Segunda Guerra Mundial, e só terminou como organização em 1970, quando o centro norte-americano, localizado na ilha de Mackinac, em Michigan, foi fechado. Embora em 1939 os seguidores de Buchman professassem um entusiasmo pela democracia, o antigo Buchman admirara os líderes nazistas – em particular Heinrich Himmler. Originalmente, Buchman chamara seu movimento de "Oxford Group" [Grupo de Oxford] – certamente um clamor longínquo ao Movimento de Oxford de Keble, Pusey e Newman. Eliot estava intimamente familiarizado com os escritos de Herbert Hensley Henson, que, como bispo de Duham, pôs para correr os Buchmanitas. Ver Bishop Hensley Henson, *The Group Movement, Being the First Part of the Charge Delivered at the Third Quadrennial Visitation of his Diocese*, 1933, em particular, a Introdução.

[15] T. S. Eliot, *Christianity and Culture*. "The Idea of a Christian Society" [*A Ideia de uma Sociedade Cristã*, publicado no Brasil em 2016 pela É Realizações]. Nova York, Houghton Mifflin Harcourt, 1960, p. 47.

perássemos a comunidade e o Estado cristãos, não seríamos eximidos do pecado original e a decadência imediatamente recomeçaria. Mas, se ignorarmos precisamente a ideia de uma sociedade cristã, apenas a força poderá tornar possível a vida em comunidade. Então, por uma necessidade, o Estado totalitário preenche o vazio deixado pelo desaparecimento da Igreja.

Ainda que as democracias não resvalem gradualmente em uma variedade própria de totalitarismo, argumenta Eliot, ainda assim, já são, de muitos modos, irreligiosas, especialmente nas medidas econômicas. Organizar a sociedade apenas com base no princípio do lucro privado leva à rejeição da natureza – chegando até mesmo ao esgotamento dos recursos naturais por uma industrialização não regulamentada que terminará por "escassez e deserto". O "progresso" utilitário, tão intimamente relacionado ao liberalismo ideológico, rompe o contrato da sociedade eterna, despojando o próprio solo. "Por um bom tempo não acreditamos em nada a não ser nos valores que nasciam de um modo de vida mecânico, comercial e urbano: seria igualmente bom que enfrentássemos as condições permanentes sob as quais Deus permitiu que vivêssemos neste planeta."[16]

Nesta, como nas demais partes do tratado, Eliot se aproxima de Samuel Taylor Coleridge. Vale notar que o aparte de Eliot a respeito dos recursos naturais – a impiedade da devastação da Terra para satisfazer os apetites materiais repentinos e o desejo de lucro imediato – foi repetido, exatamente trinta anos depois, por muitas pessoas de diferentes princípios sociais e morais.

"Assim como a sanção da filosofia política deriva da ética", escreveu Eliot, "e a ética da verdade da religião, somente ao retornar à fonte eterna da verdade que podemos esperar, para qualquer organização que não ignore, até a destruição final, algum aspecto essencial da realidade".[17]

---

[16] Ibidem, p. 49.
[17] Ibidem, p. 50.

Os acontecimentos de setembro de 1938 despertaram muitas pessoas, dentre elas Eliot, para a necessidade de contrição, humildade, arrependimento e aperfeiçoamento; para a necessidade de ideias para enfrentar a ideologia totalitária. "Será que nossa sociedade, sempre tão segura de sua superioridade e probidade, tão confiante de suas premissas inquestionáveis, estava reunida em torno de algo mais permanente que um amontoado de bancos, companhias de seguros e indústrias, e tinha quaisquer crenças mais fundamentais do que os juros compostos e a manutenção dos dividendos?"[18]

Quase doze meses depois da desgraça de Munique, a guerra – ocasionada em parte pela falta de firmeza moral dos britânicos – tomou de assalto a Europa. No dia 6 de setembro de 1939 – quando os lançadores de morteiros poloneses atacavam tanques alemães – Eliot só teve tempo de acrescentar um último parágrafo ao seu livro. O mundo deveria escolher entre o cristianismo e o paganismo, disse; e essa reflexão não deveria ser procrastinada até o fim da guerra.

Como muitas outras obras de Eliot, *A Ideia de uma Sociedade Cristã* parece um fragmento: desejaríamos que tivesse escrito mais. No entanto, nove anos depois resumiria muito de sua argumentação em *Notas para a Definição de Cultura*. Mesmo assim, o ensaio comentado de 1939 – ridicularizado por muitos críticos e ainda pouco lido pela maioria das pessoas que poderiam compreender as convicções de Eliot – passou a fazer mais sentido com o passar das décadas.

A maior parte dos ensaios e das resenhas de Eliot durante os anos de guerra continua dispersa: devem ser procurados em antigos números do *Times*, *Listener*, *New English Weekly*, *Christian Newsletter*, *Partisan Review* e outros periódicos. À guerra em si, as referências eram incidentais. Vivendo boa parte do tempo com amigos em Guildford, ia trabalhar em Londres, ocasião em que a grande cidade estava sendo bombardeada a ponto de quase se tornar irreconhecível.

---

[18] Ibidem, p. 51.

W. H. Auden e Christopher Isherwood – assim como Hobbes, "foram os primeiros a correr", apesar do fervoroso antifascismo – já tinham singrado os mares rumo aos Estados Unidos, e muitos escritores britânicos iriam imitá-los. Wyndham Lewis iria para o Canadá; Pound faria programas de rádio na Itália para o regime fascista; Roy Campbell empunharia seu "Rifle Florescente"[19] contra os italianos na África. O bombardeio alemão em Londres começou em 24 de agosto de 1940. Como sentinela de ataques aéreos[20] na Russell Square, Eliot via a perfeição da tecnologia das bombas voadoras alemãs, e assistia às igrejas de Wren arder em chamas. "Ó Cidade, Cidade!".[21] Eliot participara deliberadamente da mesma sina da Inglaterra há muitos anos, e não a deixaria na hora da agonia. Educado, como sempre, publicou "The Dry Salvages" e "Little Gidding"; proferiu palestras para a *Classical Association*, em que fora escolhido como presidente, sobre "The Classics and the Man of Letters" [Os Clássicos e os Literatos]; fez conferências na Virgil Society, sobre "What Is a Classic?" [O que É um Clássico?]. Resistiu enquanto a morte levou tantos ao redor. No meio da guerra apareceriam os *Four Quartets*, versos pelos quais os mortos falariam aos vivos.

---

[19] No original "Flowering Rifle" é um famoso poema de Roy Campbell, cujo subtítulo é *A Poem from the Battlefield of Spain* [Um Poema do Campo de Batalha da Espanha]. Campbell, além de ter assistido à Guerra Civil espanhola como correspondente de guerra junto aos exércitos franquistas, esteve na frente de batalha durante a Segunda Guerra Mundial na África. (N. T.)

[20] Kirk utiliza o termo mais genérico *fire-warden* [sentinela de incêndio], mas na verdade Eliot serviu como *Air Raid Warden* [sentinela de ataques aéreos], cuja função era patrulhar de bicicleta as áreas da cidade que não tinham sirenes, fazendo soar a buzina durante o ataque aéreo e verificando se a população estava se protegendo corretamente nos abrigos e seguindo os regulamentos do apagão. (N. T.)

[21] No original: *O City, City* (...). T. S. Eliot. "The Fire Sermon". *The Waste Land*, verso 269. (N. T.)

OS AGRADÁVEIS PENSAMENTOS TERRÍVEIS

A não ser pelo terror de uma Londres bombardeada e em chamas na segunda parte dos *Four Quartets* chamada "Little Gidding", os quartetos tratam de coisas mais estáveis do que guerras e rumores de guerras. O maior poema filosófico de Eliot (pois os *Four Quartets* formam uma unidade, e não uma série de poemas) foi publicado como livro em Nova York na primavera de 1943, e em Londres no outono de 1944; no entanto, os quatro poemas tinham aparecido antes – "Burnt Norton" nos *Collected Poems* de 1936; os outros três apareceram originalmente na *The New English Weekly*, durante os anos de 1940, 1941 e 1942, e também em edições em separado. Mesmo que os *Four Quartets* tenham confundido ainda mais o leitor comum que os primeiros poemas, seu sucesso de crítica e de vendas foi maior: assim como "Prufrock" para alguns, os *Four Quartets* chegaram como um alívio a toda a matança e propaganda de guerra.

Nessa época, também, quase todos os literatos sabiam que se fizessem qualquer apelo à intelectualidade, tinham de ler Eliot. Em um programa de rádio para o Serviço Oriental da BBC, em 1942, George Orwell (não obstante as diferenças com escritores como Eliot e Joyce) declarou que estes homens do início dos anos 1920 tinham enorme importância: "Romperam o círculo cultural em que a Inglaterra vivera durante quase um século. Restabeleceram o contato com a Europa, e trouxeram de volta um sentido de história e a possibilidade da tragédia. Sobre tal base se apoiou toda a subsequente literatura inglesa que tinha valor, e a transformação que Eliot e outros começaram, no final da última guerra, ainda não terminou seu curso".[22]

Todavia, Orwell não admirava os *Four Quartets*. Poucos meses depois, ao resenhar "Burnt Norton", "East Coker" e "The Dry

---

[22] George Orwell, "The Rediscovery of Europe" (BBC Eastern Service talk, 11/03/1942). Reimpressa em Orwell e Angus, op. cit., vol. II, p. 197-207.

Salvages", Orwell escreveu que o último trabalho de Eliot não lhe causara nenhuma impressão profunda: "É claro que algo morreu, algum tipo de eletricidade foi desligada, a última poesia não *contém* a primeira, mesmo se supostamente for tida como uma melhoria". O que estava errado? Ora, a questão do tema de Eliot, escreveu Orwell: Eliot se tornara um cristão ortodoxo, e "as igrejas cristãs ainda exigiam a aprovação de doutrinas que ninguém mais leva a sério". Eliot, concluiu "não sente realmente sua fé, mas simplesmente aquiesce por uma série de razões complexas. Por si, a fé não lhe dá nenhum impulso literário novo".[23]

Quanto à preferência de Orwell pela primeira poesia de Eliot em detrimento da última, tendo a concordar, de certa forma. É verdade, como disse Orwell, de que não são muitos os versos de *Four Quartets* que ficam na memória do leitor. O efeito imediato de "Gerontion", *The Waste Land* ou "The Hollow Men" faz o leitor despertar, muito mais que *Ash Wednesday* ou os *Four Quartets*. Mas, a grande sabedoria é encontrada nos últimos poemas, assim como a serenidade de Dante e de Virgílio.

Não posso concordar com Orwell que Eliot não fez mais do que aquiescer melancolicamente a doutrinas que não são mais críveis. Durante o último quarto de século, os mais importantes críticos – acreditem ou não na fé cristã – concordam que os *Four Quartets* são os maiores feitos poéticos, filosóficos e religiosos. Os *Four Quartets*, como escreveu Vincent Buckley:

> pressupõem certos valores como necessários para a própria estrutura como poemas, posto que devotem tal estrutura ao questionamento de seu significado e relevância. Toda a obra é, de fato, o exemplo mais autêntico que conheço na poesia moderna de uma meditação poético-religiosa satisfatória. Percebemos isso por toda a obra, não é apenas a construção de uma forma poética intrincada tendo por

---

[23] George Orwell, resenha em *Poetry London*, out./nov. 1942; Reimpressa em: Orwell and Angus, op. cit., vol. II, p. 236-42.

base experiências passadas e findas, mas uma energia constante, uma atividade sempre presente de pensamento e sentimento.[24]

Na análise a seguir dos quatro poemas interligados, ou do longo poema, partirei do princípio que os leitores já estudaram ou leram atentamente a própria obra. A "escola espremedora-de-limão da crítica", não muito apreciada por Eliot, gosta de fazer longas e descuidadas citações do poeta para extrair gotas de sumo, que devem ser analisadas pelo microscópio do crítico. Levada ao excesso, essa técnica desorienta o leitor comum e enfastia aquele que leu por diversas vezes a obra de Eliot. Tentarei, aqui, capturar os significados mais gerais, em vez de dissecar os *Four Quartets* na mesa de um anatomista literário.

Como observou Orwell, os quartetos professam uma resignação cristã; mas o que Orwell não via, ou não acreditava, é que também são visões do Paraíso. "Prufrock", "Gerontion", *The Waste Land* e "The Hollow Men" são esboços do Inferno; *Ash Wednesday* nos conduz ao Monte Purgatório, e os *Four Quartets* apontam a direção do jardim de rosas que perdura para além do tempo, onde os aparentes opostos são reconciliados. Livre do tempo, do pecado e do ego, o homem moderno pode conhecer Deus e desfrutar de Sua presença para sempre – caso não se atreva a tentar compreendê-Lo. Com os *Four Quartets*, Eliot finalmente chega àquele ordenamento das emoções, ou da alma, que fora sua aspiração por três décadas.

De um modo sutil muito bem descrito por Denis Donoghue, a tarefa de Eliot nos *Four Quartets* é estratégica: tem ligações com a guerra e com as conferências a respeito de uma sociedade cristã. Eliot abandona posturas metafísicas e teológicas que não podem mais ser defendidas, de modo que o homem possa construir novamente sobre a solidez da Rocha. "A crítica é religiosa, dogmática e cristã", nas palavras de Donoghue:

---

[24] Vincent Buckley, *Poetry and the Sacred*, 1968, p. 223.

A esperança de Eliot é de abrir um espaço, ou se necessário tomar uma área bombardeada, e lá construir uma nova vida do espírito: tornar real "a ideia de uma sociedade cristã". Abordará o sentido em várias direções experimentais, realizando muitos novos começos, porque dificilmente espera – e as condições não são nada propícias – que um só bastará. A redenção do tempo será o tema, o caso, mas terá de resistir à força maniqueia dentro de si que é notoriamente subversiva; realmente não acredita que o tempo possa ser redimido; teme que a proporção humana das ações seja insignificante, além ou aquém da redenção (...). E, portanto, uma estratégia "ideal" para uma era secularista consistiria em persuadir o leitor a deixar de lado os partidarismos por apresentar suas preocupações diárias como meras "afeições"; e então traduzir essa lacuna em renúncia, em sacrifício positivo que o leitor estará estimulado a fazer a um Deus, agora, certificado pela qualidade intrínseca do sacrifício.[25]

Assim, como viu Orwell, o trecho final de "The Dry Salvages" aconselha a resignação ao túmulo embaixo do teixo; mas o que Orwell deixou de notar, é que a resignação não é o significado da vida e da morte. A resignação é somente um meio de redenção, um meio de chegar àquela eternidade para a qual a alma foi feita. Renunciar as vaidades e aos erros de modo que possamos redimir o tempo e transcendê-lo: que possamos passar, expiados, para além da morte à visão da rosa multifoliada e à paz que excede toda a compreensão. Não obstante a estratégia de remoção, as partes dos *Four Quartets* formam um *Paraíso* do século XX.

Em cada quarteto, é feita uma descoberta; e, como sugere Helen Gardner, é a mesma descoberta em todos os quatro poemas, mas uma descoberta expressa por uma variedade de imagens e cenários. Os *Four Quartets* constituem tanto descrições fragmentárias da experiência da transcendência quanto algumas críticas do temperamento moderno. A descoberta central, o significado, é o seguinte: por meio

---

[25] Denis Donoghue, *The Ordinary Universe: Soundings in Modern Literature*, 1968, p. 260-61.

de uma consciência transcendente, é possível conhecer a Deus, e por Ele, conhecer a imortalidade. "Eternidade! Agradável pensamento terrível!"[26] Assim exclama o Catão de Addison, prestes a lançar-se sobre a própria espada. Conquanto Eliot saiba do terror e da promessa da eternidade, considera que esse pensamento, como cristão, é um dever, não como o fora para o estoico que morreu em Útica. A alma simples em "Animula" saindo da mão do tempo, "Vacilante e egoísta, trôpega e disforme",[27] após a dura prova do mundo, é restaurada – para a eternidade do amor.

Pelas limitações e potencialidades de sua arte, o verdadeiro poeta não pode empregar os métodos da razão discursiva. Deve oferecer imagens que despertem emoções; seu caminho para a verdade é sempre uma visão súbita. Não comunica a teologia; antes, possibilita aos leitores a compreensão da crença religiosa. Como Eliot disse em Concord, no ano de 1947, "caso aprendamos a ler poesia de forma adequada, o poeta nunca nos persuade a acreditar em nada (...) O que descobrimos com Dante ou o Bhagavad-Gita, ou com qualquer outra poesia religiosa, é o que se *sente* ao acreditar em uma religião".[28]

Exigir que Dante seja didático como o sistema de Santo Tomás de Aquino seria eliminar a *Divina Comédia*; exigir que Eliot, em pouco mais de mil versos, deva refutar o racionalismo moderno – seria negar a função da poesia. Assim, é por uma infinidade de visões que buscam um sentido, por abstrações ilustradas em representações concretas, que Eliot renova a imaginação moral. O restante deve ser deixado para os estudos teológicos e para as próprias experiências reais de cada pessoa.

---

[26] No original: "*Eternity! Thou pleasing dreadful thought!*". Joseph Addison, *Cato: A Tragedy*, ato V, cena I. (N. T.)

[27] No original: *irresolute and selfish, misshapen, lame*. T. S. Eliot, "Animula". *Ariel Poems*, verso 27.

[28] T. S. Eliot, *On Poetry: an Address by T. S. Eliot on the Occasion of the Twenty-fifth Anniversary of Concord Academy*, 1947.

Tudo o que um poema como *Four Quartets* pode fazer é narrar a visão extraordinária de um homem acerca do tempo, do eu, da realidade e da eternidade: descrever a experiência de transcendência da pessoa. Porque realmente existe uma comunidade de almas, é possível para outros seres humanos realmente apreenderem os símbolos de transcendência do poeta; e traçar analogias entre aquelas imagens simbólicas e os próprios vislumbres fugazes, na jornada desta vida, das coisas permanentes que não podem ser conhecidas pelas limitadas operações dos cinco sentidos. Não obstante a fenomenologia, é possível para a consciência falar à outra consciência, e das percepções íntimas de um homem genial estimular e ordenar a imaginação moral dos demais homens.

Ninguém pode compreender os *Four Quartets* ao lê-los com os olhos da ignorância ou do preconceito. Caso partamos do princípio, por exemplo, de que Eliot estava tentando reviver algum catecismo simplista, ou se tenhamos conhecido o gênio do cristianismo apenas por uma infeliz experiência precoce com a dissidência do dissenso – ora, então tais leitores chegam à conclusão de que Eliot não estava sendo sincero ou iludia a si mesmo.

T. S. Eliot estava muito ciente de que as ciências naturais haviam realizado uma nova Reforma. Não defendia superstições medievais, ou o pietismo do século XIX; muito menos o caos das seitas e o *"ethos* de sociabilidade" das pseudorreligiões do século XX. Ao contrário, Eliot fazia o seguinte: honestamente se esforçava, e com um grande talento prescrutador, renovava um tipo de percepção que pela própria natureza das ciências naturais lhes é vedado. Os leitores que queiram uma explicação lúcida e sistemática das doutrinas cristãs que Eliot expressa nos *Four Quartets* – mas uma explicação pouco atravancada pelo complexo vocabulário da teologia moderna – farão bem em consultar o breve livro do padre Martin D'Arcy chamado *Death and Life* [Morte e Vida], publicado em 1942. A doutrina do Paraíso, como escreve o padre D'Arcy, pertence a uma *disciplina arcani*; portanto se há mistérios no poema de Eliot é porque não há assunto de mais difícil comunicação.[29]

Nem é possível apreciar Eliot – concordemos ou não com ele – se nos aproximarmos dos *Four Quartets* com antolhos ideológicos. A ideologia, devemos lembrar, é a tentativa de substituir os dogmas religiosos por dogmas políticos e científicos. Se nossa primeira premissa é a de que a religião é uma armadilha e uma ilusão, por exemplo, a decorrência é que Eliot se tornará um inimigo a ser atacado, em vez de um peregrino cuja jornada pode ser admirada – mesmo que não acreditemos no objetivo da demanda. Verdadeiramente existe tal estado de ignorância invencível nas pessoas letradas. Se o liberalismo, o socialismo ou o comunismo se tornaram a palavra de um deus que não pode ser questionado; se a ciência se tornou uma fé acrítica – realmente correspondendo a um cientificismo –, então, o cativo da ideologia será incapaz de ler e compreender o que Eliot escreveu com tanta aflição e cuidado.

Eliot não ignorava a força das convicções contrárias à sua; nem partiu de preconceitos. Nos *Four Quartets*, não se apropria da inspiração profética; ao contrário, abre ao escrutínio todas as dúvidas e dificuldades de sua posição, com uma sinceridade raramente encontrada. Por mais de um quarto de século, estivera buscando; chegara a certas crenças pela experiência de vida, pela leitura de livros e por muitas trocas de ideias com outras inteligências de sua época. O que Eliot oferece no último e no mais refletido de seus longos poemas é um retrato das percepções que obteve.

Tais percepções podem ser aceitas ou rejeitadas; mas não é aconselhável que as rejeitemos ou aceitemos por ignorância ou preconceito. Aí um intelecto potente e uma consciência sincera consideram as perguntas últimas. É claro que podemos deixar de lado todos os questionamentos como irrelevantes para a vida dos sentidos. Mas uma

---

[29] Martin D'Arcy, *Death and Life*, 1942, p. 152.

vida irrefletida não é digna de ser vivida; e, além disso, enquanto um indivíduo puder sobreviver sem levar em conta tais questões, qualquer sociedade que ignore as perguntas últimas achará que viver com elas é desagradável e inadequado.

O PONTO IMÓVEL E AS PROFUNDEZAS NUMINOSAS

Cada um dos quartetos está relacionado com (e em certa medida, evocam) um determinado lugar. "Burnt Norton" começa em um jardim no campo em Cotswolds. Naquele distrito intocado perto de Chipping Campden e Chipping Norton, Eliot passou uma temporada durante o verão de 1934, após os doze meses mais solitários de sua vida.

Há uma casa de campo chamada Burnt Norton (o proprietário ateou fogo na casa original no século XVIII). Mas o jardim inglês e a casa sombria do poema, sem dúvida, são composições. Em Chipping Campden, a estrutura de uma mansão do século XVI em ruínas ergue-se perto da igreja; em Hidcote Manor, há cerca de um quilômetro e meio, existe um famoso jardim aberto ao público; em Great Tew, há menos de três quilômetros de Chipping Norton, viveu Lorde Falkland, que reuniu naquele local vários intelectuais e poetas em cuja companhia Eliot teria tido mais prazer do que ao se comunicar com os intelectuais do século XX. Todos esses cenários e memórias estão por trás de "Burnt Norton".

As encostas verdes de Cotswolds, as antigas casas de campo de pedra, que conservam o calor, permanecem como uma longa continuidade histórica da rústica Inglaterra. De maneira diferente, Burnt Norton (ou a composição chamada "Burnt Norton") não é conhecida por ter qualquer significado especial, como lugar, para Eliot. A não ser que o poeta tenha tido alguma experiência reveladora quando estava por Cotswold (semelhante a de Carlyle em Leith Walk, se bem que menos dramática); os jardins de Cotswold poderiam ser qualquer outro jardim inglês. Escrito muito antes dos outros três poemas, "Burnt Norton" é menos um poema de lugar do que os demais. Incorpora fragmentos que sobraram de *Ash Wednesday* e de *Murder in the Cathedral*, e quando Eliot incluiu esse novo poema na coletânea lançada em 1936 (que completou com os coros da peça *The Rock*), ainda não havia pensado no plano dos *Four Quartets*. Dessa forma, embora os lugares dos outros quartetos estivessem profundamente relacionados com a experiência e memória de Eliot, seria inútil procurar fragmentos biográficos em "Burnt Norton".

A encarnação nos possibilitou o ingresso na permanente ordem da alma, e não nos deixou perecer como as feras: esse é o caráter geral de *Four Quartets*. Em "Burnt Norton", no entanto, essa apreensão está latente ou somente implícita.[30] Esse primeiro poema inicia com uma reflexão a respeito do tempo – extraída das *Confissões* de Santo Agostinho, em vez das palestras de Henri Bergson a que o jovem Eliot assistira em Paris. Para nós, apenas o tempo presente realmente tem significado, diz Eliot: não podemos desfazer o passado e prever o futuro; contudo, nosso passado determinou o presente, e nossas decisões neste momento irão perdurar, para o bem ou para o mal, pelos anos que restam de nossas vidas. Agora, o que importa é o empenho da vontade: um momento pode ter algumas das qualidades da eternidade.

Neste jardim de rosas em Burnt Norton, as lembranças nos encantam. Há toques do jardim de *Ash Wednesday*, e do primeiro jardim dos jacintos, e – ainda mais fortes – da porta que não foi aberta para o roseiral de Wishwood em *The Family Reunion*[31] – escrita logo

---

[30] Há uma discussão se Eliot, em "Burnt Norton" e mesmo posteriormente, nos demais quartetos, havia ou não aceitado plenamente a revelação cristã como São João da Cruz a aceitara. Ver Sister Mary Gerard, "Eliot and John of the Cross". *Thought*, vol. XXXIV, n. 132, primavera 1939, p. 107-27.

[31] Na peça *The Family Reunion* há duas menções ao jardim de rosas, na parte II, cena II. No entanto, Kirk se refere à fala da personagem Harry, na qual a tradução da peça em português optou por omitir as rosas: *Oh my dear, and*

após "Burnt Norton". Esse jardim é o Éden; são também nossas esperanças e amores perdidos. Somos seduzidos por vãs especulações a respeito do que poderia ter sido, caso tivéssemos tomado um outro caminho, aberto uma outra porta.

As vozes das crianças afloram das folhagens, alegres; mas essas crianças são somente crianças que poderiam ter existido, como na estória de Kipling "*They*";[32] talvez sejam as crianças que o Velho Gambá nunca teve. Presenças imponentes também caminham nesse jardim, como outrora caminharam nos jardins de Great Tew; possibilidades não realizadas, talentos negligenciados, sussurros ao redor. Não bastará ficar na ilusão, pois o conhecimento pleno daquilo que poderia ter sido, mas foi jogado fora, seria insuportável: a humanidade não consegue olhar fixamente para a realidade. E o significado da existência deve ser encontrado no presente.

No segundo movimento do poema musical "Burnt Norton", transcendemos a memória e o arrependimento que podemos discernir (como em *Coriolan* e *Murder in the Cathedral*), "o ponto imóvel do

---

you walked through the little door / And I ran to meet you in the rose-garden. [Ó minha querida, e você atravessou o portãozinho / E eu corri ao seu encontro no jardim]. Diante disso, diz Ágata: (...) *We do not pass twice through the same door / Or return to the door through which we did not pass* [(...) Não passamos nunca duas vezes pela mesma porta / Ou voltamos pela porta por onde não passamos]. Ver T. S. Eliot, *Reunião de Família*, parte II, cena II, p. 204-05. (N. T.)

[32] Conto que traz ecos da vida do próprio Kipling, que acabara de perder uma filha na ocasião. É a estória de um motorista que se perde nas estradas de Sussex, no verão, e encontra uma bela propriedade. O motorista vê crianças brincando que não se aproximam. A dona do local ouve o carro e vem ao seu encontro. Cega, fala das crianças que ama e não é capaz de ver. O motorista relata que perdera uma filha tragicamente. Volta ao local outras vezes, toma chá com a senhora cega, e, como sempre, ouve as crianças lá fora. Na última das visitas, tem a mão beijada do modo como só sua filha morta fazia. Aí então percebe que "Eles" são os fantasmas das crianças mortas que só podem ser vistos por quem já perdeu um filho. Ver Rudyard Kipling, "They". *Traffics and Discoveries*. Nova York, Charles Scribner's Sons, 1904, p. 339-75. (N. T.)

mundo que gira"³³ – o eixo sobre o qual gira a roda da vida, a permanência no cerne da mudança. A existência é uma ordem, uma dança de medidas; a existência humana é possível apenas por aquele ponto fixo, da interseção do temporal com o atemporal.³⁴

A verdadeira consciência não deve ser encontrada naquilo que chamamos tempo; a consciência – a qualidade de estar ciente do eu e de uma ordem permanente – é a transcendência do tempo. No entanto, do tempo não podemos fugir; uma consciência simultânea prolongada de passado, presente e futuro iria nos destruir; breves momentos de verdadeira consciência, de visão plena, é tudo o que podemos suportar nesta vida. "Somente através do tempo é o tempo conquistado"³⁵ – ou seja, somente na experiência confusa desta vida podemos encontrar, "pela graça dos sentidos",³⁶ aquela liberdade interna que é a liberação da compulsão interior e exterior.

Do jardim das rosas, no terceiro movimento de "Burnt Norton", somos subitamente arrastados para o metrô de Londres, nem a luz do dia nem escuridão, um lugar como o "reino de sonho da morte".³⁷ Estes passageiros do deserto da tecnologia – levados pelo tempo, distraídos "da distração pela distração",³⁸ apáticos e sem propósito – são as pessoas modernas que não conhecem o *Lógos*, o Verbo,

---

[33] No original: *the still point of the turning world* (...). T. S. Eliot, "Burnt Norton". *Four Quartets*, seção II, verso 68. (N. T.)

[34] O mundo a girar e o ponto imóvel são discutidos de forma interessante em Philip Wheelwright, *The Burning Fountain: A Study in the Language of Symbolism*, 1954, cap. XV.

[35] No original: *Only through time time is conquered*. T. S. Eliot, "Burnt Norton". *Four Quartets*, seção II, verso 96. (N. T.)

[36] No original: *By a grace of sense*. T. S. Eliot, "Burnt Norton". *Four Quartets*, seção II, verso 79. (N. T.)

[37] No original: *death's dream kingdom*. T. S. Eliot, "Hollow Men", seção II, versos 20, 29. (N. T.)

[38] No original: *Distracted from distraction by distraction*. T. S. Eliot, "Burnt Norton". *Four Quartets*, seção III, verso 108. (N. T.)

a fonte da ordem; que existem sem conhecer uma verdade eterna e transcendente. "Burnt Norton" tem por epígrafe duas passagens de Heráclito. "Embora o *Lógos* seja comum a todos, cada um procede como se tivesse um pensamento próprio", é o primeiro. "O caminho que sobe e o caminho que desce são um único e mesmo", diz o segundo. Esses passageiros do metrô vivem pelo míope julgamento privado e pelos apetites; por estes são traídos. Se alguém quiser ser mais que um homem oco, deve descer às profundezas da alma, ou, ainda, subir a escada purgatorial de *Ash Wednesday*. Por qualquer uma das rotas, encontrará o caminho para aquele ponto imóvel que é o amor e a sabedoria divina.[39]

Bem no fundo, de fato, repousam as profundezas numinosas, a noite escura de São João da Cruz. Pelo esvaziamento de um mundo de desejos, pela renúncia do amor das coisas criadas, pela destituição e negação dos sentidos, podemos chegar à visão do amor que não muda. Essa renúncia do ego torna possível o eu; poucos trilham esse caminho.

Nas dez linhas do quarto movimento de "Burnt Norton", voltamos das profundezas da via negativa à natureza vegetal – mas para uma igreja do interior, em lugar de um roseiral. Não terminamos totalmente no túmulo. Os "dedos do teixo irão crispar-se sobre nós?".[40]

---

[39] Embora Eliot não empregue a palavra "numinoso", não há palavra melhor para expressar este senso de dependência de Deus que é descoberta na noite mística da alma. A palavra "numinoso" foi usada com percepção, por Rudolf Otto, para descrever o objeto da experiência religiosa chamado "sentimento de criatura" – ou seja, dependência da presença de outro além do próprio eu, resultando de "imersão no nada diante de alguma espécie de força absoluta irresistível". Ver Rudolf Otto, *The Idea of the Holy: An Inquiry into the Nonrational Factor in the Idea of the Divine and its Relation to the Rational*, 1923, cap. I. [Em português: *O Sagrado: Um Estudo do Elemento Não-Racional na Idéia do Divino e sua Relação com o Racional*. Trad. Próocoro Velásquez Filho. São Bernardo do Campo, Imprensa Metodista, 1985. (N. T.)]

[40] No original: *Fingers of yew be curled / Down on us?* T. S. Eliot, "Burnt Norton". *Four Quartets*, seção IV, versos 141-42. (N. T.)

Recebemos a resposta no quinto movimento: pela participação no modelo atemporal da realidade transcendente, podemos escapar do desejo e da extinção. Podemos conhecer, por meio da disciplina, o eu e o outro para quem o eu é atraído.

A eternidade pode ser experimentada naqueles raros momentos de verdadeira consciência quando a pessoa escapa das garras do tempo – tais circunstâncias, como sugere a expressão de C. S. Lewis "surpreendem pela alegria". Estando o mundo por demais em nós,[41] chegamos àqueles raros momentos, embora sejam tais ocasiões que fazem a vida valer a pena:

> Ridículo o sombrio tempo devastado
> Que se estende antes e depois.[42]

Se "Burnt Norton" permanecesse sozinho, seria o poema mais intrincado da língua inglesa. O que o leitor faria com isso, já que provinha de um poeta que iria redimir o tempo?

> Se todo tempo é eternamente presente
> Todo tempo é irredimível.[43]

Mas isso, Eliot esclarece depois, é somente a aparente natureza do tempo. Como observa Helen Gardner, podemos encontrar em *Four Quartets* um sentido literal, um sentido moral e um sentido místico.[44] Na verdade, somente Deus é todo o tempo eternamente presente; e para Deus há também todas as intenções não cumpridas e todas as possibilidades não realizadas. Do homem, felizmente, a

---

[41] Kirk faz uma citação indireta ao poema de William Wordsworth "*The World is Too Much with us*", de 1802, em que o poeta critica a Revolução Industrial e o materialismo que afasta o homem da natureza. (N. T.)

[42] No original: *Ridiculous the waste sad time / Stretching before and after*. T. S. Eliot, "Burnt Norton". *Four Quartets*, seção V, versos 183-84. (N. T.)

[43] No original: *If all time is eternally present / All time is unredeemable*. T. S. Eliot, "Burnt Norton". *Four Quartets*, seção I, versos 4-5. (N. T.)

[44] Ver Helen Gardner, *The Art of T. S. Eliot*, 1950, p. 158-85.

consciência total da simultaneidade não é revelada, juntamente com o conhecimento do que poderia ter sido. E, pela graça de Deus (e a graça é um tema semioculto em "Burnt Norton"), de fato, o homem pode ser redimido e pode redimir o tempo. O jardim de rosas não precisa ser simplesmente o saudoso jardim de Wishwood ou de Burnt Norton: muito perdemos por pecado ou negligência, mas muito podemos preservar.

Em "Burnt Norton" Eliot é assombrado por possibilidades perdidas, a graça é somente vislumbrada. A possibilidade da graça não pôde, por si só, apagar o remorso pelo "sombrio tempo devastado";[45] mas Eliot veio a acreditar em mais dogmas que o dogma da graça. Os últimos quartetos têm relação com os dogmas da fé, da esperança e da caridade e, por eles, muitas das aparentes omissões de "Burnt Norton" são solucionadas. E, ao longo de todos os poemas, devemos ter em mente que Eliot não está descrevendo uma "experiência" religiosa, a não ser incidentalmente: sua intenção é descrever, como disse, "a experiência de crer em um dogma".[46] Afirma a visão poética como um meio de apreensão de uma ordem transcendente, e oferece uma crítica tanto à incredulidade cega quanto à ilusão de que a poesia pode fazer as vezes de religião.

À BEIRA DE UM ABISMO

"Burnt Norton" é um poema de início de verão, e do ar; "East Coker", um poema de final de verão, da terra. O assunto de "Burnt Norton" é a graça; o de "East Coker", a fé.

---

[45] No original: (...) *the waste sad time*. T. S. Eliot, "Burnt Norton". *Four Quartets*, seção V, verso 183. (N. T.)

[46] No original: *The experience of believing a dogma*. T. S. Eliot, "Planning and Religion". *Theology*, n. 46, mar. 1943.

De East Coker, em 1667, Andrew Eliot partiu para a colônia na baía de Massachusetts. Na vila de Somerset, dois séculos antes, nascera Simon Elyot, o avô de Sir Thomas Elyot, e o laço de família é renovado no poema de Eliot.[47]

No primeiro movimento do poema, os fantasmagóricos aldeões dançantes foram inspirados na estória de Friedrich Gerstacker chamada *Germelshausen*, passada em uma aldeia há muito tempo sob interdito, que não está viva ou morta. A aldeia emerge da terra uma vez por século, para um único dia de alegria, afundando novamente ao final. Quem quer que visite East Coker poderá notar o paralelo: dificilmente notamos a ação do tempo nesse vilarejo.

Eliot conheceu o lugar pela primeira vez em agosto de 1937, e veio a amá-lo; lá, na Igreja de Saint Michael, do século XIII, agora repousam suas cinzas. East Coker fica a uma caminhada da cidade comercial de Yeovil – que era uma cidade agradável, como muitas das cidades de Wessex de Thomas Hardy, quando Eliot visitou Somerset pela primeira vez, mas agora está desfigurada pelos impiedosos processos econômicos. East Coker, no entanto, ainda é um lugar bonito: quase perfeito, com encantadoras casas de fazenda e chalés (feitos de uma pedra dourada, em vez da "rocha cinzenta" do poema),[48] muitas com telhados de palha, e as casas mais novas construídas com essa pedra, no mesmo estilo. Acima da isolada aldeia está a Igreja de St. Michael, com o cemitério ("antigas pedras, que não podem ser decifradas")[49] e a casa antiga e enorme de Coker's Court, outrora um prédio eclesiástico (realmente o tempo

---

[47] A maior parte dos glosadores de T. S. Eliot dizem, erroneamente, que Thomas Elyot nasceu em East Coker. Esse, no entanto, era apenas o vilarejo hereditário; o autor de *The Boke Named the Gouvernour* (1531) provavelmente nasceu em Wiltshire.

[48] Ver verso 21: *Is absorbed, not refracted by grey stone*. (N. T.)

[49] No original: *old stones that cannot be deciphered*. T. S. Eliot, "East Coker". *Four Quartets*, seção V, verso 200. (N. T.)

não estilhaçou as trêmulas vidraças dessa casa: a mansão está ocupada e em bom estado de conservação).[50] Por aquilo que Eliot chamou de "volta no tempo", East Coker manteve a aparência da época de Andrew Eliot, ou mesmo de um período anterior.

Em St. Michael (que tinha um pároco, um vigário e talvez uns 25 fiéis, quando lá assisti ao culto dominical), há uma placa em memória de William Dampier, fixada no alto de uma parede – Dampier, um grande navegador e vívido escritor, mas um pirata bem menos feliz, planejou interceptar o galeão espanhol *Manila* na vastidão do Pacífico e falhou (nascera naquela paróquia, mas morrera em Londres, e ninguém sabe onde estão seus ossos). O outro grande memorial, para um diferente tipo de viajante, é a placa oval na parede, do lado oeste, no fim de uma das naves laterais, com a inscrição: "Em meu princípio está meu fim. Por gentileza, rezem pela alma de Thomas Stearns Eliot, poeta. Em meu fim está meu princípio". Por uma viagem intelectual – dogmática, mais que entusiasta, como escrevera em *A Ideia de uma Sociedade Cristã* – o poeta achou o caminho para a fé e a eternidade, velejou em seu galeão.

A avaliação que Eliot faz de sua época, em "East Coker", é tão sombria quanto em *The Waste Land*. "As casas vivem e morrem",[51] somos informados no primeiro movimento, e estavam morrendo por toda a Europa enquanto escrevia. "Em meu princípio está o meu fim" – essa inversão do lema de Mary Stuart domina o poema, até o final, quando somos lembrados de que a rainha da Escócia bordara no trono nada menos que a fórmula original: "Em meu fim está meu princípio". No ciclo da vida material, tudo passa de pó a cinzas. Uma passagem retirada do *The Boke Named the Gouvernour*, com a dança

---

[50] Em março de 2011, a referida casa, construída no século XIII como a casa do priorado, estava à venda, mas ainda em bom estado de conservação. (N. T.)

[51] No original: *Houses live and die*. T. S. Eliot, "East Coker". *Four Quartets*, seção I, verso 9. (N. T.)

como símbolo do casamento ordenado,[52] sugere um modelo de comunidade que nesse momento estava sendo destruído. A ordem do século XVI, afinal estava presa ao tempo, e suas aspirações tinham ido para a fogueira: a vida sempre fora como Sweeney dissera: "Nascer, copular e morrer",[53] um ritmo lento e cansativo – caso esta vida seja tudo. Ali, em East Coker, a família de Eliot tinha iniciado; lá Eliot aguarda o fim.

O fim material poderia não estar muito distante, nos informa a primeira estrofe do segundo movimento: em nossa época, a natureza está partida, e nós – "dentro de um vórtice"[54] – devemos ser consumidos naquele fogo destruidor cujas centelhas "derretem o gelo que reina na calota polar".[55] Mas essas imagens poéticas são adequadas? As palavras são ferramentas que se partem nas mãos. As noções da Renascença não seriam hoje para nós, como aquelas imagens de época, superficiais? O conhecimento empírico não pode, por si, bastar: os "mais velhos de fala comedida"[56] nos legaram "apenas o recibo de uma fraude".[57] Atualmente abjuramos alguns dos erros mais antigos, encerrados numa época de otimismo arrogante; todavia nossa própria desilusão é superficial, pois aquelas noções que condenamos logo passam a nos prejudicar. Preservamos os erros que mais nos condenam às penas eternas, e a eles acrescentamos as desilusões pessoais; nossos "Velhos Estadistas",[58] Eliot conclui, haviam trazido a guerra, ao acreditar apenas na experiência prática.

---

[52] Ver versos 29 a 34.

[53] Ver versos 37, 39, 42, 45 e 48 de *Fragment of an Agon*.

[54] No original: *Whirled in a vortex*. T. S. Eliot, "East Coker". *Four Quartets*, seção II, verso 67. (N. T.)

[55] No original: *which burns before the ice-cap reigns*. Ibidem, verso 70. (N. T.)

[56] No original: *the quiet-voiced elders*. Ibidem, verso 79. (N. T.)

[57] No original: *merely a receipt for deceit*. Ibidem, verso 80. (N. T.)

[58] Referência à última peça de Eliot em que os erros do passado do adoentado e senil estadista voltam para atormentá-lo ao fim da vida e que será objeto de análise no capítulo XI. (N. T.)

Cambaleamos à beira de um charco[59] (possivelmente o Grimpen Mire[60] de *O Cão de Baskervilles*), ainda perdidos nas moitas, dando um ou outro passo, e terminamos na lama. Não são homens velhos, que se gabam da sabedoria de sua época, temerosos "de pertencerem a outro, ou a outros, ou a Deus"[61] que possam nos guiar. Somente com humildade encontramos a verdadeira sabedoria, como as casas e os bailarinos submergem ao pé da colina.

As trevas recaem sobre capitães e reis, no terceiro movimento – e também sobre financistas e industriais, de nossa obtusa era materialista, e sobre todos que, com Coriolano, desfilam as vãs ambições por uma hora. Novamente entrevemos o metrô, com os rostos vazios dos passageiros sucumbindo ao "crescente terror de nada haver em que pensar".[62] Esperamos sem pensar, e mesmo sem esperança, pela vinda de Deus. Nos restou somente a fé, e a confiança em um fim providencial. Mais uma vez, a *via negativa* é o único caminho da sabedoria – um caminho sem êxtase.

O lema da família Eliot, a legenda, o "lema silencioso" tecido sobre a esfarrapada tapeçaria de "East Coker", era *tace et fac* – "silencia e age", ou "fiques quieto e permaneças em ação".[63] A única ação

---

[59] No original: *on the edge of a grimpen*. Em português o tradutor optou por utilizar a imagem de um "abismo", que mantivemos no título desta seção do capítulo. Ver T. S. Eliot, "East Coker". *Four Quartets*, seção II, verso 94. (N. T.)

[60] Pântano fictício criado por Sir Conan Doyle tendo por inspiração os grandes pântanos de Fox Tor Mire, em Dartmoor. Vale lembrar que Eliot era fã das estórias de Sherlock Holmes. (N. T.)

[61] No original: *Of belonging to another, or to other, or to God*. T. S. Eliot, "East Coker". *Four Quartets*, seção II, verso 99. (N. T.)

[62] No original: *the growing terror of nothing to think about*. T. S. Eliot, "East Coker". *Four Quartets*, seção III, verso 124. (N. T.)

[63] O fato de este ser o "lema silencioso" da família de Eliot, e não de Mary Stuart, foi descoberto por Elizabeth Drew, cujo capítulo sobre os *Four Quartets* é muito bom. Ver *T. S. Eliot: The Design of His Poetry*, 1949, p. 165.

que nos é possível é o ato de fé, esperar a vinda de Deus, pois nenhum homem é autônomo. A falsa alvorada do humanismo renascentista era arrogante, e pagamos agora por esse orgulho. Se renunciarmos ao ego, poderemos alcançar a consciência. Assim, no quarto movimento somos lembrados de que, na queda de Adão, todos pecamos. Cristo, o "cirurgião ferido",[64] nos opera; este mundo é um hospital espiritual; a Igreja, nossa "enfermeira agonizante";[65] não podemos ficar curados até que passemos pelos "fogos purgatoriais".[66] Aqui, como tantas outras vezes nos escritos de Eliot, o crítico que tenha apenas um conhecimento superficial de teologia ou história da Igreja começará a argumentar e debater com os colegas se Eliot era realmente um católico ou um puritano. Esse tedioso debate é desnecessário, pois Eliot, aqui e alhures, é discípulo de Santo Agostinho de Hipona, cujo patrimônio é partilhado por católicos e calvinistas. Em todo o quarto movimento são ouvidos ecos de Sir Thomas Browne e São João da Cruz, mas englobados em uma ortodoxia agostiniana. O homem e a sociedade sofrem de uma desoladora doença do espírito, que nunca será totalmente curada neste mundo. O grito de Eliot é o de Henry Vaughan:

> Há em Deus (dizem alguns)
> trevas profundas, mas fascinantes; (...)
> Oh, noite! Quando Nele estiver
> poderei indistinto e inviso viver.[67]

Assim, os vinte anos entre as guerras, diz Eliot no último movimento de "East Coker", foram uma guerrilha mental, tentando

---

[64] No original: *The wounded surgeon*. T. S. Eliot, "East Coker". *Four Quartets*, seção IV, verso 151. (N. T.)

[65] No original: *dying nurse*. Ibidem, verso 157. (N. T.)

[66] No original: *purgatorial fires*. Ibidem, verso 169. (N. T.)

[67] No original: *There is in God (some say) / A deep, but dazzling darkness (...) O for that night! where I in him / Might live invisible and dim*. Henry Vaughan, "The Night". *Silex Scintillans*, 1655, I, 49. (N. T.)

recuperar o que havia sido perdido: uma batalha empreendida infinitas vezes, pelos séculos, por homens melhores do que ele. "Para nós, há somente tentativa. O resto não é de nossa conta".⁶⁸ Esperamos pela vinda de Deus, mas, nesse meio tempo, temos de manter ou retomar o terreno que pudermos.

Aqueles intensos momentos de percepção, quando vislumbramos a realidade transcendente, não permanecem isolados. Somos parte de uma grande continuidade e essência; e em "cada instante toda uma vida pode arder",⁶⁹ se conhecermos o amor:

> Há um tempo para anoitecer à luz dos astros,
> Um tempo para anoitecer à luz das lâmpadas
> (Anoitecer com o álbum de fotografias).⁷⁰

Ao sermos agraciados com um vislumbre da verdade das coisas, podemos ser redimidos do "sombrio tempo devastado";⁷¹ podemos experimentar a eternidade em atos humildes; não é tarde demais, não obstante quão cegos e escravos dos apetites tenhamos sido anteriormente. Cada momento de amor conta, e compõe nossa imortalidade. Ficando imóveis e movendo-nos cada vez mais, por mais idosos que sejamos, a descoberta da realidade pelo amor e o sonho mais alto ainda são possíveis – mesmo na "escura frieza e vazia desolação"⁷² de nossa época, assim como na época de Santo Agostinho. "Em meu fim está meu princípio."⁷³ Mantenhamos a fé nesse dogma, e a fé nos libertará da servidão do tempo.

---

[68] No original: *For us, there is only the trying. The rest is not our business.* T. S. Eliot, "East Coker". *Four Quartets*, seção V, verso 193. (N. T.)

[69] No original: *a lifetime burning in every moment.* Ibidem, verso 198. (N. T.)

[70] No original: *There is a time for the evening under starlight, / A time for the evening under lamplight / (The evening with the photograph album).* Ibidem, versos 201-03. (N. T.)

[71] No original: *the waste sad time* Ibidem, verso 183. (N. T.)

[72] No original: *dark cold and empty desolation.* Ibidem, verso 211. (N. T.)

[73] No original: *In my end is my beginning.* Ibidem, verso 213. (N. T.)

O "fim" de um homem é o seu intuito, o seu propósito, o seu destino – não a sua destruição. Assim, em East Coker ou onde quer que esteja seu lar, no início da vida da pessoa, o fim pode ser discernido. Esse fim, para aqueles que percebem uma realidade superior a "Nascer, copular e morrer"[74] – uma realidade que transcende os ritmos de uma natureza física – é conhecer a Deus e ter com Ele para sempre. Ou, como propôs Christopher Dawson, essa também é uma verdadeira comunidade de cultura. Para realizar algo, um povo deve começar pelo reconhecimento de uma transcendência divina; esse início cultural se torna o fim da cultura, seu meio de progressão. Na civilização partimos do "mais alto tipo de conhecimento – a intuição do ser puro".[75] Para o homem se tornar algo mais que um brutamontes, deve existir uma comunidade de espírito.

"Uma cultura, mesmo a do tipo mais rudimentar, nunca é uma simples unidade material", escreveu Dawson em 1929. "Envolve não só uma certa uniformidade na organização social e no modo de vida, mas também uma disciplina social contínua e deliberada (...) Devemos lembrar que, ao menos intelectualmente, o desenvolvimento humano não é tanto do mais simples ao mais complexo, como do mais confuso ao mais evidente".[76] Dos pensadores sociais de seu tempo, nenhum influenciou mais Eliot do que Dawson.

Na pessoa e na comunidade, então, o fim está, em potência, no início. O fim não é dissolução. Pois, o que chamamos de "fim" da vida, o término, é apenas um novo começo – embora aflito como o sonho de Gerontion – para aqueles que se submeteram à disciplina

---

[74] No original: *Birth, copulation and death*. T. S. Eliot, "Fragment of an Agon", *Sweeney Agonistes*, versos 37, 39, 42, 45, 48. (N. T.)

[75] Christopher Dawson, *Progresso e Religião: uma Investigação Histórica*. Trad. Fabio Faria. São Paulo, É Realizações Editora, 2018

[76] Ibidem, p. 66 e 77. Até onde sei, o único crítico que notou que Dawson inspirou os *Four Quartets* é James Johnson Sweeney, "East Coker: a Reading". In: *The Southern Review*, vol. VI, n. 4, 1941, p. 771-91; Reimpresso em: Unger (ed.), *T. S. Eliot: A Selected Critique*, 1966, p. 395-414.

do espírito. Que provas temos disso? Especulações platônicas, é claro; mas muito maior do que estas, a encarnação. "Se não fosse assim, eu vos teria dito";[77] é também uma prova, que sem a fé na promessa de vida eterna nos tornamos a mais miserável das criaturas.

De nossos atos passageiros, aqui e agora, depende a união com a divindade: por Cristo, participamos da eternidade. Caso isso não exista, somos fantasmas realizando um ritual de dança; caso isso venha a faltar, temos apenas o conhecimento da experiência privada e do empirismo social, que falham quando deles precisamos. Acreditemos no que nos foi dito, de que somos espíritos aprisionados a ser libertados somente pelo amor de Deus e pelo amor ao próximo. "Na igreja cruzada pelos ventos ao cair da bruma",[78] experimentando, talvez, um momento fora da consciência, que é um momento da realidade, rezemos pela alma do homem comum.

ADIANTE, VIAJANTES

"The Dry Salvages" é um poema da água e da esperança. Quase todos os críticos lhe atribuem uma distinção estilística bem abaixo dos outros quartetos; alguns dos versos beiram perigosamente a prosa. Mas serve como transição da passividade sombria de "East Coker" para a afirmação superior de "Little Gidding", e promete a libertação dos ciclos da natureza.

Se as imagens desse poema são menos convincentes, talvez seja porque Eliot evoca somente memórias distantes da infância às margens do Mississippi e na costa de Massachussetts. Debaixo da ponte Eads (construída quatorze anos antes de Eliot nascer), em St. Louis, o rio se dirige para o golfo "com sua carga de negros mortos, vacas

---

[77] João 14,2.

[78] No original: *in the draughty church at smokefall*. T. S. Eliot, "Burnt Norton". *Four Quartets*, seção II, verso 94. (N. T.)

e gaiolas";[79] rumo ao Cabo Ann, onde os Eliots tinham uma casa de veraneio, o oceano atormenta sem cessar o Dry Salvages,[80] o farol sobre as rochas como um aviso diante da arrogância dos homens. "O rio flui dentro de nós, o mar nos cerca por todos os lados."[81] No sangue do homem corre a continuidade da humanidade, e estamos à deriva no mar do tempo.

O sino nas rochas dobra por nós; mas também é o sino da anunciação. Se nos submetermos à imersão no tempo, "aos descaminhos do mar e ao torvelinho do naufrágio",[82] terminaremos estilhaçados nos Dry Salvages. Creio que ninguém chamou atenção para quão próximas estão aqui as imagens de Eliot, de barcos de pesca e do sino alertando sobre os arrecifes traiçoeiros, da linguagem do ensaio de Paul Elmer More sobre William James, que "arrebatado pela ilusão do presente"[83] se submete ao fluxo do tempo e da mudança.

Assim como More, T. S. Eliot não podia aceitar a preocupação de James com o momento presente, salvo se esse momento estivesse ligado com o tempo passado e o futuro; nem tampouco podia aceitar o conceito de tempo de Kant ou de Bergson. Como More, Eliot veio a aceitar que somente por intermédio da anunciação e da encarnação a tirania do tempo seria desfeita.

Sem a esperança daquilo que a anunciação proclamou ao mundo, o homem do século XX espera seu fim "num barco à deriva e a meio

---

[79] No original: (...) *its cargo of dead negroes, cows and chicken coops*. T. S. Eliot, "The Dry Salvages". *Four Quartets*, seção II, verso 117. (N. T.)

[80] Nome de uma das perigosas fomações rochosas do litoral do Cabo Ann, responsável por vários naufrágios. Tais rochas, mesmo na maré alta, mantém uma parte acima do nível do mar, daí o nome *Dry*, que significa seco. (N. T.)

[81] No original: *The river is within us, the sea is all about us*. T. S. Eliot, "The Dry Salvages". *Four Quartets*, seção I, verso 15. (N. T.)

[82] No original: *to the drift of the sea and the drifting wreckage*. T. S. Eliot, "The Dry Salvages". *Four Quartets*, seção II, verso 84. (N. T.)

[83] Paul Elmer More, "The Pragmatism of William James". *Shelburne Essays, Seventh Series*, 1910, p. 201-02.

naufragar".⁸⁴ Nossa esperança não se encontra no momento presente, muito embora a ação correta no presente seja o meio para a imortalidade. Se nos faltar compreensão do passado pessoal e do passado histórico, o presente momento não tem sentido. O passado não foi mera sequência de eventos ocasionais; ainda menos foi a "evolução" de um darwinismo social vulgarizado. Verdadeiramente compreendido, o passado tem um padrão; aqueles momentos de súbita iluminação possuem um sentido que não captamos:

> E a proximidade do significado restaura a experiência
> Sob forma diversa, além de qualquer significado
> Como já se disse, podemos atribuir à felicidade.⁸⁵

Não um prazer efêmero, mas um gosto de eternidade, é o sentido desses momentos de transcendência. Aqueles momentos esclarecedores ocorrem a muitos de nós, embora sejam pouco comuns. No entanto, o que mais importa, aprendemos (como escrevera Eliot em "East Coker") não da "vida de um homem apenas",⁸⁶ não simplesmente de nossos momentos privados, mas de tais momentos experimentados pelos homens de visão que nos precederam no tempo. O que chamamos revelação é tal experiência de transcendência; herdamos um patrimônio que é o poder de visão do profeta, do filósofo e do poeta. Aqueles momentos de êxtase do espírito são permanentes. E assim são os momentos da terrível visão – mais

---

⁸⁴ No original: *in a drifting boat with a slow leakage*. T. S. Eliot, "The Dry Salvages". *Four Quartets*, seção II, verso 66. (N. T.)

⁸⁵ No original: *And approach to the meaning restores the experience / In a different form, beyond any meaning / We can assign to happiness (...)*. T. S. Eliot, "The Dry Salvages". *Four Quartets*, seção II, versos 96-97. Vale notar que na edição em português que utilizamos o último verso aparece mutilado, sem a primeira parte citada por Kirk, talvez devido a um erro de diagramação. (N. T.)

⁸⁶ No original: *the lifetime of one man only*. T. S. Eliot, "East Coker". *Four Quartets*, seção V, verso 199. (N. T.)

bem compreendidos pela compaixão, pelo olhar respeitoso para a agonia do próximo:

> Pois em nosso próprio passado cruzam correntes de ação,
> Mas o tormento dos outros perdura como experiência
> Inqualificada, incorrompida por subsequente atrito.[87]

Por misericórdia esquecemos nossos terrores privados; não podemos suportar a vida se estivermos plenamente cientes do medo intenso que a espécie já experimentou; todavia o assustador "rochedo apunhalado nas águas incansáveis"[88] lá jaz sempre, esperando por nossos atos de arrogância. Temos negada a plena consciência do significado da visão extática porque esse entendimento traria consigo, concomitantemente, o poder desastroso de conhecer plenamente os momentos de agonia.

Aqui, brevemente – como se para nos resgatar da vertigem de um navio jogando e se movendo por sobre as ondas – no terceiro movimento de "The Dry Salvages", Eliot muda para imagem do trem partindo de uma estação (criando um paralelo entre os dois primeiros quartetos e o terceiro). Os passageiros do trem não escaparão do passado, por viverem outras vidas em qualquer tempo futuro. No entanto, esses passageiros estão mudando a cada momento que passa; não podem cruzar duas vezes o mesmo rio.

Então, estamos "sobre o convés do álacre navio",[89] enquanto olhamos o rastro da embarcação: quando desembarcarmos, não seremos as mesmas pessoas que fomos quando estávamos a bordo. Essa verdade é retirada do Bhagavad-Gita; e assim é a verdade que se segue:

---

[87] No original: *For our own past is covered by the currents of action, / But the torment of others remains an experience / Unqualified, unworn by subsequent attrition*. T. S. Eliot, "The Dry Salvages". *Four Quartets*, seção II, verso 112-14. (N. T.)

[88] No original: *ragged rock in the restless waters*. Ibidem, verso 119. (N. T.)

[89] No original: *on the deck of the drumming liner*. T. S. Eliot, "The Dry Salvages". *Four Quartets*, seção III, verso 143. (N. T.)

> Neste momento, que não é de inércia nem de ação,
> Podeis aceitar isto – "em qualquer esfera do ser
> A mente humana pode estar alerta
> À hora da morte" – esta é a única ação
> (e a hora da morte preside cada instante)
> Que haverá de frutificar na vida dos outros.
> E não penseis no fruto da ação.
> Adiante.[90]

Para nós (embora não para Deus) o futuro é incognoscível; o resultado da presente ação é imprevisível, tudo o que sabemos é do nosso passado e do passado da humanidade. Sobre esse conhecimento daquilo que foi – reconhecemos, por fim, o sentido na experiência anterior – devemos agir para redimir o tempo. Se agirmos à luz da imaginação moral, obtida pela meditação nessa experiência, essa ação refletida nos une a Deus e pode frutificar no tempo que há de vir.

Se orarmos pelos viajantes, vivos ou mortos, podemos ouvir o sinistro sino sobre as rochas; mas podemos entendê-lo como um *angelus*. Não é por noções de comunicação interplanetária, pela invocação de espíritos em uma sessão, por intermédio da astrologia, das cartas de tarô ou outras superstições, que podemos apresar a interseção do temporal com o atemporal. Nem a psicanálise irá nos redimir – nem explorar "o fundo, a tumba, ou os sonhos".[91] Só os santos transcendem o tempo e a mortalidade. Mas que esperança existe para os que não são santos?

---

[90] No original: *At the moment which is not of action or inaction / You can receive this: "on whatever sphere of being / The mind of a man may be intent / At the time of death"– that is the one action / (And the time of death is every moment) / Which shall fructify in the lives of others: / And do not think of the fruit of action. / Fare forward.* Ibidem, versos 156-63. (N. T.)

[91] No original: *the womb, or tomb, or dreams*. T. S. Eliot, "The Dry Salvages". *Four Quartets*, seção V, verso 197. (N. T.)

Para a maioria de nós, há somente o inesperado
Momento, o momento dentro e fora do tempo,
O acesso de distração, perdido num dardo de luz solar.[92]

A maioria de nós deve se voltar para a prece, a observância às normas, à disciplina, ao pensamento e à ação justa. A encarnação, o *Lógos* feito carne, nos dá a possibilidade de conquistar o passado e o futuro. Se não conhecemos o divino, somos guiados pelos impulsos simbólicos do mundo inferior. Embora nossos corpos sejam "semeados corruptíveis",[93] passamos aos sucessores a vida do espírito; além do teixo, o verdejante símbolo da ressurreição e da imortalidade, somos parte de uma continuidade eterna.[94] O marinheiro afogado se levanta em outras costas, e a ordem moral une os mortos, os vivos e os que ainda não nasceram.

Será que Eliot verdadeiramente acreditava na doutrina cristã da vida eterna, e mesmo na ressurreição da carne? É essa a esperança de que nos fala em "The Dry Salvages"? Orwell entendeu a intenção de Eliot simplesmente como uma resignação de quem fica arrancando as ervas-ruivas que nascem ao lado do teixo, enquanto a vida dos outros vai em frente, e muitos comentadores de Eliot ainda se esquivam da questão com desconfortável ambiguidade. Mas a pergunta não pode ser ignorada: a resposta, literalmente, faz uma diferença enorme – a diferença entre o humanismo ético que Eliot acreditava insuficiente e o dogma cristão que veio a afirmar. Essa é a questão que atormentou Miguel de Unamuno, o filósofo mais interessante da era de Eliot. No livro *Del Sentimiento Trágico de la Vida* [Do Sentimento Trágico da Vida], escrito em 1912, Unamuno – notório na Espanha pelas opiniões

---

[92] No original: *For most of us, there is only the unattended / Moment, the moment in and out of time, / The distraction fit, lost in a shaft of sunlight.* T. S. Eliot, "The Dry Salvages". *Four Quartets*, seção V, versos 209-211. (N. T.)

[93] 1 Coríntios 15,42.

[94] Em Somerset, onde estão depositadas as cinzas de Eliot, os teixos no adro da igreja são particularmente numerosos. Ver Vaughan Cornish, *The Churchyard Yew and Immortality*, 1946.

heréticas, assim como Eliot era notório na Inglaterra pelas opiniões ortodoxas – foi ao âmago da questão: "O homem que não deseje apaixonadamente, e com uma paixão que triunfe sobre todos os ditames da razão, pela própria imortalidade, é o homem que não a merece, e porque não a merece, não pode almejá-la (...) e talvez o pecado contra o Espírito Santo – para o qual segundo o evangelista não há perdão – não é outro senão o de não desejar Deus, não almejar ser eterno".[95]

Não foi o absoluto de Bradley, mas o Deus de Unamuno, que Eliot veio a desejar. Eliot esperava enfraquecer a vaidade do ego, mas para salvar os argumentos do padre Martin D'Arcy em *Death and Life*. Por meio da encarnação, a vida eterna em Cristo se torna um grande negócio, melhor do que ficar arrancando ervas-ruivas. Na "vida após a morte" (que na verdade não é "após", porque transcende o tempo e alcança a simultaneidade), a pessoa continua, aperfeiçoada. "Toda a experiência estaria prontamente disponível na mente", escreve o padre D'Arcy, "e tão viva que o passado seria tido como tão real quanto o presente. (...) Nem há nada de fantástico supor em um corpo adaptado a uma nova condição da alma, um corpo que seja a obra de arte da alma e que esteja vivo com nova força sobrenatural e novo encanto". O tempo passado será verdadeiramente redimido: "as reminiscências abandonarão os mortos e o passado viverá novamente na plenitude da vida".[96] O que poderia ter acontecido no roseiral terreno ou jardim de jacintos, mas não se tornou real no tempo, será conhecido para além do tempo, no jardim da rosa multifoliada. Em "The Dry Salvages", Eliot não demonstra a realidade dessa esperança, é claro, nenhum poeta pode fazer isso, nem mesmo um filósofo. O que Eliot faz é que seus leitores sintam como é possível aceitar o dogma da esperança que ele aprendeu a acalentar.

---

[95] Miguel de Unamuno, *The Tragic Sense of Life*. Trad. J. E. Crawford Flitch, 1923, p. 248-49. [Em português temos a seguinte edição: Miguel de Unamuno, *Do Sentimento Trágico da Vida*. São Paulo, Martins Editora, 1996. (N. T.)]

[96] Martin D'Arcy, op. cit., 174-75.

PARA QUE O FOGO DO FOGO NOS REDIMA

Remota no século XVII, Little Gidding continua obscura nos dias de hoje. A pessoa vai até Giddings, a pé ou de carro, saindo da interiorana cidadezinha de Huntingdon, onde Oliver Cromwell nasceu e onde, em 1612, na Igreja de Todos os Santos, que se projeta para a estrada Great North, o corpo de Mary, rainha da Escócia, repousou durante o translado para a Abadia de Westminster. Agora os dois são símbolos de aperfeiçoamento na morte.

Mesmo em 1625, quando Nicholas Ferrar comprou o local, Little Gidding estava despovoada. Das três aldeias – Great Gidding, Little Gidding, Steeple Gidding, cada qual com a sua igreja – Little Gidding é a menor. A mansão onde residia a comunidade de Ferrar de trinta ou quarenta pessoas desapareceu: restou a capela (restaurada por Ferrar e reconstruída em 1714), com o púlpito de bronze da época de Ferrar – um lugar "onde eficaz tem sido a oração".[97] Eliot encontrou Little Gidding na "primavera em pleno inverno"[98] de 1936, e rumou "rodeando o chiqueiro, à obscura fachada e à pedra tumular".[99] Dessa visita resultou esse poema de fogo e de caridade.

Em Little Gidding, um homem de talento fundou aquilo que os puritanos chamaram de "convento arminiano", um refúgio de piedade anglicana que os partidários de Cromwell saqueariam não muito depois da morte de Ferrar. A melhor descrição sumária dessa comunidade, amada por George Herbert e que influenciou Richard Crashaw, é a obra de Izaak Walton, *The Life of Mr. George Herbert* [A Vida do Sr. George Herbert]. Ferrar conhecia tudo e poderia ter sido qualquer coisa; mas em 1625, quando era um dos grandes no Parlamento,

---

[97] No original: *Where prayer has been valid*. T. S. Eliot, "Little Gidding". *Four Quartets*, seção I, verso 48. (N. T.)

[98] No original: *Midwinter spring*. Ibidem, verso 1. (N. T.)

[99] No original: *behind the pig-sty to the dull façade / And the tombstone*. Ibidem, seção I, versos 30-31. (N. T.)

renunciou, preferindo levar uma vida de oração, contemplação e disciplina religiosa em Little Gidding.

"Cátedras de magistério estavam à sua disposição", escreveu T. O. Beachcroft sobre Ferrar, na *Criterion*; "era escolhido para altos cargos; todos os parlamentares buscavam sua amizade; chegou a receber a oferta de uma herdeira com um dote de dez mil libras. É difícil encontrar paralelos desse duplo domínio da esfera do pensamento e da ação, salvo entre os grandes homens do mundo".[100] Todavia, Ferrar retirou-se com os parentes em Little Gidding para levar uma vida espiritual muito austera. A aparente semelhança de personalidade pode ter atraído Eliot para a igreja e o túmulo de Ferrar e pode ser dito de Eliot o mesmo que Bernard Blackstone escreveu de Ferrar: "a dignidade contida, silenciosa, e a objetividade da escrita de Ferrar provinham mais de uma tensão interna contínua do que de uma serenidade habitual". Sobre o jovem Ferrar, pesava gravemente a consciência do pecado – em particular, do pecado da descrença. E Ferrar fora um poeta religioso, ainda que alguns "cabeças redondas"[101] tenham assado um carneiro na fogueira feita com seus manuscritos e fragmentos do órgão da igreja.

O rei Charles I, o mártir, visitou Little Gidding, dizem, por três vezes – a última foi logo após a derrota em Naseby, um Coriolano arruinado ao cair da noite. Assim, Eliot seguiu o antigo rufar dos tambores até Little Gidding, onde o fim havia sido o princípio. Durante uma época de destruição ainda mais devastadora, Eliot escolheu

---

[100] T. O. Beachcroft, "Nicholas Ferrar and George Herbert". *The Criterion*, vol. XII, n. 46, out. 1932, p. 26. Para comentários de membros do grupo da *Criterion* sobre Ferrar, ver resenha de Bernard Blackstone a respeito de Nicholas Ferrar of Little Gidding, de A. L. Maycock, *The Criterion*, vol. XVIII, n. 70, out. 1938, p. 154-57; e a resenha de Charles Smythe sobre os *The Ferrar Papers*, publicados por Bernard Blackstone, *The Criterion*, vol. XVIII, n. 71, jan. 1939, p. 366-71.

[101] No original, *Roundhead*. Nome dado a oposição parlamentar ao governo de Charles I, na Inglaterra, no período da Revolução Puritana e era chamada dessa forma pela recusa dos membros a usar perucas. Tendiam a ser puritanos ou presbiterianos, mas havia alguns grupos independentes. (N. T.)

Little Gidding como paradigma da caridade de Deus que "excede toda a compreensão".¹⁰²

Little Gidding fica quase no fim do mundo. Eliot poderia ter escolhido ajoelhar-se em outros locais, ainda mais remotos, como a ilha de Iona de São Columba, a ilha de Lindisfarne de São Cutberto, o vale de Glendalough, a região da Tebaida, ou a cidade de Pádua de Santo Antônio – todos, nos limites do mundo moderno, de certa forma, e todos (exceto a Tebaida) lugares que Eliot estivera. Mas a rústica e humilde Little Gidding, despedaçada em 1646, serviria tão bem quanto os outros locais para a oferta da prece solitária; Little Gidding, onde:

> A água e o fogo escarvarão
> Os podres fundamentos que esquecemos
> Do santuário e de seu coro.¹⁰³

O falecido místico Nicholas Ferrar, lá enterrado – um espírito mais gentil do que o cavaleiro-feiticeiro morto da Capela Perigosa – poderia informar o poeta, em um momento de oração atemporal: assim, no primeiro movimento de "Little Gidding", chegamos aos versos abrasadores que estão gravados na placa em homenagem ao poeta no piso da abadia de Westminster:

> E o que não puderam transmitir os mortos, quando vivos,
> Podem eles dizer-te enquanto mortos: a comunicação
> Dos mortos se propaga – língua de fogo – para além da
> linguagem dos vivos.¹⁰⁴

---

¹⁰² Filipenses 4,7.

¹⁰³ No original: *Water and fire shall rot / The marred foundations we forgot, / Of sanctuary and choir.* T. S. Eliot, "Little Gidding". *Four Quartets*, seção II, versos 76-78. (N. T.)

¹⁰⁴ No original: *And what the dead had no speech for, when living, / They can tell you, being dead: the communication / Of the dead is tongued with fire beyond the language of the living.* T. S. Eliot, "Little Gidding". *Four Quartets*, seção I, versos 51-53. Vale notar que esses versos também foram

Sem os entraves das hesitações e ambiguidades, os mortos nos falam a todo o momento: por meio da história, da poesia, pelos traços de descrições dos momentos de consciência transcendente, pelas lembranças que deles temos – de fato, pela nossa própria carne. Estamos repletos de fantasmas, escreveu Lafcádio Hearn: nossa herança genética nos enche de apetites e desejos, esperanças e temores de inúmeros ancestrais. A experiência passada, como Eliot escrevera em "The Dry Salvages", é a experiência de muitas gerações. Vivendo em nós e na cognição divina, esses mortos falam com uma claridade e franqueza que não obtemos das pessoas que vivem na mesma época em que vivemos.

Assim sendo, Eliot acreditava que devemos nos abrigar, e encontrar a verdadeira consciência na comunidade de almas, unindo passado, presente e futuro. Nossos atos e os próprios pensamentos neste momento do tempo devem reverberar de modo imprevisível no tempo futuro – em um sentido mais amplo e mais sutil que o legado genético que é o objeto da peça de Ibsen, *Gengangere* [Os Espectros].[105] Essa percepção de que os mortos sobrevivem em nós, e que deveremos sobreviver nas futuras gerações, perpassa os *Four Quartets*.[106]

---

gravados na lápide de Russell Kirk no cemitério da igreja católica de St. Michael em Remus, Michigan, com autorização da sra. Eliot, a pedido da família do autor. (N. T.)

[105] Em português a obra pode ser encontrada em diversas edições, sendo a mais recente: Henrik Ibsen, *Fantasmas*. Trad. Barbara Heliodora. Rio de Janeiro, Bertrand Brasil, 1998. (N. T.)

[106] Há um traço de doutrina budista subsistente, bem como de fé cristã, nessa percepção dos *Four Quartets*. As reflexões de Eliot, neste ponto, a respeito do eu e de sua participação nas "sensações, ideias e desejos de outras pessoas, a maioria falecida" – na expressão de Lafcádio Hearn é um paralelo bem próximo de uma passagem no ensaio de Hearn, "Dust", na obra *Gleanings from Buddha-Fields* de 1897. Se Eliot leu ou não essa peça de Hearn, estava familiarizado com o ensaio de Paul Elmer More sobre Hearn, que o cita ao falar a respeito de células e almas. [O referido ensaio de Paul Elmer More pode ser encontrado em: Paul Elmer More, *Shelburne Essays: Second Series*. G. P. Putnam's Sons, Nova York/Londres, 1905, p. 46-72. (N. T.)]

Dessa forma, no segundo movimento de "Little Gidding", um morto é ouvido. Na Londres em chamas, no momento entre a ida para casa após o último bombardeio alemão e o soar da sirene de que tudo estava bem, a poeira levanta das casas antigas aniquiladas em um instante – que não restaram para chegar ao estado de decadência assustadora da casa de "East Coker". Deles é "a morte do esperar e do desesperar";[107] estão reduzidos a cinzas "sobre um velho".[108] O caça-bombardeiro passou sobre as cabeças, e do mesmo modo o pombo, o Espírito Santo. Da penumbra agonizante surge "algum extinto mestre (...) um complexo e familiar espectro"[109] – uma mistura de Dante, Swift, Yeats (o que os comentadores de Eliot geralmente ignoram), e talvez de Nicholas Ferrar, assim como do próprio Eliot. Estes dois, o mestre falecido e o poeta vivo, encontraram-se em um momento de verdadeira consciência, fora do tempo, e o narrador é compelido a representar um duplo papel: "Contudo eu era o mesmo, embora fosse um outro".[110] Há a interseção do temporal e do atemporal, as personalidades se entrelaçam e ainda conversam; eis a partilha da comunicação dos mortos.

A linguagem dessa comunicação, "palavras que jamais pensei dizer",[111] são de uma grandeza venerável, insuperáveis por quaisquer

---

[107] No original: *The death of hope and despair*. T. S. Eliot, "Little Gidding". *Four Quartets*, seção II, verso 62. (N. T.)

[108] No original: *Ash on an old man's sleeve*. T. S. Eliot, "Little Gidding". *Four Quartets*, seção II, verso 56. É interessante notar que a referência de Eliot nesse trecho é Shakespeare, na fala de Iago em *Othelo* "*I will wear my heart upon my sleeve*" (ato I, cena I). Esta é uma expressão inglesa que manifesta a demonstração pública dos sentimentos amorosos, oriunda do antigo costume medieval do cavaleiro amarrar a fita com as cores da amada no braço. No poema, o velho, ao usar a cinza no braço, demonstra publicamente sua tristeza. (N. T.)

[109] No original: *some dead master (...) a familiar compound ghost*. T. S. Eliot, "Little Gidding". *Four Quartets*, seção II, versos 96 e 101. (N. T.)

[110] No original: *Knowing myself yet being someone other*. Ibidem, verso 106. (N. T.)

[111] No original: *words I never thought to speak*. Ibidem, verso 134. (N. T.)

outros versos da poesia de Eliot. Ao narrador, o defunto mestre dá um aviso. As preocupações com teoria crítica de outrora devem ser enterradas pelos mortos, pois se aproximam a decadência e a morte. Os sentidos se atrofiam: o ódio cresce impotente; vem o remorso pelas práticas antes tidas como virtuosas, o desgosto pelo "aplauso dos tolos" e o desprazer pelas honrarias. O que resta?[112]

> Erro após erro, o exasperado espírito
> Prosseguirá, se revigorado não for
> Por este fogo purificador
> Onde mover-te deves como um bailarino.[113]

Aquele fogo purificador é a disciplina do espírito. No terceiro movimento desse poema, Eliot exalta novamente aquele afastamento do eu, das coisas e das pessoas que buscava São João da Cruz: não a indiferença, "entre a urtiga viva e a morta urtiga",[114] mas a renúncia à paixão e à ambição. A memória pode libertar, nos ensinando como ultrapassar o *eros* e o *ágape* – além do desejo até um amor expiado. As faces, os lugares e o próprio eu devem ser transfigurados "em

---

[112] Ainda que os mais renomados exegetas observem que essa esplêndida e assombrosa passagem a respeito da perspectiva da senilidade deva algo a Swift, Yeats e Milton, somente um deles, Grover Smith, menciona a influência de *The Vanity of Human Wishes*. Não obstante o tom de Samuel Johnson certamente ser forte aqui:

> Na última cena da vida, que surpresa de portentos,
> Bravos com temores e sábios asneirentos!
> Dos olhos de Malbrough fluem senis torrentes,
> E Swift morre tolo derrisoriamente.

No original: *In life's last scene what prodigies surprise, / Fears of the brave, and follies of the wise! / From Marlb'rough's eyes the streams of dotage flow, / And Swift expires a driv'ler and a show.*

[113] No original: *From wrong to wrong the exasperated spirit / Proceeds, unless restored by that refining fire / Where you must move in measure, like a dancer.* T. S. Eliot, "Little Gidding". *Four Quartets*, seção II, versos 160-63. (N. T.)

[114] No original: *between the live and the dead nettle.* T. S. Eliot, "Little Gidding". *Four Quartets*, seção III, verso 174. (N. T.)

outro modelo",[115] se um átimo tiver de perdurar. O conhecimento da história, que tantas vezes acorrenta a pessoa a antigos feudos e paixões, pode se tornar um poder emancipador.

Eliot entremeia neste movimento as percepções da mística medieval Juliana de Norwich: "o pecado é proveitoso"[116] e "toda a sorte de coisa irá bem".[117] Muito deve ser deixado à Providência, pois mesmo aquele que é aparentemente mau faz parte de um modelo divino oculto aos nossos olhos.[118] A Igreja em Little Gidding evoca, neste momento, as lembranças dos adversários que "se congregam num partido único".[119] O rei Charles, Cromwell, o arcebispo Laud (que fora amigo de Nicholas Ferrar), o abandonado Strafford Ferrar, John Milton. O que aprendemos com esses homens falecidos, "todos marcados por um só gênio comum"[120] é o mistério da Providência e a continuidade da sociedade; não podemos fazer os sinos soarem em ordem inversa para usá-los e das épocas passadas:

---

[115] No original: *in another pattern*. Ibidem, verso 182. (N. T.)

[116] No original: *Sin is Behovely*. Ibidem, verso 183. Notamos que a tradução em português deu outro sentido ao verso, ao empregar o termo "inelutável", portanto decidimos fazer uma nova tradução mais de acordo com a teologia otimista da mística de Norwich. (N. T.)

[117] No original: *All manner of thing shall be well*. T. S. Eliot, "Little Gidding". *Four Quartets*, seção III, verso 185. (N. T.)

[118] A afirmação "o pecado é proveitoso" de Juliana de Norwick e a aceitação por parte de Eliot do papel histórico exercido por homens cujas crenças eram opostas às suas, fica mais clara nas palavras do cético contemporâneo de Eliot, Unamuno: "Sim, tudo merece ser eternizado, absolutamente tudo, até mesmo o próprio mal, pois aquilo que chamamos de mal perderia a capacidade de mal ao ser eternizado, porque perderia a natureza temporal. Pois a essência do mal consiste em sua natureza temporal, em não ser aplicável a ele qualquer fim último ou permanente. [Ver Miguel de Unamuno. *Tragic Sense of Life*. Nova York, Dover Publications, 1954, p. 264 (N. T.)].

[119] No original: *Are folded in a single party*. T. S. Eliot, "Little Gidding". *Four Quartets*, seção III, verso 209. (N. T.)

[120] No original: *All touched by a common genius*. Ibidem, verso 190. (N. T.)

Não podemos restaurar velhas políticas
Ou dar ouvidos a um tambor antigo[121]

Essas linhas refletem a renúncia de Eliot das primeiras esperanças de um monarquismo revigorado, e sua impotência para impedir a degradação do dogma democrático. A devastação da guerra pesou excessivamente em Eliot. Contudo, são nossas motivações que Deus leva em conta, não o sucesso ou o fracasso das ações; e aqueles que parecem morrer desolados podem mudar as mentes e consciências dos homens, séculos mais tarde:

E tudo irá bem e toda
Sorte de coisa irá bem
Pela purificação do impulso
Nas raízes de nossa súplica.[122]

Pelo fogo somos consumidos, no quarto movimento de "Little Gidding", declara: nossa escolha é o "terror incandescente"[123] dos bombardeiros, ou ainda a descida do Espírito Santo. A vontade humana é livre – para ingressar em um inferno terrestre e espiritual, ou para tomar o caminho da penitência. Pelo amor divino, essa escolha nos é lançada, por aquele amor primordial do qual o próprio Inferno é uma criação necessária. Usamos a túnica ardente de Néssus,[124] e somente ao passar pelo fogo purgatorial podemos escapar da agonia

---

[121] No original: *We cannot restore old policies / Or follow an antique drum*. T. S. Eliot, "Little Gidding". *Four Quartets*, seção III, versos 204-05. (N. T.)

[122] No original: *And all shall be well and / All manner of thing shall be well / By the purification of the motive/ In the ground of our beseeching*. Ibidem, versos 214-17. (N. T.)

[123] No original: *incandenscent terror*. T. S. Eliot, "Little Gidding". *Four Quartets*, seção IV, verso 219. (N. T.)

[124] Famoso centauro da mitologia grega morto por Hércules e cujo sangue, embebido na túnica maliciosamente oferecida à Dejanira, acabou por matar o próprio Hércules. (N. T.)

"para que o fogo do fogo nos redima".[125] Como a pessoa humana, o reino da Inglaterra podia ser redimido pelo arrependimento e pelo redespertar para um amor mais elevado.

Por trinta anos, Eliot havia se empenhado para restaurar a ordem gramatical das frases e reformar as palavras. O que fez como poeta e crítico – assim sugere no último movimento de "Little Gidding" – é análogo à tarefa de restaurar a ordem da alma e da comunidade. Aqui, une os significados e os símbolos de todos os quartetos. Desde o início, somos movidos por ações que se dirigem ao nosso fim – ações que podem levar a um "passo rumo ao todo, ao fogo, uma descida à garganta do mar".[126] A história universal não é uma "história contada por idiotas, (...) que nada significa"[127]: ao contrário, é um modelo providencial, percebido em certos momentos atemporais. O significado da história universal não é, aqui e agora, algum futuro nebuloso – ali, decerto, na capela em Little Gidding, onde o significado de pensamento e ação sobreviveu à dissolução da passagem de três séculos.

Após os dias de repouso, retornamos ao jardim de rosas – ao Éden. Pelo agir correto, em humildade, verdadeiramente podemos redimir a desolação dos tristes tempos. Não é o "espectro de uma Rosa"[128] (a tentativa vã de conjurar o que o tempo consumiu) que devemos buscar; pois a Rosa em si pode ser alcançada, eternamente exuberante no amor de Deus. O amor, assim como o fogo, consome nossa impureza e nossa essência é aquecida por essa chama.

---

[125] No original: *To be redeemed from fire by fire*. T. S. Eliot, "Little Gidding". *Four Quartets*, seção IV, verso 224. (N. T.)

[126] No original: *to the block, to the fire, down the sea's throat*. T. S. Eliot, "Little Gidding". *Four Quartets*, seção V, verso 244. (N. T.)

[127] William Shakespeare, *Tragédias: Teatro Completo*. Trad. Carlos Alberto Nunes. Rio de Janeiro, Agir, 2008. Ver *Macbeth*, ato V, cena V, p. 371-72. (N. T.)

[128] No original: *spectre of a Rose*. T. S. Eliot, "Little Gidding". *Four Quartets*, seção III, verso 202. (N. T.)

Esses quatro quartetos formam o testamento de um homem de intelecto e visão que, como Nicholas Ferrar, encontrara o próprio caminho desde as primeiras incertezas agonizantes até a aceitação do dogma e da disciplina.

Eliot não demostrou por meio dos poemas a verdade de um credo; mas apresentou, por imagens, como o fiel chega à fé. Muito embora aquilo que Eliot descreveu tenha sido a experiência e a reflexão de apenas um homem, outros, na comunidade de almas podem traçar paralelos; podem discernir a possibilidade de uma jornada espiritual semelhante, que leve ao ordenamento da alma e ao amor na comunidade.

Contudo, talvez, isso seja pedir demais: quiçá, como alguns críticos sugeriram, Eliot pretendia e tenha realizado nada mais do que uma abordagem do significado do mundo da percepção poética. Mesmo assim, foi um feito de enorme vigor. Na era de Eliot, nenhum poeta poderia pensar em realizar algo maior.

Como Eliot escrevera em "Shakespeare and the Stoicism of Seneca" [Shakespeare e o Estoicismo de Sêneca] de 1927, todo poeta parte das próprias emoções. Nesse ensaio, Eliot menciona Dante e "sua nostalgia, os amargos arrependimentos pela felicidade passada – ou por aquilo que parece felicidade ao se tornar passado – e as corajosas tentativas de fabricar algo permanente e sagrado a partir de seus sentimentos pessoais e carnais (...)".[129] Essas frases podem ser aplicadas ao próprio Eliot. Dante e Shakespeare, disse Eliot, fazem "tentativas gigantescas para metamorfosear fracassos e decepções privados. O grande poeta, ao escrever de si, escreve a sua época".[130]

Exatamente. E o que Dante foi para o século XIV, ou Shakespeare para o século XVI, Eliot veio a ser para o século XX. "A poesia não é um substituto para a filosofia, teologia ou religião", concluía em

---

[129] T. S. Eliot, *Selected Essays 1917-1932*. Nova York, Hartcourt, Brace & Co, 1932, p. 117.

[130] Ibidem, p. 117.

1927; "tem uma função própria. Contudo, como essa função não é intelectual, mas emocional, não pode ser definida, de maneira adequada, em termos intelectuais".[131]

Não confiaremos em Eliot – em Dante ou em Shakespeare – por demonstrar irrefutavelmente um dogma ou um engenhoso sistema filosófico. Tudo o que a poesia de Eliot pode realizar é expressar a compreensão de um homem por meio da emoção, e criticar uma cultura que rejeita as virtudes teológicas. Mesmo essa tentativa, que levou a poesia ao extremo, especialmente nos *Four Quartets*; às vezes, fazia Eliot duvidar se no futuro haveria alguma poesia.

"Quando a forma tradicional, e até mesmo nossa crença central, se torna um problema de análise intelectual", diz Anthony Thorlby de *Four Quartets*, "o que esperar das formas menores, da arte e da poesia? A resposta crítica, caso seja a única forma que somos capazes de compreender, e que devemos persistir nessa percepção se quisermos perceber plenamente seu sentido, deixa a verdade formal ainda *em discussão*, não importando quão correta possa demonstrar ser nossa resposta (...). Talvez, em nossa infeliz época, a felicidade tradicional da poesia não seja mais possível".[132]

Seja como for, em meio à perturbação terrível, um poeta afirmara a ordem permanente das coisas. Esse foi o feito mais notável do percurso elioteano, não sendo "entusiástico" no sentido que o século XVIII entendia o entusiasmo religioso, mas sim naquilo que Eliot chamou de "dogmático". Ao chegar à conclusão, a partir da reflexão e da experiência, de que há verdade no ensinamento cristão, tratou de agir para encontrar seu caminho em meio aos dogmas, por assim dizer, ao pôr em poesia seus sinceros sentimentos religiosos. Buscava imagens que pudessem expressar a experiência emocional de um dogma. O percurso foi doloroso. Como John Henry Newman, começara com

---

[131] Ibidem, p. 118.
[132] Anthony Thorlby, "The Poetry of 'Four Quartets'". *The Cambridge Journal*, vol. V, n. 5, fev. 1952, p. 280-99.

certas hipóteses teológicas e filosóficas; e buscara descrever em poesia sua demanda por um entendimento mais pleno. Isso pode não parecer um método promissor para fazer grande poesia; entretanto, Dante o seguira com sucesso no século XIV, e igualmente Eliot, no século XX.

Como paladino da imaginação moral, Eliot começara por descrever o abismo em que podemos cair, caso rejeitemos a ordem interior e a exterior. Concluíra sugerindo que não é impossível recuperar a ordem da alma e da comunidade. Após "Little Gidding", embora ainda lhe restassem duas décadas de vida, não escreveria mais poemas maiores. Respondera as próprias perguntas últimas, até o ponto em que tais indagações pudessem ser feitas pela visão poética. A peregrinação nas ruas quase desertas de Little Gidding fora completada; e outros podem tomar coragem e buscar orientação nesses momentâneos vislumbres de ascensão de Eliot.

Capítulo 9

Cultura e *Cocktails*

ALL HALLOW'S EVE, 1948

Durante a Segunda Guerra Mundial, a unidade da cultura europeia fora esmagada – talvez irreparavelmente. A Europa Oriental caíra sob o domínio do comunismo e do imperialismo soviético; a Europa Ocidental foi preservada da servidão apenas pela ação das tropas norte-americanas. O otimismo do século XIX foi perdido: H. G. Wells morrera em 1946, após escrever seu testamento de desesperança, *Mind at the End of Its Tether* [A Razão no Final das Forças] e George Bernard Shaw morreria em 1950, em uma Inglaterra confusa que realmente se transformara na Casa dos Corações Partidos.

Winston Churchill – tão pouco admirado por Eliot em grande parte da efervescente carreira de estadista – vencera a guerra, sendo deposto por Clement Attlee e os socialistas. Aneurin Bevan e a ala radical dos Trabalhistas prometeram às pessoas que com os Trabalhistas no poder, seriam tomadas medidas para que os "parasitas e vadios", os "vermes" da Casa dos Corações Partidos nunca mais voltassem. A espoliação e o desmantelamento como o que houve na Reforma do século XVI começara; a estatização do carvão, do transporte, do aço, da bolsa de algodão, do Banco de Inglaterra, foram feitas quase sem resistência; defendia-se a estatização das terras; as cadeiras das universidades no Parlamento foram extintas; o antigo sistema escolar logo seria banido, disseram os socialistas – e muito mais da velha ordem seria destruído, ao limpar o terreno para a Nova Jerusalém.

Ao redor da catedral de St. Paul havia escombros e cinzas; catedrais de cidades e vilarejos nos condados foram reduzidos a pó pelos ataques-surpresa, conhecidos como os "*Blitz* de Baedeker", para nunca mais recuperar a beleza. Das quatrocentas esplêndidas casas de campo listadas como as mais valiosas e que deveriam ser preservadas, ao menos a metade foi abandonada. As que restaram, pertencentes às antigas classes altas, desapareceram rapidamente com aquilo que um ministro Trabalhista chamou de "tributação selvagem"; a classe média estava sendo esmagada; o clima entre as classes trabalhadoras foi mostrado – e de forma nada caricatural – no filme "*I'm All Right, Jack*"[1] ("Quando os 'homens que faziam o serviço' começaram a ser chamados de 'trabalhadores', disse-me um empreiteiro em Rugby naqueles anos, eles 'pararam de trabalhar'").

Não obstante a figura de Churchill, o Império era rapidamente liquidado; na Índia, seriam assassinadas mais pessoas do que as massacradas na Europa durante toda a guerra. Nas grandes regiões da Europa e da Ásia, populações inteiras que habitaram por séculos determinados territórios, enraizados como árvores, foram transplantados à força, quando não expatriados. O que ocorrera após a Primeira Guerra Mundial fora quase insignificante se comparado aos eventos catastróficos acontecidos entre os anos de 1944 e 1948.

Dois dos literatos mais próximos a Eliot nos anos de formação, de 1914 a 1917, Ezra Pound e Wyndham Lewis, tinham caído na obscuridade. Ao regressar dos Estados Unidos, empobrecido e doente,

---

[1] Comédia inglesa de 1959, cujo título no Brasil é "Papai é Nudista". Retrata satiricamente a vida industrial britânica na década de 1950. A história gira em torno de um aristocrata ingênuo que fica entre o tio ambicioso e um líder sindical. O papel de líder sindical comunista é representado por Peter Sellers, cuja atuação lhe rendeu, na ocasião, o prêmio de melhor ator britânico. (N. T.)

Lewis ("a personalidade mais fascinante de nossa era", escrevera Eliot em 1918) estava ficando cego, no topo de uma casa em Notting Hill. Capturado na Itália, Pound foi trancado em uma sólida jaula de aço no pátio de um presídio militar, como se fora capturado por um tirano da Renascença; abandonado às intempéries, quase morreu, sendo, por fim, levado para Washington e confinado no "buraco infernal" de um hospital psiquiátrico, não ficando claro se esse expatriado poderia ser preso por traição: a justiça dos vencedores.

O fim de Charles Maurras, que Eliot havia admirado, com reservas, desde os anos de Paris, foi ainda pior. Após a queda do regime de Vichy, os *épurateurs* franceses acusaram Maurras de ter colaborado com os alemães – mesmo que, na verdade, Maurras detestasse tudo o que era alemão, e tenha removido seu jornal *Action Française* para a zona desocupada da França, e se recusado até mesmo a mencionar o nome de Laval, e não aceitado subsídios do governo de Vichy. Seu verdadeiro crime foi o monarquismo; e então Maurras, "o prisioneiro mais idoso no mundo" a não ser pelo Marechal Pétain, foi condenado a uma vida encarcerada. Não sobreviveu por muito tempo a essa paródia de justiça.[2]

Ao estilo do fundador da *Action Française*, Eliot foi um crítico tão severo de sua sociedade quanto fora Pound, Lewis ou Maurras. Contudo, deles se diferenciou bem cedo, pela moderação do pensamento e

---

[2] Alguns dos pontos de vista de Maurras eram exasperadores e outros, deploráveis, diria Eliot em 1955; não obstante, Maurras tenha sido um grande escritor e tido um grande amor pela França; merecia um destino melhor. "Às vezes penso que, se Charles Maurras tivesse se limitado à literatura e à literatura de filosofia política, e nunca tivesse tentado fundar um partido político, um *movimento* – cativando e aumentando a acrimônia da luta política – se não tivesse dado apoio à restauração da monarquia de modo a reforçar, ao invés de reduzir, as animosidades – então, as ideias que eram sadias e vigorosas poderiam ter se espalhado mais, penetrado mais profundamente e afetado com maior sensatez a mentalidade contemporânea". Ver a conferência de T. S. Eliot, "The Literature of Politics". Reimpressa em: *To Criticize the Critic and Other Writings*. Nova York, Farrar, Straus & Giroux, 1965, p. 142-43.

da expressão – destacando-se, mais tarde, pela fé na ordem transcendente que outros escritores não podiam aceitar. Por isso, dos "homens de 1914" (ao morrer James Joyce), somente Eliot, três décadas depois, manteve a reputação e a influência elevadas.

Saindo da Itália para uma Londres destruída, Emilio Cecchi visitou o papa da Russell Square nessa época, e o achou muito diferente da maioria dos poetas e artistas. "Ele poderia ter sido um químico ou um filologista, com um tipo de aristocracia intelectual e solidão que combina com essas disciplinas." Falaram sobre o livro de David Rousset a respeito dos campos de concentração.

> E Eliot estava curioso por saber se poderíamos considerar que os portões de tais infernos, de ordem material e espiritual, estariam realmente fechados para sempre, ou se a humanidade, agora capaz de chegar a tais extremos de atrocidade, teria uma resistência mais fraca a novas e infernais propostas; se a roda do derramamento de sangue poderia finalmente parar ou se seguiria o curso assassino. Tais coisas foram ditas de um modo tão suave como se, de alguma forma, atenuasse o horror. Mas senti que no homem com quem estava falando, assim como em mim, o temor era quase mais forte que a esperança.[3]

O que Eliot aspirara dizer como poeta, já havia dito: essa segunda guerra não foi seguida por nenhum arroubo de escrita como o que Eliot produzira após a guerra anterior. Nem era mais necessário manter-se escrevendo para garantir a subsistência; todavia também lhe faltasse inspiração. Durante os anos de 1945, 1946 e 1947, publicou somente umas revistas e ensaios, a maioria deles, estudos para a posteridade. As reflexões elioteanas sobre o significado da cultura e a unidade da civilização europeia apareceu no *The New English Weekly*, *Adam*, *The Times* e em outros periódicos, que seriam incorporados, em 1948, na obra *Notas para a Definição de Cultura*;

---

[3] Emilio Cecchi, "A Meeting with Eliot". In: Richard March e Tambimuttu (eds.), *T. S. Eliot: A Symposium*, 1948, p. 73-77.

achou que apenas uns outros poucos escritos desse período valiam ser reimpressos. *The Waste Land* só poderia ser escrito uma vez.

Naqueles anos, a Inglaterra parecia iluminada somente por luzes fracas: essa impressão foi sutilmente reforçada por contínuas faltas de luz elétrica e pelas janelas resguardadas por cobertores, deixados dos apagões da guerra. Na terra crepuscular, a memória dos mortos e o medo do futuro, combinados (visto que se aproximava o festival da Grã-Bretanha) com uma jovialidade oficial simulada, desfez a atmosfera de *Halloween* – mais rapidamente percebida pelo visitante do que por aqueles milhões que, durante os longos anos da guerra, se acostumaram a existir em segredo. Realmente, qualquer um poderia pensar que muitos rostos eram máscaras que se dissolveriam ao soar de uma sirene. Os homens ocos adotaram essa essência: era uma terra de aparências – e alguns deles falavam com pouco entusiasmo do planejamento.

Quando cheguei à região do rio Mersey, numa manhã enevoada, no outono de 1948, os destroços de navios afundados ainda se projetavam como cadáveres dos dois lados do canal. Os pombos entravam e saíam da destelhada biblioteca pública de Liverpool. Quem quisesse poderia almoçar em um restaurante chique, com músicos, toalhas, porcelanas, salvas de prata e garçons de casaca, tudo muito correto, como se tivesse sido preservado em âmbar desde o reinado de Edward VII; mas só conseguiria um punhado de comida. A rural Lancashire e muito da região norte pareciam ter saído de gravuras do século XIX – até que notássemos que a grande casa dentro dos muros do parque estava desabitada, e dava mostras de que nunca seria ocupada novamente; caso contrário, um Nathaniel Hawthorne ressuscitado teria se sentido em um ambiente familiar.[4] Os *Waverly*

---

[4] Referência às visitas do escritor norte-americano a diversas mansões naquela região da Inglaterra, quando lá residiu como cônsul dos Estados Unidos em Liverpool de 1853 a 1860. Algumas impressões desse período

Novels [Romances Waverly]⁵ e *The Fortnightly Review*⁶ ainda eram vendidos em quiosques nas estações de trem; mas C. E. M. Joad, andando pelos vagões de um trem de Edimburgo a Londres, encontrou apenas uma pessoa lendo um livro – e aquele *No Orchids for Miss Blandish*⁷ – que o relutante *bestseller* George Orwell também apontava como uma ilustração do declínio da cultura.

Na Londres de Eliot, a reconstrução mal tinha começado: os negócios continuavam nas ruínas que restaram dos prédios. Muitas das igrejas do centro de Londres, que Eliot tão bem conhecia, tinham sido pilhadas; outras que ele e os amigos tinham tentado salvar, por toda a Inglaterra, ficaram para sempre fechadas, abandonadas à podridão e aos carunchos. Embora a vida dos clubes e do *pubs* tenha voltado como se nada tivesse acontecido, mesmo assim essa Grã-Bretanha que sobreviveu era tão lúgubre quanto o centro de Londres descrito por Charles Williams no romance *All Hallow's Eve*, para o qual Eliot escreveu uma introdução em 1948. Essa foi *The Age of Anxiety* [A Era da Aflição] de W. H. Auden, com luzes acesas até tarde nas delegacias, passaportes expirando e portos sob vigilância na maior parte

---

podem ser lidas em *Passages from the English Note-Books of Nathaniel Hawthorne* (1870). (N. T.)

⁵ Referência à série de livros de Sir Walter Scott após a publicação de *Waverly*, que constam como os mais populares e mais lidos em toda a Europa por mais de um século. Entre esses romances estão *Rob Roy* e *Ivanhoé*. (N. T.)

⁶ *The Fortnightly Review* foi uma das revistas culturais e literárias mais importantes da Inglaterra. Fundada em 1895 por Anthony Trollope, Frederic Chapman e G. H. Lewes, se tornou o local de lançamento de várias ideias, artistas e pensadores, vindo a acabar em 1954. (N. T.)

⁷ Romance de 1939, escrito por James Hadley Chase. Foi um dos *bestsellers* mais vendidos na década. Ambientado no período da grande depressão norte-americana, a estória trata de brigas entre gângsteres, sequestros de herdeiras e assassinos psicóticos, sendo adaptado para o teatro e o cinema. Na última versão cinematográfica, dirigida por Robert Aldrich, foi intitulado *The Grissom Gang* (1971). No Brasil, o filme é comercializado com o título "O Resgate de uma Vida". (N. T.)

do mundo. O Império estava desmoronando por inteiro, e as leis de bem-estar social entrando em vigor naquele mesmo ano. O palácio de Windsor e a abadia de Westminster haviam sobrevivido às bombas voadoras; na Bolsa de Londres, bem faria quem comprasse ações da Woolworth e da Vickers – uma empresa varejista de quinquilharias e a outra de armamentos. Naquela Londres, no entanto, o espectador ficava tentado a imaginar que quando a poeira levantasse, todos seriam "cinzas sobre um velho".[8]

Em todo o lugar eram encontradas marcas de esgotamento social. Sob o estado de bem-estar social de Lorde Beveridge, a pobreza vista no século XIX estava à beira da extinção. Conquanto os níveis de criminalidade se elevassem rapidamente, os índices de privação diminuíam, de forma tal que uns oito anos após a guerra, estimava-se que os crimes e a violência tinham aumentado em 250%. Para um observador relativamente imparcial, parecia que as antigas razões para a integridade pública e privada estavam entrando em declínio rapidamente, e que o estado de bem-estar social – tão novo, já mostrava sintomas de decrepitude – e não provara ser um substituto para aquelas motivações tradicionais.

Muito dessa dissolução fora predita por Eliot na *Criterion* e na obra *A Ideia de uma Sociedade Cristã*. Foi nessa obscura Inglaterra do pós-guerra, ainda sofrendo pelos abalos dos acontecimentos, onde os vestígios do antigo costume e da velha confiança desapareciam diante dos olhos, que Eliot escreveu as reflexões que iria chamar (com as limitações características) *Notas para a Definição de Cultura*. O livro foi publicado no mês de novembro de 1948 (seis mil cópias); a edição de Nova York, no ano seguinte, foi de 7.500 cópias; posteriormente teve uma distribuição um tanto ampla de versões em brochura. Eliot poderia muito bem ter acrescentado na folha de rosto uma frase que James Fitzjames Stephen escrevera em 1873: "As águas passaram e não

---

[8] Ver nota 108 do capítulo 8. (N. T.)

há força humana que possa trazê-las de volta, mas não vejo porque, ao seguirmos o curso d'água, precisemos cantar aleluias ao deus rio".[9]

CULTURA E CLASSE

Se a cultura tinha sido acometida de dificuldades nos dias de Arnold, uma anarquia ainda mais feroz assaltou a cultura, de que Eliot era tão notável representante em 1948. Durante o ano de 1914, Bertrand Russell escrevera para Lady Ottoline Morrell a respeito de Eliot, seu pupilo de Harvard – "o único que é civilizado, e é ultracivilizado, conhece muito bem os clássicos, está familiarizado com toda a literatura francesa de Villon a Vildrac, e é absolutamente impecável nos gostos, mas não tem vigor, vida – ou entusiasmo".[10] Nos 34 anos que se interpunham entre esses fatos, pelo sofrimento e purgação, a vitalidade de Eliot pôde aumentar; certamente sua cultura não diminuíra; e no seu modo urbano, Eliot, agora, fazia um duro ataque em defesa da cultura.

Vinte anos antes, ocorrera um furor a respeito de cultura e civilização. "A opinião pública", escrevera na ocasião John Cowper Powys, "está sempre tentando democratizar a cultura – em outras palavras, prostituí-la e modificá-la. A opinião pública – conduzida por retóricos afetados – está sempre buscando encorajar o último dos modismos e manias em arte, o último dos modismos e manias em pensamento, religião e gostos. Em oposição a tudo isso, a cultura permanece firme; baseando-se nos eternos elementos da natureza e da natureza humana".[11]

---

[9] James Fitzjames Stephen, *Liberty Equality, Fraternity,* 1873, p. 242.
[10] Bertrand Russell para Lady Ottoline Morrell em maio de 1914. In: Robert Gathorne-Hardy (ed.), *Memoirs of Lady Ottoline Morrell: A Study in Friendship,* 1963, p. 255.
[11] John Cowper Powys, *The Meaning of Culture,* 1928, p. 273.

Olive Bell declarara que a civilização, ou a alta cultura, estava ameaçada pela "plutocracia temperada pelo sindicalismo", a ordem do dia da política britânica.

> Sou levado a suspeitar que o trabalhador britânico gosta bem do barbarismo (...) Quem tem o melhor carro e vai aos coquetéis é uma questão completamente indiferente a qualquer um que se importe com a civilização e coisas do tipo. O sindicalista é tão bom quanto quem tira lucros excessivos, e esse tipo de aproveitador é tão bom quanto o sindicalista. Ambos são estúpidos, vulgares, amáveis, sentimentais, gananciosos e insensíveis; e ambos estão muito satisfeitos em ser o que são, nem é provável que se tornem algo melhor. Um desejo de civilização pode existir entre os Vedas do Ceilão ou entre os Megé da Costa do Ouro, mas não há sinal de que surja na Bolsa de Valores ou na Federação dos Sindicatos.[12]

A tais vozes havia respondido R. H. Tawney, um reformador social cristão, buscando reconciliar a cultura tradicional com a crescente igualdade de condições.

> Se a civilização não é um produto de nossa horta, nem é uma planta exótica que deva ser criada em uma estufa. (...) A cultura não é um sortimento de docinhos açucarados de estética para paladares exigentes, mas um vigor para a alma. Pode não ter vitórias, caso não se arrisque a derrotas. Quando se alimenta de si mesma, em vez de alimentar-se da vida comum, deixa de crescer, e, quando deixa de crescer, para de viver.[13]

Nos anos imediatamente seguintes à Segunda Guerra Mundial, o debate sobre as perspectivas da cultura (que sempre, ao longo dos séculos, esteve intimamente relacionado com igreja e castas), durante uma época de crescente secularismo e igualitarismo, adquiriu urgência; as questões consideradas por Eliot tinham se tornado ainda mais prementes, um quarto de século depois. Entre 1945 e 1948, costumes,

---

[12] Clive Bell, *Civilization: An Essay*, 1928, cap. VII.
[13] R. H. Tawney, *Equality: Dalley Stewart Lecture*, 1929 (1931), p. 98-118.

convenções e instituições da antiga cultura quase pareciam estar intactos, se os olhássemos casualmente; no entanto, um machado tinha sido cravado nas raízes. Após 1948, veio o dilúvio de anticultura, onda após onda: as inanidades da televisão, a "democratização" das universidades e das escolas, o triunfo do sensacionalismo e da pornografia nas letras, e todos os outros fenômenos de uma degradação intelectual do dogma democrático.

Certos usos indevidos da palavra "cultura" por autores do rascunho da constituição das organizações educacionais, científicas e culturais das Nações Unidas, e pelo Ministro da Educação no governo de Attlee, despertaram Eliot para escrever os ensaios que compuseram suas *Notas* culturais. Para que a alta civilização floresça, argumentava Eliot na introdução, deve existir uma estrutura orgânica, que necessita de uma classe social para a hereditariedade da transmissão da cultura; devem existir culturas locais ou regionais, e deve sobreviver à "unidade e diversidade na religião".[14]

O que uma cultura totalmente nova, distinta do contínuo crescimento da tradição cultural, deverá ser, ninguém pode dizer; assim, tudo o que um amigo da cultura pode fazer é renovar e melhorar a cultura em que nasceu. "Na verdade uma nova civilização está se formando o tempo todo: a civilização de nossos dias pareceria realmente novíssima a qualquer homem civilizado do século XVIII, e não posso imaginar o reformador mais ardente ou radical daquela época muito satisfeito com a civilização que veria hoje."[15] Mas é possível distinguir entre culturas superiores e inferiores: "Podemos afirmar com certa segurança que o nosso período é de declínio; que os padrões da cultura são mais baixos do que eram cinquenta anos atrás; e que as evidências desse declínio são visíveis em cada departamento da atividade

---

[14] T. S. Eliot, *Notas para uma Definição de Cultura*. Trad. Geraldo Gerson de Souza. São Paulo, Perspectiva, 2008, p. 26. (N. T.)

[15] Ibidem, p. 29. (N. T.)

humana".¹⁶ Se tornou concebível que a sociedade possa entrar em um período em que *não* seja discernível qualquer cultura superior.

Podemos distinguir a cultura de um indivíduo, de um grupo ou classe; e de uma sociedade inteira. O conceito de cultura de Matthew Arnold agora parece tênue, pois não relaciona a cultura pessoal à de uma classe, e por não levar em conta alguns dos vários aspectos da cultura – que tem facetas como urbanidade, erudição, filosofia e artes.

A especialização e a fragmentação modernas não só faz mal à cultura mais elevada, mas a todo um povo. Em nossa época, as classes tendem a separar, vivendo em quarteirões diferentes, não se misturando, imperceptivelmente, como outrora faziam; ao mesmo tempo, as classes estão se desintegrando, no sentido de que a mera riqueza, em vez dos hábitos e da cultura, cada vez mais se torna a linha de demarcação.

> A sensibilidade artística se empobrece, com seu divórcio da sensibilidade religiosa, a religiosa com sua separação da artística; e o resquício de *bons modos* pode ser deixado a uns poucos sobreviventes de uma classe em desaparecimento que, com a sensibilidade não treinada pela religião ou pela arte e as mentes não providas do material para uma conversação engenhosa, não terá contextura em suas vidas para dar valor a seu comportamento.¹⁷

A cultura é o que torna a vida digna de ser vivida. Toda a cultura surge da religião. Quando a fé religiosa decai, a cultura entra em declínio, embora muitas vezes pareça ostentar um espaço segundo a religião que a nutriu, e afunda na incredulidade. Mas nem a religião pode subsistir caso seja separada de uma cultura saudável; nenhuma pessoa culta ficará indiferente à erosão da apreensão do transcendente.

Não devemos recair no erro de pensar que religião e cultura são idênticas – posto que a cultura possa ser a encarnação da religião de

---

[16] Ibidem, p. 30. (N. T.)
[17] Ibidem, p. 39. (N. T.)

um povo, e embora nas sociedades primitivas, as duas estejam quase sempre fundidas de modo indistinguível. Abaixo do nível de consciência, mesmo nas sociedades mais plenamente desenvolvidas, uma cultura superior aparentemente autônoma continua a retirar alimento das raízes religiosas. Caso nossa sociedade seja realmente uma sociedade cristã, então nossa cultura, consideradas todas as fases, pode ser proclamada a cultura mais elevada que o mundo já conheceu.

Em seguida, Eliot se volta para o relacionamento entre cultura e classe. Na emergente ordem da sociedade, dizem alguns, as classes irão desaparecer, e serão suplantadas por elites: "Esses grupos, formados de indivíduos aptos aos poderes de governo e administração, dirigirão a vida pública da nação; os indivíduos que o compõem serão considerados 'líderes'".[18] Quaisquer que sejam as deficiências dos indivíduos particulares dentro das classes existentes, há a oposição elioteana ao conceito de nova elite (apesar de muitas vezes Eliot ter sido acusado, por aqueles que realmente não o leram, de "elitismo"); pois a doutrina das elites vai além da tentativa de encontrar, para cada homem, uma posição na sociedade adequada ao talento: "Postula uma visão *atômica* da sociedade".[19]

Nesta altura, Eliot ataca Karl Mannheim, cujos escritos comentara muitas vezes, ao longo dos anos na *Criterion* e em outros locais. Em Mannheim, como crítico da sociedade, Eliot encontrou um adversário intelectualmente mais sistemático e formidável que os antigos adversários H. G. Wells, Bernard Shaw e Bertrand Russell. (Mannheim morrera não muito antes de Eliot ter escrito esse capítulo; sua reputação, em parte pela ânsia de *Plannwirtschaft* do pós-guerra, era então imensa.) Isso é algo como a disputa entre a visão poética de Coleridge e o racionalismo corrosivo de Bentham; tivesse Eliot desenvolvido tal crítica a Mannheim de modo mais completo,

---

[18] Ibidem, p. 50. (N. T.)
[19] Ibidem, p. 52. (N. T.)

poderíamos considerar o embate tão importante para a controvérsia intelectual do século XX quanto, de acordo com John Stuart Mill, fora a disputa entre Coleridge e Bentham no século XIX.

Eliot acreditava que a sociedade era orgânica, até onde possamos empregar um termo biológico para descrever uma comunidade de almas: a sociedade é o "grande e misterioso agrupamento da raça humana", estabelecendo ligações entre si e sobrevivendo por intermédio de uma intrincada continuidade – muito mais como uma antiga árvore que como uma nova máquina. Mannheim e sua escola de pensamento, pensava a sociedade como um conglomerado de átomos sociais, uma mistura efêmera de indivíduos – e os perigos de tal visão Eliot veio a conhecer cedo, pelos estudos do Idealismo e a admiração por Bradley. Para Eliot, a cultura foi criada pela sociedade como um todo; para Mannheim, era manufaturada por indivíduos talentosos. O entendimento de cultura de Eliot era mais "democrático", se pudermos lançar mão de um termo da política, do que a visão de Mannheim – muito embora, na época em que E. M. Forster deu dois vivas à democracia, Eliot teria dado apenas um.

As elites são compostas pelos talentos empreendedores da geração nascente. Mas as elites modernas, por meio da especialização, estão isoladas umas das outras, e assim tendem a perder a cultura geral. Ademais, a própria constituição das elites danifica sua eficácia como transmissora de cultura do passado ao presente e ao futuro: em um sistema de elites, não existe continuidade – pela família, instituições ou comunidade local – que permita uma geração se unir à outra geração; Mannheim confessa outro tanto de coisas. É a classe dominante, e não a elite, que alimenta a cultura mais geral e transmite essa cultura, intacta, para a posteridade.[20] E mais de uma classe na sociedade

---

[20] Ver Karl Mannheim, *Man and Society in an Age of Reconstruction: Studies in Modern Social Structure*. Trad. Edward Shils, 1940; particularmente o primeiro capítulo da parte II.

contribui para a cultura geral, embora em níveis diferentes, ainda que igualmente necessários, daquela cultura.

Ao comentar as críticas de Eliot a Mannheim, Raymond Williams, que dele discorda em muitos pontos, observa que Eliot "deixou a hipótese social-democrata sem muitas das repostas relevantes. Como pensador conservador, foi bem-sucedido em expor as limitações de um liberalismo ortodoxo generalizado e complacentemente aceito".[21] Williams nota certas similaridades entre a posição de Burke e a de Eliot, 160 anos depois. Certamente, o débito de Eliot para com Burke na compreensão de classe e elite é maior do que William admite. Essa passagem de Eliot a respeito da continuidade cultural da família é uma paráfrase, em parte, de uma passagem de *Reflections on the Revolution in France* [Reflexões sobre a Revolução na França] – "mas quando falo da família", escreve Eliot, a respeito do elo que liga um período maior que uma ou duas gerações – "uma devoção para com os mortos, não importa quão obscuros, e uma solicitude para com os não nascidos, não importa quão distantes. A menos que essa reverência para com o passado e o futuro seja cultivada no lar, não poderá jamais passar de uma convenção verbal na comunidade".[22]

Uma sociedade vigorosa necessita tanto de classes quanto de elites, continua Eliot. Qualquer sociedade há muito tempo dominada por elites cairá vítima da própria presunção – se bem que o governo por elites seja inescapável em períodos de crise. Uma sociedade planejada, do tipo defendido por Mannheim, deveria ser desagradável e terminantemente hostil para com a cultura superior; por certo não criaria para si nenhum critério de excelência. Com notável justiça e gentileza, Eliot se abstém de mencionar as elites fascistas e nazistas – ou a horda de oligarcas esquálidos que constituiriam o que Milovan Djilas mais tarde chamaria de "a nova classe", nos estados comunistas.

---

[21] Raymond Williams, *Culture and Society*, 1780-1950 (1958), p. 241-43.
[22] T. S. Eliot, *Notas para uma Definição de Cultura*, op. cit., p. 59. (N. T.)

A escolaridade formal pode criar elites, mas não pode formar uma classe ou, por si só, não proporciona à sociedade uma cultura superior duradoura. A estrutura de classe é natural à sociedade: aristocracia e democracia não são antitéticas; e a verdadeira democracia requer diferentes níveis de cultura, "uma gradação contínua de níveis culturais"[23] (classe é bem diferente de casta). "Uma democracia na qual cada um tivesse responsabilidades iguais em tudo seria opressiva para os conscienciosos e licenciosa para o resto."[24] Pela existência de classes, os grupos de famílias ("o veículo primário para a transmissão da cultura")[25] são capazes de persistir por várias gerações; sem tal continuidade, as elites perdem o propósito e ficam cada vez mais arrogantes.

Ao longo de toda essa argumentação, Eliot está próximo à explicação de Edmund Burke sobre a "virtude efetiva" e a "virtude presuntiva", encontrada, de modo mais claro, em *Letter to a Noble Lord* [Carta a um Nobre Lorde] de Burke. Os homens capazes, os novos homens de "virtude efetiva", equivalem a uma elite; os homens da "virtude presuntiva", a aristocracia, as grandes famílias instituídas, constituem uma classe. Para Eliot, assim como para Burke, uma civilização superior apresenta uma mescla desses elementos, que se verificam e se reforçam continuamente. Por amor à cultura e por amor a uma ordem social tolerável, aquele equilíbrio ou tensão de classe e de elite não deve ser destruído.[26] Em uma nação afortunada, então, a elite política, ou o conjunto dos líderes – tanto os que estão no governo quanto os da oposição – será uma mistura de homens que herdaram vantagens especiais e riqueza, "um interesse no país", com homens de

---

[23] Ibidem, p. 64. (N. T.)

[24] Ibidem, p. 65. (N. T.)

[25] Ibidem. (N. T.)

[26] Para uma discussão interessante sobre Burke nesse tópico, ver Harvey Mansfield, Jr., *Statesmanship and Party Government: A Study of Burke and Bolingbroke*, 1965, cap. 8.

talentos incomuns em ascensão. É desejável que esses dois elementos de liderança devam desfrutar de uma elevada cultura comum, com ênfase, em particular, na história e teoria política; devam ser algo melhor do que técnicos e especialistas, excluídos de um conhecimento abrangente da sociedade por se concentrarem dentro dos limites estreitos da administração política.

A dissolução das classes têm continuado desde que Eliot escreveu essa obra; assim como o declínio da cultura, na Inglaterra e em grande parte do mundo. O que tem ocorrido desde 1948, parece, não é uma maior difusão da cultura herdada (esperança de Tawney), mas o surgimento de uma anticultura, de forma mais notória – ainda que, talvez, não mais detestável – entre os estudantes universitários nos Estados democráticos, com uma demanda por "relevância", ou seja, com a obsessão pelo superficial e efêmero, pelo vir a ser em vez do ser, preocupados em excesso com aquilo que D. H. Lawrence chamou de "devorar os jornais".

Essa recente experiência social, realizando os vaticínios de Eliot, produziu alguma reação intelectual favorável à análise de Eliot a respeito de cultura e ordem social. No espírito elioteano, Rowland Berthoff, por exemplo, escreveu que qualquer sociedade que é um simples amontoado de átomos deve ser violenta e infeliz; é bem possível, mesmo aqui nos Estados Unidos, que devamos voltar novamente a uma sociedade orgânica, unida por verdadeiras classe, igreja, família e comunidade. Uma estrutura social estável é parte da hierarquia de valores; está acima dos valores econômicos, e é o fundamento para valores mais elevados da mente e do espírito – realizações estéticas e intelectuais de algum mérito e talvez até mesmo o que é variavelmente chamado de autorrealização, redenção do pecado, ou salvação da alma.[27] Esses "valores mais elevados" são o que Eliot denominou

---

[27] Rowland Berthoff, *An Unsettled People: Social Order and Disorder in American History*, 1971, p. xiii.

"cultura superior" e a sobrevivência ou revigoramento da classe deve ser buscada como um meio para tais fins culturais.

Foi de uma classe norte-americana como essa – sua família transmitiu cultura superior, de geração em geração, desde o século XVII – que veio o próprio Eliot. Viu na Grã-Bretanha uma infinidade de exemplos de tal continuidade da cultura mantida pela família, dentro de diferentes classes: os Huxleys e os Sitwells de sua geração devem ilustrar suficientemente, em diferentes formações, o fomento a tal poder de continuidade; a esse respeito, o "whiggerismo" radical herdado dos Russells demonstram esse argumento.[28]

Tal continuidade cultural assegurada pela classe estava chegando ao fim – dentre outras coisas, por uma tributação esmagadora – na época de Eliot. No romance de Wyndham Lewis, *Self Condemned* [Autocondenado], encontramos um espécime de uma raça em extinção – Rotter, um intelectual de parcos recursos, a quem os impostos e a inflação logo irão aniquilar; Rotter cuja boa biblioteca particular talvez não seja conhecida até 1984. As grandiosas bibliotecas das mansões do interior estavam sendo vendidas para pagar impostos de transmissão de propriedade, como escreveu Eliot, e com elas pereceria mais do que uma coleção de infólios.

Poucos anos depois, quando Eliot aceitou o título acadêmico honorário da Universidade de St. Andrews, seria hóspede em uma grande casa escocesa que encarnava exatamente o que quis dizer por continuidade de classe e família: sete séculos de continuidade da família e uma casa de quatrocentos anos. A biblioteca de livros raros

---

[28] "Uma classe pode preservar uma cultura porque é, em si mesma, uma coisa orgânica e mutável", escreveu George Orwell na resenha que escreveu sobre *Notes*. "Mas aqui, curiosamente, escapa ao sr. Eliot o que poderia ter sido seu argumento mais forte no caso, ou seja, que uma sociedade sem classes dirigida por elites pode ossificar-se muito rapidamente, simplesmente porque seus governantes podem escolher os sucessores, e sempre tenderão a escolher pessoas que pareçam com eles mesmos." Ver *The Collected Essays, Journalism and Letters of George Orwell*, vol. IV, *In Front of Your Nose*, 1968, p. 455-57.

continuava esplêndida, mesmo não sendo nada além do "espectro de uma sombra"[29] – poupada na venda da imensa biblioteca familiar, uma das melhores coleções sistemáticas de erudição do mundo, que por gerações esteve à disposição de qualquer intelectual sério; as pinturas da casa e as demais obras de arte formavam um acervo reunido por gerações de gosto refinado. O que era mais importante: os muitos membros daquela família antiga, ao longo dos séculos, compartilhavam do que Burke chamou de "graça natural da existência",[30] líderes capazes na ordem pública e guardiões mais efetivos do que Arnold e Emerson na cultura. Longe de diminuir, os talentos daquela família proliferaram até a geração de Eliot: o anfitrião do poeta fora reitor de St. Andrews e muitas outras coisas no âmbito cultural.

Conheci essa família e a mansão antes de Eliot ser feito doutor por St. Andrews; não era nem a Casa dos Corações Partidos nem Horseback Hall. Entre as grandes árvores do parque da propriedade, a família e a casa sobreviveram à agitação dos séculos. Certa vez fiz notar ao chefe da família que, ao levar em conta a época em que vivíamos, poderia não ser animador, naquela casa, pensar muito nas perspectivas de continuidade.

"Não há perspectiva de continuidade aqui", disse-me com um sorriso esmaecido. É precisamente essa verdade que Eliot expressa na primeira parte do seu ensaio *Notes*. Uma sociedade conduzida por uma elite de Mannheim – moldada e agrupada "pelo mundo desolado do monopólio industrial e do governo centralizado",[31] como dissera Orwell em *1984*, não conheceria esse tipo de beleza, de tranquilidade ou de hábitos. E tal sociedade não perduraria por sete séculos; quiçá por apenas um.

---

[29] Referência ao romance gótico *The Shadow of a Shade* de 1869, escrito por Tom Hood. (N. T.)

[30] Ver nota 31 do capítulo 5. (N. T.)

[31] George Orwell, *1984*. Trad. Alexandre Hubner e Heloisa Jahn. São Paulo, Companhia das Letras, 2009, p. 242. (N. T.)

AS BÊNÇÃOS DA DIVERSIDADE CULTURAL

Da defesa da classe como um baluarte da cultura, Eliot passa para a necessidade de diversidade na unidade. Discute a cultura regional – retomando um tema que tocara em *After Strange Gods*. É bom que existam culturas minoritárias, culturas coordenadas, ou subculturas dentro de uma unidade política; por certo é bom que, respeitados os limites, exista algum atrito entre os grupos culturais: a civilização é revigorada por tal competição, pela atração e repulsão das culturas. Não obstante os entusiastas do governo mundial, a independência da cultura deve desfrutar de precedência na unidade de organização. Qualquer cultura mundial "que não fosse simplesmente uma cultura uniforme não seria de modo nenhum uma cultura. Teríamos uma humanidade desumanizada. Seria um pesadelo".[32]

Todavia, ao aspirar a verdade, devemos desejar uma cultura mundial, ou ainda um interesse católico na verdadeira civilização partilhada; mas qualquer tentativa de impor cultura, seja pelo poder imperial ou por alguma autoridade global futura, deverá destruir a cultura existente sem deixar nascer uma cultura satisfatória, nova ou transplantada; justamente como aconteceu com a Índia britânica. Qualquer cultura uniforme imposta para todo o mundo será necessariamente uma cultura que ignorará ou reprimirá as diferenças religiosas – e, portanto, será uma anticultura.

É no cristianismo que Eliot busca por um poder unificante: volta-se para a cultura cristã, dentro da qual é possível haver muita diversidade. Na cristandade, deverá continuar um infindável conflito de ideias, ampliando a verdade, e dando expressão às diferenças locais e nacionais. No culto e na seita, "tal como na relação entre as classes sociais, e como na relação com as várias regiões de um país entre si e com o poder central, pareceria desejável uma luta

---

[32] T. S. Eliot, *Notas para uma Definição de Cultura*, op. cit., p. 81. (N. T.)

constante entre as forças centrípeta e centrífuga. Pois, sem a luta, não se mantém qualquer equilíbrio; e se outra força ganhar, o resultado seria deplorável".[33] Aqui Eliot expressa novamente a ideia de tensões saudáveis, frequentemente encontradas em sua obra. Uma grande liberdade, afirma neste livro, traz o perigo da deliquescência; uma ordem severa, o perigo da petrificação. Enquanto nos esforçarmos para manter a tensão política, nesse sentido, nos beneficiaremos da tensão cultural – supondo que uma fé comum evite que a tensão se transforme em uma hostilidade prejudicial.

As modernas teoria e prática políticas muitas vezes tendem a diminuir tanto a diversidade quanto a profundidade da cultura, acreditava Eliot. Em uma sociedade com gradações, com vários níveis de cultura; descentralizada, em que líderes políticos, como uma classe, conhecem uns aos outros, e se associam a pessoas de alta cultura – aí se torna possível que os benefícios da verdadeira cultura afetem beneficamente o tom da vida pública. Mas temos nos movido na direção oposta, causando danos tanto à política quanto à cultura. Tendo em mente Mannheim e sua escola, Eliot escreve que muito da teoria política moderna tem sido prejudicial:

> Estando ocupada com a humanidade apenas na massa, tende a separar-se da ética; estando ocupada apenas com aquele período recente da história durante o qual pode se mostrar mais facilmente que a humanidade foi governada por forças impessoais, reduz o próprio estudo da humanidade às duas ou três últimas centenas de anos do homem. Muito frequentemente ela inculca uma crença num futuro inflexivelmente determinado e ao mesmo tempo num futuro que estamos totalmente livres para moldar como quisermos.[34]

O que Mannheim e discípulos estavam infligindo à teoria política, Karl Popper e seus amigos estavam fazendo com a filosofia em

---

[33] Ibidem, p. 103. (N. T.)
[34] Ibidem, p. 112. (N. T.)

geral – divorciando-a da imaginação moral, e, portanto, da verdadeira cultura prolífica de raízes religiosas. Como Eliot escreveria quatro anos depois, na introdução ao livro de Josef Pieper, *Muße und Kult* [O Ócio e a Vida Intelectual]:

> certamente, o positivismo lógico não é uma dieta muito nutritiva; serve apenas a uma pequena minoria que a ela foi condicionada. Quando chegar o tempo de seu esgotamento, provavelmente parecerá, retrospectivamente, ter sido, para a nossa época, a contraparte do surrealismo, pois como o surrealismo parecia oferecer um método para produzir obras de arte sem imaginação, assim o positivismo lógico parece oferecer um método de filosofar sem perspicácia nem sabedoria.[35]

Contudo, a filosofia tem permanecido doente por um bom tempo; o positivismo lógico foi somente a última fase do declínio.

Apesar de os fenômenos sociais desanimadores e as teorias falaciosas nos darem motivos para compreender melhor nossas raízes culturais, ainda assim uma obsessiva "consciência cultural" – se mal endereçada – pode nutrir ideologias totalitárias e um nacionalismo beligerante. Além disso, tal obsessão pode criar um desprezo arrogante por culturas "inferiores" ou "arcaicas" – como no último estágio da administração britânica da Índia, ou pode tomar o caminho mais sutil do imperialismo soviético, preservando as formas externas das culturas locais, mas realmente subordinando tudo aos dogmas políticos (e, semiconscientemente, subordinando tudo à Mãe Rússia como o modelo para todo o mundo). Anti-imperialistas liberais têm sido muitas vezes graves transgressores, agindo com desastroso esnobismo cultural, baseados em princípios humanitários: "segundo tais entusiastas, fazemos bem em introduzir-nos em outra civilização, equipar seus membros com nossos instrumentos mecânicos, nossos sistemas de governo, educação, justiça, medicina e finanças, incutir neles um

---

[35] T. S. Eliot, "Introdução à Tradução de *Muße und Kult*" [em inglês, *Leisure, the Basis of Culture*], de Josef Pieper, 1952, p. 11-14.

desdém pelos próprios costumes e uma atitude esclarecida diante da superstição religiosa – e depois deixá-los cozinhar lentamente no caldo que preparamos para eles".[36] Eliot evitou mencionar que os Estados Unidos, mesmo enquanto escrevia, estavam prosseguindo nessas operações, nos vácuos deixados pela saída dos antigos "poderes coloniais" execrados pelos liberais norte-americanos.

A cultura não pode, realmente, ser planejada pela autoridade política, pois grande parte dela é inconsciente. A política brota da cultura, e não a cultura da política; o próprio planejamento político é um produto da cultura. O efeito prático da direção estatal das "atividades culturais" é limitar ou aviltar nosso patrimônio cultural, "pois uma coisa a evitar é um planejamento *universalizado*; uma coisa a determinar são os limites do planejável".[37]

O que precisamos é a unidade da natureza, não a unidade da organização; o organismo espiritual da Europa é muito mais importante do que a organização material da Europa. A cultura europeia não pode sobreviver ao desaparecimento da fé cristã: "Então você deve começar dolorosamente de novo, e não pode assumir uma nova cultura já feita. Você tem de esperar que o capim cresça para alimentar a ovelha que dará a lã da qual será feito seu novo casaco. Você tem de atravessar muitos séculos de barbárie. Não viveríamos para ver a nova cultura, nem tampouco nossos tataranetos: e se o conseguíssemos, nenhum de nós seria feliz nela".[38]

Assim como a decadência da crença religiosa tem debilitado nossa cultura, da mesma forma, o rebaixamento dos padrões da educação formal (não que "educação" e "cultura" sejam sinônimos). Aqui, devemos salientar que Arnold pretendia substituir pelo dogma religioso, sua quase-religião do estudo das humanidades, que

---

[36] T. S. Eliot, *Notas para uma Definição de Cultura*, op. cit., p. 115-16. (N. T.)
[37] Ibidem, p. 103. (N. T.)
[38] Ibidem, p. 151-52. (N. T.)

por volta de 1948 estava se despedaçando tão rapidamente quanto a fé de Abraão, Isaac e Jacó.

Eliot escreveu os ensaios e as conferências de *Notas para a Definição de Cultura* em um período de baixa vitalidade social, quando, em muitos lugares, os jargões ideológicos haviam vencido todo o debate razoável; quando era mais difícil manter a comunicação intelectual entre os diferentes países do que tinha sido em séculos passados; quando falar de um "planejamento" total da sociedade não tinha sido condenado pelas falhas de tantos experimentos pós 1948 (mais imediatamente, na medida em que a opinião pública britânica percebeu o colapso do grandioso "plano da plantação de amendoins" de John Strachey na África Oriental).[39] Não obstante, os processos de desintegração cultural que descreveu não cessaram de erodir o patrimônio cultural comum.

É uma marca da crescente fragmentação da cultura que o livro de Eliot, escrito deliberadamente como um tratado sociológico e mais propriamente como uma peça de apologética ou de crítica literária, não tenha sido considerado com mais seriedade fora dos círculos literários. Assim como Eliot poderia ter sido um filósofo acadêmico, caso quisesse, da mesma forma poderia ter sido um professor de estudos sociais. A crítica de Eliot da sociologia da moda e da ciência política de sua época, embora expressa de forma bastante sucinta, atingiu com força o alvo. No entanto, a maioria dos professores de ciências

---

[39] Em meados da década de 1940, o ministro Stratchey, do governo de Clement Attlee, tentou criar uma plantação de amendoim no território de um protetorado inglês na região da atual Tanzânia. O plano, com previsão de cinco anos de duração, foi mal-elaborado, baseou-se em previsões irreais de retorno e não levou em conta as dificuldades naturais da região. O fracasso levou ao abandono do projeto, num desperdício absoluto de dinheiro público (na época, 49 milhões de libras dos contribuintes britânicos) e de recursos naturais, pois o solo da região ficou inutilizável. Para mais informações, vale ler o relato de um jornalista que participou do projeto. Alan Wood, *The Groundnut Affair*. London, Bodley Head, 1950. (N. T.)

sociais escolheram ignorar a crítica – se é que tomaram ciência da obra; ao passo que alguns críticos literários, aplaudindo ou escarnecendo de *Notes*, possuem um domínio tão débil de teoria social que os comentários que fazem ao breve livro de Eliot não são nada mais que a reafirmação de preconceitos.

Entretanto, Eliot foi compreendido por um público muito maior que jamais atraiu para as páginas da *Criterion*, onde germinou muitos dos conceitos expressos em *Notes*. Dos livros recentes sobre cultura, nenhum foi recebido mais respeitosamente. Não que tais livros tenham sido poucos em número: muitos apareceram e, alguns, injustamente negligenciados.[40]

Mas foram as palavras de Eliot que fizeram com que o público sério o levasse em conta. Por volta de 1948, Eliot veio a ter mais autoridade cultural do que qualquer outra pessoa poderia afirmar ter em um mundo que repudiava a autoridade em geral. Em 1948, recebeu o prêmio Nobel de Literatura; neste mesmo ano, o rei o presenteou ("de modo simples e em uma breve audiência") com a cruz da Ordem do Mérito. A era, cujas forças Eliot combatera tão firmemente, agora o reconhecia, paradoxalmente, como um mestre intelectual.[41]

Oito anos antes, na palestra sobre Yeats,[42] Eliot chamara atenção para o perigo de que escapara Yeats, e que os poetas famosos encontram mais tarde na vida – "de ser dignificado, de tornar-se uma figura

---

[40] Vale a pena mencionar aqui um livro de um amigo de Eliot chamado Michael Roberts, *The Recovery of the West*, que a Faber & Faber publicou em 1941. E no ano em que surgiu *Notes*, a Faber & Faber também publicou o livro *Decadence: A Philosophical Inquiry* de C. E. M. Joad – que tratou de muitos dos tópicos de *Notes*, mas de forma mais sistemática, mais vívida e repleta de exemplos que prendem a atenção.

[41] "Nunca pensei em ver o maior poeta de nossa época devidamente honrado e reverenciado", escreveu Edith Sitwell para Eliot em 1º de janeiro de 1948, ao saber que Eliot havia sido indicado para a Ordem do Mérito nas honrarias de Ano Novo. "Bem, eu vi." Ver John Lehmann e Derek Parker (eds.), *Edith Sitwell, Selected Letters, 1919-1964*, 1970, p. 155-56.

[42] T. S. Eliot, "Yeats". In: *On Poetry and Poets*, 1957, p. 301-02.

pública com apenas uma existência pública – cabides para pendurar condecorações e honrarias, que fazem, dizem, e até mesmo pensam e sentem apenas o que acreditam que é a expectativa do público". Com alguma hesitação, duvidoso, por ouvir as próprias advertências, Eliot publicara seu opúsculo sobre cultura. Mas havia mais do que uma antiga dignidade em suas "Notas".

Com *Notas para a Definição de Cultura*, Eliot fez a mais longa incursão por aquele terreno discutível que corre entre o campo da poesia e o da política. A poesia tem uma função social, Eliot declarara nas conferências durante os anos de 1943 e 1945; desejou que os políticos pudessem, com mais frequência, cruzar a fronteira que os separa daquelas realidades do espírito que estão sob o domínio do poeta. "No meu ramo, estamos interessados em coisas vivas que têm as próprias leis de crescimento, que nem sempre são razoáveis, mas devem ser aceitas exatamente por esta razão: as coisas não podem ser caprichosamente planejadas e mais ordenadas do que os ventos, a chuva ou as estações podem ser disciplinados."[43]

Sem a apreensão do poético, aqueles que se preocupavam com as questões políticas, como a maioria, falham em expressar – ou mesmo sentir – "as emoções dos seres civilizados"; portanto tendem a não deixar levar as emoções em conta no cômputo político, uma negligência que tem desagradáveis consequências banais para os grandes planejamentos políticos. A incapacidade de sentir algo profundamente, talvez seja a grande desgraça de nossa época. E maior estrago é feito pelo desaparecimento do sentimento religioso do que pela diminuição da crença religiosa. Fossem as razões do coração ignoradas pelo estadista, concluiu Eliot, recearia a morte cultural e social: "a sensibilidade para a poesia e os sentimentos, que são o material da poesia, devem desaparecer em todos os lugares; o que talvez possa ajudar a

---

[43] Idem, "The Social Function of Poetry". In: *On Poetry and Poets*, op. cit., p. 15.

facilitar aquela unificação do mundo que algumas pessoas consideram, por si só, desejável".[44]

O espectro de um colossal tédio planejado – sem classes, sem fé, sem fronteiras, sem raízes, destituído de poesia, de consciência histórica, de imaginação, e até de emoção; uma terra desolada governada, se é que é governável, por uma elite de positivistas embotados, behavioristas e técnicos, que não reconhecem padrões ou aspirações diferentes das de seu ofício limitado; um mundo completamente empobrecido em espírito e, portanto, em breve, empobrecido na carne – essa aparição espreita as calmas páginas admonitórias de *Notes*. Apenas em alguns lugares Eliot permite emergir uma imagem denunciatória: com as políticas educacionais estamos "destruindo nossos antigos edifícios para preparar o terreno onde os nômades bárbaros do futuro acamparão com suas caravanas mecanizadas".[45] Enquanto isso, ainda podemos frequentar eventos sociais e coquetéis.

O MISTÉRIO DOS GUARDIÕES

No Festival de Edimburgo, em 1949 – dez anos após *The Family Reunion* – T. S. Eliot retoma o esforço para restaurar o drama poético como uma força entre a classe pensante. Como instrumento, escolheu uma comédia de costumes do West End londrino, combinando a forma popular com o esquema do drama clássico – sendo que esse último artifício não foi detectado pelos primeiros críticos. Foi admiravelmente bem-sucedido. Pela primeira vez chegou aos grandes teatros e a um tipo de audiência que não alcançara antes. *Cocktail Party* passou rapidamente do triunfo em Edimburgo à Londres e Nova York, e por diversas vezes foi reencenada. Mais de trinta anos depois, sua

---

[44] Ibidem, p.16.
[45] Idem, *Notas para uma Definição de Cultura*, op. cit., p. 135. (N. T.)

relevância para a condição do homem moderno não diminuiu. Em 1950, quase quarenta mil cópias dessa peça foram impressas na Inglaterra, e dez mil nos Estados Unidos; além de várias reimpressões em edições populares. É uma das peças mais analisadas do século XX.[46]

A peça trata de expiação e cumprimento de promessas. O público foi atraído pelo apreço às comédias da moda, de ritmo rápido, pois o drama lembrava inicialmente as comédias de Noel Coward – e então, no desenvolver da peça, muitos espectadores ficavam desconfortáveis com o minucioso exame da imaginação moral e o desafio que apresentava para a vida e a cultura. Não era totalmente reconfortante, em 1949, ouvir que ainda que alguém vivesse uma vida "normal" na ordem privada, deveria despir-se das imposturas da personalidade; era ainda menos agradável ser lembrado que a finalidade última da humanidade é a santidade, a ser alcançada pela renúncia, sofrimento e graça na morte – "pois aquele que quiser salvar sua vida irá perdê-la".[47]

Artisticamente, Eliot alcançou seu propósito de mostrar que a poesia dramática podia ser mais bem compreendida que uma peça em prosa. Foi um feito surpreendente fazer poesia daquilo que parecia ser uma conversa comum. De fato, quase chegou à perfeição do que começara em *The Family Reunion*, embora tenha decaído um pouco nas duas últimas comédias: inventara "um verso solto, flexível e rítmico como alternativa ao heroico"; emancipara o poema dramático do pentâmetro iâmbico que se tornara irreal e opressivo ao público do século XX. "Pode ser que a norma da versificação inglesa seja o pentâmetro iâmbico, mas a única forma de torná-lo mais fresco noutra época será fugir dele, descrevendo uma curva que retornará aos poucos – libertando-se da rigidez das eras anteriores", dissera Eliot a

---

[46] De todas as análises da peça *Cocktail Party*, creio que a mais esclarecedora é a de Helen Gardner, "The Comedies of T. S. Eliot". In: Allen Tate (ed.), *T. S. Eliot: The Man and His Work*, 1966. Tenho em grande conta também a análise de D. E. Jones, *The Plays of T. S. Eliot*, 1960.

[47] Marcos 8,35, Mateus 16,25 e Lucas 9,24. (N. T.)

Leslie Paul, em 1958. Afirmou que ficaria feliz na outra vida se tivesse ajudado os futuros dramaturgos a voltar ao pentâmetro iâmbico como "um novo instrumento".[48] A métrica da peça *Cocktail Party*, a conversa aparentemente leve, se torna ameaçadora com três tônicas em cada verso, imprimindo um ritmo que muda o ânimo da audiência sem sua participação consciente, em um movimento que vai da trivialidade ao martírio.

Mais uma vez, o Eliot de 1949, apesar da grande ingenuidade, estava menos interessado na métrica e no estilo do que estivera o Eliot de 1917. Interessava-se, agora, em comunicar certas verdades observadas; técnicas literárias eram somente meros meios para aquela finalidade. Como viveremos neste mundo imperfeito e trascenderemos o corpo na morte? Como escaparemos da prisão do ego, de nossa antiga servidão ao tempo? Como redimiremos, ao mesmo tempo, o eu e o tempo? Esses são os interesses da peça *Cocktail Party*. Como em *The Family Reunion*, essa segunda comédia de costumes pode ser compreendida em níveis diferentes. Primeiramente, podemos tomar a peça por um hábil relato de como várias pessoas ganham novos rumos na vida por intermédio de um "grande médico" e seus amigos. Então, começamos a perceber um significado moral mais profundo, a redenção é alcançada pela aceitação do verdadeiro eu da pessoa. E logo, talvez – possamos vislumbrar a intromissão de um Outro nas vidas comuns, um poder do qual fugimos e, ao fugir, encontramos nossa ruína, ou que damos as boas-vindas como libertador.

O cenário de *Cocktail Party* é um mundo torto, inquieto e entediado, com a cultura de modismos, a frivolidade da fofoca, e todos os presentes como se estivessem prestes a bater em revoada. A ceia é a comunhão, a reunião social regada a coquetéis é uma evasão das ideias e dos sentimentos. A Casa dos Corações Partidos não pode ser

---

[48] Leslie Paul, "A Conversation with T. S. Eliot". *The Kenyon Review*, vol. XXVII, n. 1, inverno 1965, p. 19-20.

vista em lugar algum: essas pessoas se reúnem, durante uma hora ou menos, em um apartamento de coração partido, construído ontem, e que será demolido amanhã, nessa Londres que esqueceu a tradição. (A única grande mansão mencionada, e quase ao fim da peça, é Boltwell, a mais decadente, embora ainda habitada, das nobres mansões da Inglaterra: útil principalmente como modelo para uma pseudo-Boltwell, pseudodecadente, construída em Hollywood como cenário).[49] Não há uma família reunida – apenas um casal brigado, malcasado, e os convidados daquele momento fugaz.

Mais propriamente, do casal anfitrião, somente Edward Chamberlayne, um advogado secarrão, está presente para receber os convidados. Sua mulher, Lavínia, o deixara, para sua humilhação passageira; um convidado não identificado irá fazê-la voltar para o marido (como Hércules, em *Alceste* de Eurípedes, recupera a esposa morta) – que não pode viver nem com ela, nem sem ela; mas essa não será uma reunião agradável. É um pequeno círculo de pessoas modernas, frustradas e iludidas: Edward, incapaz de amar; Lavínia, repelente; Célia Coplestone, uma moça sem rumo, em busca de algo, mas envolvida em um romance enganoso com Edward; Peter Quilpe, o antigo amor de Lavínia está, agora, em uma busca visionária de uma imagem irreal de Célia. Todos são falsos consigo mesmos, a não ser por Célia, são falsos uns com os outros. Os encontramos em coquetéis todos os dias.

Há ainda três outros convidados, um tanto problemáticos. Uma figura mais velha, Julia Shuttlethwaite, lembra um tipo descrito por C. S. Lewis – "uma daquelas pessoas que parecem gostar de viver pelos outros; reconhecemos as vítimas pelo semblante de presas". Alexander MacColgie Gibbs, igualmente intrometido, pode ser tomado como um sujeito flanador e viajado, que deixa indícios de sua influência. Por fim, há um estranho, muito afeiçoado a gim com água e a canções indecentes, inicialmente conhecido somente como Riley,

---

[49] Ver T. S. Eliot, *Cocktail Party*. p. 396-97. (N. T.)

mas posteriormente anunciado como o eminente psiquiatra Sir Henry Hartcourt-Reilly. Contudo, esses são apenas convidados incidentais: na realidade, são os guardiões e a intervenção deles nas vidas das outras quatro personagens origina uma recuperação na alma.

Por intermédio do artifício dos guardiões, e pelos próprios atos de vontade, Edward e Lavínia Chamberlayne são levados a reconhecer as próprias faltas, a aceitar o passado e a complementar um ao outro em amizade, se não no amor. Caso a melhor coisa que possam fazer com as próprias vidas seja promover coquetéis, que ao menos aprendam a dar boas recepções. Peter Quilpe, embora deixado incompleto, chega a perceber a existência de forma mais clara. E Célia Coplestone, seria apaixonada e oprimida por um senso de pecado? Ora, Célia, após ter conseguido disciplinar o espírito, é crucificada por selvagens, muito perto de um formigueiro: no seu fim está o seu princípio.

O casal Chamberlayne recupera a ordem da alma por um doloroso exame de consciência, perdoando-se mutuamente e assumindo responsabilidades: o caminho comum que as pessoas comuns devem aprender a traçar, caso queiram encontrar paz e propósito na vida. Era perigoso, confessa Harcourt-Reilly, despirem as almas; poderiam ter usado novos disfarces em vez da roupa apropriada. Como Gregers Werle em *Vildanden* [O Pato Selvagem],[50] poderíamos acrescentar, Harcourt-Reilly poderia ter destruído os Chamberlaynes ao tornar clara a verdade a respeito deles mesmos:

> Não é o saber da mútua traição
> Mas o fato de saber que o outro entendeu o motivo –
> Espelho contra espelho, refletindo a vaidade.
> Corri um grande risco.[51]

---

[50] Personagem do drama de Ibsen, sedento por verdade, que ao expor a farsa acaba por destruir a vida rotineira do casal Ekdal e causa o suicídio da jovem Hedvig. (N. T.)

[51] No original: *It's not the knowledge of the mutual treachery / But the knowledge that the other understands the motive – / Mirror to mirror,*

No entanto, o remédio amargo desse médico – ou médico-padre – purgou os Chamberlaynes, que vieram a reconhecer as exigências dos outros.

O caminho de Célia é muito diferente: a *via negativa*, a noite escura da alma, a renúncia do amor dos seres criados, o caminho da santidade. Renunciar a laços privados não é renunciar a humanidade: morre em agonia para poder confortar os condenados pacientes do hospital, nas últimas horas. E Harcourt-Reilly demonstra exultação ao ouvir como Célia morreu, achou a salvação. Ele tivera uma visão, muito antes, do rosto atônito de Célia, cinco minutos após sua morte violenta.

É desnecessário dizer que *Cocktail Party* destoa do temperamento moderno, e ainda assim a peça tocou muitas pessoas, e perturbou tantas outras. Para apreender o sentido do drama, é bom tentar entender o que são os guardiões, e o que significa o martírio de Célia. O próprio Eliot disse que não seria prudente da parte dele responder extensivamente a perguntas sobre a peça, como não teria sido sensato para Shakespeare dar respostas detalhadas, por escrito, aos curiosos, após a primeira apresentação de Hamlet. As lições de *Cocktail Party* devem ser tiradas por aqueles que estão em busca de um propósito, e nem todos os ensinamentos possíveis estavam em primeiro plano na cabeça de Eliot.

Superficialmente, os três guardiões podem ser tomados como pessoas sensíveis cuja compreensão da natureza humana é muito mais profunda do que alguém poderia supor ao encontrar num coquetel: o tipo de pessoa que, de boa vontade, discretamente corrige o curso dos conhecidos que se encontram confusos na vida privada. De fato, é isso; mas Eliot deixa bem claro que os guardiões têm um poder maior do que qualquer amigo bem-intencionado possa ter.

---

reflecting vanity. / I have taken a great risk. T. S. Eliot, *Cocktail Party*, ato II, p. 374-75. (N. T.)

Em certo sentido, os guardiões são membros daquela comunidade de cristãos que Eliot descrevera em *A Ideia de uma Sociedade Cristã* – pessoas cuja fé e percepção são fortes e que se empenham efetivamente na imitação de Cristo, buscando cumprir o grande mandamento. Estão envolvidos em uma conspiração benévola a olhos abertos, para sugerir cursos alternativos, para tornar possível que outros ordenem suas almas – apesar de não agarrarem as vítimas pelo colarinho para perguntar, "estás salvo?". De vez em quando, nesta época duvidosamente chamada de pós-cristã, encontramos algumas pessoas assim, e por meio delas uma consciência fala à outra. Mas também Eliot oferece fortes indícios de que esses três guardiões, embora operem com poderes humanos sobre os desejos das pessoas – mais por sugestão do que por dirigismo – em essência, são mais que humanos. Será que Harcourt-Reilly, como Célia murmura no início da peça, é o diabo?[52] Certamente não é, e logo descobrimos – no entanto, é possível que seja um tipo diferente de anjo. O médico não sabe o que significa a própria exortação aos pacientes: "E cuidem com diligência de sua salvação"[53]. Isso nos faz lembrar dos anjos que, não conhecendo o bem e o mal, não desfrutam do livre-arbítrio humano: são para sempre imutáveis. E Júlia, ao falar com Harcourt-Reilly a respeito da escolha de Célia de entrar no "sanatório", onde irá aprender a via negativa, confessa sua ignorância dos terrores da jornada:

> Você e eu nada sabemos do processo pelo qual os humanos
> Se tornam transumanos: que sabemos
> Da espécie de sofrimento que devem passar
> No caminho da iluminação? [54]

---

[52] Ver T. S. Eliot, *Cocktail Party*, ato I, cena 2, p. 288-89. (N. T.)

[53] No original: *And work out your salvation with diligence*. T. S. Eliot, *Cocktail Party*, ato II, p. 356-57. (N. T.)

[54] No original: *You and I don't know the process by which the human is / Transhumanized: what do we know / Of the kind of suffering they must*

Para Célia, projeções de espíritos irão aparecer; não foram psiquiatras comuns que se comprometeram a guardá-la e a guiá-la. Nenhuma crença cristã é mais delicada – ou mais negligenciada, hoje, que o conceito de anjo da guarda.

A doutrina dos anjos – judaica, estoica, mitraica e cristã nas origens – não é menos crível do que muitos outros dogmas que Eliot aprendera a aceitar (Essa ideia assumiu outra forma com Yeats, que acreditava que alguns dos grandes, já mortos, tomavam conta de cada homem vivo talentoso e ardente). Mesmo que possa ser imperfeita, indícios da existência de seres espirituais intermediários não são menos inteligíveis do que as provas de várias teorias da ciência natural. É uma marca dos períodos democráticos, como menciona Alexis de Tocqueville, que o homem comum negue ou ignore qualquer hierarquia visível que o separe de um relacionamento direto com Deus.

Nesse momento, Eliot era tudo, menos de um doutrinário democrata: para ele, assim como para C. S. Lewis ou para G. K. Chesterton, não havia nada de repugnante ou incrível em conceber seres tutelares de outra ordem além da humana. Não somos obrigados a acreditar que os guardiões de *Cocktail Party* venham das hostes celestiais; contudo, é dispensável explicar os guardiões como uma espécie de dispositivo lúdico de Eliot.

Por fim, é possível ver tais guardiões como figuras simbólicas, representando de forma encarnada os desejos íntimos da pessoa para a ordem e a retidão. Os guardiões trabalham a melhor parte do eu da personagem; não exercem poderes mágicos. Não são simplesmente o "autoexame" de Irving Babbitt ou a "voz interior" de John Middleton Murry, há muito rejeitados por Eliot como insuficientes; não são uma consciência inculta, mas podem significar um impulso divino providencial que age no intelecto e nos sentimentos,

---

undergo / On the way of illumination? T. S. Eliot, *Cocktail Party*, ato II, p. 376-77. (N. T.)

de modo misterioso: os guardiões podem entrar na alma, de modo que Harcourt-Reilly, Alex e Julia representam um poder que se origina noutro lugar, que intervém por meios pouco tangíveis como uma conversa numa festa social e em um consultório psiquiátrico.

O próprio "eu interior" de Edward Chamberlayne diz a Célia que não é nada senão um "indomável espírito da mediocridade"; no entanto, é diferente com outros homens:

> O ser que pode dizer "quero isto – ou quero aquilo" –
> O eu que deseja... é uma frágil criatura;
> Terá que capitular afinal de contas
> Diante do eu obstinado, mais duro; que não fala,
> Não conversa nem discute;
> Aquele que em alguns dos seres pode ser o *anjo da guarda* – [55]

O eu apetente, isto é, começou a ser detido por um eu da guarda, "o homem dentro de mim que está furioso comigo" de Sir Thomas Browne. Para esse tipo de proteção, de voz da autoridade moral, podemos admitir os guardiões de *Cocktail Party*. "Os guardiões não estão no centro da ação", como sugere Helen Gardner, "no verdadeiro centro está um poder sem nome que fala ao coração e à consciência de todos os homens".[56]

Todas as vias de abordagem dos guardiões, Eliot deixa desobstruídas; os leitores podem aceitar uma interpretação, ou escolher uma mistura de interpretações. O que pode ser afirmado com certeza é o seguinte: Eliot acreditava que a pessoa pudesse ser assistida no seu empenho de buscar significado e ordem, tanto pela comunidade viva dos cristãos como por uma abertura pessoal à luz (por meio da oração, meditação e reparação).

---

[55] No original: *The self that can say "I want this – or want that" – / The self that wills–he is a feeble creature; / He has to come to terms in the end / With the obstinate, the tougher self; who does not speak / Who never talks, who cannot argue; / And who in some men may be the* guardian –. T. S. Eliot, *Cocktail Party*, ato I, cena 2, p. 296-97. (N. T.)

[56] Helen Gardner, "The Comedies of T. S. Eliot", op. cit., p. 169-70.

Na introdução ao livro de Charles Williams, *All Hallow's Eve*, Eliot menciona "o tipo de experiência indefinível que muitos já tiveram, uma ou duas vezes na vida",[57] e que foram incapazes de descrever com palavras. Até que ponto o próprio Eliot não pode ter experimentado um poder espiritual – na consciência ou no aparente agir de outra pessoa – ninguém pode saber, ao certo, a partir dos escritos ou, até onde sei, das conversas. Mas impressões desse tipo não são de todo incomuns, até mesmo hoje em dia, entre pessoas com alguma força espiritual e capacidade de discernimento. Como quer que seja, declara *Cocktail Party* – em franca oposição ao positivismo moderno – os poderes da luz e os poderes das trevas nos movem, de um jeito ou de outro. Permanece o mistério no âmago da existência humana e é possível, se a vontade da pessoa ajudar ao impulso exterior, com diligência, obter a salvação.

O MISTÉRIO DO MARTÍRIO

Se os guardiões – e o poder que encerram – intrigaram grande parte do público de Eliot, o martírio de Célia Coplestone pareceu bem estranho para muitas pessoas. "O que pode ser mais irreal do que a tentativa de fazer valer as alegações de uma bondade transcendente", Philip Rahv escreveu em 1951, "liberando a pretendente das obrigações dramáticas, por assim dizer, e a enviando para um trabalho missionário e para morrer como uma mártir cristã na África? (...) Concretizar a escolha de Célia pela 'segunda via' ao imergi-la na experiência da Londres moderna é uma coisa; mandá-la para a África para ser crucificada é, novamente, algo a mais".[58]

---

[57] Charles Williams, *All Hallows' Eve*. Nova York, Pellegrini & Cudahy, 1948, p. xvii.
[58] Philip Rahv, "T. S. Eliot: The Poet as Playwright". In: *Literature and the Sixth Sense*, 1969, p. 350.

Desde que essas frases foram publicadas, muitos médicos missionários foram crucificados na África ou mortos de modo ainda mais terrível: o continente negro foi tudo menos a "terra da abstração pura e simples" – essa é a descrição de Rahv da África de Eliot. Não importa quão diligentemente Harry Monchensey[59] possa ter trabalhado nos bairros pobres de Londres, boas obras não levam ao martírio. Em *Cocktail Party*, o intento de Eliot era lembrar a sua época que o testemunho de sangue não finda com Becket. Nos campos de concentração nazistas e comunistas, uma quantidade incontável de cristãos e judeus pereceu horrivelmente pela fé durante a guerra. No entanto, tal insensatez aflige o secularista complacente: se Célia tivesse sido designada a fazer somente o papel de mulher generosa, Eliot poderia ter sido perdoado mais facilmente por apego a um credo obsoleto.

A morte pelo martírio foi a recompensa de Célia para o desejo de ser transfigurada; pois qualquer alma pode estar certa da redenção do corpo por esse tipo de morte, é a alma do martírio. Uma bela garota com vagas aspirações à carreira de atriz, Célia vai ao primeiro coquetel cheia de esperança amorosa – sua paixão estava fixada em Edward Chamberlayne, que era incapaz de amar quem quer que fosse. Ele a usou para aliviar o tédio da existência e o vazio, e naquele momento, deveria terminar com ela para recuperar a detestável, mas indispensável, mulher. Edward fora um espectro dos sonhos mais elevados de Célia; agora ela encontra somente "um besouro do tamanho de um homem".[60] O que buscara ternamente em Edward devia existir, deve existir, em algum lugar – "mas quem, e onde?".[61]

Também há algo terrivelmente errado com o mundo, diz Célia a Harcourt-Reilly no segundo ato, ou ainda algo errado com ela mesma;

---

[59] Personagem da peça de Eliot, *The Family Reunion*. (N. T.)

[60] No original: *a beetle the size of a man*. T. S. Eliot, *Cocktail Party*, ato I, cena II, p. 298-99. (N. T.)

[61] No original: *But what, and where is it?* Ibidem. (N. T.)

e é mais fácil acreditar na última hipótese. Veio a compreender que sempre estivera só: "Parece-me agora que não vale a pena *falar* com ninguém!".⁶² Suspeita que esta seja a condição geral das pessoas:

> Fazem caretas e acham que se compreendem.
> Estou certa do contrário.⁶³

Esta "ilusão" é o primeiro sintoma de sua doença; o segundo é o seu senso de pecado.

Ela não se sente imoral; certamente, as pessoas tidas como imorais, crê Célia, não são afligidas por um sentimento de pecado. No seu caso com Edward, ela foi tola, e agora sabe disso, mas isso não a oprime. Com sua família do interior, aprendeu a não acreditar no pecado: tudo o que há de errado foram "maus procedimentos" ou "distorções mentais". O que a atormenta:

> Não é a sensação de algo que eu tenha *feito*,
> E de que queira escapar, ou de alguma coisa em mim
> De que fosse possível desembaraçar – mas uma sensação de vazio, de falência
> Em relação a alguém, ou alguma coisa, fora de mim mesma;
> Sinto que devo... *expiar* – será essa a palavra?⁶⁴

Ela e Edward, Célia agora compreende, estavam simplesmente usando um ao outro, como se fora uma ficção encarnada: uma condição horrível. Será que alguém é capaz de amar e ser amado? Será que todas as pessoas são totalmente sós, irreais como nos próprios sonhos? O que buscara em Edward não estivera ali, e talvez não pudesse

---

⁶² No original: *It no longer seems worth while to* speak *to anyone!* T. S. Eliot, *Cocktail Party*, ato II, p. 362-63. (N. T.)

⁶³ No original: *They make faces, and think they understand each other. / And I'm sure that they don't.* Ibidem. (N. T.)

⁶⁴ No original: *It's not the feeling of anything I've ever* done, / *Which I might get away from, or of anything in me / I could get rid of – but of emptiness, of failure / Towards someone, or something, outside of myself; /And I feel I must...* atone *– is that the word?* Ibidem, p. 366-67. (N. T.)

ser encontrado em lugar nenhum. "Por que me sentir culpada por não o ter encontrado?"[65]

Harcourt-Reilly (na verdade era mais um doutor escolástico do que um médico psiquiatra) diz a ela que pode reconciliá-la com a condição humana experimentada pela maioria dos casais – com uma visão esquecida:

> Duas pessoas que sabem não se entender,
> Criando filhos que eles não compreendem
> E que jamais irão compreendê-los.[66]

É uma vida boa, afinal de contas, em um mundo de loucura, violência, estupidez e ganância.

Mas Célia não aceita o caminho da rotina: seria uma entrega, ou traição; deseja viver com sua visão – apesar de ser a visão de alguma coisa que não compreende. Então Harcourt-Reilly lhe oferece a segunda via, que exige uma fé cega, e ela escolhe o terror dessa jornada em que não esquecerá a própria solidão. Como diz Júlia, depois que Célia parte para o "sanatório", esse é o primeiro estágio da jornada:

> Passará entre as colinas da repreensão,
> Pelo vale do escárnio, como uma criança que vai levar uma mensagem
> Cheia de ardor e paciência. Contudo sofrerá.[67]

Os guardiões fazem uma libação para Célia, suplicando que ela seja protegida das vozes e das visões, no tumulto e no silêncio. Ela não

---

[65] No original: *Why do I feel guilty at not having found it?* Ibidem, p. 368-69. (N. T.)

[66] No original: *Two people who know they do not understand each other, / Breeding children whom they do not understand / And who will never understand them.* Ibidem, p. 368-69. (N. T.)

[67] No original: *She will pass between the scolding hills, / Through the valley of derision, like a child sent on an errand / In eagerness and patience. Yet she must suffer.* Ibidem, p. 376-77. (N. T.)

voltará. Harcourt-Reilly soubera quando a conheceu que era "uma mulher condenada à morte"[68] Célia oscilou à beira da desolação final:

> Da solidão no mundo fantasmagórico
> Da imaginação que mescla lembranças e desejos.[69]

Mas agora está a salvo de ser aprisionada nesse inferno, embora no momento final do julgamento deva suportar uma dor física inimaginável. Para confortar os pacientes moribundos, será trasladada em agonia para as garras da morte. Ao ingressar em um serviço que é a perfeita liberdade, progredirá do desespero à certeza, e após haver entregue tudo, ganhará tudo. Algo fora dela mesma, tão futilmente buscado a princípio, ela o terá para além dos confins dos tempos.

Quem conhecia Célia, enquanto ela viveu? Peter Quilpe não a conhecia, mesmo a adorando; Edward Chamberlayne também não, ao utilizar, egoisticamente, alguém em quem via o esplendor, e nem Lavínia, que a detestava como rival. No fim, é Lavínia quem a compreende melhor na santidade heroica, e que diz que todos viveram com falsas imagens de Célia.

Não podemos conhecer o coração das pessoas, e morremos diariamente um para o outro – assim diz Harcourt-Reilly para Edward, que já reconhecera essa dura verdade. Não há permanência nesta vida:

> O que sabemos a respeito dos outros
> É apenas nossa memória dos momentos
> Durante os quais os conhecemos. E eles mudam desde então.[70]

---

[68] No original: *a woman under sentence of death*. T. S. Eliot, *Cocktail Party*, ato III, p. 408-09. (N. T.)

[69] No original: *Of solitude in the phantasmal world / Of imagination, shuffling memories and desires*. T. S. Eliot, *Cocktail Party*, ato II, p. 372-73. (N. T.)

[70] No original: *What we know of other people / Is only our memory of the moments / During which we knew them. And they have changed since then*. T. S. Eliot, *Cocktail Party*, ato I, cena 3, p. 302-03. (N. T.)

Ser prisioneiros do tempo e do ego é a nossa jornada mundana, passamos os dias em reuniões sociais, falando trivialidades, brincando de sombras. "Em cada encontro estamos diante de um estranho."[71] Como Eliot dissera tantas vezes antes, assim como Heráclito, nunca cruzamos duas vezes o mesmo rio. Como toleramos este fluxo? Como nos manter fora da loucura e da autodestruição? Como devemos atingir a paz e a permanência? Ao longo de *Cocktail Party*, bem como em quase todas as demais obras de Eliot, há ecos do introito do hino de Henry Francis Lyte:

> Vejo mudança e decadência ao meu redor;
> Ó vós, que sois imutável, permanecei comigo.[72]

Para a maioria das pessoas que está em paz consigo mesmo, há a vida do costume, da convenção e do exercício regular das tarefas; o amor, ainda que imperfeito, deve ser encontrado na rotina obscura; e como tal, muito lhe será perdoado. Mas, outros sentem um desejo ardente de encontrar alguém, alguma coisa, fora deles mesmos, e caso estejam dispostos a se sacrificar, a sepultura não lhes vencerá. O caminho misterioso de santidade leva a um lugar: aqueles que perseveram até o fim são levados a Deus, e por Ele, para a imortalidade, que realmente é a ressurreição do corpo e a vida eterna. A essência permanecerá para sempre, escaparam da servidão do tempo.

Isso é o que acontece com Célia: pelo intenso sofrimento de alma e corpo. Libertada, conhecerá para sempre o seu eu, o amor permanente e a fonte de toda a vida e de todo o amor. Eliot tinha alcançado a compreensão platônica e agostiniana da transcendência do tempo. Célia (e em grau inferior, mesmo Edward e Lavínia) é redimida da maldição do solipsismo – ou seja, da atenção exclusiva da pessoa para

---

[71] No original: *at every meeting we are meeting a stranger*. Ibidem, p. 304-05. (N. T.)

[72] Versos do hino "*Abide with me*" (1847). No original: *Change and decay in all around I see; O Thou, who changest not, abide with me.* (N. T.)

as próprias experiências conscientes. Pelo reconhecimento da própria fragilidade, Edward e Lavínia aprendem a partilhar a experiência – que é um aspecto do verdadeiro amor. Pela devoção ao Outro, Célia é remida do vazio e da carência. Essas três características são projeções da experiência de vida do criador dessas personagens. Se alguém trabalha para redimir o tempo, e abraça o momento atemporal, então essa pessoa pode ser retirada do tempo e arrebatada na eternidade.[73]

No vasto exame dos enigmas do ser e do tempo – cuja busca *Cocktail Party* é uma espécie de clímax. Eliot não havia ignorado as especulações filosóficas e científicas de sua época. Para alguns críticos, pareceu que Eliot, "reacionário", como se proclamava, estava envolvido em um exercício inútil de voltar o relógio do conhecimento. Mas, poderá vir a acontecer de Eliot ser reconhecido, no julgamento das próximas gerações, como um profeta poético, assim como Virgílio, e um precursor de uma consciência mais ampla da condição humana. Há uma observação relevante, neste particular, feita por um eminente pensador científico da época de Eliot, o professor Michael Polanyi.

"O cristianismo é uma iniciativa em desenvolvimento progressivo", ressalta Polanyi em "*Critique of Doubt*" [Crítica da Dúvida]:

> As perspectivas imensamente alargadas do conhecimento devem abrir novos panoramas da fé religiosa. A Bíblia e a doutrina paulina, em particular, ainda podem estar impregnadas de lições insuspeitas. Quanto maior a precisão e mais consciente for a flexibilidade do pensamento moderno, demonstrada pela nova física e pelos novos movimentos lógico-filosóficos de nossa época, mais reformas conceituais, renovadoras e esclarecedoras, podem ser geradas com base na experiência

---

[73] Ainda não apareceu nenhum estudo detalhado a respeito do exame do tempo e do ser, assunto por demais complexo para um tratamento amplo no presente livro. Uma discussão interessante de Eliot a respeito desses assuntos é "Bergson and the Problem of Time", e pode ser encontrado no livro de Kristian Smidt, *Poetry and Belief in the Work of T. S. Eliot*, 1949 e 1961, p. 165-81. Ver também William T. Noon, "Modern Literature and Time". *Thought*, vol. XXXIII, n. 31, inverno 1958-59, p. 571-603.

extrarreligiosa moderna sobre a relação do homem com Deus. Uma era de grandes descobertas religiosas pode estar diante de nós.[74]

Eliot não alegou, em *Cocktail Party* ou em outro lugar, qualquer inspiração especial. Ao escrever *Four Quartets* – assim disse a Kristian Smidt – ele não buscava uma revelação; antes, estivera buscando "os equivalentes verbais para pequenas experiências que tivera, e para o conhecimento que adquirira com a leitura".[75] Eliot não era nenhum mártir, contudo, melhor que qualquer outro escritor de sua era, tocou no mistério do martírio. Nas preocupações do espírito, críticos futuros poderiam aplicar a Eliot o que disse a respeito de Virgílio em uma palestra radiofônica transmitida em 1951:

> Se um profeta fosse, por definição, um homem que entendeu a plenitude do significado daquilo que estava a dizer, isso seria, para mim, o ponto final. Mas se a palavra "inspiração" tem de ter um significado, deve querer dizer exatamente isto: que o orador ou o escritor está proferindo algo que não compreende plenamente – ou que pode até mesmo interpretar de modo errôneo quando a inspiração se for.

Virgílio, então, de fato poderia ser o anunciador de Cristo por quem Santo Agostinho e os doutos medievais o tomaram: "Um poeta pode acreditar estar expressando a própria experiência", prosseguiu Eliot em uma passagem que evocava sua antiga réplica a I. A. Richards a respeito da desilusão de uma geração; os versos podiam ser, somente para ele, um meio de falar de si sem se revelar, no entanto, para os leitores o que escrevera poderia vir a ser a expressão tanto dos sentimentos secretos como da exultação ou do desespero de uma geração.[76]

---

[74] Michael Polanyi, *Personal Knowledge: Towards a Post-Critical Philosophy*. Chicago, University of Chicago Press, 1958, p. 285.
[75] Kristian Smidt, *Poetry and Belief in the Work of T. S. Eliot*, op. cit., p. 174.
[76] T. S. Eliot, "Virgil and the Christian World". *On Poetry and Poets*, op. cit., p. 137.

Na Igreja de Santa Maria in Aracoeli, na colina do Capitólio, os freis mostram aos visitantes as pedras do calçamento que, segundo a lenda, eram parte do altar, *Ara Primogeniti Dei*, erguido pelo imperador Augusto para o deus desconhecido que nasceria durante o seu reinado. Essa profecia, na quarta Écloga, é um dos pontos da palestra de Eliot "*Virgil and the Christian World*" [Virgílio e o Mundo Cristão]. Com um sorriso desaprovador, o franciscano que mostra esse fragmento antigo pode dizer aos forasteiros, "Isso é somente uma tradição, é claro". Não obstante é na tradição, como Eliot faz lembrar a sua era, que grande parte da verdade pode ser descoberta. Inspirando-se na tradição clássica e cristã, *Cocktail Party*, certamente, será a mais duradoura das peças de Eliot. E como a quarta Écloga, pode até mesmo adquirir, com o passar de muitas gerações, um impulso profético.

Capítulo 10

Ilusões e Afirmações

NOTAS PARA UMA DEFINIÇÃO DE PROPÓSITO EDUCACIONAL

Caso tenha subsistido em Eliot, após 1950, o tédio e a glória de sua era, o horror saíra do alcance. Após *Cocktail Party*, os escritos são marcados por um humor fino e por certa resignação; posteriormente viria a serenidade, e até mesmo a alegria. Como Charles Eliot Norton, era quase capaz de "olhar para a ordem que se esvaía sem lamentação e para a ordem vindoura sem esperança".

Vivienne Eliot, que durante quatorze anos fora pouco mais que um fantasma, morreu em 1947. Aos sessenta anos, Eliot ainda seguia um caminho solitário, mas sem o peso da sensação de isolamento de espírito que descera sobre ele desde o início, e que perdurara por bastante tempo: agora conhecia a comunidade de almas. Depois do fim da Segunda Guerra Mundial, deu conferências em toda sorte de lugar – na Europa Ocidental, nos Estados Unidos e mesmo na África do Sul (as palestras norte-americanas o possibilitaram visitar Pound em seu sanatório-prisional – pois não teria viajado sem os honorários das palestras durante o período de austeridade de Clement Attlee e Stafford Cripps – e fazer o que podia para obter a soltura de Pound). Durante sete anos, a única obra mais extensa foi a leve peça realística, *The Confidential Clerk* [O Secretário Particular]: a inspiração poética, embora tivesse permanecido com Eliot por quase quatro décadas, finalmente tinha partido; e muito antes se convencera a não persistir (como muitos poetas imprudentes que tentaram continuar) a escrever versos que não seriam nada senão ecos do talento inicial. E agora escrevia não por precisar de dinheiro.

Durante esses anos, contudo, os ensaios sobre educação, as palestras sobre literatura e as incursões em teoria política foram realizações importantes. Tais tarefas permaneceram somente na forma de ensaios: como disse a respeito de si mesmo, não era tão diligente quanto Coleridge (ainda que não utilizasse nenhuma espécie de opiáceo). No princípio, faltava tempo a Eliot de reunir, em qualquer tipo de livro, mais do que uma série de ensaios – muitas vezes vagamente relacionados – exceto pela esquecida dissertação sobre Bradley; agora lhe faltava a necessidade ou o ímpeto para obras prolongadas. O intelecto e os sentimentos estavam fortes como sempre, mas o entusiasmo e a autoafirmação da juventude estavam muito reduzidas, como confessou com razoável disposição; encontrara dificuldade em relembrar as afeições e animosidades que produzira alguns de seus famosos juízos ou declarações de princípio. Contentava-se a dar palpites bem--humorados em determinadas ilusões modernas e, com temperança, afirmar certas convicções permanentes.

De todas as grandes causas, havia uma que ainda tocava Thomas Stearns Eliot: a defesa de uma educação destinada a nutrir a imaginação moral. Esse foi o assunto do último capítulo de *Notas para a Definição de Cultura*, que em 1950, evoluiu para uma série de palestras, "The Aims of Education" [Os Objetivos da Educação]. Durante todo o período que editou a *Criterion*, Eliot tocara repetidamente no assunto da educação formal. No "Comentário" de outubro de 1931, ao discutir a breve obra de Harold Laski, *Introduction to Politics* [Introdução à Política], o censurara severamente por uma imprecisão untuosa a respeito da educação – que Laski afirmara ser um direito porque era "fundamental à cidadania". Eliot escrevera na ocasião:

> A menos que tomemos por educação aquela modestíssima quantidade de conhecimento que pode ser transmitida pela instrução em massa, não temos mais direito à educação do que temos à felicidade, ao talento ou à beleza. Visto que temos "direitos", todo homem ou mulher tem o direito de ser educado para *alguma* função útil na comunidade; mas o que entendemos por educação deve diferir em muito desse tipo.[1]

Laski teria reduzido a educação a uma preparação para a eleição do melhor candidato: "A minha própria educação foi muito deficitária", comentou Eliot, "mas conheci homens, muito mais educados do que eu, completamente iludidos pelas complexidades da civilização moderna".[2] Seria melhor tentar reduzir essas complexidades do que impingir a gente simples um "direito" para desorientá-los.

Em 1934, ao destruir, em seu "Comentário", a antologia chamada *The Modern Muse* da Associação Inglesa, cujo prefácio era um "insensato disparate", Eliot notara que, no longo prazo, a educação é o problema mais importante da sociedade.

> Atualmente parece que estamos empenhados na tarefa de dar algum tipo de educação para todos. A educação é um treino da mente e da sensibilidade, uma disciplina intelectual e emocional. Numa sociedade em que tal disciplina é negligenciada, numa sociedade que usa palavras em lugar de pensamentos e de sentimentos, podemos esperar qualquer tipo de aberração religiosa, moral, social e política, e uma eventual decomposição ou petrificação. E parece que temos pouco a esperar dos representantes oficiais de educação.[3]

Em 1935, publicara em seu periódico o texto do dr. Bernard Iddings Bell, "*The Decay of Intelligence in America*" [O Declínio da Inteligência nos Estados Unidos] um acalorado ensaio cheio da vigorosa teimosia desse clérigo. "Não há lugar em que a degradação da função intelectual esteja mais caracterizada e seja mais mortal do

---

[1] T. S. Eliot, "A Commentary". *The Criterion*, vol. XI, n. 42, out. 1931, p. 67.
[2] Ibidem.
[3] Ibidem, vol. XIII, n. 52, abr. 1934, p. 628.

que nos cursos de graduação, que parecem a muitos observadores estar empenhados em uma espécie de conspiração inconsciente e descuidada para afogar qualquer gênio humano em potencial, que possa ser utilizável, em um mar de mediocridade complacente" – assim escreveu Bell, que não muito antes fora tirado à força da presidência do promissor St. Stephen's College (posteriormente, Bard College), às margens do rio Hudson, principalmente porque exigiu que os jovens se comportassem com decência. As faculdades norte-americanas estavam se contentando, como disse Bell, "a 'orientar' pessoas inteligentes às coisas como elas são, para que, porventura, não aspirem às grandes coisas; a despejar no mundo bacharéis preparados apenas para ganhar a vida, para comprar e gastar, para se tornarem escravos remunerados e consumidores em potencial, em um mundo onde o trabalho se torna mais maçante, e a compensação menos garantida".[4] Eliot comentara que os problemas educacionais na Inglaterra e nos Estados Unidos estavam convergindo.[5] A amizade duradoura com dr. Bell colaborou para incitar as pungentes observações sobre educação em *Notas para a Definição de Cultura* e em "The Aims of Education". No capítulo final de *Notes* chamado "Notes on Education and Culture" [Notas sobre a Educação e Cultura], Eliot lida com cinco falácias comuns difundidas por escritores a respeito de educação. É desnecessário, neste ponto, aprofundarmos nos princípios educacionais de *Notes*, pois o professor G. H. Bantock escreveu um livreto muito perspicaz sobre as ideias educacionais de Eliot.[6] Negava "que, antes de ingressar em qualquer discussão sobre educação, devemos estabelecer o objetivo da educação".[7]

---

[4] Bernard Iddings Bell, "The Decay of Intelligence in America". *The Criterion*, vol. XIV, n. 55, jan.1934, p. 199-200.

[5] T. S. Eliot, "A Commentary". *The Criterion*, vol. XIV, n. 55, jan.1934, p. 264.

[6] G. H. Bantock, *T. S. Eliot and Education*. Londres, Faber & Faber, 1970.

[7] T. S. Eliot, *Notas para uma Definição de Cultura*, op. cit., p. 120. (N. T.)

Tal preliminar é preconceituosa, confusa e tediosa. Duvidava que a educação tornasse o povo mais feliz – pois tanto educação de mais ou de menos pode produzir infelicidade. Discordava com o argumento de "que a educação é algo que todos desejam"[8] – além disso, "uma alta proporção de educação geral é talvez menos necessária para uma sociedade civil do que é um respeito pelo aprendizado".[9] Acreditava ser impossível que a educação fosse "organizada de modo a proporcionar 'igualdade de oportunidade'"[10] – certamente, essa tentativa desorientada "desorganizaria a sociedade, por substituir as classes por elites de cérebros, ou talvez apenas de capacidades inteligentes".[11] Derrubou o dogma do mudo e inglório Milton[12] – a noção de que muito da capacidade de excelência é suprimida pela ausência de um aparato educacional sistemático e autoritário. Em nosso entusiasmo pela educação como meio de realização de ideais sociais, escreveu Eliot, esquecemos que a verdadeira educação deve levar à sabedoria; que está destinada à satisfação por meio do conhecimento, e que o aprendizado merece respeito pelos próprios méritos. Os veredictos de Eliot estão no mesmo espírito de John Henry Newman e Irving Babbitt. Ao tentar forçar todos os jovens a um molde educacional comum, independentemente das aptidões ou classe, podemos conseguir apenas destruir-lhes a verdadeira cultura (que não é idêntica à escolaridade). "Uma 'cultura de massa' sempre será uma cultura substituta, e cedo ou tarde, o

---

[8] Ibidem, p. 125. (N. T.)

[9] Ibidem. (N. T.)

[10] Ibidem, p. 126. (N. T.)

[11] Ibidem. (N. T.)

[12] A expressão *"mute inglorious Milton"* aparece no verso 59 do poema de Thomas Gray "Elegy Written in a Country Churchyard" (1750), e é a esse poema que Eliot faz referência. Posteriormente, a expressão foi usada pelo satirista Ambrose Bierce no livro *Shapes of Clay* (1903) no poema "A Mute Inglorious Milton", que retrata um homem acima da média destruído pela uniformidade da mediocridade. (N. T.)

embuste tornar-se-á aparente para os mais inteligentes aos quais foi impingida essa cultura."[13] Um quarto de século depois, um violento protesto de estudantes universitários ao redor do mundo atestaria essa dura verdade.

Dr. Robert Maynard Hutchins, na ocasião o chanceler da Universidade de Chicago, leu esse último capítulo de *Notes*, e discordou parcialmente. Respondeu no primeiro número de seu novo periódico trimestral, *Measure*, inspirado de certa forma no modelo da *Criterion*, e lançado pelo Comitê de Pensamento Social da Universidade de Chicago. Resoluto, Hutchins divergiu (não de modo totalmente consistente, se considerarmos seus escritos) das apreensões de Eliot a respeito do igualitarismo educacional. Hutchins alcançara certa compreensão de Aristóteles e de Santo Tomás de Aquino por intermédio de seu amigo Mortimer Adler. Também trazia consigo uma espécie de democratismo doutrinário, sempre em desacordo com sua personalidade autocrática e as próprias propensões educacionais. Ao responder a Eliot, Hutchins defendeu o ideal da igualdade de oportunidades educacionais: "Nos Estados Unidos, onde o ideal de igualdade foi adotado muito antes que em qualquer outro lugar, não apareceram nenhuma das consequências previstas pelo sr. Eliot".[14]

É difícil conciliar essa afirmação com próprios ataques anteriores de Hutchins à escola de John Dewey, e seria difícil defendê-lo à luz dos posteriores desdobramentos dos cursos universitários norte-americanos. No geral, esse ensaio não foi uma das peças mais felizes de Hutchins e parece que o chanceler ficou irritado com a citação de Burke em *Notes*. Por acaso, Hutchins comprometera-se a abominar

---

[13] No seguinte trecho, optamos por modificar a tradução do texto utilizado como referência em português. Ver T. S. Eliot, *Notas para uma Definição de Cultura*, p. 133. (N. T.)

[14] Robert M. Hutchins, "T. S. Eliot on Education". *Measure*, vol. I, n. 1, inverno 1950, p. 6.

Burke. Em janeiro de 1943, *The Thomist* publicara um número dedicado a Jacques Maritain. Hutchins fora convidado a contribuir com um ensaio e havia assinado um artigo superficial sobre Burke.[15] Daí em diante, assombrado pelo fantasma da consistência de Emerson, Hutchins acreditou ser necessário atacar o nome de Edmund Burke onde quer que aparecesse, mesmo que estivesse tão pouco familiarizado com os escritos de Burke quanto estava com os de Aristóteles e Santo Tomás de Aquino.[16] "A diferença entre Burke e o sr. Eliot é que o sr. Eliot não nega que a democracia é a melhor forma de sociedade", concluía a réplica de Hutchins na *Measure*. "Burke negou. Os objetos favoritos da sátira burkeana eram: a soberania do povo e os direitos do homem. Embora errado, tinha consistência. O sr. Eliot tanto está errado como é inconsistente."[17]

A troca de ideias entre Eliot e Hutchins pode não valer a pena ser mencionada, exceto por ter sido um dos motivos pelos quais Eliot foi à Universidade de Chicago, no outono de 1950, ministrar conferências sobre "Os Objetivos da Educação", desenvolvendo em detalhes os princípios que expressara em *Notes*. Tal série, sua discussão mais extensa sobre educação, foi publicada em quatro números sucessivos

---

[15] Hutchins, "The Theory of Oligarchy: Edmund Burke". *The Thomist*, vol. V, jan. 1943, p. 61-78.

[16] Enquanto almoçávamos juntos em Londres, no ano de 1954, Eliot me disse que, durante as conferências de Chicago em 1950, Hutchins comparecera à recepção para o visitante:
– Fiquei perplexo com as observações do dr. Hutchins, no artigo da *Measure*, a respeito de mim e de Burke – disse Eliot – assim, fui até ele e lhe disse que estava grato pelas críticas às minhas ideias sobre educação, mas que não havia compreendido o que quisera dizer ao afirmar que eu era um democrata e Burke não. Considerando a diferença de época, suponho que Burke tivesse sido mais democrata na sua época do que eu na nossa. Mas, o dr. Hutchins não me respondeu e se retirou. Por que você acha que ele fez isso?
– A resposta é bem simples – respondi. – O dr. Hutchins realmente não lera Burke.

[17] Hutchins, "T. S. Eliot on Education", op. cit., p. 8.

da *Measure*.[18] Embora Eliot pretendesse publicar um breve livro com tais conferências após revisá-las, nunca encontrou oportunidade de melhorar as palestras, que quinze anos mais tarde foram publicadas, sem revisão, em *To Criticize the Critic*.[19]

O cônego Bernard Iddings Bell, então orientador dos estudantes episcopalianos na Universidade de Chicago, publicara em 1949, a obra *Crisis in Education* [Crise na Educação], um dos livros mais intensos de uma série de críticas mordazes ao ensino superior norte-americano que começou a aparecer no mercado editorial daquela época. Em educação, bem como em religião, Eliot e Bell eram praticamente uma única cabeça; e Eliot começara a conferência com uma citação do livro de Bell (isso pode ter tornado Eliot antipático ao chanceler Hutchins, que se absteve de falar com o dr. Bell desde que o "renomado sacerdote", na expressão de Eliot, aparecera na Universidade).[20] Em parte, as conferências de Eliot eram uma resposta à crítica de Hutchins na *Measure*.

Dentre os vários escritores de educação de quem Eliot divergiu em *Notas para a Definição de Cultura,* o dr. C. E. M. Joad ocupou posição de destaque. E, ao agradável livro de Joad sobre educação (ainda que para intelectuais medíocres), Eliot dispensou prolongada atenção em "The Aims of Education". Havia escritores de quem Eliot discordava mais com relação aos princípios do que Hutchins e Joad; provavelmente Eliot os destacou porque a possibilidade de argumentar com homens cujos princípios fundamentais não são totalmente

---

[18] Um de meus primeiros ensaios "Beyond the Dreams of Avarice" foi publicado perto da primeira parte de "The Aims of Education", é provável que Eliot não tivesse visto meu nome antes disso.

[19] T. S. Eliot, "The Aims of Education". Em quarto partes: *Measure*, vol. II, n. 1, 2, 3 e 4. Reimpresso em: *To Criticize the Critic*, 1965, p. 61-124.

[20] O cônego Bell disse-me, por volta de 1954, que a frieza de tratamento entre ele e Hutchins datava dos anos de Bell como reitor do St. Stephen's College, quando se recusara a indicar Hutchins para o cargo de instrutor de inglês por acreditar que era muito arrogante.

opostos aos próprios princípios era maior. Joad elencara três finalidades da educação: permitir ao rapaz ou à moça ganhar o próprio sustento; equipá-los para exercer as funções de cidadãos de uma democracia; e permitir que desenvolvam todas as potencialidades e faculdades latentes em suas naturezas para, assim, desfrutarem de uma boa vida. Tais finalidades, Joad tomou como pressupostos, observou Eliot, do tipo de sociedade que esperamos ter.

A palavra "democracia" é usada nos dias de hoje em praticamente todos os países – para descrever "instituições totalmente diferentes"; portanto, é suspeita. Não devemos permitir que a educação seja interpretada como "uma adaptação educacional ao ambiente". O aluno não deve estar completamente adaptado à democracia "na forma como a encontra ao seu redor, pois isso seria treinar uma geração para ser completamente incapaz de qualquer mudança, melhoria, ou adaptação àquelas mudanças que seguem sem que ninguém deliberadamente as pretenda pôr em execução".[21] Não é uma coisa simples, essa "educação para a democracia". E se os jovens nascessem em uma sociedade má? Deveriam ser educados para se ajustarem àquela sociedade? Para definir a educação e seu propósito, devemos perguntar "O que é o homem?" e "Para que foi feito?".

Na segunda conferência, "The Interrelation of Aims" [A Inter-relação dos Objetivos], Eliot passou a atacar o sistema eletivo (adotado pela primeira vez em Harvard pelo reitor Eliot), a especialização limitante, a obsessiva profissionalização e a ênfase na "cidadania" quase como excludente do comportamento e da percepção moral – tudo muito ao estilo que fora de Irving Babbitt, meio século antes. Apenas ao melhorar a pessoa é que podemos melhorar a república.

> A educação para a cidadania, então, parece significar, primeiramente, o desenvolvimento de uma consciência social; e já havia sugeri-

---

[21] T. S. Eliot, *To Criticize the Critic and Other Writings*. Nova York, Farrar, Straus & Giroux, 1965, p. 73.

do que uma consciência "social" só pode ser um desenvolvimento da "consciência": no momento em que falamos de "consciência social" e esquecemos da consciência, estamos em perigo moral –, assim como a "justiça social" deve estar baseada na "justiça". A separação que ocorre em nossas mentes, simplesmente pela presença constante do adjetivo "social" pode levar a crimes, bem como a erros. Em nome da justiça social podemos desculpar, justificar ou apenas ignorar a injustiça: em nome da consciência social podemos fazer o mesmo com a consciência. Os mesmos tipos de substituições podem ocorrer com a palavra democracia. A "social-democracia" parece, a princípio, ser uma expressão que ninguém pode apresentar objeções. Mas seu sentido denotativo pode ser tão manipulado que sugere para a maioria, creio, qualquer coisa, menos ser democrática.[22]

Enquanto Eliot falava, as "sociais-democracias" estavam extirpando qualquer tipo de oposição remanescente nos países da Europa Oriental.

Em "The Conflict between Aims"[O Conflito entre Objetivos], a terceira conferência, Eliot começa com as distinções entre as quatro fases do desenvolvimento do termo "educação". Na primeira fase, "educação" queria dizer o treinamento de umas poucas pessoas para profissões eruditas; a seguir veio a educação do nobre, juntamente com a instrução de outras classes; em terceiro lugar, no século XIX, os educadores estavam preocupados com a extensão dos supostos benefícios da educação para uma grande parte da população; e no século XX, estavam lidando com a dificuldade vexatória de que a instrução nominal não era o suficiente: "há uma crescente proporção da população que pode ler apenas as manchetes de qualquer parte dos jornais, não se importando se é da seção de esportes ou da policial".[23] (Em 1950, a televisão tinha apenas começado suas incursões.)

---

[22] Ibidem, p. 90.
[23] Ibidem, p. 94.

A padronização universal na educação se agiganta, e essa não é uma perspectiva agradável, pois devem existir diferentes tipos de educação para diferentes tipos de pessoas. Com a padronização, está em marcha a possibilidade de controle da educação pelo Estado. A doutrina da "igualdade de oportunidade" tende, na prática, para a mediocridade e o tédio. E será empregada pelo Estado para promover as finalidades daqueles que o controlam. "E descobrimos que o princípio da 'oportunidade igual' é sem sentido – ou seja, está sujeito a ser interpretado por todos em termos daquilo que a pessoa *deseja* ao invés daquilo que deve desejar – a menos que respondamos à pergunta 'oportunidade para quê?'"[24]

O objetivo de Joad de desenvolver as potencialidades e as faculdades latentes também tinha seus perigos. Para Eliot, Joad:

> Está deixando sem controle a área das potencialidades e faculdades latentes. O perigo da separação entre a vida social e a vida privada – que tem por corolário de único critério da moral a conduta prejudicial ao próximo e a liberdade de cada homem fazer *consigo* o que lhe aprouver – é que o código social, o código da cidadania, se tornará cada vez mais constritivo, cada vez mais pressionará em direção à *conformidade*; e essa servidão pública à sociedade será compensada por uma licenciosidade extrema em quaisquer condutas supostamente alheias aos assuntos do Estado.[25]

Entretanto, quando essa licenciosidade vem a dificultar ou a ameaçar as finalidades do Estado, este imporá controles sistemáticos. "Desta maneira, o indivíduo deverá descobrir que a privacidade e a oportunidade de exercer a liberdade e a responsabilidade morais, aos poucos, lhes foram tomadas em nome da sociedade."[26]

Existe uma regra de conduta que é mais que um dever de Estado. Não podemos criar um bom cidadão se não sabemos o que é um bom

---

[24] Ibidem, p. 104.
[25] Ibidem, p. 105-06.
[26] Ibidem, p. 106.

homem. E isso nos leva à conferência final de Eliot, "The Issue of Religion" [A Questão da Religião].

Conquanto seja difícil transmitir o conhecimento religioso nas escolas estatais sem injustiça ou distorção, ainda assim, uma educação que suprime a compreensão religiosa não é, absolutamente, educação, pois não toca nas questões últimas. "O senso religioso e o senso de comunidade não podem ser divorciados", disse Eliot:

> São formados, por certo, em primeiro lugar, na família; e quando falhos na família, o defeito não pode ser suprido pela escola ou pela universidade. Contudo, por outro lado, a diferença entre a vida comunitária em que não há lugar para a religião e a vida familiar, à qual a religião está reservada, não pode ser tolerada por muito tempo; e o enfraquecimento do lado social da religião no mundo exterior tenderá a enfraquecê-la também na família. O enfraquecimento dos laços religiosos entre os membros de uma mesma casa, a começar da tenra idade em que acreditamos, a princípio, pensar por nós mesmos, deixará a família reduzida a um vínculo inseguro de afeição e sentimento. Portanto, quando a religião se tornar cada vez mais um assunto individual, não haverá mais um elo familiar; (...) quando deixa de comunicar a plenitude da vida, então é descoberto um vácuo e a crença na religião, gradualmente, será suplantada pela crença no Estado. Essa parte da vida social que é independente do Estado será reduzida ao mais trivial. Surgirá a necessidade de *alguma coisa* que preencha o lugar da religião na comunidade e os liberais encontrar-se-ão rendidos, cada vez mais, à liberdade individual que é a base da doutrina que apregoam.[27]

Assim, emerge a ideologia totalitária, o deus feroz.

Nem a Igreja, nem o Estado são competentes para assumir a educação como um todo. Devemos considerar as alegações de ambos – e da pessoa individualmente.

Thoreau foi um bom cidadão quando foi-se embora para Walden? Muitos homens seguiram cursos que pareciam tolos para a família,

---

[27] Ibidem, p. 113-14.

davam a impressão de antissociais, ou que significavam dor e sacrifício para os outros, e os condenamos ou louvamos segundo os resultados que nunca poderiam ter sido antevistos. Creio, então, que devemos, afinal de contas, permitir um espaço para a escolha individual no "desenvolvimento das potencialidades latentes", mesmo que traga todas as competências que agora acrescemos à expressão.[28]

Então, evitemos a padronização e a onicompetente direção estatal; tomemos cuidado com o aglomerado de "contemporaneidade", que desde a época de Eliot veio a ser chamado de "relevante". A história e a literatura das eras passadas nos livram da imersão no fluxo de nosso próprio tempo. "Confiamos nas instituições de educação para manter um conhecimento e a compreensão do passado", reinterpretado a cada geração. "E para preservar a sabedoria do passado, precisamos valorá-lo por aquilo que é, e não defendê-lo, simplesmente, com base na utilidade."[29] O que parece inútil para uma geração pode ser, de fato, tido como muito útil por outra em uma época posterior. Por amor à sabedoria e a uma sociedade tolerável – caso tenhamos de escolher – é melhor "que um pequeno número de pessoas seja bem instruído, e outras sejam deixadas apenas com uma educação rudimentar, do que todos receberem uma parcela de educação de qualidade inferior, com a qual nos iludimos ao pensar que o máximo de qualquer coisa deva ser o melhor".[30]

Afinal, a educação realmente não pode ser definida, conclui Eliot, mas devemos nos tornar conscientes dos propósitos da educação. A intenção desse exercício de Eliot não era impor uma teoria, mas abalar as mentes. "Não estava pensando em te convencer, embora possas estar pensando onde será o próximo coquetel."

Lutar com o dogmatismo secular na educação; chamar atenção para o perigo de o Estado poder substituir a compreensão religiosa

---

[28] Ibidem, p. 118.
[29] Ibidem, p. 119.
[30] Ibidem, p. 119-20.

pela ideologia, pelo controle das escolas; protestar contra um irrefletido nivelamento das inteligências e dos sentimentos pela degradação do dogma democrático aplicado à aprendizagem; defender, implicitamente, o primado da imaginação moral em qualquer empreendimento educacional – esses foram os alvos de Eliot nas conferências de Chicago. Como Demóstenes (citado por Babbitt no último parágrafo de *Literature and the American College*), Eliot implorou para que o público *pensasse*.

"The Aims of Education" parece não chegar a uma conclusão, mas o método de Eliot era sutil. "Ora, a julgar pela opinião e preocupação atuais, as respostas de Eliot não eram comuns", escreve G. H. Bantock:

> Isso ocorre, em parte, porque sua resposta à pergunta fundamental, "O que é o homem?", também não era habitual. Via, como característica da situação humana, uma tensão constante e não uma harmonia ou um ajustamento. Dito de outro modo: via tanto o horror quanto a glória da vida humana, pois acreditava que a existência do homem era marcada por discriminações qualitativas. Não tinha, em uma palavra, medo de admitir que preferia um modo de vida ao outro, e estava, portanto, preparado para julgar e avaliar. É típico de sua época que os julgamentos e as avaliações tenham uma suavidade, quase um ceticismo, que prontamente oferece a perspectiva da divergência. Mas, ao menos, oferece algo para discordar. (...) Eliot era essencialmente um inimigo cortês, mas manifestava um repúdio e uma alternativa igualmente sólidos.[31]

Embora sua experiência como professor no início da vida tenha sido breve, Eliot sabia o que deveria ser um bom professor, e o que – caso a cultura perdurasse – deveria ser ensinado. Caçoava da opinião de que um novo barbarismo estava se espalhando a partir dos Estados Unidos (sendo a doença universal, e não uma infecção vinda da América), mas reconhecia a força, para o bem ou para o mal, do

---

[31] Bantock, *T. S. Eliot and Education*, op. cit., p. 109.

exemplo norte-americano. "Pessoalmente considero que as pessoas deste país devam prestar mais atenção à história da educação nos Estados Unidos", escreveu-me de Londres, em 5 de maio de 1955, "pois sem isso irão, inevitavelmente, repetir os mesmos erros. Mas, como o público de literatura educacional será persuadido a fazê-lo?". Disse-me, certa vez, que um bom periódico de teoria educacional faria muito bem aos Estados Unidos – mesmo se quase ninguém o lesse.[32]

Falácias educacionais e sociais estavam intimamente relacionadas, acreditava Eliot. Descobriu um exemplo disso em uma palestra de Robert Hutchins (que eu lhe mandara a cópia) para o *American College of Hospital Administrators*, em setembro de 1955. Desde que deixara a Universidade de Chicago, dr. Hutchins estava – como teria dito Alice – "muito curiosíssimo e muito curiosíssimo"[33] nas opiniões. Para os administradores hospitalares fizera alguns comentários com os quais Eliot sinceramente concordaria. Igualmente, na última parte do discurso, Hutchins ingressou em uma estranha linha de raciocínio.

---

[32] Em uma carta datada de 13 de janeiro de 1956, Eliot partilharia comigo as dificuldades desestimulantes dos periódicos sérios. Antes de parar de ser publicada, as assinaturas da *Criterion* tinham diminuído muito; e sempre a publicação fora deficitária. Ele lera um ensaio meu chamado "A Era do Debate". "Creio que um aspecto da situação que é ignorado em teu artigo é o econômico", escreveu-me:

> Neste particular, imagino que a situação aqui não seja tão ruim quanto no teu país, mas ainda é bastante ruim, e temo que seja extremamente perigosa. O fato é que, o custo de produção do material e da mão de obra aumentou tanto que um periódico realmente sério deve ser subsidiado ou deixar de existir. Pois, pelo que me recordo, uma revista se pagava, incluindo os colaboradores e o editor, com, digamos, uma tiragem de 3 mil exemplares; agora, mal consegue sobreviver com uma tiragem três ou quatro vezes maior do que isso; e um fato geralmente ignorado pela maioria das pessoas que não gostam de fatos desagradáveis é que o número de leitores bem formados para ler a melhor das revistas não cresceu nessa proporção.

[33] No original: *curiouser and curiouser*. Lewis Carroll, *Alice no País das Maravilhas*. Trad. Clélia Regina Ramos. Itaipava, Arara Azul, cap. 2. (N. T.)

Aventou a hipótese de haver dois grandes princípios norte-americanos, atualmente em risco: o primeiro, "de o homem dever ser julgado pelo que faz, e não pelo que pensa, nem mesmo pelo que diz, e, certamente, não por aquilo que seus parentes pensam, dizem ou mesmo fazem (...)" e, o segundo, "que a principal qualificação para um emprego é a capacidade de realizá-lo". Instituições educacionais e fundações, sugere Hutchins, hoje em dia precisam reafirmar esses dois grandes princípios norte-americanos. (Hutchins estava falando em uma época que a influência do senador Joseph McCarthy alcançara o ponto máximo, e quando muitos do meio universitário acreditavam que a liberdade acadêmica estava em perigo; não fosse pelo ardor daquele discurso, Hutchins poderia ter feito uma palestra mais sensata – intemperança tende a atrair intemperança).

Os comentários de Eliot sobre esse discurso demonstrarão sua rapidez de raciocínio, assoberbado como sempre esteve por muita correspondência e um considerável trabalho editorial. "O discurso de Hutchins é a combinação mais curiosa de bom-senso e tolice", escreveu-me em 7 de dezembro de 1955:

> Li a peça aplaudindo-a até determinado ponto, mas quando cheguei à página 14, o bom-senso de Hutchins pareceu abandoná-lo completamente. Mas, de qualquer forma, no momento em que me deparei com as expressões "o grande princípio norte-americano", "a ideia norte-americana" ou "o modo de vida norte-americano", comecei a suspeitar. Sentiria a mesma coisa, devo acrescentar, se fosse o "estilo de vida" britânico, francês ou indonésio. Não gosto dessas expressões. E os dois princípios que Bob Hutchins escolhe como "grandes princípios norte-americanos", ambos me parecem estar errados. Se um homem não pode ser julgado pelo que diz, mas somente pelo que faz, então nenhum escritor, por mais tendencioso ou corrompido, pode ser, no final das contas, julgado. Quem traça a linha entre o fazer e o dizer, entre o pensar e o ser? Um homem nunca será julgado pelo que é? Quanto ao outro "grande princípio norte-americano" de que a principal qualificação para um emprego é a capacidade de

executar a tarefa, essa é uma meia-verdade muito perigosa. Ignora as qualificações morais que são de vital importância ao selecionar os professores. Leva a uma visão de que enquanto o homem executar satisfatoriamente o trabalho que lhe é dado fazer, o restante de sua vida é problema dele – um princípio debilitante que acabará por oferecer, na vida pública, nosso Macleans e Burgesses.[34]

Apesar do vigor de Hutchins, seus vários livros sobre educação deverão ser totalmente esquecidos, ao passo que os breves debates de tais pontos suscitados por Eliot ainda atraem a discussão séria. O conceito igualitarista de educação que Hutchins defendeu, em breve iria começar a se desfazer, no momento da aparente vitória.

Na Grã-Bretanha, o *Education Act* de 1944, severamente criticado por Eliot, seria sucedido por leis ainda mais hostis à tradição de educação secundária e de educação pública que o autor apoiava. De um lado estava a tentativa de criar uma nova elite por meio de provas nacionais padronizadas, visando medir um limitado raciocínio particular e o domínio dos "fatos" (frequentemente empurrados "goela abaixo" em cursinhos preparatórios); e de outro, o esforço de equiparar os talentos ao abolir as antigas escolas secundárias, substituindo-as por escolas mais "generalizantes" à semelhança das *high-schools* norte-americanas – essas noções iriam atacar violentamente a educação britânica durante o restante da vida de Eliot, e daí em diante. Já em 1953, quando entrevistei um bom número de ingleses e escoceses sobre tais assuntos, o perigo era evidente, e do tipo que Eliot havia vaticinado.

Um parlamentar conservador expressou para mim sua total satisfação com o estado intelectual do povo inglês. Se não leem bons livros hoje em dia, disse, a educação universal serviu para um propósito ainda mais importante: permitiu aos homens e às mulheres

---

[34] Aqui Eliot faz referência a dois funcionários públicos britânicos de alto escalão (e homossexuais), possuidores de informações secretas, que desertaram para a União Soviética.

formarem as opiniões políticas mais facilmente do que há uma centena de anos. Existe a "educação para a cidadania" – que pode ser a educação para a servidão a um demagogo ou a um ideólogo. No entanto, um conferencista na Sheffield University, um jovem socialista, discutiu com sobriedade as tendências das escolas de tempo integral. Provas padronizadas, disse, estavam desestimulando o pensamento independente e, até mesmo, a verdadeira instrução; equivaliam à doutrinação e não à educação, e tendiam a favorecer os meninos e as meninas mais astutos, e não os mais imaginativos ou honestos. "Os testes dos pedagogos são formulados para transformar trapaceiros em mestres da sociedade?", perguntei. Ele riu, depois deu um suspiro e respondeu: "Exatamente".[35]

Nos Estados Unidos, as escolas públicas mergulharam ainda mais profundamente no *ethos* da sociabilidade; somente o lançamento do Sputinik russo perturbaria, apenas temporariamente e só no domínio da ciência aplicada, a complacência norte-americana acerca da educação. Quanto à maioria dos centros de ensino superior norte-americanos, estes progressivamente, foram abandonando os altos padrões em favor de grande quantidade de alunos; e não muito depois da conferência de Eliot em Chicago, o reitor de uma das grandes universidades estaduais do meio-oeste americano declarou com orgulho: "Não há nada que esta universidade não consinta, caso o público pareça querer". Entre a Universidade Behemot e a antiga Harvard de Eliot, Oxford ou Cambridge há uma grande distância. Nove anos depois de "The Aims of Education", as superficialidades de C. P. Snow, em *The Two Cultures and the Scientific*

---

[35] Para uma irônica demolição da nova elite criada por esse tipo de provas, feita por um sociólogo inglês, ver Michael Young, "The Rise of the Meritocracy". In: *An Essay in Education and Equality*, 1958, p. 1870-2033. Para os relatos do que foi feito na educação britânica pelas teorias contra as quais Eliot lutava, ver os ensaios nos dois "Black Papers" editados por C. B. Cox e A. E. Dyson, em *Fight for Education* e *The Crisis in Education*, 1969.

Revolution [As Duas Culturas e a Revolução Científica] (diametralmente opostas às convicções de Eliot), seriam tomadas, nos dois lados do Atlântico, como o novo evangelho da educação superior, ao menos até F. R. Leavis dar uma resposta feroz ao livro.[36] Talvez, somente a catástrofe – perceptível ao longo dos anos 1960, pelos distúrbios nas universidades e nas escolas secundárias – pudesse mover a reação e a reforma; somente a adversidade poderia reviver a imaginação moral. Mas o que Eliot dissera a respeito da educação, com suas maneiras sempre moderadas, faria mais sentido em 1984, do que fez, para a maioria das pessoas, nos idos de 1950.

A VIRTUDE DA RESIGNAÇÃO

A não ser pelas conferências, neste momento, a vida de Eliot estava quase totalmente calma. Entre 1949 e 1958, produziu somente uma obra criativa importante: o drama realista, *The Confidential Clerk* [O Secretário Particular], que foi encenada pela primeira vez no Festival de Edimburgo, em 25 de agosto de 1953.[37] Embora essa peça (em forma, mas não em substância, de comédia) não possuísse a intensidade de *The Cocktail Party*, vinte mil cópias foram impressas

---

[36] Dentre os muitos livros que tocam no declínio da cultura norte-americana, a obra de Thomas Griffith, *The Waist-High Culture* (1959) é particularmente notável, porque é, em parte, autobiográfica. Sobre a queda vertiginosa da Inglaterra ao nível de Sweeney, ver Christopher Booker, *The Neophiliacs: A Study of the Revolution in English Life in the Fifties and Sixties*, 1969.

[37] Alguns alunos de Eliot definiram *The Confidential Clerk* como uma farsa – para sua diversão. Em 28 de outubro de 1953, após ler minha resenha da peça na *The Month*, escreveu para dizer que estava surpreso de encontrar alguém capaz de penetrar tão a fundo naquela peça, sem ter à disposição o texto impresso e após assistir a apenas uma apresentação "Fico pensando quando e se outros críticos virão assistir à peça a partir de um ponto de vista como o seu. Parece que alguns intelectuais são da impressão de que *The Confidential Clerk* é uma farsa um tanto malsucedida".

na Inglaterra quando a peça foi publicada no ano seguinte, e 26.000 cópias nos Estados Unidos, aparecendo posteriormente em brochura. A produção era boa, e vi Eliot – naquele momento um pouco tenso – sair do Lyric Theater, na noite de estreia, parecendo satisfeito.

Essa é uma peça de resignação. O secretário de Eliot é um comum homem de negócios e todas as personagens são bastante comuns, com exceção, em parte, de Colby, o novo secretário. A normalidade é a causa de sua infelicidade, e dá à peça o tema principal, familiar a Eliot: a prisão do eu.

Sir Claude Mulhammer, o financista, e a esposa volúvel, Lady Elizabeth, seus *protégés*, Lucasta Angel, Colby e B. Koghan, o investidor em ascensão, não entendem uns ao outros, a si mesmos, ou mesmo de onde vieram. As pessoas mais jovens sabem que nasceram de relações extraconjugais e não têm raízes. Sir Claude, no primeiro ato, declara que seu princípio de ação sempre foi não compreender nada a respeito de qualquer um que encontre; no entanto supõe que a outra pessoa o compreenda completamente.[38] Essa premissa trai Mulhammer no final, até que grita, de olhos fechados, "Colby vai voltar?"[39] – agora sabendo que até a suposta existência do próprio filho fora uma ilusão por 25 anos.

Essas pessoas, destroços de famílias desestruturadas, espécimes de uma geração sem certezas e destituídos de continuidade com o passado, estão envolvidos no mais antigo dos enredos dramáticos – a confusão de identidades, o filho perdido, e a clássica comédia de erros. Mais uma vez Eliot volta às fontes gregas, desta vez *Íon* de Eurípedes. Ao renovar esses artifícios com engenhosidade, aproveitando prazerosamente alguns anacronismos, Eliot também escreve falas inteiras que poderiam ter sido escritas por Shaw, outras que poderiam ter sido obra de Wilde, ou ainda de Ibsen. Lady Elizabeth, com seu "controle

---

[38] Ver a referida passagem em T. S. Eliot, *The Confidential Clerk*, p. 432-33. (N. T.)

[39] T. S. Eliot, *The Confidential Clerk*, p. 570-71. (N. T.)

da mente", clínicas na Suíça e intuições, poderia ter sido creditada a Oscar Wilde; o laço entre Lucasta e Colby, rompido pela descoberta de que poderiam ser irmãos, tem um toque de Shaw, embora todos os atos sejam permeados, sombriamente, pelo espectro de *Vildanden* [O Pato Selvagem] ao sussurrar que a verdade que aprendemos sobre nós mesmos pode ser nossa ruína. Quando tudo termina, ao menos, Colby, Lucasta e Koghan sabem quem são, e, até certo ponto, percebem a finalidade de suas vidas, mas aceitam com resignação a descoberta de suas verdadeiras naturezas – sem alívio. Sobre todos, ainda que mais pesadamente sobre Mulhammer, recai a consciência da futilidade dos desejos humanos.

Todos nessa peça (com exceção, quiçá, do velho Eggerson, o secretário aposentado, com a mulher, o jardim e as virtudes simples) são assombrados pela solidão e pela tristeza dos talentos frustrados. Até os feitos artísticos (Sir Claude desejando ter sido um bom ceramista, e Colby um talentoso organista e compositor) são frustrados pelo espírito da época. Essas pessoas são incapazes de criar um elo com as gerações passadas ou com as gerações vindouras. Buscam continuidade, *status*, fé e, acima de tudo, mesmo que apenas Colby perceba, tentam, semiconscientemente, ter alguma certeza de que sua vida tem relevância, e que as barreiras que separam cada homem do próximo podem ser transcendidas, por fim, na comunidade de almas.

Em estrutura, *The Confidential Clerk* está próxima a *The Importance of Being Earnest* [A Importância de Ser Prudente],[40] até pela revelação, no último ato, feita pela antiga enfermeira (ou melhor, nesse caso, pela sra. Guzzard, a mãe-postiça); e é possível rir de certas falas e personagens. Mas é um riso ao estilo de Demócrito, do *páthos* das coisas evanescentes. Na segunda parte, em especial, aparecem falas de grande ternura e *páthos*, quando, por exemplo, Lucasta chega a

---

[40] A peça pode ser encontrada em língua portuguesa na seguinte edição: Oscar Wilde, *A Importância de Ser Prudente*. Rio de Janeiro, Civilização Brasileira, 1998. (N. T.)

acreditar que compreende Colby e a si mesma, e está na iminência da autorrealização – e então é oprimida, no próximo instante, pela desilusão, ou melhor, pela ilusão de outro tipo. Por toda a peça, Eliot trata suas personagens com piedade e compaixão; todas se tornam cativantes. De Sir Claude a sra. Guzzard, são homens e mulheres de naturezas gentis, inclinações honestas e corações generosos. Contudo, como seres humanos e modernos, são herdeiros de todas as imperfeições do espírito e da carne; não podem escapar ao desenraizamento da própria época, nem à sensação dos talentos desperdiçados, nem à prisão do eu.

Lucasta pensa que Colby é diferente das demais pessoas, pois pode retirar-se do meio delas para ingressar em um jardim da imaginação, um santuário longe do desolador mundo material. Todavia, o próprio Colby entende melhor: seu jardim mental é tão solitário quanto o mundo dos sentidos. Se Colby fosse dotado da certeza de uma realidade permanente que transcende a terra desolada – ora, então, de fato, nunca estaria só no seu reino da imaginação, pois "Deus estaria em meu jardim"[41]. Desejoso dessa fé, no entanto, o jovem resta melancólico e acovardado, sem amor, quase não se importando em descobrir a identidade dos pais. Vemos o rapaz, perto do final do terceiro ato, buscando às apalpadelas uma vocação eclesiástica, contudo somente Eggerson, o velho secretário prático, chega perto de compreender Colby. Lucasta, voltando para Koghan buscando algum sentimento de afeição e pertença, pensa que Colby não precisa de nenhuma companhia humana, estando seguro na fortaleza do autoconhecimento. Ela não aprendeu que uma fortaleza sitiada pode ser muito parecida com uma prisão.

Tecnicamente, *The Confidential Clerk* é um sucesso de estreitos laços sociais. É mais facilmente compreendido do que qualquer outra obra importante de Eliot. Sua poesia está ainda mais próxima da

---

[41] T. S. Eliot, *The Confidential Clerk*, p. 480-81. (N. T.)

prosa do que em *Cocktail Party* – quase tão próxima que a proposta primária de Eliot de renovar o drama poético é quase indiscernível para o público. O principal defeito dessa peça, assim como de todas as peças de Eliot, é mencionado por Seán Lucy, que observa que as personagens de Eliot – bem diferente das de Shakespeare – não interagem ou verdadeiramente partilham a ação: "Os heróis de Eliot (...) não só estão conscientes do próprio isolamento, *como também estão isolados, por natureza, da ação que lhes é necessária*. O modelo de realização, aceitação, escolha e expiação, pelo qual devem passar caso tenham de encontrar a si mesmos, significa a privação de toda ação, menos da que é gradual e isolada – e o afastamento não é um bom tema dramático".[42] Ainda assim, essa é uma peça que toca de modo comovente nas fontes do desejo e na necessidade de um amor duradouro, e traz a marca de um homem genial.

Ao reconhecer as limitações, devemos resignar ao que é possível nesta vida, e às realidades do eu; então – especialmente se, como Colby, olharmos para um Outro – podemos encontrar paz, ainda que apenas a tranquilidade da rotina. Em *The Confidential Clerk*, as personagens se movem, lentamente, em direção a essa paz – que o próprio Eliot já havia alcançado.

Por volta de 1953, Eliot havia atingido, ao que parece, uma serenidade que muitos nunca conheceram. Durante os anos entre *The Confidential Clerk* e *The Elder Stateman* [O Velho Estadista], correspondi-me com Eliot com certa frequência e, eventualmente, nos encontrávamos. Almoçávamos no Garrick ou no Author's Club – às vezes em companhia de pessoas interessantes, dentre elas, Bernard Iddings Bell, Frank Morley e Herbert Agar. Houve conversas na Russell Square. Ele era trinta anos mais velho do que eu, contudo, havíamos lido os mesmos livros, conhecido os mesmos lugares; éramos muito parecidos nas preferências literárias e nas convicções sociais, e tínhamos vários

---

[42] Seán Lucy, *T. S. Eliot and the Idea of Tradition*, 1960, p. 201-02.

antigos amigos em comum. Vim de uma família com um passado semelhante ao da família de Eliot, embora mais modesta; meu próprio progredir da dúvida à aceitação se parecia com o dele, embora não tivesse nem metade dos tormentos. Sobre aquela fase da vida quando se fixara em Londres, eu viria a experimentá-la três décadas depois; sentíamo-nos confortáveis quando juntos. (Em setembro de 1953, escrevi-lhe que algum dia criaria um livro chamado *A Era de Eliot*. Levei cerca de dezoito anos para executar meu intento.)

Comecei a compreendê-lo melhor ao conversar com dois de seus velhos amigos, os quais vim a conhecer, quase acidentalmente, durante os anos de 1953 e 1954: Roy Campbell e Wyndham Lewis. Em termos de personalidade, os três eram maravilhosamente diferentes; no entanto, subsistia um laço de afeição. Em novembro de 1954, em dias sucessivos, visitei os três. Os "homens de 1914" (caso Campbell pudesse ser contado como um membro mais novo do bando) ainda eram mais vivos do que qualquer um que conheci de minha geração.

Com muita jovialidade e cerveja, Roy Campbell levou a mim e a família, do *pub* ao restaurante e de volta ao seu apartamento. Aquele apartamento um tanto desolado localizava-se em uma construção que fora devastada por bombas, durante a guerra, em uma noite em que toda a rua ardeu em chamas, mas fora razoavelmente consertado. Também o fora Roy, repetidamente alvejado na guerra civil espanhola e na campanha de Ogaden dos *King's African Rifles*. Suas costas eram um amontoado de cicatrizes, e tinha uma prótese de plástico no lugar do osso em uma das pernas, mas seu corpo enorme parecia indestrutível. Orbitavam ao redor desse exuberante colosso a morena com quem era casado, a bela filha marquesa[43] (cujo marido espanhol era procurado por falsificação), e o enérgico Rob Lyle, que deveria

---

[43] Na verdade, Kirk faz uma brincadeira ao chamar a filha de Campbell de marquesa. Anna, a filha mais nova, se casou, em primeiras núpcias, com um conde espanhol, irmão do V Duque de Bailén e IV Marquês de Portugalete, de quem se divorciou. Posteriormente, Anna veio a se casar com Rob Lyle. (N. T.)

ser o biógrafo de Roy. "Esse camarada", disse Roy a respeito de Lyle, "está escrevendo um livro a meu respeito, e já me pegou em sete grandes mentiras colossais".

Ainda que tenha traduzido São João da Cruz (traduções muito admiradas por Eliot), Roy Campbell não era um dos que percorria a *via negativa*; o martírio nunca foi uma de suas perspectivas, primeiro teria despachado uma série de adversários. Não muito antes, fora agraciado com o título de doutor honorário de Direito pela Universidade de Natal. Voara todo o continente africano em companhia de Sir Alexander Carr-Saunders, diretor da London School of Economics. Esse estudioso, por causa das restrições à libra esterlina, não tinha nenhum dinheiro pessoal, e Roy (como sempre) muito menos. Em Cartum, no intervalo entre os voos, entrou em um bar para tomar café. Quando Carr-Saunders percebeu que não podia pagar a conta, o egípcio que era dono do estabelecimento o tomou pelo colarinho, proferindo horrorosas imprecações, prometeu ao diretor uma surra que seria dada por dois robustos carregadores. Nesse momento, surgiu o imenso Roy, a sorrir. Lançou longe o casaco, e ofereceu brigar com cada um dos que estavam naquela estação, caso o proprietário não ficasse satisfeito com a única piastra que tirara do bolso. O egípcio olhou Roy de cima abaixo, mordeu a moeda – e agradeceu aos gentis cavalheiros.[44]

Gostaria de ter vivido por dez mil anos, disse-me Roy, apenas para assistir, de uma colina espanhola, aos porcos esquadrinhando a terra debaixo dos castanheiros. Fisicamente, sofrera muito; na alma, não experimentara nenhuma das provações de Eliot. Levava a vida como ela se apresentava, com risos e lutas. À noite, passeamos pelas ruas de Notting Hill, quando deparamos com as janelas dos fundos da casa de Wyndham Lewis. Roy gritou:

---

[44] Será que isso realmente aconteceu como Roy contou? Ninguém poderá saber ao certo; Campbell era capaz, quase ao mesmo tempo, de contar bravatas grandiosas e demonstrar uma notável humildade.

– Wyndham Lewis, apareça! – Mas ninguém respondeu.
– Se Wyndham te pedir para emprestar-lhe cem pratas – disse Roy –, não o faça: ele nunca o perdoaria.

Anos antes, continuou Roy, Lewis lhe dissera: "Nunca amei ninguém, a não ser, talvez, você, Roy, um pouco". Roy fora o modelo para a personagem de Lewis, Victor Stamp em *The Revenge for Love*. Nesse e em outros romances, Roy declarou: "Wyndham Lewis está sempre tentando me matar". Stamp morrera caindo de um precipício na Espanha; e, exatamente assim, poucos anos depois, Roy Campbell morreu (amava os cavalos e detestava automóveis e, no fim, um automóvel o destruiu). Era o último dos escaldos, como o chamara em um de meus ensaios, um poeta lírico e satírico de talento incomum. Este aventureiro fanfarrão compreendia a poesia de Eliot e a natureza de Eliot melhor do que qualquer time de solenes acadêmicos.

A tarde seguinte passei com Wyndham Lewis e sua mulher, no decrépito estúdio no alto de uma obscura escadaria perto de Notting Hill Gate. Não obstante estar completamente cego, surdo de um ouvido, e com uma gripe virulenta, Lewis foi tão gentil comigo quanto era insolente com a maioria das pessoas. O mundo não tinha sido bom para ele: não podia mais pintar, os livros nunca lhe deram muito dinheiro (desconfiava amargamente de todos os editores). O romance *Self Condemned*, recentemente publicado em Londres, com cerca de onze mil cópias vendidas, lhe rendeu cerca de seis mil libras – seu maior sucesso em livro. A originalidade do raciocínio e da conversa não haviam diminuído. Detestava os médicos, e estava sempre os consultando. Anos antes, quando a filha de Roy Campbell era menina – assim a marquesa me contara na noite anterior – Lewis lhe dera um balão muito longo (uma forma que ela detestava), e o balão estourara em seu rosto. Ele tratava o mundo dessa forma.

Sarcasticamente sentado entre seus papéis e livros, desdenhando a cidade miserável e a sociedade mecanizada que se espalhava ao redor, Lewis (como Coleridge, antes, em Highgate) discursou sobre a condição decaída do mundo. Nele não havia amor, havia virilidade. A geração que surgia não cuidou dele em Notting Hill como outrora os jovens cuidaram de Coleridge em Highgate, pois em Notting Hill, mais abaixo na direção do rio, os fungos xilófagos agem com maligna destreza. Contudo, alguns deveriam tê-lo ouvido.

Com hospitalidade incomum, Lewis ofereceu-me insistentemente *brandy* – até que, conversando, eu bebera quase toda a garrafa (poderia ter sido o contrário, caso ele ainda conseguisse enxergar). Lewis bebia champanhe, pois seu último médico dissera que ele não deveria beber nada além disso, e Eliot, atenciosamente, lhe presenteara com uma caixa repleta de pequenas garrafas de champanhe ao voltar de um ciclo de palestras na Europa continental. Desde o princípio, Eliot fora o crítico que mais admirara e o amigo que mais perdoara Lewis.

Em 1937, Eliot escrevera que Lewis, em *The Lion and the Fox* [O Leão e a Raposa], defendia o observador imparcial, o que tornou Lewis impopular com as massas:

> O observador imparcial, a propósito, provavelmente não é nada além de um observador desapaixonado e pode sofrer mais intensamente que os vários apóstolos da ação imediata. Observadores imparciais são, em teoria, filósofos, cientistas, artistas e cristãos. Mas, a maior parte das pessoas que professam representar uma dessas categorias está mais ou menos envolvida na política de sua época e lugar. A filosofia, há muito, é suspeita, e o tipo cujas pretensões de imparcialidade são mais volúveis, podem ser os mais perigosos. O futuro do observador imparcial não parece muito auspicioso.[45]

A existência não fora favorável para Lewis. William Butler Yeats dissera ao jovem Lewis que, como satirista, teria a vida paralisada – pois isso era o que sempre ocorrera aos satiristas na Inglaterra. Lewis deu murros em pontas de faca, porém finalmente

---

[45] T. S. Eliot, "The Lion and the Fox". *Twentieth Century Verse*, n. 6-7, nov./dez. 1937, p. 6-9.

foi bloqueado. Pois, a arte da sátira, como Lewis discutira em *Rude Assignment* [Tarefa Rude], pode continuar apenas se o satirista se baseia firmemente em um fundamento de princípio moral, do qual possa criticar suas vítimas com confiança: a sátira será escrita, lida e aplaudida, caso os escritores e o público reconhecerem a existência de padrões morais permanentes. Se não existem valores, então as tolices e os crimes não são, absolutamente, tolices e crimes, mas simplesmente fenômenos de uma vida sem sentido, e ninguém apreciará a sátira porque não haverá quem acredite que o autor esteja atacando algo importante. A desgraça de Lewis foi ter escrito no século XX.

Aos setenta anos, Wyndham Lewis era um sujeito muito duro e muito corajoso. Sua ojeriza à conversa hipócrita e à preocupação, um tanto relutante, com o futuro da raça humana, o arrastaram – sem ser cristão ou niilista – para a arena da controvérsia, onde fora surrado e chutado como qualquer gladiador velho, ainda que tenha dado o troco à altura do adversário.

Por falta de amor, a vida pessoal de quase todas as personagens dos romances de Lewis eram áridas e amargas; por falta de fé, a ordem civil da sociedade parecia estar se dissolvendo em pequenas unidades. O mundo estava se tornando como a casa londrina descrita em *Self Condemned*: "O porão estava repleto de folhas secas e um gato selvagem estabelecera-se ali. Uma ninhada de filhotes de gato selvagem surgiu do meio das folhas. Esse animal aterrorizava tanto os moradores, que não ousavam chegar perto das latas de lixo postas do lado de fora do porão".[46] Lewis não descobriu o caminho para o amor e para a fé. Contudo, a sociedade severamente criticada por Lewis pode ser levada, por fim, a aspirar à fé e ao amor mais uma vez, ainda que só por medo do gato selvagem no porão.

---

[46] Wyndham Lewis, *Self Condemned*. Toronto/Ontario, Dundurn Press, 2010, p. 37.

T. S. Eliot quase terminara de flagelar sua era – embora, como Lewis, também estivesse bem ciente do gato selvagem no porão. Ao estar com Eliot por algumas horas, logo após minha visita a Lewis, admirei sua inabalável paciência. De um modo calmo, dispensava seu precioso tempo para ajudar pessoas que precisavam de alguém. Dentre estas estava John Hayward, um escritor de talento, lamentavelmente aleijado, com quem Eliot dividia o apartamento em que morava (Hayward editou uma seleção muito útil da prosa de Eliot chamada *Points of View* [Pontos de Vista], publicada pela Faber & Faber em 1941, mas nunca distribuída nos Estados Unidos). Poderíamos supor que se Eliot vivesse de uma forma mais confortável, com mais recursos, poderia ter uma casa repleta de criados, como fizera o viúvo Samuel Johnson em Gough Square. Nessa época, estava se esforçando por ajudar Wyndham Lewis de outras formas – além de fornecer champanhe. Incentivou Regnery, em Chicago, a publicar edições norte-americanas de vários livros de Lewis, e continuou a tentar chamar atenção para Lewis em revistas literárias.[47] Ainda era um homem de negócios competente e muito ativo na Faber & Faber, quase o "Secretário Particular" – embora tenha parado de escrever as cuidadosas introduções às obras de outros escritores, vivos ou mortos, de Djuna Barnes a Rudyard Kipling, que por anos escrevera com grande versatilidade para a editora. Como diretor da empresa, fora bastante cauteloso, como, sem dúvida, os colegas de trabalho esperavam que alguém que saíra do meio financeiro fosse: aceitara, é verdade, impulsivamente, *The White Goddess* [A Deusa Branca] de Robert Graves, após ter sido

---

[47] "Creio que Notting Hill é um bom livro", escrevera Eliot para Henry Regnery no dia 17 de junho de 1952, depois de Regnery ter decidido publicar uma edição norte-americana das estórias de Lewis a respeito da Inglaterra no pós-guerra, "talvez bom demais para ser apreciado por um crítico inglês. Imagino se estás pensando em adquirir outra das obras de Lewis. Ficaria feliz com qualquer vendagem, pois agora ele está numa situação difícil por conta da cegueira".

rejeitada por duas outras editoras, mas decidira não publicar *Down and Out in Paris and London* [Na Pior em Paris e Londres][48] e, em um erro de julgamento mais grave, *Animal Farm* [A Revolução dos Bichos].[49] Ainda que não tivesse mulher ou filhos, Eliot deu à luz ou foi o padrinho de dezenas de bons livros, e poucos, daqueles que promoveu, caíram na obscuridade.

Ainda que nunca tenha partilhado muito do amor de Roy Campbell por uma vida prolífera, tampouco partilhava da sardônica provocação de Lewis. Nunca demonstrou raiva ou surpresa: *nil admirari* poderia ter sido seu lema. O elegante perfil de "águia vetusta" sempre parecia estar em repouso, embora seu corpo, que nunca fora robusto, tivesse de ser levado, vez ou outra, para a clínica médica (os amigos, até mesmo Lewis, estavam preocupados com sua saúde; mas Eliot dissera a Lewis que estava sendo tratado de algo tão grave quanto um pé de atleta).

Como Sir Claude em *The Confidential Clerk*, Eliot aceitou os termos que a vida lhe impusera. Poderia ter dito, juntamente com Walter Scott, "Paciência, primo, e embaralhe as cartas".[50] O grande sucesso literário não o ensoberbara; as terríveis perspectivas da civilização não o desesperaram. A época poderia pôr fim à própria cultura, mas o resultado final estava nas mãos de Deus; o que um literato podia fazer para moderar as tolices de seu tempo, ele já havia feito.

Carlyle escrevera a respeito do velho Coleridge que o filósofo de Highgate tinha "escapado dos materialismos sombrios e dos

---

[48] Em português encontramos a obra na seguinte edição: George Orwell, *Na Pior em Paris e Londres*. Trad. Pedro Maia Soares. São Paulo, Companhia das Letras, 2006. (N. T.)

[49] Em português encontramos a obra na seguinte edição: George Orwell, *A Revolução dos Bichos: Um Conto de Fadas*. Trad. Heitor Aquino Ferreira. São Paulo, Companhia das Letras, 2007. (N. T.)

[50] Walter Scott, "Quentin Durward". *Waverly Novels: Quentin Durward – St. Ronan's Well*, vol. VIII. Londres, Houston & Stoneman, 1845, cap. 8, p. 88.

cataclismos revolucionários, trazendo consigo 'Deus, liberdade e imortalidade'". Isso parecia verdadeiro para Eliot em 1954. Por uma disciplina do espírito, adquirira a virtude teológica da esperança: não a confiança de que sua própria época iria se redimir (embora devêssemos continuar trabalhando para isso); melhor, a esperança da redenção além do tempo, a esperança que no juízo final de Deus os pecados por ação ou omissão possam ser perdoados.

Um volume de poemas, outro de peças teatrais e meia dúzia outros escritos (alguns muito breves) de crítica social e literária – tinham sido, em termos de quantidade, um feito limitado (a bibliografia das obras de Eliot de Donald Gallup, publicada dois anos antes, requereu, no entanto, quase 150 páginas impressas com pouca entrelinha para caber o grande número de ensaios em periódicos, resenhas, prefácios e outros escritos ocasionais). Ainda assim, com tal limitação, delineara com incomparável capacidade, o tédio, o horror e a glória de sua era.

A opressão do horror que insinuei, nessa ocasião, havia deixado Eliot. Em 1957, recomendei-lhe as estórias da srta. Flannery O'Connor, cujas afeições e senso moral eram parecidos com os dele. "Vi o livro de contos de Flannery O'Connor quando estive em Nova York", respondeu-me em 20 de fevereiro de 1957, "e fiquei bastante horrorizado com o que li. Por certo, ela tem um inquietante talento superior, mas meus nervos não são fortes o bastante para tamanha perturbação. O mesmo ocorreu com outro livro que me foi apresentado em Nova York, um romance de Nelson Algren que também é aterrorizante, e não gosto muito de ser aterrorizado. Afora a aversão geral que tenho pela prosa de ficção, algo que partilho com Paul Valéry, gosto de comédias agradáveis e felizes como as que eu escrevo".

Não tenho dúvidas de que a última frase foi escrita com um sorriso; mas era verdade que a evolução de "Preludes" até *The Confidential Clerk* o levara a certa serenidade. Para Eliot, não mais "os mundos se contorcem como velhas mulheres a juntar lenha nos terrenos baldios".⁵¹ Tanto quanto pôde, o homem conquistou o tempo; tanto quanto é possível, apreendeu a existência. Assim como Dom Quixote, despertou da ilusão; descobriu quem era.

Para ele, o perigo do solipsismo passara anos antes. Se não encontrara o amor sincero aqui embaixo – ora, ao menos descobrira ser possível se amar, e isso foi um alívio. Como diz Harcourt-Reilly em *Cocktail Party*:

> Para homens de um certo tipo
> A suspeita de que não são capazes de amar
> É tão perturbadora para a sua autoestima
> Como, para homens mais rudes, o medo da impotência.⁵²

Essa suspeita tornou-se pouco perceptível em Eliot, ou talvez tenha passado com o tempo.

Era, desse modo, uma boa companhia. Apesar de meu temperamento usualmente otimista, sempre me senti mais satisfeito após conversar com Eliot, a serenidade gerava isso, a serenidade nascida da resignação. Sim, Eliot sabia quem era, e sua piedade de convertido não era tentada pela presunção.⁵³

Naquele Natal, enviou-me – assim como em tantos outros – a nova publicação de um dos poemas de Ariel, "*The Cultivation of Christmas Trees*" [O Cultivo das Árvores de Natal]: no meu caso, um símbolo de amizade, pois plantara, naquele ano, alguns milhares de pinheiros e abetos nas terras de meus antepassados. Eliot era o mais fiel dentre aqueles que nos enviavam cartões de Natal.

---

⁵¹ No original: *The worlds revolve like ancient women / Gathering fuel in vacant lots*. T. S. Eliot, "Preludes", seção IV, versos 56-57. (N. T.)

⁵² No original: *To men of a certain type / The suspicion that they are incapable of loving / Is as disturbing to their self-esteem / As, in cruder men, the fear of impotence*. T. S. Eliot, The Cocktail Party, ato II, p. 352-53. (N. T.)

⁵³ Referência aos versos 22 e 23 do poema "The Cultivation of Christmas Trees" dos *Ariel's Poems*. (N. T.)

De modo que a veneração e o júbilo
Não se percam na experiência futura,
No hábito enfadonho, na fadiga, no tédio,
Na consciência da morte e do malogro (...).[54]

Não esquecera a veneração e o júbilo. Nos anos de resignação e autoapreensão, verdadeiramente alcançara a força de afirmar a esperança que Prufrock perdera. Não media a vida em colherinhas de café.[55]

A LITERATURA DA POLÍTICA

Cinco anos após a publicação de *Notas para a Definição de Cultura*, as perspectivas de uma civilização tolerável devem ter parecido melhores para T. S. Eliot do que esperara. Em termos econômicos e políticos, a Europa Ocidental recuperara bem, consideradas as desvantagens; na Grã-Bretanha, a estrutura da sociedade não foi muito alterada por alguns anos de governo dos Trabalhistas.

Agora era a vez dos socialistas ficarem desanimados. Ao abandonar, em 1951, a tentativa de governar com maioria parlamentar de apenas oito ou nove votos, Clement Attlee fora submetido a uma eleição geral, e os Conservadores ganharam por uma maioria de 27 assentos na Câmara dos Comuns. Aos 77 anos, Winston Churchill beijara novamente a mão do rei. Anthony Eden, de quem Eliot gostava, no devido tempo iria suceder Churchill como primeiro-ministro. A tradição política na Grã-Bretanha, afinal, não estava sem forças.

---

[54] No original: *So that the reverence and the gaiety / May not be forgotten in later experience. / In the bored habituation, the fatigue, the tedium, / The awareness of death, the consciousness of failure* (...) T. S. Eliot, "The Cultivation of Christmas Trees". *Ariel's Poems*, versos 18-21. (N. T.)

[55] Referência ao verso 53 do poema *The Love Song of J. Alfred Prufrock*. (N. T.)

Novamente o partido Trabalhista fora derrotado, mais pela própria indecisão e falta de direção do que por vigor *Tory*. Em *New Fabian Essays* [Novos Ensaios Fabianos], de 1952, R. H. S. Crossman confessou que a reforma social terminara, em vez de começar, com o governo Trabalhista do pós-guerra: "O Partido Trabalhista não estava certo para onde estava indo".[56] Posto que extremamente custoso, o novo estado de bem-estar social não realizara nenhuma revolução social ou política: os antigos vícios e as antigas virtudes da ordem social britânica que Eliot conhecera por quatro décadas não foram fundamentalmente alterados; e os hábitos e vínculos das tradicionais estirpes universitárias ainda regiam tal ordem. Caso a *Criterion* tivesse revivido durante os anos de 1950, os comentários de Eliot a respeito dos homens e das medidas que tomavam, sem dúvida alguma, não seriam muito diferentes das críticas dos anos 1920 e 1930. Nem o grande partido político mostrava muita imaginação, e, além disso, a consolidação econômica foi confrontada com um contínuo declínio da ordem moral. Em um capítulo anterior, citei o professor W. L. Burn a respeito da Grã-Bretanha sob a gestão dos conservadores no período entre guerras; neste ponto é apropriado citar Burn a respeito da Grã-Bretanha no período dos socialistas, por volta de 1949:

> É um cenário em que coisas como associações de futebol, mecanismos de diversão e de embelezamento gozam de um lugar de honra (...) Vinhos e bebidas destiladas, perus assados, linguiças, coleções de roupas assediam felizardos ganhadores. Há os jantares em Grosvenor House, no Garter Club, no Hotel Garrick. Recepções são generosamente oferecidas e aceitas com gratidão. Contudo, apesar das aparentes vantagens, não é uma sociedade muito feliz ou agradável. Talvez seja porque uma profusão de pessoas quer muitas coisas com demasiada urgência. Um quer barris de xerez, outro quer ações, outro, ainda, empresas navais, construir bares ou ampliar hotéis (...)

---

[56] R. H. S. Crossman, "Towards a Philosophy of Socialism". In: Crossman (ed.), *New Fabian Essays*, 1952, p. 1-32.

podemos imaginar o cenário decorado com formulários, requerimentos de licença, recusas de licenças, cheques que não inspiravam confiança e acordos que deixaram de produzir o resultado desejado. A música é suprida pela campainha do telefone, o prelúdio de conversas ambíguas e improváveis, e através dessa ébria selva, de jantar público a repartição pública; da repartição pública a festa regada a xerez, eis o flanante homem-contato, ao mesmo tempo produto e válvula de segurança dessa grotesca civilização.[57]

Eliot pensou que nessa grotesca civilização, era necessário um conservadorismo filosófico que transcendesse a conveniência, o pragmatismo e a corrupção dos partidos. Achou encorajador o avanço das ideias sociais de Reinhold Niebuhr e prestou atenção nos escritos de R. A. Nisbet e nos meus próprios livros. No dia 12 de outubro de 1953, escreveu-me: "seria interessante se o desenvolvimento do conservadorismo filosófico iniciasse primeiramente nos Estados Unidos, que por meio século ou mais quase não conheceu nada além de matizes de liberalismo. Pode ser também que onde a doença estiver bastante avançada, o antídoto possa ser primeiramente descoberto".

Não estava de todo satisfeito com o novo semanário chamado *National Review*, publicado em Nova York por William Buckley. "Parece-me, muito intencionalmente, o veículo de uma minoria desafiante", disse em uma carta endereçada a mim, datada de 13 de janeiro de 1956:

> O que sinto é que uma publicação como esta nos Estados Unidos deveria, antes de qualquer coisa, fazer questão de publicar fatos, em especial, é claro, os fatos minimizados ou ignorados por outras publicações. Em segundo lugar, deveria dar bastante ênfase a ideias e princípios. Ao olhar para a política norte-americana deste lado do oceano, sempre me parece que há muitas ofensas pessoais e vitupérios, muito pouco debate sobre os princípios políticos, ou uma ausência de princípios.

---

[57] W. L. Burn, "The Last of the Lynskey Report". *The Nineteenth Century and After*, vol. 145, n. 4, abr. 1949, p. 222-29.

Os conservadores não devem dar a impressão de que todos os assuntos são decididos previamente. "Creio que será muito lamentável, do ponto de vista da necessidade de um conservadorismo sadio na vida norte-americana, e da necessidade de um debate desapaixonado de inúmeras *idées reçues*[58] correntes."

Fora no mínimo imprudente, escreveu, da parte da *National Review*, ter tido o último livro de Dean Acheson sobre relações internacionais resenhado pelo senador Joseph McCarthy. "Tal artigo teria mais peso para um leitor como eu, caso tivesse sido escrito por qualquer outra pessoa". Em conversa, perguntara-me sobre aquele senador de Wisconsin; dissera-lhe que o Senado se absteve de censurar a conduta de McCarthy ao aceitar uma boa quantia a título de honorários da Lustron Corporation – por escrever um folheto para essa firma, que conseguiu grandes contratos com o governo – porque muitos outros senadores sabiam que as próprias fontes de renda poderiam não suportar um escrutínio minucioso.

Enviei-lhe alguma informação sobre as disputas políticas em meu estado, Michigan. "Estou muito interessado e chocado", continuou na mesma carta,

> por aquilo que disseste a respeito da intervenção trabalhista no estado de Michigan. Pode ser, creio, que dentro de poucos anos, como sugeres, toda a vida política norte-americana possa ser alterada da forma como foi alterada aqui por associações da federação de sindicatos com o Partido Trabalhista. Por outro lado, devemos admitir que os líderes sindicais representam, em geral, os elementos mais conservadores e responsáveis do partido. Estou falando dos oficiais da federação de sindicatos e de alguns sindicatos. Há outros, e alguns importantes, que mostram poucos sinais de responsabilidade. Um problema é que o vocabulário que as pessoas usam, e o que acreditam pensar, tendem a estar muito aquém da verdadeira situação. Um dos motivos pelos quais

---

[58] Literalmente, "ideias recebidas" ou "opiniões convencionais". (N. T.)

mantenho pouco contato com meu velho amigo Horace Kallen,[59] é que ele me parece representar uma estrutura mental que está defasada de uma geração.

Os jargões e o vocabulário da maioria dos conservadores ingleses, também, no período entre guerras, pareciam anacrônicos para Eliot; mas agora novas ideias pareciam estar fervilhando em meio aos *tories*. O partido Conservador fizera um esforço para atrair jovens promessas intelectuais. O grupo "*One Nation*" dos membros mais jovens da Câmara dos Comuns, formado em 1950, foi seguido pelo "*Bow Group*" de parlamentares *tories* ainda mais jovens que acreditavam que o estado de bem-estar social poderia ser apenas transitório, enquanto a economia britânica recuperava as forças. Esses conservadores adeptos da inovação compartilhavam algumas das aspirações que influenciaram os *tories* do grupo "*Young England*" dos primeiros anos da política de Disraeli.

Em abril de 1955, Sir Winston Churchill apresentou a renúncia como primeiro Lorde do Tesouro[60] à rainha, e foi sucedido por Sir Anthony Eden. Eliot admirara Eden por retirar-se do governo de Chamberlain após a conciliação com Hitler em Munique e era-lhe favorável, indubitavelmente, também porque Eden provinha de uma antiga família de condes de Durham, com boa reputação de integridade política e cultural. (Todavia, em apenas um mês, Eliot estava um tanto desapontado com Eden; e no final do ano, observou que Eden não possuía qualquer vivacidade.)[61]

---

[59] Professor Horace Kallen, da New School for Social Research, em Nova York, um judeu ativista liberal nas organizações judaicas e em várias causas humanitárias, foi o autor das obras *The Liberal Spirit*, *The Education of Free Man* e *Secularism is the Will of God*. Era um crítico de arte competente e assim tinha algo em comum com Eliot.

[60] Título utilizado antes da criação do cargo de primeiro-ministro para designar os lordes que exerciam a mais alta função executiva. (N. T.)

[61] Ver William Turner Levy e Victor Scherle, *Affectionately, T. S. Eliot*, 1968, p. 71 e 79.

Os *tories* estavam cheios de confiança – justificada pela eleição geral do outono, quando os Conservadores ganharam uma maioria esmagadora na Câmara dos Comuns, além de uma maioria popular do eleitorado britânico: a primeira vez em noventa anos em que um partido no governo aumentara tanto em votos populares quanto em maioria parlamentar. Não muito depois do triunfo *Tory*, Aneurin Bevan – o líder da ala radical dos Trabalhistas, que esperava ser primeiro-ministro algum dia, mas na verdade viria a morrer na oposição – declararia na Câmara dos Comuns que o trabalhismo perdera a eleição de 1955, assim como a de 1951 porque faltava alma. Os socialistas, prosseguiu, não sabiam qual rumo tomar. No gabinete do pós-guerra, não encontraram meios de conciliar o planejamento social de longo prazo com as instituições democráticas; e, assim, ao faltar autoconfiança e direcionamento, na verdade, abdicaram. Isso, alguém poderia acrescentar, foi a vitória das ideias de Eliot sobre as de Mannheim.

Com Anthony Eden no número 10 da Downing Street, os Conservadores estavam muito entusiasmados, e a *London Conservative Union* pedira a Eliot para palestrar em um almoço no dia 19 de abril de 1955. Aceitou. Aquele partido, cuja liderança tão acidamente criticara no período entre guerras, finalmente parecia pronto a acolher ideias. Essa palestra chamou-se "The Literature of Politics" [A Literatura da Política] (inicialmente distribuída como panfleto, com uma introdução de Sir Anthony Eden, e anos depois reimpressa em *To Criticize the Critic*) e foi a última expressão detalhada de seus princípios políticos.

O pensamento e os movimentos políticos devem começar com um corpo de doutrina, ardentemente disseminada por homens fiéis àqueles princípios políticos, disse Eliot. Ou, alternativamente, um corpo de ideias políticas pode brotar da experiência de um partido que tenha surgido de interesses práticos e das necessidades comuns, mas que aos poucos adquirira um conjunto de crenças. Essa última espécie de partido corresponde à compreensão "orgânica" de sociedade de Edmund Burke.

De forma breve, Eliot assinalou os perigos do determinismo histórico – que muito curiosamente, várias vezes é abraçado pelas próprias pessoas que confiam na grandiosidade do planejamento estatal. Todos aprendemos com a experiência privada, "que não há fórmula infalível de previsão; que tudo o que fazemos terá consequências imprevistas, (...) que toda reforma leva a novos abusos (...), e que movemo-nos sempre, se não no escuro, em um lusco-fusco, com uma visão imperfeita que, constantemente, nos faz tomar um objeto por outro, imaginando obstáculos distantes onde nada existe e desprevenidos para alguma ameaça fatal próxima".[62]

Um partido unido por dogmas políticos – ou seja, um partido ideológico, embora Eliot não utilize o termo – descobre, quando está no poder, que a teoria e as circunstâncias sempre se chocam. Mesmo que o partido, depois, postergue ou modifique os objetivos, ou ponha tudo a perder, com rigidez jacobina. Por outro lado, um partido não doutrinário, sempre pronto a transigir e adaptar diante de qualquer pressão maior ou indução, pode cair em descrédito por abandonar os princípios. "Saber ao que ceder, e o que defender com firmeza, e, de fato, reconhecer a situação de escolha crítica quando chega o momento, é uma arte que requer recursos como experiência, sabedoria e perspicácia, e não invejo estes homens públicos (...) que devem, no tempo oportuno, ser censurados pela posteridade, como fanáticos ou mercenários."[63]

Assim o partido doutrinário deve rever suas ideias com base na experiência, e o desenvolvimento do partido orgânico deve emendar, agora e sempre, os princípios que o une. "Pois o permanente e o transitório têm de ser novamente distinguíveis em cada geração."[64]

---

[62] T. S. Eliot, "The Literature of Politics". *To Criticize the Critic*, op. cit., 1965, p. 140.

[63] Ibidem, p. 141.

[64] Ibidem.

Os pensadores devem se envolver com homens de ação, e os homens de ação devem buscar escritores e homens letrados. Caso o doutrinário domine o homem de ação, será desastroso; não será menos prejudicial caso a filosofia política se torne mera serva dos interesses governantes. Deve existir uma gradação de tipos entre pensamento e ação:

> Em um artigo que li recentemente, a respeito do conservadorismo nos Estados Unidos, o autor tocou em um ponto que me impressionou pela força: os verdadeiros conservadores naquele país nos últimos tempos não foram, nenhum deles, figuras políticas: foram observadores filosóficos e moralistas, muitas vezes detinham posições acadêmicas; e os nomes que cita foram, quase todos, homens que conheci ou com cuja obra estou familiarizado. Homens como Paul More ou Irving Babbitt da última geração, e dentre os vivos, o cônego B. I. Bell e o professor Nisbet da Califórnia. Caso o autor, ele mesmo um norte-americano, esteja correto, este não é um estado de coisas muito saudável, a menos que os pontos de vista desses autores se tornem mais difundidos e traduzidos, modificados, adaptados ou mesmo adulterados ao serem postos em ação.[65]

No entanto, não é necessariamente o pensador mais profundo que causa uma influência mais forte na ação política. Shaw ou Wells poderiam ter mobilizado mais homens na época deles do que Coleridge ou Newman (quanto a Bernard Shaw, "somos compelidos a admirar um homem de tal agilidade verbal não só por esconder dos leitores e audiências a superficialidade de seu pensamento, mas por persuadi-los de que, ao admirar sua obra, igualmente davam provas das próprias inteligências").[66] O que realmente importa é que alguns poucos escritores sérios devem tentar penetrar, sinceramente, no âmago das

---

[65] Ibidem. Aqui Eliot se refere ao meu ensaio: "The American Conservative Character", *The Georgia Review*, vol. VIII, n. 3, out. 1954, p. 249-60.

[66] T. S. Eliot, "The Literature of Politics". *To Criticize the Critic*, op. cit., p. 143.

coisas, buscando e expondo as verdades da política – não esperando transformar a ordem civil de forma imediata, e não desesperando caso seus escritos não deem frutos imediatos: são homens da "área pré-política".[67]

Nesse solo pré-político estão as raízes filosóficas da ordem social, lá no fundo, no subsolo, também, se escondem os impiedosos "Deuses dos Cabeçalhos dos Cadernos de Cópia".[68] Caso queiramos conhecer a política, devemos conhecer a ética; e a ética nos levará à teologia. "Pois a questão das questões, que nenhuma filosofia política pode se esquivar, e que pela resposta correta, todo o pensamento político deve ser, por fim, julgado, é simplesmente esta: O que é o homem? Quais são as suas limitações? Quais são as suas misérias e grandezas? E, por fim, qual é o seu destino?"[69]

Como era de costume, nesta comunicação, Eliot levantara mais questionamentos do que respondera. Esta era a intenção: em geral, os conservadores, e, em especial, os do Partido Conservador, precisavam pensar, caso quisessem perder o epíteto dado por John Stuart Mill de "o partido obtuso". Não pensaram o bastante, talvez, ao longo dos anos que restavam a Eliot: ao governo de Eden faltava vigor, e o governo de Macmillan que o sucedeu, às vezes, parecia caricato ("Harold gosta *tanto* de ser o primeiro-ministro!", disse-me um parente de Harold Macmillan há poucos anos, com leve ironia). Todavia, no longo prazo, inteligências como a de Eliot influenciam a consciência geral, até na política prática.[70]

---

[67] Ibidem, p. 144.

[68] Ver nota 125 do capítulo VI. (N. T.)

[69] T. S. Eliot, "The Literature of Politics". *To Criticize the Critic*, op. cit., p. 144.

[70] O único estudo, relativamente detalhado, das teorias políticas de Eliot publicado até o momento é o de Rajendra Verma, *Royalist in Politics: T. S. Eliot and Political Philosophy* (1968), mas esse breve livro não utiliza todas as observações políticas de Eliot na *Criterion*, ou suas incursões ocasionais em controvérsias da política prática de sua época.

Caso Eliot tivesse deixado a animação perturbar suas expectativas políticas por volta de 1955, esse estado de espírito não teria permanecido por muito tempo. Após a publicação de meu livro *Beyond the Dreams of Avarice* [Além dos Sonhos de Avareza], Eliot escreveu-me (em 31 de outubro de 1956) de Russell Square: "Agradou-me muito ler tua avaliação de Wyndham Lewis – justa e equilibrada, creio. Muito do que disseste a respeito deste país ratifica minhas tristes perspectivas, e acredito ser a mais pura verdade que, em qualquer país, um declínio da moralidade privada certamente é seguido, no longo prazo, pela decadência da moralidade pública e política". Essa última afirmação seria suficientemente ilustrada, em 1963, pelo caso Profumo, em que um ministro do governo, um membro da nobreza, e um adido soviético estiveram embaraçosamente envolvidos com prostitutas baratas: duas "mulheres públicas" quase derrubaram o governo.

Na era do homem-contato, a ideia de uma sociedade cristã parecia mais remota do que em 1939.

Em 1956, ao ser entrevistado por Leslie Paul para o serviço europeu da BBC, Eliot disse que uma cultura pagã não era, de modo algum, a alternativa mais provável para uma sociedade cristã renovada. Essa tentativa maligna morrera com Hitler. Nem a versão comunista de uma religião da humanidade poderia ser bem-sucedida: "Não acredito que qualquer religião possa sobreviver se não for uma religião do sobrenatural e, de alguma forma, da vida após a morte". Em vez disso, podemos admitir uma sociedade sem qualquer religião ou cultura. "Acredito que o fim de uma civilização puramente materialista, com todas as conquistas técnicas e diversões de massa – caso, é claro, não ocorra uma verdadeira destruição por bombas – é simplesmente o tédio. Um povo sem religião irá, no final, descobrir que não há nada por que deva viver."

Continuava preso, dez anos após a publicação de *Notas para a Definição de Cultura*, ao conceito de uma sociedade de classes – necessária em nossa época, especialmente como defesa de ditadores e oligarcas. "Onde quer que vejamos uma sociedade de classes estratificada", disse a Leslie Paul:

> Ficamos emocionalmente comovidos com a não existência de classes, e onde quer que contemplemos uma verdadeira sociedade sem classes – caso exista algo do tipo – vemos as faltas e somos emocionalmente movidos à estrutura de classes. Nessas questões comparamos algo real e observado com uma ideia ou ideal preferível àquele que verdadeiramente vemos – porque na prática todas as sociedades são imperfeitas, e todas cometem injustiças sociais de um tipo ou de outro. Mas hoje me parece mais importante discutir o caso da sociedade de classe porque a ideia geral aceita é o igualitarismo (...). Qualquer sociedade saudável tenderá a facilitar a transição de uma classe para a outra; será flexível, tornará indistintos os contornos de suas classes.

A comunidade dos cristãos, a "clerezia", transcende e permeia a estrutura de classes. Não há inconsistência entre *A Ideia de uma Sociedade Cristã* e *Notas para a Definição de Cultura*. Os fiéis conscientes da verdade religiosa trabalharão dentro de qualquer sociedade para alcançar a caridade e a justiça; as classes servirão para manter a continuidade e a coerência na ordem social civil. "O erro, o mal, em uma sociedade de classes é quando existem privilégios sem responsabilidades e deveres", disse Eliot na entrevista para a BBC. "O mal da sociedade sem classes é tender a equalizar a responsabilidade, a atomizá-la na responsabilidade de toda a população – e, portanto, todos se tornam igualmente irresponsáveis."[71] Embora os principais escritos políticos sejam breves, com ideias como essas, Eliot contribuíra com algo duradouro para a literatura da política.

Caso a educação esteja pervertida a simplesmente um processo de socialização e sociabilidade, caso o isolamento individual fragmente a comunidade de almas; caso a política deteriore em uma luta por poder e posições – ora, não haverá comunidade de cristãos,

---

[71] Leslie Paul, "A Conversation with T. S. Eliot". *The Kenyon Review*, vol. XXVII, n. 104, inverno 1965, p. 11-21.

e nenhuma classe responsável. Não haverá justiça, nem cultura, e mesmo se os apetites físicos forem satisfeitos, reinará o tédio. São tais as ilusões que induzem o homem do século XX à decadência, Eliot as desnudara como ao nascer[72] – para os que leram-no com atenção. Contrastara essas ilusões com as afirmações de continuidade cultural, de comunidade espiritual e de política com princípios. Consolava-se, pois conhecia a parábola do semeador.[73]

---

[72] Referência aos versos 17 e 18 do prólogo da sátira *Every Man Out of His Humour* (1598) de Ben Jonson, utilizada como epígrafe do presente livro. (N. T.)

[73] Ver Mateus 13,1-23; Marcos 4,1-20; Lucas 8,4-15. (N. T.)

Capítulo 11

Idade e Velhice não Amedrontam

O VELHO CRÍTICO

Quinze mil pessoas foram assistir à palestra de Eliot sobre "As fronteiras da crítica" no dia 30 de abril de 1956, na Universidade de Minnesota. Nunca pensei que havia tantas pessoas no mundo interessadas em crítica literária. Quinze dias depois, discursei naquele *campus*, e encontrei todos ainda discutindo Eliot entusiasticamente. Ao menos, poderia se dizer, em defesa do século XX, que nem Johnson ou Coleridge, nos séculos XVIII ou XIX, teriam encontrado uma congregação tão imensa para ouvir um sermão crítico.

Eliot fora o Johnson ou o Coleridge de sua era. Trinta e três anos antes, no ensaio "The Function of Criticism" [A Função da Crítica], tinha desancado os impressionantes críticos georgianos então dominantes. A função da crítica é um problema de ordem, declarara em 1923, nas páginas da *Criterion*: "Há, portanto, algo externo ao artista ao qual este deve obediência, uma lealdade a que deve submeter-se e sacrificar-se para obter uma posição única". Essa convicção o tornou um classicista, um daqueles que:

> acreditam que os homens não podem prosperar sem manter a fidelidade a algo externo ao próprio ser (...). Se, então, o interesse de um homem é político, deve, suponho, professar sujeição a princípios, ou a uma forma de governo, ou a um monarca; e se está interessado em

religião, e a professa, deve ser fiel a uma Igreja; se ocorrer de estar interessado em literatura, deve reconhecer, me parece, exatamente aquele tipo de obediência (...).[1]

A fidelidade do crítico é a nossa herança comum de literatura como um todo orgânico, como um patrimônio cultural, que transcende o tempo: a continuidade das humanidades. Um artista individual e o crítico individual são significativos apenas dentro dessa continuidade, dessa tradição.

Pelo trabalho árduo, a pessoa pode se associar a essa herança e contribuir para o crescimento: alcançar o objetivo literário de qualquer modo, "uma tendência *whig*"[2] não será o bastante. O grande artista não é inconsciente, atinge estatura somente ao vir a conhecer os escritos dos predecessores. Se o crítico, deixando de lado a vaidade, participa da comunidade atemporal das letras, possivelmente poderá vencer as dificuldades e chegar até ao que é chamado verdade.

Eliot não construíra deliberadamente seu imponente volume de crítica literária, ao longo de quarenta anos, com base em "The Function of Criticism": em vez disso, escrevera a respeito de livros que, por acaso, resenhou ou que lhe solicitaram prefácios. Contudo, fora leal na sujeição à tradição e à continuidade – àquela coisa que lhe era exterior.

"Uma das funções da crítica é agir como uma espécie de peça da engrenagem, ao regular o ritmo da mudança do gosto literário", disse em 1942, no discurso presidencial da *Classical Association*. "Quando a engrenagem trava, e os críticos continuam fixos nas preferências da geração anterior, a máquina necessita de ser, sem dó, desmontada e remontada; quando desliza e o crítico aceita a novidade como um critério de excelência razoável, a máquina precisa ser parada e

---

[1] T. S. Eliot, "The Function of Cristicism". *The Criterion*, vol. II, n. 5, out. 1923, p. 32, 34 e 35. Reimpresso em: *Selected Essays, 1917-1932*. Nova York, Harcourt, Brace and Co., 1932.

[2] Ibidem, p. 38.

reapertada."³ Ambos os erros premiam a escrita efêmera. Nos primeiros anos, Eliot remontou a máquina crítica; mais tarde, apertaria as engrenagens. Defendeu "a literatura mais original de nossa época" tanto de conservadores como de radicais; renovou a estima de sua geração por aquela literatura que é antiga, mas está longe de ser senil.

A unidade na educação, disse na *Classical Association*, é necessária para a sobrevivência da literatura inglesa. (Como observou mais de uma vez, exatamente quais livros deveriam ser lidos pela geração nascente não era tão importante quanto o fato dos jovens lerem *os mesmos* livros – pelo bem da coerência cultural e da comunidade.) A literatura preserva a civilização de degenerar em barbárie. Rogou aos "que apreciarão a necessidade, caso o presente caos deva ser submetido à ordem, de algo mais que uma unificação administrativa e econômica – a necessidade de uma unificação cultural na diversidade da Europa; e que acreditam que uma nova unidade somente possa crescer das antigas raízes: a fé cristã e as línguas clássicas, cuja herança os europeus partilham".⁴ Eliot fora tão católico na visão de literatura, desde o início, quanto, no devido tempo, veio a ser católico em religião.

Opusera-se àquele provincianismo que – como dissera na *Virgil Society* em 16 de outubro de 1944 – é "uma distorção de valores, a exclusão de alguns, a exacerbação de outros, que brota, não da falta de um extenso perambular geográfico, mas da aplicação de modelos adquiridos dentro de uma área limitada de toda a experiência humana; que confunde o contingente com o essencial, o efêmero com o permanente".⁵ Na crítica literária, como na crítica social, Eliot afirmara os direitos das gerações passadas e as perspectivas das futuras gerações, diante da intoxicação moderna do efêmero, da última hora.

---

³ T. S. Eliot, "The Classics and the Man of Letters". *To Criticize the Critic and Other Writings*. Nova York, Farrar, Straus & Giroux, 1965, p. 152.

⁴ Ibidem, p. 160.

⁵ Idem, *What is a Classic?* Londres, Faber & Faber, 1946, p. 30.

"Em nossa época, quando os homens parecem mais do que nunca propensos a confundir sabedoria com conhecimento, e conhecimento com informação, e tentam resolver os problemas da vida em termos de engenharia, vem à tona um novo tipo de provincianismo que talvez mereça um novo nome",[6] prosseguiu Eliot na palestra da *Virgil Society* sobre "O que é um Clássico?" A literatura europeia é um todo, e se tentarmos apagar os clássicos gregos e romanos, feriremos terrivelmente o todo orgânico.

Esse novo provincianismo é o do tempo.

> Aqueles para quem a história é simplesmente o relato de invenções humanas que tiveram serventia e foram lançadas fora; aquele para quem o mundo é propriedade apenas dos vivos, uma propriedade da qual os mortos não detêm qualquer quinhão. A ameaça desse tipo de provincianismo é que todos podemos, todas as pessoas do planeta, ser, juntos, provincianos; e os que não estiverem satisfeitos em ser provincianos, só poderão se tornar eremitas. Caso esse tipo de provincianismo leve à maior tolerância, no sentido de paciência, mais poderá ser dito a respeito; contudo, parece mais provável levar à indiferença, em questões que deveríamos defender um dogma específico ou um padrão, e a nos tornar intolerantes, em questões que poderiam ser deixadas à preferência local ou pessoal.[7]

Foi contra esse novo provincianismo que os ensaios críticos de Eliot se dirigiram. Cada geração deveria renovar para si mesma a compreensão de literatura, dissera e escrevera repetidamente o poeta. Novas escolas críticas deveriam surgir de tempos em tempos, pois nas letras, como na política, a mudança é o meio da preservação. Mas a renovação não é destruição: o "novo criticismo", cujo desenvolvimento se deveu em grande parte a Eliot, não deve ser o repúdio de nosso patrimônio literário.

---

[6] Ibidem, p. 30.

[7] Ibidem, p. 30-31.

A crítica de hoje descende de Samuel Taylor Coleridge, disse Eliot ao público de Minneapolis, em 1956, pois Coleridge "estabeleceu a relevância da filosofia, da estética e da psicologia" para a crítica literária; e estivesse Coleridge vivo, hoje, teria "tido o mesmo interesse nas ciências sociais e no estudo da linguagem e da semântica, que teve pelas ciências que lhe estiveram disponíveis".[8] Esses estudos iniciados por Coleridge são uma das duas principais causas da ascensão do novo criticismo. A outra causa, disse Eliot, é o surgimento da crítica acadêmica, escrita à sombra da torre de marfim – consequência do declínio do jornalismo literário sério, que passara a ser uma ocupação lucrativa. Essa riqueza da crítica moderna desenvolveu pontos fracos. Ao perder de vista o objeto, muitas vezes se tornou excessivamente especializada ou pedante. Sua verdadeira contribuição pessoal ao novo criticismo não fora na criação de termos como "o correlato objetivo" – que agora, muito tempo depois, tornara-se quase embaraçoso – mas, melhor, a "crítica de oficina" e os subprodutos da "própria oficina poética". Seu pensamento crítico fora o prolongamento do refletir acerca da própria poesia. "Retrospectivamente, vejo que escrevi melhor a respeito de poetas cujas obras influenciaram a minha, e cujas poesias se tornaram totalmente familiares, muito antes de desejar escrever a respeito deles, ou encontrar oportunidade de fazê-lo."[9]

Falava, primeiramente, da crítica de poesia. Na crítica da prosa de ficção, não reclamava qualquer autoridade.[10] A crítica contemporânea da poesia, como o novo criticismo, se espalhara em várias

---

[8] T. S. Eliot, *On Poetry and Poets*, op. cit., p. 115.

[9] Ibidem, p. 117.

[10] No escritório da Faber & Faber, Eliot lidava o menos possível com os manuscritos de prosa ficcional. "A única ficção que submetem à minha apreciação", escreveu-me em 3 de fevereiro de 1958, "é algo que pareça ser uma imitação de James Joyce, e essas imitações atualmente parecem ter chegado ao fim".

direções, às vezes vagou por becos sem saída. Um dos caminhos ilusórios "pode ser caracterizado como a crítica da explicação pelas origens",[11] que dá base ao erro, "predominante, hoje em dia, de confundir a explicação com compreensão".[12] Os próprios poemas e peças de Eliot foram abrangidos por esse aparato crítico, para sua insatisfação (nenhum outro poeta foi tão criticado e comentado, ainda enquanto vivo, como Eliot; por isso não penso em apensar uma bibliografia crítica no presente livro). "Após a produção de minha peça *Cocktail Party*, minha caixa de correspondências ficou abarrotada de cartas, por meses, a oferecer surpreendentes soluções para aquilo que seus autores acreditavam ser o enigma do significado da peça. E era evidente que os autores das cartas não se ressentiam do quebra-cabeça que lhes propus – pareciam gostar."[13]

Conhecer alguma coisa das imagens e ideias do poeta pode ajudar à compreensão do leitor da obra de Eliot, mas a "explicação" não pode estar sozinha na crítica. É muito mais importante "procurar alcançar o que a poesia pretende ser".[14] Não podemos estar certos de entender um poema por ter lido a biografia do poeta, pois "o crítico ou o biógrafo que, sem ser um psicólogo de formação, se deixa guiar por ferramentas analíticas tais, adquiridas pela leitura de livros de psicólogos, podem confundir ainda mais os assuntos".[15] Poderíamos acrescentar que tais técnicas, quando aplicadas a Eliot e à sua poesia, têm sido extraordinariamente infrutíferas.

"Estou igualmente pronto a sugerir que existe, em toda a grande poesia, algo que deve permanecer inexplicável, não importando quão completo possa ser nosso conhecimento do poeta, e isso é o que mais

---

[11] T. S. Eliot, "The Frontiers of Criticism". *On Poetry and Poets*, op. cit, p. 118.
[12] Ibidem, p. 121.
[13] Ibidem.
[14] Ibidem, p. 122.
[15] Ibidem, p. 123.

interessa",[16] como expôs Eliot. O poeta simplesmente não saca algo de fontes obscuras: ele *cria*. E o que o poeta acrescentou aos materiais que surgiram na imaginação, o crítico obcecado pelas "origens" é incapaz de discernir.

Eliot também não nutria qualquer simpatia pela "escola espremedora-de-limão da crítica"[17] que se esforçava com afinco para extrair o sumo de cada verso e estrofe. Ao terminar um volume de ensaios "espremedores-de-limão", Eliot achou difícil recuperar o amor pelos poemas sujeitos a tal processo; "era como se alguém tivesse desmontado uma máquina e me deixado com a tarefa de remontar as partes".[18]

Alguns críticos enérgicos vão além da fronteira da crítica literária e ficam perdidos nas ciências sociais ou em uma contemporaneidade insípida. O teste da fronteira é o seguinte: a crítica literária auxilia a compreensão e o prazer? "Assim, o crítico a quem sou mais grato é aquele que me faz ver coisas que nunca vira antes, ou que vira somente com olhos turvados pelo preconceito, que me põe face a face com o texto e então me deixa ficar a sós com ele."[19]

Portanto, na crítica literária, como na educação e na política, Eliot afirmou o conceito de tensões necessárias. Protestara contra a pressão na juventude; objetou a uma pressão diferente ao ficar mais velho. O que mais importava na literatura deveria ser uma continuidade vigorosa, nunca totalmente antiga e nunca totalmente nova, renovada pelo crítico que é "o homem inteiro, um homem com convicções e princípios, de conhecimento e experiência de vida".[20]

On Poetry and Poets [Sobre Poesia e Poetas], a segunda coletânea de ensaios mais importante de Eliot (depois de *Selected Essays*), foi

---

[16] Ibidem, p. 124.
[17] Ibidem, p. 125.
[18] Ibidem, p. 127.
[19] Ibidem, p. 131.
[20] Ibidem, p. 130.

publicada em setembro de 1957 – cerca de seis mil cópias em Londres, quinze mil em Nova York. John Wain, ao resenhar o novo livro, escreveu a melhor análise que já vi de Eliot como crítico. Não é o dever do crítico, ressalta Wain, realizar "grandes reajustes" na interpretação da literatura. "A verdadeira tarefa, por sua vez, é convencer cada geração de que os grandes escritores são grandes. Não simplesmente levá-las a aceitar de modo inerte – o que com alguns temperamentos é bastante fácil – mas reafirmar, em termos apropriados a nova situação, as razões da grandeza." Esta foi exatamente a façanha crítica de Eliot. Fizera da "história literária algo vivo". A crítica de Eliot tinha a historicidade por câmbio e a sensibilidade criativa por motor.[21]

Em nossa civilização, a poesia encontra dificuldades para sobreviver: é uma era de prosa. Um poeta "tanto tem de ser vigilante quanto sonolento, espontâneo e sofisticado, complexo e simples. Muito poucas pessoas tiveram sucesso nesse controle. Entretanto, o sr. Eliot foi um deles, e, por isso, este livro é tão importante".[22]

Eliot iria sintetizar todo o seu esforço crítico no que se tornou o maior dos pronunciamentos ou ensaios. Apresentado na Universidade de Leeds em julho de 1961, nele, reconhece ser um crítico do tipo de

---

[21] Tanto a poesia de Eliot quanto sua crítica renovaram o senso histórico entre a geração nascente de poetas, unindo esse senso aos impulsos criativos. A interpretação de que passado, presente e futuro são, realmente, uma só coisa: isso foi apreendido, por influência de Eliot, por diversos dos melhores poetas que agora estão no auge das forças. Consideremos, por exemplo, os versos de Paul Roche em "*The Spaces of Time*":

> O presente é o futuro ao deslizar
> no passado e lançar, ah, desenfreadamente,
> amanhãs em ontens e desfolhar
> Possíveis rosas inaladas no ar, avidamente (...)

[No original: *The present is the future as it slips / Into the past and flings, oh, riotously, / Tomorrows into yesterdays and strips / Possible roses dragged from the air, rapaciously* (N. T.)]

[22] John Wain, "A Walk in the Sacred Wood". *The London Magazine*, vol. 5, n. 1, jan. 1958, p. 45-53.

Johnson ou Coleridge, Dryden ou Arnold. Críticos cuja análise é subproduto da atividade criativa.

A crítica de Eliot surge de sua poesia; desenvolveu e mudou conforme sua poesia foi se desenvolvendo e modificando. Veio a olhar com desagrado algumas das primeiras críticas. "Há erros de julgamento, e o que mais me arrependo, são os erros de entonação: uma nota ocasional de arrogância, de veemência, de pretensão ou descortesia, a fanfarronice de um homem de boas maneiras seguramente protegido por sua máquina de escrever."[23]

Assim como outros, apresentou o dogmatismo da juventude. "Quando somos jovens, confiamos em nossas opiniões, certos de que possuímos toda a verdade; somos entusiasmados ou ficamos indignados. E os leitores, mesmo os maduros, ficam atraídos por um escritor tão seguro de si."[24] Além disso, nos primeiros anos fora um defensor fervoroso do novo tipo de poesia que ele e os amigos escreviam.

No primeiro ensaio crítico, Irving Babbitt e Ezra Pound foram as maiores influências, disse Eliot: na ocasião, os dois não pareciam tão distantes (Maurras e Hulme haviam se inspirado no classicismo que Babbitt o apresentara). Dos poetas modernos, Jules Laforgue fora quem mais o comovera, e não Baudelaire – embora tenha escrito ensaios sobre Baudelaire, e nenhum sobre Laforgue, porque nenhum editor lhe pedira para criticar Laforgue. De vários escritores que admirava muito, de fato, não escrevera nada, ninguém se preocupou em pagar por tais ensaios na época em que, muitas vezes, escrevera por dinheiro.

Marlowe, Webster, Tourneur, Middleton e Ford, e não Shakespeare, foram os poetas dramáticos que desde cedo o influenciaram. Shakespeare é grandioso demais para ser uma "influência". Tinha se dedicado a Donne, reagira a Milton, com base no próprio

---

[23] T. S. Eliot, "To Criticize the Critic". In: *To Criticize the Critic*, op. cit., p. 14.
[24] Ibidem, p. 16.

princípio de "dissociação de sensibilidade"[25] – ou melhor, o princípio que Eliot inventara por amor a Donne e antipatia por Milton. Escrevera melhor, sabia disso, sobre os autores que influenciaram a sua poesia. Dos três anos de estudo formal de filosofia, quando jovem, restou-lhe "o estilo de três filósofos: o inglês de Bradley, o latim de Spinoza e o grego de Platão".[26]

Seus escritos de crítica, continuou Eliot, pouco fizeram para criar modismo, mas esperava que pudessem ter ajudado a formar um gosto: "a moda, o amor da mudança pela mudança, o desejo de algo novo, é muito efêmera; o gosto é algo que brota de uma fonte mais profunda (...) É função do crítico ajudar o público letrado de sua época a reconhecer a afinidade com a poesia de um autor, ou com um tipo de poesia, ou com uma idade poética, e não com outra".[27] O bom gosto não pode ser criado; caso tenha tido alguma participação em reviver a admiração pelos poetas metafísicos, foi porque sua era o inclinara, naturalmente, àquele tipo de poesia. "Ao se disseminar a predileção pela minha poesia, igualmente crescia a preferência pelos poetas aos quais eu muito devia e sobre quem escrevera. A poesia deles, e a minha, eram apropriadas àquela época. Às vezes fico pensando se esta era não está chegando ao fim."[28]

Não voltara mais às páginas de Laforgue, Donne ou aos poetas dramáticos do século XVII que tinham encantado sua juventude: Mallarmé, Herbert e Shakespeare satisfizeram mais as necessidades nos anos posteriores. Dos 22 anos até o fim, no entanto, o "conforto e admiração" de Eliot foi Dante. E, até o fim, sentia forte antipatia por D. H. Lawrence. Juízos morais, religiosos e sociais, concluiu Eliot, necessariamente influenciam até a mais pura crítica literária: "Que o

---

[25] T. S. Eliot, "The Metaphisical Poets". *Selected Essays 1917-1932*, op. cit., p. 247.
[26] Idem, "To Criticize the Critic". *To Criticize the Critic*, op. cit., p. 21.
[27] Ibidem, p. 21.
[28] Ibidem, p. 22.

mérito literário possa ser avaliado em completo isolamento, é a ilusão daqueles que acreditam que apenas o mérito literário pode justificar a publicação de um livro que poderia, de outra maneira, ser condenado por razões morais". Assim como Johnson e Coleridge, Eliot nunca dissociou as letras da ética; e sua fidelidade à herança cultural da literatura perdurou até o fim. "Mas tenho confiança", terminou, "que aquilo que disse hoje possa indicar os motivos pelos quais o crítico, ao envelhecer, deve escrever ensaios menos abrasados pelo entusiasmo, porém animados por interesses mais amplos e, espero, por maior sabedoria e humildade".[29]

Qualquer que seja a perda de entusiasmo e o aumento da sabedoria, em essência, uma poderosa continuidade flui por meio dos escritos críticos de Eliot, desde a primeira resenha em uma publicação acadêmica – quando, em 1916, criticou *Theism and Humanism* [Teísmo e Humanismo] de Arthur Balfour nas páginas de *The International Journal of Ethics* – até o último prefácio – dos *Selected Poems* de Edwin Muir, escrito em 1964. A despeito das diferenças com Matthew Arnold, sua tarefa crítica muito se assemelhara a de Arnold. Se Eliot foi mais bem-sucedido do que Arnold nessa empreitada, a posteridade irá julgar.

O ÚLTIMO ATO NA CLÍNICA DOS CORAÇÕES PARTIDOS

"Pode ser que desde o início tenha aspirado inconscientemente ao teatro – ou, como os críticos hostis poderiam dizer, a Shaftesbury Avenue e a Broadway",[30] disse Eliot aos membros da National Book League, em 1953. Certamente desenvolvera o que chamou de terceira voz da poesia – "a voz do poeta quando cria uma personagem

---

[29] Ibidem, p. 26.
[30] Idem, "The Three Voices of Poetry". *On Poetry and Poets*, op. cit., p. 98.

dramática cuja expressão é em verso; ao dizer não o que ele mesmo diria, mas apenas o que pode dizer nos limites de uma personagem imaginária dirigindo-se à outra personagem imaginária".[31] Embora tenha tido poucos imitadores, Eliot reviveu a poesia dramática; também deu ao teatro moderno a possibilidade de recuperar o antigo caráter ético. Se não podia libertar os palcos de Bernard Shaw, ao menos podia lembrar ao público que visões mais antigas da condição humana que as de Shaw continuavam a existir.

Em fevereiro de 1958, Eliot estava tentando completar o que seria a última de suas peças, *The Elder Stateman* [O Velho Estadista]. Pedira-lhe para resenhar, em uma revista que estava editando, o livro de B. A. Smith sobre a resposta anglicana a Newman;[32] mas respondeu-me, "tenho de completar uma peça que ainda tem muitas imperfeições", respondeu-me, "mas que, na verdade, já teve a produção aceita em Edimburgo neste verão, portanto, estou trabalhando freneticamente contra o tempo".

Embora *The Elder Stateman* apresente algumas marcas de precipitação, é uma peça comovente de cura pessoal e redenção. Sua poesia, como a de *The Confidential Clerk*, é transparente a ponto de ser invisível; contudo a forma poética torna possível a sobrevivência de uma força de expressão que a prosa simples não demonstraria. O humor de Eliot é coroado de êxito nessa peça, e ao final, chega à catarse. *The Elder Stateman* foi representada pela primeira vez no festival de Edimburgo durante a última semana de agosto de 1958, e foi publicada (quinze mil cópias em Londres e dez mil em Nova York) em abril de 1959.

O enredo se aproxima do *Édipo em Colono* de Sófocles – e está mais próxima do modelo grego que qualquer outra peça de Eliot. Um homem idoso é redimido pelo autoconhecimento e pelo amor; escapa

---

[31] Ibidem, p. 96.

[32] B. A. Smith, *Dean Church, The Anglican Response to Newman*. Londres/Nova York/Toronto, Oxford University Press, 1958.

do destino contra o qual o fantasma de "Little Gidding" adverte os homens que estiveram em altas posições no mundo:

> Erro após erro, o exasperado espírito
> Prosseguirá, se revigorado não for
> Por este fogo purificador
> Onde mover-te deves como um bailarino.[33]

De fato, o mesmo impulso que fez com que Eliot escrevesse "Little Gidding", agiu ao desenvolver *The Elder Statesman*. "É provável, certamente", mencionara em "The Three Voices of Poetry" [As Três Vozes da Poesia], "que no início, a pressão de alguma matéria psíquica desconhecida e bruta direcione o poeta a contar determinada estória, a desenvolver aquela situação particular".[34] Aplicada à peça *The Elder Statesman*, as palavras "matéria psíquica" ganham um significado, pois é uma peça de fantasmas.

Lorde Claverton – anteriormente, o sr. Richard Claverton-Ferry e, muito antes, apenas, Dick Ferry – é um fantasma vivo. Fora ministro do governo, e depois um financista. Depreendemos que fora notável, não pela prudência de seus juízos nem por honestidade, mas o mundo – assim como ele – admirou Claverton. Agora estava aposentado (talvez a pedido urgente dos colegas, talvez por causa da saúde debilitada), está morrendo e logo será esquecido. É um sepulcro caiado, um homem oco.

Apenas uma pessoa o ama, ou ama o homem que acredita que ele seja: a filha, Mônica, tida pelos críticos, em geral, como a única personagem dramática de Eliot que é adorável (embora, de minha parte, não rechaço a paixão e o menosprezo de Célia em *Cocktail Party*). O casamento de Claverton fracassou ao começar; o filho, Michael,

---

[33] No original: *From wrong to wrong the exasperated spirit / Proceeds, unless restored by that refining fire / Where you must move in measure, like a dancer.* T. S. Eliot, "Little Gidding". *Four Quartets*, seção II, versos 160-63. (N. T.)

[34] T. S. Eliot, "The Three Voices of Poetry". *On Poetry and Poets*, op. cit., p. 111.

foi mimado por Lady Claverton (na ocasião, já falecida) e hipocritamente avisado da retidão impossível do pai, e os pecados do pai afligirão triplamente o filho mimado e rancoroso. Mônica está apaixonada por Charles Hemington, e esse amor não é ilusório. Então, aparecem os fantasmas, na forma de pessoas vivas – mas devem esperar por um momento.

O segundo e o terceiro ato se passam em Badgley Court, uma aristocrática casa de campo, agora transformada em uma clínica da alta sociedade ou um lar para convalescentes, cujas "amenidades" são brilhantemente descritas pela sra. Piggott, uma encantadora e importuna senhora que se recusa a ser chamada de "enfermeira-chefe". Eis a Casa dos Corações Partidos convertida na antessala de Deus, a última estação terrena para os senis e moribundos. Há uma grande faia perto da casa, e debaixo dessa árvore, Claverton adquire total compreensão da vida, e deverá morrer.

Assim como Gerontion, Claverton não teme a morte em si, mas algo mais; impacienta-se muito com a extinção física. Vive o terror de ficar só, e com medo de estranhos (apesar da longa vida pública). Pois é somente um espectro, caso esteja privado das aparências exteriores, e agora que se aposentou, não desfruta de pompa e circunstância. É muito parecido com Lorde Mellifont, do conto de Henry James, "*The Private Life*" [A Vida Privada]:[35] só existe de verdade aos olhos do público. Apega-se muito a filha, tentando manter Charles Hemington à distância, porque somente aos olhos de Mônica (que ainda distingue somente sua figura pública) mantém algum fragmento da realidade. Mônica compreende muito bem seus temores:

Uma coisa é encontrar pessoas
Quando se tem autoridade, com o hábito do mando,

---

[35] Em português, a obra pode ser encontrada na seguinte edição: Henry James, *A Vida Privada e Outras Histórias*. Trad. Onédia Célia Pereira de Queiroz. São Paulo, Nova Alexandria, 2001. (N. T.)

> Quando o homem que veem quando encontram
> Não é uma pessoa física mas um personagem público.[36]

Sim, com satisfação enfrentaria a morte, diz, mas só pode esperar experimentar "um medo do vazio, e sem o desejo de preenchê-lo",[37] como se estivesse em uma sala de espera deserta de uma estação ferroviária.

> Isto me faz rir
> Ao pensar que os homens têm medo de fantasmas.
> Se soubessem o medo que os fantasmas têm dos homens![38]

Quando os fantasmas realmente aparecem, aterrorizam esse "homem oco": seus pecados o encontraram. À sua casa, em Londres, chega, no primeiro ato, uma personagem chamada Federico Gomez, agora como um cidadão de uma república da América Central cuja riqueza foi obtida por meios escusos, mas que anteriormente, quando jovem, era conhecido como Fred Culverwell, o companheiro dos divertimentos juvenis de Claverton (ou melhor, de Ferry). Dick Ferry levara Fred Culverwell à dissipação, débitos e falência durante a universidade; Culverwell, então, se tornou um falsário, e o dinheiro do pai de Ferry o permitiu ir para o exterior, após cumprir sua pena. Esse espectro com o sorriso irônico da juventude retornara para assombrar Claverton – não para pedir dinheiro, mas para exigir favores e amizade, e no intuito de obtê-los, está pronto a empregar um tipo de chantagem. (Afinal, Dick Ferry estava dirigindo o carro naquela

---

[36] No original: *It's one thing meeting people / When you're in authority, with authority's costume. / When the man that people see when they meet you / Is not the private man, but the public personage.* T. S. Eliot, *The Elder Stateman*, ato I, p. 586-87. (N. T.)

[37] No original: *A fear of the vacuum, and no desire to fill it.* Ibidem, ato I, p. 590-91. (N. T.)

[38] No original: *It makes me smile / To think that a man should be frightened of ghosts. / If they only knew how frightened a ghost can be of men!* Ibidem, ato I, p. 592-93. (N. T.)

noite em que atropelou um velho, e Dick, por covardia não contara à polícia). Por que não deveria ser favorecido? Os dois são farinha do mesmo saco: Ferry fora pior do que Culverwell, quando andavam juntos, e Gomez (ou Culverwell) insinua que a conduta de Claverton no governo e nos negócios não foi totalmente reta.

Claverton foge de Gomez (em companhia de Mônica e Charles) para Badgley Court – um estabelecimento que se parece tanto com um hotel que quase não dá para perceber o estado decrépito dos hóspedes. Mas, lá, é surpreendido por outro fantasma: a sra. Carghill, antes nos cartazes da Shaftersbury Avenue cantando o número "*It's Not Too Late for You to Love Me*" [Nunca é Tarde Demais para Você Me Amar], com o nome de Maisie Mountjoy – e antes disso a pequena Ellie, a quem Dick Ferry seduzira (sem a menor dificuldade) quando ela tinha dezoito anos. O pai de Ferry fizera um acordo financeiro extrajudicial para que não houvesse uma ação por parte de Ellie por quebra de compromisso, assim como subornara Culverwell. Contudo, a sra. Carghill guardava as cartas de amor com as quais ela também poderia tentar chantagear Claverton. O que ela queria, já que agora tinha boa situação financeira? Ora, não era tarde demais para que ele a amasse.

O intento de Gomez e da sra. Carghill era um tormento maior do que Claverton podia suportar: eles realmente não esperavam ficar em segredo. Se os guardiões de *Cocktail Party* são angélicos, essas aparições de *The Elder Statesman* são diabólicas. A sra. Carghill dá a entender, em geral, e mais de uma vez, de haver uma união infernal que durará além-túmulo:

> Sinto apenas que pertencemos um ao outro...
> Não, não se alarme. Mas você tocou minha alma –
> Desajeitadamente talvez, mas o toque permanece ainda.
> E toquei a sua.
> É espantoso pensar que ainda estamos juntos
> E mais espantoso ainda que poderemos estar juntos para *sempre*

Há uma frase que me lembro ter lido em algum lugar:
Onde as chamas de ambos não se extinguem.[39]

A frase é de São Marcos[40] – mas também de May Sinclair, amiga de Eliot dos primeiros anos em Londres, cujo conto "*Where Their Fire Is Not Quenched*" [Onde as Chamas de Ambos Não se Extinguem] fala de um casal adúltero, condenados a vergonhosamente aceitar um ao outro, detestando-se mutuamente e a si mesmos, por toda a eternidade. Até a mais degradada união sexual pode unir duas pessoas para além da morte, de tão íntima e por estar tão unida às fontes da vida. Ellie – uma espécie de donzela do Tâmisa como as moças seduzidas de *The Waste Land* – pode representar para sempre, com Dick Ferry, uma paródia de amor.

Gomez e a sra. Carghill são sombras materializadas, conjuradas pelo "homem interior" de Claverton, que unem forças contra ele em Badgley Court. Por toda a vida, diz Claverton, algo do fundo de seu ser o impeliu a buscar não apenas uma justificativa para o mundo, mas para ele mesmo:

O que será esse eu íntimo, esse observador silencioso,
Severo e mudo crítico que nos atemoriza
E nos impele a atividades sem sentido,
Para no fim julgar-nos ainda mais severamente
Pelos erros que suas próprias censuras nos fizeram cometer?[41]

---

[39] No original: *It's simply that I feel we belong together... / Now, don't get alarmed. But you touched my soul – / Pawed it, perhaps, and the touch still lingers. / And I've touched yours. / It's frightening to think that we're still together / And more frightening to think that we may always be together. / There's a phrase I seem to remember reading somewhere: / Where their fires are not quenched.* Ibidem, ato II, p. 636-37. (N. T.)

[40] Ver Marcos 9,48. A frase é utilizada para descrever a geena (uma espécie de símbolo bíblico de destruição eterna), onde "o verme não morre e onde o fogo não se extingue", o que reforça a ideia de união infernal. (N. T.)

[41] No original: *What is this self inside us, this silent observer, / Severe and speechless critic, who can terrorize us / And urge us on to futile activity, / And*

Esses dois atormentadores são espectros do passado, diz a Charles – maliciosos, mesquinhos, a corromper seu filho, apegando-se a Claverton como o fizeram por toda a vida, conquanto agora assumissem uma forma visível. Não fugiria deles, e mesmo assim eles não o dominariam.

De todos os estudiosos que escavaram os fragmentos que Eliot depositou diante das ruínas, o sr. Grover Smith foi aquele que mais fundo e meticulosamente buscou por eles. Mas Smith tem uma posição um tanto estranha quanto ao julgamento de Claverton – e de Eliot. "A libertação de Gomez e da sra. Carghill das formas fantasmagóricas de tormento não são parte do plano dramático de Eliot", escreve. "Claverton, perturbado pelo papel que teve no passado dos dois, lhes é indiferente no futuro, embora nenhum tenha agido tão mal quanto Claverton, quando os prejudicou. Não faz nenhum gesto expiatório. A lentidão de sua autocrítica bane a qualidade da misericórdia que abençoa quem a concede e quem a recebe."[42]

No entanto, como um homem vivo pode salvar fantasmas ou demônios? Se tomarmos Gomez ou Carghill por espectros, somente a graça de Deus pode libertá-los, e não um gesto de Claverton; ou talvez, Claverton, redimido na hora da morte, fará, com sua partida, que deixem de vagar. Caso os tomemos por pessoas reais, então nada que Claverton possa dar poderá transformá-los: passar os dias com um vigarista ameaçador e as noites com uma mulher de má reputação, por amor aos velhos tempos, seria uma espécie de martírio nunca imposto a qualquer santo do calendário. Não podemos redimir o tempo de tal modo. Não importa o quanto pecamos contra o próximo no passado, não está em nosso poder miraculosamente transfigurar o outro na forma daquilo que, possivelmente, poderia ter se tornado.

---

in the end, judge us still more severely / For the errors into which his own reproaches drove us? T. S. Eliot, *The Elder Stateman*, ato II, p. 620-21. (N. T.)

[42] Grover Smith, *T. S. Eliot's Poetry and Plays: A Study in Sources and Meaning*. Phoenix edition, 1960, p. 248.

Tudo o que Claverton pode fazer é deixar de tentar se justificar do modo como tratou Gomez e a sra. Carghill, e confessar seus pecados a Mônica. Quanto à lentidão da autocrítica – ora, as unidades da peça levam a isso.

Os pecados de Claverton não foram grandiosos ou privativos, mas foram seus:

> É mais difícil confessar um erro no qual ninguém acredita
> Do que o delito que todos podem avaliar.
> Pois o crime está relacionado com a lei
> Assim como o pecado com o pecador.[43]

É pela confissão que Claverton é salvo: pela confissão a uma pessoa que ama, e que o ama – Mônica. Ao final reconhece para ela, e para si mesmo, o que realmente é; e tendo retirado as máscaras, está pronto para a morte física. No final, ele se conhece, conhece o que é o amor e a paz.

> Se na vida de um homem há uma pessoa, uma só que seja,
> A quem ele esteja disposto a confessar tudo –
> E isso inclui, veja bem, não apenas os atos criminosos,
> Não apenas as torpezas, mesquinharias e covardias,
> Mas igualmente situações que são apenas ridículas,
>
> Nas quais agiu como um tolo (e quem nunca foi?) –
>
> Então ele ama essa pessoa e seu amor irá salvá-lo.[44]

---

[43] No original: *It's harder to confess the sin that no one believes in / Than the crime that everyone can appreciate. / For the crime is in relation to the law / And the sin is in relation to the sinner.* T. S. Eliot, *The Elder Stateman*, ato III, p. 676-77. (N. T.)

[44] No original: *If a man has one person, just one in his life, / To whom he is willing to confess everything – / And that includes, mind you, not only things criminal, / Not only turpitude, meanness and cowardice, / But also situations which are simply ridiculous, / When he has played the fool (as who has not?) – / Then he loves that person, and his love will save him.* Ibidem, ato III, p. 666-67. (N. T.)

Mônica pode ser sua confessora porque ela mesma é plena de amor; porque anda inocentemente no jardim de rosas. O amor por Charles a surpreendeu:

> Essa coisa subiu-me furtivamente,
> Nas pontas dos pés, e se alojou por trás dos meus ombros
> Muito quieta por muito, muito e muito tempo
> Antes de eu sentir sua presença.[45]

O amor que ela tem pelo pai não é destruído pela confissão dele: ela ama o homem real ainda mais do que amara a máscara; o ama na hora da morte. Quando morreu debaixo da faia, sozinho (mas não isolado como Gomez, "quando se chega a perceber que se perdeu *a si mesmo*"),[46] Mônica é banhada pela bênção silenciosa do pai morto, e entende a plenitude da vida:

> A idade e a velhice não poderão me amedrontar,
> As privações e vicissitudes não poderão me estarrecer,
> Nem mesmo a morte pode abater-me ou assombrar,
> Fixada que estou na certeza de um amor imutável.[47]

The Elder Statesman não tem um significado obscuro – exceto no sentido de que a maioria das plateias e dos leitores caiu em um analfabetismo teológico durante o século XX. É irônico que Eliot, em *Murder in the Cathedral*, como comenta D. E. Jones:

> Onde escreveu com grande envergadura (...) tenha sido magnificamente afortunado ao se comunicar com homens de todos os tipos e

---

[45] No original: *It crept so softly / On quiet feet, and stood behind my back / Quietly, a long time, a long long time / Before I felt its presence.* Ibidem, ato I, p. 582-83. (N. T.)

[46] No original: *only when you come to see that you have lost* yourself. Ibidem, ato I, p. 602-03. (N. T.)

[47] No original: *Age and decrepitude can have no terrors for me, / Loss and vicissitude cannot appal me, / Not even death can dismay or amaze me / Fixed in the certainty of love unchanging.* Ibidem, ato III, p. 696-97. (N. T.)

posições sociais, ao passo que nas últimas peças, ainda que tenha, deliberadamente, simplificado o estilo em benefício do público comum, adquiriu a reputação de "obscuro". A tão-chamada obscuridade é, por certo, bastante fictícia. Incapaz de alcançar uma audiência de pessoas incultas como desejava, Eliot alcançara uma audiência de educação mediana e de pouca educação, cuja sofisticação não permitirá que fiquem satisfeitos com a simplicidade do que é afirmado; devem sempre buscar, freneticamente, por significados ocultos.[48]

Se *The Elder Statement* tem suas deficiências, são, principalmente, o resultado dos limites impostos a Eliot pela ignorância do público da percepção cristã da condição humana, e pela atrofia geral da imaginação moral no século XX. Se Eliot tivesse escrito essa tragédia (ou melodrama, ou mesmo comédia – os críticos diferem na categorização) em 1917, digamos, e tivesse conseguido com que fosse encenada, poderia ter lhe dado fama como, na verdade, o fez *Prufrock*; sua força ainda não havia diminuído, ainda que em 1958 estivesse com setenta anos. Mas provavelmente ninguém teria patrocinado e produzido a peça em 1917.

Pois embora a própria escalada de Eliot da dúvida atormentadora a serenidade dos últimos versos de Mônica tenham sido lentos e dolorosos, ainda em certo grau, trazia a idade em seu encalço, arrastada, por aquela ladeira rochosa. O que quer que escrevesse, o público literário e até o público de teatro sabia, naquela ocasião, que deveria ser intelectualmente respeitável e que valia a pena discutir: mesmo o cristianismo. Deve ter sido confortador para Eliot, no último de seus sucessos, que os críticos e o público, agora, acreditassem ser necessário buscar um significado (e fingir encontrá-lo) em uma peça que é uma parábola da doutrina cristã ortodoxa. Tentar buscar é melhor do que ridicularizar. Lorde Claverton é o homem comum: mas o homem comum, nessa idade, não reconhece imediatamente o próprio rosto no espelho.

---

[48] D. E. Jones, *The Plays of T. S. Eliot*, 1960, p. 213.

PERTENCER A OUTRO ALGUÉM

"A Dedication to My Wife" [Uma Dedicatória à Minha Esposa] é o último poema dos *Collected Poems 1909-1962*.[49] A srta. Valerie Fletcher fora secretária de Eliot. Para surpresa do mundo inteiro, casaram-se em janeiro de 1957, ele, aos 68 anos, e ela, aos trinta. Verdadeiros gestos de amor, se realizados por um juízo amadurecido, são atos de sabedoria: e esse casamento se tornou tudo que o primeiro casamento de Eliot não foi. Destruiu os famosos versos de "East Coker":

> Que não me falem
> Da sabedoria dos velhos, mas antes de seu delírio,
> De seu medo do medo e do frenesi, do medo de serem possuídos,
> De pertencerem a outro, ou a outros, ou a Deus.[50]

Poucos anos antes, um visitante do "papa da Russell Square" não pôde realizar seu negócio pela incapacidade da secretária de Eliot de achar, no momento, uma carta ou um documento que fora requisitado. Depois que saiu do recinto, Eliot disse, amavelmente, à sua visita, "Uma bela moça, mas talvez não seja totalmente eficiente". (Na verdade, parece que ela foi uma secretária altamente competente.)

Durante oito anos felizes puderam ser marido e mulher. A duração da alegria não importa tanto quanto a intensidade.

"É uma coisa maravilhosa, meu caro William", escreveu Eliot a William Turner Levy, "ser feliz no casamento, um estado muito abençoado para os vocacionados, mesmo na minha idade. Tenho uma esposa bela e delicada, muito inteligente e apaixonada por poesia – faz

---

[49] A primeira edição aumentada de *Collected Poems* (1963) teve quinze mil cópias impressas na Inglaterra e oito mil nos Estados Unidos.

[50] No original: *Do not let me hear / Of the wisdom of old men, but rather of their folly, / Their fear of fear and frenzy, their fear of possession, / Of belonging to another, or to others, or to God.* T. S. Eliot, "East Coker". *Four Quartets*, seção II, versos 96-99.

de tudo para me deixar feliz, e estou humildemente agradecido".⁵¹ Tudo isso era verdade.

Buscai e achareis.⁵² "À crença seguir-se-á a ação", escrevera Newman. Eliot demonstrara essa proposição na própria evolução religiosa. E agora chegara ao coroamento da vida: após tanto refletir a respeito do amor, o amor lhe foi dado.

Após o casamento, o casal foi para o sul da França por algumas semanas. Na primavera de 1958, durante uma turnê norte-americana de conferências, Eliot levou a esposa para conhecer os parentes em Boston. A união com Valerie (a quem Eliot dedicou tanto *On Poetry and Poets* e *The Elder Statesman*), em todos os aspectos, preenchia o que Eliot, desde a juventude, acreditara ser impossível de alcançar. No roseiral, por fim, alguém andava a seu lado:

> Nenhum vento irritado de inverno haverá de esfriar
> Nenhum carrancudo sol tropical fará murchar
> As rosas no roseiral que é nosso e apenas nosso.⁵³

Ser surpreendido pela alegria aos 68 anos é privilégio de poucos. Nenhum homem precisara mais do amor total de uma mulher do que Eliot; desde que deixara St. Louis lutara em vão, durante todo o primeiro casamento, para manter unido o que homens como Russell e Read lhe haviam dito para abandonar, pois era incontornável. No auge da fama, vivera sozinho, com Vivienne internada, e agora, no ocaso da vida, surgiu a tão negada plenitude do amor, floresceu a rosa multifoliada.⁵⁴

---

⁵¹ T. S. Eliot para William Turner Levy. In: Levy e Scherle, *Affectionately, T. S. Eliot*, 1968, p. 98-99.

⁵² Mateus 7,7.

⁵³ No original: *No peevish winter wind shall chill / No sullen tropic sun shall wither / The roses in the rose-garden which is ours and ours only*. T. S. Eliot, *A Dedication to My Wife*, versos 8-10. (N. T.)

⁵⁴ Os três versos citados de "A Dedication to My Wife", foi a última vez em que Eliot utilizou o símbolo do jardim de rosas que perpassa toda a sua

Suponhamos que o aparente acidente de um infeliz casamento precoce com Vivienne nunca tivesse ocorrido: o que teríamos de poemas e peças de Eliot? Fora o pesar, certamente, que dera ao homem a profundidade de sentimento e expressão; fora a necessidade que o mantivera aferrado à escrita, durante os anos de pobreza e distúrbios pessoais. Por natureza, não era enérgico: era o sétimo filho de uma mãe culta (de meia-idade quando o concebera), Thomas Stearns Eliot fora dotado de uma inteligência superior, mas de pouco vigor. Nos últimos oito anos de vida, amando e amado, com dinheiro, escreveria muito pouco – muito embora a capacidade mental permanecesse intacta.

Suponhamos que Eliot não tivesse casado quando era inexperiente e tímido demais para escolher bem; suponhamos que não fosse obrigado trabalhar duro com parcos ganhos para viver em Londres; suponhamos que tivesse obtido um cargo em Harvard ou Oxford, e tivesse publicado, talvez, dois ou três estudos como a sua dissertação sobre Bradley; suponhamos que esse homem gentil, que apreciava uma boa conversa e viagens de lazer, tivesse desfrutado da companhia de uma mulher competente e plácida – ora, será que teria escrito *The Waste Land, Murder in the Cathedral, Four Quartets* e *Cocktail Party*? Indubitavelmente, os princípios literários e sociais teriam sido os mesmos, e sua inteligência teria sido igualmente potente; mas no caso de Eliot, os "sentimentos" forneciam o impulso criativo e os sentimentos teriam sido menos intensos, em circunstâncias mais favoráveis. Aquilo que poucos homens de intelecto pensavam ser possível acreditar, na sua época, T. S. Eliot veio a aceitar: o dogma da providência age de maneiras misteriosas, vingativa ou caridosamente. Deveria escrever o que escreveu, o sofrimento fora necessário;

---

poesia. Para compreender a simbologia é bom ler o capítulo "The Rose--Garden" do livro de Leonard Unger, *T. S. Eliot: Moments and Patterns*, 1956. Todos os ensaios do livro de Unger são esclarecedores.

deveria obter alguma compensação nesta vida, no final, tudo concorreu para fazer o bem.[55]

A longa solidão do espírito, a sensação de isolamento dos outros, foram consequência tanto do temperamento quanto da reflexão. Viva "como se estivesses no cimo de uma montanha",[56] fora a desolada prescrição de Marco Aurélio. Eliot foi incitado a viver na fortaleza do eu, também, pelo pensamento idealista que estudara nos anos de formação. Apesar de ter, a tempo, superado F. H. Bradley, várias vezes reconheceu a dívida que tinha com o falecido mestre; talvez Bradley tivesse lhe influenciado de um modo mais sutil do que percebia, e nem sempre a seu favor. Bradley havia discorrido contrariamente a qualquer necessidade de imortalidade da alma, e deixara de levar em conta as razões do coração.

W. B. Yeats decidiu não colocar Paul Valéry (outra forte influência em Eliot) entre seus "livros sagrados", porque a rejeição de Valéry da imortalidade pessoal no poema *Le Cimetière Marin* [O Cemitério Marinho] lhe dava calafrios. A vida humana não deve se extinguir, e Yeats sabia disso. Acrescentou, no terceiro livro de *A Vision*,[57] uma nota a respeito de Bradley: "Professor Bradley também acreditava que poderia suportar ficar à cabeceira do leito de morte da esposa ou da amante e não

---

[55] Embora o professor Herbert Butterfield defendesse a ação da Divina Providência na história, Eliot não estava familiarizado com os livros de Butterfield. "Li com interesse e algum arrependimento", Eliot escreveu-me em 31 de outubro de 1956, "sua nota sobre Herbert Butterfield – de fato, li na época em que a *Month* era uma das revistas que participava. Digo 'arrependimento' porque nunca mais li nada sobre a obra de Butterfield". Nessa ocasião, Eliot fazia referência ao meu ensaio crítico "The Achievement of Herbet Butterfield". In: *The Month*, vol. 15, n. 5, mai. 1956, p. 267-73.

[56] Marco Aurélio, *Meditações*, Livro X, n. 15. (N. T.)

[57] *A Vision: An Explanation of Life Founded upon the Writings of Giraldus and upon Certain Doctrines Attributed to Kusta Ben Luka*, publicada em 1925, era um estudo de vários tópicos filosóficos, históricos, astrológicos e poéticos elaborados por Yeats. A obra foi republicada em 1937 com algumas alterações. (N. T.)

desejar a imortalidade do corpo e da alma. Achou difícil reconciliar a imortalidade pessoal com sua forma de idealismo absoluto e, além disso, detestava as afeições comuns; um homem arrogante, seco".[58]

Assim, a alegria da vida poderia ter chegado antes a Eliot, caso não tivesse escrito aquela tese de doutorado; caso as barreiras do idealismo metafísico tivessem caído antes. O desejo de comunhão plena com outro ser humano fora intenso em Eliot, ao menos, desde os dias de Harvard; a casta de pensadores impedira o desejo do espírito; mas com Valerie, todas as coisas ficariam bem, o fogo e a rosa tornavam-se uma só coisa.

Atingir o desejo do espírito teria diminuído o impulso criativo desse homem. Continuou na Faber & Faber, ainda como um executivo competente, mas as cartas eram mais breves. Algumas correspondências para editores, homenagens póstumas para antigos amigos (que agora iam embora como se fossem imagens oníricas), palestras ocasionais ou entrevistas para a rádio eram solicitadas – com alguma frequência. Somente a *New English Bible* – "vulgar, trivial e pedante" – despertava sua ira no mundo editorial.

Aldous Huxley (há muito residindo nas montanhas da Califórnia) fizera uma viagem à Londres em 1958, e vira Eliot, "que agora está curiosamente maçante – resultado, talvez, de ser, finalmente, feliz no segundo casamento (...)".[59] Eliot cumprira seu dever, e naqueles últimos anos, sua felicidade foi como a da terra da qual nada foi contado. Viveria até o dia 4 de janeiro de 1965, repleto de anos e honras, sem medo do fim.

Na última carta que me enviou (datada de 25 de agosto de 1964), disse que esperava encontrar comigo quando estivesse a caminho da Escócia "o país cuja nacionalidade pareces adotar, sem dúvida, com todo direito!" (restaurei uma antiga casa em Pittenween, em Forth,

---

[58] W. B. Yeats, *A Vision*, 1962, p. 219.

[59] Aldous Huxley para dr. Humphrey Osmond, 16/12/1958. In: Grover Smith (ed.), *Letters of Aldous Huxley*, 1969, p. 857-58.

e estava para casar – pela primeira e última vez – com uma beldade ainda mais jovem que Valerie Eliot). Mas não nos encontraríamos novamente deste lado da vida; e não até 1969, quando tive oportunidade de fazer uma breve oração para ele na abadia de Westminster, e outra diante da placa oval presa na parede da igreja em East Coker (solicitação gravada na lápide para todos os visitantes).

EM MEU FIM ESTÁ MEU PRINCÍPIO

Em cinquenta anos de escritos, o que Eliot realizou? Esforçara-se conscientemente para redimir o tempo. No final, não tinha dúvidas de que conseguira. Sempre se autocensurava – nisso, bem parecido com os parentes distantes, John Adams e John Quincy Adams. Eliot não tinha uma opinião distorcida e aumentada das próprias capacidades ou feitos. Os melhores de seus poemas pareceram apenas prelúdios de algum esplendor conceitual que nunca conseguiu expressar plenamente; as melhores peças foram experimentos imperfeitos; os melhores ensaios, mais desafiadores que magistrais; a crítica social fora um exercício de definições, não um grande projeto. "Com tais fragmentos foi que escorei minhas ruínas."[60] Será que tencionou, como Coleridge, algo maior? Assim como Coleridge, procrastinara e vivera em devaneio enquanto passava o tempo? Pecara por omissão?

Há algum motivo para tais receios; no entanto, na posição de Eliot, apenas um homem que aprendera a praticar a virtude da humildade, poderia senti-los. Alcançou imenso renome, como nenhum outro literato no século XX, em mais de um âmbito.

Como poeta, enfrentara a dura realidade com a visão fortalecida: restaurara na poesia, ao mesmo tempo, a ousadia da sensibilidade

---

[60] No original: *These fragments I have shored against my ruins*. T. S. Eliot, "What the Thunder Said". *The Waste Land*, verso 441. (N. T.)

e a substância da metafísica. Apreciara os méritos de sua era em versos, e renovara a imaginação moral do período. Talvez, como sugeriram alguns críticos, tenha levado a poesia para regiões mais longínquas; certamente não surgiu nenhuma escola poética cuja força fosse comparável, desde que Eliot derrubara os poetas georgianos e os herdeiros norte-americanos de Whitman. Quando os antologistas do futuro – supondo que sobreviva alguma cultura superior – forem lidar com o século XX, os versos de Eliot sobressairão a qualquer outra poesia dessa época.

Como dramaturgo, revigorou a poesia dramática, e pode ser que sua influência nos palcos ainda não tenha atingido o ápice. O que mais importou a Eliot foi ter feito algo para recuperar o caráter ético e religioso do teatro, despertando sentimentos religiosos, como nenhum apologeta poderia fazer em prosa.

Como crítico literário, livrou a crítica de arte de um impressionismo pessoal, e confirmou a grande continuidade das humanidades, ao defender, simultaneamente, as coisas permanentes e as pretensões de um inovador em constante renovação. Ensinara para a geração que surgia como abrir os olhos para os significados mais profundos de uma obra de arte literária. Seu alcance fora extraordinário: Virgílio, Dante, os elisabetanos e os jacobitas, poetas teológicos e metafísicos, Pascal e Dryden, Milton e Johnson, Coleridge e Shelley, Arnold e Baudelaire, Yeats, Lawrence, Kipling e Babbitt. Em 1920, respondera a Sir Edmund Gosse, e definira a função do crítico: "É parte do ofício do crítico preservar a tradição – onde existe a boa tradição. É parte de seu ofício ver a literatura permanente e vê-la como um todo; e isso é enxergá-la, eminentemente, *não* como foi consagrada pelo tempo, mas vê-la para além do tempo; olhar as melhores obras de nossa época e o melhor de dois mil e quinhentos anos com os mesmos olhos".[61] Reanimara tal função.

---

[61] T. S. Eliot, Introduction. *The Sacred Wood*, op. cit., p. xv-xvi.

Como crítico da sociedade, desnudara as tolices do tempo. Não poupara a moral da época, a política, a economia, as noções educacionais, ou os deuses estranhos. Esforçara-se para renovar a compreensão do homem moderno das normas da ordem, justiça e liberdade, pessoal e da comunidade. Não oferecera o ópio da ideologia: pleiteara o retorno do princípio permanente e o reconhecimento de tensões que são necessárias à vida civil tolerável. "Nenhum plano de mudança da sociedade pode ser feito de modo a parecer imediatamente palatável, exceto por falsidade", disse intrepidamente, "até a sociedade ficar muito desesperada; aí aceitará qualquer mudança". A alternativa a uma ordem totalitária, uma morte em vida social, uma existência sem cultura ou liberdade – assim dissera aos que poderiam ouvi-lo – é uma ordem social fundada na verdade religiosa. "Esta perspectiva engloba, no mínimo, disciplina, inconveniência e desconforto; mas nesta, como na outra vida, a alternativa ao Inferno é o Purgatório."[62] Um remanescente o ouvira.

O tempo continua não redimido: profetas e santos falham nesse trabalho nas próprias gerações, e nenhum poeta pode, solitariamente, ser bem-sucedido ao enfrentar o orgulho e as paixões dos homens. Não obstante, Eliot, mais do que qualquer outro em sua era, expôs a presunção e a ilusão. Recordou à consciência de muitos que, como Audrey Fawcett Cahill escreveu, "a existência humana é uma experiência desafiadora, desconcertante e, muitas vezes, dolorosa, repleta de contradições e tensões. Viver, com qualquer grau de consciência, é estar ciente de conflitos irreconciliáveis que clamam por solução". Não alimentou falsas esperanças de um paraíso terreno, mas afirmou que a vida do homem, e a vida da sociedade, podem ser suportáveis somente se a matéria for movida pelo espírito. "As realidades do mal, do sofrimento, da privação e do conflito não

---

[62] Idem, *The Idea of a Christian Society* [*A Ideia de uma Sociedade Cristã*, publicado no Brasil em 2016 pela É Realizações], op. cit., p. 23-24.

são menos dolorosas no contexto cristão e não são encaradas pelo poeta com menor sensibilidade", continua a srta. Cahill. "Diferem apenas quanto à subordinação a um modelo redentor, em que a luta humana é vista como tendo algum propósito, em que o poder humano é compreendido em uma nova dimensão, em relação a um amor redentor (...)."[63] Eliot restaurou a consciência de tal propósito e desse amor.

O homem se transforma naquilo que crê. A nobre dignidade de sua vida prevaleceu sobre os que queriam denegrir sua poesia e prosa; outros, hostis, à primeira vista, aos escritos, pouco a pouco, se viram convencidos pela retidão e profundidade de sentimentos. E a semente do espírito que lançou, embora caída entre o joio, ainda pode germinar em campos infecundos. As palavras de Eliot sobre Bradley aplicam-se ao próprio poeta: "Lutamos por causas perdidas porque sabemos que a derrota e o desânimo podem ser o preâmbulo da vitória de nossos sucessores, embora tal vitória seja, em si, temporária; lutamos mais para manter algo vivo do que na esperança de que algo triunfe".[64] Em oposição à escassez de imaginação moral, a geração que surgia se rebelou, às cegas, poucos anos após a morte de Eliot. Alguns dos que se insurgiram contra o domínio do tédio e do materialismo podem encontrar em Eliot uma inteligência e uma consciência duradoura.

Ao longo de toda a vida, Eliot combatera o espírito de sua época. Fez a voz de o poeta ser novamente ouvida, e, assim, triunfou. Por conhecer a comunidade das almas, libertou outras da prisão do tempo e da solidão do eu. Nos ventos das doutrinas, testemunhou as coisas permanentes. E sua mensagem, em línguas de fogo, vai para além da linguagem dos vivos.

---

[63] Audrey Fawcett Cahill, *T. S. Eliot and the Human Predicament*, 1967, p. 1-4.

[64] T. S. Eliot, "Francis Herbert Bradley", 1927. In: *Selected Prose of T. S. Eliot*, op. cit., p. 200. (N. T.)

Posfácio

Peregrinos na Terra Desolada (1984)

Dos poetas ingleses, somente Byron conquistou o reino das letras mais subitamente que T. S. Eliot. *The Waste Land* fez de Eliot o poeta mais falado de sua época, não somente em terras de língua inglesa, mas em todos os lugares; supremacia que perdurou até a morte, e ainda assim, não superada por nenhum poeta maior. Há certo interesse em analisar a curiosa popularidade de Eliot e as tentativas fracassadas de diminuir sua influência. Por quanto tempo perdurarão a fama e o predomínio do poeta?

Se pensarmos no volume de vendas dos livros, é claro, a popularidade de Eliot é apenas relativa. Nenhum poeta importante do século XX fica por muito tempo nas listas de *best-sellers*, se, por acidente, o nome chegar a aparecer em alguma delas. Eliot realmente desejou um público maior para os poemas e o drama poético. Aspirava reavivar o poder da poesia na imaginação popular. Se nunca foi bem-sucedido na proporção que deve ter desejado nos primeiros anos, ainda assim, foi lido por um grande número de pessoas cultas ou de cultura mediana. Expressões ou versos inteiros, esquisitices, imagens de *The Waste Land*, "The Love Song of J. Alfred Prufrock", ou "The Hollow Men", continuam a adornar o discurso de pessoas que nunca leram nenhum desses poemas por completo. E, por seis anos, conheci bem um bravo vagamundo, peregrino da terra desolada, que citava Eliot – não de modo tão frequente quanto citava Edward Fitzgerald ou

Thomas Gray, mas o fazia algumas vezes. Esse meu amigo, que fugira da escola no sexto ano, sabia quem era Eliot e deliciava-se ao ouvir as gravações de Eliot dos próprios poemas.

Eliot não queria ser um poeta apenas para a academia, e não desprezava a simples poesia popular: disse que deveria haver várias culturas dentro de uma sociedade, e muitos tipos diferentes de educação para muitos tipos diferentes de pessoas. Em vida, Edgar A. Guest foi lido por mais norte-americanos do que T. S. Eliot. Quando Henry Regnery, o editor de Chicago, ao visitar o papa da Russell Square nos anos 1950, fez ver, timidamente, a Eliot que recentemente se tornara o editor de muitos livretos de poesia de Guest, Eliot tranquilizou o visitante. "Sorriu à sua maneira zombeteira, e disse: 'Não tenha vergonha disso. Não há um editor sequer que não ficaria maravilhado de ter Eddie Guest na lista de autores, além disso, é um homem honesto, que é o melhor que alguém pode dizer de muitos dos que, atualmente, escrevem poesia'."

Se a popularidade de Eliot não foi exatamente a de Edgar A. Guest, ainda assim foi extraordinária, da noite para o dia, naqueles círculos que não prestam nenhuma atenção à poesia séria. O imediato triunfo de seu extenso poema surpreendeu o autor, que dizem ter afirmado, a respeito de *The Waste Land*, anos mais tarde: "Para mim, foi somente o alívio de uma lamentação pessoal e totalmente insignificante diante da vida; é apenas uma peça de murmurações rítmicas".

Nem os jovens escritores da *Rive Gauche*, nem o forte *establishment* da crítica de 1922 tinham certeza do que tratava *The Waste Land*; sabiam que era maravilhoso, mas quanto ao propósito... bem, será que era sobre problemas pessoais? Ou era sobre o estado decaído da sociedade? Ou sobre algo completamente diferente?

E. M. Forster e F. R. Leavis logo decidiram que *The Waste Land* era só um poema pessoal. Certamente, aqueles que Eliot chamava de "críticos sociológicos" exageraram, desde o início, no relacionamento entre a corrompida ordem interna da alma, como Eliot traçou, e a falida ordem externa da sociedade europeia. Contudo, isso não basta para representar o poema como uma "lamentação pessoal e totalmente insignificante" – não se levarmos em conta a costumeira autodepreciação de Eliot, e como zombava, de boa intenção, de muitas críticas excessivamente sérias de seus poemas. O estado do ordenamento civil da sociedade era, para Eliot, uma preocupação ardente ao fundar a *Criterion* – na mesma época de *The Waste Land*.

Então, o que pretendia Eliot? Ninguém pode estar certo. Naquele momento, *The Waste Land*, reforçado por "Gerontion" e "The Hollow Men" eram inatacáveis. Alguns anos se passariam antes que críticos mais idosos e mais jovens ousassem questionar (como Katheleen Nott o faz, com mordacidade), se o imperador Eliot estava nu.

O ataque orquestrado, quando veio, foi ideológico e não estético, surgido das acres divisões políticas às vésperas da Segunda Guerra Mundial. Um relato completo da campanha crítica da esquerda contra Eliot, um pouco antes e durante a guerra, poderia dar um livro animado, não fosse desagradável. Todavia o ataque não prejudicou seriamente a reputação popular de Eliot como poeta, nem como pensador social. O motivo da relativa imunidade foi, em parte, político: a defesa poética da Inglaterra durante a Segunda Guerra, e a coragem de sua conduta pessoal em uma Londres bombardeada. Eliot expressou, enquanto o "terror incandescente"[1] das bombas desciam sobre Londres, tudo o que fora elevado e livre na experiência histórica da Inglaterra: "A História é agora e Inglaterra".[2]

Por isso, o conceito geral de Eliot, nos anos após a Segunda Guerra Mundial, permaneceu mais em alta do que nunca. Os ataques políticos continuariam, nos dois lados do Atlântico. Nas páginas da revista semanal *The Nation*, Oscar Cargill declararia, ameaçadoramente, que Eliot e Frost deveriam rever as opiniões políticas e se tornarem igualitaristas

---

[1] No original: *incandescent terror*. T. S. Eliot, "Little Gidding". *Four Quartets*, seção IV, verso 219. (N. T.)

[2] No original: *History is now and England*. Ibidem, seção V, verso 255. (N. T.)

sociais e econômicos, caso contrário deixariam de ser lidos: nem o poeta reviu os rumos, nem sofreu qualquer decréscimo na reputação.

Durante cinco ou seis anos, após a morte de Eliot, os estudos críticos de sua poesia e prosa aumentaram em uma proporção fixa: provavelmente nenhum outro poeta, em qualquer outra época, foi submetido a uma análise tão detalhada. Aproximadamente cem livros foram escritos sobre a obra de Eliot, e o número dos ensaios em periódicos e de longas críticas devem, atualmente, beirar uns três ou quatro mil, dependendo de quem estiver contando. Esse conjunto de análises, durante os anos 1960, continuava a tratá-lo com deferência e admiração, com poucas exceções. Quase ninguém desafiava o poder de *The Waste Land*.

Como antes, nesse período foram as opiniões políticas e a religião de Eliot, e não seu talento poético, que foram sujeitos a ataques. Um exemplo dessa hostilidade foi a obra *The Reactionaries* [Os Reacionários] (1966) de John Harrison, com um capítulo de implacáveis denúncias dos escritos sociais de Eliot, em particular, *Notas para a Definição de Cultura*. Contudo, críticos literários que não concordavam com as opiniões políticas de Eliot, como Northrop Frye, por exemplo – não obstante, insistiam que tais convicções em nada diminuía sua grandeza como poeta.

Poderíamos ter esperado que o ressurgente radicalismo dos anos 1960 e início dos anos 1970 fosse um golpe na popularidade de Eliot. Isso não ocorreu. Com relação ao público em geral, nada está mais morto que políticos mortos. Aos olhos dos leitores, Eliot se manteve acima de partidarismos e facções, e pouco interessava o que pensara a respeito de Stalin, Hitler, Mussolini, Churchill e Roosevelt. (Antipatizara com todos.)

Mas, certamente, as pessoas da Nova Esquerda, da geração que estava a surgir, teriam detestado Eliot? De modo algum. Mesmo discordando em política e religião, para eles, Eliot ainda continuava a ser o grande inovador em literatura, o poeta de visão imaginativa.

O melhor exemplo dessa admiração ressentida é o principal produto dos literatos da Nova Esquerda, publicado em 1972, quando o "movimento" dos jovens radicais já estava com suas folhas secas e amareladas: a revista *Literature in Revolution* [Literatura em Revolução], editada por George Abbott White e Charles Newman. Exatamente meio século após a publicação de *The Waste Land*, os colaboradores dessa publicação, embora denunciassem o *The New York Review of Books* como um reacionário, prestou várias homenagens a T. S. Eliot. Ainda eram peregrinos na terra desolada.

Certamente, Eliot assombrava os críticos da Nova Esquerda. "Eliot pensava que sua poesia poderia ser compreendida por trabalhadores", Sol Yurick escreveu "(...) danem-se, Eliot está certo. Stalin e Mao estão completamente errados a respeito de literatura". George Abbott White citou "um ex-presidente" da *Students for a Democratic Society* [Estudantes para uma Sociedade Democrática] (seria Carl Oglesby?) que confessou ter a maior admiração por Eliot: "Agora, parece-me que dificilmente algum poeta anglo-americano tenha ido além dele, que de qualquer modo, deve ser assimilado para ser transcendido (...)".

O próprio White dedicara grande parte do ensaio sobre F. O. Matthiessen, "Ideology and Literature: *American Renaissance* and F. O. Matthiessen" [Ideologia e Literatura: A Renascença Norte-Americana e F. O. Matthiessen][3] a um comentário corriqueiro a respeito de Eliot, para a vergonha de White, que sabia que a comunicação se dera em línguas de fogo para além da linguagem dos vivos. Desejava que tivesse sido de outra forma; pois White instruíra os leitores dessa antologia, com afetação: "Eliot, digamos claramente, tinha *opiniões políticas muito ruins*", fora um "elitista". (White parecia não estar ciente da demolição que Eliot fizera em *Notas para a Definição de Cultura*, do conceito de elites de Mannheim.)

---

[3] George Abbott White, "Ideology and Literature: *American Renaissance* and F. O. Matthiessen". In: *Literature in Revolution*, n. 23/24, primavera, Nova York/Chicago/San Francisco, Holt, Rinehart and Winston, 1972.

Pela contribuição em *Literature in Revolution*, Marge Piercy e Dick Lourie apresentaram uma espécie de diálogo chamado *"Tom Eliot Meets the Hulk at Little Big Horn: the Political Economy of Poetry"* [Tom Eliot é Dilacerado em Little Big Horn: A Economia Política da Poesia][4]. A srta. Piercy fora informada por um poeta da *Students for a Democratic Society* "que a estética de um indivíduo tinha de pertencer à mesma visão de mundo de suas opiniões políticas: não fazia sentido ter a opinião de Che Guevara e a poética de Eliot. Igualmente, poderia acrescentar, não devemos adotar o realismo socialista até que, também, estudemos arduamente a política de Stalin".[5] Ela esperava uma poesia da Nova Esquerda consistente com a política da Nova Esquerda, mas viu as próprias aspirações serem sufocadas pela *The New York Review of Books*. Eliot, com seu maldito anglo-catolicismo, fora o grande inovador da poesia no século XX; ao passo que os liberais de esquerda que dominaram os anos 1960, posando de incendiários, faziam a leitura em voz alta, nas garagens do corpo de bombeiros, dos poemas seletos de Benito Mussolini. Quem poderia nos redimir da servidão a Eliot, o revolucionário da literatura, o Eliot, autoproclamado reacionário em política?

Os colaboradores de *Literature in Revolution* partilhavam com Eliot de uma antipatia bem acentuada pelo presente estado da sociedade. Mas eram teóricos facilitadores, os "terríveis simplificadores" de Burckhardt. Desprezando as reformas, insistiam na revolução – o que significava que não tinham nada. Não tinham nenhuma revolução recente para comemorar, nenhuma consciência revolucionária verdadeira para analisar, nenhum estilo adequado para operar uma revolução na literatura na proporção da revolução que Eliot tinha produzido cinquenta anos antes. Um tédio perpassava esses ensaios, talvez uma fadiga dos próprios jargões. Conhecendo Eliot, não podia fechar os ouvidos para um sussurro insidioso:

---

[4] Marge Piercy e Dick Lourie, "Tom Eliot Meets the Hulk at Little Big Horn". In: *Literature in Revolution,* op. cit., p. 57-91.

[5] Ibidem, p. 58.

Assim expira o mundo
Não com uma explosão, mas com um gemido.⁶

Alguém viera e roubara a revolução. Seria Eliot um ladrão? De fato, será que a revolução que pretendiam, na prática, era realmente uma revolução marxista? Eliot conhecera bem esse tipo.

Pelos princípios literários, o marxista "é compelido a desprezar as delícias, mesmo os êxtases moderados como aqueles que podem ser provocados pela leitura dos ensaios de Emerson, e passar laboriosos dias a decidir o que deve ser a arte". Escrevera Eliot em 1933:

> Por seu conhecimento de literatura é obrigado a dedicar-se, não aos prazeres furtivos e dóceis de Homero e Virgílio – o primeiro uma pessoa de identidade e cidadania duvidosas, o último um sicofanta, defensor de uma dinastia imperialista da classe média – mas ao árduo estudo de Ernest Hemingway e John Dos Passos; e no final da vertiginosa ascensão reconhecerá os feitos de Sam Ornitz, Lester Cohen e Granville Hicks.⁷

Desde que Eliot escrevera tais linhas, três desses nomes se tornaram anátema para a ortodoxia marxista nas letras, e dois foram esquecidos. Podemos esperar semelhantes mudanças de opinião e de reputação entre os escritores da recente Nova Esquerda, pois muitos deles leram demasiado Eliot para terem paz de espírito.

Literatura e sociedade dependem da fé na ordem transcendente, afirmara Eliot. "Se não quisermos Deus (e Ele é um Deus ciumento) devemos reverenciar Hitler ou Stalin"⁸, escrevera em *The Idea of a Christian Society*, às vésperas da Segunda Guerra Mundial. Os colaboradores de *Literature in Revolution*, e muitos outros novos esquerdistas, não podiam mais engolir Stalin por volta de 1972, ou mesmo Mao. Assim, ficaram à

---

⁶ No original: *This is the way the world ends / Not with a bang but a whimper*. T. S. Eliot, "The Hollow Men", seção V, versos 96-97. (N. T.)

⁷ T. S. Eliot, "A Commentary". *The Criterion*, vol. XII, n. 47, jan. 1933, p. 249.

⁸ T. S. Eliot, *The Idea of a Christian Society* [*A Ideia de uma Sociedade Cristã*, publicado no Brasil em 2016 pela É Realizações], 1939, op. cit., p. 23 e 63.

deriva nas opiniões políticas, com aquela abstração da "revolução permanente" como bússola; desse modo, soçobraram nas letras, arrastados pelo peso das ideologias que detestavam os diletantes literários.

Portanto, o fenômeno da Nova Esquerda, cuja duração se estendeu por uma década nos dois lados do Atlântico, não prejudicou a influência do finado Eliot como poeta, ou mesmo superou a crítica social expressa em *A Ideia de uma Sociedade Cristã* e em *Notas para a Definição de Cultura*. Eliot argumentara que a noção do século XIX de progresso ilimitado fora uma ilusão tola; os desastres dos anos 1960 comprovaram o que dizia. Os escritores da Nova Esquerda, como todos nós, ainda éramos peregrinos na terra desolada.

Ao terminar a era da Nova Esquerda na crítica e na política, a sra. Valerie Eliot publicou em 1972, *The Waste Land: A Facsimile and Transcript of the Original Drafts, Including the Annotations of Ezra Pound* [A Terra Desolada: Facsímile e Transcrição dos Rascunhos Originais, Incluindo as Anotações de Ezra Pound]. O livro, em grande parte, feito a partir de um enorme rascunho datilografado em 1922, abriu caminho para uma nova enxurrada de livros e ensaios sobre Eliot e o mais influente de seus poemas.

O ataque político a Eliot cessara realmente sem nenhum efeito perceptível em sua reputação, e com poucas alusões a *The Waste Land*. Mas, da discussão reavivada desse poema, ou ao menos na mesma época, surgiu uma tentativa diferente de denegrir Eliot: um movimento curiosamente moralizante, ligado ao modismo crescente da psicobiografia.

Isso começou com a publicação, em 1971, de um livro fino, escrito por Robert Sencourt (já falecido à época da publicação), que de alguma forma conhecera pessoalmente Eliot, chamado *T. S. Eliot: A Memoir*.[9] O livro não era muito interessante, exceto pelo fato de Sencourt sugerir que Eliot fora homossexual.

---

[9] Robert Sencourt, *T. S. Eliot: A Memoir*. Nova York, Delta Books, 1973.

O *New York Times*, hostil a Eliot por décadas, fez uma elaborada publicidade prévia do livro – ainda que resenhistas posteriores tenham escarnecido da autobiografia de Sencourt. Referências galhofosas da possível imoralidade de Eliot começaram a aparecer nos suplementos dominicais dos jornais diários e de outras publicações trimestrais que anteriormente tinham demonstrado pouco interesse na obra de Eliot. Por volta de 1977, foi publicado um livro sobre os escritos de Eliot que tentava, seriamente, relacionar todos os feitos do poeta ao suposto desvio.

Eliot era um alvo natural para tais especulações, entre as pessoas que se imaginavam psicobiógrafas. Muito cioso de sua privacidade, e tímido, Eliot escreveu mais de uma vez que deveríamos dissociar os sentimentos que o poeta expressa dos detalhes da própria experiência – que a experiência, geralmente, não tinha maiores consequências para ninguém. Eliot costumava citar Kipling: "Não procures questionar nada mais / que os livros que deixo para trás".[10] No testamento, pediu que nenhuma biografia fosse autorizada. Uma curiosidade, às vezes lasciva, sobre as vidas privadas dos literatos é bastante comum. Um morto não pode processar ninguém por difamação. Será que não estava se abrindo um campo fértil para novas abordagens de Eliot, talvez até lucrativas?

Buscaram vestígios de condutas sexuais diversas, em particular, em *The Waste Land*. Que dizer do senhor Eugênides? O mercador de Esmirna, com "a barba por fazer e o bolso cheio de passas coríntias"[11] que:

> convidou-me em seu francês vulgar (demiótico, eu diria)
> a almoçar no Cannon Street Hotel
> E passar um fim de semana no Metrópole[12]

---

[10] No original: *Seek not to question other than / The books I leave behind*. Rudyard Kipling, "The Appeal", versos 7-8. (N. T.)

[11] No original: *unshaven, with a pocket full of currants*. T. S. Eliot, "The Fire Sermon". *The Waste Land*, verso 219. (N. T.)

[12] No original: *Asked me in demotic French / To luncheon at the Cannon Street Hotel / Followed by a weekend at the Metropole?* T. S. Eliot, "The Fire Sermon". *The Waste Land*, versos 221-23. (N. T.)

E o que dizer da mudança de sexo de Tirésias? Que dizer de Eliot permanecer solteiro muitos anos após a separação de Vivienne, a primeira esposa?

É possível encontrar quase tudo o que se buscar nos "estratégicos corredores"[13] que são os poemas de Eliot; esperava que os leitores encontrassem muito mais coisas além do que ele mesmo havia pretendido. Especialmente em *The Waste Land*, as interpretações de determinadas passagens são extraordinariamente plausíveis – no entanto, perfeitamente absurdas. O único problema da teoria de T. S. Eliot ter sido um pederasta, inferida a partir da leitura de *The Waste Land* e de outros poemas por pessoas que nunca conheceram Eliot pessoalmente, é que Eliot não era homossexual. Cristo veio para salvar os pecadores, e não os justos, como Eliot tão bem sabia; mas esse pecado específico não era o dele.

O único livro decente publicado a respeito da vida privada de Eliot é o de T. S. Matthews, chamado *Great Tom* [Grande Tom], de 1974. Matthews conheceu Eliot razoavelmente bem por muitos anos; eu mesmo o conheci por uma dúzia de anos. Concordo com Matthews que a ideia da suposta preferência sexual de Eliot é simplesmente absurda. Católico, monarquista e classicista – um escritor tão ousado na própria descrição se torna alvo daqueles que adoram deuses estranhos. Ah, se pudessem provar que era um hipócrita! Será que era impotente? Melhor ainda, não seria homossexual? Devia ser possível rebaixar a reputação pessoal de Eliot como um cavalheiro cristão – ora, será que essa difamação não iria felizmente desgastar as desconcertantes religiosidade e opiniões políticas de Eliot? Lembremos do longo conto de Andersen "A Rainha da Neve", com o diabólico espelho que tudo distorcia:

> A mais bela das paisagens nele refletida parecia como espinafre cozido, e as melhores pessoas se tornavam horríveis, ou, ainda, ficavam de cabeça para baixo e sem os corpos (...) Todas as pessoas na escola do

---

[13] No original: (...) *contrived corridors*. T. S. Eliot, "Gerontion". *Poems 1920*, versos 34-35. (N. T.)

demônio, pois ele mantinha uma escola, noticiavam que um milagre tinha acontecido; agora, pela primeira vez, diziam, era possível ver como realmente eram o mundo e a humanidade.

Tal espelho foi posto diante do rosto do falecido Eliot, mas T. S. Matthews o lançou fora. Infelizmente para os arautos da liberação: Eliot não tinha qualquer "patia", nem era incapaz de amar fisicamente uma mulher. Pode não ter sido sábio no amor, mas muito amou, e apenas dentro do matrimônio. Temos provas disso nos poemas, principalmente em *The Waste Land* e *Ash Wednesday*, e há outras mostras, sumariadas por Matthews: "O desejo suprimido de Eliot não era por homens, mas pela própria mulher",[14] escreveu Matthews: "(...) Bertrand Russell disse que Eliot tinha vergonha do casamento; se era assim, pode não ter sido por razões sociais que Russell deduziu isso, mas porque Eliot ficou desconcertado e envergonhado pela violência e 'animalidade' de sua paixão".[15]

Ezra Pound prestou um bom serviço a Eliot com as emendas ao texto de *The Waste Land*; mas, prestou um desserviço ao encorajar Eliot a casar-se com Vivienne Haigh-Wood. Todavia, não tivesse havido um sofrimento profundo, poderia não ter surgido nenhuma poesia maior. A condição decaída deste mundo teria oprimido Eliot, melancólico e espirituoso por natureza; no entanto, a preocupação com a civilização só o teria impelido a escrever tratados, não versos.

Nem valeria a pena refutar o esforço de provar que Eliot era homossexual, não fosse isso um exemplo dos perigos de ser popular. "Inveja", brada o doutor Fausto, "por que deverias sentar e eu, permanecer de pé?".[16] Derrubar grandes reputações é um exercício

---

[14] Thomas Stanley Matthews, *Great Tom*. Nova York, Harper & Row, 1974, p. 100.

[15] Ibidem, p. 101.

[16] Suposta pergunta de Fausto diante da ordem proferida pela personagem *Inveja* da peça de Marlowe "*But must thou sit, and I stand!*". Ver Christopher Marlowe, *The Tragical History of Doctor Faustus*, ato II, cena IV. (N. T.)

agradável para um determinado tipo de psicobiógrafo. Outro autor dessa raça, recentemente, publicou um livro para provar que por Edmund Burke ter, às vezes, reações explosivas, deve ter sido homossexual (esse biógrafo em particular esqueceu-se de que Burke era um irlandês; e que os irlandeses que não são explosivos são anormais). Em uma década de tantas interpretações arbitrárias como essa, é decerto surpreendente encontrar críticos que, subitamente, tenham se transformado em fariseus no que diz respeito a Eliot – permanecendo, contudo, perfeitamente tolerantes com a homossexualidade aberta e notória de W. H. Auden e de Christopher Isherwood.

Não; *The Waste Land* não é um lamento "gay" das próprias preferências eróticas invulgares. Eliot não se queixava do "estilo de vida" que levava, que era tão convencional quanto aparentava ser no exterior. *The Waste Land* sobreviveu ao bombardeamento de muitos tipos de críticas e, sem dúvida, sobreviverá aos psicobiógrafos. A ortodoxia, e não a perversidade, era a *doxa* desse inovador em poesia. Eliot demostrou o argumento de Chesterton de que o gênio realmente é cêntrico. Era um bom homem – como observa Matthews, genuinamente amável. Apesar disso, durante toda a vida foi assombrado por um senso puritano de culpa, movido pelo desejo de expiar as faltas que Célia Coplestone expressa em *Cocktail Party* – apesar de que, como Célia, Eliot nada fizera que o mundo, hoje em dia, considere especialmente pecaminoso. O que o oprimia não era algum exótico pecado em particular, mas o pecado original.

Esse fato aflige os psicobiógrafos, e não somente eles. Ainda achamos alguns críticos de grandes jornais lamentando o fato de Eliot ter sido um líder desperdiçado; que abandonou o negativismo deliciosamente deliquescente de *The Waste Land* (na interpretação que fazem do poema, não na de Eliot) por afirmações repulsivamente arcaicas como em *Ash Wednesday* e *Four Quartets*, e as noções reacionárias de *Murder in the Cathedral* e *Cocktail Party*! Se tivesse apenas abraçado a decadência como princípio, quanto não deveria ter crescido:

nossa *Waste Land* hoje, tal como sugerem os teimosos críticos equivocados, é tão ressequida quando em 1922.

Ao fim de outras seis décadas como ficará a popularidade desse poema? Será que *The Waste Land* será visto como um poema de uma determinada época, interessando principalmente como uma espécie do clima de opinião de 1922? Será que se tornará uma curiosidade poética, um estágio no rápido esgotamento final de toda a poesia? Será analisado por sociólogos (já tendo morrido toda a cultura literária) como a reafirmação patética e malsucedida de algumas superstições da infância da espécie? "Vós, eras do porvir, não abarroteis minh'alma."[17]

The Waste Land é demasiado longo, e requer muita explicação para antologias; acho que (exceto pelas imagens e expressões que estão ganhando espaço na língua) o poema irá se tornar menos familiar, ao final do século XX, que "Gerontion" ou "The Hollow Men". "Gerontion" tem uma espécie de vigoroso cerne de expressão jacobita incomparável a qualquer outra coisa da época de Eliot; "The Hollow Men" está mais sujeito a uma rápida análise detalhada. Para expressar plenamente a crença de Eliot, certamente os *Four Quartets* são superiores a *The Waste Land*. *Murder in the Cathedral* será lido, e talvez até encenado; possivelmente também *Cocktail Party*. Essa parte da obra de Eliot permanecerá por um tempo. Temo que *Prufrock and Other Observations*, ainda muito citado e apreciado por vários admiradores de Eliot, no entanto, vá sumir de vista, tido injustamente por alguns como trivial, e, por outros (com uma justificativa um pouco melhor) como uma amostra curiosa de um passado que se foi para sempre.

Mas e *The Waste Land*? Sim, há algo de um poema de época; sim, é uma curiosidade inimitável; sim, está na contramão do

---

[17] No original: *Ye unborn ages, crowd not on my soul*. Thomas Gray, *The Bard*, 1757, III, 1, verso 11. (N. T.)

temperamento moderno; sim, parece anômalo que um poema tão obscuro e tão erudito possa alcançar uma grande popularidade. Mas, permanece "relevante".

Relevante para quê? Ora, para as coisas permanentes, como Eliot as chamava: para a condição humana de todas as eras. Dizem-me, hoje, que alguns alunos de graduação, tão perplexos diante deste poema quanto seus avós, protestam solenemente alegando que o poema é irrelevante – o que significa que, para usar uma expressão de D. H. Lawrence que talvez Eliot não aprovasse, não "devorava os jornais". Não há uma palavra sequer no poema a respeito de Ronald Regan ou Menachem Begin. Mas quem é relevante – Allen Ginsberg? Não, esses mesmos alunos já se esqueceram de Ginsberg. "*Relevance*" [Relevância], como uma obsessão com a contemporaneidade (uma obsessão consistentemente recriminada por Eliot), de modo algum pode produzir poesia – apenas uns versos.

O estudo da poesia é sem valor, caso os poemas não se dirijam às nossas preocupações; tornam-se, então, mero combustível para "fabricar diplomas" em instituições não muito sérias, numa época em que não há uma demanda urgente por professores de humanidades. Mas, *The Waste Land* continua ativo, relevante para os atuais descontentes, tanto quanto não há história tão relevante para nossa época quanto a história da Roma de Augusto.

A Terra Desolada de 1922 é o solo ermo desta década. As vozes lamuriosas dos deslocados e dos desarraigados estão mais altas agora; a menina dos jacintos novamente nos escapa; Madame Sosostris encontra mais incautos do que jamais encontrara; a mulher emancipada vive um tédio ainda mais penetrante; o fantasma de Steton vaga, e seu nome é legião; as meninas do rio e a secretária deitam a mão aos cabelos em automático gesto; Lil faz seu aborto – agora, legalizado, em Londres ou em Nova York; as embuçadas hordas marcham, e as cidades são consumidas; uma geração de morcegos de faces infantis nos fitam com ar ameaçador.

No entanto, o Trovão ainda ribomba sobre a capela arruinada, para aqueles que fazem a pergunta abrasadora. Doação, compaixão, controle: não foi descoberta sabedoria maior. E aqueles poetas relevantes de nossa década que dizem algo significante dos herdeiros de *The Waste Land*. Tomemos o poema de Paul Roche em "Death at Fun City" [Morte na Cidade do Prazer]:

> As saias serão curtas ou longas
> na próxima primavera?
> *Chi lo sa?* Mas o que sabemos é que:
> O caminho será maravilhoso
>
> Com garrafas, papéis, copos de plástico e tudo o mais. E o que dizer da cidade ecumênica, Cosmópolis? (...)
>
> Devo ferir as árvores
> Matar as últimas baleias
> Abater ursos polares com cutelo
> Reduzir até parar
> Fotogênese no mar:
> Se o amor me for negado.[18]

A negação do amor: é isso o que *The Waste Land* descreve de forma tão evocativa, tão mordaz e tão relevante. Essa descrição é o motivo de sua popularidade, mesmo entre as pessoas que vislumbraram vagamente o significado do poema, como o enigma do espelho. No final, Eliot encontrou o caminho para um amor intelectual por Deus e pelos seres criados. Todos nós, ou quase todos, ainda somos peregrinos na terra desolada. Redemoinhos de poeira sopram mais furiosamente do que nunca perto da rocha escarlate, mas porque

---

[18] No original:
> *Will skirts be up or down next spring? / Chi lo sa? But what we know is this: / The wayside will be marvelous // With bottles, paper, plastic cups, and everything. And what of the ecumenic city, Cosmopolis? (...) // I must hurt the trees / Slaughter the last whales / Butcher polar bears from a chopper / Slow to a stop / Photogenesis in the seas: / If I be denied love.* (N. T.)

Eliot fez as perguntas imorredouras, alguns ouvirão o trovão. A ferida do Rei-Pescador continua aberta; e da mesma forma o poema investigativo de Eliot, após seis décadas perniciosas, não perdeu nada em significado. Enquanto muitas pessoas refletirem sobre nossa condição pessoal e pública neste mundo decaído, o poema não perderá toda a sua especial popularidade.

Nota de Agradecimento

A elaboração deste livro foi possível por uma doação do Pepperdine College.

A primeira metade do manuscrito foi criticada, de modo perceptivo, pelo professor Warren L. Fleischauer, meu amigo há 34 anos. O sr. William Odell preparou o índice e o sr. David Wolds ajudou-me no longo do processo de elaboração e revisão.

Ofereço meus agradecimentos aos seguintes editores, por permitirem a reprodução das passagens da poesia e da prosa de Eliot: à Faber & Faber pelas citações das edições inglesas das obras de Eliot; à Harcourt Brace Jovanovich pelas citações dos *Collected Poems, 1909-1962, Selected Essays, Murder in the Cathedral, A Ideia de uma Sociedade Cristã, Notas para a Definição de Cultura, Cocktail Party* e *The Confidential Clerk*; à Barnes and Noble pelas citações da revista *The Criterion* e *The Use of Poetry and The Use of Criticism*; à Farrar, Straus and Giroux pelas citações de *On Poetry and Poets, The Elder Statesman, Knowledge and Experience in the Philosophy of F. H. Bradley, To Criticize the Critic* e *The Cultivation of Christmas Trees*; à Henry Regnery Company por permitir a citação das conferências de Eliot publicadas na *Measure*, e pela citação das edições dos livros de Wyndhan Lewis e Roy Campbell.

Agradeço também a sra. Valerie Eliot que gentilmente me autorizou citar as obras publicadas de Eliot e as cartas não publicadas endereçadas a mim, cuja correspondência ela detém os direitos autorais. Vários amigos e correspondentes de Eliot – particularmente o dr. William Turner Levy – por igualmente permitir a citação das cartas e pelas conversas. Muito lucrei com as discussões a respeito da poesia e do pensamento de Eliot que tive com Roy Campbell e Wyndham Lewis.

Este livro foi escrito em longínquas terras do Norte que Eliot nunca visitou, mas que o teriam divertido e, talvez, agradado.

Russell Kirk
Piety Hill
Mecosta, Michigan

Índice Onomástico e de Obras

WILLIAM ODELL

A

Abercrombie, Lascelles, 220
Abinger Harvest (Forster), 155
Acheson, Dean, 576
Action Française, 250, 314, 499
Acton, John Dalbert, first Baron Acton, 251
Adams, Brooks, 399
Adams, Henry, 244, 251, 399
Adams, John, 252, 252n, 296, 314, 611
Adams, John Quincy, 158, 158n, 251, 611
Addison, Joseph, citado, 461
Adler, Mortimer, 541
After Strange Gods (Eliot), 369, 373, 376n, 441, 515
Agar, Herbert, 563
Age of Anxiety, The (Auden), 502
Agostinho de Hipona, Santo, 184, 189, 198, 226, 232, 465, 475-76, 538

Aiken, Conrad, 166-75, 191, 203, 264
Alceste (Eurípedes), 525
Aldington, Richard, 203, 239-40, 243, 397
Algren, Nelson, 571
All Hallows' Eve (Williams), 502, 531
American and French Revolutions Compared (Gentz), 159n
"American Conservative Character" (Kirk), 580n
Anabasis (Perse), 291n
Andrewes, Lancelot, bispo de Winchester, 285, 298-300
Animal Farm (Orwell), 570
"Animula", 286, 408, 461
Anouilh, Jean, 406
Anselmo, Santo, Arcebispo de Canterbury, 407
"Antwerp" (Ford), 155
"Apelo à Razão, Um" (Mann), 343

Apple Cart (Shaw), 295
Aquino, Santo Tomás de, 401, 461, 547
"Ariel Poems", 281, 285, 288
Aristóteles, 322, 546
Arnold, Matthew, 146-47, 154n, 178-180, 179n, 186, 189, 201, 204, 207, 241, 249, 266, 360, 364, 432, 504, 507, 514, 518, 593, 595, 612
"Arnold and Pater" (Eliot), 186
Arts and Letters (revista), 245
Ash Wednesday (Eliot), 281, 285, 291-92, 324-35, 337-38, 358, 363, 368, 447, 458-68, 625-27; e regeneração, 292; ligação com a vida privada de Eliot, 327-28
Associação Britânica de Banqueiros, 346, 353n
Atlantic Monthly, 246n
Attlee, Clement, 309, 497, 506, 541, 573
Auden, W. H., 391, 394, 456, 502, 626
Autocracy of Mr. Parham (Wells), 317n

B

Babbitt, Irving, 141-42, 162-71, 174, 178-80, 218, 223, 235, 242, 251, 253, 273, 288-89, 374, 438, 529, 545, 549, 554, 580, 593, 612
Bacon, Francis, 165
Badoglio, Pietro, 402
Bagehot, Walter, 243, 247
Bain, F. W., 261, 264
Baldwin, Stanley, 147, 255, 259, 274-75, 307, 312, 316, 340, 355n, 419; governos de Baldwin, 275, 316
Balfour, Arthur, 207, 595
Bantock, G. H., 544, 554
"Barbara of the House of Grebe" (Hardy), 375
Barber, C. L., 441n
Barfield, Owen, 260
Barnes, Djuna, 569
Barnes, J. S., 309; Eliot sobre, 319, 321
Barrès, Maurice, 169
Barrie, J. M., 440
Barth, Karl, 396
Baudelaire, Charles, 278, 298, 301, 436, 593, 612
Beachcroft, T. O., 486
Becket, Thomas à, Arcebispo de Canterbury, 404-15, 532; interpretações do caráter, 404-05; tentação de, 408-11; martírio, 414; seus assassinos comparados aos políticos modernos, 413-14

Bel Esprit (associação), 239
Belgion, Montgomery, 393, 421
Bell, Bernard Iddings, 543, 548, 548n, 563, 580
Bell, Clive, 191, 264, 268
Belloc, Hilaire, 350, 371, 398, 405
Benda, Julien, 170, 258-60, 273, 307-09, 322; influência em Eliot, 170
Bennett, Arnold, 152-53
Benson, A. C., 198
Bentham, Jeremy, 508; Benthamismo, 181, 309, 398, 408, 438
Bergson, Henri, 169, 465, 479
Bernard of Chartres, 157
Berthoff, Rowland, citado, 512
Betjeman, John, 174, 237, 386n, 390
Bevan, Aneurin, 383, 497, 578
Beveridge, William Henry, 1º barão de Beveridge of Tuggal, 503; Plano Beveridge, 275
Beyond the Dreams of Avarice (Kirk), 548n, 582
Bhagavad-Gita, 461, 481
Bibesco, Elizabeth, 268
Bíblia, 332, 537; *New English Bible*, 610
Bierce, Ambrose, 179
Binyon, Lawrence, 203
Blackstone, Bernard, 486
Blake, William, 189

Blast, 148, 192
Bloomsbury, 137, 145, 208-11, 240, 294
Blunden, Edmund, 154, 193, 203, 423
Boke Named the Gouvernour (Elyot), 471n, 472
Bolingbroke, Henry St. John, visconde, 257, 260
Book of Prefaces (Mencken), 193
Boston, 146, 161-62, 167-68, 186, 345, 404, 607
Bottomley, Horatio, 156
Bradley, Francis Herbert, 168n, 173, 178-82, 185, 212, 249, 289, 484, 509, 542, 594, 608-09, 614
Bramhall, John, bispo de Derry, 298-300
Braybrooke, Neville, 236n, 251n, 324n, 381n, 404n, 446n
Bridges, Robert, 203
Brinkley, Nell, 171
Brooke, Rupert, 147, 220n
Brooks, Cleanth, 229
Brooks, Harold F., citado, 278
Browne, E. Martin, 381, 384n, 403, 411; sobre verso de *The Rock*, 404n
Browne, Sir Thomas, 138, 475, 530
Browne, Waldo, 179n, 209
Browne, Wynhard, 338

Browning, Robert, 364
Brownson, Orestes, 166n
Bryan, William Jennings, 399
Buchman, Frank, 453, 453n
Buckley, Vincent, citado, 458
Buckley, William F., 575
Buda, em *The Waste Land*, 165, 226, 232; budismo, 165, 189, 211, 488n
"Burial of the Dead" [O Enterro dos Mortos], em *The Waste Land*, 226-28, 269
Burke, Edmund, 140-41, 165, 183, 200, 215, 230, 251, 257, 295, 356, 510-14, 546, 547n, 578, 626; influência em Eliot, 510-11; Robert Hutchins sobre, 546
Burn, W. L., citado, 255, 574
"Burnt Norton" (Eliot), 392, 457, 464-70; casa chamada Burnt Norton, 464-65, 468
Burton, Robert, 140
Butler, Samuel, 135
Butterfield, Herbert, 609n
Byron, George Gordon, 6º barão Byron of Rochdale, 176, 237, 278, 615

C

Cahill, Audrey Fawcett, citado, 613
Calverton, V. F., 378
Cambridge Journal, 430

Campbell, Roy, 176, 220n, 286, 304n, 377, 402, 419, 456, 564-66, 570; conversas com, 564-65
Canterbury, 204, 294, 322, 403-09, 414, 31; Festival de Canterbury, 403
Capela Perigosa, 223-24, 226, 234-35, 256, 277, 487
Carlyle, Thomas, 464, 570
Carr-Saunders, Sir Alexander, 565
Catão de Útica, 461
Cavafy, George, 261
Cavalcanti, Guido, 329-30
Cecchi, Emilio, 500
Chamberlain, Austen, 275
Chamberlain, Houston Stewart, 237
Chamberlain, Neville, 253, 255, 275, 416, 419, 423-28, 445
Charles I, 486, 491
Charteris, Evan, 153
Chaucer, Geoffrey, 251, 405-06
Chesterton, Gilbert Keith, 190, 192, 202, 242, 264, 274, 286, 303, 307, 371, 374n, 398, 529, 626
Child's History of England, (Dickens), 407
Christian News-Letter, 445
Christina Alberta's Father (Wells), 273
Church Times, 152
Churchill, Sir Winston, 316, 347, 355n, 445, 497-98, 573, 577, 618

"Church's Message to the World" (Eliot), 448
Ciano, conde Galeazzo, 428
Cícero, Marcus Tullius, 235, 355
Cimetière Marin (Valéry), 609
Círculo dos Woolf, 240
Clarendon, 3º conde de (Edward Hyde), 257
"Classics and the Man of Letters, The" (Eliot), 456
Cocktail Party (Eliot), 214n, 432, 438, 522-38, 541, 559, 563, 572, 590, 597, 600, 608, 626-27; métrica da peça, 522-24; níveis de apreensão, 524; possível significado dos Guardiões, 527-29; senso de pecado, 533; solidão humana, 533; caminho de santidade, 536-37; impulso profético de Eliot em, 537-38
Coghill, Nevill, citado, 284
Coleridge, Samuel Taylor, 202, 250, 256-58, 287, 333, 356, 360-63, 408, 439, 451, 454, 508, 542, 567, 570, 580, 585, 589, 593, 611-12; Eliot a respeito de, 360-61, 589
Collected Poems (Eliot), 340, 380, 392, 457, 465, 606, 606n
Coming up for Air (Orwell), citado, 447

Confidential Clerk (Eliot), 136, 541, 559-62, 570-71, 596; sobre não ser uma farsa, 559, 559n; solidão das personagens, 559-61; crítica de Sean Lucy, 563
Confúcio, 252n
Conrad, Joseph, 193, 224n, 264, 276, 420
Conservative Mind (Kirk) 163n, 166n
Contemporary Review, 245
"Cooking Egg" (Eliot), 351
Cooper, Alfred Duff, 426
Copeland, Charles T., 162
Coppard, A. E., 264
Coriolan (Eliot), 340, 347-51, 355-58, 362, 466; interpretações de, 348-49; dificuldades de Eliot com, 349
Coriolano, Gaio Marcio 348-53, 486
"Cousin Nancy" (Eliot), 145, 178, 179n, 186, 210
Coward, Noel, 523
Cowley, Malcolm, citado, 221
Crashaw, Richard, 485
Cripps, Sir Stafford, 541
Crisis in Education (Bell), 548
Criterion, The, 153, 164, 209, 220, 241-49, 256, 258-64, 267-72, 276, 281, 288n, 290, 291n, 297, 305, 310, 314, 319, 324, 338-40, 343-46, 356, 358, 361, 365, 376n, 377-82, 393, 397-

402, 416-17, 421, 423, 425,
428-30, 447, 486, 503, 508,
520, 542, 546, 555n, 574, 585,
617; propósito da revista, 241-
42; caráter ético, 263; relação
com a Faber & Gwyer, 271-72;
término da publicação, 430
Croce, Benedetto, 264
Cromwell, Oliver, 485, 491
Crossman, R. H. S., 574
"Cultivation of Christmas Trees"
(Eliot), 572
Culture and Anarchy (Arnold), 267
Curtius, Ernst Robert, 260
Curzon, George Nathaniel,
1º marquês de Curzon of
Kedleston, 276
"Cuscuscaraway and Mirza Ali
Beg" (Eliot), 305

D
Daiches, David, citado, 446
Daily Express, Londres, 401
Dampier, William, 472
Daniel-Rops, Henri, citado, 406
Danse devant l'Arche (Franck),
Eliot sobre, 169
Dante Alighieri, 140-42, 184, 197-
98, 250, 276-78, 298, 302, 328,
438, 458, 461, 489, 494-96,
594, 612
Dante (Eliot), 359

D'Arcy, Martin C., 138, 290,
307, 393, 462, 484; sobre
imortalidade (conversa), 328n;
na *Criterion*, 393
Davidson, Donald, sobre Hardy,
citado, 376n
Davidson, John, 194
Dawson, Christopher, 309, 393-95,
477; influência em Eliot, 395, 477
De la Mare, Richard, 272
De la Mare, Walter, 203
Death and Life (D'Arcy), citado,
462, 484
"Death by Water," em *The Waste
Land*, 232
Decadence (Joad), 520n
Defense of Conservatism
(Ludovici), 312
"Dejection: an Ode", (Coleridge),
Eliot sobre, 363
Del Sentimiento Trágico de la Vida
[Do Sentimento Trágico da
Vida], 483, 484n, 491n
Democracy and Leadership
(Babbitt), 242, 251
Demócrito, 199, 443, 561
Dewey, John, 164, 546
Dial, The, 179n, 201, 209, 211,
220, 222, 246, 263, 276, 392
Dickens, Charles, 371, 407
"Difficulties of a Statesman"
(Eliot), 340, 349, 441

Diotima, 366
Disraeli, Benjamin, 257, 261, 264, 355n, 577
Divina Comédia, A (Dante), 220, 461
"Divina Democracia" (Peck), 421
Djilas, Milovan, 510
Dobrée, Bonamy, correspondência e conversas com Eliot, 289, 301, 323, 327
Donne, John, Eliot sobre, 299, 593
Donoghue, Denis, citado, 459
Doone, Rupert, 284
"Doris's Dream Songs" (Eliot), 217
Dos Passos, John, 379, 621
Dostoévski, Fiódor, 260
Douglas, C. H., e Crédito Social, 397-98
Down and Out in Paris and London (Orwell), 570
Dowson, Ernest, Eliot sobre, 194
Drake, Sir Francis, 428
Drew, Elizabeth, citado, 206n, 355
"Dry Salvages" (Eliot), 456-60, 478, 483-88
Dryden, John, 142, 250, 257-59, 287, 296, 316, 360-61, 593, 612
Duhamel, Georges, 169
Dukes, Ashley, 404, 414
Durkheim, Emile, Eliot sobre, 169

E

"East Coker", (Eliot), 457, 470-80, 489, 606
East Coker, Somerset, vilarejo de, 162, 176, 457-72, 477, 611
Eastman, Max, 332
Éclogas (Virgílio), 539
Eden, Anthony, 423, 573, 577-78
Édipo em Colono (Sófocles), 596
Edinburgh Review, 244
Egoist, The, 145, 149, 153, 155, 192, 199, 203, 245
Einstein, Albert, citado, 291n
Elder Statesman (Eliot), 563, 596, 607; espectros, 600-03; confissão e salvação de Claverton, 603; ortodoxia cristã, 604
Eliot, Andrew, 158, 162, 471-72
Eliot, Charles W., 162
Eliot, Charlotte Champe Stearns, 160
Eliot, Henry Ware, 160
Eliot, Thomas Stearns, descrições de e características pessoais: 136-41, 147-49, 152, 155, 166-73, 176-77, 177, 181, 190-91, 194-201, 197, 200, 203-17, 216-19, 237-39, 248-53, 306-08, 337-38, 391, 395, 462-65, 503, 558-60, 566, 569-73, 605-08; acontecimentos da

vida: família e infância, 158-62; educação primária, 162; em Harvard, 162-68, 170-72; em Paris, 168-70, 208; em Oxford, 173; fixa residência em Londres, 174; primeiros amigos, 148, 166-77, 192; primeiro casamento, 173-77; como professor, 173-74; no Lloyd's Bank, 174, 193, 237; dificuldades financeiras, 190, 210; dificuldades no casamento, 177-78, 190, 210, 267-70; saúde precária, 214; fundação *The Criterion*, 241; ingresso na Faber & Gwyer, 270-71; como homem de negócios, 174, 269-71, 569; declara-se classicista, monarquista e católico, 281-92; palestras nos Estados Unidos, 360-73; separação de Vivienne, 327-28, 368; volta a atenção para peças teatrais, 374, 381, 403; "Comentários" sobre a iminência da Segunda Guerra Mundial, 275, 497-505; finda a publicação da *The Criterion*, 425-30; debate a sociedade cristã, 445-56; vida durante a Segunda Guerra Mundial, 497-505; debate a cultura moderna, 504-26; recebe o Prêmio Nobel e a Ordem ao Mérito, 520; revisão dos próprios princípios críticos, 585-604; segundo casamento, 606-07; últimos anos, 610; resumo dos feitos, 611-14; principais publicações: *Prufrock and Other Observations* (1917), 209ss; "Gerontion" (1919), 217ss; *The Sacred Wood* (1920), 216ss; *The Waste Land* (1922), 214ss; "The Hollow Men" (1925), 302ss; *For Lancelot Andrewes* (1928), 293ss; *Ash Wednesday* (1930), 292ss; *Coriolan* (1931), 391ss; *Selected Essays, 1917-1932* (1932), 359ss; *The Use of Poetry and the Use of Criticism* (1933), 359ss; *After Strange Gods* (1934), 369ss; Coros de *The Rock* (1934), 369ss; *Murder in the Cathedral* (1935), 396ss; *The Family Reunion* (1939), 431ss; *The Idea of a Christian Society* (1939), 448ss; *Four Quartets* (collected 1943), 457ss; *Notes towards the Definition of Culture* (1948), 503ss; *The Cocktail Party* (1950), 522ss; *The Confidential Clerk* (1953), 559ss; *On Poetry and Poets*

(1957), 591ss; *The Elder Statesman* (1958), 597ss; para outros poemas e prosa, ver títulos individuais neste índice.

Eliot, Valerie (Fletcher), 09, 17, 218, 607, 610-11, 622

Eliot, Vivienne (Haigh-Wood), 173, 176-78, 190, 211, 264, 267-69, 326-28, 338, 358, 368, 442, 541, 607, 624-25

Eliot, William Greenleaf, 159-60, 251

Elizabethan Essays (Eliot), 392

Elyot, Simon, 471

Elyot, Sir Thomas, 471

Emerson, Ralph Waldo, 146, 154n, 179, 185, 189, 378, 514, 547, 621

Empson, William, 392-93

Enciclopédia Britânica, Eliot sobre, 408

Eneida (Virgílio), 220

Ensor, R. C. K., citado, 247

Erasmo, Desidério [Erasmo de Rotterdã], 289

Ésquilo, 434-37

Essays Ancient and Modern (Eliot), 392

Eurípides, 525, 560

F

Faber, Geoffrey, 270

Faber & Faber, Ltd., 136, 163n, 270-71, 337, 359, 392, 431, 520n, 569, 589n, 610

Faber & Gwyer, Ltd., 270-02, 285

Fabian Essays on Socialism (Shaw), 346

Faguet, Emile, Eliot sobre, 169

Fairchild, Hoxie Neale, citado, 292

Falkland, visconde (Lucius Cary), 464

Family Reunion (Eliot), 282, 392, 431-42; intenção, 432; e *Heartbreak House* de Shaw, 432; resumo, 221-23; crítica, 220, 223-25; simbolismo cristão, 221-23; julgamento de Eliot sobre, 224; efeito, 224-25; e críticas psicológicas, 226-27; F. R. Leavis sobre, 225; interpretação, 227-28

"Fascism", Barnes, 319ss

Faulkner, William, 141

Fawkes, Guy, 276-78

Feiling, Keith, citado, 274

Fernandez, Ramon, 290, 307

Ferrar, Nicholas, 485-94

Festival de Edimburgo, 522, 559, 596

"Figlia che Piange" (Eliot), 175, 326

Filomela, como símbolo em *The Waste Land*, 230

"Fire Sermon", de Buddha, 165;
  em *The Waste Land*, 231
"Fireman's Ball" (Lindsay), 209
"Five-Finger Exercises" (Eliot), 378
Flecker, J. E., 220n
Fletcher, John Gould, 344
Flint, F. S., 400n
Ford, Ford Madox (Ford Madox Hueffer), 155, 261, 593
Forster, E. M., 155-56, 220, 260, 509, 616
"Four Elizabethan Dramatists" (Eliot), 262
Four Quartets (Eliot), 286, 358, 367, 383, 392, 443, 445, 456-96, 538, 608, 627; Orwell sobre, 457-60; transcendência em, 460-62; "Burnt Norton", 464-70; "East Coker", 470-78; "The Dry Salvages", 478-84; "Little Gidding", 485-96
"Fragment of an Agon" (Eliot), 281, 285
"Fragment of a Prologue" (Eliot), 281
France, Anatole, 169, 499
"Francis Herbert Bradley" (Eliot), citado, 179
Franck, Henri, Eliot sobre, 169
Franco, Francisco, 424-24
Free Man's Worship (Russell), Eliot sobre, 365

Freed, Lewis, citado, 180
Freud, Sigmund, Eliot sobre, 191, 315, 324, 342
Fricker, Sarah, 363
Frontières de la Poésie (Maritain), 364
"Frontiers of Criticism" (Eliot), 585
Frost, Robert, 141, 221, 617
Fry, Roger, 260
Frye, Northrop, 618
"Function of Criticism" (Eliot), 261, 585-86
Fundo das 45 Igrejas, 381, 404
Futuro de uma Ilusão (Freud), 315
Fyfe, Hamilton, citado, 247
Fyvel, F. R., 372n

G

Gallup, Donald, 571
"Game of Chess", em *The Waste Land*, 230
Gandhi, Mohandas, 355n
Gardner, Helen, 282, 324, 329, 460, 469, 530
Garnett, David, 261
Gauguin, Eugène Henri Paul, 172
Gelásio, São, 407
Gengangere [Os Espectros] (Ibsen), 488
Georgiad (Campbell), citado, 304n
"Germelshausen" (Gerstacker), 471

"Gerontion" (Eliot), análise, 198, 203-14, 217-18, 241, 363, 458-59, 617, 627
Gide, Andre, 169, 379
Giroux, Robert, citado, 137n
Gissing, George, 211, 245, 426
Gleanings from Buddha-Fields (Hearn), 488n
Goethe, Johann Wolfgang von, Eliot sobre, 302, 424
Goldberg, Rube, 171
Gosse, Sir Edmund, Osbert Sitwell sobre, 149, 152; Evelyn Waugh sobre, 150; Aldous Huxley sobre, 149; crítica de Eliot, 156-57, 612; Eliot e, 152-53, 157, 158, 168, 200, 245, 391, 612
Gourmont, Rémy de, 169
Graves, Robert, 149, 154, 193, 569
Gray Days and Gold (Winter), 154n
Gregor, Ian, citado, 186
Grieve, C. M. (Hugh MacDiarmid), 309
Grigson, Geoffrey, 393
Grimm, Jakob, 329
Guernes de Pont-Saint-Maxence, 406

H

Haig, Douglas, 1º conde Haig of Bemersyde, 146
Halifax, conde de (Edward Frederick Lindley Wood), 428
Halifax, 1º marquês de (George Saville), 253
Halverson, John, citado, 197
Hamlet (Shakespeare), 527
Hardy, Thomas, 203, 375, 376n, 442, 471
Harmsworth, Alfred, ver Northcliffe
Harmsworth, Harold, ver Rothermere
Harvard Advocate, 167
Harvard University (Pós-graduação), 168n, 174, 179
Hawkins, Desmond, citado, 392, 394
Hawthorne, Nathaniel, 166, 201, 501
Hayward, John, 569
Hazlitt, William, 183
Hearn, Lafcádio, 488, 488n
Heart of Darkness (Conrad), 224n, 276
Heartbreak House (Shaw), 432; e *The Family Reunion*, 282, 392, 431-42, 447, 465, 522-24; *Heartbreak House* [Casa dos Corações Partidos], como símbolo da sociedade inglesa, 148, 187-90, 194, 205, 208, 241, 254, 259, 432, 497, 514, 524, 598

Hegel, Georg Wilhelm Friedrich, 401
Hemingway, Ernest, 379, 621
Henrique II, 405-07
Henrique VIII, 405, 407
Henson, Herbert Hensley, bispo de Durham, citado, 381, 453n
Heráclito, 443, 468, 536
Hesse, Hermann, 260
Highgate Junior School, Eliot como professor da, 174
Himmler, Heinrich, 453n
Hindenburg, Paul von, 388
"Hippopotamus" (Eliot), 152
Hitler, Adolf, 213, 311, 323, 339, 347-49, 356, 358, 361, 373n, 377, 388-90, 414, 416-20, 423-25, 448-50, 577, 582, 618, 621
Hobbes, Thomas, 251, 299, 456
Hofmannsthal, Hugo von, 261
"Hollow Men" (Eliot), 217-18, 272-79, 285-87, 292, 325, 330, 363, 458-59, 615, 617, 627
Holroyd, Michael, citado, 241n
Homage to John Dryden (Eliot), 209, 272, 359
Hooker, Richard, citado, 287, 298
Hore-Belisha, Leslie, 426
Hound of the Baskervilles (Conan Doyle), 474
Huckleberry Finn (Twain), 160
Hugh de Morville, 414

Hughes, Thomas, 256
Hulme, T. E., 147-48, 250, 262, 273, 292, 398, 593
Hume, David, citado, 208
Hutchins, Robert Maynard, 546-48, 555-57; citado, 547, 555; Eliot sobre, 548, 555
Huxley, Aldous, 149-51, 153-54, 178, 192, 203, 268, 446, 610; citado, 151, 154, 178, 192, 610
Huxley, Julian, 151, 192, 367

I

Ibsen, Henrik, 488, 560
Idea of a Christian Society (Eliot), 348, 445, 448, 472, 503, 528, 583, 621; resumo de, 448, 455; Peter Kirk sobre, 452; e sobre uma religião "socialmente conveniente", 453
"Idea of a Literary Review" (Eliot), 273
Idea of the Holy (Otto), 468n
I'll Take My Stand (Southern Agrarians), 344
Illusions (Maurois), citado, 291n
Importance of Being Earnest (Wilde), 561
"In Memoriam: Marie Lloyd" (Eliot), 260
Inferno (Dante), 197, 205
Inge, Ralph, deão de St. Paul's, 263

Intelligent Woman's Guide to Socialism and Capitalism (Shaw), 309
Introduction to Politics (Laski), 542
Invisible Poet (Kenner), citado, 221
Íon (Eurípides), 560
Isherwood, Christopher, 456, 626

J

James, Henry, 194, 394, 440, 598
James, William, 479
Janet, Pierre, 169
Jefferson, Thomas, 251
Joad, C. E. M., 441, 502, 520n, 548, 551
João da Cruz, São, 298, 327, 468, 475, 490; tradução de Campbell, 565
Johnson, Lionel, 440
Johnson, Samuel, 142, 183, 189, 202, 211, 250-51, 257-59, 287, 293, 296, 356, 359, 364n, 371, 490n, 569, 585, 593-95, 612
Jones, D. E., citado, 604
Jones, Genesius, 329
Jones, Kennedy, 247
Jonson, Ben, 191, 296
Joost, Nicholas, citado, 179n
Jornaux Intimes [Diários Íntimos] (Baudelaire), 301
"Journey of the Magi" (Eliot), 285

Joyce, James, 145, 148, 260, 264, 278, 374, 457, 500, 589n
Juliana de Norwich, 491

K

Kahn, Otto, 240
Kallen, Horace, 577, 577n
Kant, Immanuel, 367, 479
Keats, John, 360, 364
Kenner, Hugh, citado, 180, 224
Kennerley, Morley, 337
Kerensky, Alexander, 203
Keynes, John Maynard, 181, 239
"King Bolo" (Eliot), 167
Kipling, Rudyard, 146, 149, 193, 203, 466, 569, 581, 612, 623
Kirk, Peter, citado, 452
Kirk, Russell, 136n, 163n, 166n, 269n, 388-89, 513, 548n, 559n, 563, 575, 580n, 610-11; cartas de Eliot, 163, 166n, 548n, 555n, 576, 559n, 571, 575-76, 589n, 596, 609n, 610-11; conversas com Eliot, 136-37, 547n, 563, 572
Knowledge and Experience in the Philosophy of F. H. Bradley (Eliot), 179
Krutch, Joseph Wood, 207

L

Laforgue, Jules, 156, 168, 170, 593-94

"Lake Isle of Innisfree" (Yeats), 359
Lancelot Andrewes, For (Eliot), 293, 298, 359, 368
Landor, Walter Savage, 297
Lanman, Charles Rockwell, 166
Lansbury, George, 347
Larbaud, Valery, 260
Larisch, Condessa Marie, 227n
Laski, Harold, 164, 542
Laud, William, arcebispo de Canterbury, 312, 491
Law, Bonar, 259
Lawrence, D. H., 141, 191, 203, 264, 374-76, 393, 512, 594, 612, 628; Eliseo Vivas sobre, 376
"Leaders of the Crowd" (Yeats), citado, 350
Leavis, F. R., 438-39, 443, 559, 616
Lênin, Vladimir, 311, 321-22
"Letters of the Moment" (Vivienne Eliot), 269n
Letter to a Noble Lord (Burke), 511
Letters to the Boys in the Trenches (Bottomley), 156
Levy, William Turner, cartas de, e conversas com Eliot, 371, 423, 606, 632
Lévy-Bruhl, Lucien, Eliot sobre, 169, 261
Lewis, C. Day, 422

Lewis, C. S., 191, 286, 469, 525, 529
Lewis, Wyndham, 138, 145, 148, 249, 261, 313, 317, 337-38, 369, 391, 397, 443n, 456, 498-99, 513, 564-66, 570; romance *Revenge for Love* citado e discutido, 419; conversas com, e descrição de, 566-69; Eliot sobre, 566, 582
Light on a Dark Horse (Campbell), 220n
Lincoln, Abraham, 451
Lindsay, Vachel, 203, 209
Lion and the Fox, The (Lewis), 567
Listener, The, 455
Literatura e Revolução (Trotsky), 367
Literature and the American College (Babbitt), 163-64, 554
"Literature of Communism" (Rowse), 319
"Literature of Fascism" (Eliot), 319
"Little Gidding" (Eliot), 372, 456, 478, 485-96; e Nicholas Ferrar, 485; aviso do espectro em, 597
Little Gidding, Huntingdonshire, descrição, 486-87
Liverpool, descrição de, 501
Lives of the Poets [Vidas dos Poetas] (Johnson), citado, 364n

Lloyd George, David, 189-90, 195, 215, 259, 261, 316, 355n
Lloyd's Bank, 174, 193, 211, 237-38, 271
Loisy, Alfred, Eliot sobre, 169
Londres, e Eliot, 148, 153, 162, 174-76, 245-46
London (Johnson), 359
"London Letters" (Eliot), 210
London Mercury, The, 249
"Love Song of J. Alfred Prufrock" (Eliot), 142, 175, 195-200, 209, 282, 615; um poema de inferno, 195-97; Kathleen Raine sobre, 198; fontes, 198; e tradição, 200
Lowell, Amy, 203
Lowell, James Russell, citado, 256
Lowell Lectures, Russell's, 171
"Lucifer in Starlight" (Meredith), 179n
Lucy, Sean, citado, 563
Ludendorff, Erich von, 349
Ludovici, Anthony M., Eliot sobre, 312
Ludwig, Emil, Eliot sobre, 314
Lyle, Rob, 564
Lymington, visconde, M. P., 356

M

MacAlpin, J., citado, 398
Macaulay, Rose, 236, 324
Macaulay, Thomas Babington, 407
MacDonald, Ramsay, 265, 316, 318, 340, 355n
Machen, Arthur, 244, 247
Macmillan, Sir Harold, 581
MacNeice, Louis, 155-56
Mairet, Philip, citado, 445
Maitland, Frederick William, 251
Mallarmé, Stéphane, 594
Malleson, Constance (Colette), 178
Mallock, W. H., 207
Man from New York (Reid), 241n, 246n
Mann, Thomas, 343
Mannheim, Karl, 250, 508-10, 514-16, 578, 620
Marburg, Eliot em, 168n, 172-73
Marco Aurélio Antonino, 609
"Marina" (Eliot), 284-85, 439
Maritain, Jacques, 273, 307, 364, 367, 424, 547
Marlow, Fanny (pseudônimo), ver Eliot, Vivienne
Marlowe, Christopher, 371, 593
Martin, Graham, citado, 167-68, 212
Marx, Groucho, 306
Marx, Karl, 191, 357, ver também Marxismo
Masefield, John, 203
Massis, Henry, 170
Masters of Modern French Criticism (Babbitt), 163

"Matthew Arnold" (Eliot), 186
Matthiessen, F. O., 142, 162, 348, 619
Maugham, Somerset, 137
Maurois, André, citado, 291n
Mauron, Charles, 290
Maurras, Charles, 170, 249, 250, 253, 273, 296, 309, 313-14, 321, 347, 351, 356, 499, 593
Maxwell, D. E. S., citado, 229, 349
Mayor of Casterbridge, The (Hardy), 375, 376n
McAlmon, Robert, citado, 377n
McCarthy, Joseph, 556, 576
McLeod, Irene Rutherford, 149-52
Measure, Eliot na, 546-48
Mencken, H. L., 193, 246
Meredith, George, 179n, 221
Middleton, Thomas, 593
Mill, John Stuart, 509, 581
Millay, Edna St. Vincent, 204
Milton, John, 490n, 491, 593, 612
Minor Poems (Eliot), 217
Mississippi, rio, 158, 160, 478
"Modern Mind" (Eliot), 364
Modern Muse, The (publicação) opinião de Eliot sobre, 543
Modern Poetry (MacNeice), 155
Modern Temper (Krutch), 207
Monro, Harold, 261
Monroe, Harriet, 209

Montgomery, Marion, 204, 213
Month, The, 136, 559n, 609n
Moore, T. Sturge, 259
More, Paul Elmer, 253-54, 287-88, 307, 392, 479, 488n, 580
More, Sir Thomas, 289
Morley, Frank, 192, 270-72, 337-38, 363, 368, 443, 563
Morrell, Lady Ottoline, 178, 192, 240, 504
Mosley, Sir Oswald, 343
Movimento Simbolista, 194
Mowrer, Edgar Ansel, 342
"Mr. Apollinax" (Eliot), citado, 171
"Mr. Barnes and Mr. Rowse" (Eliot), 319
Muir, Edwin, 264, 286, 595; sobre a fé religiosa de Eliot, 446, citado
Murder in the Cathedral (Eliot), 383, 392, 396, 431, 465-66, 604, 608, 627; produção, 403; caráter de Becket, 404-08; Tentadores, 408-12
Murry, John Middleton, 192, 249, 261, 290, 338, 342, 400, 529
Muße und Kult [O Ócio e a Vida Intelectual] (Pieper), 517
Mussolini, Benito, 215, 295, 311, 317, 321, 347-49, 356, 395, 423, 428, 618-20

N

Nation, The (Nova York), 254, 617
Nation and Athenaeum, The, 239
National Review (Nova York), Eliot sobre, 575-76
National Trust for Places of Historic Interest, 381
"Necesse est Perstare?" (Vivienne Eliot), 267, 268n
New English Weekly, 445, 455-57, 500
New Fabian Essays (Crossman), 574
New Laocoön (Babbitt), 163
Newman, John Henry, 184, 249, 256, 277, 287, 292-94, 298, 302-03, 366, 453n, 495, 545, 580, 607, 619
Nichols, Robert, 149
Niebuhr, Reinhold, 575
Nisbet, Robert A., 575, 580
No Orchids for Miss Blandish, 502
North American Review, 244
Northcliffe, 1º visconde de (Alfred Harmsworth), 247, 249
Norton, Charles Eliot, 358-61
Norton, Harry, 240
Norton Lectures (Eliot), 338, 361, 541
"Note on the American Critic" (Eliot), 174
Notes towards the Definition of Culture, Eliot, 348, 455, 500-13, 519-21, 542-44, 548, 573, 582, 618-22; bastidores do livro, 503-04; religião e cultura, 507-08; classe e cultura, 504-12; resposta a Mannheim sobre elites, 508-12
Nouvelle Revue Française, 211, 267
Novel and the Modern World, The (Daiches), citado, 446

O

Oakeshott, Michael, 183n, 430
O'Connor, Flannery, Eliot sobre, 571
Old Possum's Book of Practical Cats (Eliot), 198, 443
Oliver, Frederick Scott, 272
"On the Eve" (Eliot), 264, 266
Orage, A. R., 397, 441
Orestes, 433
Orwell, George (Eric Blair), 155-56, 294n, 339, 570; Eliot e antissemitismo, 372n; sobre a influência comunista, 393; sobre ideólogos, 447-49; crítica de Eliot, 457, 484; sobre classes sociais, 513n, 515
Otto, Rudolf, 468n
Owen, Wilfred, 203
Oxford, Universidade de, Eliot sobre, 168n, 173-75, 190, 267, 287

P

Page-Barbour Lectures (Eliot), 369
Paris, Eliot em, 168-70, 210, 221, 240, 398, 406, 421, 465
Pascal, Blaise, 290, 298, 302, 366, 439, 612
Paul, Leslie, 524, 582
Pease, J. Beaumont, 347, 353n
Peck, William G., 421
Peel, Sir Robert, 275, 366
Péguy, Charles, 169
Pensées (Pascal), 302
Perse, St. John (Alexis Saint-Léger Léger), 291n
Pétain, Henri Philippe, 499
Pieper, Josef, 517
Pinero, Sir Arthur, 262
Pirandello, Luigi, 260
"Planster's Vision" (Betjeman), 386n, 390
Platão, 140, 202, 226, 366, 594
Poems, 1909-1923 (Eliot), 203, 209, 272, 276, 281
Poetas Georgianos, 211, 437
Poetry and Poets, On (Eliot), 432, 591, 607
"Poetry and the Drama" (Eliot), 432
Poetry of T. S. Eliot, The (Maxwell), 229
Points of View (coletânea da prosa Eliot), 569

Polanyi, Michael, citado, 537
Pope, Alexander, 296
Popper, Sir Karl, 516
Porteus, Hugh Gordon, citado, 419n
"Portrait of a Lady" (Eliot), 167
Pound, Ezra, 148-49, 178, 193, 203, 209, 217-18, 224n, 252n, 260, 338, 374, 391, 397, 399, 402, 456, 498, 499, 541, 593, 625
Powys, John Cowper, citado, 504
Praz, Mario, 307
"Preludes" (Eliot), 137, 148, 571
Profumo, John, 582
"Prologue to an Essay on Criticism" (Eliot), 314
Proust, Marcel, 261
Prufrock and Other Observations (Eliot), 139, 145, 156, 167, 168n, 171, 627; ver também poemas individuais

Q

Quarterly, The, 244-45
Quinn, John, 218n, 238-40, 241n, 246n

R

Racine, Jean Baptiste, 297
Rahv, Philip, citado, 531
Raine, Kathleen, citado, 195, 198

Ransom, John Crowe, 203
Read, Sir Herbert, 190, 192-94, 243, 248, 250, 260, 263, 372, 423, 607
Reader's Guide to T. S. Eliot (Williamson), 229
Recovery of the West (Roberts), 520n
Redgrave, Michael, 435
Regnery, Henry, carta de Eliot, 227, 569, 616
Rei Pescador, 223, 232-33, 425, 440, 630
Revenge for Love (Lewis), 419, 566
Revista *Harper's*, 245
"Rhapsody on a Windy Night" (Eliot), 148
Richards, I. A., citado, 238; criticado por Eliot, 365-67, 538
Richmond, Bruce, 270, 272
Rivers, W. H. R., 260
Rivière, Jacques, 170
Roberts, Michael, 393, 520n
Robinson, Edwin Arlington, 204
Roche, Paul, citado, 592n, 629
Rock, The (Eliot), 338, 368-69, 380-90, 403, 465; estado das igrejas inglesas, 380-84; coros de Eliot, 383-87; consequências políticas da decadência da fé, 387-90

Romains, Jules, 169
Roosevelt, Franklin Delano, 361, 368, 618
Rothermere, 1º visconde de (Harold Harmsworth), 247, 249, 355n
Rothermere, viscondessa (Lilian), 243, 247-48, 264, 267, 269n, 271
Rotting Hill (Lewis), 148
Rousseau, Jean Jacques, 141, 165, 283
Rousset, David, 500
Rowse, A. L., 309, 318, 321, 393
Royce, Josiah, 162, 179
Rude Assignment (Lewis), 568
Ruskin, John, 226n, 341, 420, 440
Russell, Bertrand, encontro com Eliot, 155, 171-73; sobre primeiro casamento de Eliot, 177-78; Eliot sobre, 263, 269, 273-74, 304, 342, 365, 371, 385, 416, 440, 504, 625
Russell, George William (A. E.), 394

S

Sacred Wood (Eliot), 199, 201, 359-60
St. Andrews, Universidade, 513
St. Joan (Shaw), 273
St. Louis, Missouri, descrição de, 157-62

Sainte-Beuve, C. A., 153
Saintsbury, George, 193, 259-61
Salisbury, 3º marquês de (Robert Cecil), 247, 275
Sampley, Arthur M., citado, 440
Sandburg, Carl, 137n, 204, 210, 246
Sankey, John, 1º visconde Sankey, Eliot sobre, 346
Santa Maria in Aracoeli, igreja de, 539
Santayana, George, a respeito da tradição, 156; em Harvard, 162; e Eliot, 163n; deixa Harvard, 172; sobre ortodoxia, 335
Sassoon, Siegfried, 150, 154, 193, 203
Savonarola (Charlotte Stearns Eliot), 160
Scott, Sir Walter, 237, 258, 570
"Second Thoughts on the Brainless Election" (Eliot), 318
"Second Thoughts on Humanism" (Eliot), 292
"Segundo Hino a Lênin" (Grieve), 309
Seldes, Gilbert, 264
Selected Essays, 1917-1932 (Eliot), 298, 328, 359, 591
Selected Poems of Edwin Muir, prefácio de Eliot, 595

Self Condemned (Lewis), 513, 566-68
Sêneca, Lucius Annaeus, 439
Sesame and Lilies (Ruskin), citado, 226n
Shakespeare, William, 276, 348, 351, 383n, 494, 527, 563, 593
Shakespeare and the Stoicism of Seneca (Eliot), 359, 494
Shame of the Cities (Steffens), 161
Shaw, George Bernard, sobre *Heartbreak House*, 187-88; Vivienne Eliot sobre, 268; Eliot sobre, 273; sobre rei e democracia, 295, 309; inclinação fascista, 317; declara-se comunista, 338, 346, 385, 393, 432, 440, 497, 508, 580, 596
Shelley, Percy Bysshe, 298, 325, 360-61, 364, 612
Sidney, Sir Philip, 265, 351, 360
Sinclair, May, 239, 259, 601
Sitwell, Dame Edith, 149, 203; citado, 443n, 520n
Sitwell, Sir Osbert, sobre Gosse, 149-51; sobre Eliot, 152, 154
Sitwell, Sacheverell, 149, 261
Smith, B. A., 596
Smith, Grover, 326, 329, 406, 490n, 602
Smith, Janet Adam, 393
Snow, C. P., 558

Somervell, D. C., citado, 265
"Song for Simeon" (Eliot), 285
Sófocles, 596
Sorel, Georges, 273
Southam, B. C., citado, 329
Southern Agrarians, 344, 370
Speaight, Robert, 404
Speculations (Hulme), 250, 263
Spender, Stephen, sobre os Eliots, 176, 191, 207, 324, 391-93
Spinoza, Baruch, 594
Stalin, Josef, 311, 338, 356, 390, 450, 618-21
Steffens, Lincoln, 161
Stephen, James Fitzjames, citado, 503
Stephen, Leslie, 361, 407
Stevenson, Robert Louis, 264
Stewart, C. W., 270-72
Still Rebels, Still Yankees (Davidson), citado, 376n
Stock, Noel, menção, 209
Strachey, John, 519
Strachey, Lytton, 175, 239-40
Strafford, 1º conde de (Thomas Wentworth), 491
Stuart, Mary, rainha da Escócia, 472
Suñer, Serrano, 424
Sweeney Agonistes (Eliot), 281-84, 350
"Sweeney among the Nightingales" (Eliot), 203, 229
"Sweeney Erect" (Eliot), 185

Swift, Jonathan, 376n, 489
Symbolist Movement in Literature (Symons), 168
Symons, Arthur, 168, 194
Symonds, Julian, carta de Orwell, 372n

T

Tablet, The, 421
Talleyrand-Périgord, Charles Maurice de, citado, 323
Tate, Allen, 137n, 307, 329, 344
Tawney, R. H., citado, 505, 512
Taylor, Jeremy, 298
Teasdale, Sara, 204
Tennyson, Alfred, 1º barão de Tennyson, 406
Thackeray, William Makepeace, 190
Thayer, Schofield, 246n
Theism and Humanism (Balfour), 595
Thomson, James, citado, 363
Thoreau, Henry David, Eliot sobre, 552
Thorlby, Anthony, citado, 495
Thoughts after Lambeth (Eliot), 303, 306, 359
"Three Poems by Thomas Eliot", na *The Criterion*, 264
"Three Voices of Poetry" (Eliot), citado, 597
Time and Western Man (Lewis), 313

Times, Londres, 340
Tocqueville, Alexis de, 529
To Criticize the Critic (Eliot), 548, 578
Tourneur, Cyril, 593
"Tradition and the Individual Talent" (Eliot), 199, 216, 359, 373
Tree, Viola, 150-51
Tristan und Isolde [Tristão e Isolda], 227
"Triumphal March" (Eliot), 340, 349-51
Trotsky, Leon, 267, 367, 378
Two Black Crows (Moran e Mack), 306

U
Ulisses (Joyce), 260
Unamuno, Miguel de, 139; citado, 483, 491n
Under Western Eyes (Conrad), 420
Unger, Leonard, citado e mencionado, 329-31, 441n, 608n
Upanishads, 226
Use of Poetry and the Use of Criticism, The (Eliot), 359; Eliot deprimido na época em que escreveu, 359; comparação com Coleridge, 359-60; crítica de Richards, 365-67
Ushant (Aiken), 167
Utley, Freda, citada, 270n

V
Valéry, Paul, 240, 260, 571, 609
Vanity of Human Wishes (Johnson), 359, 490n
Vetsera, Maria, 227n
"Victorian Literature: The Philosophy of Change" (More), citado, 253
Vildanden [O Pato Selvagem] (Ibsen), 526, 561
Vildrac, Charles, 169, 504
Villon, François, 504
Vines, Sherard, 149
Virgílio, 140-42, 184, 250, 298, 355, 378, 401, 438, 458, 537-38, 612; *Virgil Society*, 456, 587
Vision, A (Yeats), citado, 609
Vivas, Eliseo, citado sobre Lawrence, 376
Voegelin, Eric, citado, 333-35
Voice of Poetry in the Conversation of Mankind, The (Oakeshott), citado, 184n

W
Wain, John, citado em Eliot como crítico, 592
Waller, Edmund, 364n
Walpole, Hugh, 261, 270
Walton, Izaak, 485
Wanna Go Home, Baby? (Eliot), 283

Ward, Leo, 313-14
Waste Land, The (Eliot), 166, 209-17, 237, 239, 243, 259, 262, 267-69, 272, 276, 282, 297, 303, 431, 440, 447, 472, 501, 601, 608; tema principal, 223-25; contribuição de Pound para, 217-18; efeito na futura geração, 219-21; críticas adversas, 224-36; comparado a *Coriolan*, 325-27, 349-51, 358, 458-59
Waugh, Arthur, 154, 391
Waugh, Evelyn, 141, 150, 154, 287
Way of All Flesh, The (Butler), Eliot sobre, 273
Weaver, Harriet, 149
Webb, Sidney e Beatrice, 265-66
Webster, John, 228, 593
Wells, H. G., 202, 242, 250, 273-74, 317, 367, 385, 387, 441, 497, 508, 580
Wendell, Barrett, 162
Westcott, Glenway, 204
What I Believe (Russell), Eliot sobre, 273
"What Is a Classic?" [O que É um Clássico?] (Eliot), 456, 588
"What the Thunder Said," em *The Waste Land*, 233
"Where Their Fire is not Quenched" (Sinclair), 601

Whibley, Charles, 257, 260-61, 270, 272, 359
White Goddess, The (Graves), 569
Whitehead, Alfred North, 171, 183
Whitman, Walt, 210, 246, 612
Wilde, Oscar, 560
Williams, Charles, 286, 502, 531
Williams, Raymond, citado, 510
Williams, William Carlos, 210, 222, 239, 391
Williamson, George, citado, 229
Winter, William, citado, 154n
Wollheim, Richard, citado, 182
"Woman Who Rode Away, The", (Lawrence), 376n
Woods, James Haughton, 166
Woolf, Leonard, 203, 209, 220, 239-40
Woolf, Virginia, 192, 203, 207-09, 220, 239, 260
Wordsworth, William, 260-61

Y
Yeats, William Butler, 141, 193, 258, 260-61, 307, 350, 359, 374, 393-94, 416, 440-41, 489, 520, 529, 567, 609, 612
York, igrejas em, 388
Young, G. M., menção, 355n

DO MESMO AUTOR, LEIA TAMBÉM:

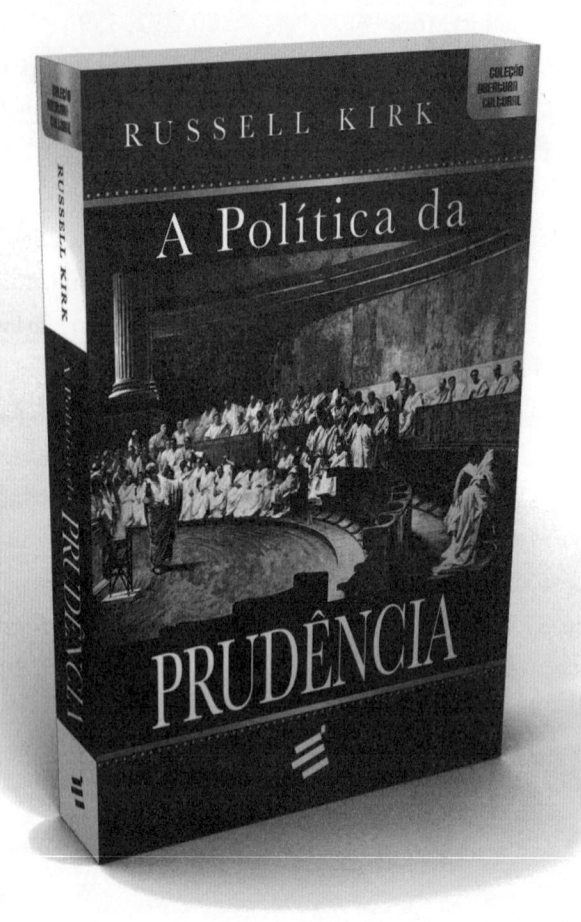

Nesta seleção de conferências ministradas na Heritage Foundation ao longo de 16 anos, Russell Kirk esforça-se por defender uma verdadeira "política prudente" conservadora em oposição à "política ideológica", expondo dez princípios, acontecimentos, livros e pensadores que definiram a mentalidade e a alma conservadoras. Esta edição crítica inclui textos adicionais e busca iluminar o caminho da nova geração na descoberta das "coisas permanentes"

facebook.com/erealizacoeseditora   twitter.com/erealizacoes   instagram.com/erealizacoes   youtube.com/editorae

issuu.com/editora_e   erealizacoes.com.br   atendimento@erealizacoes.com.br